観光の事典
Encyclopedia of Tourism

白坂 蕃
稲垣 勉
小沢健市
古賀 学
山下晋司

［編集］

朝倉書店

まえがき

　本書は観光に関する日本で最初の大型の「事典」である．
　21世紀に入って観光は社会経済的にますます重要性を増しつつある．歴史的にみても観光は，それぞれの時代の社会と密接な関係にあり，いわゆる社会経済，交通，人びとの生活，ひいては国家や地域の政策などの多様な社会背景をもって成立した．いうまでもなく，観光は複合的な社会的，文化的事象である．
　観光は人間生活にきわめて重要であるにもかかわらず，1960年代までの日本では学術的な側面から議論しても，軽佻浮薄と受け取られかねない危惧があった．しかし，その後のマスツーリズムの進展もあり，人びとの生活に観光は欠くべからざる重要性をもつことになった．
　2013年に，はじめて1,000万人を超えた訪日外国人は，2016年に2,000万人を超えた（2017年は2,869万人）．日本政府は訪日外国人数を2020年に4,000万人，2030年には6,000万人とする目標をたてている．
　このように日本においても国際的な人の交流や，国内の地域経済にとっても観光は，ますます重要なファクターになってきた．実際，近年では観光客が急激に増加し，観光が地域を支える柱として重要になった地域もある．また外国からの観光関連資本の参入，自治体などにおける観光政策や地域情報の提供の仕組み，さらには災害と観光の関係など新たな旅行概念の出現もあり，これまでの観光事象とは大きく異なる状況も生まれてきた．
　世界旅行ツーリズム協議会（WTTC）のデータ（2016年）によれば，世界のGDP総額の約10%が観光産業（直接，間接，および誘発的影響を含む）である．これは，いわゆる家電産業，電気・石油産業に次いで三番目に位置し，自動車産業を凌ぐ規模である．また被雇用者の10人にひとりが観光産業に従事している．日本だけではなく，世界的視野からも現在は観光の大きな転換期であるといえよう．
　こうした社会背景のもとに，日本では1980年以前に比べると多くの学問分野から観光へのアプローチが行われるようになってきた．こんにち，観光は自然科学なども含めて，あらゆる社会科学や人文科学が，それぞれの視点から取り組む研究対象となった．研究者の増加とともに新たな学会の設立もみられる．また1990年代以降の日本でも大学に観光に関する学部・学科・大学院が設置され，また観光に関する資格（観光士，温泉観光士，観光コーディネータなど）も増えつつある．
　このように，こんにちでは観光が社会や，人間生活を考えるうえで重要な視点になってきた．またそれは世界的な視野で考える必要がある．
　観光は複合的な社会事象であるから観光研究に関わる学問の分野は多岐にわたる．学問の分野が異なれば観光そのものの捉え方も異なるので，研究の方法や，理論，学術用語も一様ではない．
　また研究領域の多様性だけではなく，観光への関わり方には少なくとも二つの異なった立場がある．つまり，純粋な研究対象として社会的，文化的現象として観光事象をみる立場（学問的な観光研究）と，ビジネスとして観光を考えたり，また政策課題の解決手段として捉えたりする立場（実務的研究）である．この二つの立場には大きな乖離があるのが現実である．

したがって，観光を扱うさまざまな研究領域の間での相互理解が遅々として進まないもどかしさが，そこには存在する．もっとも，いわゆる，学問的な観光研究にも多様な視点・論点があり，研究者の間でも，こんにち，それを収斂することは至難の業であろう．

これまで述べてきたように観光は複合的な社会的，文化的事象であるから，現在のところは学際的な研究領域である．しかしながら，それぞれの研究分野の垣根を越えて，いわゆる総合科学としての学問分野，つまり，観光に関する知見を総合し，包括した「観光学」の確立が希求される．そして観光という事象の理解が，さらに進展することが期待されている．

以上のような観光に関する情況のなかにあって，本書によって編者は観光という事象の全体をカバーする枠組みを提示しようとした．また本書は観光という事象と，その地域への投影を解き明かすための視点を提供しようとするものである．

このような意図のもとに本書で編者は観光に関わる事項を簡潔に説明することを目論み，主に見開き2頁を単位とした中項目形式をとり，読みやすさを重視することにした．加えて読者自身による関心と，興味の拡大に資するために関連する重要な文献を記載した．

本書では，こんにちにおける観光事象を網羅的に提示している．その内容は以下のようなものとなっている．

第1章では「観光」や「ツーリズム」の全体を俯瞰するために基本概念を整理した．第2章は観光における行政や，その施策の役割を整理し，第3章では経済的視点からみた観光分析の方法や，観光の経済的意味を提示した．

観光産業は経済的側面を超えて現代観光の根幹をなす概念である．そこで第4章では観光産業の変容と，観光産業の歴史や社会的役割を整理した．第5章では既存の観光資源の利用や，観光資源を見いだし，観光を推進するための計画の大要をまとめた．

いわゆる，その時代の社会情勢，交通，経済，情報，そして地元の人材などにより観光は地域の価値を生み出す．そこで第6章では観光が地域にどのような変容をもたらしたかを捉え，それを分析する方法を提示する．

近年ではスポーツによる人の移動も顕著になってきた．第7章ではスポーツが，どのようなインパクトを地域に与え，観光において，どのような位置を占めるのかを検討した．自然環境と同じく，伝統的な祭礼，芸能などの，いわゆる文化も観光において，重要な位置を占めるので第8章では観光事象と，文化の関係を，さまざまな角度から描き出すことにした．続いて第9章では，きわめて多様化してきた，こんにちの観光を概観して，その分析手法も提示した．

本書の各項目においては具体的な説明を通してグローバルスタンダードで観光を理論的に分析し，観光事象を解き明かすことを編者は意図した．観光の研究者はもちろん，観光系学部・学科，および大学院の学生，自治体の観光担当者や地域の観光のリーダー，観光関連の資格をめざす人びとなどに利便性があるように工夫した．

事典というものは調べもののために読むことはもちろん，事象の全体像を理解するのに有益である．そこで高校や，地域の図書館にも配架され，観光に関して興味をもった事項を調べようとする際には，まず手にとって，それを理解し，観光への興味と関心を深めることができるようなスタンダードな『観光の事典』として利用されることをも編者としては願っている．

ところで，本書を企画したのは2012年であった．こんにちの観光事象を整理し，編者の意図を実現するために当初の予想以上に多くの時間を費やすことになった．さいわいにも，じ

つに多くの執筆者（計113名）のご協力で，ここに刊行のはこびとなった．貴重な写真を提供していただいた方々にも感謝を申しあげる．

　なお，執筆者一同，最善を尽くし執筆したが，観光をめぐる状況は，きわめて急速に変化している．したがって，現時点で網羅的と考えた内容が必ずしも現実と対応しなくなる可能性も考慮しなければならない．読者諸賢の，ご指摘，ご意見をまって，将来的には適切な改訂を行っていく所存である．

　2019年3月

編者を代表して　　白坂　蕃

編集者

白坂 蕃	東京学芸大学名誉教授	
稲垣 勉	ベトナム国家大学ハノイ・社会人文大学	
小沢 健市	帝京大学　立教大学名誉教授	
古賀 学	松蔭大学	
山下 晋司	東京大学名誉教授	

執筆者 (五十音順)

青木 栄一	東京学芸大学名誉教授		岡本 伸之	立教大学名誉教授
麻生 憲一	立教大学		小口 千明	筑波大学
阿比留 勝利	前 城西国際大学		小沢 健市	帝京大学　立教大学名誉教授
天野 宏司	駿河台大学		小野 真由美	ノートルダム清心女子大学
安藤 直子	東北福祉大学		海津 ゆりえ	文教大学
池 俊介	早稲田大学		門田 岳久	立教大学
石井 昭夫	前 帝京大学		上村 基	日本観光振興協会
石橋 正孝	立教大学		河原 典史	立命館大学
井田 仁康	筑波大学		菊地 暁	京都大学
市野澤 潤平	宮城学院女子大学		菊地 俊夫	首都大学東京
井出 明	金沢大学		鬼頭 孝子	日本大学非常勤講師
稲垣 勉	ベトナム国家大学ハノイ・社会人文大学		金 振晩	帝京大学
猪股 泰広	前 筑波大学		金 蘭正	大阪成蹊大学
岩原 紘伊	法政大学兼任講師		金城 盛彦	琉球大学
内田 彩	東洋大学		葛野 浩昭	立教大学
梅川 智也	日本交通公社		熊谷 圭介	長野大学
遠藤 英樹	立命館大学		呉羽 正昭	筑波大学
大江 靖雄	千葉大学		毛谷村 英治	立教大学
大隅 一志	日本交通公社		古賀 学	松蔭大学
太田 好信	九州大学		小長谷 悠紀	高知県立大学
大谷 新太郎	阪南大学		小西 弘樹	日本人材機構
大村 敬一	放送大学		近藤 千恵子	日本観光振興協会
岡本 純也	一橋大学		佐々木 康史	明海大学
岡本 健	近畿大学		捧 富雄	金沢星稜大学

執筆者一覧

佐藤 大祐	立教大学
宍戸 学	日本大学
T. E. ジョーンズ	立命館アジア太平洋大学
白坂 蕃	東京学芸大学名誉教授
鈴木 文彦	交通ジャーナリスト
鈴木 涼太郎	獨協大学
須田 寛	東海旅客鉄道
須藤 廣	跡見学園女子大学
須永 和博	獨協大学
千住 一	立教大学
十代田 朗	東京工業大学
臺 純子	比治山大学
髙松 正人	JTB総合研究所
武内 一良	実践女子大学短期大学部
田中 淳夫	森林ジャーナリスト
田中 一郎	松蔭大学
丹治 朋子	川村学園女子大学
淡野 明彦	奈良教育大学名誉教授
崔 錦珍	九州国際大学
千葉 千枝子	淑徳大学
全 相鎭	帝京平成大学
寺前 秀一	人流・観光研究所
堂下 恵	多摩大学
豊田 三佳	立教大学
豊田 由貴夫	立教大学
鳥羽 賢二	びわこ成蹊スポーツ大学
中西 裕二	日本女子大学
長橋 透	青山学院大学
中村 哲	玉川大学
西山 桂子	杏林大学
橋本 和也	京都文教大学名誉教授
橋本 俊哉	立教大学
橋本 裕之	大阪市立大学特別研究員
橋本 佳恵	共栄大学
羽田 耕治	まちなみ
花井 友美	帝京大学
羽生 冬佳	立教大学
林 琢也	北海道大学
原 忠之	セントラルフロリダ大学
韓 志昊	立教大学
福岡 正太	国立民族学博物館
福島 規子	九州国際大学
福永 昭	駿河台大学非常勤講師
藤巻 正己	立命館大学名誉教授
古本 泰之	杏林大学
フンク・カロリン	広島大学
堀野 正人	奈良県立大学
前田 豪	リージョナルプランニング
三浦 恵子	早稲田大学非常勤講師
溝尾 良隆	立教大学名誉教授
薬師丸 正二郎	立教大学
矢嶋 敏朗	日本大学
屋代 雅充	前 東海大学
安田 慎	高崎経済大学
安本 達式	日本観光振興協会
山口 誠	獨協大学
山下 晋司	東京大学名誉教授
山村 高淑	北海道大学
山本 清龍	東京大学
横山 智	名古屋大学
吉田 政幸	法政大学
依田 真美	相模女子大学
米田 誠司	愛媛大学
鷲尾 裕子	松蔭大学
渡辺 浩平	帝京大学

目　次

1. 観光の基本概念 〈編集担当〉白坂 蕃

1.1	観光の定義	［白坂　蕃］	4
1.2	観光の語源	［白坂　蕃］	6
1.3	観光の誕生	［鈴木涼太郎］	8
1.4	世界観光史	［石井昭夫］	10
1.5	日本観光史	［石井昭夫］	14
1.6	観光と植民地	［千住　一］	18
1.7	観光資源	［溝尾良隆］	20
1.8	観光地	［溝尾良隆］	22
1.9	観光経験	［花井友美］	24
1.10	観光行動	［花井友美］	26
1.11	観光主体	［中村　哲］	28
1.12	観光動機	［中村　哲］	30
1.13	観光消費	［須永和博］	32
1.14	観光における商品化	［鈴木涼太郎］	34
1.15	地域振興と観光	［フンク・カロリン］	36
1.16	アウトバウンド（日本人海外旅行）	［福永　昭・白坂　蕃］	37
1.17	インバウンド（訪日外国人旅行）	［福永　昭］	39
1.18	インバウンドと自然公園	［T. E. ジョーンズ］	41
1.19	ホストとゲスト	［稲垣　勉］	43
1.20	マスツーリズム	［稲垣　勉］	45
1.21	観光と自動車	［鈴木文彦］	47
1.22	観光と航空	［井田仁康］	49
1.23	観光と鉄道	［青木栄一］	51
1.24	観光と船	［臺　純子］	53
1.25	名所旧跡・社寺	［内田　彩］	54
1.26	世界遺産	［羽生冬佳］	56
1.27	観光とジェンダー	［豊田三佳］	58
1.28	観光とリスク・安全	［髙松正人］	60
1.29	観光客の訪問地	［橋本俊哉］	62
1.30	観光研究	［鈴木涼太郎］	64
1.31	観光教育	［宍戸　学］	66

2. 観光の行政と施策　〈編集担当〉古賀　学

2.1	観光政策および行政組織と名称	［寺前秀一］	72
2.2	観光政策と税制	［寺前秀一］	74
2.3	太平洋戦争前の観光政策	［寺前秀一］	76
2.4	太平洋戦争前の観光行政組織	［寺前秀一］	78
2.5	太平洋戦争後の観光政策	［寺前秀一］	80
2.6	地方観光行政の役割と組織	［羽田耕治］	82
2.7	旧観光基本法および観光立国推進基本法	［寺前秀一］	84
2.8	地方観光条例	［捧　富雄］	86
2.9	観光に係る消費者政策	［寺前秀一］	88
2.10	観光地域づくり関連施策	［熊谷圭介］	90
2.11	訪日外国人旅行者の来訪促進関連施策	［羽田耕治］	92
2.12	訪日外国人旅行者の受入れ促進関連施策	［羽田耕治］	94
2.13	国際観光に関する統計施策	［田中一郎］	96
2.14	国内観光に関する統計施策	［安本達式］	98
2.15	ビジット・ジャパン・キャンペーン	［石井昭大］	100
2.16	旅行需要喚起のための施策	［千葉千枝子］	102
2.17	観光と休暇政策	［寺前秀一］	104
2.18	観光人材育成のための施策	［橋本俊哉］	105
2.19	MICE推進施策	［千葉千枝子］	107
2.20	クールジャパン	［山村高淑］	109
2.21	世界観光機関（UNWTO）	［田中一郎］	111
2.22	日本政府観光局（JNTO）	［田中一郎］	112
2.23	日本観光振興協会	［安本達式］	114
2.24	中央の観光関係団体	［安本達式］	117
2.25	地方の観光関係団体	［安本達式］	119

3. 観光と経済　〈編集担当〉小沢健市

3.1	観光と経済の関わり	［小沢健市］	124
3.2	観光生産物	［小沢健市］	125
3.3	観光需要と観光供給	［金城盛彦］	126
3.4	観光者の観光財・サービスの選択への属性アプローチ	［小沢健市］	128
3.5	観光市場	［金城盛彦］	130
3.6	観光財・サービス市場	［長橋　透］	131
3.7	観光需要予測	［原　忠之］	133
3.8	需要の弾力性の諸概念	［小沢健市］	135
3.9	観光におけるバンドワゴン効果とスノッブ効果	［麻生憲一］	137
3.10	観光と時間・余暇時間の選択	［金城盛彦］	139

3.11	観光者の観光地選択	[大江靖雄]	141
3.12	不確実性と観光者の分類	[麻生憲一]	145
3.13	観光市場における情報の不完全性	[小沢健市]	147
3.14	観光財・サービスの価格戦略	[小沢健市]	148
3.15	観光税とその帰着	[佐々木康史]	154
3.16	観光資源の経済分析	[大江靖雄]	156
3.17	観光企業とアイデンティティ	[大江靖雄]	158
3.18	観光の環境への影響	[佐々木康史]	159
3.19	国際観光と為替相場	[佐々木康史]	161
3.20	国際観光と国際貿易（見えざる貿易）	[小沢健市]	162
3.21	観光と経済成長・経済発展	[長橋　透]	163
3.22	観光の経済効果・手法と計量	[原　忠之]	165
3.23	観光政策と経済政策	[長橋　透]	167
3.24	持続可能な観光	[麻生憲一]	168
3.25	貧困と観光	[藤巻正己]	169

4. 観光産業と施設 〈編集担当〉稲垣　勉

4.1	観光産業	[稲垣　勉]	174
4.2	旅行業務と旅行業の経営基盤	[矢嶋敏朗]	176
4.3	宿泊業の法的枠組み	[岡本伸之・藥師丸正二郎]	180
4.4	ホテル	[岡本伸之・金　振晩]	184
4.5	旅　館	[福島規子]	186
4.6	生業的宿泊施設	[稲垣　勉]	188
4.7	グローバル化のなかでの宿泊業―国際チェーン	[金　振晩]	190
4.8	MICEとIR	[韓　志昊]	192
4.9	博物館・美術館	[古本泰之]	194
4.10	ジオパーク	[菊地俊夫]	196
4.11	テーマパークとディズニーランド	[豊田由貴夫]	197
4.12	建築としての観光施設	[毛谷村英治]	199
4.13	観光産業におけるアセットマネジメント	[西山桂子]	201
4.14	観光と商業（物販）活動	[金　振晩]	203
4.15	観光産業における人材開発	[金　蘭正・崔　錦珍]	205
4.16	通訳ガイド業と観光情報	[橋本佳恵]	207
4.17	ガイドブックと旅行ジャーナリズム	[石橋正孝]	209
4.18	観光情報と観光メディア	[大谷新太郎]	211
4.19	観光とインターネット	[大谷新太郎]	213
4.20	ICTと観光	[大谷新太郎]	215

5. 観光計画 〈編集担当〉古賀 学

5.1	観光計画の変遷	[古賀　学]	220
5.2	観光調査・計画の種類	[全　相鎮]	222
5.3	観光調査・計画の手順	[捧　富雄]	224
5.4	観光需要予測	[阿比留勝利]	226
5.5	観光マーケティング	[阿比留勝利]	228
5.6	観光入り込み客数調査	[近藤千恵子]	230
5.7	観光の費用対効果	[古賀　学]	232
5.8	地域資源の活用と観光振興	[上村　基]	234
5.9	観光資源の評価	[梅川智也]	236
5.10	着地型観光	[上村　基]	238
5.11	名所・史跡と観光振興	[鷲尾裕子]	240
5.12	温泉観光地の振興	[内田　彩]	242
5.13	町並み保存と観光振興	[米田誠司]	244
5.14	自然地の観光振興	[山本清龍]	246
5.15	都市の観光振興	[熊谷圭介]	248
5.16	農林漁業と観光振興	[山本清龍]	250
5.17	食の観光振興	[米田誠司]	252
5.18	国際交流を生かした観光振興	[鷲尾裕子]	254
5.19	リゾート計画	[前田　豪]	256
5.20	観光景観計画	[熊谷圭介]	258
5.21	観光交通計画	[米田誠司]	260
5.22	観光ルート・コース計画	[大隅一志]	262
5.23	旅行商品化計画	[千葉千枝子]	264
5.24	観光情報計画	[武内一良]	266
5.25	案内標識計画	[武内一良]	268

6. 観光と地域 〈編集担当〉白坂 蕃

6.1	地域開発と観光	[フンク・カロリン]	274
6.2	地域アイデンティティと観光	[フンク・カロリン]	276
6.3	都市観光	[淡野明彦]	278
6.4	農山漁村と観光	[呉羽正昭]	280
6.5	風景と景観（景観保存）	[屋代雅充]	282
6.6	温　泉	[内田　彩]	284
6.7	観光農園	[林　琢也]	286
6.8	島嶼観光	[古賀　学]	288
6.9	リゾート	[呉羽正昭]	290
6.10	避暑と別荘地	[十代田朗]	292

6.11	観光とコモンズ	[池　俊介]	293
6.12	新しい観光地化の波	[小長谷悠紀]	295
6.13	観光とごみ	[渡辺浩平]	297

7. 観光とスポーツ 〈編集担当〉白坂　蕃

7.1	観光とスポーツの関わり	[岡本純也]	302
7.2	マリンスポーツ	[佐藤大祐]	304
7.3	海水浴	[小口千明]	306
7.4	スキー	[呉羽正昭]	307
7.5	ゴルフ	[田中淳夫]	309
7.6	登　山	[猪股泰広]	311
7.7	テニス	[河原典史]	313
7.8	オリンピック	[吉田政幸]	315
7.9	野　球	[吉田政幸]	317
7.10	サッカー	[小西弘樹]	319
7.11	自転車	[天野宏司]	321
7.12	バレーボール	[鳥羽賢二]	323

8. 観光と文化 〈編集担当〉山下晋司

8.1	文化という観光資源	[山下晋司]	328
8.2	文化の客体化	[太田好信]	330
8.3	文化の商品化	[鈴木涼太郎]	332
8.4	オーセンティシティ	[葛野浩昭]	334
8.5	疑似イベント	[堀野正人]	336
8.6	歴　史	[須田　寛]	338
8.7	産　業	[須田　寛]	340
8.8	文化的景観	[菊地　暁]	342
8.9	芸　能	[橋本裕之]	344
8.10	文　学	[鬼頭孝子]	346
8.11	音　楽	[福岡正太]	348
8.12	祭　礼	[中西裕二]	350
8.13	イベント	[韓　志昊]	352
8.14	巡　礼	[門田岳久]	354
8.15	イスラーム	[安田　慎]	356
8.16	観光文化	[橋本和也]	358
8.17	おもてなし	[福島規子]	360
8.18	みやげ	[橋本和也]	362
8.19	ツーリストアート	[大村敬一]	364
8.20	写　真	[山下晋司]	366

8.21	シミュラークル	[遠藤英樹]	368

9. さまざまな観光実践 〈編集担当〉山下晋司

9.1	観光実践の諸類型	[山下晋司]	374
9.2	エスニックツーリズム	[葛野浩昭]	376
9.3	若者の旅	[山口　誠]	378
9.4	バックパッカー	[横山　智]	380
9.5	女性の旅	[豊田三佳]	382
9.6	障害者の旅	[安藤直子]	384
9.7	スタディツーリズム	[堂下　恵]	386
9.8	修学旅行	[矢嶋敏朗]	388
9.9	留　学	[矢嶋敏朗]	390
9.10	まち歩き	[淡野明彦]	392
9.11	ショッピングツーリズム	[堀野正人]	394
9.12	フードツーリズム	[丹治朋子]	396
9.13	セックスツーリズム	[市野澤潤平]	398
9.14	ニューツーリズム	[堂下　恵]	400
9.15	エコツーリズム	[海津ゆりえ]	402
9.16	グリーンツーリズム	[堂下　恵]	404
9.17	アグリツーリズム	[大江靖雄]	406
9.18	コミュニティベーストツーリズム	[岩原紘伊]	408
9.19	ヘリテージツーリズム	[三浦恵子]	410
9.20	コンテンツツーリズム	[岡本　健]	412
9.21	医療ツーリズム	[豊田三佳]	414
9.22	ライフスタイルツーリズム	[小野真由美]	416
9.23	ボランティアツーリズム	[依田真美]	418
9.24	ダークツーリズム	[井出　明]	420
9.25	ポストコロニアルツーリズム	[鈴木涼太郎]	422
9.26	ポストモダンツーリズム	[須藤　廣]	424
9.27	外国人による日本観光	[T. E. ジョーンズ]	426

付録1	日本観光年表	429
付録2	日本の世界遺産	436
付録3	観光関連法規	438
索　引		439

1 観光の基本概念

「観光とは何か」という質問に簡単に答えることは難しい．観光を移動という視点でとらえれば国内移動だけではなく，国際間の移動も観光を構成する．近年，日本のスキー場に外国人スキーヤーがやってくるようになった．その理由を探ることは観光研究の重要な役割である．そのためには観光の基本概念を整理して，共通の認識をもつ必要がある．

第1章は「観光」や「ツーリズム」の基本概念を整理して，その事象の全体を俯瞰する役割を担っている．

写真：地元の人びとと歓談するオーストラリアからのスキー客（2010年2月，野沢温泉スキー場にて．撮影：白坂 蕃）

第1章　観光の基本概念

左上：『國技觀光』（本因坊丈和著，1825：文政8）の表紙と書き出し（序）［関連項目：1.2 観光の語源］
右上：観光クルーズ船（2016年5月，広島市五日市港，撮影：フンク・カロリン）［関連項目：1.24 観光と船］
中：富士山・吉田ルートにおける上りの登山者の様子（撮影：T. E. ジョーンズ）［関連項目：1.18 インバウンドと自然公園］
下：伊勢参宮略図（歌川広重画「伊勢参宮略図并東都大伝馬街繁栄之図」）（国立国会図書館ウェブサイトより）
［関連項目：1.25 名所旧跡・社寺］

第 1 章　観光の基本概念　　3

上：白川郷（1995 年に「白川郷・五箇山の合掌造り集落」として世界遺産登録）［関連項目：1.26 世界遺産］
左下：名勝小金井桜（歌川広重画「富士三十六景　武蔵小金井」）［関連項目：1.25 名所旧跡・社寺］
右下：黒部峡谷鉄道のトロッコ列車（撮影：古賀　学）［関連項目：1.23 観光と鉄道］

1.1 観光の定義

ひとの移動は人類の歴史とともにあった．例えば縄文時代に日本海側の翡翠が北海道に運ばれていたが，これを運搬していたひとは交換のために移動し，居住地に帰着した．今日の視点から，これを「旅」や「トラベル」と分類することは可能であろう．このように人びとが「なぜ，旅に出たのか」を手がかりに史的に分析し，さらにその形態をも合わせて考えることによって「観光」を定義することが可能であり，大切な作業である．また「言葉」の背後にあって言葉を生み出した人びとの歴史や生活環境を分析する（荒井 1989；アーリ 1955；佐竹 2010）ことが「観光」を定義するには重要である．観光を定義することは tourism をも定義する必要がある．まず UNWTO の定義を手がかりに，研究者の業績などからツーリズムを考える．

UNWTO によるツーリズムの定義 1925年に公的旅行機関国際連盟（OUOTO: International Union Official Travel Organization）が設立され，1975年には世界観光機関（WTO: World Tourism Organization）になった．さらに2005年に国際連合の専門機関となり UNWTO とよばれる．この UNWTO の「ツーリズム部門会計；TSA: RMS 2000: *Tourism Satellite Account: Recommended Methodological Framework 2000*」および同「RMS 2008」では tourism を次のように定義している．

「ツーリズムとは継続して1年を超えない範囲でレジャーやビジネス，あるいはその他の目的をもって日常生活圏の外に旅行（travel）したり，滞在したりする人びとの活動をさす．それは訪問地で報酬を得ない活動である」．この定義には少なくとも基本的には以下の三つを包含する．①旅行者が日常生活圏を超えて移動するが居住地に戻る，②旅行の期間は1泊以上12カ月以内である，③興業や出稼ぎは含まないが商用目的の旅行は含まれる．ツーリズムについて一般的には，この内容で国際的な合意が形成されている．

UNWTO のように観光をレジャー活動の一部としてみると，観光とは定住圏の外でするレクリエーションで，特に旅行を目的とするか，旅行がその目的の一部となる活動である．しかし，この定義は国際間のツーリストの移動は説明できるが，定義が大まかすぎて国内のツーリストを説明しきれない．

さらに，この定義はビジネスや友人・親戚などを訪問するツーリストを含むのでフランスをはじめ，米国，カナダ，英国などでは滞在期間や移動距離などを加味して独自に定義している（溝尾 2009）．

本書における観光の定義 観光を定義するには，どのような視点から観光をみるかが重要となる（安村 2001）．日本には「旅」「旅行」ということばがあるが，旅は「物見遊山」的な行動ともみられてきた．

しかし英語の tour（出発点に帰着できる行動）と同じような意味をもたせて，「観光」を使い始め，これが明治期に引き継がれた．そして大正期以降，観光は「旅」「旅行」，そして「ツーリズム」と同じような意味で用いられるようになった．ドイツ語の Fremdenverkehr（異邦，または異邦人の往来）もツーリズムや日本語の「旅行」と概念をほぼ同じくすると筆者は考える．

一方，海外における観光宣伝，国内での外国人観光客に対する案内を業務とする独立行政法人の名称は国際観光振興機構（通称：日本政府観光局，JNTO：Japan National Tourism Organization）で，観光庁は Japan Tourism Agency である．日本政府関連の機関は観光の意味でツーリズムを使用している．

ところで，日本には「観光基本法」（1963年制定）や「観光立国推進基本法」（2006年制定）があるが，そのどこにも「観光の定義」

はない．日本の公的な機関で観光を定義したのは観光政策審議会の答申（1969年）のみである．そこでは観光はレクリエーションの一部であり，日常生活圏を離れて行うレクリエーションを観光と定義した（溝尾 2009）．

観光が及ぼす社会への影響が第二次世界大戦後，特に大きくなり，その概念が内包するものも拡大してきた．「観光」は観光行動をさす場合と，関連するさまざまな現象面をさす場合とがある．

観光を狭義に使うなら英語の sightseeing の意味になる．広義には「日常生活圏を離れて行う遊び／ふれ合い／学びなどを目的とした旅」とする方が今日の状況を説明するし，それは観光政策審議会の定義に近くなる．「ツーリズム」は上記の観光に，さらにビジネスや帰省など，すべての旅行を含めた概念になっているので観光はツーリズムの一部であるともいえる．したがって，従来から筆者はツーリズムを観光とはしないで，そのままツーリズムとした方がよいと考えてきた．

例えば，1990年代から英国では volunteer tourism という言葉が使われ始めた．東日本大震災後，さまざまな手伝いに出かけるボランティアがみられる．それをボランティア観光というと多くの人びとには違和感があろう．また medical tourism を医療観光とするとしっくりこない．またツーリズムには，いわゆる海外でのロングステイも含まれ，さらに最近ではライフスタイルツーリズム（移住），ダークツーリズムという表現もある．限定された意味で使われる「観光」よりも，旅行者のダイナミックスを表現するには「ツーリズム」が適切であると考えられる事象も増えてきたのである．

観光とツーリズムの使い分け　しかしながら日本では「観光」が「ツーリズム」と，ほぼ同義語として広く流布した現在，ことさらに観光とツーリズムは異なる概念であるといっても手遅れの感があるので観光とツーリズムを使い分けるしかない．

観光やツーリズムの本質は知りたいという願望や欲求のなかから醸成されたので，それぞれが含む意味は重なる部分が大きい．

そこで，観光とツーリズムを本書でも，ほぼ同じ概念として使用する執筆者もいるが，異なるものとして使い分ける執筆者もある．

これまでの観光やツーリズムの現象を取り上げた研究成果を渉猟すると観光の定義には少なくとも以下のことが必要である．つまり，観光とはビジネスのための移動を除いて人間が楽しみのために移動することだけではなく，学習，療養，ボランティアなどの活動をも含む広い概念である．また，その移動と移動期間をも含めなければならない．そこで簡潔に観光の定義を試みれば次のようになる．

「観光とは国内国外を問わずに人びとが報酬を得ることを目的としないで一時的には居住地を離れるが，そこに戻ることを前提として，ある期間のなかで行う行動／活動である．また，それによって惹起される文化的事象の総体である」．したがって，出稼ぎ，興業などは含まないが，スポーツをするために，また観戦するために移動することなどは含まれる．

今日，観光は自然科学なども含めて，あらゆる社会科学や人文科学が，それぞれの視点から取り組む研究対象になった．マスコミや行政などはツーリズムの意味で観光という用語を「定義しないで」使い続けるであろうが，研究においては必要に応じて「定義して使う」ことが求められる．　　　　　（白坂 蕃）

文献

荒井政治 1989『イギリスの経験：レジャーの社会経済史』東洋経済新報社，332p.

アーリ，J.（加太宏邦訳）1995『観光のまなざし―現代社会におけるレジャーと旅行―』法政大学出版局，289p.

佐竹真一 2010「ツーリズムと観光の定義―その語源的考察，および，初期の使用例から得られる教訓―」大阪観光大学紀要，**10**：89-98．

溝尾良隆 2009「ツーリズムと観光の定義」溝尾良隆編著『観光学の基礎』原書房，pp.13-42.

安村克己 2001『社会学で読み解く観光：新時代をつくる社会現象』学文社，272p.

1.2 観光の語源

観光とツーリズムの歴史的事情 大和言葉の「たび」に多比や多鼻の文字をあてた．多くの辞典類は「たび」は住んでいるところを一時的に離れて，他所に行くことであるとしている．「たび」の語源は「たどる日」であるという（『新編 大言海』冨山房，1990）．

ところで，幕末の 1856 年（安政三）に 3 隻のオランダ船が長崎に到着し，そのうちの一隻（500 t）が幕府に献上され，「観光丸」と命名された（井上 1957）．これが「観光」の日本での初出で，「観光」は中国の古典のひとつから引いたものと人口に膾炙(かいしゃ)している．

つまり，紀元前に成立した『易経（上）』（高田真治・後藤基巳 訳，岩波書店 1969, p.206）に「觀國之光，利用賓于王」とあり，「國の光を觀(み)る．もって王の賓(ひん)たるに利(よ)ろし」から「観光」が導かれた．そして「観光とは，その地域（または外国）に固有の文化をまなび，それを自分の属する社会や地域（国）に役立てる」ことだ（井上 1957）とされてきた．

このように観光の「光」には文化の概念を含んでいる．また，本来，観光とは国際的視野をもっていた．しかし，その観光は旅と直接的には関係ない言葉であった．

「観光丸」以前にも，すでに観光という「言葉」の使用例が日本にはあった．中世の禅僧による観光の用例がある．また江戸時代の観光の用例で確認されているもっとも古いものは 1680 年である．近世には幕府により朱子学が奨励され，その展開過程で『易経』の中の「観光」が学者の間で流布した．例えば『國技觀光』（1825；文政八）は囲碁の布石の研究と打碁集であり，『易経』にある「觀國之光」の國を「囲碁（国技）の世界」に置き換えた表現とみることもできる（溝口 2010）．この「観光」は，今日の「観光」とは大きく異なった概念であった．

10 世紀末の仏教関係の典籍にも「観光」の用例がある．日本では 14～15 世紀に禅僧の用例もあるが，仏教関係者以外の用例は現在のところ見出されないが，朱子学関係の人びとは「観光」を目にしていた（溝口 2010）．

また中国には遊覧の意味で「観光」という言葉が少なくとも 11 世紀からあり，それが 13 世紀後半より 16 世紀に至る五山文学にもたらされた可能性もある（上田 2004）．

江戸時代の観光の用例は 17 世紀後半からかなり確認され，いずれも『易経』に由来するものと判断される（溝口 2010）．「観光亭」（1680），『観光集』（太田南畝，1794），水戸藩の年中行事を記した立原万『観光紀節』（1824），会津藩の秋月胤永の『観光集』（西国の列藩を訪問し，その制度，風俗を観察した記録；1860），福沢諭吉の『西洋事情』（1866）などである．

佐野藩は 1863 年に創設した藩立学校のひとつに「観光館擇善堂」と命名した（佐野市史編さん委員会 1973）．

日本には旅／旅行という言葉があったが，件の観光丸が米国という土地を訪問し，帰国したことなどから tour（出発点に帰着できる行動）と同じ意味で観光を使い始め，明治期に引き継がれたものといえる．

tour は『英和対訳袖珍辞書』（堀達之助編，堀越亀之助補，1862）には「周ること，旅行」とあり，『改正増補 和訳英辞書』（薩摩英学生編，1869）には「周行」とある．それが昭和初期の『新外来語辞典』（有馬祐政監修，国語研究会編，富文館，1928）では「観光旅行」となった．

観光を現在のツーリズムのように公に使用したのは 1893 年に設立された喜賓会で，その設立目的に「観光」を用いた（溝尾 2009：22）．この喜賓会（Welcome Society）は外国人客の日本への誘致を目的にしてお

り，1912年にはジャパン・ツーリスト・ビューローへと発展・改称した．

　tourismの訳語として「観光」が一般的に使用されるようになったのは大正期であったと筆者は推測する．しかしながら，すでにその頃には「観光」は幕末までの「観光」からは意味が変質していた．

　中国にも「観光」をはじめ，「旅」「旅客」「旅行」などの用語がある（『中日大辞典（改訂第二版）』大修館書店，1987ほか）．中国でいう旅游は「旅行游覧」の略である．

　ツーリズム（tourism）　日本の観光という表現に対応する英語には journey, travel, trip, tour, excursion, sightseeing, circuit, pilgrimage などが想起される．

　ラテン語由来の英語 journey の語源は jour (day) で13世紀初頭に「旅の定められた進路」の意味で使われ始めた（佐竹 2010）．

　一方，journey は陸の旅であり，骨の折れる旅を意味する．海の旅は voyage である．また travel はイギリスでは14世紀から用いられ，ある場所から別の場所に移動する動きに言葉の重点があり，trip のように出発点に戻ることを意味せず，旅行期間の長短をも表現しない．語源的に travel は trouble（骨折り，苦労）や toil（苦痛，骨折り仕事）から派生した．「移動する」ことは辛い作業であったからである．

　16世紀のヨーロッパにおいて旅は travel「危険な行動」から tour「出発点に帰着できる行動」になり，tour が一般に使われるようになったのは1600年代の中頃である（*Oxford English Dictionary*, CD-ROM 版，2009）．

　旅行を意味する trip が，特に短い旅の意味で使用されるようになったのは17世紀末である（佐竹 2010）．

　また trip とは「何かの目的をもって出かけて，出発点に戻る」行動をいうが，本来は，その時間的長さを表現しない．したがって，手洗いに行くことも長い海外旅行も trip である．

　The tour（教育的な旅行），the grand tour, to tour（周遊旅行をすること）などは18世紀初頭にイギリスで使われていた（ボワイエ 2006）．

　17世紀から19世紀にかけてのヨーロッパで tour, tourism が用語として確立した背景には産業革命の進展があった．*Oxford University Dictionary* (2nd ed. 1989) などによれば，英国における tour の初出は1320年頃であり，旅行としての意味での文献上の初出は1643年，tourism の初出は1811年である．

　今日，tour は「予定の地点を回り，出発点に帰着する」ことを意味する．この tour の語源はラテン語で，ろくろや円を意味するトゥルヌス tornus である．それがギリシャ語（tórnos），フランス語に取り入れられ，英語でも17世紀半ばから tour の意味となり，旅をさす言葉になった（チャントレル 2015 など）．

　和英辞典などで観光に関する用語をみると観光客 tourist，観光産業 tourist industry などとなっており，観光を含む用語のなかに tourism はなく，tourism は抽象的な概念である．したがって，観光に一番よく対応する英語は tourism である．　　　　（白坂 蕃）

文献
井上萬壽蔵 1957『観光教室』朝日新聞社，pp.43-65.
上田卓爾 2004「中国における「観光」の用例と日本への伝播」日本観光学会誌，**45**：83-87.
上田卓爾 2008「日本における「観光」の用例について」名古屋外国語大学現代国際学部紀要，**4**：85-104.
佐竹真一 2010「ツーリズムと観光の定義—その語源的考察，および，初期の使用例から得られる教訓—」大阪観光大学紀要，**10**：89-98.
佐野市史編さん委員会 1973『佐野市史，資料編2：近世』佐野市役所，pp.881-883.
チャントレル，グリニス（澤田治美監訳）2015『オックスフォード英単語由来大辞典』柊風舎，p.954.
ボワイエ，M.（成沢広幸訳）2006『観光のラビリンス』法政大学出版局，pp.35-89.
溝尾良隆 2009「ツーリズムと観光の定義」溝尾良隆編著『観光学の基礎』原書房，pp.13-42.
溝口周道 2010「「観光」の語源について」日本観光研究学会全国大会論文集，**25**：121-124.

1.3 観光の誕生

「観光の誕生」とは　歴史を振り返れば，狩猟採集や遊牧から，交易，国防，軍事的な遠征，巡礼や留学に至るまで，人間はさまざまな移動を経験してきた．当然のことながら観光もまた人間の移動の一形態であり，これら多様な移動のあり方の延長線上に位置づけられる．では，観光という移動の形態は，いつ，いかにして誕生したのであろうか．

ただし観光の誕生について理解するためには，確認しておかなければならない問題がいくつか存在している．ここでは三つの留意すべき点を整理したうえで，一般的な観光の誕生のとらえ方を紹介することとしたい．

観光の定義をめぐる問題　観光の誕生について考えるためにまず整理しなければならないのは，観光の定義をめぐる問題である．1.1項「観光の定義」でも論じられているように，観光という概念には，さまざまな定義が存在し，現代観光を一義的に説明することは困難である．そのため，どのように観光という現象をとらえるかによって，その誕生は異なる時点をさすことになる．

例えば，統計上の観光の定義について考えてみよう．世界各国・地域では，それぞれの実情に合わせ，移動の距離や旅行の期間，データ収集手段の有無などによって統計上の定義を便宜的に定めている．その代表例であるUNWTOの定義のように，仮に観光を1日以上365日未満の旅行とするのであれば，広範な人の移動がそこに含まれることになる．獲物を追って旅する狩猟民，家畜とともに移動する遊牧民ですらそこに含めることも可能なのである．そうすれば，紀元前から観光は存在し，観光の誕生は人類の誕生とほぼ同義となってしまう．もちろん，それを論じることに意味はない．

観光研究は多様な領域の理論や方法論によって接近が試みられる複合的な研究分野である．そのためさまざまな分野で研究目的に即して観光の定義がなされている．結果として，研究分野の定義ごとに「観光の誕生」を論じることも不可能ではないだろう．したがって，現実的に必要とされているのは，観光に明確な定義づけを行うことよりも，むしろ「誕生」を論じるために観光という移動を他の移動の形態から切り離して特徴づけている基本要件を確認することなのである．そこで本項では，一般に用いられる「楽しみのための旅行」というとらえ方を基本として観光の誕生について考えていくこととする．

観光の語源　次に観光という言葉の問題である．一般に日本語における「観光」の語は，古代中国の『易経』の一節「国の光を観る」が語源とされている．そこで注意が必要なのは，『易経』をいかに解釈するかはともかく，当初からこの言葉が「楽しみのための旅行」という意味で使用されていたわけではないということである．幕末にオランダから贈られた蒸気船「観光丸」における用法は，明らかに異なる用法であったと考えられ，観光の語が現在のような意味で公的に用いられるようになったのは，1930年の鉄道省による「国際観光局」の設置とされる．

重要なのは語源は，あくまでも語源であり，「楽しみのための旅行」という意味での用法の定着や現象としての観光旅行とは別次元の問題であるということ，したがって，単純に観光の語の出現をもって観光の誕生を論じるわけにはいかないということである．しばしば，この観光という言葉の語源と「観光の本質」「本来の観光の姿」を同一視する混乱した議論がみられるが，注意深く避けねばならない．

次項の「世界観光史」や「日本観光史」でも詳述されるように，観光という言葉の誕生以前にも現在の私たちが観光とよぶ現象と類似した特徴を有する人間の移動の形態は存在

してきたのである．

「観光の歴史」の偏在　人の移動をめぐる歴史の偏在も考慮されるべき問題である．観光の歴史をめぐる研究の大部分は歴史学の蓄積に依拠するものであるが，その多くは文字によって書かれた資料をもとに構成されてきた．それゆえ，文字をもたない人びと，あるいは文字資料が残されていない地域の人びとの移動については十分に明らかにされていない．

結果として，観光の歴史は，西洋社会中心に描かれてきた．それは人間の移動が西洋においてとりわけ活発だったことを単純に意味するのではなく，歴史研究，そして観光研究が西洋を中心に蓄積されてきたことによるのである．

もちろん，日本では歴史上の観光的な旅についての記述が蓄積されている．国外の文献で紹介される機会は限定的であるが，日本に観光の誕生と関わる移動の歴史がなかったというわけではない．

同様に，これまで研究が蓄積されていなかった地域に観光的な旅がなかったとは限らない．それらは，あくまで研究の不在であり，例えば，イスラーム圏の巡礼や中国をはじめとしたアジアの大陸部における交易の旅は観光の誕生を考えるうえできわめて興味深い．

マス（大衆／大量）観光の誕生と近代　以上をふまえつつ，これまでの観光研究において一定の合意を得ているのは，観光の誕生を近代，とくに西洋近代に求めるとらえ方である．その理由は二つの側面から整理できる．

第一に，近代において過去のさまざまな人間の移動のなかで観光旅行を特徴づける「楽しみのための旅行」という側面が前景化したということである．観光は商業目的の交易や教育目的の留学，宗教的な巡礼と重なる部分をもちつつも，労働や義務的な移動の対立項として，基本的に余暇時間に自発的に行われる活動としてとらえられる．このような特徴をもった移動のあり方が移動の目的として確立したのが近代なのである．

第二に，そのような移動の形態が多くの人びとに可能となる状況が出現したのが西洋近代であるということである．「楽しみのための旅行」自体は，西洋社会では，さかのぼれば古代エジプト・ギリシャ，ローマ帝国の時代にも存在していたと推測される．しかし，それらは貴族階級などに限られたものであった．

それに対し，産業革命を経た近代以降，「楽しみのための旅行」が広く社会一般の大衆に可能となり，大量の観光客を生み出した．社会の産業化とともに労働と余暇が分離し，また産業革命を支えた鉄道などの技術の発展が人びとの移動をより容易なものとした．さらに印刷・通信技術の発展や，帝国主義による西洋社会の地理的拡大が，それらを下支えする．それらの象徴が，トマス・クックの活躍に代表される旅行業の発展であった．近代は観光旅行へ出かける人びととそれを可能とする産業システムが広く整備された時代であり，それゆえ，観光の誕生の時期とされているのである．

ただし，先にふれたように，これはあくまで西洋社会を中心としたとらえ方である．「楽しみのための旅行」が広く大衆に可能となり，そのための産業的基盤が整備されているという条件でみれば，江戸時代の日本における伊勢参宮も類似した事象としてとらえられる．また研究成果が蓄積されていない地域にも同様の事例が見出されるかもしれない．その意味で，「観光の誕生」について考えることは，観光を学ぶ者にとっての基礎であり，同時に研究の最前線でもあるのだ．　　　〔鈴木涼太郎〕

文　献

カッソン，L.（小林雅夫監訳）1998『古代の旅の物語』原書房．
千住　一 2014「歴史学の視点」大橋昭一ほか編『観光学ガイドブック』ナカニシヤ出版，pp. 52-57．
前田　勇編著 2015『新現代観光総論』学文社．

1.4 世界観光史

　世界の観光史を通史として書いた書物は、まだない．それだけ観光のとらえ方が難しいからであろう．観光とは日常生活圏を離れ、楽しみや保養のために行う旅をさすのだが、「観光の旅」が概念として一般の旅から独立するのは 18 世紀に英国貴族の子弟によるグランドツアーが活発化してからである．それ以前の旅に「観光」の要素がなかったわけではない．古代ギリシャ・ローマ時代にはすでに好奇心にもとづく旅が積極的に行われていたし、また旅の目的が「観光」でなく公用、商用であっても、旅には常に文物、景観を楽しみ、飲食し、出会いを喜び、新しい発見をもたらす時間帯があり、その体験の内容と価値を「観光」と区別することはできない．したがって、観光史では観光の旅が一般の旅から独立する過程をみておく必要があろう．

　観光史の難題の第二は観光行動と観光現象の変遷だけでなく、産業史に関わる部分が不可欠という点である．観光の歴史は観光を可能にする交通、宿泊、飲食、観光対象などの総体である観光産業の発展と不可分である．ところが産業分類のなかに「観光産業」が存在しえないように、観光はあらゆる産業が生産するモノとサービスのうえに成り立っていて、それらをどこまで採り入れていくかが問題となる．少なくとも交通、宿泊、そして近代以降では旅行業の三つの産業の変遷は取り上げる必要があるだろう．観光を可能にする経済や社会の発展、政策のあり方や価値観との関わりなどの外的要因も無視することはできない．観光の発展もヨーロッパが先行したから、世界観光史もヨーロッパ中心とならざるをえず、他地域については必要に応じてみていくことになる．

1. 近代ツーリズム以前（1830 年以前）

　古代と中世の旅　古代ギリシャ・ローマ時代すでに観光目的の旅も行われていた．紀元前 5 世紀、ペルシャ、エジプトなど古代オリエント地方を広く旅した見聞を「歴史」と題する書物に残し、人類初のトラベルライターとよばれるヘロドトスと紀元 2 世紀のローマ時代に「ギリシャ旅行案内」を書いたパウサニアスは後世の観光に残した偉大な功績とともに古代の観光を代表する人物である．ローマ帝国の時代には、今風にいえば高速道路のネットワークが張りめぐらされ、さまざまな旅のハード、ソフト両面のサービスが導入され、観光目的の旅がかなりの程度発展していた．

　ローマ帝国滅亡後の中世になるとイスラーム社会では旅が奨励され、誰でも参加できるキャラバン（隊商）やキャラバン・サライ（宿泊・交易地）などの旅のインフラが整備され、イブン・ジュバイルやイブン・バトゥータといった偉大な旅行者が出て、壮大な世界旅行記を残している．これに対し反知性的であったヨーロッパ中世期にローマ帝国の道路網は消滅し、巡礼以外の自主的な旅はほとんどなくなった．ヨーロッパ中世はサンティアゴ・デ・コンポステーラという聖地を生み、巡礼の目的地として栄えたが、この時代の巡礼は命がけの苦行で楽しみの旅とはほど遠かった．

　ルネサンス期に入ると各地に設立された大学の学生や教授、家門の高い知識人ら学問の徒が、キリスト教という共通の社会基盤のうえに立ってヨーロッパ域内各国に知的好奇心を満たす旅や楽しみのための旅を活発に行うようになった．この時代は、またポルトガルを先頭に海洋への冒険と探検に乗り出す大航海時代という名の旅の時代でもあった．

　ツーリズムの誕生　ルネサンスから啓蒙主義の時代を経て、産業革命とフランス革命という大きな社会変革期を通じてヨーロッパは近代社会へと移行する．観光の分野では 17 世紀にイギリス人が tour という新語を創造した．語源はラテン語の tornus（ろくろ）で、

ぐるぐる回るという語感から居住地を出発して教養と楽しみの回遊の旅をして戻ってくる行動を言い表す造語であった．それまでの travel, trip, journey などで表す旅とは異質の，用務を離れ，教養の向上と楽しみのための旅だけをさす新しい言葉を必要としたからであった．ツアーという用語が誕生し，19世紀のはじめに「ツーリズム」という抽象語（初の使用例は1811年）が生まれた．観光研究家はおおむねこの時期を固有のツーリズムの誕生期としている．交通手段はまだ馬車で，悪路を行く遠距離旅行は苦行でもあった．

2. 近代ツーリズムの誕生と発展（1830～1936）

　観光史の最大の画期は英国における1830年の旅客鉄道の誕生である．交通手段が馬車から鉄道に代わり，旅の歴史は不連続的発展を遂げる．移動が容易かつ安全になったことで一般市民のツーリズム参加が始まったからである．しかし鉄道はできても人が「遊びの旅」に出るためには，旅行情報をはじめとする旅のノウハウが必要である．一般市民を支援して観光の旅に連れ出したのは旅行業者であった．1841年にトマス・クックが付近に鉄道が開通したのを機に禁酒大会への鉄道利用のエクスカーション（遊覧小旅行）を募集した．ゆえにこの年が旅行業者誕生の年とされている．その後クックは観光ツアーを次々に募集するが，観光はシーズン性が高いうえに利益が薄くて専業では成り立たず，印刷業の片手間仕事としてやっていた．クックが旅行業専業に踏み切るきっかけは1851年にロンドンで開かれた世界初の万国博覧会であった．

　万博とオリンピック　万博は産業革命の成果を誇示し，機械と機械によって製造された商品を余すところなく展示して人びとを驚嘆させた．観光にとってこれ以上ない刺激であった．ロンドン万博は600万人の参観客を集めたが，クックは一人で16万人を集客した．この経験を経てクックは旅行業の専業に踏み切り，国内から大陸へとツアー目的地を拡大し，人びとを観光の旅に連れ出した．鉄道が近代ツーリズムの生みの親であるとすれば，旅行業は育ての親であった．万博と並ぶ大イベントとなる近代オリンピック大会は，1896年にアテネで第1回大会が開催されたが，当時，スポーツはまだ遊びの域を出ず，国家が関わる事業とはみなされなかった．しばらくは万博の添え物として開催され，大きく発展するのは第一次世界大戦後である．

　鉄道誕生とほぼ同じ時期に海上交通も帆船から蒸気船へと移行する．地中海はもちろん，アメリカ大陸との間に定期航路が誕生して旅の範囲が拡大した．1869年にはスエズ運河とアメリカ大陸横断鉄道が開通して世界一周旅行の可能性がみえてきた．すでにエジプトやパレスチナへのツアーを発売していたトマス・クックは世界一周旅行の準備を始め，1872年に初の世界一周ツアーを催行した．このツアーは明治日本にも立ち寄り，クックは非西洋国としては唯一日本を絶賛した．

　マスツーリズムへの助走　工業先進国の英国では19世紀末から20世紀はじめにかけて，非営利の青少年や勤労者用の夏期キャンプが設けられ，自然のなかで数週間を過ごす機会を与えるようになり，これが一般のホリデーキャンプへと発展していった．ドイツでは高校教師であったR.シルマンが1909年，若者が旅をしやすいよう「ユースホステル運動」を開始し，またたく間にドイツ全土に広がった．第一次世界大戦後にこの運動の国際展開が始まり，全世界に広がっていった．

　国民のための観光政策に着手したのは全体主義国家であった．1925年ムッソリーニは国民の心身の健康のために「労働後の国民運動」なる組織を結成してスポーツ，エクスカーション，観光旅行などの機会を安価に提供し，これに共鳴したヒトラーもこれに勝る規模で国民の観光旅行を促進した．

　労働運動と太陽　第一次世界大戦末期のロシア革命は労働運動を活気づかせ，資本主義諸国は対応策として国際労働機関（ILO）を

設立して労働の国際基準を導入した．

労働運動の輝かしい成果のひとつが有給休暇の制度化であり，これがマスツーリズムの出発点となる．フランスの人民戦線内閣が1936年に有給休暇法を制定し，すべての労働者が連続2週間の有給休暇を保証されたことによって，それまで観光とは無縁であった労働者階級の間にもツーリズムへの参加が広がった．同年 ILO が年次有給休暇に関わる第52号条約を制定して1週間以上の有給休暇を国際基準とし，連続有給休暇制度が先進国に広がった．これは鉄道と並ぶ観光史第二の画期である．1936年の夏，早くも労働者階級が海岸や山岳に繰り出したが，間もなく第二次世界大戦によってこの流れは中断した．

19世紀末以来，製造業が大発展を遂げていた米国は第一次世界大戦後に一大工業国家へと成長し，大量の観光客を祖先の地ヨーロッパに送り出すようになった．欧州の富裕階級の避寒地として発展してきたコートダジュールは彼らのための夏のバカンス地へと変貌した．また A. ロリエの書『日光浴療法』(1923) は冬に太陽に飢える北ヨーロッパの人びとによる北から南への「太陽観光」を促進した．ヨーロッパ特有の南への大衆バカンス発展の芽は1930年代に生まれていたが，本格的な展開は大戦後1950年代から60年代にかけて行われた「万人に観光を！」をスローガンとする官民合同の国際的なソーシャルツーリズム運動によってであった．

1929年の世界恐慌の影響で貿易が激減し，観光外貨が「見えざる貿易」として注目されるようになった．欧州各国が政府観光局 (NTO) を設立して対外観光宣伝を開始したが，やはり本格的な外客誘致競争が始まるのは大戦後である．

3. 第二次世界大戦後の観光

第二次世界大戦の惨禍はヨーロッパ諸国に深刻な反省を強いた．石炭鉄鋼を共同管理にして戦争の歯止めをかけ，庶民の国際交流こそ平和維持に不可欠として国連主導のもとに国際観光往来の容易化を強く推進した．

マーシャル・プラン 第二次世界大戦は富を米国に集中させた．戦後のアメリカは有り余るドルを背景に「マーシャル・プラン」によって欧州復興支援を行い，その一環として米国人の欧州観光を奨励した．欧州諸国は「欧州旅行委員会 (ETC)」を結成して共同で対米観光宣伝を実施した．マーシャル・プランの観光事業は成功し，以後，世界の外客誘致競争が活発に行われるようになった．

太平洋アジア観光協会 1952年，巨大な米国の国際観光客送出し市場を背景に「太平洋地域観光協会 (PATA)」が発足した．独立したばかりで観光とは無縁だったアジア諸国を米国がリードし，太平洋地域を新しい国際観光デスティネーションとして開発するという壮大な試みであった．PATA は，それまでの観光分野の国際組織と違って送出し国と受入れ国双方の官と業の代表で構成する類のない組織であった．加盟国の政府観光局と航空会社が主たる経費を負担した．一つの組織に観光往来の全要素を含んだことによる合理的かつ効率的な活動によってアジア太平洋地域は急速に国際観光地として成長し，名称も「太平洋アジア観光協会」と改称した．

航空観光旅行大衆化の時代 1960年代にジェット機が空を飛び始め，国際交通は航空機の時代となった．1970年の B747 (ジャンボ機) の投入によって航空輸送のキャパシティが倍増し，観光用のプロモーショナル運賃が導入されて航空観光が大衆の手の届くところまで割安になった．チャーター航空や定期航空の割引運賃を利用した旅行業者によるパッケージ旅行の大量生産によって航空観光もマスツーリズム時代に突入した．米国は1978年の航空規制緩和法によって国内航空を自由化し，次いで世界に向かってオープンスカイ政策を推し進め，航空観光の発展をリードしていった．

観光は世界最大の産業 観光の産業力は目に見えて高まり，1975年には国連機関の世

界観光機関（UNWTO）が誕生し，世界規模での観光政策が問われるようになる．1980年代には観光産業の総生産計量の試算が始まり，観光は世界最大の産業といわれるようになった．1994年に世界の国際観光客総数は5億人を超え，2012年には10億人に達した．

IT技術の驚異的発展は，情報が生命である観光のあり方を大きく変えつつ，さらなる拡大発展に導くであろう．

4. 現代観光の諸課題

今後アジア諸国をはじめ新しい国際観光市場が成長し，国際観光往来はますます拡大すると予想される．その展望において，他産業とは趣を異にするいくつかの世界観光の課題をみておきたい．第一が観光開発と環境保護に関する問題，第二が国際旅行商品を購入する消費者の保護，第三が比較可能な観光の調査，統計の創出の問題である．

観光開発と環境 1992年に開催された「開発と環境に関する国連会議（地球サミット）」において地球環境をこれ以上悪化させないための人類の行動計画「アジェンダ21」が採択された．観光と環境の問題の発生は古く，観光客の大量来訪が観光地の自然環境を破壊ないし劣化させるとの認識が早くから生まれ，さまざまな取り組みが行われてきた．それゆえ「アジェンダ21」に示された持続可能な開発というコンセプトに観光産業は，すばやく反応した．1995年には「観光分野のためのアジェンダ21」を作成し，それまでばらばらに対応してきた観光地の環境対策を統一して行う道筋がつけられた．官民の協力はもちろん旅行者をも含むパートナーシップ体制による技術やノウハウの相互交換が求められている．観光分野の環境保護対策は世界観光機関や国連環境計画によっても取り組まれている．

観光は他に産業のない途上国にとって富を得るほとんど唯一の可能性として期待されている一方で，無秩序の開発は貴重な資源を枯渇させる．観光産業は地球環境の保護に特殊な形の責任を担う産業である．

国際観光の消費者保護 旅行商品は事前に内容を確認せずに前払いする特殊な商品である．業者が倒産すれば支払い済みの予約客が旅に出られないとか，外国に置き去りにされるなどの事態が発生する．パンフレットの説明と現実が大きく違えば問題になるし，事故やミスの一次責任を誰が負うかなどの難しい問題も抱えている．ヨーロッパでは1992年にEU理事会指令によってEU諸国共通のルールが導入され，国際観光の消費者保護問題は大きく改善されたが，旅行商品の生産・流通構造が複雑化するにつれて，近年，改めて見直しが行われている．

観光分野の調査統計 産業はそれぞれ生産するものによって定義づけられ，生産物の量と質によって評価されるが，観光産業の生産物は多分野に分散していて統計的に把握するのは不可能に近い．消費面から計量するにしても人の自由な移動と，その消費額を推計する確たる方法がない．シェンゲン協定によって国境チェックを廃止し，ユーロ導入で外貨交換の計量もなくなったEU諸国間では観光統計のあり方を根本的に見直さざるをえなくなった．精度の高い統計が困難である一方で，巨大化した観光産業では長期計画の作成や投資，マーケティング活動のためにも信頼できるデータが不可欠である．可能な限り現実に近い推計を得るための観光統計の作成について国連レベルで長年研究と手法の開発が行われてきた．近年それがまとまり，旅行・観光サテライト勘定（TSA）などを含む新しい統計手法が試行中である． （石井昭夫）

文 献

石井昭夫「旅と観光の世界史」(http://www7b.biglobe.ne.jp/~aki141/)

オーラー，N.（藤代幸一訳）1989『中世の旅』法政大学出版局．

カッソン，L.（小林雅夫監訳）1998『古代の旅の物語』原書房．

ブレンドン，P.（石井昭夫訳）1995『トマス・クック物語：近代ツーリズムの創始者』中央公論社．

1.5 日本観光史

国単位の観光史は，国内観光と国際観光に分け，国際観光をさらに「アウトバウンド」と「インバウンド」に分けて考察するのがわかりやすい．島国日本では陸続きの国以上に国際観光と国内観光の差が大きく，特に近代観光以降は時代別に三様の歴史を縦割りに展望し，必要に応じてその関連を考察する．

1. 近代ツーリズム以前（1868年以前）

a. 古代・中世の旅

国際往来　日本近海の海上交通は難所が多く，古代・中世では外国との往来が格別に困難であった．国家成立のはるか以前から対馬海峡を経由して大陸との間に往来があり，日本に文字のなかった時代に，すでに中国の歴史書に「倭国」が登場し，3世紀の卑弥呼や5世紀の倭の五王の遣使などが記録されている．大和朝廷が成立してからは日本から海路中国に遣隋使，遣唐使が派遣され，留学生たちを帯同して当時の首都長安や洛陽にまで行っていた．送使や答礼使が来ることもあった．9世紀末に遣唐使が中止されると中国との国交は中断し，以後大陸との間は貿易船の往来がほそぼそとあるだけで，日本の歴史はほぼ孤立した状況で進んだ．

14世紀後半に明が建国され，それまで大陸沿岸地域を荒らしていた「倭寇」を取り締まり，明の皇帝の発給する勘合（許可証）による管理貿易の時代が始まったが，室町幕府が衰えた後に主役となっていた大内氏が滅亡し，勘合貿易は途絶えた（1551年）．

西欧人の来訪　日本の戦国時代はヨーロッパの大航海時代にあたり，ポルトガルとスペインが東南アジア方面に進出してきて西欧との接触が始まった．日本には1549年に宣教師フランシスコ・ザビエルが鹿児島に来訪したのが接触の始まりであった．次いでオランダと英国も登場し，日本との間で南蛮貿易が始まった．戦国時代末期の朱印船貿易である．朱印船は日本側が貿易の許可状を発して行う貿易であり，多数の日本人が東南アジアへ出かけて日本人町などの拠点を築き，往来も活発であった．この時期の特筆すべき旅は宣教師ヴァリニャーノによる「天正少年使節の派遣」（1582〜90）と伊達正宗が派遣した支倉常長を正使とする「慶長遣欧使節」（1613〜20）である．いずれも帰国時にはキリスト教が禁止されていて帰国者はみじめな運命をたどり，関連資料も散逸して日本側の資料は少ないが，当時のヨーロッパでは大きな反響をよび記録も多数残されている．

その後，将軍家光の時代に数次にわたる鎖国令（1633〜39年）が出され，人的国際交流が途絶して250年にわたる鎖国が続いた．

国内の旅　国内の旅は人が定住したときが始まりであり，人びとは生活のため公務のために旅をした．律令国家が成立した7世紀後半から8世紀にかけて大和を中心に東海，東山，北陸，山陰，山陽，南海，西海の七道の道路と駅伝制が整備され，任地への往来などの公務に利用されていた．観光的な旅といえば皇族や貴族の温泉湯治や熊野詣でくらいであった．平安時代の『土佐日記』や『更級日記』，鎌倉時代の『十六夜日記』や『海道記』などの旅日記が残されていて，ある程度，当時の旅の様子を知ることができる．旅日記の流行は同時代のヨーロッパにはなく，日本観光史の特徴である．

b. 江戸時代の旅

鎖国時代は国際交流のメリットを全否定した国際観光史の暗黒時代である．外国人の日本旅行といえば出島のオランダ商館長一行の将軍拝謁の旅と，朝鮮通信使，琉球使節の江戸参府くらいのもので，一般人の国際往来は出る方も入る方も完全に禁じられていた．日本人が自主的に国外へ出ることはなかったが漂流という形で東南アジア，北方ロシア，遠くは米大陸にまで達し，外の世界を垣間見た

が，原則として帰国は許されなかった．

鎖国によって維持された平和ゆえに国内観光は大きく発展した．参勤交代制度によって日本中の大名が引きも切らずに国元と江戸を往復し，そのための道路や宿や関連サービスが整備され，世界に先駆けて庶民の観光の旅も始まった．とはいえ物見遊山名目の往来手形は出なかったから湯治（医療目的）か寺社参詣（宗教目的）を名目にして実質的な観光の旅が行われたのであった．特に，お伊勢参りは講による代参制度や，御師とよばれる今日の旅行業の機能を果たす存在によって誰でも容易に伊勢神宮への参詣に参加できた．17世紀にオランダ商館の医師として商館長の江戸参府旅行に随行したケンペルが「老若男女を問わず伊勢への参詣客で街道が溢れている」と驚きをもって証言している．庶民の旅の手引きとして『名所図会』『旅行用心集』などが出版され，あれこれの道中記が参考にされた．なかでも『東海道中膝栗毛』（十返舎一九，1802〜09）は当時のベストセラーであった．大名の参勤交代の旅に随行する武士や従者たちは江戸滞在中に観光を楽しみ，江戸の文化の地方伝播が促進された．鎖国は国際往来を断絶させたかわりに庶民の国内観光を世界に先駆けて発展させたのであった．

ペリー艦隊の来訪（1853年）によって開国すると米，英，仏，蘭，露との間に通商条約が結ばれ，幕府側も1860年（万延元）に日米通商条約調印のための使節団を米国に派遣したのを皮切りに，次々と欧米に使節団や留学生を派遣して西洋文明の吸収を始める．幕末の動乱を経て明治維新が達成され（1868年），日本はまったく新しい体制に移行した．日本近代の始まりである．

2. 近代観光の時代（1868年以降）
a. インバウンド国際観光

第二次世界大戦まで　日本は明治維新を機に一転して欧米文化導入による文明開化と富国強兵に突き進んだ．明治新政府は欧米から新しい文物を輸入するための外貨を必要とし，また幕末に結んだ不平等条約の改正のために，非西洋国ながら日本は先進国並みであることを示す必要に迫られていた．その二つの要請を直接的に満たす手段の一つが欧米人客の来訪促進であった．とはいえ日本の生活習慣や言語が欧米と異なるために来訪外客向けの宿泊・飲食の施設を別途整備し，何らかの形で言語サービスを提供することが必要で，それらを実現するには国家の関与が不可欠であった．1872年に横浜・新橋間の鉄道が開通して以来，鉄道網が拡充するにつれて外国人の地方観光が次第に活発化し，日光，箱根，軽井沢，雲仙などのリゾートが外国人に開かれていった．

明治政府は洋式ホテルの整備，通訳ガイドの取り締まりなどの方策を講じる一方で，喜賓会（Welcome Society）の設立（1893年）を支援して外客への便宜供与を行った．喜賓会は世界初の政府観光局（NTO）と認められ，1912年にはこれを拡大発展させたジャパン・ツーリスト・ビューロー（現JTBとJNTOの前身）が鉄道院の寄付行為によって設立された．さらに1930年に行政機関として国際観光局，翌1931年に実施機関として国際観光協会を設置して外客誘致活動を展開した．

1910年，日本は，はじめて来訪外客統計を作成し，同年の外客数を15,650人と発表した．ヨーロッパ諸国の観光統計の大半が第一次世界大戦後に始まっていることを思えば，世界でもっとも早い外客統計のひとつである．ちなみに第二次世界大戦前の最多訪日外客数は1940年の43,435人であった．

第二次世界大戦後　大戦は世界の観光往来を途絶させたが，戦後数年で国際観光は活気を取り戻す．日本でも米国人を中心に来訪客が増え，独立を回復した1952年には72,138人の外客を迎えて戦前の記録をはるかに超えた．敗戦国日本にとって外貨獲得は至上命題の一つであり，平和国家に転進した日本をアピールするためにも政府は外客誘致活動に積極的であった．1964年の東京オリンピック

大会から1970年の大阪万国博覧会にかけての時期は外客誘致活動の最盛期であったが，この間，日本経済は順調に成長し，1970年代後半になると観光で外貨を稼ぐ必要性が薄れてインバウンドへの関心は低下していった．近隣アジア諸国はまだ観光客を送り出す力がなく，外国人観光客といえば米欧人中心であり，言語や習慣の相違ゆえに外国人観光と国内観光とは交わらぬ二重構造のままであった．1979年に台湾，1989年に韓国が海外渡航を自由化してアジアからの客が増えていくが，円高基調の日本では国内観光産業にとってアジア客は言語や習慣の相違で余分の手がかかるうえ国内客より客単価が安く，魅力ある市場とはみなされなかった．国内客が優先され，アジア客は長らくオフシーズンを埋める二次的な客でしかなかった．国際観光といえばアウトバウンドをさす時代が長く続き，2012年までインバウンドはアウトバウンドの半分以下であった．しかし2013年以降中国や東南アジアからの観光客が急増し，2015年に肩を並べ，2016年には外客数が2,400万人にも達してインバウンド観光で潤う実感が地方にまで広がっている．

b. アウトバウンド国際観光

1866年，幕府が一般人の海外渡航を認めたことでアウトバウンドでも鎖国は終了したが，一般人が観光目的の海外観光旅行をすることは事実上不可能であった．言葉が違い，旅の情報は皆無に近く，旅行者を助ける旅行業者もまだ存在していなかった．海外旅行には膨大な時間と金がかかるから，留学目的の洋行はあっても遊びに行く者はいなかった．

初の観光旅行といえるのは，日清，日露の戦争を経て1906年に朝日新聞社が主催した日本支配下に入った朝鮮と満州をめぐるツアーであろう．このツアーは大きな反響をよび，その後の朝鮮，満州への学生の修学旅行ブームを巻き起こした．続いて1908年，朝日新聞社はトマス・クック社（1906年に横浜支社を開設）に手配を委託して世界一周旅行を募集した．東廻りで米国へ行き，ニューヨークから英国に渡り，ヨーロッパ各地を観光した後陸路シベリア経由ウラジオストクに至り，敦賀に帰国する日程でアジアは対象外であった．昭和に入ると日本初の旅行業者である日本旅行会（株式会社日本旅行の前身，1905年創立）が1926年の台湾ツアーを皮切りに，日本支配下の台湾，朝鮮，満州，南洋方面への視察団を企画し度々観光ツアーを送っていた．ジャパン・ツーリスト・ビューローも本部が1927年に米国視察団，大連支部が世界一周旅行を主催して以来，アウトバウンド業務にも進出していった．

第二次世界大戦後の海外旅行 戦争で国際観光は途絶え，敗戦後は外貨不足ゆえに観光目的の海外旅行は禁止されていたが，1964年4月に解禁された．自由化以前にも業務視察などの目的で実質的な観光旅行も行われてはいたが，正式に認められたことで旅行業者による海外パッケージ旅行商品が誕生し，急速に発展していく．1960年代半ばはすでにジェット航空機の時代に入っており，1970年のB747機投入による座席増を埋めるために観光客向けの多様な割引運賃が導入された．旅行業者が競って多種多様な海外旅行商品を企画し，旅行商品の生産・流通機構が整備，改善されて海外旅行は爆発的に伸長する．1990年に年間の海外旅行者数がはじめて1,000万人を超え，1995年には1,500万人に達したが，その後は今日まで1,500〜1,700万人台で推移し，頭打ちの状況が続いている．

c. 国内観光

近代観光の始まりを鉄道の誕生とするのは駅馬車が発達していたヨーロッパでも同じである．日本には馬車の文化がなく徒歩旅行が基本であったからなおさらである．国内観光は海外旅行と違って個人が自ら交通，宿泊，飲食その他のサービスを組み合わせて「自己生産」することが容易であるから，鉄道のネットワークが広がるにつれて個人の観光旅行も親戚知人訪問の旅も，あるいは温泉旅行，新

婚旅行，海水浴などのレジャー目的の旅も自然に発展していった．団体旅行も修学旅行を筆頭に早くから類縁団体主催の社寺参詣や温泉地への団体旅行が日本の国内観光の特徴として欧米以上に発達した．

そうしたなかで，大きな転換点になったのが旅行業者の誕生である．東海道線草津駅の構内販売権を得ていた南新助が1905年，伊勢・熊野詣での一般募集の団体旅行を組織したのが始まりとされる（株式会社日本旅行の誕生）．当初は社寺参詣ツアーが中心であったが，次第に一般観光の分野に進出し，最終的には国内観光の延長線上に日本支配下の外地へもツアーを送るようになった．

他方，インバウンド振興組織だったジャパン・ツーリスト・ビューローが，鉄道省自身による団体旅行が本業を圧迫するほど増加したため鉄道省の依頼で邦人団体旅行をも扱うようになった．第二次世界大戦勃発まで両社が競って観光目的の旅を募集し，国内観光は欧米に匹敵する発展を遂げていた．

戦後の国内観光 戦後の経済復興が進むなかで，大戦前にかなり普及していた国内観光は大きく発展した．特に1970年の大阪万博は6カ月の会期中に6,000万人以上の参観客を集め，同年開始されたディスカバー・ジャパン・キャンペーンと相まって日本人の旅行スタイルを一変させたといわれる．

一般にパッケージ・ツアーは不特定の個人が参加するという意味では個人旅行だが，旅行業者は交通，宿泊などの素材提供業者から団体料金の適用や大量仕入れのメリットにより安価なツアーを提供する．海外旅行で始まったパッケージ・ツアーの利点を取り入れた国内パッケージ・ツアーは1972年の株式会社日本旅行の「赤い風船」に始まり，次第に発展して今日では各社が競い合い，ダイナミック・パッケージのような選択の自由度の高いツアーも開発され，あらゆる種類のパッケージ・ツアーが販売されている．

3．日本観光の課題と展望

世界観光機関は「アウトバウンド」と「国内観光」を合わせて国民観光（national tourism）という概念を提起している．日本は人口の減少傾向と，いま以上交通手段の低廉化が予想できないため，さらなる増加の展望がみえてこない．観光は価格と自由時間との相関関係にあり，連続有給休暇取得が容易にならない限り国民観光には今後延びる要素がない．日本は有給休暇に関するILO条約も批准しておらず，観光需要がウイークエンドか，お盆，年末年始，ゴールデンウイークという公休連休日に集中し，ひずんだ形になっている．欧米で主流の勤労者の家族向け滞在型ホリデーはいまも商品化されていない．国民観光の活性化は連続有給休暇の容易化以外に新発展の可能性はないであろう．

これに対しインバウンド市場は日本を除く全世界であり，無尽蔵である．今後，近隣アジア諸国や他の人口大国が観光客送出し市場として成長することが予想され，いずれアウトバウンドに数倍する規模になるであろう．言語や習慣の相違からインバウンドと国内観光は交わらぬ二重構造の時代が長かったが，IT技術の発展とクールジャパン現象により外国人観光と国内観光の差が薄れ，2020年のオリンピック大会の追い風を受けてインバウンド観光は飛躍の新時代を迎えたといえよう．

政府は2006年制定の観光立国推進基本法に基づいて観光庁を設置し（2008年），ビジット・ジャパン促進事業のみならず，国内観光を含む観光産業全体の産業力強化の施策を進めている．

〈石井昭夫〉

文献
石井昭夫「旅と観光の日本史」(http://www7b.biglobe.ne.jp/~aki141/)
国際観光振興会 1984『国際観光振興会20年のあゆみ』
日本交通公社社史編纂室編 1982『日本交通公社七十年史』
日本旅行百年史編纂室 2006『日本旅行百年史』

1.6 観光と植民地

観光および観光事業の成立や発展と，植民地獲得という出来事の間には密接な関係がみて取れる．ここでは大英帝国（以下，英国）と大日本帝国（以下，日本）という複数の植民地を有したふたつの帝国を事例に観光と植民地の関係について言及したい．

英国の事例 まず英国についてであるが，なかでもトマス・クック社（1871年にトマス・クック・アンド・サン社に改称．以下，クック社）が1872年に主催した世界一周旅行に着目する．9月26日にリバプールを出発したこの旅行では，アメリカ大陸を東から西へ横断，日本，上海，香港，シンガポール，ペナン，セイロン，インドに立ち寄った後，スエズ運河を経由してカイロで解散するというルートが採用された．

こうしたルートが実現した背景としてしばしば指摘されるのが，1869年のアメリカ大陸横断鉄道およびスエズ運河の開通や，1870年のカルカッタ・ボンベイ間の鉄道開通といった出来事であるが，日本以降の寄港地に注目すると，当時それらすべてが英国の影響下にあったことがわかる．

日本は1858年に締結された修好通商条約によって英国を含めた列強各国に対して港を開いているし，上海はアヘン戦争後の1842年に締結された南京条約による開港以降，英国を含めた列強各国の租界となっていった．香港は上記の南京条約，およびアロー戦争の結果として1860年に締結された北京条約によって段階的に英国へ割譲され，1819年のラッフルズ上陸以降，英国の影響下にあったシンガポールはペナンとともに1826年から英国の海峡植民地を形成，1867年には直轄植民地となっている．

セイロンは1814年から翌年にかけて開催されたウィーン会議において英国による領有が認められ，インドに関してはいうまでもなく，東インド会社から始まった英国による関与は1877年のヴィクトリア女王を皇帝とするインド帝国発足に結実した．またスエズ運河開通以降，エジプトへの影響力を強めていった英国は1882年に当地を実質的な支配下に置いている．

このように1872年にクック社が主催した世界一周旅行は，当時の英国が帝国として拡大していく過程で形成された植民地ネットワークをたどることによって成立，完遂した旅行であった．

クック社の展開 こうした英国の足跡をなぞったのはツーリストだけではない．1869年からエジプトに顧客を送り始め，特にナイル川での遊覧事業に力を入れて汽船の改良やサービスの充実に取り組んでいたクック社は，エジプトを拠点に中東各地への進出を試み，1873年にカイロ支店を開設したほか，ホテルクーポンを中東地域へ適用したりガイドブックを発行したりしている．前述の世界一周旅行が組織的な旅行としては最初の訪問であったとされるインドにおいても，クック社は1883年までにボンベイとカルカッタに支店を開設して当地を訪れる顧客の便宜を図った．

他にもクック社は，1820年代に英国の植民地化が進行したオーストラリアと，1840年のワイタンギ条約締結を契機に英国主権下におかれたニュージーランドに関しても1880年に最初のツアーを企画し，各地に支店を設けている．同様に，前述のウィーン会議でセイロンとともに領有が認められたケープ植民地に南アフリカ支店を開設するなど，クック社は英国の拡大プロセスを後追いするかたちで活動拠点ならびに観光事業の拡大を推し進めていった．

日本の事例 続いて日本の事例を確認しよう．周知のとおり日本は日清戦争，および下関条約の結果，1895年に台湾を獲得し，そ

の統治機関として台湾総督府をおいた．続く日露戦争ではポーツマス条約によって1905年に東清鉄道の権利の一部を手に入れ，さらに1906年に南満洲鉄道（以下，満鉄）を設立する．また日露戦争期から影響力を強めていった朝鮮半島に対しては，1910年に併合を実施して朝鮮総督府を設けるに至った．このように日本は，19世紀末から20世紀初頭にかけて東アジア各地に「外地」を獲得していく．

一方，日本本土，すなわち「内地」では1912年に「外客」や「漫遊外人」の誘致および斡旋を行う機関としてジャパン・ツーリスト・ビューロー（以下，ビューロー）が発足するが，その過程には上記の満鉄が深く関わった．満鉄は，鉄道院が明治末頃から主唱していた外国人観光客誘致機関の設置に構想段階から参加し，ビューロー開設が確定すると出資を行ったのである．

1912年3月に開催されたビューロー設立総会には創立発起人となった満鉄はもちろん，台湾総督府鉄道部と朝鮮総督府鉄道局からも関係者が出席し，満鉄理事，台湾総督府鉄道部工務課長，朝鮮総督府鉄道局営業課長がそれぞれビューロー初代理事に選出されている．このようにビューローは，東アジアにおける版図拡大という当時の日本のありようを背景に開設へ至ったといえる．

ビューローの展開　続いてビューロー設立以降の展開をみておくと，本部を東京においたビューローは1912年11月に大連支部を，12月に台湾支部と朝鮮支部を設置している．内地で開設が相次いだ案内所は外地においても整備が進められ，1912年12月に京城と釜山に，1914年3月に大連ヤマトホテル内，旅順駅内，奉天ヤマトホテル内，長春ヤマトホテル内に，それぞれ嘱託案内所というかたちで設置された．

前述のビューロー設立総会では会則草案第三条として「本会ハ本部ヲ東京ニ，支部又ハ案内所ヲ内外要地ニ置ク」という文言が示されていた．このことからも，ビューローによる外客誘致事業は当初から外地との連携を前提に構想されていたことがわかる．

なお，内地のビューロー案内所では外客向けに切符の受託販売が行われていたが，そこでは内地の交通機関だけでなく，日満日支連絡切符や日鮮満巡遊券といった内地と外地，外地間を結ぶ切符も販売されていた．

ところで，大連支部は1926年の理事会でビューロー本部から会計を独立させることを決定している．これ以降，大連，奉天，長春，安東，哈爾浜，青島，上海，北京に案内所を新設するなど，順次事業を拡大しつつ1936年には満洲支部への改称が行われた．すなわち，満洲におけるビューローの活動は内地と一線を画すかたちで進展し，満洲支部の従業員数は本部のそれを上回るに至った．

観光と植民地　英国と日本という限られた事例ではあるが，ここまで確認したように近代期において観光や観光事業が成立し発展していく過程には，植民地という存在が深く関わっていた．特に観光の成立要件のひとつとされる交通網の発達は植民地獲得を契機に加速し，こうしたネットワークの拡大を背景としてクック社やビューローは自らの事業を展開させていった．

またクック社やビューローの斡旋で植民地へ／からの観光が繰り返されることで，植民地ネットワークのうえに刻まれる「轍」はより深く，そしてより強固なものになっていく．観光と植民地の関係を考える際，内地と外地，外地間を往来するツーリストが果たした役割にも目を向ける必要があろう．　　（千住　一）

文献
白幡洋三郎　1996『旅行ノススメ』中央公論社．
日本交通公社社史編纂室編　1982『日本交通公社七十年史』
ブレンドン，P.（石井昭夫訳）1995『トマス・クック物語：近代ツーリズムの創始者』中央公論社．
本城靖久　1996『トーマス・クックの旅』講談社．

1.7 観光資源

資源の多様な利用 資源とは人間が社会生活を維持向上させる源泉として働きかける対象となりうる事物をいう．一つの資源でもその利用は多様であり，旅行対象となる観光資源もそのひとつである．例えば，同じ湖が上水資源，漁業資源，農業資源，レクリエーション資源，観光資源にもなりうる．かつて日本第二の大きさを誇った秋田県の八郎潟は，日本では米の増産が必要であったうえに，八郎潟周辺の農業の惨状を救うために1957年から湖の干拓工事が開始され，20年の歳月をかけて1977年3月に干拓は完了し，17,203 haの農地ができ上がった．八郎潟は農業資源が最優先され，湖は消え去った．

逆に，1903年に尾瀬ヶ原ダム計画が発表されて以来，尾瀬ヶ原は長い間，電力供給，後に渇水化対策としてのダム計画があったが，多数の人が訪れてその風景を絶賛しているうえに，植物学的にも高層湿原としても貴重な資源であったため，国の天然記念物，さらに特別天然記念物の指定を受けた．1996年になってようやく東京電力はダム計画を断念し，尾瀬ヶ原は現況が保たれているのである．

観光資源とは 「観光」を「光を観る，観せる」と定義するならば，旅行者の「見る，学ぶ」目的の旅行に対応するのが観光資源である．多様な利用可能性を有する資源が旅行対象の資源となるには，その対象に接したときに人間の五感を刺激し感動がなければならない．観光資源と感じるのは個別的，主観的なものであるが，その資源が多くの旅行者をひきつけることで，観光資源として認知され，顕在化する．対象資源に接近が不可能な場合や，人びとの所得や休日が不十分な時代には来訪者は少なく，観光資源としては潜在資源のままである．

表に明示したように，観光資源は人間では創造しえない自然資源と，人間の英知を結集し創造されて長い時間の経過を経ながら価値の評価が定まっている人文資源とに大別される．しかし人文資源のなかには，現在は多数の人びとを集客しているが，将来もそのように集客できるかどうか不明なものもあり，それらを人文資源IIとしてIと区分する．

なぜなら人文資源IIは時代の嗜好変化にずっと対応できるかどうかの危うい面があるし，あるいは対象自体が変化したり陳腐化したりしてしまい，旅行対象の役目を終えてしまうかもしれないからである．

以前，筆者は郷土景観や町並み景観は面的であり，複合観光資源として分類した（溝尾2001）．しかし山岳や高原にも他資源である湖沼があったり，紅葉や高山植物などの植物があったりする．寺社は，庭園，紅葉，仏像

表 2014年観光資源の分類（溝尾 2014）

自然資源	人文資源I	人文資源II
01 山岳	11 史跡	19 動植物園・水族館
02 高原・湿原・原野	12 神社・寺院・教会	20 博物館・美術館
03 湖沼	13 城跡・城郭・宮殿	21 テーマ公園・テーマ施設
04 河川・峡谷	14 集落・街	22 温泉
05 滝	15 郷土景観	23 食
06 海岸・岬	16 庭園・公園	24 芸能・興行・イベント
07 岩石・洞窟	17 橋・塔	
08 動物	18 年中行事	
09 植物		
10 自然現象		

などの魅力があるので，建物景観だけで訪れるわけではない．このように多くの資源が複合資源なので，表ではそのような分類は採用していない．

昨今，観光が地域経済に与える効果が大きいと認識されるにつれ，すべての対象が観光資源化されている．観光が「光を見せる」ことから，ある地域に特化している地場産業や現代的産業，産業遺産，あるいは地域ゆかりの人物，地域で盛んなスポーツや音楽，美術など文化活動，シバザクラなど促成可能な花なども観光資源化している．それらはいずれも人文資源Ⅱに属する．

「無形社会的資源」といわれるひとつに言語があげられる．「英語が通じるから」「ハングルを習っているから」旅行目的地に選んでいるので国際観光では言語は観光資源であるといわれる．あるいは特異な風俗，慣習なども無形社会的資源に含まれる．しかし民俗などは時代とともに変化しやすいし，衰えたりするもので，それらは特定施設内で旅行者向けのショーとして紹介することで，存続するようになるものである．

観光資源と他の類似用語との関連　旅行の目的には，観光資源の「見る，学ぶ」目的以外に，スキーやゴルフなど体を動かすレクリエーション目的，ゆっくりとくつろぎたいという宿泊目的とがあり，それぞれレクリエーション資源と宿泊資源とよばれる．地域との対応ではそれぞれが観光地，レクリエーション地，宿泊地となっていく．

日本の観光，あるいは観光地には温泉が重要であるが，それは宿泊地の成立条件に関することである．

観光資源としての温泉は，イエローストーンの間欠泉や草津温泉の湯畑，別府温泉の海地獄・血の池地獄など見る対象のものになる．同じく気象は海水浴やスキーなどのレクリエーション資源として，あるいは長期滞在のリゾートに晴天日数や湿度が重要になるものである．気象条件が観光資源になるのは，雲海，蜃気楼，夕焼けなどに限定される．

評価の必要性　すべてが観光資源化できるとはいえ，その観光資源がどの程度の誘致力を有するのか，どこの市場を対象とできるかといった観点から観光資源の評価が必要になる．

筆者らは誰でも客観的に評価する方法を研究したが（溝尾ほか1983），現在のところ，数人が集まって，標準的な指標となる資源を取り上げて，その資源と比較しながら評価するのが一般的である（日本交通公社 2014）．

世界的にも，もしくは国内でも貴重な資源なので保護する必要があるということで，ユネスコや日本の文化庁・環境省では，世界的基準で世界遺産，日本的基準から国立公園や国定公園，名勝や重要文化財などの指定や登録をしてきた．2015年には日本遺産も新たに認定した．本来は資源の保護が目的であるが，指定，あるいは認定したことで資源の価値が評価されて一般の人びとへの知名度が高まると，その資源の評価が高くなり，多くの人が集まる観光資源となる．旅行業者もこうした資源を対象にして旅行商品化する．

その際，観光資源を保護し悪化させないことや，観光対象をよりよくみせるために，駐車場の位置や対象に接近するまでのアプローチ，対象を見る視点の場を工夫するのが重要である．

人文資源は自然資源と比べて万人共通の評価にはなりにくい．そこで旅行者受入れ地域では資料や解説板で，わかりやすく説明し，各人がもつ情報の差異を可能な限り少なくするように努めるのが重要である．　　（溝尾良隆）

文　献
日本交通公社 2014『美しき日本 旅の風光』
溝尾良隆 2001「観光資源と観光地」岡本伸之編『観光学入門』有斐閣，pp. 119-148.
溝尾良隆 2014『改訂新版 観光学 基本と実践』古今書院．
溝尾良隆・大隅　昇 1983「景観評価に関する地理学的研究—わが国の湖沼を事例にして」人文地理，**35**(1)：40-56.

1.8 観光地

観光地のあいまいな範囲 国連世界観光機関（UNWTO）は観光地（tourist destination）を，①宿泊する，②宿泊地から1日で帰ってくる地域，③ただしスケール（大きさ）はさまざまである，と定義する．

③について，林（1961）は次のように述べている．「観光地とは，通念上観光者が多く集まる地域をいう．その広がりについては，例えば，小規模な温泉集落の場合から，長径50 kmに及ぶ観光地域の場合まで，まちまちである」．その後，さらに林（1973）は次のように述べている．観光地についてやや具体化しながらも「観光統計上の行政用語としても用いることばであるが，観光者の集まるところ，または，これから観光者が集まってきそうなところを指す漠然たる言葉である．一層正確に表現しようとすれば，観光地域とするほうがよい．ただし観光地域と呼ぶには，通念上面積が小さすぎるし，地点というには広がりすぎるが，呼び方がないままに，観光地と呼ぶ場合がある」．やはり観光地の範囲は特定できないという．

たしかに東京や京都に旅行に行くというときは東京とは，どこをいうか．東京都ではなく，多くは山手線内か，その周辺を念頭においているのだろう．浅草，新宿，銀座などの大きさなら観光地と称してよいだろう．京都というとき京都府ではなく京都市であって，市内には，まんべんなく観光対象となる寺社などが存在するが，京都市を観光地というのは大きすぎる．さらに観光地日光をみてみる．観光地日光とは，まず入口部分の杉並木と東武，JRの日光駅から東照宮などのある二社一寺までは観光地といえる．ここからいろは坂を通って，華厳の滝・中禅寺湖，さらに竜頭の滝から戦場ヶ原までを，ふつう日光に含めている．かつて道路整備が不十分のときには観光対象にならなかった霧降高原，切込湖・刈込湖までも日光という．結局，観光地日光は，行政の旧日光市の範囲である．平成の合併後，日光市，足尾町，藤原町，栗山村，今市市の5市町村が日光市となった．旧藤原町の鬼怒川温泉や足尾は日光駅から戦場ヶ原に行くよりも近いが，日光とはいわない．観光地日光は旧日光市の行政範囲が強く残っている．

観光地とは 観光地の範囲をどのように定義するか．林（1973）は「観光地という場合は，とくに観光者の漫歩する単位区域を指す．この場合，その長径は最大限900 mを出ない」と，観光調査や観光計画には，操作上の定義をする．つまり旅行者の徒歩範囲を観光地にする．これが第一の方法である．観光地の徒歩範囲には各種の観光資源が点在している．

第二の方法は，ある程度の広がりをもつ等質の観光資源が連続しているとき，切り方が困難であるから，その観光資源を観光地とする．十和田湖，阿蘇山といったような面的な広がりをもつ自然系の観光資源がそのまま観光地になる．

第三の方法は，自然系資源と違って姫路城，東大寺のような人文系の観光資源が観光地とよばれることはなく，人文資源はいくつかの資源が連続して集積するときに，第一の方法のように，1日の徒歩による行動圏を8時間と設定して，その徒歩区域に名称をつけて観光地とする．京都市内の対象資源の分布から，嵯峨野，八瀬・大原，鞍馬・貴船などと区切りやすい地域を観光地とよぶようにする．鎌倉では，由比ヶ浜・長谷，鶴岡八幡宮・小町，建長寺・円覚寺の地区といったように分けるのがよい．

以上をまとめると，規模という広がりには1日の行動圏を8時間と設定して，各観光資源が機能的に強く関係し合っている圏域に名称をつけて観光地とする．その圏域内は等質の単体の自然資源か，いくつかの自然資源，

人文資源が集積している徒歩圏内である.

　観光マーケティングに寄与するために全国の観光地統計を相互に比較できるようにするのが望ましい.そのためには都道府県で観光地を定義し観光地の範囲を人為的に決定したうえで,宿泊者数や入り込み者数を発表するようにする.

　観光地と類似の旅行対象地域　上述で観光地の範囲には,あいまいさがあるのを指摘したが,そのほかに一般的に観光地とよんでいるなかには,「見る,学ぶ」目的の観光地(狭義の観光地)以外に,苗場,ニセコのように「活動する」目的のレクリエーション地,道後温泉や有馬温泉のように「安らぐ,くつろぐ」目的の宿泊地がある(これらを含め広義の観光地という).

　これら3タイプが成立するには,自然条件と人文条件が異なるし,旅行者の行動が観光目的の周遊型かレクリエーション目的の往復同一路のピストン型かにより,市場からの距離や道路整備が異なってくる.さらに滞在時間の相違による地域への経済波及効果が異なるし,市場を見極めるときに誘致力に相違がある(溝尾 2014).そのため着地側では,通常いわれる観光地を,観光地,レクリエーション地,宿泊地の三つに分類して,自らの地域がどのようなタイプに属するか,あるいは3タイプのうち何がメインで,どのタイプが弱いかなど,地域の観光地(広義)特性を把握する必要がある.そのうえで,来訪者の旅行目的を尋ね,出発地や現地での旅行行動を調べるのがマーケティングのうえでは大事である.

　3タイプの分類に対してリゾートは,どういう位置づけになるだろうか.3タイプそれぞれがリゾートになる可能性を秘めている.リゾートでは旅行者が長期間滞在するので気象条件が重要になる.1988年施行の総合地域整備法(通称リゾート法)では,気象条件が指定要件に入っていないため,気象条件は悪いが,優れた観光地である陸中海岸のようなところも含めて国土庁(当時)は道府県からの申請を次々と認め,その数は41道府県にのぼった.残り6都府県も申請の準備をしていた.沖縄が有する美しい海,多彩な文化は,はるかにハワイを凌ぐが,国際的なリゾートといえないのは,気象条件に欠けることによるものである.

　国際的リゾートには,日本では海浜リゾートよりもスキーリゾートに可能性がある.雪質のよさ,積雪期間が長いことから,ニセコや白馬などがオーストラリアや韓国からの旅行者に人気がある.香港や台湾などの旅行者は「雪を見る」というだけで積雪地域を訪れている.グリーンシーズンといわれる夏期も,冷涼な気象条件から旅行者の集客は可能である.これまで述べた3タイプの観光地(広義),リゾートとの関係を図示すると,図のようになる.

(溝尾良隆)

文　献
林　実 1961「観光地」観光事業審議会『観光事典』
林　実 1973「観光地」日本交通公社『観光事典』
溝尾良隆 2014『改訂新版 観光学 基本と実践』古今書院.

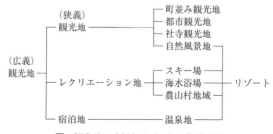

図　観光地の分類とリゾートの位置づけ

1.9 観光経験

疑似イベントと真正性　観光に行くとは日常を離れ非日常の経験をすることである。1960年代から1970年代にかけて観光経験についての現象学的アプローチが盛んに行われた。その発端となるのがブーアスティン（D. J. Boorstin）の「疑似イベント（pseudo-event）」の概念である。彼は著書 *The Image*（幻影の時代）のなかで当時の観光が本物を求める旅からメディアによって、作り上げられたイメージを再確認する旅になってきたと批判的に指摘した。そして、このようなメディアによって、あらかじめ与えられた出来事を疑似イベントとよんだ。例えば、観光者は旅行前にガイドブックを読み、そこから観光地についてのイメージを生成する。そしてガイドブックに載っている観光地を訪れ、旅行前にガイドブックによって作り上げられたイメージを再確認するのである。

ブーアスティンの主張に対してマッカネル（D. MacCannell）は観光者は疑似イベントの経験に満足しているわけではなく、観光地で生活する人びとの本来の暮らしや文化、伝統を経験すること、すなわち「真正性（authenticity）」を求めていると主張した。観光者は普段の日常生活では経験することができない真正なる経験を求めて観光に出かける。

また彼は社会学者ゴフマン（E. Goffman）の役割理論における「表舞台」と「裏舞台」の考えを観光の真正性の概念を理解するために導入した。観光者は観光地で生活する人びとのリアルな暮らし、すなわち裏舞台にある真正性を経験することを期待している。しかしながら観光者の経験が本当に裏舞台にある真正な経験なのかは観光者には確かめることができない。観光者が真正な経験と信じているものは観光者が訪問してもよいように作られた表舞台であるかもしれない。例えば、自然公園を訪れる観光者はその土地の生態系にふれていると信じているかもしれないが、観光者が、ふれることができるのはあくまで公開されている部分だけであり、非公開の立入禁止地域に踏み込むことはできない。

このように観光者は裏舞台にある真正性にふれたと信じていても実際は本物のようにみせかけられた表舞台であることが現代の観光において起こっており、これを「演出された真正性（staged authenticity）」とマッカネルはよんだ。

コーエンによる分類　コーエン（E. Cohen）はブーアスティンの疑似イベントや、マッカネルの演出された真正性の議論を踏まえたうえで観光経験の現象学的類型論を展開した。

一つ目は観光により退屈で無意味な日常から逃れることを求める「気晴らしモード」である。

二つ目は観光を娯楽のひとつとして楽しみ、心身の疲労を癒そうとする「レクリエーションモード」の観光者である。彼らは旅行社が企画したパッケージツアーに参加して観光地を見て回ることを好む。気晴らしモード、レクリエーションモードの観光者は、そもそも真正性を求めておらず、ブーアスティンが疑似イベントとよぶものを生み出す。

三つ目は他者の真正な生活に憧れを感じ、そのなかに自分自身の真正生活を見出そうとする「経験モード」、四つ目は他者の真正な生活に積極的に関わることで自分探しをする「体験モード」である。

最後は自己の社会や文化の主流と異なった他者の真正な生活に完全にコミットしようとする「実存モード」である。経験モード、体験モード、実存モードの観光者は自分なりの真正性の基準をもち、真正性を希求する。彼らにとっての観光経験とは自分自身の生き方や価値観に関わってくるものである。

観光経験と満足感 1990年代後半になると，観光経験の満足感に関する心理学的アプローチがみられるようになってきた．観光経験は旅行中（行きの道中，観光地での活動，帰りの道中）の経験だけでなく，旅行前の経験（旅行への期待，旅行の計画・準備）から旅行後の経験（旅行の思い出の振り返り）まで含む．これらの観光経験の結果として観光者は満足感，あるいは不満を感じる．観光者は自分自身の過去経験やメディアによって生成されたイメージをもとに観光経験に対し事前に期待をもつ．観光者は自分自身の期待や予測に合致する，あるいは上回る水準の経験をすると満足を感じ，下回る水準の経験をすると不満を感じる．

外部要因 観光地の物理的要素と社会的要素は観光経験に影響を与える．観光地の物理的要素とは観光地の空間・位置的要素であり，自然の物理的環境，人工的な物理的環境，空間的特徴や地理的特徴である．観光地の物理的要素は観光者の活動を促進させたり，社会的相互作用を創出するなどして，観光者の行動や観光経験に影響を与える．

一方で，社会的要素とは社会的環境や対人関係，他の観光者や観光地に暮らす人びととの相互作用など観光経験中に生じる，さまざまな社会的影響力の要素である．観光経験における他者の存在は満足感や不満に大きな影響を与える．例えば，活発で友好的な周囲の観光者の存在は満足感を高めるだろうし，不満や愚痴ばかりをいう観光者の存在は満足感を低減させるだろう．

内部要因 観光者の個人的な「知識（knowledge）」と「スキル（skill）」や「記憶（memory）」「自己アイデンティティ（self-identity）」は観光経験の結果生じたり，変容したりするものである一方で，観光経験自体にも影響を与える．

知識とスキルは観光経験の認知的要素であり，学習や教育により習得される．観光者の習得する知識やスキルは観光地や観光地の人びとに関するものにとどまらない．観光経験を通じて，観光者の認知的，情動的，精神運動的，個人的な発達が促される．例えば，観光経験の認知的結果としてコミュニケーションのスキルや意思決定のスキル，あるいは時間管理のスキルの習得があげられる．情動的結果としてはストレスの管理や忍耐力の向上，精神運動的結果としては身体的スキルの向上や情報リテラシー，個人的結果としては自律性やリーダシップの獲得などがある．

記憶は旅行時の出来事の経験と感情的な結果を結びつける観光経験の重要な要素である．記憶によって旅行中の楽しかった出来事はポジティブな感情と結びつき，嫌な出来事はネガティブな感情と結びつく．記憶は観光経験の結果であるとともに，物語ることにより，そのときの経験を意味づけする．そのため実際の観光経験と記憶により語られる観光経験が異なることもある．楽しかった出来事は何度も繰り返し語られることにより，より楽しかった経験として認識される．また嫌な出来事であっても何度も繰り返し語られることにより時間を経て，笑い話になることもあろう．

自己アイデンティティとは自分が自分であるという感覚である．観光者は観光経験を通じて自分と異なる文化的背景をもつ他者と自己とを比較する．その比較のなかで観光者の自己アイデンティティが形成または変容される．観光経験は自己アイデンティティの形成や変容を通して観光者の普段の生活にも影響を与える．

（花井友美）

文献

Boorstin, D. J. 1964 *The Image: A Guide to Pseudo-Events in America*. Harper & Row.
Cohen, E. 1988 Authenticity and commoditization in tourism. *Annals of Tourism Research*, **15**: 371-386.
MacCannell, D. 1976 *The Tourist: A New Theory of Leisure Class*. Schocken Books.

1.10 観光行動

観光行動とは 観光行動とは日常生活圏を離れて娯楽，人間関係の形成，または自己の成長のために旅行するという人間（＝観光者）の行動である．観光を人間の行動のひとつととらえることは，すなわち，外部から観察可能な観光者の行動そのものに加えて，それらの行動に至る選択と意思決定のプロセスや行動の促進要因や阻害要因まで含めて考える必要があるということである．これらは外部から観察することができないため観光者に対するインタビュー調査やアンケート調査を用いて測定する．

一方で，観光事業者の立場からすると観光行動とは自分たちの提供する商品やサービスを利用する人びととの行動と定義できる．その視点からすると利用者の意図，つまり利用者が観光を目的として，その商品やサービスを利用しているのか，それ以外の意図によるものなのかということは考慮の対象外となる．この視点からの観光行動は利用者の行動観測や利用履歴のデータから測定することができる．最近ではGPSやIC交通カードの履歴などのデータも活用されている．

観光行動の意思決定プロセス 一連の観光行動のなかで観光者は，さまざまな選択をし，意思決定を行う．まず「旅行するか否か」を選択し，決定する．旅行に行くと決めた場合には，さらに「旅行目的」「同行者」「旅行先」「宿泊地」を選択する．さらに「旅行形態」「旅行先での活動」を選択するなどの観光行動は意思決定の連続である．

観光行動における，これらの意思決定のどこに重きをおくかで観光行動のタイプ分けができる．旅行するか否かの選択そのものが重視される「旅行」優位型，旅行先の選択が重視される「旅行先」優位型，旅行目的の決定が重視される「目的」優位型である．観光旅行が珍しかった時代では旅行優位型が優勢であったが，観光者の旅行経験が蓄積されるにつれて，また観光者のもつ旅行に関する知識や情報が充実するにつれて旅行先優位型，目的優位型が増加してきている（前田 1995）．

観光行動の促進要因1―プル要因 目的に向けた行動を起こし，その達成まで持続させる心理的なエネルギーのことを「モチベーション」とよぶ．観光行動に限定されず人が行動を起こすにはモチベーションが，ある程度のレベルまで高められている必要がある．モチベーションが生じる要因には「プル要因」と「プッシュ要因」がある．プル要因は「引き寄せ要因」や「誘因」ともよばれ，人の外側にある欲しいという気持ちを満たすものや，ことである．プッシュ要因とは「後押し要因」や「動因」ともよばれ，人の内面にある欲しい気持ちのことである．

観光行動におけるプル要因とは「（いろいろな生活行動のなかで）旅行という行動の範囲内で人びとに具体的な目的を選好させる動機や理由になる要因（佐々木 2000）」と言い換えられる．例えば，「美しい砂浜が広がっているので○○に行きたい」といった場合，美しい砂浜が人びとを旅に駆り立てるプル要因といえる．プル要因は観光者の旅行先や旅行先での活動の選択に影響を与える．

観光行動の促進要因2―プッシュ要因 観光行動におけるプッシュ要因とは「いろいろな生活行動のなかで特に旅行という行動に人々を方向づける一般的・基礎的な欲求としての個人的・心理的な要因」（佐々木 2000）といえる．プッシュ要因は観光者の旅行するか，否かの選択に影響を与える．

人を旅行に向かわせるプッシュ要因は大きく二つに分けられる．ひとつは旅先での新しい経験や珍しい経験を求める「新奇性欲求」であり，もうひとつは休養やリラクゼーションを求める「逃避欲求」である．佐々木(2000)は観光者の旅行動機を新奇性欲求と逃避欲求

の大きな区分からさらに細かく検討し，「緊張を解消する（緊張解消）」「楽しいことをする（娯楽追求）」「人間関係を深める（関係強化）」「知識を豊かにする（知識増進）」「自分自身を成長させる（自己拡大）」の五つにまとめている．観光者一人ひとりの欲求は，これらのさまざまな欲求の組み合わせによって成り立っており，観光者が旅行に何を望むかは，その組み合わせによって異なってくる．

トラベルキャリアパターンモデル 観光者の動機と欲求は観光者の旅行経験によって発達していくという考えもある．ピアスはアメリカの心理学者マズロー（A. H. Maslow）の提唱した欲求の階層理論に基づき「トラベルキャリアラダー（travel career ladder）」の考えを提案した．トラベルキャリアラダーとは観光者の動機は五つの異なるレベルからなり，最初は「緊張の解消」や「娯楽の追及」の欲求を満たすために旅行するが，経験を積むにつれて「人間関係の強化」や「知識の増強」のために旅行を利用し，さらには「自己実現」を求めて旅行するようになるというものである．観光者の欲求が低次から高次への移り変わっていくという考え方である．しかしながら，ピアスらは最近では，観光者は五つの欲求のなかで優先となるある一つの欲求に依拠しながらも複数の欲求を同時にもっており，そのパターンはライフステージや旅行経験によって変わっていくという「トラベルキャリアパターンモデル（travel career pattern model）」を提唱している．

観光行動の抑制要因 観光行動のモチベーションが高くとも何らかの条件により観光行動が発生しない場合がある．クロフォード（D. W. Crawford）らはレジャー活動の抑制要因として「個人内阻害要因」「対人的阻害要因」「構造的阻害要因」の三つの要因をあげている．個人内阻害要因とは個人の内部に生じる心理状態や属性（ストレス，不安，自己のスキルに対する知覚など）であり，対人的阻害要因とは一緒に参加する同行者に関する要因（一緒に参加する適切なパートナーの不在など）である．構造的阻害要因は季節，天候，利用機会，経済状況，時間などの外的な環境要因である．クロフォードらの三つの阻害要因は観光行動にも当てはまる．海外旅行を例にとると言葉の不安や異文化の習慣についての知識不足といった個人内阻害要因，同行者の不在などの対人的阻害要因，時間や金銭の不足などの構造的阻害要因が阻害要因としてあげられる．特に観光行動においては時間と金銭の不足が阻害要因となることが多い．

観光者の心理状態と行動 観光者は旅行の最中に「緊張感」と「解放感」という相反する二つの心理状態にある．普段とは異なる文化や生活環境に身をおくということは不安感を高め，緊張感が強くなる．緊張感が高まると周囲の情報に敏感になり，慎重に行動する傾向がある．旅行に行くと肉体的な疲労とともに精神的な疲労を覚えるのはこのためである．

一方で，生活上のさまざまな束縛から一時的に開放され，気楽さを感じることもある．解放感の高まりは時には「旅の恥はかき捨て」型の行動をとらせたり，「衝動的購買」を増大させたりする．

観光行動の分類 観光行動は「純観光」と「兼観光」に分類することができる．純観光とは観光を主目的とした行動を意味する．兼観光とは仕事や勉強，帰省などが行動の主目的であり，そのなかに意図的，あるいは結果的に観光行動が含まれる場合である．

〈花井友美〉

文 献

佐々木土師二 2000『旅行者行動の心理学』関西大学出版部．
中村 哲・西村幸子・髙井典子 2014『『若者の海外旅行離れ』を読み解く：観光行動論からのアプローチ』法律文化社．
前田 勇 1995『観光とサービスの心理学：観光行動学序説』学文社．
Crawford, D. W. and Godbey, G. 1987 Reconceptualizing barriers to family leisure. *Leisure Science*s, **9**：119–127.

1.11 観光主体

　観光主体（subject of tourism）とは観光する人そのもののことであり，観光行動論のなかでは観光者とよばれている．観光事業論などのビジネスの観点からは観光客（tourist）と称されている．これに対して観光主体である観光者の欲求を喚起したり，充足したりする対象を観光客体とよぶ．

　英語における観光主体　観光主体に相当する英語の用語をみていく．世界観光機関（UNWTO）によると，visitor とはデスティネーションを訪れるために日常環境（居住地）から移動した人のことをさす．滞在期間が1泊以上（1年以内）の場合は tourist，日帰りの場合は excursionist（または same-day visitor）と区分される．移動の目的は現地で雇用され，収入を得るものでないこととされている．したがって休暇や遊びに加えて，業務上の出張，宗教上の巡礼，会議，友人知人親類訪問，学習などが含まれる．

　統計上の分類　UNWTO では観光者の活動の形態を次のように分類している．第一に domestic tourism であり，当該国の居住者が自国内を旅行する形態をいう．第二に inbound tourism であり，当該国の非居住者が，その国を訪れる旅行形態をさす．第三に outbound tourism であり，当該国の居住者が他国を旅行することを意味する．そのうえで domestic tourism と inbound tourism を総称して internal tourism，domestic tourism と outbound tourism を組み合わせて national tourism，outbound tourism と inbound tourism をまとめて international tourism とよんでいる．

　観光庁による統計として，例えば「宿泊旅行統計調査」をみていくと，その調査対象は日本人ならびに外国人の日本国内での宿泊となっており，internal tourism を対象としていることがわかる．一方，法務省の「出入国管理統計」では日本人・外国人双方の出入国を扱っている．いわば international tourism を対象としているといえる．

　国籍別の特徴　観光主体に関する研究のひとつとして特定の国籍の観光者の特徴を分析したものがある．日本人については海外の研究において多く取り上げられてきた．例えば，ピアス（Pearce 2005）は多くの先行研究をもとに日本人にみられる観光行動に影響を与える要因として，①集団帰属，②家族の影響，③感情移入，④依存，⑤階層の承認，⑥使い惜しみ性向，⑦記念の概念，⑧写真の重要性，⑨消極性，⑩リスク回避，⑪土産の概念，⑫あこがれの概念を指摘している．なお日本人の国内旅行・海外旅行の動向については，日本交通公社などの調査機関が定期的に把握し，結果を公表している．

　一方，訪日外国人についても，その来訪目的，行動の実態が国籍によって異なることが指摘されている．結果が公表されている包括的な調査として，観光庁が 2010 年から開始した「訪日外国人消費動向調査」がある．

　団体旅行と個人旅行　観光主体による旅行の実施形態として「団体旅行」「個人旅行」がある．「団体旅行」については会社や地域，学校単位での団体のほか，添乗員（旅程管理主任者）が同行するパッケージツアーまで含まれ，旅行業に大きく依存している．そのため観光者は安心感を抱く傾向がある．また添乗員に頼らずに自力で行動する「個人旅行」では自由に行動することが可能となるが，旅行前・旅行中に自ら判断を行い，自身の安全を守ることが求められる．

　旅行業との関わりの観点からの観光主体の分類として髙井（2013）の研究があり，観光者を旅行業に依存する「パッケージ依存型」，旅行業からの自立を志向する「キャリア途上型」，すべて自分で手配する「個人型」，必要に応じて旅行業を使いこなす「自由自在型」

の四つに区分している．そして旅行経験の豊富な観光者のすべてが旅行業との関わりが少ない「個人型」に移行するわけではないことを指摘している．同時に個人で旅行するスキルをもちながらも状況次第では旅行業に依存することを選択する自律的な観光主体が存在することも提示している．

ライフサイクルの影響　ライフサイクルとは出生から死亡に至るまでの一連の人間の生活周期のことをいう．ライフサイクルの一つの段階をライフステージとよび，学校卒業，就職，結婚，出産，子育て，リタイアなどのイベントを契機に次のライフステージへと移動する．ライフサイクルと観光主体の行動の関係については多くの研究が行われてきた．

海外の研究ではライフサイクルを「独身」「既婚・子どもなし」「既婚・独立していない子どもあり」「既婚・独立した子どもあり」「パートナーと死別」に区分して旅行行動や消費金額との関連を分析している．「独身」や「既婚・子どもなし」「既婚・独立した子どもあり」の段階にある場合は旅行行動も活発で消費金額も多くなる反面，「既婚・独立していない子どもあり」の段階では金銭などの制約により旅行行動が限られたものとなる傾向がある．

シニアの分析　近年の研究で多くみられるのが観光主体としての特定の年齢層を分析するものである．特に子育てが終わり，定年退職をして時間や金銭に余裕があるとされるシニア層が注目を集めている．分析の切り口として使われるのが，①年齢の上昇にともなう身体面や意識面への影響である加齢効果，②中年期頃までに培ってきた価値観や生活行動が高齢期にわたって継続される継続効果，③ある特定の歴史的出来事を特定の年齢で体験した人びとが類似の価値観をもつことによってもたらされるコホート効果の影響である．既存の研究をみていくと，以下の見解が示されている．①コホート効果と継続効果が認められており，ある特定のライフステージにおいて異なる世代の人が同じような旅行行動をするとは限らない．②一定の年齢を越えると加齢効果が認められる．

若者の海外旅行離れとゼロ回層　日本において2000年代後半から「若者の海外旅行離れ」への注目が集まったことを契機に若者の旅行の分析が多く行われた．中村ほか(2014)では，日本人の若者の海外旅行出国率がもっとも高かった1990年代の半ばと比較して2000年代後半の若者の出国率が全体として低迷していた現象を「若者の海外旅行離れ」と説明している．若者人口が減ったから若者の海外旅行者が減ったという単純な問題ではなく，観光主体としての若者のなかで海外旅行に出かける人の比率が減っていることに注目したのである．一連の調査のなかで旅行を実施する／しないについては，過去の経験や，最近の実施頻度の影響があることが示されており，旅行に参加している人は頻繁に参加する一方，旅行の経験が少ない人は関心の程度が低く，なかなか参加しないという二極化の傾向が指摘された．当時の国や旅行業界にとって若年層対策が大きなテーマとなった．

そのなかで観光庁は，2012年3月に改定・閣議決定された「観光立国推進基本計画」において直近1年以内に宿泊をともなう国内旅行および海外旅行の双方を一度も経験していない人を「ゼロ回層」と規定し，この層が若者を含めて，すでに国民の半数を超えていることを示した．国として「ゼロ回層」の旅行を促進する施策をとることを計画に記している．

〈中村　哲〉

文　献
高井典子 2013「「成長する観光者」への動態的アプローチ」橋本俊哉編著『観光行動論』原書房．pp.43-63.
中村　哲・西村幸子・高井典子 2014『若者の海外旅行離れ」を読み解く：観光行動論からのアプローチ』法律文化社．
Bowen, D. and Clarke, J. 2009 *Contemporary Tourist Behaviour*. Cabi.
Pearce, P. L. 2005 *Tourist Behaviour*. Channel View Publications.

1.12 観光動機

　動機 (motive) とは人が行動を起こす理由や目的のことをいう．動機づけ (motivation) とは動機が活性化され，行動が生起する過程のことをいう．旅行前から旅行中，旅行後に至る観光者の行動の一連のプロセスを示したモデルのなかで動機づけは最初におかれている．

　プッシュ要因，プル要因　観光動機をみていくうえで，もっとも基本的な分類である．「プッシュ要因」とは観光旅行という行動に駆り立てる働きをする心理的・内部的要因のことをいう．また「プル要因」とは観光旅行で具体的な目的地を選ばせるように働く心理的要因をさし，目的地の自然条件，社会・文化的要素，雰囲気，娯楽機会などについての知識，情報から作られるイメージや魅力などが含まれる．

　人が実際の旅行へと動機づけられるのは「プッシュ要因」と「プル要因」が適合するときである．ただし，旅行にあたって「プッシュ要因」が「プル要因」より先に働くこともあれば，「プル要因」が人を刺激したあとに「プッシュ要因」が機能することも起こりうる．

　観光動機の分類　これまでに，観光動機のなかでも「プッシュ要因」の分類についてはさまざまな研究が行われてきた．

　グレイ (H. P. Gray) は観光者の動機には「ワンダーラスト」と「サンラスト」の二つがあると指摘している．「ワンダーラスト」とは知識や見聞を広めたり，体験したりすることを求め，未知の場所を経験することへの好奇心のことをいう．これに対して「サンラスト」とは安らぎ，くつろぎを求めて一時的に移動したり，日常よりも快適な場所を求めたり，スポーツや文字通り太陽を求めたりすることをさす．

　アイソ・アホラ (S. E. Iso-Ahola) は人がレジャーに参加する動機（理由）を「逃避」と「追求」の二つの次元に集約した．「逃避」とは日常環境から逃れることであり，「個人的環境からの逃避」と「対人的環境からの逃避」に細分化される．一方，「追求」とは旅行に参加することで心理的な満足を求めるものであり，「個人的報酬の追求」と，現地の人や同行者，他の旅行者との関わりなどの「対人的報酬の追求」に分けられる．重要なこととして，①二つの動機の次元のうち，どちらか一つだけが出現するわけではないこと，②状況によって二つの次元の相対的な重要性が異なることを指摘している．

　フォドネス (D. Fodness) は実証分析の結果をふまえ観光者の動機として六つの次元を設定した．第一に「知識機能」である．これは日常の繰り返しを離脱して，より広い生活領域や外国に関心をもつことをいう．第二に「功利的機能（苦痛の最小化）」であり，プレッシャーや責任から逃れること，苦しい環境や不快な環境から脱出する傾向のことをいう．第三に「功利的機能（報酬の最大化）」であり，レクリエーションなどの楽しみや新奇なものを求め，生活の充実を志向する現実逃避をさす．第四に「価値表出機能（象徴）」である．贅沢や快適を求め，流行を重視し，ロマンチックなことに憧れると同時に活動的な過ごし方を求めることを意味する．第五に「価値表出機能（自我高揚）」である．自己評価や自己発見を意味するとともに自分の経験を自慢したがる傾向も含まれる．第六に「社会的適応機能」であり，家族や他の人びととの交流の促進を求める傾向を表している．

　旅行キャリアのモデル　マズロー (A. H. Maslow) による欲求階層説では人間の欲求は下位から順に「生理的」「安全」「所属と愛情」「尊厳」「自己実現」の五つの階層から構成されており，上位の欲求は下位の欲求が部分的であるにせよ，満たされてから，はじめ

て発生するとした.

この考え方を観光動機の研究に取り入れたのがピアスとモスカルド（P. L. Pearce and M. L. Moscardo 2008）であり，「旅行キャリアのはしごモデル（TCL: travel career ladder）」を提唱した．ここでは観光者の動機は下位から順に「リラクゼーション」「安全」「関係」「尊厳・開発」「自己実現・達成」の五つの異なる階層から構成されており，はしごの状態となっている．また，それぞれの観光者について，五つのうち一つの階層が支配的な旅行の動機となっており，「旅行キャリア」によって特徴づけられる．ここで「旅行キャリア」とは各観光者にある識別できる旅行の段階のことであり，過去の旅行経験やライフステージ，現在の状況などの影響を受けて設定される．人は「旅行キャリア」が高まっていくとともに支配する旅行の動機が上位の階層へと移動していくと説明されている．

しかし，このモデルは階層，はしごへの過度の注目をしたために説明力に限界があるとの指摘を受けた．同じ人物であっても時と場合によって旅行の動機は階層的な序列を上下に変動することがあるため，個人を特定の階層に固定的に対応づけてしまうことには無理があると考えられる．

そこでピアスとリー（U. I. Lee）が新たに提唱したのが「旅行キャリアのパターンモデル（TCP: travel career pattern）」である．このモデルでは，TCLにみられた動機の階層性にかわって，パターン化を行った．具体的にみていくと，「逃避・リラックス」「新奇性」「関係強化」については「旅行キャリア」の高い人，低い人に共通してみられる重要な動機と位置づけた．

一方，「旅行キャリア」の高い人に重要な動機として「自然」「自己発達：現地関与」など外部志向のものを指摘した．「旅行キャリア」の低い人については「自己発達：個人の能力開発」「関係安定」「自己実現」「孤立」「ロマンス」など内部志向の動機がみられるとした．

日本人の観光動機　日本人旅行者の観光動機を明らかにすることを試みた代表的な研究として，林・藤原（2008）によるものがある．ここでは日本人の海外旅行者の動機を測定する尺度を開発し，調査・分析した結果，「刺激性」「文化見聞」「現地交流」「健康回復」「自然体感」「意外性」「自己拡大」の七つを見出した．さらに年齢による違いも検討されており，若年層では「刺激性」と「意外性」，中年層では「健康回復」，高年層は「自然体感」「文化見聞」が強いという結果が示された．

観光動機の把握　観光者の動機の把握は調査によって行われる．多くの場合，観光者を対象としたインタビューや旅行記などを定性的に分析して動機の項目を作成し，複数の項目から構成される動機の尺度を開発する．そのうえで尺度の項目について5〜7段階で評定を求める調査を実施する．得られたデータについては因子分析などの統計的な手法で解析され，動機の次元を把握するともに，年齢や性別などの属性や，旅行経験のレベルによる観光動機の違いの検証が行われる．

留意事項　観光動機の分類の研究が多く行われてきているが，限界もある．第一に，ある行動に特定の動機が対応している，さらには同じ動機があれば同じ行動を示すといった単純な前提は成立しないことである．

第二に，観光への動機が生じたとしても，さまざまな不安，同行者の確保，金銭，時間の不足などの阻害要因の認知が強い状態になってしまうと，必ずしも旅行の実施に結びつかないことがあげられる．　　　（中村　哲）

文　献
小口孝司・花井友美 2013「観光者の欲求・動機とパーソナリティ」橋本俊哉編著『観光行動論』原書房, pp.25-41.
林　幸史・藤原武弘 2008「訪問地域, 旅行形態, 年令別にみた日本人海外旅行者の観光動機」実験社会心理学研究, **48**(1)：17-31.
Pearce, P. L. and Lee, U. I. 2005 Developing the travel career approach to tourist motivation. *Journal of Travel Research*, **43**(3)：226-237.

1.13 観光消費

機能から記号へ　かつてフランスの社会学者ボードリヤール（J. Baudrillard）は消費社会の進展により人びとの消費のあり方が従来の機能的な消費から記号的な消費へと変容していくことを明らかにした（ボードリヤール 1995）.

例えば，自動車を購入する際，私たちは移動手段という使用価値（機能）だけでなく，ファッション性や高級感といったその車種に込められたイメージやスタイルを重視して車種を選択することも多いであろう. このようなモノの機能よりもモノに含まれる意味や物語，イメージが重視されて消費されるような状況のことを記号的消費とよぶ.

記号は大きく「シニフィアン（意味するもの）」と「シニフィエ（意味されるもの）」という二つの要素から構成される.

つまり，先の自動車の例に即していえば自動車がシニフィアンで，自動車に含まれるイメージやスタイルがシニフィエということになる. そして，このような記号が作られるプロセスのことを，意味産出実践（signifying process）とよぶ.

観光における記号的消費　この記号的消費という考え方は観光における消費のあり方を考える際にも参考になる.

例えば，沖縄本島西海岸を走る国道58号線には多くのヤシの木が植えられている. これは1975年に開催された沖縄国際海洋博覧会を契機に急速化した観光開発のなかで植樹されたものである. つまり，「ヤシの木（シニフィアン）＝南国（シニフィエ）」というステレオタイプを利用して西海岸の海との相乗効果で「沖縄＝南国」という記号を作り出していったのである（多田 2004）.

このように，ある地域が観光化される際には，観光産業が意図的に記号を作り出し，流布させるということが，しばしばみられる.

こうした傾向はガイドブックや旅行パンフレットなどの観光メディアにおいても顕著にみられる.

例えば，日本の旅館のパンフレットや広告には，しばしば着物を着た女性がお辞儀をする写真が登場する. これらの写真を見たとき，私たちは単なる挨拶ではなく「ホスピタリティ」「おもてなし」といった意味を，そこに読み取るであろう. 同様に東京の下町のガイドブックに掲載されている路地や駄菓子屋，商店街などの写真は「下町情緒」という意味を伝達する記号として利用されている.

実際には，観光対象に付与される意味やイメージは観光産業とメディア産業が密接に関わり合いながら形成されることが多い.

例えば，「太平洋の楽園」というハワイのステレオタイプなイメージは1920～30年代のハリウッド映画を通じて形成された（山中 1992）. この時代，米国本土ではハワイを舞台にした映画が大量生産され，そのなかでは白い砂浜，ヤシの木，先住民の集落，官能的で半裸の女性たちといった要素が繰り返し描かれていった. その結果，これらの諸要素がハワイのステレオタイプな記号となり，さらには現実のリゾートでもこうした記号を散りばめた観光客向けのショーなどが上演されるようになっていった. こうして「太平洋の楽園」というイメージは観光者がハワイをみる際の強力なフィルターとして機能し続けてきたのである.

このハワイの事例からもわかる通り，観光産業とメディア産業は複雑に絡み合っており，観光消費のあり方はメディアが作り出すイメージに大きな影響を受ける.

階級峻別コードとしての観光消費　しかしアーリ（J. Urry）が述べているように，ある場所に付与された意味やイメージを読み解くという行為は習得された能力であり，その能力は社会階層や趣味，嗜好などによってバ

リエーションがある．特に観光市場の成熟にともない，ステレオタイプでわかりやすい記号から特定の嗜好や関心をもった観光客にしか解読できないような記号を戦略的に作り出すような動きも生じている．

例えば，エコツーリズムの進展によって生まれたエコリゾートなどの業態はその典型であろう．エコリゾートとは，立地する自然環境に負荷の少ない開発，運営を行うと同時に，エコツアーなどの環境志向のアクティビティを提供しているような宿泊施設の業態をさす．これらのリゾートは概してアクセスが悪く，アメニティ水準も低く，マスマーケットの基準からすればマイナス面が多い．例えば，稲垣（1994）が報告しているカリブ海の米領ヴァージン諸島にあるマホベイキャンプ（Maho Bay Camps）の客室にはテレビや空調はなく，シャワーも共同である．

しかし稲垣によれば，これらのアメニティ水準の切り下げは結果として観光客のエコ感覚を構成することにつながっているという．すなわち，低いアメニティ水準が「便利な生活の忌避＝自然な生活」という論理を作り出し，環境保護意識の高い一部の消費者のエコロジー意識を満足させているのである．実際，マホベイの客室単価は100ドルを超えているが，客室稼働率はきわめて高いという．

こうしたエコリゾートは低アメニティ水準，アクセスの悪さといった，マスマーケットにとってはマイナスの価値でしかないものから「自然とのふれあい」「自然への配慮」といった一部の消費者のみが解読できるような記号を作り出し，プラスの価値に転化していくという特徴をもっている．

上述のような消費パターンは階級峻別のコードという視点からも考察が可能である．

例えば，エコリゾートやエコツーリズムの消費者層に特有のアウトドア思考や自然保護意識が中産階級層の特徴であることはこれまでもしばしば論じられてきた．

つまり，エコリゾートやエコツーリズムの

消費という実践が中産階級としての峻別コードとなっているという指摘である（太田 1996）．

記号から身体へ 以上，観光消費の特徴を記号という側面から説明してきたが，観光消費を記号的側面からのみ考察することは一面的にすぎる．

例えば，築地市場を訪れた際には市場で働く人たちの声，魚の匂いなど，さまざまな身体感覚の統合によって市場にいるというリアリティを作り出す．また東南アジアなどで盛んな少数民族の生活の場を直接訪れる民族観光では村に滞在することで知覚されるさまざまな身体的経験，例えば囲炉裏の匂い，家畜や虫の鳴き声，草木の香りといった感覚を通じてリアリティが形成される．このような意味を解さず身体感覚の統合によって経験されるような観光消費のあり方を身体性の消費とよぶ．

こうした身体性の消費は，これまで観光消費研究のなかで十分に論じられてきたとはい難いが，トレッキングなどのエコツアーや，徒歩にこだわる四国遍路に代表される巡礼ツーリズムなど，さまざまな観光形態の消費のあり方を考えるためにも重要な視点となりうる．

　　　　　　　　　　　　　　　　（須永和博）

文　献

アーリ，J.，ラースン，J.（加太宏邦訳）2014『観光のまなざし』（増補改訂版）法政大学出版局．

稲垣　勉　1994『ホテル産業のリエンジニアリング』第一書林．

太田好信 1996「エコロジー意識の観光人類学―中米ベリーズのエコツーリズムを中心に」石森秀三編『観光の20世紀』ドメス出版，pp.207-222．

多田　治 2004『沖縄イメージの誕生―青い海のカルチュラルスタディーズ』東洋経済新報社．

ボードリヤール，J.（今村仁司・塚原　史訳）1995『消費社会の神話と構造』（普及版）紀伊國屋書店．

山中速人 1992『イメージの「楽園」―観光ハワイの文化史』筑摩書房．

1.14 観光における商品化

総体としての観光商品　観光に出かける人びとは，旅行中に，あるいはその前後に必然的に商業的な取引に関わることとなる．航空券やホテルの予約，テーマパークや博物館などの各種施設への入場，みやげ品の購入など，いわば観光関連産業が提供する商品の購入と観光旅行は不可分の関係にある．

それでは観光における商品の生産プロセス，商品化について理解するためには，いかなる要件について理解する必要があるのだろうか．

観光商品とは，人びとが旅行中に経験するあらゆる事物の総体に関わる存在であるという視点が不可欠であるということを，まず考慮しなければならない．個別の企業の立場に立てば，航空座席や客室が商品ということになるが，必ずしも，すべての顧客が観光客であるとは限らない．一方で観光客にとっては航空機に乗ることやホテルに宿泊することそれ自体が旅行の目的ではない．あくまでも観光という経験の総体を達成するために必要な手段にすぎない．

同様に歴史的建造物を見物したり，地域の名物料理を食べたり，雄大な自然景観を眺めたり，ビーチで日光浴をすることもまた，それぞれ個別の要素を切り取ったとしても観光商品そのものとはなりえない．すなわち，観光商品とは多種多様なサービス提供者や観光の対象となる事物から複合的に構成された存在なのである．

ただし総体としての観光商品を構成する諸要素のなかには次元や性質が異なる存在が混在している．また交通機関や宿泊施設，あるいは，それらが提供するサービスを組み合わせた旅行会社のパッケージツアーの場合，旅行者は観光関連事業者，つまり商品の提供者と直接の金銭的取引を行う．しかし実際の観光地で旅行者をひきつける魅力となる事物のなかには直接の商業的取引が発生しない場合も多々存在する．

例えば，歴史的な町並みの保存地区を考えてみよう．観光客はその町並みの雰囲気を体感するためにそこを訪れるが，町並みを保全している住民や，その地域全体に金銭を支払うとは限らない．むしろ実際に観光客が金銭を支払うのは，その地域までのアクセスを提供する交通事業者や，近隣の宿泊事業者，地域内のみやげ店や飲食店など限られた事業者のみである．そのように考えると，総体としての観光商品の中心的な魅力が町並み保存地区であったとしても，そこには直接的な経済的関係が発生しないのである．

無形のサービスとしての観光商品　次に観光商品の構成要素の多くは，無形のサービスであるという点にも留意が必要である．「予約」という言葉に象徴されるように観光商品は将来提供されるサービスに関する契約としてとらえられる．そして無形のサービスであることは物財とは異なる性質を観光商品にもたらしている．

物財であれば事前に実物を確認することが可能であり，対価の支払いによって所有権が購入者に移動する．しかし航空会社やホテルが提供するのは一時的な座席や客室の占有権であり，航空機や土地建物の一部ではない．テーマパークに入場しても持ち帰ることができるのはみやげのみである．

また無形のサービスを経験するためには観光客は実際のそのサービスが提供される現場に身をおかなければならない．スーパーで購入する食品やデパートの衣料品のように物財であれば，私たちは時間的にも地理的にも隔たった場所で生産された商品を購入し，消費する．だが予約した航空便の出発時間までに空港へたどりつくことができなければ私たちは観光商品を消費することができない．そして航空会社は遅刻した旅行者の航空座席を次

の便，ないし翌日の旅客のために在庫しておくことができないのである．

加えて，観光対象となる事物は，その提供の状況によって，大きくその内容や評価を変動させる．南国の美しいビーチも雨や嵐ではその価値を大きく減ずることになり，移動のバスがすし詰めであれば運賃は変わらずともその快適さは低下することになるのである．

サービス契約を越える構成要素　観光商品には無形のサービスとしてだけでは十分に理解できない領域も存在する．それは記号やイメージの消費としての側面である．

観光における視覚的消費の重要性を指摘するアーリ（1995）は，観光客は純粋無垢な目で観光地を見ているのではなく，社会的に構成され文化的に習得された特定の見方，つまり，「ツーリストのまなざし」を通じて特定の場所を経験・消費すると論じる．そして，そのまなざしは観光地に広がる光景の意味を理解させる記号によって構築され構造化されるという．

古き良き町並みを訪れた観光客は過去に実在したのか否か歴史的な事実とは別に，人力車やレトロボンネットバスを観てノスタルジアに浸る．それらは事前に期待されるイメージ通りの観光経験，視覚的消費を可能としてくれる記号として機能しているのである．

もちろん，視覚による記号消費だけが観光消費を成り立たせているわけではない．先にも述べたように観光商品はさまざまな経験の総体としてとらえられる．観光客の経験はジェットコースターで体感するスリルや，トレッキングで聴く野鳥のさえずり，地域の名物料理の味わいに象徴されるように五感すべてに関わるものであり，身体的なパフォーマンスをともなうものでもある．

さらに，観光経験は個人のなかで完結するものではなく，旅行中の参加者間のコミュニケーションもまた重要な要素になる．家族旅行や修学旅行，卒業旅行は，特定の目的地に行くことが目的であるとは限らない．むしろそこで深められる家族や仲間との関係そのものが価値をもつ．であるとすれば，そこで共有される経験や社会関係自体も観光商品の一部を構成しているのである．

観光関連産業と観光の商品化　このように総体としての観光商品は，さまざまな水準から理解される．すなわち，観光における商品化とは，無形のサービスであり，ツーリストのまなざしを構成する記号や身体的パフォーマンスの消費であり，旅行を通じて再生産される社会関係であり，それらすべての経験の総体を特定の商業的取引へと収斂させる過程なのである．そして，これら次元の異なる諸側面は，相互に影響を与えながら観光商品を形作っている．

近代以降，このような観光商品の生産過程は大量生産，消費可能な産業システムの基盤に適合されてきた．パッケージツアーの登場によって効率的で均質化された旅行が安価で可能となった．そこでは，リッツア（1999）が「マクドナルド化」とよんだように，サービスの合理的大量生産が志向されつつ，他方では観光客の求める「いかにもその観光地らしい」経験を可能とする記号的イメージが繰り返し提供される．

ただし観光商品を取り巻く環境は絶えず変化している．観光客の嗜好はもちろん，観光地自体も姿を変えていく．観光関連産業は変化する市場と観光地に対応しつつ総体としての観光商品を常に更新し，再生産しているのである．　　　　　　　　　　　　（鈴木涼太郎）

文　献

アーリ，J.（加太宏邦訳）1995『観光のまなざし』法政大学出版局．
稲垣　勉 2001「観光消費」岡本伸之編『観光学入門』有斐閣，pp. 235-261.
コトラー，P.（平林　祥訳）2003『コトラーのホスピタリティ＆ツーリズム・マーケティング』ピアソンエデュケーション．
鈴木涼太郎 2010『観光という〈商品〉の生産』勉誠出版．
リッツア，G.（正岡寛治監訳）1999『マクドナルド化する社会』早稲田大学出版会．

1.15
地域振興と観光

地域振興とは 地域の発展を目的として行政が行う計画，政策や事業のことをいう．観光に限ってみると，ある地域における観光の発展と，安定を図るすべての行動を含める．地域振興は行政が主体となることを前提に考えられてきた概念であるが，行政の関わり方が直接観光施設に投資するような積極的な役割からさまざまな主体が行う活動の調整役へと変わってきている．また地域振興は国，地方，市町村，さまざまなスケールで行われ，欧州連合（EU）のような国の範囲を超えた組織が主体となる例もみられる．

地域振興の変化 大衆観光が発展している先進国において観光を通じて進める地域振興と，その主体は時代によって変化してきた．Hall and Page（1999: 248）によると観光政策は1950〜60年代に経済利益を増やすための観光者数拡大に集中し，1970年代から観光を地域振興の手段として利用するようになった．そして1980年代後半からは行政よりも観光産業，関連者のネットワーク，第三セクターなどによる振興が重視され，環境への影響や地域住民の自立性も問われるようになった．同じ時代に日本では地域内の技術，産業，文化を活用した「内発的発展」が注目されるようになる（人文地理学会編 2013: 252）．つまり，地域振興を目指す観光政策は行政や開発事業者による大規模な開発から地域内の事業者とそのネットワークによる多様な，小規模な発展を支援する方向に変わる．1987年に執行された総合保養地域整備法はその中間点であり，行政から民間へのシフトがみられるものの，多くの計画が外部の資本による開発に頼っていた．

観光による地域振興の課題 観光の発展を総合的な地域振興の一環として成功させるためには，いくつかの課題があげられる．地域の生態的，経済的，社会的な条件に対応するために第一次産業など他の経済活動との調整，観光に関する決定権の確保，適切な開発スケールの検討，地域の発展段階に合わせた計画，そして地域内で合意にたどりつくための過程形成が不可欠である（Butler 1999）．

観光による地域振興 行政が観光の発展を目的に行う振興政策は，いくつかのタイプに分類できる．日本の事例をみると，まず国民宿舎，博物館，道の駅など，直接投資を行う形があげられるが，このような観光施設は現在，指定管理制度を通じて民間に運営委託されている場合が多い．次に多様な業種からなる観光産業は統一した観光戦略を打ち出すことが難しいため，行政またはその関連組織が地域振興を視野に入れた観光地のマーケティングを担当する例が世界中でみられるが，このような組織も民営化，商業化される傾向が強い．また1990年代に入るとグリーンツーリズム，エコツーリズムなど，地域の条件に適用し，地域経済に密着した観光形態の推進策がとられ，国が設定する枠組みのなかで各地域が振興策を工夫する形が生まれる．

観光による地域振興の限界 このように行政の行動力が低下し，地域内の独立した活動が期待されているなか，地域が直面する課題が増えている．日本の場合，グローバル化による競争におかれている地方自治体は深刻な人口減により消滅危機にさえさらされている．観光が成り立つには，農業，漁業をはじめ，地域内の産業と人材が前提となり，観光だけで地域振興を図ることは困難であろう．

（フンク・カロリン）

文 献
人文地理学会編 2013『人文地理学事典』丸善出版．
Butler, R. W. 1999 Problems and issues of integrating tourism development. Pearce, D. W. and Butler, R. W. *Contemporary Issues in Tourism Development*. Routledge, pp.65-80.
Hall, M. C. and Page, S. J. 1999 *The Geography of Tourism and Recreation*. Routledge.

1.16 アウトバウンド（日本人海外旅行）

初期の海外渡航 欧米人旅行者と比較したとき日本人海外旅行者行動の違いが着目され，その根拠として日本の鎖国が原因にあげられることがあるが，わずか210年余の鎖国が日本人海外旅行者の特徴的な行動を十分に説明するものとは思われない．むしろ数千年にわたる日本人の精神文化の独自な発展が日本人海外旅行者の行動に，より大きく影響していると思われる．

鎖国の後，1866年江戸協約によって，はじめて日本人の海外渡航が正式に認められるようになった．日本人の海外渡航は活発化し，東南アジアに向けて「からゆきさん」や，オーストラリアに向けて集団移民などが始まった．明治政府の対外政策とは別に一般庶民レベルにおいては海外との交流は盛んに行われていたとみられる．

第二次世界大戦終結後は連合国最高司令部の許可なしには日本人の海外渡航は不可能であったが，1951年には日本政府による自主的な旅券の発行が認められるようになった．

戦後は経済的混乱状態と慢性的外貨不足が続き，観光はもちろん業務目的でも個人が海外渡航のために外貨を購入することは困難であった．旅券の申請には必要な外貨が外地のスポンサーによって確実に手当されるという保証が必要とされた．

しかしながら，その後の順調な経済回復とともに1963年には業務渡航のために年間500ドルまでの持ち出しが可能となり，また1964年には観光渡航が年1回500ドルまでとして認められるようになった．その後，金額や回数の制限が徐々に緩和された．

海外渡航の自由化以降 『日本人の海外旅行20年』（1984，トラベルジャーナル社）に日本の旅行産業の発展期についての詳細な記述があり，それを参考として以下にまとめる．

1964年は観光目的の渡航が認められた年でもある．また東海道新幹線の開通，東京オリンピックの開催など日本人の眼が広く海外に向き始めた年でもある．海外旅行においてはパッケージツアーが日本にも導入された．1964年以降，スイス航空や日本航空などがパッケージツアーを開始している．団体割引運賃も導入され，日本人の海外旅行ブームの幕が開いた．

1967年には世界観光機関（UNWTO）の前身であるIUOTO東京総会が開催され，政府は同年を「国際観光年」と指定した．

1969年には大型航空機の導入とともに本格的なパッケージツアー全盛時代が始まった．この時代，日本人海外旅行者数は毎年30〜40％の伸びを示した．航空運賃の低下，パッケージツアーの普及，そして大型機の登場によって海外旅行ブームは本格的に幕が切って落とされた．1968年以降，ルック，ジェットツアー，ホリデイツアー，マッハなどのツアーブランドが続々と誕生している．1970年の大阪万博の成功とともに「民族大移動」という言葉も生まれている．

日本経済は第一次・第二次オイルショック，国際通貨不安，円高，貿易不均衡などのマイナス要因を経験しながらも日本人海外旅行はおおむね順調に進展してきた．1987年には当時の運輸省によって「海外旅行倍増計画（テン・ミリオン計画）」が提唱され，早くも1990年には出国日本人数が1,099万人に達している．

日本人海外旅行の背景 海外旅行の伸長は一般的には経済的背景（可処分所得増加），長期休暇制度の変化，制度的制約（旅券取得制限，出国制限，持ち出し外貨制限）の緩和などの関数として説明される．同時に制度的，または政策的緩和の背景として国際収支の改善があげられる．どの要因がもっとも主導的かという議論はあるが，日本の1964年以降は，この要因で説明可能であろうと思われる．

また近年では東南アジアをはじめ多くの国々で海外旅行が爆発的に拡大しているが、それもこの要因で説明できるだろう。

端的にいえば、経済成長にともない所得が増加し、観光そのものに対する需要が高まっていったということになる。国内旅行は急成長したが、前述の制度的制約のために海外には興味はあっても実現しなかったものが、制度緩和で大きく拡大したというのが日本の情況であったと考えられる。

制度が緩和されたのは国際収支が次第に楽になってきたこと、オリンピックで自由な国際間往来を目指す姿勢もみせなければならなかったことが影響しているかもしれない。

日本人海外旅行の現状

①日本人海外旅行者総数　『平成29年版観光白書』によると2016年の日本人海外旅行者数は1,712万人(対前年5.6%増)であり、増加は2012年以来の4年ぶりである。過去最高は2012年1,849万人、ついで2000年1,781万人、2006年1,753万人、そして2013年1,747万人であった。

2012年の過去最高1,849万人は円高やLCC(格安航空会社)を追い風にしたものであった。しかし、いわゆる「アベノミクス」の大胆な金融緩和措置と、その結果としての円安によって海外旅行代金は増加し、日本人海外旅行者数は2012年から2015年まで減少に転じていた。さらに、その時期の日中関係、日韓関係の緊張によって両国を訪れる日本人観光客が低調であったことも影響していた。

②国際観光収支　財務省資料に基づく観光庁作成のデータによると、2016年の日本の国際観光収支(旅客輸送を含まない)は、受取3兆3,375億円、支払2兆110億円であり、収支は1兆3,267億円の黒字となっている。なおこれまで続いた収支赤字は2014年までほぼ一貫して減少していたが、訪日旅行者数の増加に伴って改善され、2015年、2016年と黒字に転換している。

2011年から2016年までの6年間の傾向をみると、訪日外国人旅行による観光収支「受取」額が順調に増大している一方、日本人海外旅行による「支払」額は長期的には減少傾向にある。その背景には低迷する国内経済、円安基調による海外旅行の高価格化などの影響が大きいと考えられる。

最後に以下のことを指摘しておく。

近年の日本では、いわゆる訪日客(インバウンド)が急速に増加して、アウトバウンドよりもインバウンドが大きな話題になっている。しかしながら、海外に行く日本人(アウトバウンド)の数は、あまり変化がなく、この20年は1,700万人程度である。

その国の人口に対して国外に旅行に出る人の割合(出国率)をみると日本は13%(2015年：日本政府観光局JNTOの資料)である。この出国率では100%を超える国が、いくつかある。シンガポール165%、香港143%、オランダ106%(2014年)、ドイツ102%(2014年)などである。またフランス44%、イタリア47%である。

日本の近隣諸国では台湾56%、オーストラリア40%、韓国38%、ロシア24%、タイ9%(2014年)、中国9%、インドネシア4%(2014年)、またカナダ30%(2014年)、米国10%となっている。

日本の出国率(13%)からは、この国のさまざまな事情が読み取れる。

(福永　昭・白坂　蕃)

文献

国土交通省観光庁編 2017『平成29年版観光白書』昭和情報プロセス.

トラベルジャーナル編 1984「日本人の海外旅行20年 1964〜1983」『旅行産業の20年』トラベルジャーナル増刊号.

トラベルジャーナル編 2004「観光立国への道」トラベルジャーナル臨時増刊号.

日本政府観光局(JNTO)編 2017『JNTO日本の国際観光統計2016年』国際観光サービスセンター.

春田哲吉 1987『パスポートとビザの知識』有斐閣選書.

法務省出入国管理局編 1981『出入国管理の回顧と展望』

1.17 インバウンド（訪日外国人旅行）

出国日本人と訪日外国人の推移 1964年から2016年までの約50年間の出国日本人と訪日外国人の推移をみると出国日本人も訪日外国人もオイルショックや湾岸戦争などの一時的落ち込みを経験してはいるが，これまで，ほぼ順調に発展を続けてきたといえる．

1940年代，50年代，60年代を経て出国日本人数よりも訪日外国人数の方がまさっていた．しかし1971年からは出国日本人数が訪日外国人数を上回り始めたが，2015年には出国日本人数1,621万人，訪日外国人旅行者1,974万人となり，ふたたび出国日本人数よりも訪日外国人旅行者数が上回ることとなった．2016年においても同じく出国日本人数1,712万人，訪日外国人旅行者数2,404万人となり，訪日外国人旅行者数が上回っている．

訪日外国人旅行者数が著しく伸長した理由としては，好調な国際的経済環境，為替動向（円安傾向），入国規制（ビザ）緩和や外客向け免税制度の充実，税関・出入国審査・検疫体制の整備，近隣諸国との国際関係，日本政府による積極的なインバウンド施策，市町村による外客受入れ体制の整備，日本政府観光局（JNTO）や宿泊業者などインバウンド関係者の積極的な外客誘致策，飛躍的なLCC座席量の増加，日本製品に対する外客のあこがれ，これまでの日本旅行の困難さに対する反動などがあると考えられる．

出国日本人数増加の抑制要因としては，円高から円安への反転，国内景気の低迷，娯楽レジャーの多様化，興味関心の内向化，かつての加熱した海外旅行ブームへの反動などがあると考えられる．

訪日外国人総数 『平成29年版観光白書』およびJNTOのデータを用いて，以下に2016年のインバウンドについてまとめる．

2016年に日本を訪れた外国人旅行者数は過去最高の2,404万人（対前年21.8％増）となった．2013年から2016年までの4年間，急成長を続けている．

市場別の訪日外国人数 2016年の主要国籍・地域からの訪日外国人旅行者数は表のようになっている．

『平成29年版観光白書』によると，2016年においては，主要20（訪日旅行者送出し）市場のうちロシアを除く19市場で過去最高の訪日旅行者数を記録し，特にアジア市場からの訪日旅行者数は2,010万人（前年比22.8％増）となり，全訪日外国人旅行者に占めるアジアのシェアは83.6％となった．

訪日外国人による旅行消費額では，2010

表　主要国籍・地域からの訪日外国人旅行者数（2016年）

国籍・地域	人数（万人）	全体に占める割合（％）
中国	637	26.5
韓国	509	21.2
台湾	417	17.3
香港	184	7.7
米国	124	5.2
タイ	90	3.7
オーストラリア	45	1.9
マレーシア	39	1.6
シンガポール	36	1.5
フィリピン	35	1.4
英国	29	1.2
インドネシア	27	1.1
カナダ	27	1.1
フランス	25	1.1
ベトナム	23	1.0
ドイツ	18	0.8
インド	12	0.5
イタリア	12	0.5
スペイン	9	0.4
ロシア	5	0.2

出典：『平成29年版観光白書』により作成．

年1.1兆円, 2011年0.8兆円, 2012年1.1兆円, 2013年1.4兆円, 2014年2.0兆円, 2015年3.5兆円, 2016年3.7兆円と順調に伸びている.

2016年における訪日外国人旅行消費額の総額は3兆7,476億円である. その国籍・地域別の旅行消費額を上位から並べると, 中国1兆4,754億円（消費総額に占めるシェア39.4%）, 台湾5,245億円（14.0%）, 韓国3,577億円（9.5%）, 香港2,947億円（7.9%）, 米国2,130億円（5.7%）, タイ1,150億円（3.1%）, オーストラリア1,099億円（2.9%）, シンガポール591億円（1.6%）, 英国532億円（1.4%）と続く.

外国人旅行者受入数ランキング ある国・地域が1年間に何人の外国人旅行者を受け入れているかという（国籍・地域別）外国人旅行者受入数ランキングを, 世界観光機関（UNWTO）, 各国政府観光局資料に基づきJNTOが作成し, 観光白書に示している.

『平成29年版観光白書』によると「（国籍・地域別）外国人旅行者受入数ランキング（2015年）」において, 日本は世界で第16位, アジアで第5位とやや低い順位にある. しかしながら, その前年の2014年においては日本は世界で第22位, アジアで第7位であったので, 日本のランキングは上昇している.

国籍・地域別の外国人旅行者受入数は上位から並べるとフランス8,445万人, 米国7,751万人, スペイン6,822万人, 中国5,689万人, …, 日本1,974万人の順位となっている. なお, 「外国人旅行者数は, 各国・地域ごとに日本とは異なる統計基準により算出・公表されている場合があるため, 比較する場合には注意を要する」との付記がある.

また「（国籍・地域別）国際観光収入ランキング（2015年）」においても日本は世界で第13位, アジアで第5位となっている. その前年の2014年においては日本は世界で第17位, アジアで第8位であったので, 日本は国際観光収入ランキングにおいても上昇している.

当然のことながら, 国籍・地域別の国際観光収入のランキングと外国人旅行者受入数のランキングは近似する.

国際観光支出ランキング ある国・地域が1年間に多数の海外旅行者を送り出しているのであれば, その国・地域は多額の国際観光支出を行っている. それを「国際観光支出ランキング」とよぶ. 「外国人旅行者受入数ランキング」と同様に, 「国際観光支出ランキング」も, UNWTO, 各国政府観光局資料に基づきJNTOが作成し, 観光白書に示している.

『平成29年版観光白書』によると, 「（国籍・地域別）国際観光支出ランキング（2015年）」において, 日本は世界で第19位, アジアで第5位である. その前年の2014年においては日本は世界で第17位, アジアで第5位であったので, 日本のランキングは停滞し, 日本人海外旅行の伸び悩みを反映している.

インバウンドの意義 インバウンドの意義, 必要性としては一般的に雇用創出効果, 所得効果, 地域活性化効果, 国際協調効果, 海外広報効果などがあげられる.

それらに加えて以下のような諸効果がインバウンドにはある. ①外国人旅行者や外国文化と接触することにより, 私たちの日常生活がこれまでにない刺激を受け, 新鮮な意識をもって日常に向かい合うようになる, ②日本人であることを再認識し, 誇りやアイデンティティをもつことができる, ③私たちの暮らす国や地域をさらに魅力的かつ住みやすいものにしようと努めるなど. 　　　（福永　昭）

文　献

国土交通省観光庁編 2017『平成29年版観光白書』昭和情報プロセス.

日本政府観光局（JNTO）編 2011『JNTO国際観光白書2010』国際観光サービスセンター.

日本政府観光局（JNTO）編 2017『JNTO日本の国際観光統計2016年』国際観光サービスセンター.

1.18
インバウンドと自然公園

　本項では，外国人旅行者に焦点を当て，自然公園におけるインバウンドの推移を時系列的にまとめた．近年はサステイナブルツーリズムが流行し，自然公園や自然型観光が推進されるようになり，国立公園満喫プロジェクト（環境省）などの体制を期待されている．インバウンドを促進する政策，つまり「外国人観光客を増やして外貨を稼ぐ」という国策はいかにも現代風に聞こえ，現在の観光庁の政策目標としても推進されている最中だが，意外に長い経緯がある．少なくとも明治維新以降の新しい景観評価は西洋から輸入された思想の影響を受けていた．新たなイデオロギーなどの間接的な影響もあれば，直接的な影響もあったといえる．例えば，自然型の観光地でいえば雲仙や軽井沢のような山岳リゾートは訪日欧米人が高温多湿の夏季から逃避する地域を求めて訪問することによって「発見」された．インバウンドのルーツともいえる．

　国策とインバウンド　20 世紀に入ると，近代化の一部として道路や歩道などの旅行インフラが整備される．日本新八景のような観光地ランキングとともに，観光市場の新しいセグメントをひきつけ宿泊施設を設ける時代になってくる．1920 年代の不況対策として外国人観光客を誘致する計画が立てられ，「国際標準」のホテルは中央政府の政策立案のなかで重要な要素であった．施策傾向は 1931 年に公布された国立公園法で頂点に達し，最初の 12 カ所の国立公園が 1936 年までに指定された．しかし外国人のマーケットとして実際に発達する前に，軍事化の下で国立公園ポリシーが急変させられ，外国人誘致プランがいったん消えてしまった．

　戦後は国立公園ブームになり，公園の数とともに入り込み客数が急増してきたが，そのほとんどが日本人であった．例えば，経済の高度成長の時代では，1964 年東京五輪，1970 年大阪万博，1972 年札幌冬季五輪などの国家レベルの盛大なイベントの連続は国際外交の場で日本社会の復活や経済の奇跡的復興を示した．しかし訪日外国人の数への影響はそれほど大きくなく，インバウンドにとっては一時的な波であった．当時はむしろアウトバウンド，つまり日本人旅行者の全盛期である．1964 年，日本政府は円の流出を食い止めることを意図していた海外旅行に対する厳しい制限を解除した．その後，変動相場制が 1973 年に導入され，日本人旅行者は急激に増加，「テン・ミリオン計画」により，アウトバウンド日本人旅行者は 500 万人（1986 年）から 1,000 万人（1991 年）へと倍増した．

　自然公園に向かう外国人観光客　しかしインバウンドへの取り組みは長引き，推進する専用 DMO など特定管理団体の発達が他の OECD 諸国よりも遅かった．国レベルでの本格的な外国人観光客誘致政策が始まったのは，2002 年サッカー W 杯で，翌年のビジット・ジャパン・キャンペーンが新たな出発点といわれている．その後 PR 活動，ビザ制度の一部緩和に円安などのプラス要因が加わり，それとともに受入れ体制が徐々に整備され，訪日外国人旅行者の数は，380 万人（2003 年）から 835 万人（2008 年）へと劇的に増加した．同年，観光庁が設立され，2011 年の震災の影響でいったん落ち込んだものの，2014 年までの 10 年間でインバウンドは 1,340 万人と 3.5 倍以上になった．また，2015 年のインバウンドは前年比 47.1% 増の 1,973 万 7,000 人で，すでに 2020 年の目標を達成しており，これからインバウンドはまだまだ成長するポテンシャルをもっており，図の通り，数字のうえではインバウンド誘致政策は大成功のようにみえる．しかし自然公園を舞台にしたインバウンドの急増に受入れ体制の整備は追いついているのだろうか．国策と現場のギャップは生まれていないのだろうか．

図　訪日外国人旅行者数と出国日本人旅行者数の推移

"The Mt. Fuji"　この問題を考えるうえで，富士山という外国人にもっとも人気のある自然公園を事例として紹介したい．まずは富士山を訪れるインバウンドの入り込み者数だが，入場料がなく関東地方近辺で日帰りが多いため，正確な人数はわからない．登山者数は，より信頼性があり，2015年における外国人率は休日2割，平日3割程と推測される．外国人富士登山者は以前は欧米系が目立ったが，最近はアジア系が圧倒的に多い．

また属性では在日外国人の割合が減り，夏休みだけのインバウンドが急増した関係で，平均的な日本語レベルや習慣への理解が薄くなった．その証拠に2015年の山梨県側の山小屋を中心とした事業者向けの調査結果をみてみよう．55％の山小屋が外国人を受け入れてもよいと回答した一方，17％は受け入れたくないと答えた．また事業者の2/3は何らかのトラブルを経験したことがあり，外国人対応で困ったことについては「マナーが悪かった」が6割でもっとも多かった．なぜマナーが悪いと受け取られるのだろうか．自然公園に慣れていない旅行者が起こしたトラブルも当然あるだろうが，文化の違いがマナー違反の原因となるケースも考えられる．例えば，山小屋で宿泊をする場合，雑魚寝をすることや靴の脱ぎ方にルールがあることなどを事前に説明し，富士山特定の山小屋文化を理解してもらうよう努力しなければ日本人の登山者や小屋側とのトラブルが発生してしまうだろう．

インバウンド側の理解を促進する方策　今後も自然公園へのインバウンドが増大していくなかで，国際対応は必要だといえる．だが，それには外国人に規制やルールを強調するばかりでは不十分で，日本の伝統文化をアピールし，インバウンド側の理解を促進することが行動変化を促すうえでも効果的である．管理方針をマーケティング戦略に入れ込み，それを普及させることで，日本にやってくるインバウンドの利用実態を調整することが可能となる．そこでは外国人目線の宣伝ノウハウがますます重要になる．新たな需要に応じて国立公園満喫プロジェクトのようなPR活動だけではなく，徹底的な国際対応が求められている．インバウンドを促進する国策と現場との間に，ギャップが生まれないように受入れ体制を整えることが重要に思う．東京五輪に向けた準備として自然公園を保護しながら普及させるアプローチが有効であろう．

(T. E. ジョーンズ)

文献

ジョーンズ，T. E. 2016「国立公園を訪れる外国人旅行者」國立公園，**746**：9–12.

村串仁三郎 2005『国立公園成立史の研究―開発と自然保護の確執を中心に』法政大学出版局．

1.19 ホストとゲスト

ホストとゲストという用語は相異なる二つの内容，文脈で用いられている．ひとつは純粋に学問的な分析概念としての用法であり，主として地域における観光者と地域住民との観光をめぐる交渉プロセスを分析するための新しい視点，枠組みをさす．

もうひとつは「ホスト」「ゲスト」という言葉が，「観光客」「観光事業者」などの用語と比べ，商取引をイメージさせないソフトな響きをもつことを利用し，商業的関係を超えた親身の接遇などを訴求するための，いわばマーケティングツールとして用いられるケースである．この用語法は大衆観光以降の観光客が，「親身のホスピタリティ」などとして，金銭の収受を前提とする商業的関係を超えた対応に強く反応するという新しい状況を基盤としており，個別的なホスピタリティ提供をイメージ上，地域まで拡大したものといえよう．しかし内実をともなう議論ではなく，用語としても日本国内出の使用に限られている．

観光人類学とホスト-ゲスト関係 新しい分析概念としてのホスト-ゲスト関係は観光人類学の成立と深く関わっている．1974 年米国人類学会は観光をテーマとするシンポジウムを開催し，後にスミスによって *Hosts and Guests* として刊行される（参考文献：市野澤・東・橋本監訳 2018『ホスト・アンド・ゲスト』）．これは観光現象が人類学のテーマとして認知されたこと，観光現象をとらえる人類学の基本的枠組みが作られたことの 2 点において，観光研究史上のエポックメーキングな出来事となった．これによって観光の地域文化に対する影響を，従来の評論的な段階から分析的に扱う端緒が開かれたことがきわめて重要といえよう．

ホスト-ゲスト関係において観光の構造は，短期的に訪れるゲストとしての観光者と，ゲストを受け入れるホストとして，またゲストの求める文化の所有者としての地域住民，地域社会という二項対立として想定される．近代社会に身をおき，ホストとの差異を伝統文化としてとらえようとするゲストとしての観光者像，伝統文化の所有者として，それを使って観光者と対峙するホストとしての地域住民像が形作られる．この関係はブーアスティン（ブーアスティン 1964）以来の無責任で浅薄な観光者，観光者の欲望を疑似イベントで充足しようとして，結果的には観光を俗化させていく観光産業という，ステレオタイプの認識からは大きくかけ離れている．研究の中心は観光者との文化接触によってホストとしての伝統社会がどのように文化変容していくか，また観光を受け入れることによって地域住民がどのように生活を再構築していくかという点におかれるようになっていった．

ホスト-ゲスト関係と認識の変容 ホスト-ゲスト関係を基盤とする観光の構造に関する議論も時代を追って変化していく．当初ホスト-ゲスト関係はゲスト（観光者）のもつイメージに合わせて，文化表象が都合よく再編成されていく，つまり伝統文化の破壊者としての観光という理解が一般的であった．確かに観光者が意識するか，否かにかかわらず，地域における観光が権力関係を含むことは否定できない．多くの場合，豊かな先進国，都市部から訪れるゲスト（観光者）と，途上国，ことにその周縁部のホスト（地域住民）の間には大きな経済的格差が存在し，同時にホストが常に「視られる」立場におかれることも否定しがたい事実である．

しかし，その後，さまざまな事例からホスト-ゲスト関係の理解は変化していく．山下晋司はバリ島の例から「伝統的とされる文化」の不確かさを指摘したうえで，ホスト社会がゲストの求める「真正な伝統」を意図して提示する過程で，ゲストとの接触が新しい文化を再生産し自らのアイデンティティを構築し

ていく触媒として機能していると主張する（山下 1999）．また太田好信はホスト-ゲスト関係を「真正で伝統的な文化」をめぐる交渉プロセスとしてとらえ，本質主義的な文化観をもつゲストに対して，ホスト側がそれ逆手にとって主体的に文化表象を操作し組み立てていると論じる．それは対ゲスト関係を通じての近代への抵抗と位置づけられる（太田 1998）．いずれにおいても権力関係をともなう文化変容に対する視点の変換が図られている．

いずれにせよ，ことに日本ではホスト-ゲスト関係を中心とする観光への人類学的アプローチは観光に起因する文化変容の解明はもちろん，それ以上に人類学における認識の革新に寄与したということができよう．分析上，人類学者は観光者と同一の地平を共有することで，それまで人類学が対象としてきた伝統的な民俗社会が消え去っていくなか，伝統文化についての議論を再構築していくこととなった．

ホスト-ゲスト関係の分析は両者の相互作用を対象としても，多くの場合ホスト側の分析が中心で，相互作用そのものが議論されることはまれである．この結果，詳細なホスト像に対してゲスト像は希薄なままに残される傾向にある．一方でホスト-ゲスト関係の分析は一定の成果を生み，分析枠組みとしては，すでに新しい認識を生み出す可能性を失いつつあるように思われる．

ホスト-ゲスト概念の俗流化　ところで前述の研究的文脈とは全く別に，地域発の観光という潮流のもとでホスト-ゲスト関係といういい方がよく用いられるようになった．またホストとしての地域社会という概念も散見されるようになった．地域を基盤とするCBT（community based tourism）が喧伝され，その日本的な解釈ともいいうる着地型観光が着目された結果である．しかし，ここでいうホスト-ゲスト関係は従来の企業主導，自治体主導の観光，「観光客」という用語を，より口あたりのよいホスト-ゲストという言葉で置き換えたものにすぎず，観光者の意識上の観光産業離れを前提としたマーケティングスキルの域を出ない．重要なのはホストとして機能しうる地域社会が実際に存在しているかどうかという点であろう．しかし現状では地方における人口減少などから伝統文化の所有者であり，同時に主体的にホスト-ゲスト関係を築くことができる地域社会は少なく，また地域の活性化という視点からみても，都会からの移住者などの交流人口が触媒として大きな役割を果たす例が多くみられる．同様にCBTにとって不可欠の住民の観光に関する意志決定プロセスへの参画や，その基礎となる観光に関する情報の共有化も進んでいない．

一方，中国など国内観光が急成長し，同時に人びとのモビリティが急速に高まった国では，事業機会の増大，雇用機会など観光のもたらす経済的可能性は多くの地域外からの移住者を吸引する例が多い．他方，従来からの住民は家屋などを新来の移住者に貸し付け，有産階級化してより居住条件の良好な近隣に移住する．こうしてブームとなった観光地では住民の大半が外部からの移住者で置き換わってしまう例もめずらしくない．そこでは伝統文化の所有者である地域社会という概念はもはや妥当しない．ホスト-ゲスト関係は伝統的地域社会という概念，観光客とそれを受け入れる地域という二項対立的構造への吟味をはじめ，現実，分析枠組み双方において再検討の時期にさしかかっているということができよう．

（稲垣　勉）

文献
太田好信 1998『トランスポジションの思想―文化人類学の再想像』世界思想社．
ブーアスティン, D. J.（星野郁美・後藤和彦訳）1964『幻影の時代―マスコミが製造する事実』東京創元社．
山下晋司 1999『バリ 観光人類学のレッスン』東京大学出版会．
Smith, V. L. 1977 *Hosts and Guests: The Anthropology of Tourism*. University of Pennsylvania Press.

1.20 マスツーリズム

マスツーリズムとは マスツーリズム（mass tourism）とは大衆観光ともよばれ，社会の構成員の相当分が，「楽しみのための旅」を享受することが可能な条件が整い，それにともない巨大な観光往来が出現する社会状況をさす．マスツーリズムは現代観光の大きな特徴であり，20世紀後半から現在に至るまで観光が経済的，社会的に大きな影響力をもつ要因となってきた．しかし歴史的にみると「誰でも気軽に旅を楽しめる」という条件が整ったのは比較的近年になってからにすぎない．

それ以前の「庶民の旅」は生活の必然性に根ざした行商などや，巡礼など宗教的な情熱に支えられた旅がほとんどであった．伊勢詣での精進落しに代表されるように宗教的な旅は次第に観光的な色彩をもち始める．ムスリム圏においても大衆的な観光の発生以前にハッジ（Hajj），ウムラ（Umrah）など聖地巡礼の普及が先行して生じる例が多い．この点，制度的な宗教観光はマスツーリズムへ移行する前段階とみなすこともできよう．

一方，マスツーリズム以前の段階では生活の必然をともなわない自発的な旅は，英国貴族のグランドツアーにみられるように旅に必要とされる条件を自ら整えることのできる一部の階級だけに許される，きわめて限定された存在であった．こうした観光のあり方を階級的観光とよぶ．マスツーリズムは階級的観光から中産階級を主体とする社会の大多数の構成員が参加可能な観光への移行である．これは「楽しみのための旅」としての観光が社会において固有の位置づけを確立したことを意味している．

マスツーリズムの成立要因 マスツーリズムの成立には大別して主体である観光者側の要因と，観光を可能にする環境要因の二つが重要な役割を果たす．

観光者側の要因としては，時間的要因と経済的要因が重要である．時間的要因とは制度的な余暇の成立であり，労働時間と余暇時間が明確に区分され，自由裁量可能な余暇時間が法的に保証されることを意味する．

一方で経済的要因とは，所得が向上し，可処分所得が増加することを意味している．いわばマスツーリズムの成立は一定の時間的・経済的余裕をもった中産階級の成立と軌を一にしているといえよう．

しかし観光者側の主体的要因だけでマスツーリズムが成立し，観光往来が爆発的に拡大するわけではない．大量交通機関の発達などの環境要因，いわゆる社会的基盤の整備が不可欠である．マスツーリズムは観光者側のレジャー行動を可能にする主体要因と，それを旅行というかたちで実現可能にする社会的基盤整備双方の相互関係として成立する社会状況である．

マスツーリズムの始まりは1841年トマス・クック（T. Cook）による禁酒大会への汽車旅行にさかのぼる．クックは大衆を団体に編成し汽車という大量輸送手段を利用することで規模の経済を実現し，同時に従来必要とされていた旅行知識や経験を不要とすることに成功した．規模の経済は旅行費用を大幅に低減させ，所得増大と相まって旅行の相対価格は急速に低下する．同様に1960年代の国際観光の急成長もワイドボディ航空機導入による輸送力の急拡大というモビリティを支える社会的基盤の革新によっている．

トマス・クックをマスツーリズムの祖とみなす考え方は，かならずしもマスツーリズムの典型的旅行形態である団体旅行を創始したからではない．むしろ交通機関の革新を前提に規模の経済を旅行に導入し，旅行価格を低下させることで社会的基盤の整備を経済性に置き換えるという革新を成し遂げたからであり，同時に団体旅行という形式によって旅行

知識や経験が十分でない人びとも旅行に参加できる状況を作り出したからである．これらは現在でも，マスツーリズムの基礎というべき要件である．

マスツーリズムにとって中産階級を主体とする相対的に豊かな大衆の成立と，交通機関などモビリティを支える社会的基盤と観光サービスの存在が不可欠である以上，マスツーリズムの離陸時期は一様ではない．

英国では産業化を前提に，すでに19世紀からマスツーリズムが一般化した．米国では第一次世界大戦後，米国が世界最大の経済力をもつに至り，自動車が普及し道路網が全米に張りめぐらされた1920年代，日本では戦前から萌芽がみられるとはいえ，本格化したのは経済の高度成長が軌道に乗る1960年代からといえよう．1960年代初頭からの団体バス旅行に始まり，1970年の大阪万国博覧会には半年間の会期で6,400万人の入場者を集め，一大旅行ブームの様相を呈した．入場者の大半は国内旅客であり日本のマスツーリズムはピークに達したとみなしてよかろう．この背景は経済成長にともなう所得増加のみならず，東海道新幹線など旅行を容易にするインフラストラクチャーの発展が大きく寄与している．

マスツーリズムの問題点　マスツーリズムは生産と消費という観点からみると均一な商品の大量生産にともなう価格低下，比較的近似した嗜好をもった消費者による大量消費という点でフォーディズム（Fordism）の一形態とみなすことができよう．マスツーリズムの特徴として経験の商品化が指摘される．マスツーリズムが生み出す観光商品とは予期される観光体験が事前に流通過程で取引されることを意味する．観光サービスの生産者にとって観光体験が偶発性に依存する状況は好ましくない．観光体験を継続的かつ確実に生産するため，偶発的な出会いや光景と，それにともなう感動はコントロール可能な疑似イベントに置き換えられていく．これがマスツーリズムにおける体験がオーセンティシティを欠き，希薄化したものとして批判される原因である．また大衆観光の大きな特徴である団体旅行も匿名性による無責任な行動の原因となりやすく，批判されることが多い．

さまざまな批判にもかかわらず，観光が社会・経済的効果をもつ以上，特定の人びとだけがそれを享受できた時代から社会の構成員の多くが享受できる条件を整えたという，マスツーリズムの歴史的役割は高く評価することができよう．

最近はマスツーリズムへの批判から，「マスツーリズムではない観光」いわゆるオルタナティブツーリズムが主張されることが多い．しかしオルタナティブツーリズムといえど基本は観光商品であり，観光における制度化の一変種として構造はマスツーリズムと同一である．マスツーリズムのメカニズムは依然として現代観光でも健在である．実際，現在でも日本人の海外旅行の主流は，スケルトンツアー（フリープラン）とよばれる航空券と宿泊を組み合わせた旅行商品である．これらのツアー参加者は，意識は個人旅行であり団体行動志向はまったく存在しない．しかし生産様式は規模の経済とそのコスト効果に支えられており，マスツーリズムそのものということができる．オルタナティブツーリズムといえど大衆化を前提とした差異化にすぎない．

一方で観光者は観光経験の蓄積をもとに，ニーズや嗜好を変化させていく．そこで生じるのは自らを大衆とみなさないマスツーリストという矛盾した存在である．

現在の課題はオルタナティブツーリズムへの形式的移行ではなく，むしろこの急速に意識変化しつつある新しい観光者を前提とした，新しい観光事業像の創出であろう．

（稲垣　勉）

文献

ブレンドン，P.（石井昭夫訳）1995『トマス・クック物語：近代ツーリズムの創始者』中央公論社．

1.21 観光と自動車

観光と高速道路 日本の高速自動車国道は1964年に開通した名神高速道路を皮切りに延長され，2016年度末の段階で開通予定を含め8,840 km が供用されることとなる．2000年代に入る頃には北海道縦貫・東北・常磐・関越・北陸・上信越・東名・中央・名神・中国・山陽・九州自動車道など日本列島を縦貫する，いわば「背骨」にあたる広域ネットワークが完成，その後，横断ルートや「肋骨」にあたるルート，短絡ルートなどが整備されてきた．

高速自動車国道の整備が日本の観光に与えたインパクトは大きく，時間距離の短縮によって観光コースの広域化が進み，アクセスの向上によって地方における新たな観光地化が進んだ．

観光交通手段としての自動車 日本観光振興協会統計による宿泊観光旅行の利用交通手段（2013年度）によると，自家用車が46.8％，バスが17.8％，レンタカーが5.6％となっている．この場合のバスはツアーなどの貸切バス利用を含むと考えられるが，自家用車，バスともに近年は減少傾向にあり，その分，鉄道，航空機の比率が高まっている．統計数字は宿泊観光のみであるが，日帰り観光の場合は自家用車とレンタカーの比率はもう少し上がるものと考えられる．

また広域移動のための交通手段と観光目的地周辺の末端交通に分けて考えると，前者では鉄道（特に新幹線）と航空機が大きく比率を増やし，バス，タクシーは減少，後者では自家用車の比率が下がり，バス，タクシーが台頭，レンタカーが大きく比率を高めると考えられる．

観光と貸切バス 一般的には「観光バス」という名称が定着している貸切バスは観光における利用を主目的として営業されている交通機関である．個人客対象の会員募集型バスツアーという形態もあるが，主に団体客を対象とし，旅行業と密接に連携した営業形態をとっており，観光交通手段としては独自の地位を占める．

1990年代のバブル崩壊後の不況による観光の「安・近・短」傾向と小グループ化，そして景気が戻りつつあった2000年代には海外旅行へのシフトがみられて貸切バスニーズは大幅に減退した．加えて2000年に実施された参入規制緩和により新規事業者が増加して競合が激化，大手事業者にとって貸切バスは利益を上げにくい事業となり，撤退や縮小が相次いだ結果，現在の貸切バス業界は50台以上保有する大手事業者が約100社（2％），10〜50台規模の事業者が約1,200社（27％）で，3,000社を超える数台規模の事業者が2/3を占めているのが実態である．

2010年代に入ってインバウンドのツアー客が増加したことによって貸切バスの需要は高まり，稼働率も上がった．また2014年度に実施された貸切バス運賃・料金の適正化によって，かなり正当な対価を収受できるようになったことにより事業としての魅力も高まってきたところである．しかし，2015年頃から，それまでツアーを組んで来日していたアジアを主とする外国人観光客が，次第に個人旅行にシフトしたことにより，貸切バスの稼働は落ち着きをみせている．

観光と高速乗合バス 日本の高速バスは1980年代後半〜1990年代前半に急速な発展を遂げたのち順調に路線数，利用者数を伸ばしていった．しかし2000年代に入って貸切ツアーバスの延長の形で定時定路線運行をする高速ツアーバスが台頭した．2012年に発生した高速ツアーバスの事故をきっかけに安全性，道路運送事業としての考え方の整理などが議論され，2013年に高速ツアーバスは一定の条件クリアのもとで「高速乗合バス」として一本化，運賃制度やサービス方式など

については規制緩和がなされた．

この結果，国土交通省資料によると2014年度の高速乗合バスは，365事業者が4,996系統を運行し，年間約1億1,600万人を輸送する基幹交通に育っている．おおむね300 kmを超える都市間を結ぶ路線は夜行便が主流で，300 km以内の都市間は昼行便が主流となっており，昼行便のなかには高頻度で運行される路線もある．

高速乗合バス利用者の傾向を複数のアンケート結果などからみると，性別では女性が約60%を占め，年齢層では20歳代までの若年層が半数以上を占める．利用目的ではビジネスの比率は低く，観光・レジャーと帰省や買物，コンサートなどのイベント，冠婚葬祭などの私用が大半となる．観光を広義にとらえれば高速バスの果たす役割は非常に大きいとみるべきであろう．

域内の観光移動と自動車　しばしば「二次交通」と称される鉄道駅，空港などに到着したのちの交通手段における自動車交通の比率は高い．

①一般乗合バス　全国的に地域内の交通をカバーするが，一般路線の観光客利用が格段に多い京都市などを除くと観光目的の交通手段として機能する割合は低い．自家用車の普及によって利用者が減少した結果，特に地方においては現在の一般乗合バスは通学や高齢者の通院など限られた需要をメインに設定されることが多く，外来観光客が使いやすい設定にはなっていない．インフォメーションの不備もあって近年テレビ番組で「路線バスの旅」が好評を博しているほどには「バス旅」は定着していない．

②定期観光バス　かつて都市内や一定のエリアの観光地をめぐる旅行には欠かせないものだったが現在は東京（はとバス），京都（京都定観）など一部を除き撤退してしまった．定期観光バスは乗合バスの一形態で，観光地を時刻を決めて結び，下車観光や食事をセットしたコースを設定したものである．1人で気軽に参加できるメリットの半面，「お仕着せ感」が近年のニーズに合わなくなった面がある．このため海外の都市にみられるように，バスは観光コースを定期的に巡回，利用者は「1日券」などによって自由に途中下車しつつ乗り継ぐタイプの定期観光バスに転換する傾向にある．またこれも海外に多くみられる水陸両用バスやオープントップ（屋根のない）バスの採用が増え，新たな人気をよんでいる．

③観光循環バス　上記の観光コースを巡回するバスを路線バスとして運行する「観光循環バス」が一つの地位を確立している．これを乗り継ぐだけでなく，一部区間の利用もできるなど定期観光バスに比べて自由度が高いため観光客に受け入れられやすい面がある．また車両もレトロ調や外観・車内のデザインに特徴をもたせたタイプの導入が多く，都市や観光地の「顔」となっている．小樽市，仙台市，会津若松市，金沢市，静岡市，富士五湖，神戸市，広島市，松江市，鹿児島市などで外国人観光客を含め利用が多い．

④タクシー　観光地を抱える都市部ではタクシーも観光交通としてかなり利用されている．特にグループ利用や修学旅行の班行動，さらに外国人観光客の利用が目立っている．このため，一部の都市では「観光タクシー」「外国人向けタクシーコース」などを設定しているほか，観光案内ができる乗務員の育成が進んでいる．

⑤レンタカー　近年，営業所の拡充や「乗り捨て」のしやすさなど利便性の向上と，相対的な価格低下により二次交通としての観光利用が急増している．乗用車のレンタカーでみると，2015年度には8,216事業者が31万5,000台余を提供，ここ20年でいずれも3倍に増加している．

〈鈴木文彦〉

文　献
鈴木文彦（2012）『日本のバス〜100余年のあゆみとこれから』鉄道ジャーナル社・成美堂出版．
日本自動車会議所『数字で見る自動車2016年』
日本バス協会『日本のバス事業』各年度版．

1.22
観光と航空

航空交通の発展 ライト兄弟が初飛行に成功した1903年から航空機は飛躍的に進歩し，1919年にはロンドンとパリを結ぶ定期国際航空路線が開設された．国際民間航空機関（ICAO）の統計によると，1919年の世界の航空旅客数は，わずか3,500人であった．日本では1922年から1923年にかけて堺・徳島間，東京・大阪間，大阪・別府間の定期航空輸送が始められた．国際定期輸送は1926年の大阪・大連間が初となり，1931年に開港した羽田飛行場の第一便は大連行きの航空便であった．航空運賃は高く，安心して乗れる交通機関でなかったことから旅客の輸送は多くはなく，郵便物や貨物が主であった．羽田空港からの大連行きの第一便も人の乗客はなく，6,000匹のスズムシとマツムシであった（平木 1983）．

第二次世界大戦を経て旅客機の技術は進歩し，航空旅客数も増加していく．1939年の世界の航空旅客数は360万人を数えたが，1949年には2,700万人となり，さらに1959年には9,900万人となる．それ以降，さらに航空旅客数は急増していくことなる．1950年代にはジェット旅客機が就航するようになり，プロペラ機のおよそ2倍の速度で飛行するようになった．また，航続距離（給油なしで連続して飛行できる距離）も長くなり，1960年代には日本から米国西海岸までノンストップ（それ以前はハワイで給油）で飛べるようになり，所要時間は短縮された．東京とサンフランシスコとの間を例にすると，1955年に約30時間で飛行していた（ウェーク島とハワイで給油）ものがホノルルのみの給油で約26時間となり，ジェット機の就航で約15時間となり，ノンストップで飛ぶようになり所要時間は約9時間となった．さらに航空機は大型化し，1970年にはそれまでの旅客機の2倍以上の500人を超える旅客を輸送できるボーイング747が就航し，輸送量の増加につながっていった．同時に，航空運賃も低く設定できるようになり，航空機利用者は増加していく．

加えてIT機器の進歩で，航空機の安全性は高まり，客室内でも映画などが大型スクリーンで見られるようになり，さらには各座席のモニターでそれぞれの乗客の嗜好に応じた映画やゲームができ，シートの改善なども含めて居住性がよりいっそう高まっている．またエンジン音を低くし，燃費のよい航空機が導入されるようになり，快適性，経済性の増した航空機が，特に長距離路線では主流となってきた．

観光と航空利用客の増大 航空運賃の相対的な低下などによって航空交通の需要は高まり，世界の航空旅客数は1990年の11.6億人から2010年には24.5億人となり，その増加は継続している．航空運賃が相対的に高いときには航空旅客の多くはビジネスなどを目的とし，観光の輸送手段として航空交通を選択することは少なかった．航空交通を利用しての観光客は，かなり限られた層であったといえよう．しかし航空運賃が相対的に低下し，人びとが休暇などを利用して旅行する機会が多くなることで，ビジネスだけでなく観光客の航空交通利用も増えていく．日本では1964年に渡航の自由化が認められ，海外旅行へも行きやすくなった．1965年に日本人の出国の28％が観光客であったものが，1975年に観光客の割合は82％となり，それ以降，日本人の出国の80％程度が観光を目的とした者で推移していた．ただしサンプル調査ではあるが，近年の傾向としては，国土交通省による国際航空旅客動態調査によると「観光・レジャー」「家族・知人の訪問」「業務」「研修・学会等」「留学」「海外居住地への帰国」「その他」という7項目の旅行目的のなかで「観光・レジャー」がもっとも多く，2010年

の調査で58.8％，2013年の調査では54.9％であり，日本人海外渡航の60％近い人が観光を目的としている．さらに，日本人出国者数の99％は航空機を利用していることをあわせると，航空交通の発展が，日本人観光客，特に外国への観光旅行を支えてきたのはいうに及ばない．なお，日本国内の航空旅客については，国土交通省による2011年の航空旅客動態調査で，国内航空旅客の29％が観光客（ビジネス客は47％）となり，国際航空旅客に比較して観光客の割合が低いものの，比較的長距離を移動する観光では航空交通の利用は少なくない．今後もLCC（格安航空会社）の台頭により航空運賃はさらに値を下げ，海外への観光旅行をはじめ長距離の国内旅行の需要を高めやすくなっている．欧米では運賃を安くするため都市から少し離れた離着陸料金や駐機料金の安い空港にLCCが乗り入れることが多い．

一方，日本では茨城空港などが，そのような役割を担い，東京までは高速バスでつながれている．自治体の援助もあり高速バス料金を安く抑え，観光客の誘致を図っている．それとともに成田国際空港ではLCC用の第三ターミナルを2015年4月に開設し，日本の基幹空港であっても積極的にLCCの乗り入れを誘致し，国内外の観光旅客の増加を図っている．

増加する訪日外国観光航空旅客　国土交通省の資料によると，日本では渡航自由化後，観光客が増加し，1970年頃から日本からの出国者においては日本人の数が外国人の数を上回るようになった．1990年頃から日本人の出国者数は急増する．1998年頃から日本人の出国者が1,600万〜1,800万人と停滞して推移するのに対して訪日外国人客は増加し続け，2013年には1,100万人に達した．このなかでも近年増加が著しいのはタイ，シンガポール，マレーシアなどの東南アジア諸国からの旅客である．日本政府観光局（JNTO）の資料によるとタイ人の訪日旅客数は2009年の18万人から2013年には45万人に急増する．その背景には東南アジア諸国の経済力が高まったとともにLCCの躍進があった．2013年の訪日外国人の訪日目的をみると，訪日した米国人のうち観光目的としている者が66％，同様に中国人では54％，英国人では61％なのに対し，タイ人では87％，シンガポール人では84％と東南アジア諸国の訪日外国人は韓国人の80％とともに観光を目的とする者が多い（日本政府観光局の資料による）ことが特徴である．

このことは日本から東南アジア方面への飛行機に乗ると実感することができる．2005年頃の日本からタイへ行く航空機では周囲の乗客の多くが日本人だったのに対して，2013年頃からは同じ時間帯の航空機であっても周囲の乗客にタイ人が多くなってきた．航空交通は日本から海外への観光客を輸送するだけでなく，アジアからの訪日観光客の輸送手段としても大きな役割を担っている．

観光目的として航空交通　移動手段としてだけでなく航空交通そのものが観光対象となることもある．例えば，航空機に乗ることだけを目的として日本国内を航空機を乗り継いでまわる旅行があげられる．また氷河や美しい景色を見るために航空機に乗り遊覧する，あるいはニュージーランドでみられるようなスキープレーンに乗って氷河に着陸するなどといった観光は航空機，あるいは航空交通そのものを楽しむ観光といえよう．　（井田仁康）

文　献
平木国夫 1983『羽田空港の歴史』朝日新聞社．

1.23

観光と鉄道

鉄道開業初期の観光客輸送 鉄道は重い貨物を能率よく運ぶために考案された．1830年に開業したリバプール・アンド・マンチェスター鉄道（Liverpool and Manchester Railway）は港湾都市リバプールと工業都市マンチェスターを結んでおり，貨物輸送とともに旅客輸送も好成績を記録した．すでに1830年代末には競馬や競艇の開催にあたり，たくさんの観衆を輸送するため鉄道が臨時列車を運転した記録が残されている．観光に特化した列車の先駆といえよう．

観光客輸送を語るにはトマス・クック（T. Cook）に触れねばならない．木工職人であった彼は，1841年7月，ラフバラで開催される禁酒大会のためにレスター・ラフバラ間の12マイルに臨時列車を運転させた．団体列車の嚆矢である．この列車は無蓋貨車で編成され，乗客はぎゅうぎゅう詰めで，振動と騒音に耐えねばならなかった．その後，クックは息子と協力してこれを事業として発展させ，ヨーロッパ有数の旅行会社（Thomas Cook & Sons）へと成長させた．

19世紀後半になると，多くの人びとは遠く離れた大都市，あるいは海岸，山地のリゾート地に鉄道を利用して出かけるようになった．工場労働者や農民の所得増大，鉄道運賃の相対的な低減によって，観光的な鉄道利用も増えていった．客車のアコモデーション改善や寝台車，食堂車が普及したのもこの頃である．1858年，プルマン（G. M. Pullman）によって米国で始められたプルマンカー，1872年にナーゲルマッカース（G. Nagelmackers）によって創立され，ヨーロッパ大陸で寝台車の国際直通運転を行ったワゴン・リ社（Wagon-Lits）などによって，米国やヨーロッパにおける観光旅行は快適かつ容易になった．

鉄道は，ごく初期の段階から観光客輸送を行っており，すでに1840年代には観光地と鉄道は密接に結びついていた．創成期の鉄道では商品輸送の役割が強調されるが，旅客輸送や観光客輸送も，鉄道経営で重要な役割を担っていたことを忘れてはならない．

日本における鉄道と観光客輸送 日本で最初の鉄道が開通したのは1872年である．日本の鉄道は旅客輸送の機能が強く，観光客輸送は初期の段階から重要な役割を担った．

第1期—社寺参詣，湯治場への鉄道（明治30年代前半頃まで） 明治中期は幹線鉄道網が急速に伸び始めた時代であった．江戸時代から多くの参詣客を集めていた神社や仏閣，温泉場の存在は，鉄道のルート選定に大きな影響を及ぼした．

例えば，四国で2番目に開業した讃岐鉄道は，金毘羅（琴平神宮）参詣の岡山方面からの港町であった丸亀から起工し，同じく広島方面からの港町であった多度津を経て琴平に至る路線を最初に開業した（1889年）．金毘羅参詣客の輸送を主たる目的とした鉄道である．県庁所在都市の高松へ路線を伸ばすのは，1897年であった．

また成田鉄道は不動尊の信仰で知られた成田山新勝寺への参詣客輸送を重要な建設目的にあげていた．事実，開業後の成田鉄道の経営を支えたのは新勝寺参詣客であった．

第2期—大都市周辺における観光地の創造（明治30年代より大正期まで） 日本最初の電気鉄道である京都電気鉄道が開業したのは1895年であり，その後，全国で急速に普及した．特に注目すべき現象は大都市の私鉄が近郊に遊園地などの観光資源を創造して，利用客の誘致を積極的に行ったことである．

阪神電気鉄道が開設した打出海水浴場（1905年）や香櫨園遊園地（1907年），京浜電気鉄道が1912年に羽田海水浴場を設けた例などは比較的早い時期の動きであった．さらに箕面有馬電気軌道は1910年の開業時よ

り乗客誘致の目的で沿線の土地，住宅の分譲を行っており，大都市の私鉄経営に新機軸を打ち出していた．1911年，小規模な鉱泉で知られていた宝塚に宝塚新温泉と称する温泉浴場を開業し，さらに1914年に宝塚少女歌劇の公演を開始した．

第3期—広域大都市圏の観光開発（大正末期より第二次世界大戦直前まで）　大都市へ人口集中が進み，中産階級が急速に成長した時期である．人びとの生活様式のなかにレクリエーションと旅行が定着し，全国の史跡，社寺，名勝などを目指して家族旅行や修学旅行などの団体旅行が広まった．

広い地域のなかに分布する多数の観光資源を相互に結びつけ，多くの観光客を誘致するやり方は，まず私鉄によって先鞭がつけられた．代表的な動きが東武鉄道による日光・鬼怒川地域の観光開発である．東武鉄道は1929年に伊勢崎線から分岐して東武日光に至る日光線を全通させ，東京と日光・鬼怒川地域を直通する高速電車を運転した．地域内のすべての交通機関を自社の資本系列下において，大都市から多数の観光客を送り込む方法は私鉄による観光開発の一つのモデルになった．

京阪神地方で同様の観光開発を展開したのは京阪電気鉄道で，琵琶湖西岸や北岸に湖水浴場やスキー場を開発し，湖上の汽船会社を資本系列下において，大阪と浜大津を結ぶ直通電車を運転した．

一方，大都市から離れた地域の中小私鉄でも観光地の育成に大きな努力を払った事例は少なくない．黒部鉄道による宇奈月温泉，長野電鉄による志賀高原，上田温泉電軌による菅平高原などはその好例であった．

第4期—第二次世界大戦と戦後の混乱期（昭和10年代後半より20年代まで）　観光開発とそれにともなう鉄道輸送は第二次世界大戦によって一時中絶する．貨物輸送の拡大により観光輸送は圧迫され，やがて不急不要の旅として排除されるようになる．

戦後も観光事業や観光輸送の復興は容易でなかった．しかし1948年頃になると，大都市の私鉄のなかから，早くも観光地に直通する座席指定制の特急列車の運転が始まり，観光輸送の新しい発展の基礎づくりが行われた．

第5期—戦後の経済の高度成長と観光（昭和30年代より60年頃まで）　1955年頃に始まる経済の高度成長のなかで，いわゆるレジャーブームが起きた．日本人全体の生活水準が引き上げられるとともに観光客輸送が大規模化した．鉄道会社は列車本数の増加や高速化，旅客サービスのデラックス化などに取り組み，国鉄，私鉄を問わず観光客の掘り起こしにきわめて熱心であった．交通企業による広域観光地開発は別荘地の分譲，レクリエーション施設の経営などを包括しながら大規模に進められた．

この時期には観光輸送のうえで自動車の果たす役割が急速に高まり，観光輸送の少なからざる部分を鉄道から奪い去った．さらに1960年代後半には航空路線網の拡充によって長距離交通においては航空輸送が次第に鉄道を圧倒するようになった．

第6期—安定成長・景気の低迷・低成長の時代（昭和60年代より現在まで）　1987年，国鉄の分割民営化により誕生したJRは従来にも増して観光輸送に積極的に取り組むようになった．東北新幹線と上越新幹線の開業（1982年）などに代表される高速化とともに快適性，デラックス性を売り物にしたさまざまな列車を運転するようになった．また蒸気機関車のように鉄道そのものを観光資源化している事例もある．新幹線に代表される都市間交通や大都市圏の輸送を除き，多くの鉄道は利用客の減少に悩んでいる現状がある．観光は鉄道を維持する重要な要素にさえなっており，沿線の観光資源を活用して外部から利用者を誘い込もうとする動きが模索されている．

（青木栄一）

1.24 観光と船

交通機関から観光のための船へ 動力をもつ船が観光のために運航されるようになったのは19世紀末である．当時，ヨーロッパと米国を結ぶ交通機関としてオーシャンライナー（大陸横断貨客船）が豪華さ，巨大さ，スピードなどを競ったが，その一方で富裕層を対象にした地中海クルーズや世界一周クルーズが実施されるようになっていた．

第二次世界大戦後，大西洋横断の交通機関が航空機に代わると各国の船会社はオーシャンライナーをクルーズ船に転用し始める．1970年代に入ると主に北米でクルーズ専用に設計されたクルーズシップが就航する．

クルーズ（cruise）とは本来，船や車での快適な走行や，ゆっくり走る様子などを意味するが，観光分野では船による周遊旅行をクルーズとよぶ．国外への外航クルーズと国内沿岸をまわる内航クルーズ，外洋クルーズに対して湖沼や川での内水クルーズという分類もある．

世界と日本のクルーズ事情 北米に拠点をおくクルーズ会社などの団体であるCLIA（Cruise Lines International Association）によるとCLIA加盟社のクルーズ船乗客数は1970年には50万人だったが，2013年には1,761万人になった．そしてCLIA加盟社以外を含めた世界のクルーズ人口は2017年には2,580万人に達すると予測されている．

北米でクルーズが急成長した理由として米国各地から出港地までのフライ＆クルーズやリピーター割引などの販売戦略，テレビドラマの影響，国内旅行感覚で行ける「アメリカの裏庭」ともよばれるカリブ海に出やすい地理環境などがあげられる．英国をはじめとする西ヨーロッパ諸国や，アジア地域でもクルーズ人口は増加しつつある．

クルーズ人口の拡大にともない2009年には，総トン数22万トン，乗客定員最大6,000人以上という大型船も就航したが，小型で贅沢な船やディズニーキャラクターと過ごせる船，帆船，南極クルーズ船など市場の細分化が進んでいる．

日本では1989年「おせあにっくぐれいす」「ふじ丸」が就航し，「クルーズ元年」といわれた．1990年には「にっぽん丸」「おりえんとびいなす」，1991年には「飛鳥」が就航した．1989年に13万人でスタートした日本船籍の乗客数は1995年の19万人をピークに減少し，2000年代は10万人前後で推移している．柴崎ほか（2011）の日本船旅客へのアンケート調査によると，国内クルーズでは若干年齢層が若くなるものの，回答者の平均年齢はビギナーが61歳，リピーターが64歳，年代が上がるにつれリピーターの割合が高いなど熟年向けの市場であることがわかる．

一方，外国船籍の日本人乗客数は2016年に14万人を超えた．2000年にスタークルーズがファミリーや若者向けの低価格戦略による日本発着クルーズを開始し，その後2010年代に入るとコスタクルーズ，プリンセスクルーズなども日本発着クルーズに参入した．1泊平均3～4万円とされる日本船に対し1泊1万円程度からの価格戦略が日本船とは異なる市場を開拓していると考えられる．

国土交通省では，2020年にクルーズ船で入国する外国人旅客数100万人を目標としており，法務省も2012年6月から大型クルーズ船客の上陸審査迅速化のため寄港地上陸許可制度の活用を開始した． （臺　純子）

文献
国土交通省 2013「海事局外航課 外航・国内クルーズ乗客数の推移」
国土交通省 2015「クルーズ振興を通じた地方創生〜クルーズ100万人時代に向けた取組」
柴崎隆一ほか 2011「クルーズ客船観光の特性と寄港地の魅力度評価の試み」運輸政策研究，**14**(2)：2-13.

1.25 名所旧跡・社寺

名所の誕生　名所は一般的に「景色が優れた場所，歴史的な事件があったり，古歌などに詠まれたりして，昔から広く知られている土地」などをさす．旧跡は「昔，歴史的な事件や事物のあった場所」をさし，大きくは名所の概念に含まれるといえる．

今日の名所は「観光名所」など各地域の観光対象を表現することも多くみられるが，本来は歌の「名所」であり，和歌に詠み込まれる特定の地名を表していた．平安期に和歌の隆盛とともに歌枕となる地名が次々に生まれ，平安後期には名所ごとに例歌を類別した『五代集歌枕』をはじめ，名所の景観，歌題などを説明した書物が作られた．次第に名所は和歌だけではなく絵画，文学などの芸術活動のなかでも重要な役割を果たしていった．芸術作品や人びとの営みなどから作り上げられた歴史的景観は後世の人びとをひきつけ，平安時代中期の能因法師，江戸時代初期の松尾芭蕉らのように陸奥の歌枕を求めて旅をした歌人たちを生み出した．

平安中期以降には貴族を中心に寺社参詣の旅が盛行したが，庶民が寺社参詣の旅を行えるのは江戸時代であった．江戸幕府の成立により参勤交代の制度化，街道，宿場町の整備，貨幣経済の普及など旅をするための諸条件が整備されたが，幕府および藩は庶民の旅，特に遊興の旅を制限していた．しかし信仰，医療を目的とする旅に関しては民心の安定を維持するために制限することは困難であり，認めていた．庶民は信仰を目的とする「寺社参詣」，治療を目的とする「湯治」を建前に旅に出かけ各地の名所をめぐるようになった．

人びとの旅に関する関心の高まりにともない江戸時代には名所を書き記した「名所記」が多数刊行されたが，各地域の名所を題材に，その故事来歴，風俗などを案内した名所記が主流を占めていった．江戸時代の名所記は京内外の名所旧跡などを取り上げた『京童』(1658) をはじめ，主人公が江戸から京都に東海道を上がりながら名所見物する『東海道名所記』(1659)，江戸を案内した名所記である『江戸名所記』(1662) など，京都，江戸，大坂などの都市近郊や，東海道をはじめとする街道沿いが舞台となっていった．

庶民も含めた多くの人びとの行動範囲が広がった時代において本来は歌のナドコロであった名所は，各地域の自然，寺社・旧跡，歴史的な事象や行事などの場所を含むようになった．また名所記，案内書などを通して次第に訪れる価値のある場所としての認識が共有化され，「名所」の概念が変質した．

寺社の名所化　江戸時代は「寺社の名所化」が進んだ時代でもあった．寺社の名所化は，寺社が社会への浸透や，民衆的基盤の獲得のためすでに中世期からみられていた．この背景には多くの寺社の経済基盤であった荘園などが不安定になり，参詣者や檀家による奉納金品などを新たな経済基盤として獲得するための対策があった．参拝者や檀家に対する経済的依存は江戸時代を通じて高まり，江戸，京都，大坂などの諸都市や都市近郊の地域の寺社は歴史・宗教的伝統を継承しつつ，寺社と自然が調和した美しい景勝地，門前を中心とした賑わいのある盛り場，歴史と文化的伝統を体験できる場として多様な魅力をもち，多くの参詣者，旅行者を集める場所となった．

都市でも庶民生活における四季の行事のなかで新たな名所が作り出されていった．四季の花鳥風月を楽しむ名所の創出は為政者の政策でもあり，八代将軍徳川吉宗は飛鳥山，品川御殿山，向島，墨田堤，小金井に桜，中野に桃などを植え，江戸の東西南北にバランスよく庶民の遊楽の場を生み出した．

こうした江戸時代の名所は次のように指摘されている．①歌枕に詠まれた，もしくは以前に歴史的な事件が起こったり，有名人物に

縁があったりする場所などが名所として再発見されるか，②何の変哲もない場所が創作によって，もっともらしい名所として生成されるか，③当代的魅力で脚光を浴びる名所に大別できる．

江戸時代は物見遊山の地として名所に注目が集まり，為政者，寺社，地域の人びとが積極的に名所を作り出し，多様な名所案内が刊行された．そして移動の制限があるなかでも庶民が日常から離れて楽しみを目的に訪れる場所，また訪れたい場所としての名所が定着していった．

交通の発展とメディアイベントの影響　明治時代には人びとの移動を制限していた関所も廃止され，旅が自由に行える時代が訪れた．鉄道をはじめとする交通発展は都市から遠隔地への移動を容易にし，人びとの行動範囲を拡大するとともに大量輸送の定期化を可能にした．更に鉄道会社がお花見列車を増発させ，名所をめぐる観光行動を促進させた．鉄道の普及にともない明治30年代には鉄道を利用した多くの「案内」も出版され，駅を中心とした新たな名所が登場するようになる．

交通の発展とともに名所に影響を与えたのがメディアの発達である．メディアの発達を象徴する出来事としては「日本新八景」などの「メディアイベント」がある．「日本新八景」は1927年に大阪毎日新聞社，東京日々新聞社が主催，鉄道省後援で行われたイベントで，「山岳，渓谷，瀑布，湖沼，河川，海岸，温泉，平原」の名所を決定するものであった．この八景選定のメディアイベントは大正期に盛んになった郊外へのレジャー活動や旅行などが背景にあり，後援が鉄道省であることからも旅行の促進において両者が欠かせない存在であったことがわかる．

美しい自然や魅力的な文化財が存在する場所であっても人びとから評価されなければ観光現象は起こらないが，評価されたとしても訪れるための交通手段がなければ栄えることはない．メディアイベントと交通の発展は新たな名所誕生の大きな要因となった．

近現代の名所　1936年に刊行された『日本名所集』（鉄道省運輸局編）では伝統的な名所の一方で，「海水浴場」「スキー場」「競馬場」「電信局通信所（電波塔）」など新しい名所も登場している．大衆の観光活動が活発になるにつれ，スキー，海水浴場など活動型の観光も盛んになり，近代化のなかで育まれた産業構造物とともに「新名所」として取り上げられた．名所の多様化は昭和の経済の高度成長期，全国各地で観光開発が相次いだ1980年代後半にいっそう進むことになる．

現代の新名所の特徴は高速道路，ブリッジ，タワーなど大型の産業構造物が多いことである．まさに名所は時代を象徴するものでもある．名神高速道路，黒四ダムは「昭和の経済の高度な成長」を代表する構造物であり，リゾート開発，テーマパーク開園は「バブル経済」を代表とする事象であった．一方で近代化のなかで失われた「歴史的町並み」にも注目が集まった．このように名所は時代により作られ，時代を映す象徴であるともいえるが，時代とともに消え去る名所も少なくなかった．

名所は時代に応じて発見され，時には創成されてきた．時代を超えて共通するのは名所は常に人びとをひきつける魅力を保有していたという点であろう．歴史を振り返れば名所は人びとをひきつける魅力が失われたときに名所としての価値を喪失している．今後は新しい名所の創出だけではなく，旧来の名所の魅力を理解し，守り続けることも重要であろう．

〔内田　彩〕

文　献

青柳周一　2008「近世における寺社の名所化と存立構造」日本史研究，(547)：69-101.

白幡洋三郎　1992「日本八景の誕生」古川　彰・大西行雄編『環境イメージ論』弘文堂．

新城常三　1982『新稿社寺参詣の社会経済史的研究』塙書房．

日本ナショナルトラスト　1989「名所 ハレ空間の構造」自然と文化，(27)：4-47.

原　淳一郎・中山和久・筒井　裕・西海賢二　2009『寺社参詣と庶民文化』岩田書院．

1.26 世界遺産

世界遺産とは　世界遺産とは1972年にユネスコ（UNESCO：United Nations Educational, Scientific and Cultural Organization, 国際連合教育科学文化機関）総会で採択された「世界の文化遺産及び自然遺産の保護に関する条約」（通称：世界遺産条約）に基づき「世界遺産一覧表（World Heritage List）」に記載された資産をさす。

条約の目的は国際社会が価値を共有する遺産を国際的な協力のもとで保護していくことであり、締約国は自国内に存在する遺産を「認定し、保護し、保存し、整備活用し及びきたるべき世代へ伝承することを確保すること」が義務づけられている。また世界遺産一覧表に記載されたすべての遺産の「保護に協力することが国際社会全体の義務」とされている。

本条約はユネスコが進めていた文化遺産の保護のための国際的な支援の枠組みと、米国政府が中心となって進めていた自然と文化双方を含めた「世界遺産トラスト」の草案とが融合して成立した。こうした経緯から「文化」と「自然」を統合して扱っていること、さらには「国際」ではなく「世界」の名称により遺産が人類全体共通のものであることを示したことが特徴となっている。条約の締約国は193カ国（2018年8月現在）にのぼり、ユネスコの事業のなかで「もっとも成功した条約」のひとつといわれている。

二つの一覧表　世界遺産条約には二つの一覧表が設けられている。ひとつは「顕著で普遍的な価値（OUV：outstanding universal value）」を有する「世界遺産一覧表」である。もうひとつは重大な危機に瀕し緊急的な援助を必要とする資産が記載される「危機にさらされている世界遺産一覧表（List of World Heritage in Danger）」（以下、危機遺産一覧表）である。

二つの一覧表は毎年開催される世界遺産委員会において更新されている。2018年8月現在、世界遺産一覧表には1,092件が、また危機遺産一覧表には54件が記載されており、その数はいずれも増加の一途をたどっている。危機遺産の多くは開発途上国にあり、自然災害や環境の変化、財政難、政情不安や武力紛争の影響などが要因であることが多い。先進国においても資産周辺の都市開発などの影響により危機遺産一覧表に記載されるケースがある。ドイツの「ドレスデン・エルベ渓谷」は架橋計画が景観を損ねるとして2004年に危機遺産一覧表に記載され、その後も橋の建設が進められたことから2009年に世界遺産一覧表から抹消された。これはオマーンの「アラビアオリックスの保護区」が資源開発を優先し、保護区域を大幅に縮小したことにより2007年に抹消されたことに続く2例目である。

世界遺産一覧表への記載の手順は「世界遺産条約履行のための作業指針」に明確に定められている。締約国は、まず世界遺産一覧表に記載することがふさわしいと考える自国内の資産の目録を作成し事務局に提出する。それぞれの資産についてOUVを有することを証明するとともに、国内における保護措置を講じ、推薦書を作成する。事務局に提出された推薦書は諮問機関であるICOMOS（International Council on Monuments and Sites, 国際記念物遺跡会議）あるいはIUCN（International Union for Conservation of Nature, 国際自然保護連合）に送られ、現地調査を含む審査が行われる。

世界遺産一覧表への記載の可否はOUVを有しているか、それを完全に表す有形の資産があるか、さらに資産を保護する仕組みが保有国内で整えられているかの評価による。OUVは「国家間の境界を超越し、人類全体にとって現代及び将来世代に共通した重要性をもつような傑出した文化的な意義及び／又

は自然的な価値」とされ，10項目の評価基準（criterion）によって評価される．また完全性（integrity），真正性（authenticity）の提示や，他の資産との比較分析によって国内および国際的な重要性について説明することが求められる．

諮問機関からの勧告を受けて，例年6～7月頃に開催される世界遺産委員会で最終的に記載が決議される．世界遺産委員会は締約国から選挙で選ばれる21カ国の政府代表によって構成されており，その立場の違いから諮問機関の勧告が覆るケースも発生している．

世界遺産の抱える課題　世界遺産一覧表への記載件数が増加の一途をたどるなかで資産の保全状況を管理する業務が十分行えなくなることが懸念されている．さらに「世界遺産の価値が相対的に下がる」という指摘も一部みられる．

地域別にみるとヨーロッパ・北米諸国に全体の約半数の資産が集中しており，調査や推薦書の作成のための予算も能力も不足している国との間で登録件数の格差が生じている．さらに内訳をみると文化遺産が全体の3/4を占め，特に種別として都市関連や遺跡，キリスト教関連遺産に偏りがみられることも長く課題視されている．こうした地理的・テーマ的アンバランスを解消し一覧表の信頼性を高めるために世界遺産委員会は1994年にグローバル・ストラテジーを採用し，文化的景観，産業遺産，近代建築といった新たな概念を取り入れることで遺産の多様性を高めようとしている．遺産の種別が多様化するなか，OUVの証明については従来の欧州的な価値観のみではとらえられなくなってきており，地域の文化や社会に対する十分な理解が求められるようになっている．

さらに一覧表記載件数の増加ならびに新規推薦の審査に要するコストが負担となってきていることから年間の推薦件数を制限する動きも進んでおり，各国1回あたりの推薦件数や，世界遺産委員会1回の審議の総件数の上限が設定されるようになった．推薦の内容も複数の資産を一連の資産群として推薦するシリアル・ノミネーションが増加しており，遺産の内容はますます複雑化してきている．

世界遺産と観光をめぐる議論　世界遺産条約の条文のなかで唯一「観光」の文字がみられるのは「危機にさらされている遺産」に関する条項で，一例として「急激な都市開発事業もしくは観光開発事業に起因する滅失の危険」とあげられているのみである．条約上はほとんど「観光」が意識されていないといえる．

ヌビア遺跡やボロブドゥール遺跡の救済キャンペーンが展開されていた1960年代には観光資源としての遺産の重要性が高まるとともに，観光を通じて遺産保護に対する理解を深め，そのための資金を調達することが期待された．しかし急激な観光者の増加は一転して遺産にとっての「脅威」ととらえられるようになる．観光者の来訪によって植物の踏み荒らしや外来種の持ち込み，壁画などの劣化，落書きといった直接的な遺産への影響だけでなく，遺産周辺で行われる大規模な観光開発が環境を悪化させ，さらには観光者との接触によって伝統的な文化が変容し，地域社会が急激に変化することが問題として浮上した．現在では観光と遺産保護を積極的に結びつけるのではなく，観光者も遺産の価値を正しく認識し，遺産を損なうことのないなかで十分な満足を得るような観光の実践が問われてきている．そのために地域住民が遺産に対する正しい知識を有し，遺産の保護と公開に関心をもって参加することの重要性がますます強調されるようになっている．　（羽生冬佳）

文献

河野　靖 1995『文化遺産の保存と国際協力』風響社.

文化庁文化財部監修 2013「特集 世界遺産条約採択四〇周年」月刊文化財，(595)：4-38.

UNESCO World Heritage Centre 公式サイト（http://whc.unesco.org/）

1.27
観光とジェンダー

観光開発と女性のエンパワメント 新興国において地域開発の手段として国家政策のなかに位置づけられた観光というサービス産業（第三次産業）の発達は女性労働者を積極的に雇用し，インフォーマルセクターにおいても女性が賃金を得る新しい機会を提供した．女性は宿泊産業，飲食業，旅行業界など接客産業において重要な労働力を担っている．1970年代，開発援助の重点課題として「開発と女性」というテーマが注目を浴び，観光分野においても国連女性の10年（1976～1985）には女性の雇用の平等な機会の提供を目指して「女性」に焦点を当てたさまざまなプロジェクト研究が開始された．

ジェンダー規範の様相は社会，文化によって異なり，時代によっても変化することが前提となる．観光とジェンダーに関する初期の研究では世界的な「フェミニズム」運動の広がりのなかで観光開発に取り組むおのおのの地域社会において女性がどのような役割を担っているのかという文化的なコンテクストの理解を促す研究がなされた．これらの女性への影響に焦点を当てた研究は女性の解放を目指す「女性学」の発展に寄与した．

その後，女性のみに焦点を当てていても社会的に不利な立場にある地域住民（男性を含む）の経済・社会構造の解消に至らないという批判から1990年代以降は「ジェンダー分析」の視点が取り入れられるようになった．社会科学の分野においてジェンダーという概念用語は"sex"という生物学的な性を示す概念とは別に，社会化過程において獲得される男性らしさ・女性らしさという社会的認識，あるいは社会的・文化的な性役割，ありようを示す用語である．つまり，「ジェンダー分析」とは男女の間の社会的関係を民族，階層，世代，年齢，その他の属性や構造との関わりで立体的にとらえて，複雑な権力構造の多元的な理解を深めることを試みている．このような展開のなかで観光とジェンダーの研究は女性のみならず男性の役割や関係性にも着目するようになり（Swain 1995），主要なテーマとしては「観光開発は地域社会の既存のジェンダー構造にいかなる変化をもたらしているのか」が問われるようになった．例えば，世界観光機関（UNWTO）は観光開発による負の影響を最小限に抑えるための観光開発政策を提言しているが，なかでも観光産業に携わる現地社会の多様な人びとが意思決定過程に参画することや，経済的自立，社会への参与を促すエンパワメント（empowerment，社会的地位の向上）推進の課題を重要視している．

観光産業におけるジェンダーの商品化 観光産業においてどのように観光地の「女性」あるいは「男性」のイメージが表象されているのか，そして商品化されているのかを探る研究においてもジェンダー分析のアプローチは有効である．「エキゾチックな性的魅力」「きめ細やかさ」「微笑み」「従順さ・素朴さ」などの表象からは「男らしさ」あるいは「女らしさ」と認識されるジェンダー秩序のみならず，ゲストとホスト間の不均衡な構造的権力関係も重層的に絡んでいる．

顧客をもてなすために自分の感情を誘発したり，抑圧したりすることが求められる労働を米国の社会学者A.R.ホックシールド（2000）は「感情労働」とよび，現代のおもてなし産業において，適切に管理された感情が「商品化」され経済資源となっている点を指摘した．その典型としてホックシールドは客室乗務員を取り上げている．現在は性別を問わない「フライトアテンダント」という単語が使われているが，以前は女性を連想させる「スチュワーデス」の呼称が使われていた．感情労働の現場において従業員は微笑みを絶やさず，「親身になって」顧客に接している

ことが求められる．本来，感情管理は私的な領域に用いられてきたが，現代社会においては巨大な組織によって開発され，管理される商品となっている．客室乗務員は美しく装い，時には「女性性」を強調した制服を着ることで自身の身体的魅力をも資源として活用することが求められている側面もある．例えば，スカイマークの制服は膝上をカットしたミニスカートタイプの華やかなデザインで，明らかに「女性性」を商品化していた．そのため，セクハラや保安上の問題につながるのではないかと物議を醸し，制服の変更に至った．

LGBTツーリズム 既存の男・女という二項対立的なジェンダーの構図では収まりきらないセクシャル・マイノリティの人びとを英語では一般に"LGBTQ (lesbian, gay, bisexual, transgender, queer)"と一括して総称している．この言葉は当事者が自分たちのことをポジティブに語る言葉として使い始められ，日本でも定着しつつある．LGBTツーリズムとは，このようなセクシャル・マイノリティの人びとをターゲットにした観光で，1990年代以降から注目され始めた観光研究の新しい領域である．「ゲイツーリズム (gay tourism)」「ピンクツーリズム (pink tourism)」「クイアツーリズム (queer tourism)」とよばれることもある (Southhall and Fallon 2011)．

LGBTの世界人口は全人口の3〜5％であるといわれている．ゲイを対象にした旅行市場がニッチな市場として注目された理由はゲイの男性に高所得者の割合が高く，旅行好きで，旅行時の消費額が多いとみられていることに起因する．米国では住民の29％がパスポートを保持している．これに対してゲイの男性は88％がパスポートを保持しているといわれている．国際ゲイ・レズビアン旅行協会IGLTA (International Gay and Lesbian Travel Association) は1983年にフロリダ州のフォートローダーデールを拠点に設立されたが，現在，全世界でIGLTAに加盟している旅行関連業（トラベルエージェント，ツアー業，ホテルと宿泊業，その他旅行関連企業）は2000ほどある．1990年代以降，同性愛者の合法的結婚を認める国が増え，同性カップルも子どもを育てることが可能になり，2004年には家族連れ同性カップルを主なターゲットにしたクルーズ船（"Norwegian Dawn"）が運行された．英国の統計ではLGBTツーリズムの市場はクルーズ市場の2倍と推定されており，LGBTツーリズムに特化していない一般の観光業からも，このニッチな市場は不況に強いと認識されている．主要なLGBTの渡航先（サンフランシスコ，シドニー，ブライトン，アムステルダム，ベルリン，プエルトバヤルタ，ニューヨーク，リオデジャネイロ，プラハ，バンコク）とされている大都市においては市の自治体と地域の人権団体が連携してLGBTフレンドリーな観光振興に携わっている．

日本ではLGBTに対する理解がまだ世間一般社会に浸透しておらず，職場や学校における受入れ環境は整っていない．しかしながら国内のLGBT人口は全人口の7.6％といわれており，国内旅行の市場規模は762億円にのぼると推定されている．2020年には東京オリンピックが開催されるが，五輪憲章には「性的指向による差別禁止」が追加されているため東京都はLGBT条例の全面施行を目指している．多様性を受け入れる先進国としての日本をアピールする必要から近年はインバウンド政策においてもLGBT観光客にフレンドリーな取り組みが始まった．LGBTツーリズムは既存の観光とジェンダーの研究に多元的な展開をもたらしている． （豊田三佳）

文献
ホックシールド，A.R. 2000『管理される心 感情が商品になるとき』世界思想社．
Southhall, C. and Fallon, D. P. 2011 LGBT tourism. Robinson, P., Heitmann, S. and Dieke, P. U. C. eds. *Research Themes for Tourism*. CAB International.
Swain, M. 1995 Gender in Tourism. *Annals of Tourism Research*, **22**(2): 247-266.

1.28 観光とリスク・安全

観光分野の危機管理の必要性　観光は危機や災害のリスクによる影響を受けやすい産業である．年間13億人以上の人びとが国境を越えて旅行し，その何倍もの人びとが国内観光を楽しみ，その数はさらに増加することが見込まれている．それにともなって危機や災害によって旅行・観光行動に影響を受ける人びとの数も大幅に増える．観光における危機やリスクに対応し観光の安全を守る取り組みの必要性は，これまで以上に高まっている．

旅行・観光分野の安全・防災への関心は，日本のみならず世界で高まりをみせている．2015年3月に仙台で開催された第3回国連防災世界会議では，はじめて「観光分野での防災」がセッションテーマに取り上げられた．

観光危機　旅行・観光分野に影響を与える危機や災害には次のようなものがある．

①台風・暴風，地震，津波，火山噴火，洪水，土砂災害，大雪，異常低温などの自然災害

②航空機・旅客船・鉄道などの事故，宿泊施設などの火災，テロ，観光客を対象とした凶悪犯罪，ハイジャックなどの人為的災害

③感染症の流行，集団食中毒，有害生物異常発生などの健康危機

④大気汚染，海洋汚染，有毒物質による環境汚染などの環境に関わる危機

⑤これらの危機・災害にともなう風評や不正確な情報による観光客の減少

旅行・観光分野の危機の特徴は離れた場所で発生した危機や災害の影響が，直接被害を受けていない観光地や観光事業者にも及ぶことである．例えば，2001年の米国同時多発テロ後，多くの米軍基地がある沖縄への修学旅行や団体旅行が中止となり，沖縄の観光産業が著しい損失を被った．また2010年のアイスランドでの火山噴火の影響により欧州各地で航空機の運航に支障が生じた結果，欧州全体の陸上交通やホテルが混乱し，世界中でヨーロッパからの旅行者が帰国できなくなった．

観光危機管理の二つの対象　旅行・観光分野の防災・危機管理の対象は大きく分けて二つある．ひとつは旅行者・観光客，もうひとつは観光関連産業と地域である．

危機・災害による旅行者・観光客のリスクは，危機や災害で死傷すること，旅行先で病気にかかること，交通機関の不通や大幅なダイヤの乱れにより旅行を続けたり帰宅できなくなったりすること，家族や関係者と連絡がとれなくなること，拘束あるいは人質になること，所持品を損失したりすることなどである．また危機・災害によって目的地で予定していたイベントが中止になったり，参加できなくなったりすることもリスクである．

一方，危機・災害による観光産業や観光地への影響には，直接的な影響による施設の損壊，観光客（利用者）の人的被害や所持品の物的被害とそれにともなう法的責任の発生，従業員の人的被害，予約のキャンセル，先行予約の減少，施設の被害や交通アクセスの障害，ライフラインや食材流通の障害による営業休止などがあげられる．財務体質の脆弱な観光関連事業者は利用者が減少したり，営業を休止すれば売上が減少，あるいはゼロになり，たちまち運転資金が不足する．休業や売上の減少が長期化すれば雇用調整や賃金カットなど人件費抑制に踏み切らざるをえず，従業員とその家族の生活が脅かされかねない．さらに観光関連事業者にサービスや食材などを供給している業者にも影響が連鎖し，地域全体の経済と雇用に甚大なリスクをもたらす．

観光危機管理の4R　観光の危機・災害への対策は，大きく四つの段階に分けられる．「減災（reduction）」，「危機への備え（readiness）」，「危機への対応（response）」，「危機からの復興（recovery）」．いずれも英

語ではRから始まる言葉で表されることから,「観光危機管理の4R」と総称される.

減災 危機や災害の発生を抑止したり,危機による旅行者や観光関連産業への影響を低減するための事前の対策.観光関連施設の防火・耐震対応や避難誘導標識の設置,観光関係者への危機管理意識の啓発など.空港のセキュリティ対策も「減災」のひとつである.

危機への備え 起こりうる危機,災害とその影響やリスクを具体的に想定し,それをもとに危機への対応計画やマニュアルを策定し,関係者の危機対応の役割を明確化するとともに訓練を徹底することで,危機が発生した場合に迅速かつ的確に対応できるようにしておくこと.

危機への対応 危機発生時に旅行者や観光客を安全に避難誘導し,安否確認を行い,必要な情報を的確に提供するとともに,帰宅困難になった旅行者が早期に帰宅(帰国)できるようにするための支援,危機により被害を受けた旅行者とその家族,関係者への対応などが含まれる.

また地域内の観光関連事業者や交通機関への影響の現状をいち早く把握し,旅行市場や消費者に対して正確な情報発信や風評への対応など,観光産業への危機の影響を最小化するための情報収集・情報発信の取り組みも危機への対応の重要な要素である.

危機からの復興 危機や災害によって影響を受けた地域や観光関連産業に,ふたたび観光客を取り戻すこと.正確な現地情報を旅行市場に効果的に発信することが鍵となる.

あわせて,危機後の休業により売上げが減少し,財務上の困難に陥ったり,危機により損壊した施設の復旧のための資金が必要な事業者に対する緊急融資や既存債務の返済期限の延長なども復興のために必要な施策である.

これらの四つのRを総合的にとりまとめ,地域防災計画などの防災・危機管理に関わる既存計画との位置づけや役割分担を明らかにした「観光危機管理計画」が世界の国・地域でとりまとめられている.日本では沖縄県が「観光危機管理基本計画」を2015年に策定している.

旅行者の安全確保への取り組み 危機や災害から旅行者の安全を確保するために次のような取り組みが行われている.

(1) 渡航情報(travel advisory) 各国政府が海外における自国民の安全を確保するためにリスクのある国や地域に対して渡航上の注意や,渡航自粛勧告などを発表している.

(2) 渡航情報に加え,ICTを活用して危機に関する情報を海外にいる自国民に直接伝える仕組みが一部の国で導入されている.オーストラリアでは海外への渡航を予定している人が"smartraveller.gov.au"に渡航先や渡航日程を登録しておくと,現地で緊急事態が発生したとき自動的にメールなどで危機の状況や,安全確保のための助言が情報提供される.同様なシステムは,米国(STEP:Smart Travel Enrollment Program)や日本(たびレジ)でも提供されている.

(3) 観光地・観光施設内での旅行者の安全確保については,これまでにも防災マニュアルや避難誘導訓練などさまざまな取り組みが行われてきた.これからの重点課題のひとつは,急増する外国人旅行者への危機対応をどのように行うかである.訪問地での土地勘がなく,言語や慣習が異なる外国人を危機時に確実に安全な場所に避難誘導するとともに,在外公館などとも連携した危機後のスムーズな帰国を支援するための計画づくりや,既存計画の見直などが求められている.

〔髙松正人〕

文献
沖縄県 2015「沖縄県観光危機管理基本計画」
Beirman, D. and van Walbeek, B. 2011 *Bounce Back: Tourism Risk, Crisis and Recovery Management Guide.* PATA.
Takamatsu, M. 2014 The Okinawa tourism crisis management initiatives. *International Journal of Event Management Research*, **8**(1): 19–34.

1.29
観光客の訪問地

観光基本距離と訪問地の関係 観光客の訪問地は観光客の居住地からの距離と密接に関係してくる．鈴木（1966）は狭義の観光旅行における「観光基本距離」（居住地から観光対象地域までの距離）と観光客の行動圏の関係を示す概念図を提示した（図1）．

その形状から「ラケット理論」と称されるこのモデルからは，観光基本距離が居住地から短距離にある観光対象・訪問地の場合には，そこへの往復移動が基本となるのに対して，長距離では複数の観光対象・訪問地をめぐる回遊行動のパターンをとるようになること，さらに基本距離が延びると行動圏も拡大する傾向にあるという観光行動の基本特性が示されている．

選択する移動手段によって観光基本距離や行動圏の広さは異なってくるし，移動手段が発達すれば行動圏は拡大する．狭義の観光における訪問地は，このような居住地からの距離によって選択のされ方が異なる基本的な構造を有している．

観光目的と訪問地の関係 表は観光目的と立ち寄る訪問地の数に着目し，観光旅行を類型化したものである（Lue et al. 1993）．

「特化型」（表のA）はある目的を達成するために特定の訪問地を訪れるケースである．特定の訪問地に滞在して多様な楽しみ方をする都市観光などは「多目的型」（B）である．「多目的地型」（C）は，ある特定の目的に沿って複数の訪問地に立ち寄るケースで，ワイナリーめぐりなどが，これに相当する．さらに複数の目的をもって複数カ所をめぐる「複合型」（D）がある．これはA，B，Cを組み合わせたタイプで，ワイナリーめぐりをしてから都市に滞在して文化体験を楽しみ，その後ゴルフをするような場合である．

Aがいわゆる滞在型の観光旅行であるのに対し，C，Dは2カ所の訪問地の立ち寄りや回遊型の移動パターンが基本となることは理解しやすい．しかしBの場合にはやや複雑で，マクロな視点でみればある特定の訪問地での滞在型の観光旅行であるが，より狭域スケールでみると宿泊施設を拠点として何らかの移動パターンをとることになる．

美術館目的で短時間滞在するにすぎなかった都市でコンサートや食事を楽しめるようになれば，その観光客にとって，その都市は滞在の魅力が向上する（タイプA→B）．また美術館目的で訪ねた訪問地の近くの都市に興味を引く美術館ができれば，あわせて立ち寄ってみたいと思うようになるであろう（タイプA→C）．このように観光目的と訪問地数の関係に着目することで訪問地が質的に変

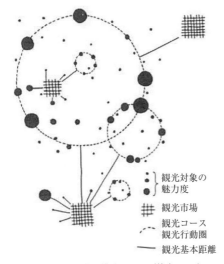

〕観光対象の魅力度
〓 観光市場
◯ 観光コース
--- 観光行動圏
── 観光基本距離

図1　観光の基本構造モデル（鈴木 1966）

表　観光目的と訪問地数による観光旅行類型

区分		観光目的	
		単一	複数
訪問地数	単一	A：特化型	B：多目的型
	複数	C：多目的地型	D：複合型

出典：Lue et al.（1993），筆者訳．

容することを前提とした説明が可能となる．

旅行者のパーソナリティと訪問地の選好
旅行者のパーソナリティも訪問地を選択する際の重要な要因となる．所得が十分であるにもかかわらず航空機での旅行を好まない旅行者が米国に数多く存在する理由について検討したプロッグ（Plog 1974）は旅行者のパーソナリティ性向に着目して，航空機での旅行を好まず自己抑制的で神経質，冒険を好まない人びとをサイコセントリック（psychocentric），外交的で自らの行動に自信をもつ人びとをアロセントリック（allocentric）と名づけた．

サイコセントリックは車で行ける範囲の馴染みの観光地を好み，観光客向けのホテルやレストラン，土産物屋などをよく利用する．またフルパッケージ旅行を好み，言葉は現地でも英語が話せることを期待し，土産を買う傾向がある．これに対してアロセントリックは，より頻繁に旅行に出かけ，飛行機の利用や目新しい旅行先を好み，人気の観光地を避ける．ホテルや食事はリーズナブルなものであればよいし，旅行商品は利用するにしても自由で柔軟性のあるもので，現地の言葉を使い，その土地でしか買えない工芸品などを求め，現地の人びととの交流を好むという．

プロッグは，これら2タイプを両極とする一つの心理的連続体とみなし，純粋にいずれかのタイプに該当する旅行者はまれで，双方の性向を持ち合わせた中間形態として大多数の旅行者であるミッドセントリック（midcentric）が存在すると考えた．図2は1972年時点における北米住民にとって，こうしたパーソナリティ性向の構成と，それぞれに好まれると考えられる訪問地との関係を示したものである．このモデルは旅行者タイプと訪問地の関係を固定的にとらえなかったことに特徴がある．新奇性を重視するアロセントリックは目新しい訪問地を選んで旅行する．しかし，そこに多くの観光客が訪れるようになると，また新たな訪問地を開拓してい

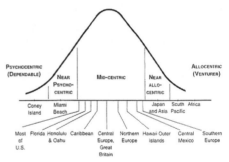

図2　旅行者のパーソナリティ性向と訪問地（Plog 2001）．1972年のモデル．

くものとして，旅行者が多く訪れることで訪問地が変質していくと考えたのである．

実際，図2では「日本とアジア」はアロセントリック寄りに位置づけられているが，2001年のモデルでは日本には言及されていないものの，香港がより中央寄りに位置づけられ，図2の日本の位置に中国やアフリカが位置づけられていることから，北米住民にとってのアジアが，より身近な訪問地とみなされるように変化していることがわかる．

プロッグのモデルは北米住民向けの限定的なものであることから批判的な見方もある．しかし，とくにアジア，アフリカなど変貌しつつある訪問地をダイナミックにとらえているという意味において，今後の訪問地を予測するうえでも参考となる考え方であるといえる．
（橋本俊哉）

文献
鈴木忠義 1966「観光開発講座（3）観光開発の意味と観光の原理」観光，**9**：29-32．
橋本俊哉 1997『観光回遊論』風間書房．
橋本俊哉 2013「観光回遊行動」橋本俊哉編著『観光行動論』，原書房，pp.105-121．
Lue, C., Crompton, J. L. and Fesenmaier, D. R. 1993 Conceptualization of Multidestination Pleasure Trips. *Annals of Tourism Research*, **20**：289-301．
Plog, S. 2001 Why destination areas rise and fall in popularity: An update of a cornell quarterly classic. *Cornell Hotel and Restaurant Administration Quarterly*, **42**(3)：13-24．

1.30 観光研究

観光研究とは　観光研究の端緒は19世紀末から20世紀初頭のヨーロッパに見出され，日本国内でも太平洋戦争前には，すでに一部の研究成果が翻訳され紹介されている．だが観光研究が本格的に発展したのは第二次世界大戦後の欧米諸国において国際的なマスツーリズムが拡大した時代であった．「観光は平和へのパスポート」のスローガンを掲げた国連による1967年の国際観光年を経て，1970年代以降，国際学会や学術誌が数多く刊行されるようになった．国際観光が全世界的に拡大を続ける2000年以降も，このような傾向は続いており，観光への学術的関心，観光研究への期待は，いっそう高まりつつあるといえるだろう．

しかし100年以上の歴史を有するものの，観光研究の全体像を把握することは容易ではない．それは観光研究が，理論や方法，概念において領域内で一定の共通理解が存在する分野ではなく，観光現象という対象を共有しつつも，異なる学問領域がそれぞれのアプローチで接近を試みる学際的，複合的，あるいは越境的な研究領域だからである（Pearce and Butler eds. 2010; Goeldner and Ritchie 2013）．

例えば，特定の観光地を対象とした研究であったとしても地域にもたらされる経済効果については経済学，個別の観光事業者の活動については経営学が知見を提供するであろうし，地域内の歴史的建造物の保全については建築学，まちづくりや施設のデザインについては都市計画や造園学といった工学的な領域が必要となる．一方で観光地を訪れる人びとの行動についての心理学的な考察も可能であるし，観光地化による空間変化については地理学，観光が地域に暮らす人びとの生活や文化にもたらす影響については文化人類学が，これまでも研究成果を蓄積してきた．さらにそれらの地域における観光振興のための方策や観光が引き起こす諸問題の解決といった実際の政策課題に取り組むためには政策科学や法学が重要な役割を果たす．そもそも，近代社会に誕生した観光という余暇活動の意味を理解するためには社会学や歴史学の知見が必須である．観光地の特性によっては環境科学や農学，スポーツ科学といった分野の参入も要請される．そして観光研究の知見を大学などの教育機関を通じて社会に還元するためには教育学もまた観光研究の重要な一分野となりうる．

観光研究の展開　研究が本格化した1960年代以降の観光研究について，観光研究における最重要の学術雑誌のひとつである *Annals of Tourism Research* の編集主幹でもあったジャファリ（J. Jafari）は相互に重なり合いながら展開する以下の四つの土台（platform），すなわち基本的な立場を整理している（Jafari 2001）．

一つめは，「擁護の土台」である．1960年代には経済発展における観光の重要性が改めて認識され，観光に対し好意的な産業論的研究が主流となった．一方で1970年代に入るとマスツーリズムがもたらす環境や社会への負の影響が自覚され，無批判的に拡大する観光開発に対して異議を唱える「警告の土台」の研究が登場した．次に1980年代に登場したのが，「適合の土台」である．ここでは観光がもたらすマイナスのインパクトを是正し，よりよい観光のあり方を目指す「責任ある観光（responsible tourism）」や「持続可能な観光（sustainable tourism）」などが模索されるようになった．そしてジャファリが最後に指摘しているのが，1990年代以降に登場した「知識の土台」である．この立場では先の三つの土台を架橋し，観光に関する科学的知識の集積が目指されている．

もちろん，この四つの土台は観光研究にお

ける議論の主眼が漸進的に置き換わってきたことを示すものではない．経済発展のために観光開発の必要性を主張する議論が継続して存在する一方で，安易な観光開発が引き起こす諸問題に対する告発や批判もなされている．観光研究はこれら四つの土台の議論が混在する状況にあると考えるのが適切であろう．

　日本国内の観光研究も，おおむね同じような道筋をたどっている．1960年には観光に関する学会が誕生し，1980年代後半からは観光産業の発展や観光地振興に関わる研究のみならず，それ以前に比べ多様な学問分野から観光へのアプローチが行われるようになってきた．さらに2000年以降は全国に観光に関わる専門教育を行う大学／学部が相次いで設置され，研究者の増加とともに新たな学術学会の創設もみられる．

　観光研究の課題　観光研究には課題も存在している．前述のように観光研究に関わる学問分野は多岐にわたる．学問分野が異なれば観光そのもののとらえ方も異なり，理論や方法，学術用語も一様ではない．具体的な研究手法についても統計分析や質問紙調査などの計量的アプローチを前提とする領域もあれば，参与観察によるフィールドワークなど質的研究を主とする領域も存在する．さらに研究領域の多様性だけではなく，観光現象に対する志向性，すなわち純粋な研究対象としてとらえるか，観光をビジネスのフィールドや政策課題の解決手段としてとらえるのかについても異なる立場が存在している．とりわけ実務家の関心に沿ったビジネス研究と社会的文化的現象としての観光を研究する非ビジネス的な研究の乖離については，いまだ重要な課題であり続けている（Tribe and Airey eds. 2007）．

　その結果，これまでの観光研究では特定の研究領域においては観光現象という新たな事例の提供を通して理論的貢献がなされたとしても，観光を扱う他の研究領域との間では相互に十分な理解が得られず，必ずしも有機的な連関がなされてこなかったという側面も存在している．また「観光開発は是か非か」というような過度に単純化された善悪二元論に還元されたり，実務的関心に基づく研究のなかには必ずしも理論的深耕を志向せず規範論的色彩の濃い研究も少なくない．一方で現実の課題解決という目的が明確なビジネス分野に比べ，学術的な観光研究は多様な論点を集約することが困難であることが指摘されている（Tribe and Airey eds. 2007）．

　観光研究の将来に向けて　課題はあるものの，観光研究への期待は高まりつつある．それに応えるためには，この分野の学際的，複合的な性格をふまえつつ，個別科学からのアプローチでは解明できない問題について，研究分野間の垣根を越えた総合科学としての観光研究が新たな知見をもたらすことができるかどうかが鍵となる．複合的現象としての観光現象は研究分野の壁によってもたらされた部分的真実の断片の寄せ集めを越えて包括的，総合的な理解が目指されなければならない．

　そのためには実務と理論，産業と学術の壁を越えて，観光研究が，よりよい観光のあり方を希求するのはもちろんのこと，観光産業の発展や観光振興に取り組む一方で，観光の現状を批判的に検討することも要請されるだろう．そして変化し続ける観光現象と対峙するなかで観光研究が自らの理論や方法を絶えず更新していくような，学問的営為と研究対象の間の再帰的な関係を切り結ぶことが必要とされるのである．
　　　　　　　　　　　　　　（鈴木涼太郎）

文　献

Goeldner, C. and Ritchie, J. 2013 *Tourism: Principles, Practices, Philosophies*. Wiley.

Jafari, J. 2001 The Scientification of Tourism. Smith, V. L. and Brent, B. eds. *Hosts and Guests Revisited : Tourism Issues of the 21st Century*. Cognizant Communication, pp. 28–41.

Pearce, D. and Butler, R. eds. 2010 *Tourism Research A 20-20 Vision*. Goodfellow.

Tribe, J. and Airey, D. eds. 2007 *Developments in Tourism Research*. Elsevier.

1.31 観光教育

観光と教育の関係性　観光教育を理解するには，「観光」と「教育」の関係について十分考える必要がある．それぞれの目的を達成するために相互に果たす役割があり，「観光」と「教育」のどちらが主となり，従となるかによって，「観光教育」と「教育観光」の二つの概念に分けられる．

第一に「観光教育（tourism education）」とは，観光の持続可能な発展を支えるための人材養成を目的とする「教育行為」である．

この観光教育は目指すべき人材像から2分類される．ひとつは国や地域，企業等が観光による社会的効果を最大化するためにさまざまな業界で活躍できる観光の専門人材（ブローカー）を養成する「①観光実務教育」である．その教育は，主に専門学校，大学，大学院，企業で行われるが，近年は高等学校や地域で取り組む例も散見される．教育機関としての観光系学部・学科の教育や地域の観光人材養成講座などは，明確なカリキュラムをもつことが多い．観光の専門人材養成により国や地域に直接的利益がもたらされるため観光教育は一般的に「観光実務教育」を意味することが多い．

また観光が大衆化し，すべての人が観光者（ゲスト）となる社会では観光を正しく理解する必要がある．訪日外国人旅行者が増加し，国内でも外国人旅行者と接することが日常的になることによって受け入れ観光地の地域住民（ホスト）として，おもてなしや，観光に対する国の施策の重要性を知る必要性が高まり，広く市民向けの観光教育が求められている．これを「②観光基礎教育」という．観光基礎教育は観光における道徳やマナーという観点や観光が国や地域に及ぼすインパクトを理解し，国民・地域住民として望ましい観光のあり方を考える機会を提供するものである．

第二に「教育観光（educational tourism）」とは，観光がもつ教育効果を利用した「観光行動」である．

観光の歴史を振り返ると，教育観光の歴史は古い．それは観光が根源的に教育効果をもつためである．18世紀英国では貴族の子息が国内の大学に行く代わりにヨーロッパを旅して見聞を広める通過儀礼「グランドツアー」が盛んであった．日本のことわざ「可愛い子には旅をさせよ」も，よく知られている．1886年に始まったとされる日本の「修学旅行」は現代まで普及・継続しており，学校教育において観光の教育効果が普遍的なものであることを意味している．近年は観光者のニーズが多様化し，スタディツーリズムや，個人の特定の関心に基づくSIT（special interest tourism）のほか，グリーンツーリズム，エコツーリズムなどの新たな観光形態が注目されているが，いずれも学びの要素を多く含んでいる．地域側からみれば集客のための商品化の過程で，さまざまな学びの要素として資源や体験を利用している意識がある．しかし，これらも教育観光であるとすれば，ビジネス視点を偏重し，教育価値を軽視する状況は避けなければならない．「観光」と「教育」は相互に主従の関係を変えながらも，双方にとって好ましい社会的活動となることを目指すことが重要である．

観光実務教育の変遷　海外の観光教育はホテル実務教育を中心に進展がみられる．1893年に世界初のホテル学校「ローザンヌホテルスクール（Ecole Hoteliere de Lausanne）」がスイスに開校した．1922年に米国のホテル協会の支援で「コーネル大学ホテル経営学部」が開設された．両校は，現在も優れたホテリエを世界に輩出し続けている．

日本では1930年に「富士屋ホテルトレーニングスクール」が設置され，1935年には教育機関としてはじめて「東京YMCAホテ

ル専門学校」が開校した．立教大学は1946年に課外講座「ホテル・観光講座」をスタートさせ，1967年「社会学部観光学科」を開設し1998年には「観光学部」となった．なお東洋大学短期大学観光学科は1963年に開設されている．

しかし日本の大学・短大の観光教育は広がらず，ホテルや旅行分野の人材育成は，しばらくは専門学校が中心となって即戦力を輩出し続けていた．

その後，リゾート法の制定やバブル経済を背景に高等学校でも観光教育がスタートする．1980年に鹿児島城西高等学校「国際ホテル学科」が開設され，1990年代には公立の高等学校に観光学科が相次いで開設された．しかしバブル経済の崩壊によるリゾートブームの終焉や卒業後の観光関連の就職先が限られることから，高等学校の観光教育は一時低迷する．

観光立国と観光教育の多様化 21世紀に入るとインバウンド観光への注目により観光立国政策に力点がおかれ，国立大学を含む多くの大学や短期大学に観光系学部・学科が相次いで開設された．観光，ホスピタリティを名称にもつ観光系学部・学科の設置大学は2014年に約50大学となり，観光系コース・科目設置を含めれば100校を超えている．

また2000年実施の学習指導要領で新設された「学校設定教科・科目」「総合的な学習の時間」をきっかけに地域理解教育，キャリア教育などの視点から高等学校の観光教育が注目され，総合学科や普通科での取り組みも目立つようになる．さらには小学校，中学校も地域教育に関心を寄せ，観光を素材に地域を学ぶ機会が増えている．特に沖縄県や宮崎県など複数の自治体は「観光副読本」を作成し，県内学校に配布している．このような取り組みを経て観光教育に取り組む学校がさまざまな地域で目につくようになった．

また2008年に国土交通省の外局として観光庁が設置されると，さまざまな形で観光人材育成事業に取り組むようになった．

また2020年に東京オリンピック・パラリンピックの開催が決定すると，観光関連ビジネスの創出や，ボランティア活動を含む国際交流，地域産業の活性化や女性が活躍できる成長産業分野に注目が集まった．そして文部科学省や経済産業省なども観光人材養成に注目し，観光人材育成をめぐる議論が活発になってきている．

観光学と観光教育の課題 世界的な観光学の教科書である *Tourism* (Goeldner and Brent Ritchie 2011) には観光学の体系や，学習要素を理解するうえで教育的観点と仕事（キャリア）へのアプローチが頻出する．海外では観光教育に関する研究や教育方法の検証が進み，多くの研究成果がある．

これに対して日本では観光教育研究はまだ緒についたばかりである．今後，観光学の知見を観光教育に反映したプログラム・カリキュラムを編成し，実行された観光教育の実践と，その成果をフィードバックして検証する観光教育研究が不可欠だろう．

観光への関心が高まると必然的に人材育成や教育をめぐる議論は活発となる．そのときに，それぞれの立場から持論を語るのではなく，観光教育と教育観光の相互の意味と可能性をふまえる必要がある．産学官の連携や世界標準の観光教育を意識した，日本らしい，おもてなし精神やサービス価値の創造を可能とする観光教育を実現することが期待される．

そのためにも観光教育研究と観光教育の実践が発表され，それらに基づく研究成果を蓄積する必要がある． 　　　　　　　（宍戸　学）

文　献

宍戸　学ほか 2007「観光と教育」香川　眞編『観光学大事典』木楽舎，pp. 44-48．

安村克己 2001「観光教育の意味と教育体制の発展」徳久球雄・安村克己『観光教育』くんぷる，pp. 9-20．

Goeldner, C. R. and Brent Ritchie, J.R. 2011 *Tourism* (twelfth edition). Wiley.

2
観光の行政と施策

　日本大通りの風景は，ジャックの塔の開港記念会館，キングの塔の神奈川県庁本庁舎，クイーンの塔の横浜税関，そして象の鼻パークを抜け海へと続く．象の鼻パークが整備される前，日本大通りと海との間には倉庫があり海の景観は分断されていた．都市の歴史と魅力ある景観の再生が重要政策のひとつであった横浜にとって，日本大通りと海との一体的景観の創造は景観行政のひとつの区切りとしての事業でもあった．個性ある地域景観の再生は，観光政策の重要な柱である．

　この第 2 章では観光を支える制度的側面，および観光現象を推進する政策的側面を考える．

写真：日本大通りから象の鼻パーク．上空を走る山下臨港線プロムナードは山下公園と赤レンガ倉庫をつないでいる．横浜観光の主役は，再生された歴史文化を有した港町の景観であるともいえる．（2011 年，撮影：古賀　学）

第2章 観光の行政と施策

上：北海道のスキーリゾート，アルファトマム［関連項目：2.5 戦後期の観光政策］
左中：高尾山での外国人観光客調査［関連項目：2.13 国際観光に関する統計施策］
左下：観光ボランティアガイド（広島県三原市左木島）［関連項目：2.18 観光人材育成施策］
右下：NPO 法人阿寒観光協会まちづくり推進機構がある阿寒湖まりむ館（北海道釧路市）［関連項目：2.25 地方の観光関係団体］（撮影：すべて古賀　学）

第 2 章 観光の行政と施策　71

上：ビジット・ジャパン・キャンペーン（浅草寺仲見世）［関連項目：2.15 ビジット・ジャパン・キャンペーン］
中：アニメ・ツーリズムのコーナー（成田国際空港第 2 ターミナル）［関連項目：2.20 クールジャパン］
下：ユニーク・ベニュー（東京国立博物館でのツーリズム EXPO ジャパンのレセプション）［関連項目：2.19 MICE 推進施策］
（撮影：すべて古賀　学）

2.1 観光政策および行政組織と名称

字句「政策」の意味　「政策」と「政策以外のもの」の明らかな違いは，公的権力の関与の有無である．したがって，政策とは政府，政党などの施政上の方針や方策のことをいい，何らかの価値観と利害に基づいた提案と理解される．法治国家における政策の実施には法制度の存在を前提とするから，政策論は制度論にもなる．日本では，観光立国推進基本法が基本法として存在するから，政府および地方公共団体の実施する観光政策は同法に基づき行われることになる．ただし，地方公共団体が行う観光政策は，観光立国推進基本法が自治体の自主性を尊重することを理念としているから，中央政府の政策とは一致しなくてもかまわない．現に宿泊税をめぐって，税制度上の優遇措置を規定する国際観光ホテル整備法を担当する国と，宿泊税を課税する東京都は，観光立国推進基本法の枠のなかでは一致していても，その枠内での政策の方向は，180度違っている．

なお，「'楽しみ'のための旅」を中心概念とする観光は，「非日常」「個性の発揮」「話題性」といった非権力的な要素を強く含むものであるだけに，権力を前提とする政策論のなかにおいて論議を展開するには大きな制約が存在することの認識が必要である．

行政用語から始まる字句「観光」　明治20年代の各県の宿屋取締規則（条例）においては，宿屋を旅人宿，下宿宿および木賃宿の三つに分類していた．この規制においては「旅」概念が対象になっており，1899年の行旅病人及行旅死亡人取扱法においても，同様に，字句「行旅」が使用されていることから「旅」が政策対象になっていた．この場合の政策目的は，主として治安維持である．逆に「'楽しみ'のための旅」を行う旅人を区分して行う施策はまだ発生していなかった．

「'楽しみ'のための旅」の政策を専門に行う行政的組織は，1912年に設置された外客誘致のためのジャパン・ツーリスト・ビューローが最初である．この場合に，旅人，行旅人を対象にすると概念が広すぎ，使用するとすれば「遊覧客」などの字句が用いられたはずであるが，字句「ツーリスト」が使用された．概念 tourist に対応する字句が当時の日本では定まらない状態であった．ジャパン・ツーリスト・ビューローが1918年北京に案内所を出したとき，中国人にも理解しやすい名称が必要となった．北京の警察の許可をもらい「日本国際観光局」の看板を掲示した．外客誘致政策に使用する「'楽しみ'のための旅」概念に字句「観光」が用いられるようになったのである．

日本の観光政策の本格的展開は，帝国日本の国威発揚，軍備増強などのため外貨獲得を目的とすることからスタートした．1929年第56回帝国議会において外客誘致に関する調査と誘致を図る中央機関を設置すべき旨の建議が可決されたこともあり，政府は1930年勅令83号国際観光局官制により鉄道省に国際観光局（4月）を創設し，商工省に貿易局（5月）を設置した．外貨獲得政策という総論には誰も反対はしなかったが，海外観光宣伝費用の負担をどこの役所がするのかという各論になると議論が収まらなかった．江木翼鉄道大臣は浜口雄幸内閣の重要人物であり，結局，当時唯一黒字の帝国鉄道会計が引き受けることになり，鉄道省の実行予算をもってスタートした．同局が鉄道省の外局として設けられたことにより，帝国鉄道特別会計の資金が外客誘致に活用されることとなった．役人の俸給削減で鉄道省も職員全員が辞表を提出するといった騒動のときであったから，江木大臣は寿命を縮めたといわれている．

国際観光局の英文名は "Board of Tourist Industry" であった．tourism の訳語は観光と観光事業を併せ持つものであるが，この

tourism の理解が当時浸透しておらず，字句 tourist industry が使用された．tourism は 1932 年版『大英和辞典』（藤岡勝二編，大倉書店）で，使用頻度の高くない字句としてはじめて収録されたものの，tour および tourism はともに旅行，漫遊と訳されており，両者の区別がなされていなかった．「'楽しみ'のための旅」であれば，字句 tour をもって表現できるところに，さらに字句 tourism を必要とする社会的必要性は理解しづらいものがあった．したがって，鉄道省の役人が苦心して tour ではなく tourist industry を英文名称に用いたのである．

現在日本の多くの教科書は，大正時代に tourism の訳語として字句「観光」があてられたと解説する．第二次世界大戦後 1967 年に国際観光年記念事業協力会が発行した『観光と観光事業』に記述されているからだと思われるが，観光の教科書では出典などは明らかにされていない．当時の辞書を根拠にする限りにおいてはこのような解説には根拠がないことになる．

行政用語が確立するとマスコミを通じて学会などの用語も確立する傾向があり，1930 年前後において「'楽しみ'のための旅」概念も字句「観光」に収斂していった．

1933 年版『新編 大言海』（大槻文彦，冨山房）では観光が収録され，語源として『易経』を紹介しているが，鉄道省の法令用語の影響である．1940 年版『大日本国語辞典』（上田万年・松井簡治，冨山房）では「観光」（他国の光華を視察すること 他国の土地，風俗，制度を視察すること）のほか「旅客税」「旅客船」「国際郵便」「国際運河」が収録されているが「国際観光」は収録されていない．また，「ツーリズム」は収録されていないが「旅人営業」が収録されており，「ツーリズム」が存在していることは示唆されている．1941 年版『英和活用大辞典』（勝俣銓吉郎編，研究社）では tourism が「観光事業」と解説されており，国際観光局の英訳 "Tourist Industry" に対応する訳語として掲載されている．

観光庁設置の背景　戦後，外客誘致のため観光行政の統一化，総合化の必要性が強く認識され，1946 年 12 月 25 日衆議院本会議において國立觀光院の設置が建議されたものの，その後，観光事業審議会が総理府の付属機関として設置されることで終わった．同審議会が法律上，字句「観光」が使用されたはじめての行政機関である．1949 年運輸省設置法により，「運輸に関連する観光」が運輸省の所掌事務とされ，大臣官房に観光部が設置された．2001 年中央省庁改革法により国土交通省が設置され「観光地及び観光施設の改善その他観光の振興に関すること」が国土交通省の所掌事務とされ，「運輸に関連する」という限定がはずされた．

観光立国推進基本法は行政機関の充実強化を図るため，「行政組織の整備及び行政運営の改善に努めるものとする」（26 条）と規定した．同法案の審議にあたり衆議院国土交通委員会は「各省庁の横断的な英知を結集しながら，総合的，効果的かつ効率的に行い，行政改革の趣旨を踏まえて，観光庁等の設置の実現に努力すること」と決議し，参議院国土交通委員会も観光庁などの設置につき衆議院と同じ内容の決議を行った．国土交通省においては，海難審判庁の廃止などを実施しなければならない時期にあたり，これらの決議を活用することにより国土交通省設置法改正が行われ，2008 年 10 月同省の外局として観光庁が設置された．

（寺前秀一）

文献

寺前秀一編著 2009『観光政策論』原書房．
寺前秀一（崔衛華訳）2010『旅游政策学』人民郵電出版社．
寺前秀一 2012『観光学博士の市長実践記』システムオリジン．
寺前秀一 2014『東京オリンピックを迎える学生・社会人のための観光・人流概論』システムオリジン．
寺前秀一 2015「「観光」の誕生から「人流」の提唱」帝京平成大学紀要，**26**(2)：287-299．
寺前秀一 2016「国内「観光」行政の誕生と展開」帝京平成大学紀要，**27**：161-176．

2.2 観光政策と税制

政策の代表としての税制 税制度は，立法府における予算，法律の議決を通して国民の意識をもっとも正直に反映している．大日本帝国憲法および日本国憲法の大原則である租税法律主義により，毎年度の法律改正によりその時代時代を反映した議論がなされてきており，観光政策研究の最大の材料である．税制度はきわめて規範性の高いものであり，観光が法的な定義が困難であるところから，現在の税制においては，観光と観光以外を区別して適用されるものとはなっていない．

歴史 1937年北支事件特別税法により奢侈税的性格の強い「物品特別税」が国税として設けられた．引き続き1938年支那事変特別税法により「通行税」「入場税」および「遊興飲食税」が国税として規定されたが，これらはいずれも現在でも旅行の重要な構成部分であるものに課税するものであった．これらは奢侈的消費を抑える名目を併せ持って設けられたが，実態は戦費の一部を調達するためのものであり，大衆課税的なものでもあった．したがって，戦後においても性格を変えながら貴重な税源として息長く存続してきた．このため国会においても観光関係業界からは廃止の陳情がなされてきており，消費税導入を契機に消滅することとなった．入場税などが入場料などに限り課税される奢侈税的性格をもったものであるのに対して，消費税は対価を得て行われる取引すべてのものに拡大して課税される大衆課税的性格をもったものであることから，消費税の導入による奢侈的な税の廃止は，非日常のものを対象とする奢侈税と日常のものを対象とする大衆課税である消費税の間の違いが少なくなってきているひとつの現象ととらえることができる．

大正時代には料理店などにおける遊興および飲食に対して，県，市町村が遊興税，歓興税を課税していたが，1938年支那事変特別税法52条の2により「料理店，貸席，旅館其ノ他命令ヲ以テ定ムル類似ノ場所ニ於ケル遊興及飲食」に遊興飲食税が国税として課されることになった（市町村に半分交付）．1940年には遊興飲食税法が制定され規定が整備された．遊興飲食税は終戦後1947年ふたたび地方税に移管された．1948年地方税法改正により，遊興飲食税には遊興，飲食に宿泊も加えられ，同時に市町村税として遊興飲食税附加税が規定された．この場合の宿泊には，簡易宿所および下宿にかかる宿泊も含まれており，まさに大衆課税的であることから，国会に地方税免除の請願が出されていた．遊興飲食税は，シャウプ勧告後の1950年地方税法の全面改正により，都道府県税とされた．遊興飲食税は財源確保のため広く課税されていたが，1952年の改正により大衆食堂などにおける非課税措置がとられ，1954年大衆旅館に対する免税点が新設され，次第に奢侈税的性格を強めることとなっていた．1961年遊興飲食税は料理飲食等消費税に改称され，遊興の文字は削除された．1989年消費税導入にともない料理飲食等消費税は特別地方消費税とされ，1998年に2001年度をもって廃止されることが決められた．税制度においては，発足時は飲食（外食），遊興および宿泊全体を奢侈的なものととらえていた．その後の改正により課税対象から大衆消費的ととらえられるものを削除する改正が行われ奢侈的性格を強めていくこととなった．しかしながら現代社会の飲食は，所得水準にかかわらずあらゆる階層のものにとって栄養，カロリー摂取という意識が薄れている．飲食（外食）が奢侈的なものとして日常化すれば，当然遊興飲食税は奢侈税としてではなく大衆課税と意識されることは必然であり，一般的な消費税が導入されれば遊興飲食税が消滅することは必然であった．なお，2019年から出国旅客に対して国税「国際観光旅客

字句「観光」と税　観光と税制の関わりは，ひとつは課税対象として観光資源，観光活動が選択され，税の名称に観光などの字句が用いられる場合である．もうひとつは税の使途を観光振興などに限定し，観光に関する目的税とする場合である．財政民主主義の考え方にたてば，予算は議会において統制されるべきものであり，特定の税目が特定支出に拘束されることは，議会の意思決定を制約することになる．京都市や松島町などの文化観光施設税は観光の字句を用いるものの法定外目的税制度が存在しない時代のものであり，法定外普通税として認可されたものであった．地方交付税制度が機能している間は，目的税を必要とする状況はほとんどの自治体では発生しなかった．普通税にわざわざ観光関連の名称を付する場合は課税対象が観光施設であることを強調する意図があり，その収入を観光振興などに使用する政治的意図を込める場合もあったが，制度として観光に限定して支出される目的税ではなかった．

宿泊税　本格的な観光に関する目的税は東京都の宿泊税であり，15 年後の他都市への影響も大きかった．国際都市東京の魅力を高めるとともに，観光の振興を図る施策に要する費用に充てるため，法定外目的税として制定された．宿泊などに対する普通税たる特別地方消費税が 2001 年度に廃止された後，改めて目的税たる宿泊税が導入されたため，結果としてふたたび奢侈税的性格を強調しなければならず，一定額を超えたものに課税されるものとされた．目的税は使途が特定されることから，住民ないし納税者に対して負担と受益の関係が比較的わかりやすいことがメリットとして指摘される．しかしながら目的が制限的で厳格であれば負担金，手数料に近づく．自治体が観光キャンペーン実施にあたって，地域の観光事業者に負担金を求める受益者負担金や観光地で観光施設整備維持のために利用者に負担金を求める原因者負担金と区別がつかなくなる．その一方で目的が不明確で限定的でなければ普通税に近づく．観光は制度論的に考察すれば概念が不明確であるが，社会的には存在するものであり，目的税として成立しやすい土壌がある．観光地域づくりといった地域振興策として普遍的に採用可能な事業を使途にすれば，性格は普通税と変わらないものとなる．

2002 年に制定された沖縄振興特別措置法は，環境保全型自然体験活動について規定している．いわゆるエコツーリズムの先進モデルとしてはガラパゴスで実践されてきたものがあり，ガラパゴス諸島を訪れる旅行者の行動を規制するとともに，旅行者は入域税を支払うこととなっている．この入域税はエクアドルの国庫金には歳入されずに諸島内の八つの関係機関に配分され，全額自然環境の保全，インフラ整備に利用される．2002 年 2 月沖縄県議会においても観光目的税としての入域税導入について質問がなされたが，稲嶺惠一知事は否定的な答弁を行っている．これに対して沖縄県伊是名村においては環境協力税条例（2004 年 12 月 24 日条例第 17 号）が制定され，「村は，環境の美化，環境の保全及び観光施設の維持整備に要する費用に充てるため」の目的税である環境協力税として入域税が徴収されている．同税は「本村の使用する旅客船及び営業を目的として，場外離着陸場を利用する飛行機若しくは営業を目的として伊平屋・伊是名間を往来する渡船」により，本村に入域するもの（高校生以下のものなどを除く）を「入域者」と定義し，入域時ごとに 1 人 100 円の環境協力税を課税している．ガラパゴスにおいて実施されたものを参考に，小笠原で日本初の行政主導による旅行者の行動規制が実施されたとされるものの，行政指導には限界があり，2002 年自然公園法が改正されている．入域税の名称が環境協力税とされるのも，政策目的のウェイトが観光振興よりも環境保全にあることの表れである．

（寺前秀一）

2.3 太平洋戦争前の観光政策

「'楽しみ'のための旅」概念に対して字句「観光」が制度的に使用されたのは1930年に鉄道省に国際観光局が設置されてからであるが，「'楽しみ'のための旅」概念はそれ以前から存在し，字句「観光」が使用されていなくても「'楽しみ'のための旅」概念に関する政策は展開されていた．

日本の「'楽しみ'のための旅」概念に関連する法令は1873年太政官布達第16号「公園設置ニ関スル件」にその端を発するとされる．戦前の「'楽しみ'のための旅」概念に関連する法制度としては，交通・運輸法を別にすれば，史蹟名勝天然紀念物保存法（1919年），国宝保存法（1929年），国立公園法（1931年），重要美術品等の保存に関する法律（1933年）などが制定されたほか，温泉，宿屋などが都道府県令により取り締まられていた．

1873年内務省設置により名所旧跡行政は同省の所管となった．1881年に岩倉具視が中心になり，京都や近畿地方の名勝・古跡を保存しようとする保勝会が作られた．1894年第4回内国博覧会は京都の社寺が拝観料をとって観光化する契機になったとされる．1897年古社寺保存法が制定されたが，この当時の名勝のほとんどは社寺に属していた．1915年には，史蹟名勝天然紀念物保存協会が設置された．

1920年代後半，「保存」と「利用（開発）」を両立させた新しい保勝理念が造園家たちを中心に提唱されるようになり，その際に生み出されたのが「風致協会」であった．この風致協会は，風致地区制度と強く結びついているという他の保勝会にはない特徴を有していた．1930年代半ば以降，風致協会という用語は全国に広まっていった．

国際貸借改善 日露戦争では戦費の4割近くを外債に依存した結果，外債元利支払いのため外債を新規に発行する状態に陥った．第一次世界大戦後はワシントン海軍軍縮条約などが締結されたものの，海軍省の進める艦船建造などには当時の日本の技術力では生産できなかった艦船用鋼材を米国から大量に輸入する必要などから，政府は外貨獲得のため観光政策を積極的に展開する方針をとり，1930年鉄道省に国際観光局（Board of Tourist Industry）を創設した．鉄道省は国際観光局の命名について「輝かしい国の光をしめし賓客を優遇する」とし，語源である『易経』の意味とは異なったもの（インバウンド）として観光を使用した．

国際貸借（国際収支）改善対策の一環としての観光政策が本格的に実施される機運のもと，1929年に国宝保存法，1931年に国立公園法が布告された．国立公園を観光資源とする外国人観光客誘致政策が円滑に進められた結果，1936年外客数は約4万2,000人にのぼり，その消費額は1億700万円であった．当時の海運収入が約2億円であることからして，観光収入は貿易外収入の重要な一項目であった．この政府の観光政策を活用する姿勢は，南洋群島の軍政において海軍によりすでにとられていた．満州事変，上海事変がかえって欧米人の興味をそそり，日満支観光ブロックは活況を呈し，1939年度の国際観光協会への国からの補助金は前年度の4倍増であった．満州事変と日中戦争を機に躍進を遂げてきた国際観光は，帝国主義的な侵略とは相容れないどころか，むしろ「宣伝らしくない」観光の持ち味をフルに活かし，宣伝と銘打つ宣伝よりも巧妙な効果を収めていた．

1936年成功裏に開催されたベルリンオリンピックの次期大会として1940年東京オリンピックが決定されたが，これとともに「国際レクリエーション大会」も東京で開催されることになった．報道では当初「レクリエーション大会」を「余暇善用大会」と訳していたが，同時期に設立された厚生省の名称の影

響を受け,「レクリエーション」の訳語が字句「厚生」となった.

時局を反映した国民体位向上運動により,地方観光協会など各地においてハイキングを強調するようになっていったことも,国内観光概念にも微妙な影響を与えることとなった.1934年頃から,鉄道省は慰安や保養を主として意図した旅客誘致は微温的であると,国民保健運動を強調していくこととなった.とりわけ聖地をめぐる徒歩旅行は「信仰ハイキング」と称された.1938年からは質実剛健旅行を提唱している.国際観光局創立の日を観光国策樹立の記念日として始まっていた観光祭の標語として「挙国一致で邦土美化」が採用されることとなった.使用がはばかられるようになった娯楽などの字句に代わって,字句「厚生」のもとハイキングなどを強調するように変化していったのである.

字句「厚生」の誕生 1938年11月第1回日本厚生大会要項および大会趣意書には「厚生運動ノ目標ハ国民ノ日常生活ヲ刷新シ特ニ余暇ノ善用ニ意ヲ注ギ健全ナル慰楽ヲ勧奨シ……」とある.厚生省が作成した1941年12月20日国民厚生方策ニ関スル緊急対策案には「休息ハ安逸ニ非ズシテ,勤務後ノ体力ヲ恢復シ明日ノ活動ニ備フルタメノモノトスルノ生活慣習ノ確立ヲ図ル」とあり,国民の厚生施設の概目案として「国立公園ノ大活用(山ノ家ノ施設),国史深省ノ機縁タル地ノ利用(統制アル聖地巡回ノ施設),歓喜ノ行ノ趣意ヲ以テスル行事,見学旅行等ノ誘導(青年宿泊所ノ設置,農民旅行団ノ組織,市民農園ノ経営)」「国民皆泳ノ奨励(海ノ家ノ施設)」「大都市付近ノ景勝地(例ヘバ大島)利用ノ綜合的厚生施設ノ経営,健全慰楽ノ施設及助成」などが記述されている.またその方法として「日本観光協会,国立公園協会,温泉協会ヲ統合スルコト」「プレイガイドヲ統合経営スルコト」「十二月ヨリ二月ニ至ル三月間冬期救済運動(損金募集)ヲ強力ニ,全国的ニ統一シテ実施スルコト」と記述されている.これらを読む限り今日の全国総合開発計画に記述された観光に関するものと変わりがなく,戦前,戦中と今日にいう国内観光施策が見事に「厚生」の名のもとに記述されていたといえる.

この「厚生」運動とは,本来レクリエーション運動(娯楽や休養による疲労回復・労働力回復の運動)の訳語としてオリンピック誘致時に登場した.この運動は主として大都市と工場地帯に広がりをみせたが,その位置づけは担い手によって異なっており,そこには余暇の善用と健全娯楽の普及という意味に加え,体力の強化,国民精神の高揚,集団的訓練,能率の向上などさまざまな目的と領域がはらまれるようになっていった.北河編(2001)では,戦時下における字句「厚生」運動には,1940年頃からの意味とは明らかに区別されるもうひとつの用法が登場するとされる.それは地方農村や大政翼賛会関係の資料にみられるもので,そこでの「厚生」運動とは,もっぱら保健・医療運動をさすものであり,日本の社会は「厚生の氾濫」の感があるといわれるまでの状況が出現したとされる.一面には,「戦時下における自粛機運に圧迫された民衆が,そこに娯楽の大義名分を見出した結果」という側面もあったとされる.

日本国内が戦場とならない段階での戦争は,今日の公共事業と同様,官公需の増加により景気がよくなるとともに観光ブームは継続し,その最盛期は1942年であったと伝えられている.満州,朝鮮への観光とともに伊勢に代表される聖地への国内観光が盛んになっていたのである. (寺前秀一)

文献
北河賢三編 2001『資料集 総力戦と文化』大月書店.
寺前秀一 2017「人流・観光論としての記録・記憶遺産(歴史認識)論議・序論」横浜市立大学論叢 社会科学系列,**67**(3):95-133.

2.4 太平洋戦争前の観光行政組織

ジャパン・ツーリスト・ビューロー 戦前において字句「観光」があらわす政策概念は国際に関わるものであった．したがって，設立された国レベルの観光行政組織も，外客誘致を目的としたジャパン・ツーリスト・ビューローおよび鉄道省国際観光局に代表されるものであった．外客誘致のための事業として，海外においては観光宣伝を行うとともに，国内においては外客誘致のための観光事業を振興することとなった．

字句"tourist"が日本に紹介される過程で1912年"Japan Tourist Bureau"が設立された．名称として国際旅客奨励会も検討されたが，最終的に字句「ジャパン・ツーリスト・ビューロー」となった．しかしながら，当時の"tourist"概念に越境概念が含まれていたのかの確認はなされていない．

1916年大隈内閣時の経済調査会では「外客誘致ニ関スル具体案」を検討しており，このなかでの字句「観光」の登場は，「観光外客誘致」「漫遊外客ノ誘致」「遊覧地其ノ他観光施設」といった事例で確認できるが，「観光」が少なくとも行政用語としてはきちんとした概念整理がされないで使用されていると考えられる．このことは遊覧，観光が併用されている旧観光基本法にまで影響していたが，観光立国推進基本法においては字句「観光」に整理されることとなった．

国際観光局 1930年に外貨獲得を目的とする政策の一環として，勅令鉄道省国際観光局官制が商務省貿易局官制とともに制定された．江木翼鉄道大臣の強い希望により「国際」はつけたものの，英訳は"Board of Tourist Industry"となっている．このとき『易経』の「國の光を觀る」の解釈において，語源とは異なりインバウンドを強調することとなった．

行政用語が確立するとマスコミを通じて学会などの用語も確立する傾向があるから，1930年前後において「観光」概念内容がかなり収斂していったと考えることは不自然ではない．朝日新聞記事データベース聞蔵Ⅱによれば，字句「遊覧」と比較しても字句「観光」の使用頻度がこの時期には際立って増加している．しかしながら国際観光局設置後においても，字句「遊覧」と「観光」の使い分けが一般社会においては確立しているとはいい難く，回遊，周遊も含め使用者の判断によるところが多いと判断される．鉄道省国際観光局およびジャパン・ツーリスト・ビューローの関係者においても少なからずこのことがうかがえるところであるから，ましてや一般国民においては，遊覧と観光を厳密に使い分ける段階には至っていないと考えることが妥当であろう．このことは今日日常使用される観光，遊覧，周遊，回遊においても同様であり，「観光学」研究においても常に論議されるところとなっている．

字句「国際」を使用することには論議があったが，同時に「国内」も概念的に発生するわけである．鉄道省の資料では国際観光事業と国内観光事業とを列記しているから，日本人の国内移動に関わるものが観光概念に含まれ始めたという解釈もできる．しかし，言葉を厳密に使用する法令，組織名であるから，国際観光局が「外客誘致」のために設置された以上，この場合の「国際」観光事業は対外宣伝事業のことをさし，「国内」観光事業は外客のための国内における施設整備などのことをさしていると考える方が適切である．具体的には，当時の「国内」観光事業として，外客用のホテル整備は国際観光局の事業であると考えられていたが，国立公園，国宝関係の事業などはそれぞれ内務省，文部省などにおいて実施されることを想定していたと考えられる．

鉄道省の役人の意識では，「外貨獲得」という政策目的がしっくりこなかったようであ

る．外国人の巾着をねらうという意識があると正直に述べている．したがって組織名も「帝国日本の文明を世界に示す」という意識で「観光」を使用したとある．なお，博覧会を文化を見せる場であるという意味で使用し，観光的用例としているケースは鉄道省に国際観光局が設置される以前の 19 世紀から存在した．

内主外従 大正末期から昭和初期にかけて全国の観光機関が急増し，1933 年にその数が 328 件となった．1930 年の国際観光局の設立の影響を受けた結果，1935 年には 400 件を超え，全国的連合会が必要であるということから，鉄道省国際観光局所管の全日本観光連盟が設立され，国際観光局から補助金が支給され，地区代表者には二等無賃乗車証が支給されることとなった．外国人への対応が統一されていないと諜報活動などの区分がしづらいことが理由である．建前としては外客誘致ではあるが，外客誘致のための観光事業の整備は国内事業であり，事実上日本人の遊覧の用にも供されるものであった．頭は外客誘致の国際観光であるものの，足腰は内務行政，厚生行政の国民体位向上であり国民の保健であった．

国際観光局設立を契機として各地で陣容が整えられた団体が観光協会を名乗るようになった．地域によっては鉄道省の政策を超えて，日本人への御当地の観光宣伝事業を表に出し始めたと判断され，「内主外従」の本音が語られることもあり，字句「観光」の意味する政策概念が拡張していったと思われる．

京都市においては 1913 年京都市主催の大正大礼博開催が決定された際には，字句「来遊客」を使用していた．1930 年観光課を設置した際の市議会の発言では「遊覧都市トシテノ真価ヲ発揮スル為ニ観光課ヲ新設ス」となっていたが，1934 年にはキャッチコピー「遊覧都市」を「観光都市」に変更した．

この時期，自治体の行政組織のなかに字句「観光課」として組み込まれていたものは，京都市のほかには日光町（1931 年），熱海町（1931 年），宇治町（1932 年 4 月），奈良市（1933 年），神戸市（1934 年）などと観光協会と比すれば数は少なかったが，観光政策として行政が行うべきことを考えれば，行政組織を肥大化させなかった点で今日よりも常識的であったと考えられる．

東京府においては，建設局自然公園課において観光行政を所管するとともに，観光事業の振興を図ることを目的として 1936 年に東京府観光協会が設置された．設立趣意書には「観光事業はこれを外にしては国際修交に資し，これを内にしては国民の保健と強化に裨益する所大」となっている．また会則によれば，観光地，観光道路，観光資源，観光団体という用語も使用されているから，かなり一般的な用語になっていたのではないかと思われる．同協会が発行した「観光の東京府」1 号（1937 年 11 月）に掲載されている東京府知事の発刊の辞には「観光事業は国際親善の増進，国情文化の宣揚，国際貸借の改善，貿易の進展及び国家意識の確立等国際的重大使命を有するとともに，これを内にしては知見情操の涵養，体力の増進等に貢献する処大なるものあり」（体力増進は 1938 年厚生省設置の時代背景をあらわしている）と書かれており，建前としての国際をもっぱらとする観光政策の実施機関としてのあり方を打ち出している．桜井安右衛門内務省衛生局保健課長が「保健と観光」という文章を寄稿しており，観光事業は大衆的であるべきとしているところから，外客誘致に限定した観光概念ではなくなっている．この点「観光の東京府」1 号のなかで，岸衛東京府観光協会参与は，東京府観光地の施設希望として「その施設はいったい内地客に重点をおくか，または外国人客に対してその施設を完備線とするか，これが欧米ならばそのごとき区別は必要ないのであるが，外人と著しくその生活状態をことにしている我が国においては，その点実に複雑を極る」として，内主外従の本音を記述している．

（寺前秀一）

2.5 太平洋戦争後の観光政策

第二次世界大戦前において外客誘致を中心に国際に限定されていた政策概念の観光が，国内も含めたものに変わるのは戦後復興期においてである．戦争終了直後は外貨獲得が国是であり，観光バス事業ももっぱら駐留軍将兵向けということで開始された．復興とともに一般貸切旅客自動車などの免許基準が大幅に緩和されたが，「観光事業の重要性に名をかり，不健全な遊覧，行楽に貴重な燃料を消費しない」という条件がつけられていた．このことは観光を冠したバス会社が数多く設立されたことが背景にあるとされ，日本人の国内観光に使用されていたわけである．国内資源開発を念頭に1949年制定された国土総合開発法においても，法定計画事項として「観光資源の保護，施設の規模及び配置」を規定した．

骨格の形成 1948年に旅館業法および温泉法，1949年に国際観光事業の助成に関する法律，通訳案内業法および国際観光ホテル整備法，1952年に旅行あつ旋業法などの観光に関する基本的な法律が制定された．今日まで有効な「'楽しみ'のための旅」に関連する法制度はこの時期にほぼ整備されており，旅行あつ旋業法以外はその後今日に至るまで大きな制度変更はなかったといえる．戦後復興期に制定されたこれらの「'楽しみ'の旅」に関連する法制度は外客誘致による外貨獲得を目的とするものが中心であった．外貨獲得は厳しい為替管理などに関する国策として国の行政機関の手により進められてきた．

観光資源の再整備の動きも活発化し，1946年伊勢志摩が国立公園に指定され，1948年には厚生省のなかに国立公園部が設置された．1949年には国立公園法が改正され，景観維持と利用（観光など）の調和が公園計画により図られることとなった．なお，文化財を総合的に規定する法制度は法隆寺失火事件を契機に制定された文化財保護法であり，1950年議員提案により制定されたが，文化財を観光資源とする認識が同法提案理由説明からうかがえる．なお，戦後復興期における観光政策の立案過程状況は国井富士利の一連の著作などにより知りうる．

厚生行政 字句「厚生」がレクリエーションの訳語として用いられたことは，国内観光事業が厚生行政のなかでも進められることを意味した．国立公園行政，温泉行政，宿泊行政などがその典型であった．しかし観光政策として正式に認知されるまでには至らないうちに戦時体制が強化され，ハイキング，厚生，保健，休養などの字句を超えてまでには字句「観光」は使用されることはなかった．この影響は戦後も継続し，字句「観光」が法令などの厚生行政文書に登場することはなく，「ソーシャルツーリズム」などに代表される用例が登場した．『厚生省五十年史』には「我が国の国民生活が安定を取り戻した昭和20年代後半から昭和30年代初めにかけて，勤労者・青少年層の観光旅行（当時ソーシャルツーリズムと呼ばれた）型の野外レクリエーションに対する志向が高まった．これを受けて，自然公園行政の上では，野外レクリエーション施策として……が開催された．一方，宿泊休養施設としては，昭和31年に「国民宿舎」が，また，昭和35年には「国民休暇村」がそれぞれ誕生した」(p.1169)，「昭和40年代に入ると，国民のレクリエーション志向は，宿泊利用はもとより日帰り型も多くなったので，昭和42年には日帰り休養施設として地域住民の利用をも考慮した「国民休養センター」の建設が始まった」(p.1170)，「最初の「国民保養温泉地」として青森県酸ケ湯温泉，栃木県日光温泉，群馬県四万温泉の三箇所が指定された」(p.1171)と記述されている．レクリエーション，ソーシャルツーリズムを

超えた展開が可能となったのは 1980 年代に入ってからであり，総合保養地域整備法の制定まで待たなければならなかった．同法は 55 年体制のもとでは取り扱われなかった休暇制度も含めた総合的な政策の一環として実施されたにもかかわらず，結果において金融政策，環境政策面での否定的評価が強調され，統合的な国内観光政策面での研究が行われなかったこともあり，国内観光政策研究の遅れる原因となった．

今日においても宿泊行政は旧内務省系の厚生労働省所管業務であり，国土交通省は外客誘致が所管行政であるが，世間への理解が浸透しておらず，旅館施設の耐震構造強化などの課題について総合的な地域観光行政が展開されるにあたっての障害となっている．

概念「観光」と字句「観光」「'楽しみ'のための旅」概念について，古くは 17 世紀の御蔭参りも「'楽しみ'のための旅」概念に該当するものと考える説もあるが，西洋と同様に遅くとも 18 世紀には存在したのではないかと思われる．この「'楽しみ'のための旅」概念をあらわす字句として「遊覧」に代表されるものが常識的に使用され，今日でも使用されている．「遊覧」は中国の「旅游」同様に概念をイメージしやすい字句であるが，日本においては国際観光局設立を契機に字句「観光」の使用に収斂していった．しかし「'楽しみ'のための旅」概念はいまもなお字句「観光」からはイメージしにくいものである．

字句「観光」にあらわされる「'楽しみ'のための旅」概念は，越（国）境概念を前提とした政策概念から，次第に国内観光を含むものへと変化し，最終的には内外無差別使用に落ち着いた．一般的に国内観光を含め始めるようになった時期は 1930 年の国際観光局設立を契機としているが，その時期には幅があるであろうし，時期が本質的な問題ではない．1930 年代，特に後半は建前として「娯楽」をはばかる風潮が発生し，字句「観光」のもとに国内観光を標榜しづらい時代であった．そのため字句「保養」「厚生」のもとに国内観光が展開された面が強かった．

この字句「観光」を忌避する傾向は戦後の国内観光政策にまで影響した．農林水産行政においては，1994 年に農山漁村滞在型余暇活動のための基盤整備の促進に関する法律が成立し，同法において「農山漁村滞在型余暇活動」を定義づけしている．見事なくらいに字句「観光」を忌避して造語している．むしろ研究者の方が無頓着にアグリツーリズムなどの字句「ツーリズム」を使用していた．この姿勢は，省庁の枠を越えた総合法である総合保養地域整備法においても継続し，俗称も「リゾート法」であった．

字句「観光」が付された行政組織が存在した運輸省設置法には「運輸に関連する観光」と「運輸に関連する」という限定が付されていたものの，字句「観光」が実定法において使用されることは少なかったといえる．2001 年中央省庁改革法により国土交通省が設置され「観光地及び観光施設の改善その他観光の振興に関すること」が国土交通省の所掌事務とされ，観光に関する限定がはずされた．しかしながら概念「観光」が字句「観光」をもって，しかも国内観光も含めた内外無差別のものとして省庁の垣根を越えて政府全体で使用されるようになるのは，2003 年の自由民主党総裁小泉純一郎と保守新党代表二階俊博の間における政策合意事項に観光立国，観光立県の実現が含まれたことが契機である．

その一方で「観光」概念に関する科学的論議が研究者間で進展しないなか，字句「観光」を忌避する傾向が研究者の間で蔓延し始めた．字句「観光」では概念「観光」を説明しきれないとの口実のもとに昭和期以前はほとんど使用されなかった字句「ツーリズム」を積極的に使用する傾向が強くなった．しかし，「観光」概念の研究は言葉をカタカナに変えたくらいでは進展しない．　　　〈寺前秀一〉

2.6 地方観光行政の役割と組織

地方観光行政の目的と役割　日本のすべての都道府県，またほとんどの市町村が「観光の振興」，ひいては「観光を通した地域の活性化」に取り組んでいる．

かつては豪雪山村や島嶼部といった条件不利地域，あるいは温泉地や自然景勝地，歴史的名所を抱え，産業経済構造的に観光産業への依存度が大きい地域において観光の振興がとみに地域課題として意識され，取り組みが推進されてきた．首都圏をはじめ大都市圏のベッドタウンとしての性格が強い都市や製造業が主たる産業であった都市では，観光の振興はこれまであまり考慮されてはこなかった．しかし，高齢化の進展にともなう地域活力の低下，また産業構造の変化や製造業の空洞化，地盤沈下を背景に地域の将来を見据えて観光の振興を目指す動きが大都市圏においても増えてきている．まして，長きにわたって農林漁業が衰退し，また伝統的な地場産業の不振と停滞が続くとともに人口減少にいっこうに歯止めがかからない地方圏の中山間地域や都市においては観光にかける期待はかねて大きいものがある．

これらにみる通り，地方（都道府県，市町村）の観光行政の目的は観光の振興を通した地域の発展，ひいては住民生活の向上にある．したがって，その役割はそうした目的の達成へ向け，行政の特性をふまえつつ必要とされる観光事業諸施策を講じることにある．地方レベルにおける，これら観光行政の目的，役割はこれまでの歴史のうえでも，また洋の東西を問わず変わるところではない．

主要な地方観光行政施策　地方で取り組まれている観光行政施策は当該地域の立地条件や観光レクリエーション資源条件，また観光地としての形成発展の度合などによって異なっている．ここでは施策項目として各地域に比較的共通するものをとらえて，その施策例を紹介しておく．

①地域特性を生かした観光魅力づくり　例えば，地域の各種資源の見直し，掘り起こし，磨きあげによる，まち歩き，農林漁業体験，地場産業体験，自然体験，地域でのさまざまな生活体験，歴史探索などの観光体験プログラム（メニュー）づくりなどの促進，そのための「場（空間，施設）」の整備など．

②観光資源の保護・保全，自然環境や歴史的環境の保護・保全，景観形成，受入れ基盤の整備　例えば，法制度に基づく無秩序な観光開発の規制，マイカー規制などによる観光利用のコントロール，条例の制定や手引きづくりなど景観形成へ向けた規制や誘導，環境の美化，公共駐車場・トイレ・休憩施設の整備など．

③観光情報の発信・提供，誘客宣伝　例えばポスター，パンフレットなどの製作・配布，ホームページを通した観光情報の発信，マスメディアや旅行雑誌社への情報提供，旅行会社への情報提供や旅行商品化の働きかけ，観光案内所の整備，運営など．また外国人観光客の誘致にあたっては海外向けの観光情報の発信，観光宣伝や実際に現地へ出向いての誘客活動，現地で開催される観光展への参加，海外の旅行会社やメディア関係者の招聘，国際会議やイベントなどの誘致など．

④観光客受入れ体制の整備　例えば観光案内所の開設を通した観光情報の提供や観光案内標識類の整備（外国人観光客向けには多言語表示），地域内回遊システム（ハード，ソフト）の整備など．

⑤観光分野の人材育成とおもてなしの向上　例えば観光地域づくり，観光魅力づくりに関わる商品化，ICTを活用した観光情報の発信，観光案内などに関して専門的な知識やスキルを持つ有為の人材の育成．また観光客の来訪満足度を上げるための，地域ぐるみのおもてなし体制の向上や観光産業従事者

の接客サービス力の向上など.

⑥広域的な連携による「広域観光」の推進:例えば複数の市町村による広域的な観光受入れおよび観光宣伝・PR組織づくり,広域的な観光ルート整備と観光コース設定,広域的な観光キャンペーンの実施など.

⑦観光統計,観光計画などの作成　例えば観光客数や観光客の属性・利用特性,観光関連産業の実態把握に必要となる調査の実施と統計データの作成.観光地としてのあり方と道筋を示す観光基本計画の作成など.

観光行政の推進組織　観光振興に向けたさまざまな観光施策を行政において主として担うのは,都道府県庁や市役所,町村役場の「観光主管課」である.市町村において地域経済のなかで観光産業の占める地位が高いところでは「観光課」として一つの課になっているが,他では商業や工業,また農林漁業の振興もあわせて担当している例が多い.そうした場合,「商工観光課」となっていたり,また「産業課」「経済課」として,そのなかに「観光係」を設けていたりするケースが目立つ.

いずれにしても都道府県を含めて観光主管課の大半が産業経済振興を担当する部門の一部に位置づけられていることから,観光行政が産業経済振興と関連づけて推進されていることは明らかである.もっともそのことが(国も同様であるが)地方の観光行政がともすると近視眼的な観光誘客プロモーション重視の施策に偏重している理由となっている.そもそも観光行政は先にみた通り産業振興はもとより,資源の発掘・活用・保護,景観形成,受入れ基盤施設の整備,人材育成と住民意識の啓発など多岐にわたるが,これらは行政組織とすると環境,建設土木,教育など多くの部門にまたがる.そこで都道府県,市町村のなかには関係各課による「連絡,調整の場」を設ける例もある.この点,観光主管課の所管施策のみでは地域のトータルな観光振興は実現しない,産業経済振興部門に所属する観光主管課としてはどうしても観光誘客プロモーショ

ンなど所管施策中心の取り組みに制約されるだけに,行政総体として観光行政を推進していくためには観光主管課の行政組織内での位置づけと権限の見直し,同時に観光行政を行政総体として推進していくことができる関係部門を横断する組織の整備が課題である.

観光協会の役割　行政の観光主管課と「車の両輪」となって,民間の立場で地域の観光振興に取り組むのが「観光協会」である.この組織については市町村レベルでは観光協会という名称が使われるケースが多いが,都道府県レベルでは,「観光連盟」という名称を用いている例もある.MICEの誘致を重視して,「観光コンベンションビューロー」という名称を使用するケースも大都市部では目立つ.

この観光協会は成り立ちが当該地域において観光ビジネスに関係が深い事業者を会員とする団体組織であり,従来は市場向けに観光宣伝・PRなど直接的に観光客の誘致に関わる業務と,現地における観光案内・情報提供業務をその基本的な役割としてきた.しかし,近年の観光者ニーズの変化,そして地域においても観光振興と地域づくりを結びつけた「観光地域づくり」気運の高まりから観光協会への期待も従来にないものが出てきている.例えば地域資源を生かした「着地型旅行商品」の開発・販売,そのための旅行業資格の取得などである.組織的にも法人化はもちろんのこと,組織目的,事業主旨によって株式会社,NPO法人,一般(公益)社団法人,一般(公益)財団法人など,さまざまである.

ただし,これら観光協会のほとんどは会員による会費収入のみでは事業費を賄うことができず,行政から助成,支援を受けている.地域の観光振興に果たす観光協会の役割が重要になる一方で,このように財源的にも組織的にも脆弱なことが観光協会の大きな課題である.

　　　　　　　　　　　　　　　(羽田耕治)

文　献
羽田耕治監修　2018「観光政策と観光行政」『観光学基礎』JTB総合研究所,pp.222-228.

2.7 旧観光基本法および観光立国推進基本法

基本法 観光政策に関する基本的な方針を定めた法律が旧観光基本法および同法を全面改正し改題した観光立国推進基本法である.基本法は,国会が法律の形で,政府に対して,国政に関する一定の施策,方策の基準,大綱を明示して,これに沿った措置をとることを命ずるという性格,機能を有しているものである.議員提案により成立したものが多く,旧観光基本法は1963年に自由民主党,社会党および民社党の三党共同の議員提案により制定された.第二次世界大戦後,日本国憲法のもと,教育基本法（1947年）,原子力基本法（1955年）のあと,農業基本法,災害対策基本法が1961年に内閣提案により制定されたが,5番目の旧観光基本法は議員提案による規範性の弱い基本法であり,その意味で1995年以降量産されている議員提案基本法の先駆けであった.

基本法は伝統的な法規概念からは国民の権利,義務に関する規定がないので法規範とはいえないという指摘がなされている.いわゆる55年体制のもとにおいて国会対策上,内閣提出法案数を制限し,予算関係法案を優先する必要から,1963年9月13日には「法律の規定によることを要する事項をその内容に含まない法律案は,提出しないこと」などを内容とする「内閣提出法律案の整理について」という閣議決定がなされており,規範性のない基本法は内閣提出法案としては閣議決定されないこととなっていた（1970〜88年は基本法が制定されていない,いわば基本法空白期である）.細川政権の樹立により55年体制は崩壊し,同時に予算関係法案中心主義の歪みも是正されたこともあり,規範性の弱いとされる基本法が増産されることとなった.基本法が1995年から急増していることからも理解されるところである.

旧観光基本法制定の時代背景には,1964年東京オリンピックの開催,日本人海外旅行の自由化に代表される経済の高度成長がある.その後の国際収支の改善とともに,旧観光基本法のもっとも重要な政策理念である外貨獲得のための外客誘致理念は実質消滅してしまった.日本人海外旅行者数が訪日外客数を上回った1971年,旅行あつ旋業法が旅行業法に改正されることにより,外国人観光客対策から日本人海外旅行者対策へと政策がシフトした.1977年「国際観光文化都市の整備のための財政上の措置等に関する法律」の提案理由説明からは,国際収支の改善は完全に消滅した.外客誘致理念は,国際収支の改善とともに消滅する運命にあった.

為替の変動相場制のもと,外貨獲得目的としての外客誘致理念の必要がなくなっている今日,観光政策が展開される外客誘致理念のひとつとして国威発揚が強調される.日本人海外旅行者数が1,700万人を超えるにもかかわらず,訪日外客数が少ないと数を問題とするのは,一種の国のプライド論をもとにしている.観光立国推進基本法が前文において「我が国を来訪する外国人観光旅客数等の状況も,国際社会において我が国の占める地位にふさわしいものとはなっていない」とするのも一種のプライド論である.

旧観光基本法は基本法でありながら,観光施設財団抵当法（1968年）を除きその後成立した国際観光文化都市の整備のための財政上の措置等に関する法律（1977年）,総合保養地域整備法（1987年）,祝日三連休化法（2001年）,景観緑三法（2004年）の国会審議などにおいて旧観光基本法との関連性は議論されなかった.旧観光基本法においては,観光の概念を法律的に的確に表現することは困難であるとして定義が規定されなかった.規範性のある法制度の前提となる観光概念が整理されないまま同法が規定されたことに起因し,実定法を中心とした観光関係法制度が

発展的な広がりをみせなかったことにより，規範性のある法制度の前提となる観光概念も発展してこなかったのである．結局，旧観光基本法が規定する関連法は観光施設財団抵当法だけであった．環境基本法が20近い直接関係する法律をもつことなどと比較すると，基本法としての指針性に問題があった．

国，地域の誇り　旧観光基本法が改題を含めて全面改正され，2007年から観光立国推進基本法として施行された．第164回国会において自由民主党衆議院議員愛知和男から提案された観光立国推進基本法案は，第165回国会において継続審議されていたものの最終的には撤回され，新たに衆議院国土交通委員長から地域の創意工夫と自主性をより強調した観光立国推進基本法案が提出され，超党派の全会一致により成立した．「地方公共団体は，国の施策に準じて施策を講ずるように努めなければならない」と規定していた中央集権的な旧観光基本法第3条は「地方公共団体は，基本理念にのっとり，観光立国の実現に関し，国との適切な役割分担を踏まえて，自主的かつ主体的に，その地方公共団体の区域の特性を生かした施策を策定し，及び実施する責務を有する」（観光立国推進基本法4条）と改正され，観光基本法が抱えていた最大の課題は解決された．佐伯宗義が行った「観光は個性の発揮である」との主張は44年余を経て実現することとなったわけである．このことは，観光立国推進基本法の前文に「地域における創意工夫を生かした主体的な取組を尊重しつつ，地域の住民が誇りと愛着を持つことのできる活力に満ちた地域社会の持続可能な発展を通じて国内外からの観光旅行を促進することが，将来にわたる豊かな国民生活の実現のため特に重要であるという認識の下に講ぜられなければならない」と記述されていることからも確認される．なお，観光立国推進基本法が後進的ニュアンスを含む用語「立国」をあえて使用している理由は，忘れられた基本法であった観光基本法をよみがえらせるインパクトをもたせるためと考えられる．法律名が「観光立国」となっているが，立法者の真意は「観光立地域」であることは地域の自主性を強調した前文などから容易に推察できる．また，観光立国推進基本法が制定された実質的理由としては，同法がもつ指針性を活用して観光庁設置の運動に結びつけるねらいがあるものと推察できる．このことは，同法26条が政策実現部隊である行政機関の充実強化を図るため，「国及び地方公共団体は，観光立国の実現に関する施策を講ずるにつき，相協力するとともに，行政組織の整備及び行政運営の改善に努めるものとする」と規定していることからもうかがえる．

観光立国推進基本法は国が観光立国推進基本計画を策定し，観光立国の実現に関しては，国の他の計画は，この観光立国推進基本計画を基本としなければならないと規定している．これまでの旧観光基本法の規範性の希薄さを充足する改正内容であるが，地方公共団体の観光計画との関係では直接規定が設定されていない．この点では環境基本法と同じシステムをとっており，地域の個性を重視する観光理念からするとバランスがとれている．

エコツーリズム推進法　2008年エコツーリズム推進法が成立したが，観光立国推進基本法との関係性について触れていない．観光立国推進基本法は環境や景観の保全についても規定を設けている．エコツーリズム推進法は「自然観光資源」を法律上の基本的な概念として使用しているが，観光立国推進基本法が規定する観光資源との関係に触れていない．それどころか，生物多様性基本法，琵琶湖の保全及び再生に関する法律において字句「エコツーリズム」が使用されるようになってしまった．結局，法律としての指針性，規範性が欠如するという旧観光基本法が抱えていた問題点は，字句「ツーリズム」の採用により，観光立国推進基本法においても，さらに拍車をかけるものとなった．　　　　（寺前秀一）

2.8 地方観光条例

地方観光条例制定の背景　地方観光（振興）条例（以下，観光条例という）とは，地方公共団体が観光振興を目指して策定した条例をいうが，その名称はさまざまである．

従来，地方公共団体における観光政策の位置づけは不安定だった．つまり，基盤となる規定が必ずしも明確ではなく，何を目的としてどのように進めるかが，必ずしも明らかになっていなかった．そのため，その場その場での観光政策が行われるのが一般的であったし，観光行政として何をどこまでやればよいのか，担当者にとっても迷いが大きかった．

そうした観光行政の枠組みを明確にするために観光計画が策定されるようになったが，国の観光基本法では観光計画の規定がなかったことと同様に，地方公共団体においても観光計画を位置づける法令的な根拠は，必ずしも明らかではなかった．

また，観光振興の担い手として住民（県民）への期待が高まったことも，制定の背景のひとつといえる．県レベルのほとんどの観光条例では，県民の役割をあげているし，県民の役割を明記していない岐阜県は，条例名を「みんなでつくろう……」として，条例全体を県民の視点でまとめている．

地方観光条例制定の契機と現状　最初に観光条例を策定した県は沖縄県で，1980年3月に施行されている．その後，北海道（2001年10月），高知県（2004年8月）で制定された．しかし，国において観光基本法が観光立国推進基本法に改定された2006年12月前後から，都道府県レベルでも観光政策の基本的な考え方や方向性を示す観光条例の制定が活発になり，長崎県（2006年10月），広島県（2007年1月）で施行され，以後，岐阜県，島根県，千葉県，愛知県，富山県，熊本県，新潟県，鹿児島県，徳島県，岩手県，鳥取県，神奈川県，和歌山県，愛媛県，宮城県，三重県，山梨県，埼玉県，山形県，群馬県，静岡県，茨城県，大分県，宮崎県，山口県，福岡県，栃木県，佐賀県と続き，2018年5月末までに34道県で施行されている．

条例の策定にあたっては，山梨県のように委員会を設置して検討しているところもあるが，議員提案での制定も多い．

観光条例の特徴　各道県の条例では，神奈川県を除いて前文がおかれており，道県の特色や条例制定の意義などが述べられている．また，条文の数は3条から34条で構成されており，その内容としては，目的や基本理念，関連主体の責務・役割，基本施策（基本方針），観光振興基本計画（ビジョン）の策定，観光統計の整備・情報収集，財政上の措置，審議会などの設置や推進体制の整備といった項目で構成されているのが一般的である．

そうしたなかで各道県の特徴を出そうとしているところもある．例えば，三重県は，条例の基本理念としては「観光産業の持続的かつ健全な発展が図られること」「本県の観光資源が有する魅力を生かして県内外からの観光旅行が促進されること」「本県の観光資源が有効に活用され，かつ，次世代に継承が図られること」「県，市町，県民，観光事業者及び観光関係団体がそれぞれの役割を担いつつ連携が確保されること」「観光旅行者の満足度の向上が図られること」「地域の環境保全と観光旅行を促進するための環境整備との調和が図られること」といったごく一般的な6点をあげているが，県の条例の特徴・独自性としては，「人材を，観光対象となる本県の人的資産と捉え，観光資源の一つとして定義するとともに，その発掘や活用等を図ることを基本的施策の一つとして位置付け…観光情報の発信にとどまらず，本県への実際の誘客まで図ることを，誘客活動として定義するとともに，基本的施策の一つとして位置付け…県民に対する期待として，（県民の）観光

行動を定義するとともに，その促進を図ることを，基本的施策の一つとして位置付けて」いるとしている．また，条文数が3条ともっとも少ない島根県は，前文で「ここに観光立県を宣し，行政と県民が協働し，ともに着実な歩みを進めることを誓う」として，目的と県の責務，県民の役割のみで構成している．

さらに，各道県の観光条例の名称をみると，以下のように分類することができる．

①観光振興条例としているもの　沖縄県観光振興条例（1980年），長崎県観光振興条例（2006年）など．

②観光立県を謳っているもの　ひろしま観光立県推進基本条例（2007年），しまね観光立県条例（2008年），千葉県観光立県の推進に関する条例（2008年），観光立県かごしま県民条例（2009年）など．

③歓迎の意やもてなしを謳っているもの　もてなしの阿波とくしま観光基本条例（2009年），ようこそようこそ鳥取観光振興条例（2009年），えひめお接待の心観光振興条例（2010年），おもてなしのやまなし観光振興条例（2011年），おもてなし山形県観光条例（2014年），いばらき観光おもてなし推進条例（2014年），おいでませ山口観光振興条例（2015年）．

④地理的位置や気候など，地域性を謳っているもの　あったか高知観光条例（2004年），みちのく岩手観光立県基本条例（2009年），群馬よいとこ観光振興条例（2014年），おんせん県おおいた観光振興条例（2015年）．

⑤目的や担い手，他県との連携などを謳っているもの　北海道観光のくにづくり条例～北海道を国際的に通用する観光地とし，観光に関わる産業を北海道のリーディング産業とすることをめざして～（2001年），みんなでつくろう観光王国飛騨・美濃条例（2007年），元気とやま観光振興条例（2008年），みやぎ観光創造県民条例（2011年），埼玉県観光づくり推進条例（2012年），観光王国九州とともに輝く福岡県観光振興条例（2016年），ふるさと佐賀への誇りを育む観光条例（2018年）．

⑥前掲の項目を組み合わせているもの　ようこそくまもと観光立県条例（2008年），神話のふるさと宮崎観光おもてなし推進条例（2015年），観光立県とちぎの実現に向けたおもてなしの推進等に関する条例（2017年）．

一般的に，観光振興は各地域の特色（資源性，社会性，県民性，立地条件など）に基づき，それに工夫を加えて進めていくものであり，地方公共団体の観光主管部署の政策・行政もそうしたなかで行われる．それを受けて，観光条例の目的や理念は，地域の資源を生かして，さまざまな立場の人びとや団体が協力し，観光者への配慮をもって観光振興を進めるということであるが，名称づけなどそれぞれの道県の特色を表そうと工夫していることがうかがえる．

市町村での制定の動きと今後の展望　市町村でも，福島県会津若松市（1999年），京都府京丹後市（2009年），富山県魚津市（2011年），神奈川県箱根町（2011年），神奈川県厚木市（2012年），兵庫県宍粟市（2012年），静岡県小山町（2013年），山口県美祢市（2013年），沖縄県那覇市（2015年），神奈川県横須賀市（2015年），山形県高畠町（2016年）などが観光条例を制定している．また，名称に観光を用いてはいないが，もてなしのまちづくり条例（奈良県奈良市，2009年）やおもてなし条例（三重県尾鷲市，2015年）として制定している市もある．

近年は観光主管部署の名称も多様化しているが，このことは施策の内容が多様化，複雑化しているということを表しているといえ，今後も交流事業を含めた観光政策の基盤となる観光条例や観光計画の必要性が高まると考えられる．また，実際に観光条例を制定する地方公共団体が増えていることは，観光に対する期待が高まり，観光政策が重要であるとの考え方が広がっていることの表れといえる．

〔捧　富雄〕

2.9 観光に係る消費者政策

「'楽しみ'のための旅」概念は「楽しみ」の客観的定義があいまいであるうえに、「'楽しみ'のための旅」をする消費者とそれ以外の旅をする消費者を区分する法的必要性の説明も困難である。したがって、国際観光ホテル整備法、旅行業法においては、観光と観光以外のもの（業務など）を区別せず、字句「外客」「旅行者」「旅行業」を使用している。

旅行あつ旋業法　終戦後 1952 年に制定された旅行あつ旋業法は外貨獲得を目的として訪日外国人旅行者保護を念頭においていた。米軍施政下においては、外国人旅行者保護は実質日本政府が行わなくても米軍の施政において十分に担保されていたが、1952 年、日本に施政権が返還されてからは日本国自らが外国人旅行者保護を実施しなければならず、実定法が必要となり、旅行あつ旋業法が制定されたのである。

旅行業法　1971 年に旅行業法に全面改正されてからの制度改正は、海外旅行を中心に日本人旅行者に対する旅行業者の責任に関する制度の充実強化を中心に行われてきている。旅行業法の制定に関しては、国際的にはブラッセル条約の影響、国内的には 1968 年に発生した、名鉄観光サービスなどが主催した旅行団体が巻き込まれた「飛騨川バス転落事故」および同年「墨東睦共和会事件」判決が立法の契機となった。1971 年法改正作業時においては、旅行あつ旋業法において必ずしも制度概念が明確にされていなかった主催旅行と手配旅行概念を区別する意識はあったにもかかわらず、制定された法律においては明確にされなかった。EC 理事会指令などの影響を受け、ようやく 1982 年に主催旅行概念が法定化されたものの、旅客運送法と旅行業法の制度的整理がなされなかったことが、今日の旅行業法が抱える規範性の問題を発生させることとなった。その一方で、規制緩和の進まなかった旅客運送法について、旅行業法がパック料金の弾力化などを進展させるとともに、日本独自の単品パック旅行商品を開発するなどして、実質旅客運送法の規制緩和を促進した面がある。1971 年の旅行業法改正においては消費者保護を目的として書面主義を強化したが、その後の IT 対応、インターネット対応には制度的障害となった面がある。また、団体旅行から個人旅行へと旅行形態が変化してきていることも影響し、日本人の海外旅行者対策は単なる旅行業者の責任問題から直接の邦人保護対策の充実強化に広がってきている。旅券の発給などに関して数次旅券の発行、出入国審査の情報化などが推進されてきたが、更に外務省の海外安全情報の提供や領事行政組織も拡充された。

国籍の国際法的機能のひとつとして、国家の外交的保護権、すなわち国家は自国民が他国によって身体や財産の侵害を被った場合に、加害国に対して適切な救済を与えるよう要求することが認められている。しかしながら請求国が請求資格を得るためには、直接の被害者たる個人が、加害国の国内で利用しうる裁判などのすべての救済措置を尽くしていなければならないとされる。これは、個人対国家の争いが容易に国際紛争に転化されるのを防ぐためである。そのためにも、海外安全情報の提供など日本人海外旅行者対策の充実強化が必要となる。

ネット社会　旅行契約などがインターネットで成約する時代になり、適用法令が複雑化している。例えば中国国籍を保有する者が米国で、ドイツ国籍を保有する者が経営するサイトで日本国籍を保有する者からパック旅行商品を購入して日本を旅行する場合にどの法令が適用されるかという問題である。一般的には属地主義が採用されているから、契約を締結した場所を管轄する国の法令が適用になるが、ネット上で契約が成立した場合の場所

がバーチャルな世界だけに，具体的な紛争解決にあたってはこれからの事例の積み重ねが必要であろう．旅行消費者保護政策としても重要な政策課題となっている．

シェアリング経済 位置情報システムの普及とともに，スマートフォンを活用して自家用車や自宅の空き室を他人の便宜の用に供するUber，Airbnbなどのシェアリングアプリが国際的に大きく展開されており，人流の世界でもサードパーティなる用語が現れ始めている．投資家はその世界戦略性に物流企業と同種のものをかぎ分けつつある．実力のある企業はITを駆使して企画力，資金力，営業力などを武器に人流関連企業を配下に入れて国際展開してきている．膨大な人流の個人情報を解析して利用者のニーズに合ったサービスを，しかも先回りして提供できるアルゴリズムを作り上げる企画力，技術力，資金力をもった企業に世界中のファンドが投資をし始めている．実力のある人流サードパーティが出現すると，エンドユーザーは運送契約上の問題ではなく，その人流サードパーティを対象にクレームを提示する．マスコミもそれをサポートする．まさにUberが，提携先のドライバーの不始末まで社会的責任を問いつめられたのは，そのことによるのである．

日本人海外旅行者の増大期，海外での日本人旅行者の事故が大きく報道された．日本のパック旅行商品提供者は，裁判ではその責任を否定されたものの，社会的にはそうはいかなかった．政府は，旅行業約款を改正して，特別補償責任や旅程保証責任をとるように制度改正を行った．これと同じことが，国際社会において，人流サードパーティ企業に求められるようになるであろう．

既存のパッケージ旅行には，個人の別荘であるコンドミニアムやホテルの自家用送迎バスを周遊観光に組み込んで販売しているものがあるが，旅行業法上は問題となっていない．国際的にも認められた商品となっている．

個人の自家用車を活用して有料で他人の運送を行うUberや個人の自宅を有償で旅行者に貸し出すAirbnbについては，日本では道路運送法，旅館業法に抵触する問題がある．有償，無償の判断は，直接の対価を得ているか否かの法的判断である．広告の世界でフリーペーパーが一般化したように，移動空間も無償送迎車，フリーライドが普及する可能性が出てきている．無償タクシーのコンセプトであり，フリーミアムの考え方である．宿泊料，診察料などの間接の対価を得ている旅館，病院などの無償送迎バスなどが社会的に認知されている今日，直接の対価を得ない無償運送行為が直ちに脱法とは判断されないことは司法判断を待つまでもない．

以前はバスやタクシー，営業用トラック制度を必要とする社会的な公益性を保護するため，非営業行為を取り締まる発想があった．白バスや白タク行為を取り締まる理由である．規制改革以前は，有償事業の経営を守らないと公益性が維持できないとされたが，交通社会の進展とともに利用者の理解が変化し，規制の見直しが進んだ結果，今日では無償行為まで取り締まることの社会からの理解は得られず，無理に取り締まりを行おうものなら規制官庁そのものの存在が危うくなる時代になってきている．

宿泊契約と不動産賃貸契約を社会経済的に区別することが難しく，同時に法的にも区分することが困難になっている．不動産賃貸契約は2000年に施行された定期借家権法により契約期間が自由に設定できることとなった．社会経済的には実質宿泊施設と変わらない家具つきウィークリーマンションやマンスリーマンション事業へ参入する不動産業者が増加している．戦後治安維持の観点から制定された旅館業法も制度疲労をきたしており，民泊関連法の制定にとどまらず，国際人流推進のための抜本的制度見直しが必要である．

〔寺前秀一〕

2.10 観光地域づくり関連施策

観光地域づくり施策の背景　「観光地域づくり」の意味，あるいはその概念が着目されてきた背景は，大きく二つがあろう．

一つめは観光客サイドの要請である．観光に対するニーズは成熟化し，国内客，訪日外国人旅行者いずれも，名所旧跡や観光・レクリエーション施設だけではなく，その周辺のまちや環境，または住民の日常的な生活空間に興味をもち，これらが観光対象化されるようになってきた．旅先の生活文化やライフスタイルを学んだり体験し，住む人びととの交流を楽しむような観光が指向され，単発的な観光・レクリエーション施設，宿泊施設だけではなく，国際競争力をもつような魅力的な地域づくりの必要性が高まってきたのである．

二つめはこれらのニーズをふまえた都道府県や市町村行政，観光地サイドの要請である．観光が多様で複合的な地域振興効果をもたらすことはいうまでもない．過疎化，高齢化が進み，農林漁業や製造業といった在来の基幹産業が低迷するなかで，観光を核とした観光地域づくりに期待が集まってきた．このような動きのなかで，観光地単体でなく，広域観光としての連携の必要性も高まっている．

21世紀に入り，これらの背景事情に応えるべく，「観光まちづくり」の概念が国策に位置づけられる．国土交通省に組成された観光まちづくり研究会（主査：西村幸夫東京大学教授）が『観光まちづくりガイドブック 地域づくりの新しい考え方』(2000)をまとめ，2000年12月の観光政策審議会の答申のなかで，「観光まちづくり」が重要政策として提言されることとなったことは，観光地域づくり施策の展開と無縁ではない．

観光地域づくり施策の系譜　従来，運輸省や建設省などによる公的観光レクリエーション地区・施設整備，観光関連施設の整備，宿泊・休養施設整備，旅行者の安全性の確保，情報提供や訪日外国人観光客誘致のためのプロモーションなどに力点がおかれていた日本の観光施策のなかで，1987年に制定された総合保養地域整備法は，総合的に観光関連施策に取り組み，リゾート都市づくりを目指すなど，観光地域づくりの理念をもっていたと考えられる．しかしその成果はせいぜいリゾート施設整備にとどまってしまっているところが多く，期待に応えられなかったのは残念なことである．

その後，日本はバブル経済崩壊後の景気低迷に苦しみ，その経済対策のなかで，1997年度に「観光地づくり推進モデル事業」に着手している．この事業は数年間に10カ所のモデル地域を事業対象とした．具体的には，①地域における観光地評価，②「観光地づくりプログラム」策定，③プログラム事業の実施からなり，特にプログラム策定後1年間については観光関係業界などのイベント，PRなどの事業を集中的に実施するといった施策スキームだった．

その後，「選択と集中」の基本的考え方に沿って観光地域づくり施策として登場したのが，国土交通省の「観光交流空間モデル事業」である．2003～2004年度にかけて，全国24カ所を対象に事業展開された．多様な地域資源を活用した地域の幅広い関係者が一体となって進める観光を軸とした地域づくりを，所管省がハード，ソフトの両面から支援するスキームである．

この施策スキームを受け継いで，2005～2007年度にかけて観光地域づくりの中心的な施策となったのが「観光ルネサンス事業」である．訪日外国人の受け皿となる国際競争力のある観光地づくりを推進することなどを目的とし，民間主体の地域観光振興組織の取り組みと，地方自治体が行う観光インフラや景観整備などの取り組みを組み合わせることで効果向上をねらうもので，前者の民間（エ

リアツーリズムエージェンシー）の取り組みを推進するため，観光ルネサンス補助制度が導入された．また，ハード，ソフトの両面からの観光地域づくりを支援するため「観光地域づくり実践プラン」の策定により，これを支援する内容である．

なお 2006 年には，観光立国推進基本法が制定され，翌年には観光立国推進基本計画が閣議決定され，これらの観光施策を推進する中心的な組織として 2008 年には観光庁が国土交通省の内庁として発足している．その観光庁が推進する観光地域づくりの主要施策が観光圏整備事業である．

広域観光としての観光地域づくり事業 観光庁では，2008 年に制定された「観光圏の整備による観光旅客の来訪及び滞在の促進に関する法律」（観光圏整備法）に基づき，区域内の関係者が連携し，地域の幅広い観光資源を活用して，観光客が 2 泊 3 日以上の滞在，周遊ができる魅力ある観光地域づくりを促進している．国が定める観光圏整備に関わる基本方針に則り，複数の市町村で観光圏を設定し，観光コンテンツ（体験メニューなど）の造成・提供，着地型旅行消費品の販売，宿泊施設の魅力向上，移動手段の確保，景観整備，観光情報提供・プロモーションなどを内容とする観光圏整備事業を推進するものである．国により観光圏整備実施計画の認定を受けると，その圏域または滞在促進地区（観光圏内の宿泊滞在基地）において，旅行業法や道路運送法，海上運送法などの特例，共通乗車船券の発行手続の簡素化などの特例が受けられたり，当初は補助事業が適用されるといった，施策スキームであった．特に宿泊事業者が観光圏内限定旅行業者代理業を営むことにより，宿泊客などが観光圏内の着地型旅行商品を使って滞在を楽しみやすくするといった効果が期待された．これにより 2012 年度までに 49 の観光圏が認定を受けている．

その後 2012 年 12 月に，観光圏整備に関わる国の基本方針が見直され，観光地域づくりマネージャーで構成する「観光地域づくりプラットフォーム」などを設置し，同組織が，事業実施の基本的な方針の策定，地域におけるワンストップ窓口の構築および事業のマネジメントなどを行う方向性が明記された．また観光圏整備事業の内容も，ブランドの確立に力点がおかれている．このため，新基本方針に基づいて認定された観光圏は当時「ブランド観光圏」ともよばれた．なお，2018 年時点で 13 の新観光圏が認定されており，観光地域づくりプラットフォームが行う観光地域ブランド確立事業に対して国の補助が提供されるなどの支援制度がある．この施策の延長上に，国が進める日本版 DMO がある．

観光地域づくり支援メニュー 各地域の観光地域づくりを支援する施策は，国土交通省観光庁によるものだけでなく，同省他局，経済産業省，農林水産省，総務省，文化庁，内閣府など多様な府省庁から提供されている．これらは，おおむね以下のように分類される幅広いものであり，『観光地域づくりに対する支援メニュー集』としてまとめられ，地方公共団体や事業者などに情報提供されている．

①地域の魅力を向上する事業
②地域の魅力を発信する事業
③地域の基盤整備による魅力向上事業

2018 年度の支援メニュー集によると，景観などの整備，交通基盤の整備，歴史・文化の保全・活用，農林水産業の営み継承と活用，構造改革特区制度などを含め，全 48 の施策が提供されている．これらは，地方都市などの持続可能性を広範に高めるものであり，いわば住んでよし，訪れてよしの地域づくりに資する．

（熊谷圭介）

文献

国土交通省観光庁編『観光白書』（毎年発行）
国土交通省観光庁 2012「観光圏の整備による観光旅客の来訪及び滞在の促進に関する基本方針」
国土交通省観光庁ほか編 2018「観光地域づくりに対する支援メニュー集（平成 30 年度政府予算案版）」
寺前秀一編著 2009「実施された観光政策の分析・評価」『観光政策論』原書房，pp.64-75．

2.11 訪日外国人旅行者の来訪促進関連施策

インバウンドの幕開け　日本の訪日外国人旅行（以下，インバウンド）に対する政策は，開国による外国人の受入れへの対応から始まった．国が積極的にインバウンド政策を推進するようになったのは明治末期からで，国際親善と外貨獲得の必要性から外客誘致・斡旋機関の設立が急務となり，1912年，鉄道院と民間の出資による「ジャパン・ツーリスト・ビューロー」が設立された．昭和初期には，外客誘致に関する指導，監督，統制を図る目的で鉄道院の外局として「国際観光局」が設立され（1930年），そのもとで，「国際観光協会」（1931年設立）とジャパン・ツーリスト・ビューローが外客誘致の実務機関として活動した．

第二次世界大戦後の復興とインバウンド振興　戦後，インバウンドの振興を軸とした観光事業の振興は国土，経済の復興策として重要な位置づけにあった．この時期には，「国際観光事業の助成に関する法律」（1949年）や「旅行あっ旋業法」（1952年）の制定などが行われた．

1950年代後半からは太平洋線へのジェット機の就航（1959年），東京オリンピックの開催（1964年）など，国際観光を推進するうえで重要な出来事もあり訪日外国人旅行者数は大きな伸びを示した．1956年に閣議決定された「観光事業振興基本要綱」では，対外宣伝活動の強化や外国人の入出国手続きの簡易迅速化などが対策として盛り込まれ，それをもとに政府による国土規模の観光計画「観光事業振興5カ年計画」も策定されている．

海外宣伝は戦後，ジャパン・ツーリスト・ビューローを改称した日本交通公社（ジャパン・トラベル・ビューロー）が実施していたが，その後，公的な海外宣伝活動は国際観光協会（1959年日本観光協会，1964年国際観光振興会に改組）に受け継がれた．こうした取り組みのなかで1963年に公布された「観光基本法」では，国民生活の安定向上とともに，国際親善の増進，国際収支の改善のための外客誘致がうたわれている．

グローバル化のなかでのインバウンド　1960年代に入ると，高度経済成長とともに国民所得の増加と自由時間の増大によって観光レジャーの大衆化が進み，東海道新幹線の開通（1964年），ジャンボジェット機の就航（1970年）などによる大量・高速輸送機関の発達も相まって日本人の国内観光旅行と海外旅行が急速に一般化していった．

こうしたなか，1970年代には貿易黒字の急増，ひいては国際収支の大幅な良化により，インバウンド振興による外貨獲得の必要性は相対的に低下した．日本の貿易黒字に対する米国などからの批判もあり，観光政策としても「海外旅行倍増計画（テン・ミリオン計画）」が打ち出される（1986年）など，国際収支上の黒字を縮減するため，海外旅行（アウトバウンド）促進の方向がより鮮明となった．

1990年代に入ると，インバウンドに関連する施策として，運輸省により「90年代観光振興行動計画（TAP90's）」（1988年），「観光交流拡大計画（Two Way Tourism 21）」（1991年）などが策定され，国内観光の振興と外国人旅行者の受入れなどによる国際交流の促進策が打ち出された．1990年代後半になると，「観光産業振興フォーラム」「経済団体連合会」「日本旅行業協会」など，民間によるインバウンド振興の提言が相次ぎ，それまでのアウトバウンド偏重から，インバウンドとアウトバウンドのバランスのとれた発展を目指す基調へと，インバウンドの重要性を見直す機運が高まった．1995年には運輸省が「ウェルカムプラン21（訪日観光交流倍増計画）」を発表し，2005年までに訪日外国人数を700万人に倍増させることを目標に掲

げた．この計画のうち，外国人観光客誘致策については，訪日旅行需要創造のための日本のイメージづくりやPR，方面別マーケティングの実施などの諸施策が盛り込まれた．1997年には，このプランをバックアップする「外国人観光旅客の来訪地域の多様化の促進による国際観光の振興に関する法律」（外客誘致法）が公布・施行され，これを受けて，国際観光テーマ地区の整備，外国人旅行者の国内旅行費用の低廉化，接遇の向上などのための施策が推進された．

こうしたインバウンドの振興において海外観光宣伝の面で中心的な役割を果たしたのは国際観光振興会（2003年より国際観光振興機構）で，広告，広報やトラベルセミナーの開催，外国メディア・旅行業者などの招聘・取材協力，海外催し物（観光展など）への参加，地方公共団体の行う海外観光宣伝への協力，観光ミッションの派遣，国際会議の誘致などの活動を積極的に行った．

1994年には「コンベンション法」（国際会議等の誘致の促進及び開催の円滑化等による国際会議の振興に関する法律）施行に基づき，「国際会議観光都市」が認定された．

観光立国の実現とビジット・ジャパン・キャンペーン　2000年代に入ると，観光産業振興フォーラムにおいて「新ウェルカムプラン」がとりまとめられ（2000年），2007年をめどに訪日外国人旅行者を800万人に増加させる目標が新たに掲げられ，2002年には，国土交通省により外国人旅行者の訪日を促進するために官民で取り組む「グローバル観光戦略」が策定された．同戦略のうち外国人旅行者訪日促進戦略には，ビジット・ジャパン・キャンペーン（VJC），ニーズに応じた旅行商品の開発・販売，査証取得の負担の軽減などが施策として組み込まれた．さらに，小泉純一郎首相の施政方針演説（2003年）において「2010年に訪日外国人旅行者を倍増して1,000万人にする」とする，目標の上方修正が発表され，観光およびインバウンドの振興が国の政策としてより鮮明に打ち出され，観光立国関係閣僚会議による「観光立国行動計画」決定（2003年），「観光立国推進基本法」施行（2007年），「観光立国推進基本計画」の閣議決定（2007年）へとつながった．2009年に観光庁によって発表された「アクションプラン」では，訪日外国人旅行者数を2010年までに1,000万人，2020年までに2,000万人を目標として，新興市場へのプロモーションの拡大，強化や「YOKOSO! JAPAN大使」の任命，活用などの具体的な施策が講じられた．

観光立国を推進していくための施策のなかで，外客誘致，海外宣伝に関連する主要な取り組みとして2003年から始まったのが前記のビジット・ジャパン・キャンペーンである．この事業は国，地方，民間が共同して取り組む，国をあげての戦略的キャンペーンで，重点市場を絞り込んだ誘致活動を実施するものである．

2013年には「日本再興戦略-JAPAN is BACK-」が閣議決定され，観光立国推進閣僚会議において「観光立国実現に向けたアクション・プログラム」がとりまとめられた．同年は，ビジット・ジャパン・キャンペーン事業の開始から10周年にあたり，訪日外国人旅行者数1,000万人を達成したが，「2020年オリンピック・パラリンピック東京大会」の決定を追い風に，日本ブランドの形成と発信（オールジャパンの体制，クールジャパンと一体となった日本ブランド発信など），ビザ要件の緩和などによる訪日旅行の促進（東南アジア諸国など），外国人旅行者の受入れの改善，国際会議（MICE）の誘致や投資の促進などさらなる訪日外国人旅行者数の増大に向けた諸施策が推進されている．

〔羽田耕治〕

文　献
田　誠　1940『國際観光事業論』（鉄道交通全書13）春秋社．
内閣総理大臣官房審議室・総理府・国土交通省・観光庁　1964〜2014『観光白書』

2.12 訪日外国人旅行者の受入れ促進関連施策

訪日外国人旅行者の受入れ組織の設立　開国後の日本における訪日外国人旅行（以下、インバウンド）受入れの歴史は、ホテルなど民間事業者による外客接遇にさかのぼる。日本で最初の外国人斡旋機関は、1893年に設立された「喜賓会（Welcome Society）」で、東京商工会議所内に事務所がおかれ、外客の斡旋や印刷物の配布などが行われた。1910年代になると、国際親善と外貨獲得を目的として国もインバウンド施策を積極的に推進するようになった。1912年には、鉄道院と民間との出資による「ジャパン・ツーリスト・ビューロー」、さらに1930年には鉄道院の外局として「国際観光局」、1931年には「国際観光協会」が設立され、国と半公的機関による外客誘致・斡旋の体制が整えられていった。

外客誘致・斡旋以外の受入れ面で、訪日外国人の受入れ環境の整備を積極的に推し進めるようになったのは、特に1930年代になってからで、「旅行斡旋機関の案内所」の増設（1930年）、ホテル整備への政府による低利資金融資（1931年）、国立公園の指定（1934年〜）などの諸施策が講じられた。

第二次世界大戦後のインバウンド受入れ施策　インバウンドの振興を中心とした観光事業の振興と国際観光の発展は、戦後の国土・経済復興を図るうえでもっとも重要な政策のひとつであった。特に戦後間もない時期には、1949年に外客接遇の向上を図ることを目的とする「通訳案内業法」が制定され、ガイドの国家試験、就業に関する免許などの制度が定められたのをはじめ、「国際観光事業の助成に関する法律」の制定（1949年）、外国人旅客用宿泊施設整備のための「国際観光ホテル整備法」の制定（1949年）、「出入国管理令」制定による入国手続きの簡素化（1951年）、「旅行あっ旋業法」の制定（1952年）など、インバウンド振興のための諸制度が整備されていった。

1950年代後半から1960年代前半は、太平洋線にジェット機が就航するなど国際航空交通網が発展し、また東京オリンピックの開催に向けて、外客受入れ体制について早期の拡充整備の必要性が高まり、その政策対応が急速に進められた。この時期の重要な計画には、「観光事業振興基本要綱」の閣議決定に基づき1956年に策定された観光事業審議会による「観光事業振興5カ年計画」がある。この計画では、観光地域・観光ルートの設定、資源の保護、交通施設の整備、対外宣伝活動の強化、接遇改善など、国内のハードおよびソフト整備が総合的に計画された。

「観光基本法」（1963年公布）では、観光そのものの振興や国内観光の発展が大きな目標として加わり、観光関連法律を総合化し、国際観光地や国際観光ルートの総合的形成を図るための施策を講ずべきことが示された。

グローバル化のなかでのインバウンド施策　1960年代に入ると、高度経済成長を背景に、国民の観光レジャーが大衆化し、海外渡航の自由化、新幹線や高速道路の建設、さらにはジャンボジェット機の就航など、大量・高速輸送機関の発達とともに、日本人の国内観光旅行と海外旅行が一般化していった。インバウンド施策としては、国土政策審議会により「国際観光地及び国際観光ルートの整備方針」が答申され（1965年）、国土規模の国際観光地および国際観光ルートが選定されたことがあげられる。政策的には、輸出競争力の向上により国際収支の黒字が増大したことで、外貨獲得手段としてのインバウンドの位置づけは相対的に低下し、国民の観光振興や海外旅行の促進に重点が移っていった。

1967年には国際連合による「国際観光年」の指定を受け、日本でも「国際観光年に関する基本方針」を決定し、外国人旅行者受入れ施策として、国際観光地および国際観光ルー

ト整備5カ年計画の推進などが講じられた．

1986年からは外国人旅行者が安心してひとり歩きできる環境づくりを進め，指定地域への外国人旅行者の来訪を促進することをねらいとした「国際観光モデル地区」が順次指定され，国や地方公共団体が協力して「i」案内所の整備，善意通訳（グッドウィルガイド）の普及に取り組む諸施策が推進された．

1990年代に入ると，日本人の海外旅行者数が急増する一方で，伸び悩む訪日外国人旅行者数との格差が課題となり，国の国際観光政策は海外旅行促進重視から，インバウンドとアウトバウンドのバランスのとれた発展を目指す基調へと変わり，ふたたびインバウンドの振興に力を入れるようになった．この時期には，運輸省によって国内観光の振興と外国人旅行者の受入れなど国際交流の促進を軸のひとつとした「90年代観光振興行動計画（TAP90's）」（1988年），日本人海外旅行の促進と外国人訪日旅行の促進の二つの柱を基本とする「観光交流拡大計画（Two Way Tourism 21）」（1991年），2005年までに訪日外国人数を700万人に倍増させることを目標にした「ウェルカムプラン21（訪日観光交流倍増計画）」（1995年）などが相次いで策定された．特に「ウェルカムプラン21」は，訪日外国人旅行者を倍増させることと，地方圏への誘客を目的としており，受入れ環境整備面では「ウェルカムカード」（地域の観光施設や交通機関などの料金割引システム）の開発や，「ジャパン・レール・パス」（JR 6社の割引パス）の割引率アップの設定などの計画が打ち出された．また1997年には同プランをバックアップする法律として，「外国人観光旅客の旅行の容易化等の促進による国際観光の振興に関する法律」（外客容易化法）が公布・施行され，外客来訪促進地域の設定と整備，外国人旅行者の国内旅行費用の低廉化などの施策が推進された．

インバウンド振興を中心とした「観光立国」の実現 2000年代に入ると，国土交通省が「グローバル観光戦略」を策定し（2002年），さらに小泉純一郎首相の施政方針演説（2003年）において「2010年に訪日外国人旅行者を倍増して1,000万人にする」との目標の上方修正が発表され，観光およびインバウンドの振興が国の重要政策として鮮明に打ち出された．「グローバル観光戦略」のなかのひとつである外国人旅行者受入れ戦略では，外国人旅行者への適切な情報提供や競争力のある「観光交流空間づくり」などの施策が組み込まれた．この方向性は，観光立国関係閣僚会議によって決定された「観光立国行動計画」（2003年）において国家戦略として具体的に描かれ，2007年には観光基本法を全面的に改正した「観光立国推進基本法」の施行，「観光立国推進基本計画」の閣議決定へとつながり，2009年には観光庁によって「アクションプラン」が発表された．

受入れ環境の整備面では，2006年に通訳案内業法（2005年に「通訳案内士法」に名称変更）に規定される「通訳案内業」が免許制から「通訳案内士」としての登録制に変更されるとともに，一つの都道府県の範囲に業務を限った「地域限定通訳案内士」制度が創設された．

2013年には，閣議決定された「日本再興戦略-JAPAN is BACK-」において，「2030年の訪日外国人旅行者数3,000万人」が新たな目標に掲げられた．同年には，当面の目標であった訪日外国人旅行者数が1,000万人を超え，さらに「2020年オリンピック・パラリンピック東京大会」の開催決定を受け，観光庁では「観光立国実現に向けたアクション・プログラム」を作成するなど，外国人旅行者の増大にともなって，多言語表示の啓発などさまざまな受入れ施策を推進している．　（羽田耕治）

文献
田　誠 1940『國際観光事業論』（鉄道交通全書13）春秋社．
内閣総理大臣官房審議室・総理府・国土交通省・観光庁 1964〜2014『観光白書』

2.13 国際観光に関する統計施策

日本の国際観光統計 観光統計は観光政策の立案や観光マーケティングに欠かせないものであり,「観光立国推進基本法」(2006年制定)第25条には「国は,観光立国の実現に関する施策の策定及び実施に資するため,観光旅行に係る消費の状況に関する統計,観光旅行者の宿泊の状況に関する統計その他の観光に関する統計の整備に必要な施策を講ずるものとする」と規定されている.

日本の観光統計は主として観光庁が行っているが,他の主体が行っているものもある.現在整備されている日本の観光統計のうち国際観光が含まれるものは以下の通りである.

①出入国者数

ⅰ)訪日外国人旅行者数　国籍別・目的別訪日外国人旅行者数,出国日本人旅行者数などの統計を日本政府観光局(JNTO)が集計・分析.法務省が国籍に基づき集計する外国人正規入国者数から日本に居住する外国人を除き,これに外国人一時上陸客などを加えた数を訪日外国人旅行者数としている.世界観光機関(UNWTO)が定義する旅行客(visitor,生活圏以外の場所に連続して1年を超えない期間,レジャーやビジネス,その他の目的で旅行し滞在する旅行者)に相当する.毎月JNTOホームページ(HP)で公表.JNTOはほかに,訪日外国人旅行者の動向,出国日本人旅行者の動向,国際観光の動向の1年分を掲載・分析した「JNTO日本の国際観光統計」を毎年発行している.

ⅱ)日本人海外旅行者数　毎月,法務省入国管理局HPで公表.

②訪日外国人旅行者の動向に関する調査

ⅰ)訪日外国人消費動向調査　訪日外国人旅行者の消費額,訪日目的,宿泊地,訪日旅行の満足度などについての調査,分析.日本国内の主要空海港での出国外国人旅行者に対する面接調査に基づく.観光庁が実施.四半期ごとに観光庁HPで公表.

ⅱ)宿泊旅行統計調査　日本の宿泊施設における宿泊者数(外国人宿泊者数を含む)の集計.対象施設からの自計申告方式(調査対象者自身に調査票に記入してもらう調査方法)による郵送調査に基づく.観光庁が実施.四半期ごとに観光庁HPで公表.

ⅲ)都道府県観光入り込み客統計　都道府県ごとの観光地点入り込み客数と観光消費額.日本人および訪日外国人が対象.「観光入込客統計に関する共通基準」に基づき各都道府県が実施した調査結果を観光庁がまとめ,全国集計したもの.2009年に観光庁が「共通基準」を策定し,2010年から各都道府県(未導入の大阪府を除く)がこの「共通基準」に則った調査を実施している.都道府県の観光入り込み客に関する統計はこれまで,都道府県ごとに異なる手法で集計・推計されていたため,全国規模での比較を行うことが困難だった.四半期ごとに観光庁HPで公表.

③日本人旅行者の動向に関する調査

旅行・観光消費動向調査　日本人の国内・海外旅行の消費内訳,回数,時期など.無作為に抽出した日本国民に対する,自計申告方式による郵送調査に基づく.観光庁が実施.四半期ごとに観光庁HPで公表.

④観光地域経済調査　各観光地域における観光産業の規模(事業所数,売上に占める観光の割合,従業者数など)や,農林水産業,食品加工業などの産業から観光産業にどれだけの財・サービスが提供されているかといった観光産業の構造がわかる.2012年度に観光庁がはじめて実施.観光庁HPで公表.

⑤輸送・旅行に関する国際収支　財務大臣の委任を受けて日本銀行が集計,推計を行っている「国際収支統計」で輸送,旅行に関する国際収支の状況がわかる.毎月,四半期ごとに財務省HPと日本銀行HPで公表.

⑥旅行業者取扱額　主要旅行業者の取扱

額(海外旅行,外国人旅行,国内旅行別)がわかる.観光庁が実施.毎月,観光庁HPで公表.

⑦航空輸送統計調査　国内定期航空路線別輸送実績や国際航空方面別輸送実績などがわかる.国土交通省が実施.毎月,国土交通省HPで公表.

⑧都道府県が公表する観光関係統計　各都道府県が観光地の入り込み客や観光消費額などに関する統計を公表している.上記②iii)を参照.

統計法　統計法はその目的を「公的統計の作成及び提供に関し基本となる事項を定めることにより,公的統計の体系的かつ効率的な整備及びその有用性の確保を図り,もって国民経済の健全な発展及び国民生活の向上に寄与すること」(第1条)としている.同法は,国や地方公共団体,独立行政法人などが作成する統計を「公的統計」としている.同法はまた,統計作成のために行う「統計調査」を,①国勢統計や国民経済統計などの「基幹統計」作成のために国が行う「基幹統計調査」,②国が行う「一般統計調査」(「基幹統計調査」以外の統計調査),③地方公共団体や独立行政法人などが行う統計調査に分類している.上述の「訪日外国人消費動向調査」「宿泊旅行統計調査」「旅行・観光消費動向調査」「観光地域経済調査」「航空輸送統計調査」は「一般統計調査」である.

旅行・観光サテライト勘定　旅行・観光サテライト勘定(TSA:Tourism Satellite Account)は,旅行・観光産業がもたらす経済効果や雇用効果などを推計するための国際基準であり,UNWTOが2008年に示したものである.旅行・観光産業全体は裾野の広い産業であり,個々の産業に関する統計だけでは全貌を把握することは難しい.TSAは需要側と供給側の統計を統合し,分析できるようにした国際基準の統計手法であり,これにより旅行・観光の経済効果などの国際間比較が正確に行えるようになった.日本は2009年からTSAを作成し,公表している.TSAは国際的に導入が進みつつあり,日本を含む75カ国で導入されている.

観光庁は「旅行・観光消費動向調査」(上記③)で得た結果と「国民経済計算」(内閣府)や「国際収支統計」(財務省,日本銀行)などを用いてTSAを作成しており,TSAを用いた産業連関分析により,旅行・観光消費がもたらす経済波及効果を推計し,公表している.これによれば2015年の国内における旅行・観光消費額は25.5兆円(日本人国内旅行が20.9兆円,日本人海外旅行の国内消費分が1.3兆円,訪日外国人旅行が3.3兆円)で,生産波及効果は52.1兆円,付加価値誘発効果は25.8兆円,雇用誘発効果は440万人である.

観光統計整備に向けた取り組みの経緯　観光統計整備のため,国は2005年に「観光統計の整備に関する検討懇談会」を設置し,「懇談会」が同年に「我が国の観光統計の整備に関する提言」をまとめた.この提言で観光統計の体系化の必要性,地域経済への影響が大きい宿泊に関する統計の必要性,統一的な手法による地域間比較可能な観光統計の必要性,外国人観光消費額調査の必要性,外国人旅行者の実態・意向把握の必要性が指摘された.提言に基づき観光統計が改善・整備され,2010年に「懇談会」がとりまとめた報告書では,日本の観光統計は2005年の状況から大きく改善され,観光研究,観光行政,観光事業の実施や科学的評価を行う基盤が整いつつあると述べられている.

〔田中一郎〕

文　献
観光庁(www.mlit.go.jp/kankocho/)(2018年3月4日閲覧)
国土交通省(www.mlit.go.jp/)(2018年3月4日閲覧)
法務省(www.immi-moj.go.jp/)(2018年3月4日閲覧)
財務省(www.mof.go.jp/)(2018年3月4日閲覧)
e-Gov(イーガブ)(elaws.e-gov.go.jp/)(2018年3月4日閲覧)

2.14
国内観光に関する統計施策

統計整備の必要性と経緯 観光統計は，効果的な観光事業を立案し実施する際に，また，実施した事業の効果を測定する際の基礎的資料として用いられる．どこに，どんな人が，どれくらい来ているか，何の目的で訪れ，そこで何をし，どれくらい消費しているか，また訪れたいかなどの観光客の実態についての定量的なデータを把握し分析することにより，ターゲットの設定，観光資源の整備，観光ルートの開発，旅行商品造成などの観光施策をより効果的に実施することが可能となる．また，これらのデータは，観光振興を図ることにより，地域にどれだけの経済的効果や文化的効果があるのかを把握するうえでも必要となる．

観光統計は，これまで国や都道府県，市町村など統計をとる主体により，その手法がまちまちであったこと，統計データが公表される時期が遅かったことなどの課題があった．特に都道府県の観光入り込み客統計手法の統一化については，国や日本観光振興協会などにより，1960年代半ばよりその必要性が叫ばれ，統一手法の普及が図られてきたが，2006年12月に制定された「観光立国推進基本法」に観光統計整備の条文が盛り込まれたことにより，「宿泊旅行統計調査」の実施や「観光入込客統計に関する共通基準」の策定など観光庁による本格的な整備が行われることとなった．

統計の種類 現在行われている国内観光統計としては，観光客を受け入れる施設や事業者側（以下，供給側）に実施するものと，観光した，あるいは，これから観光しようとする観光客（以下，需要側）に実施するものに分けられる．

観光庁により主要な観光統計がとりまとめられている．

[供給側]・宿泊旅行統計調査*
・観光地域経済調査*
・主要旅行業者の取扱状況
[需要側]・旅行・観光消費動向調査*
・訪日外国人消費動向調査*

また，都道府県観光入り込み客統計は，都道府県において，観光庁が定めた「観光入込客統計に関する共通基準」に基づき，宿泊旅行統計調査の結果を用いながらまとめられ，観光庁にて集約し公表されている．本調査は供給側の調査と需要側の調査結果をあわせて，全体の入り込み客数を推計している調査となる．

なお，インバウンド施策の主要データとなる「訪日外国人旅行者数」については，日本政府観光局（JNTO）にて，「日本人海外旅行者数」については，法務省統計局にてとりまとめられている．

主要な観光統計の内容を以下にまとめる．

宿泊旅行統計調査 2006年4月より統計法に基づく一般統計調査として実施されている．客室数，日本人・外国人別の宿泊者数，宿泊者居住地（外国人の場合は国籍）を調査している．調査時期は一月ごとで，1カ月後に一次速報値を，2カ月後に二次速報値を公表する．年次値は，2月末に速報値，次年度6月末に確報値を公表している．全国のホテル，旅館，簡易宿所，保養所など約12,000施設を調査対象に，郵送にて調査票を配布・回収する方法で行っている．

延べ宿泊者数の推移，月別の稼働率の推移，都道府県別の宿泊者数，都道府県別外国人延べ宿泊者数構成比，前年比などのデータが公表されており，国内宿泊旅行の実態の時系列変化，都道府県別比較などを把握・分析できるデータとなっている．

旅行・観光消費動向調査 2003年度より統計法に基づく一般統計調査として実施されている．世界観光機関（UNWTO）にて導入が進められている観光経済を把握するための国際基準である旅行・観光サテライト勘定（TSA：Tourism Satellite Account）をふま

えた調査である．過去3カ月の旅行の有無，旅行に行った回数・時期（国内観光（宿泊旅行，日帰り旅行，出張・業務），海外旅行），消費内訳などを調査している．調査時期は四半期ごと（4, 7, 10, 1月）で，2カ月後に速報値を公表し，年次の確報値を翌年4月末に公表している．住民基本台帳から無作為抽出した日本国民約25,000人対象に，郵送にて調査票を配布・回収する方法で行っている．

日本人の国内旅行消費額や国内延べ旅行者数，一人1回あたりの旅行単価，国民観光消費対名目GDP比国際比較などのデータが公表されるとともに，それに基づき経済波及効果が推計されており，日本の観光による消費実態や観光が経済にもたらす効果などを把握・分析できるデータとなっている．

訪日外国人消費動向調査 2010年4月より統計法に基づく一般統計調査として実施されている．それまで日本政府観光局（JNTO）により行われていた「訪日外客訪問地調査」を継承・拡充し実施されている．国籍，入国場所，訪日回数，同行者，訪問目的，日本滞在中の支出，利用金融機関，満足度，再来意向などを調査している．調査時期は四半期ごと（1～3月，4～6月，7～9月，10～12月）で，調査実施時期の翌月末に速報値を，年度末に年次の確報値を公表している．18の空海港にて日本を出国する訪日外国人を対象として，四半期ごとに総数9,710サンプルを目標に，調査員による聞き取りにて調査を実施している．

訪日外国人の国籍別旅行消費額，日本への来訪目的，旅行内容，国籍別各品目購入率・購入単価，一人1回あたりの旅行消費単価などのデータが公表されており，現在増加傾向にある訪日外国人について国籍・地域別にその実態が把握できるデータとなっている．

観光地域経済調査 2012年9月より実施している．総務省が5年ごとに全産業を対象に実施する「経済センサス」調査と連動した調査である．904地域，約90,000の観光に関連する事業所の過去1年間の経営について，売上（収入）金額および費用，主な事業の売上（収入）金額の観光割合や，月別内訳，年間営業費用の項目別内訳および支払先地域別割合，事業の実施状況などを調査している．事業所の金銭の動きから，観光産業の規模や地域への経済効果を明らかにするもので，地域経済における観光の重要性や観光産業の位置づけ，観光客の増減による地域経済への影響などを把握・分析できるデータとなる．

都道府県観光入込客統計 都道府県間で比較可能なデータとして，2009年に観光庁が共通基準を策定し，2010年4月より都道府県が導入を開始した（2013年4月現在，46都道府県が導入）．都道府県が調査を実施し，観光庁が全国集計を行っている．都道府県において観光地点および行祭事・イベントに訪れた人数の調査と観光客を対象にした平均訪問地点数や平均消費額単価などの調査を実施し，宿泊観光入り込み客数，日帰り観光客入り込み客数，観光消費単価などを推計する．そのデータは，観光庁，都道府県，市町村で共有され，年間および四半期ごとの観光入り込み客数，観光消費額などが観光庁より公表されている．観光入り込み客数か観光消費額に及ぼす影響の把握，他との比較による競争優位な層の把握，観光産業の規模観の相対的な把握などに活用可能なデータとなっている．

今後の観光統計施策 国内の観光統計は，観光立国推進政策とともに，データの客観性や速報性の確保など整備，充実が図られてきた．現在，更なる整備，充実を図るべく，調査実施から公表までの期間を短縮するなどの速報性への取り組みや，地域の観光施策立案や事業実施における調査結果のより効果的な活用方法の確立や普及などが進められている．

〔安本達式〕

注
* 統計法に基づく一般統計調査．

文　献
観光庁「統計情報」
観光庁 2013「観光統計の概要と利活用について」

2.15 ビジット・ジャパン・キャンペーン

ビジット・ジャパン・キャンペーン（VJC）とは，2003年度に始まった官民合同，オールジャパンによる戦略的対外観光宣伝活動に付された名称である．

背景 1970年代から1980年代にかけて，日本は安定した経済成長と好調な輸出に支えられて，観光で外貨を稼ぐ必要がなくなった．円高の進行によって訪日旅行は高価に，海外旅行は安価になる一方だった．1987年には他国にほとんど例をみない自国民の海外旅行促進施策（テン・ミリオン計画）を開始し，国際協力の名のもとに観光外貨支出を奨励したほどであった．日本人海外旅行者数は訪日外客数の3倍を超え，1995年以降両者の実数差が長らく1,000万人を超えていた．

1990年代初頭にバブル経済が崩壊して長期にわたる経済の低迷が続き，さまざまな経済政策が展開されるなかで，経済活性化手段のひとつとして，はじめて国家レベルによる観光振興策が取り上げられた．2002年2月の第154回国会の施政方針演説において，小泉純一郎首相が訪日外客の倍増とこれを通じた地域活性化の重要性を強調した．同年3月から関係省庁が共通認識のもとで観光施策の連携，推進を図るために，副大臣会議を開催して提言をとりまとめ，小泉内閣による経済活性化戦略のひとつとして，2002年12月「グローバル観光戦略」が策定された．

グローバル観光戦略のなかで グローバル観光戦略は四つの柱で構成されていた．第一が「外国人旅行者訪日促進戦略」で，対外観光宣伝強化のためのVJCがその中核であった．第二が「外国人旅行者受入戦略」で国内の外客受入れ接遇体制の整備と改善の施策，第三が「観光産業高度化戦略」と命名され，関連産業の強化と連携強化の施策が打ち出された．第四の「推進戦略」はグローバル観光戦略の実効ある推進を確保するために，関係省庁，官と民，中央と地方の協力体制を整えることを目的とするものであった．

これらを具体化するために，有識者による「観光立国懇談会」を設置して施策の方向をとりまとめ，関係省庁連絡会議などを経て，2003年7月，各省庁による243もの施策を含む「観光立国行動計画」が策定された．

VJCは包括的な新戦略のかなめで，「2010年までに来訪外客1,000万人」の目標を与えられ，「ようこそジャパン」のロゴとキャッチフレーズをもってスタートした．2003年度に韓国，台湾，米国，中国，香港の5カ国を重点市場として取り組みを開始し，2004年度に英国，ドイツ，フランスの欧州3カ国を追加，2005年度には潜在度の高いオーストラリア，カナダ，シンガポール，タイの4カ国が加えられ，計12カ国・地域の主要市場を対象に2010年の目標年まで活動を続けてきた．

この間政府は2006年に「観光立国推進基本法」を制定し，同法に基づいて2007年6月に「観光立国推進基本計画」を作成，2008年には「観光庁」を設置して観光立国実現のための推進体制を強化した．2010年の目標1,000万人には到達できなかったが，同年から「ビジット・ジャパン事業」と名称を改め，重点地域も20カ国・地域に増やし，訪日旅行促進事業を継続している．

VJCの実施体制 国土交通大臣を実施本部長，国際観光振興機構（JNTO）理事長を副本部長とし，関係省庁，地方公共団体，観光関連業界，企業のトップなどからなる実施本部が設けられた．その戦略策定と指導のもとに，海外ではJNTOを核として，在外公館，民間の海外事務所・支店などが一体となってキャンペーンを実施する体制が作られた．キャンペーン予算は2003年度に20億円が付与され以後毎年35億円程度が投入された．

VJCの実際 VJCは名前の通りキャンペーンである．各重点市場に向けて従来から実施

されてきたさまざまな外客誘致活動を質，量ともに拡大して展開した．潜在消費者は外国にいるのだから，海外におけるキャンペーンが主体で，本国での活動は海外での宣伝活動を後方支援するという関係にある．海外観光宣伝の方法と内容は，市場の特性によって差はあるものの，長きにわたる政府観光局（NTO）などの経験と理論化によって，ほぼ世界共通のやり方で行われている．大別すれば，第一に消費者を対象とする活動である．効果効率を考えれば，マスコミなどメディアを経由して日本の観光魅力を説得的に情報提供する作業が中心であるが，範囲は狭くても催物などさまざまな機会を通じて直接潜在消費者に働きかける活動も行われる．メディア経由の宣伝は，市場国のメディア事情に通じた海外事務所がメディアを選定し，受け入れる本部は，効果的な広報結果を得るために関連業者や地方自治体と協力して取材を支援する．

第二は旅行商品の生産者である外国のアウトバウンド旅行業者へのアプローチである．国際観光は，旅行業者による商品化が高度に進んでいて，旅行業者向けの宣伝活動は，JNTOの在外事務所による日常のコンタクトによって常時日本の旅行情報を提供し，新規の商品づくりと既存商品の魅力アップを働きかける活動を行っている．旅行業者を視察旅行に招請することも重要施策のひとつである．今日では，モノ商品の見本市のように，国際観光においてもバイヤー（アウトバウンド旅行業者）とセラー（宿泊・交通・インバウンド旅行業など）が一堂に会して商談を行う旅行見本市（トラベル・マート）が主要市場国や国際機関によって毎年開催されている．この種のマートへの出展参加は国単位が普通で，地方や個別企業は自国のNTOの確保するブースで展示や商談参加を行う．

VJCの結果と評価　VJCの実施主体は日本政府観光局（JNTO）である．JNTOは1964年に特殊法人国際観光振興会として発足し，2003年に独立行政法人国際観光振興機構へと組織変更を経て今日に至っている．半世紀以上，海外観光宣伝の実績を積み，データとノウハウを蓄積している．

VJCの実施体制は年度が進むにつれて改善を加えられつつ展開してきた．キャンペーンは一過性で強く市場を刺激する効果はあるが，結果はすぐに現れるものではなく，事後の日常的フォローアップが不可欠である．海外宣伝事務所の事業は積極的に市場に働きかける誘致機能とともに，いつでも消費者や旅行業者を支援するサービス機能が支えになっている．来訪外客数は外的条件に左右されることが多く，VJCが始まった2003年以降も長らく訪日外客数は一進一退であった．2007年にはじめて800万人の大台を超えた（835万人）が，目標年2010年の訪日外客も836万人にとどまっていた．

インバウンド観光客は，宿泊業界にとって長らく好ましい客とはみなされなかった．円高の日本で外客は国内客より手間と気遣いを要するうえに単価が安く，オフシーズンを埋める客としか意識されなかったのである．しかし，経済の低迷と国内観光の頭打ちのなかで，業界や地方にインバウンド観光への関心が高まってきた折から，経済伸長が著しいアジア諸国からの外客が急増を始め，2013年には1,000万人の大台を超えた（1,036万人）．2016年には訪日客が2,400万人，2017年は2,800万人にも達し，日本中が来訪外客によって潤う実感が得られるようになった．

VJCは一過性の性格の強い「キャンペーン」の語をはずして「ビジット・ジャパン事業」へと名称を変更し，長期展望のもとに外客誘致の強化施策が続いている．JNTOの組織と予算が強化され，新観光立国推進基本計画（2017年）では2020年の外客誘致目標を4,000万人へと拡大している． 　　（石井昭夫）

文　献
国土交通省観光庁編『観光白書』各年版．
日本政府観光局（JNTO）編『JNTO国際観光白書』各年版．

2.16 旅行需要喚起のための施策

日本の観光施策の変化　日本における観光政策，観光行政は，国内観光と国際観光とがそれぞれ異なる力点で進められてきた．それらがまとめられたのは，観光基本法が制定された1963年にさかのぼる．

観光基本法では，外国人観光客の来訪の促進および接遇の向上，国際観光地および国際観光ルートの総合的形成，観光資源の保護，旅行の安全の確保および旅行者の利便増進，家族旅行など健全な国民大衆の旅行の容易化，一つの観光地への過度な集中の緩和，開発されていない地域の観光開発，観光資源の保護・育成および開発，観光地における美観風致の維持が盛り込まれた．

国内観光において国は，旅行業や宿泊業，運輸業への指導監督をする立場であり，地域においては地方公共団体が，国の施策に準じて施策を講ずるとされてきた．

一方，国際観光にはインバウンドとアウトバウンドがあるが，双方向のツーウェイツーリズムが叫ばれるようになったのは，観光交流拡大計画が提唱された1991年以降のことである．それまでは，外客誘致と国民の海外旅行促進は二元論的に行われた．

2007年，観光立国推進基本法が施行され，2008年，観光庁が設置されたことで，国内観光と国際観光，インバウンドとアウトバウンドの需要喚起施策にも変化が訪れた．

また，観光関連機関や地方公共団体では組織改編が進められ，観光予算の配分変更や権限移譲などが進められた．観光関連予算は，国土交通省・観光庁以外でも各省庁において概算要求が行われ，その額も増加傾向にある．

地方における観光行政は，これまで商工や労働と一括りにあったが，組織を改編して地域経済全般への効果を図る傾向が顕著になっている．観光は文化やスポーツ，教育，農水畜産業，製造業，国際貿易などと親和性が高いことが背景にある．

第二次世界大戦後の施策　戦後，日本では，外貨獲得を目的とした外客誘致のための観光施策が主であった．観光基本法制定の翌年，1964年東京五輪の開催で，東海道新幹線の開通や高速道路などのインフラ整備，海外旅行自由化がなされたのを契機に，国民の旅行の大衆化が進んだ（昭和の大旅行時代）．ときは経済の高度成長期にあり，国民の旅行需要を満たすための施策が，主に国内旅行と海外旅行において進められた．

国内旅行においては，バブル経済のただ中の1987年，総合保養地域整備法（リゾート法）を制定するなど余暇活動増進が主体に，また海外旅行においてはプラザ合意（1985年）を機に，主に団体旅行に向けた施策がとられた．

代表例としては1987年，当時の運輸省が提唱した海外旅行倍増計画（テン・ミリオン計画）がある．日本人海外旅行者数が552万人（1986年）だったものを，5年以内に1,000万人にするとして，海外旅行促進キャンペーンなどを実施した．海外旅行における日本人観光客の受入れ環境の改善，海外旅行促進の環境整備や航空輸送の整備，外航客船旅行の促進などが盛り込まれた．その結果，1年早い1990年に1,099万人を達成し，以降，1997年頃まで，海外旅行ブームが続いた．

平成以降の変遷と観光庁の施策　バブル経済崩壊後は，海外旅行の廉売傾向が強まり，国内旅行の空洞化がみられるようになった．さらに団体旅行が縮小，個人旅行への移行が進み，インターネットの台頭で予約形態にも変化が生じた．

そうした時代背景のなか，旧来の観光基本法が全面改正され，新たに観光立国推進基本法が2007年に施行された．政府は，観光立国の推進に関する施策の総合的かつ計画的な推進を図るため，観光立国推進基本計画を定

めた．その基本的施策として，国際競争力の高い魅力ある観光地の形成，観光産業の国際競争力の強化および観光の振興に寄与する人材の育成，国際観光の振興，観光旅行の促進のための環境の整備に必要な施策を講ずることをうたった．

さらに 2012 年，観光立国推進基本法の規定に基づいた観光立国推進基本計画（5 カ年）が閣議決定された．観光庁が主導的役割を果たす主な施策は，①国内外から選好される魅力ある観光地域づくり（観光地域のブランド化，複数地域間の広域連携など），②オールジャパンによる訪日プロモーションの実施，③国際会議など MICE 分野の国際競争力強化，④休暇改革の推進の 4 項目である．

これまで，訪日旅行促進事業（ビジット・ジャパン事業）や MICE の開催・誘致にかかる事業，世界観光機関（UNWTO）をはじめ国際機関などへの協力を通じた国際観光の促進，二国間の観光交流の取り組み，通訳案内士制度や訪日外国人旅行者の受入れ環境の整備などの施策を実施した．

2013 年 6 月閣議決定した「日本再興戦略-JAPAN is BACK-」に，訪日外客 2030 年 3,000 万人など，観光分野に高い数値目標が掲げられ，「観光立国実現に向けたアクション・プログラム」が策定された．そこで観光庁，経済産業省，国際観光振興機構（日本政府観光局，JNTO），日本貿易振興機構（JETRO）の四者による共同行動計画が発表され，具体案が示された．

ちなみにこのプログラムは，2020 年東京オリンピック・パラリンピック（以下，五輪）の開催決定をふまえ，2014 年に内容が更新された．五輪を見据えた観光振興，ビザ要件の緩和などインバウンドの飛躍的拡大に向けた取り組み，MICE の誘致・開催の促進など，なかには，ムスリムおもてなしプロジェクトの実施や外国人旅行者向け消費税免税制度の改正（ショッピングツーリズム），「クルーズ 100 万人時代」実現のための受入れ環境の改善，IR（統合型リゾート）についての検討といった項目も盛り込まれた．

観光関連機関の施策と連携　アウトバウンド施策は，主に日本旅行業協会（JATA）が担い，ビジット・ワールド・キャンペーン（2008～2010 年）などの施策を行ってきた．近年では，2020 年度までに双方向交流 6,000 万人（海外旅行 2,000 万人，訪日旅行 4,000 万人）の目標を掲げ，需要喚起を行っている．

インバウンド施策は JNTO がつかさどる．海外における日本の観光広報宣伝事業や観光案内所の設置，MICE 誘致など，外客誘致促進を専門に行う機関で，政府が推し進めるビジット・ジャパン事業の中核をなす．

国内旅行の需要喚起施策では，日本観光振興協会がその役割を担う．観光振興における活動を支援促進するために，産業観光など新たな観光需要の創造にかかる事業や，休暇促進事業を行ってきた．

これら機関は，観光庁や他機関，観光関連企業などと連携しながら，旅行需要の喚起に努めている．世界最大級の観光博覧会「ツーリズム EXPO ジャパン」が好例である．かつての旅フェア（日本観光振興協会）と JATA 旅博を統合させ，JNTO を含む 3 つの機関が主催して，2014 年から東京ビッグサイト（東京・有明）などを会場に，展示会や商談会，各種セミナーが行われている．2018 年は過去最多の 20 万 7,352 人が来場した．

〔千葉千枝子〕

文　献
長谷政弘編著 1999『観光学辞典』同文館．

2.17 観光と休暇政策

議員提出法案である旧観光基本法においては，休暇問題は同法の対象外として取り扱われていた．いわゆる55年体制時代，休暇問題は労働問題と表裏一体と考えられていた．したがって自民党と社会党の妥協の結果，休暇問題は旧観光基本法の対象外とされた．

成熟した現在の日本において「観光」の位置づけが大きく変化し，観光のもつ社会的・経済的重要性の認識が強まってきたことから，関係者の強力なリーダーシップのもと，観光立国推進基本法が制定された．その観光を振興する政策の過程で，日本人の働き方の裏返しである「休み方」に国民の関心が集まり，連続休暇取得促進の観点から，2003年に超党派で「祝日三連休化法」が制定された．この大きな政策動向のなかで成人の日，海の日，敬老の日および体育の日は月曜日（ハッピーマンデー）に移行することとなり，今日の観光の発展に大きく寄与してきた．

南北に細長い日本で全国一斉に大型連休を設けるのは気候的に考えれば無理がある．ドイツとは異なり横並び意識の強い日本社会では，ローカル休日は簡単に採用されない．中国語圏旅行客の増加による春節などの休暇習慣の日本への影響も増大させており，一国の休暇制度だけでは対応できなくなっている．

休日数の増加は，リゾート整備とともに内需拡大の総合政策として1980年代の中曽根内閣時代に実施され，国際的には遜色がない．むしろ日本の勤労者の労働時間は米国より少なくなっている．休日の増加は大学の授業数の確保にも影響を及ぼした．年金受給者らにとっては，強制力のある休日の増加の必要性は低下しており，休日のとり方に論議が移行している．

関係団体が取り組んだ秋休みキャンペーンは，児童の教育水準の確保との調整が課題となった．学校休暇（学校休業日）制度は，学校教育法施行令などに定められており，市町村ごと，場合によっては各学校の考えでも自由に休日を設定できるようになっているが，現実にはローカル休日とはなっていない．

供給サイドから休暇の取得増進と有給休暇取得率の向上などのさまざまな提案がなされてきたが，オフピーク通勤，フレックスタイムと同じ構造がそこにはある．時間の使い方を供給サイドから変えようとしても限界があろう．

休日や休暇は，日本人の仕事の仕方，教育の仕方，保育の仕方などを，つまり生活の仕方を考えなければ議論が進まない．休日は生活の仕方，つまり文化問題であり，休息日は旅行をも戒める宗教もある．避暑の概念は日本社会にはなかった．暑い夏は八十八の手間がかかるといわれた稲作にとってもっとも忙しい時期であった．太陽を求めて夏に移動する北欧人の生活リズムとは違っていた．

退職者のウェイトが高くなった高齢化社会においては，休日に対する考え方も変化しつつある．日本はこれからさらなる高齢化社会に突入していく．この超高齢化社会においては，団塊の世代を中心に休日に対する認識が大きく変化していくものと考えられる．毎日が休日である退職者にとって，現役世代と同様に全国一斉に休日となる連続休暇制度は，さらなる制度的な工夫を講じる必要性が高まってきていると感じられるようになっている．また現役世代にとっても，有給休暇の積極的取得により，休日を加えた総合的な連続休暇の取得を促進する必要性が高まってきている．例えば海の日にあっても，ハッピーマンデーからもとの7月20日の固定日に戻したとしても，その前後に有給休暇を取得することにより国民の海事に関する理解を高め海事思想の普及と観光振興を同時に図ることが期待されるようになってきている．

〔寺前秀一〕

2.18 観光人材育成のための施策

国の観光人材育成施策 2006年12月に制定された観光立国推進基本法において,「観光の振興に寄与する人材の育成」は,観光立国の実現に向けて政府が総合的かつ計画的に講ずべき施策の4本の柱のひとつのなかに明確に位置づけられた.具体的には「①観光地及び観光産業の国際競争力の強化に資する高等教育の充実」「②観光事業に従事する者の知識及び能力の向上」「③地域の固有の文化,歴史などに関する知識の普及の促進」があげられ,それぞれの人材の育成のために必要な施策を講じるものとしている(第16条).

同法の規定に基づいてその翌年に策定された観光立国基本計画ではより具体的に,上記①に関しては「観光関係学会や観光関係高等教育機関の充実」と「インターンシップの活用」が,②については「観光マネジメントの強化」と「ボランティアガイドの育成」などが,③に関しては「学校における地域固有の文化,歴史等に関する教育の充実」「伝統文化の保存・活用」があげられ,それぞれの人材育成方針が示されている.

観光振興のために①,②の人材の育成は当然のこととして,③において国民をひろく観光振興に寄与する人材として位置づけることの重要性を明示している点は重要である.住民が自ら住む地域や自国に誇りと愛着をもてることは,活力ある地域社会の維持,発展に不可欠であり,そうした精神的土壌があってはじめて観光客が訪れてみたい魅力ある地域づくりが可能となるからである.

観光に関する高等教育 日本の観光人材の高等教育は,短期大学では1963年に東洋大学に,4年制大学では1967年に立教大学に,それぞれ観光学科が設置されて以来のことであり,特に2000年前後からは観光関連学部・学科の設立が相次いでいる.それらの学科の学問的スタンスは多彩で,観光学を総合的に学ぶ観光学系,観光の文化的側面を重視する観光文化系,主にビジネスとしての側面から観光を学ぶ観光経営系,グローバルな視点から観光の役割や効果などについて学ぶ国際系,地域振興や活性化の視点から観光を学ぶ地域・政策系の学科に加え,環境ツーリズム学科やウェルネスツーリズム学科など,観光の特色ある領域に焦点を当てたものがある.そのため,これまで日本では観光に関してさまざまな学問的背景を有する人材を輩出してきたものの,学ぶ視点の多様性のために,観光に関する教育内容の充実のための共通理解が進みにくいという性格を有している.

そのため観光庁では,2009年度より,「観光教育に関する学長・学部長等会議」を開催し,大学と観光関係団体,関係省庁などの情報交換と問題意識の共有,関係者間の連携強化を図っているほか,2013年度からは「地方大学における産学官連携人材育成事業」として,地域経済にとって中核的な役割を担う旅館,ホテルの次世代の経営者を育成するために,地域の大学,自治体との連携によって推進する育成プログラムを展開している.

観光産業従事者の育成 観光に関連する産業は,宿泊業,旅行業をはじめ,旅客運送業,飲食業,土産品業,集客施設など多様で,それぞれのなかでも実際の接遇従事者からトップマネジメントまで,役割分担が多岐にわたるため,それぞれの役割に応じた能力の向上が求められている.観光庁が推進している「観光経営マネジメント人材育成」のための施策は,当然のことながら産官学の連携,協力を強く意識した取り組みとなっており,そのための教育内容の充実に向けたカリキュラムの検討や,産学共同研究成果を活用して経営マネジメント人材育成に向けたケース教材を作成しているほか,より教育効果の高いインターンシップの実施に向けた検討などを行っている.接遇従事者に関しては,旅行業にお

ける「トラベルカウンセラー制度」やホテル業における「ホテルビジネス実務検定」などの人材育成・技能認定制度が導入されている．

観光地域づくり人材の育成　観光庁は，地域が自立的かつ持続可能な人材育成への取り組みを促進することを目的として，2011年度より，観光地域づくり人材を育成するためのガイドラインを検討してきた．そこでは，それぞれの地域の人材育成に関する情報を共有・交換できる仕組みを作り，実際の人材育成は地域の自主的な取り組みを促すことにより推進することが効果的との判断に基づいて，2014年度に観光地域づくり人材を育成するための「実践ハンドブック」を作成した．

そのなかでは，観光地域づくりの中核となる人材に求められる能力として，3系統の能力があげられている．まず必須とされるのが「リーダーシップ系統の能力」で，観光地域づくりに取り組む志をもち，関係者との認識共有と合意形成をするためのスキルである．加えて「マネジメント系統の能力」「マーケティング系統の能力」も重要となる．こうした能力をもつ人材を育成するために，観光地域づくりに関心のある人材を育成・拡大する第一段階から，観光地域づくりの中核となる人材を育成する第二段階，そして広域（複数の市町村）の観光地域づくりの中核となる人材を育成する第三段階へと，観光地域づくりの中核となる人材育成のプロセスを整理し，それぞれの段階にふさわしい研修方法やプログラム内容などについて紹介している．

訪日外国人旅行者への接遇向上　訪日外国人の受入れに関わる人材については，まず，報酬を受けて外国人に付き添い，外国語で案内するために必要な「通訳案内士」の国家資格がある．通訳案内業者は，外国語による説明を行うときに自身が内容を構成するために，本人の意思や考えが反映されうるという点で，言葉の翻訳によって会話の仲介を行うことが原則の「通訳」との大きな違いである．そのため，外国語能力に加え，日本の地理，歴史，産業，経済，政治，文化についての一般常識が必要とされる．また，通訳案内業者は，基本的な業務としての案内，説明に加え，旅程管理や滞在中の世話一般に関わる業務をこなす必要があるため，実務の場で起こりうる不測事態に対する臨機応変な処置や客の求めを察知する柔軟性のある対応が求められる．そのため，通訳案内士の資格試験はかなり難易度が高く，2006年より，都道府県の範囲内でのみ通訳案内を行える「地域限定通訳案内士」の資格制度が導入されている．また，通訳案内士が人数的に限られていることから，「観光ボランティアガイド」の育成も重要であり，日本観光振興協会によって研修や情報交換の場の提供などによる育成支援がなされている．

将来の観光を担う世代の育成　本項の冒頭において，観光人材育成施策として国民をひろく観光振興に寄与する人材として位置づけることの重要性を指摘した．特にこれからの観光の担い手となる，感受性豊かな児童，生徒たちに対して，旅をする心を育み，観光の意義の理解を増進することの重要性は論を待たない．そのため観光庁は，児童，生徒によるボランティアガイドや，小学校の授業で観光の教材を作成・活用している取り組みの普及促進に努めている．こうした取り組みを通じて，住民が観光の意義を理解し自らの住む地域の魅力を認識することは，そのなかから将来，地域づくりの担い手が育つことが期待されるだけでなく，ひろく「よき旅行者」の育成にも貢献するという点においても，これからますます重要な意味をもつこととなろう．

〔橋本俊哉〕

文献

有泉晶子 2003「通訳案内業」前田　勇編著『21世紀の観光学』学文社，pp.179-196．

観光庁観光地域振興部観光地域振興課 2015「"人育て"から始める観光地域づくり―観光地域づくり人材育成実践ハンドブック2015―」

国土交通省観光庁 2007「観光立国推進基本計画」

2.19

MICE 推進施策

MICE の重要性と世界の潮流 国際観光におけるMICEの重要性が日本で叫ばれるようになったのは，今世紀に入ってからのことである．

1960年代から欧米では，国際会議（カンファレンス，conference；コンベンション convention），会議（ミーティング，meeting）の開催誘致が進み，学術会議や企業ミーティングが頻繁に開催されてきた．

そもそもMICEとは，先述した会議などのほか，報奨旅行（インセンティブトラベル incentive travel）やトレードショーなどのイベント，展示会，見本市（イベント，event；エキシビション，exhibition）の頭文字からなる総称造語である．

1990年代になるとシンガポールやオーストラリアがMICEという用語を観光政策に用いるようになり，その流れは21世紀，アジア主要都市にも伝播した．

国際会議などの開催が決まれば，参加登録料や団体の積立金，行政機関などからの補助金や企業からの寄付金などが寄せられ，開催資金は主催者から，会場費ないしは事務局運営費などの名目で支払われ多額となる．また，参加者は登録料とは別に，開催地までの交通費や宿泊，飲食，観光への消費支出があり，一般の物見遊山などで訪れる観光客よりも旅行消費額が高い．夫婦同伴やチームでの参加が多いため，ボリュームが見込める．展示装飾や広告，出版など産業の裾野が広く経済波及効果が高い．

これらの理由から，MICEを観光政策のひとつに掲げ，誘致促進に有効な施策を行う傾向が顕著になっている．

国・自治体におけるMICE推進施策 日本では，2007年観光立国推進基本法が施行され，観光立国推進基本計画のなかにMICE推進が盛り込まれたことを端緒にもつ．具体的には，2011年までに日本における国際会議の開催件数を5割増にさせるというものであった．

MICE推進アクションプランが策定されたのは2009年のことである．翌2010年をMICE元年（Japan MICE year）と位置づけ，観光庁や，国際観光振興機構（日本政府観光局，JNTO）がMICE推進の強化に乗り出した．

2013年6月，第二次安倍内閣の時代に閣議決定された「日本再興戦略-JAPAN is BACK-」には，「2030年には，アジアナンバーワンの国際会議開催国として不動の地位を築く」と明記され，MICE推進は加速した．

観光庁の施策には，グローバルMICE戦略都市の選定・育成，MICEアンバサダープログラムの導入・委嘱，ユニークベニュー（ユニークベニューとは，特別感や地域特性を演出することのできる会場のこと．城郭や美術館などのパブリックスペースが好まれる）の開発や利用促進などが盛り込まれた．

東京，横浜，京都，神戸，福岡の5都市をグローバルMICE戦略都市に，大阪，名古屋をグローバルMICE強化都市にそれぞれ指定して，海外アドバイザー派遣や支援などを行う．

また各自治体では，国のMICE推進の方針を受け，国際会議施設などの整備や誘致促進のための補助事業などを進めている．

東京都を例にとると，2012年度から始められた「東京都臨海副都心MICE拠点化推進事業」は，2020年東京オリンピック・パラリンピックで各種競技が予定される臨海副都心の，民間事業者を対象にした補助事業で，「2020年の東京」アクションプログラムに基づく施策として行われた．

ちなみに，MICE案件の誘致決定プロセスには，各都市のコンベンション推進機関（コンベンションビューローなど各々の呼称は異

なる．東京都は東京観光財団）の存在が欠かせない．JNTO は，これら公的機関と連携して，具体的な支援策をオーガナイザー（意思決定者）に提示する．また，PCO（Professional Congress Organizer の略．会議運営を専門とする民間事業者）の役割も重要で，コンベンション推進機関が行う誘致活動を PCO が支援して開催決定に導いた事例も少なくない．

コンベンション法と国際会議認定都市　日本のコンベンション史は，さかのぼること 1964 年の東京五輪に端を発する．その翌年，JNTO に，日本コンベンションビューローが設置された．1966 年，日本初のコンベンション施設，国立京都国際会館が誕生．通訳サービス業の草分けである日本コンベンションサービスが創業したのは 1967 年である．以降，バブル期にかけて，日本全国に国際会議場が建設され，さまざまな企業，団体がコンベンション事業に取り組んだ．

1994 年，コンベンション法（国際会議等の誘致の促進及び開催の円滑化等による国際観光の振興に関する法律）が制定され，国際会議観光都市が認定された．国際会議観光都市は 2018 年 3 月末現在，全国に 53 都市ある．

国際会議観光都市は，市町村からの申請に基づいて，国際会議場や宿泊施設などのハード面，コンベンションビューローなどのソフト面の両面での体制が整備され，かつ観光資源が近接するなどコンベンションの振興に適すると認められる市町村を，観光庁長官が認定したものである．認定都市へは，JNTO が施策（①国際会議などの誘致に関する情報提供，②海外における国際会議観光都市の宣伝，③海外における関係機関との連絡調整やその他の支援，④国際会議観光都市において開催される国際会議などのための寄付金の募集，交付金の交付，⑤必要に応じた通訳案内士および旅行業者その他の斡旋）を行っている．

日本の国際会議開催状況と今後　国際会議の開催件数は，国際団体連合（UAI，本部：ベルギーのブリュッセル）や国際会議協会（ICCA，本部：オランダのアムステルダム）が世界統計をとっている．国内では，JNTO が国際会議統計を施す．また，日本では 2012 年度から，展示会の統計にかかる第三者認証制度を導入した．2014 年，国際見本市連盟（UFI）は，同制度が世界標準にあることを認めている．

ICCA によると，2017 年，日本における国際会議開催件数は 414 件で世界第 7 位，アジア・オセアニア・中近東地域においては第 1 位にある．都市別（国内）でみると，東京は 101 件で第 18 位，次いで京都が第 50 位（46 件），名古屋第 104 位（25 件）の順である．

これは，国際会議が開催できる施設や運営体制を備えた都市が，日本には複数あることを意味する．一方で，一都市の収容能力には限界があることを物語る．MICE 推進施策は，地方都市にも広がっているが，アクセス面などでのさらなる課題がある．

国内における会場別の国際会議開催状況をみると，件数上位の約 7 割は大学が占める．

世界的にも，ベニュー（会場）における国際会議場の利用は減少傾向であり，ホテル宴会場会議室や大学での開催件数が増加傾向にある．

今後は，既存の文化財施設などへの利用開放や規制の緩和によるユニークベニューの拡充，アフターコンベンションへの具体的整備が求められている．また，シンガポールや韓国などアジア近隣諸国では，欧米先進事例に倣い法整備をしてカジノを導入した．日本においては，統合型リゾート IR 推進法「特定複合観光施設区域の整備の推進に関する法律」が 2016 年 12 月に公布・施行され，2018 年 7 月，特定複合観光施設区域整備法（IR 整備法）が成立した．　　　　　（千葉千枝子）

文　献
田部井正次郎 1997『コンベンション』サイマル出版会.
千葉千枝子 2011『観光ビジネスの新潮流』学芸出版社.
ICCA Statistics Report 2017

2.20 クールジャパン

クールジャパン政策の背景とねらい　バブル経済崩壊以降，製造業中心の旧来型輸出産業が低迷する一方，マンガやアニメ，ファッションなど日本のポップカルチャーが世界的に受け入れられ，高い評価を得てきた．2002年，マグレイ（D. McGray）はこうした状況をふまえ，日本は世界から「クール（格好いい）」と思われていると評し，GNC（gross national cool）という概念を提示した．こうしたなか，ポップカルチャーに対する日本政府の期待も高まり，2000年代中頃からは，外務省における文化外交政策や，国土交通省における地域振興政策，経済産業省における輸出振興策などのなかで，具体的にポップカルチャーが位置づけられるようになっていく．

クールジャパン政策はこうした流れのなかで生まれてきた．外国人がクール（格好いい）ととらえる日本の魅力（アニメ・マンガ・ゲームなどのコンテンツ，ファッション，食，伝統文化，デザイン，ロボットや環境技術など，日本の生活文化の特色を生かした商品またはサービス）の国際展開，海外需要の獲得，関連産業における雇用創出を目指した，国家政策である．この政策が本格的に始動するのは，2010年6月，経済産業省製造産業局に「クールジャパン室」が開設されたことによる．その後，2012年発足の第二次安倍内閣からは，閣僚に「クールジャパン戦略担当」大臣（複数の担当と兼任）もおかれている．

クールジャパン政策のゴール設定　2000年代以降の日本の国家政策のユニークな点は，インバウンド振興をキーワードに，観光立国政策と，クールジャパン政策が連動して展開している点である．

前述の通り，クールジャパン政策は本来，日本の生活文化の特色を生かした商品またはサービスの輸出促進を主眼とした経済政策であり，観光産業は直接的な対象とはされていなかった．しかし，クールジャパン室設置の翌2011年3月11日に発生した東日本大震災が大きな転機となる．クール・ジャパン官民有識者会議が「新しい日本の創造—『文化と産業』『日本と海外』をつなぐために—」と題した提言をまとめ，そのなかで観光について具体的にふれたのである．すなわち，震災による風評被害の払拭，および，日本ブランドの信頼回復が急務であり，①日本各地に存在するさまざまなモノやコンテンツを再発見して発信すること，②それらを輸出すること，③さらにそうした流れを観光客の誘致につなげること，を主な取り組みとして位置づけたのである．

この提言は，その後のクールジャパン政策を観光政策としても本質的に方向づけるターニングポイントとなった．というのも，実はそれまでのポップカルチャーを活用した文化外交においてしばしば批判がなされてきたのだが，日本の生活文化の特色を生かした商品・サービスの海外での消費を増やしても，日本そのもののファンを増やすことに必ずしも直結していないという事実があった．海外では，日本製のものとは知らずに消費している場合が多かったり，日本発のアニメやゲームは大好きだが，それを見たりプレイしたりするのが好きなのであって，日本へ行く，ということとは別問題，という人びとも多かったのである．つまり，2011年の提言が，クールジャパン政策の最終的なゴールを，日本ブランドのファンに実際に訪日旅行をしてもらうことに設定したことは，こうした課題に対する一つの処方箋としても理解すべきものであった．

「聖地」へのインバウンド誘致戦略　これに続く2012年12月，経済産業省商務情報政策局メディア・コンテンツ課は「コンテンツ産業の現状と今後の発展の方向性」と題した報告書を発表する．そしてそのなかで，「『大

きく稼ぐ』クールジャパン戦略の全体像」と題して，具体的に以下のような，コンテンツ輸出からインバウンド誘致までの段階的展開を提言している．すなわち「日本発のコンテンツ・ファッション・食・観光等を海外の消費者に周知し，現地で日本ブームを創出」→「物販やサービス提供を通じて現地で収益をあげる仕組みを構築（店舗，EC，TVショッピング等）」→「本場（聖地）に日本ファンを呼び込み，日本での消費に結びつける仕組みの構築」→「日本（＝聖地）へのインバウンド観光客増」という展開である．

この提言で注目すべきは，インバウンド誘致がクールジャパン政策の戦略的展開プロセスに具体的に位置づけられたことに加え，「日本＝聖地」という表現が用いられたことである．この「聖地」という言葉は，宗教用語としての聖地ではなく，アイドルやアニメのファンの間で用いられていた用語であり，大好きなアイドルや作品ゆかりの地のことである．この語が使われた背景には，2007年頃から，メディア環境の変化によりアニメ作品のデジタル化が進む一方で，ファンの間でも情報や画像，動画の共有が容易になり，アニメファン自身が生み出す新しい旅行形態としての，作品の舞台地めぐり，いわゆる「聖地巡礼」が大きな話題となっていたという事実がある．こうした点はファン文化が国策に影響を与えたという意味でも非常に興味深い．

観光立国政策とクールジャパン政策の連携
さらにその翌年の2013年には，観光庁，日本政府観光局（JNTO），経済産業省，日本貿易振興機構（JETRO）の四者が共同で，「訪日外国人増加に向けた共同行動計画」を発表し，名実ともに観光立国政策とクールジャパン政策の連携が実現する．その行動計画のなかにも，「クールジャパン事業実施地域に関連する情報発信を行い，クール・ジャパンコンテンツから想起される観光地（総本山，聖地）への訪日を促す」との具体的表現をみることができる．

こうした流れのなかで，対外プロモーションや具体的事業も積極的に展開されるようになる．例えば，2017年には観光庁の「テーマ別観光による地方誘客事業」に，アニメツーリズム協会による海外からの旅行者向け事業「世界中で人気の《ジャパンアニメ》の聖地（地域）を活用した広域周遊ルートのモニターツアー」が採択されている．

クールジャパン政策の課題 こうした政策が施行されていくなかで，訪日外国人旅行者数の総数が増えたことも追い風となり，クールジャパンコンテンツにゆかりの場所を訪れる外国人旅行者も政策施行以前と比して大幅に増加したことは事実である．

しかし，その一方で，地方，地域においてこうした政策や観光現象を熟知し，現場をマネジメントできる人材が圧倒的に不足しているという課題もある．どんなに国の施策が進展しても，旅行者を受け入れるのは地域である．目下，クールジャパン政策に関しては国家的な議論が先行し，地域の役割に関する議論がおざなりになりがちである．もちろん国策は重要であるが，観光の本質は，地域のイニシアチブにかかっていることを忘れるべきではないだろう．

なお，観光研究分野においては，こうした現象のなかでもとりわけ，アニメやマンガ，映画やドラマなど，日本で創作された物語世界の消費がきっかけとなって，関連する実際の場所を訪れる「コンテンツツーリズム」に注目が集まるようになった．国際的な関心も高まり，海外の観光研究者による日本研究も発表されるようになっている（例えばSeaton et al. 2017など）．今後発展が期待される萌芽的観光研究分野のひとつである．　　（山村高淑）

文献
山村高淑 2015「コンテンツツーリズムと日本の政策」岡本　健編『コンテンツツーリズム研究』福村出版，pp.68-71.
Seaton, P., Yamamura, T., Sugawa-Shimada, A. and Jang, K. 2017 *Contents Tourism in Japan*. Cambria Press.

2.21 世界観光機関（UNWTO）

UNWTOとは 世界観光機関（UNWTO：World Tourism Organization）は，観光の振興を通じて，経済発展と国際理解，平和，繁栄に貢献することと，すべての人の人権と基本的自由が人種や性，言語，宗教による差別なく，皆によって尊重され，守られるような世界をつくることに貢献することを目的に，1975年に設立された観光分野における世界最大の国際機関である．2003年に国際連合の専門機関となった．以前は世界貿易機関（World Trade Organization）の略称と同じWTOが用いられていたが，紛らわしかったため，専門機関になると同時に，国連を意味するUNを加えUNWTOに変えた．本部はスペインのマドリードにある．加盟国・地域は日本を含む164カ国・地域で，各国・地域政府の観光所管部署が会員になっており，他に政府観光局や地方自治体，教育機関，観光団体，企業などからなる賛助加盟機関が500以上ある（2018年10月現在）．

UNWTOの活動 UNWTOは国際会議や刊行物を通して以下の活動を行っている．

①観光の重要性の認識向上： 各国が社会経済発展の牽引役としての観光の重要性を認識し国策に観光を含めることの必要性と，観光産業が他の産業と均等な機会を与えられることの必要性を世界に伝える．

②「世界観光倫理綱領」の実行の推奨：観光の社会経済的貢献を最大限に高め，観光の悪影響を最小限にとどめるために，「世界観光倫理綱領」の実行を推奨する．「綱領」は各国政府や旅行業界，地域，旅行者が守ることが望ましいとされる，10項目からなる指針で，1999年UNWTO総会で採択された．

③競争力の向上： 加盟国の観光分野における競争力を高めるために，企画，統計・市場分析，持続可能な観光の発展，マーケティング・宣伝，商品開発，危機管理の各分野における知識の創造と交換，人的資源開発，優良実践モデルの推進を行う．

④持続可能な観光の発展： 環境資源の最適利用を行い，旅行客受入れ社会の社会経済的価値観を尊重し，すべての人に社会経済的利益をもたらすような持続可能な観光の発展を目指す．そのために，各国の持続可能な観光政策や観光事業を支援する．

⑤貧困削減への観光の貢献： 観光が貧困の削減に最大限貢献できるよう，関係各国に対し，観光を経済発展の手段ととらえ，政策に観光を含めるよう働きかける．

⑥知識の創造と交換のためのネットワーク構築： 各国に対して教育，訓練に関する支援を行い，知識の創造と交換のためのネットワークを構築する．

⑦各分野との連携による観光産業の育成：民間部門や地域観光機関，学界，調査研究機関，市民社会と連携をとりながら，持続可能で競争力のある観光産業・分野を育てる．

UNWTO刊行資料 UNWTOは観光に関する統計や調査結果などについての各種資料を刊行している．有料のものが多いが，世界の観光動向がわかるUNWTO Tourism Highlights（毎年刊行）やUNWTOの活動内容がわかるAnnual Reportなどは無料で入手できる．

UNWTOアジア太平洋センター UNWTOは欧州，アジア・太平洋，米州，アフリカ，中東に地域事務所をもっている．アジア・太平洋地域でのUNWTO活動をサポートするアジア太平洋センターは日本（奈良市）にあり，政府・民間・学術機関間の連携促進やUNWTO活動に関する広報などを行っている． 〔田中一郎〕

文献
UNWTO（www2.unwto.org/）(2018年3月4日閲覧)
UNWTOアジア太平洋センター（www.unwto-ap.org/）(2018年3月4日閲覧)

2.22

日本政府観光局（JNTO）

JNTOとは 日本政府観光局（JNTO）は，日本へ外国人旅行客（訪日外客）を誘致することで国際観光の振興を図ることを目的に，法律に基づいて設立された独立行政法人である．1964年に特殊法人国際観光振興会として設立され，2003年に組織改正で独立行政法人となった．正式名称は国際観光振興機構（Japan National Tourism Organization）であるが，通称，日本政府観光局あるいはJNTOとよばれる．監督官庁は観光庁である．

JNTOはそのビジョンで「日本のインバウンド旅行市場を拡大する政府観光局として，国民経済の発展，地域の活性化，国際的な相互理解の促進，日本のブランド力向上を実現することにより，未来の日本をより豊かに，元気に，明るくすることを目指す」としている．

JNTOは本部を東京におき，世界の主要訪日旅行市場にある20都市（ソウル，北京，上海，香港，ジャカルタ，デリー，シンガポール，バンコク，ハノイ，クアラルンプール，シドニー，ニューヨーク，ロサンゼルス，トロント，ローマ，ロンドン，マドリード，フランクフルト，パリ，モスクワ）の宣伝事務所を通じて活動している．本部は理事長と4名の理事のもと，組織運営の計画策定などを行う経営管理部，訪日外客の誘致戦略などを担当するインバウンド戦略部，ビジット・ジャパン（VJ）事業などのプロモーションを行う海外プロモーション部，特定のテーマ別のプロモーションやデジタルマーケティングを担うグローバルマーケティング部，国際会議などの誘致を行うコンベンション誘致部からなる．予算は132億円（2017年度）で，国からの運営費交付金が125億円，その他は賛助団体からの賛助金などによるものである．

JNTOの事業 JNTOの事業は，海外広報宣伝事業，訪日外客受入れ，国際会議などの誘致に大別できる．海外広報宣伝事業は，訪日外客を増やすために海外のマスコミや旅行会社などに対して行うさまざまな事業で，①VJ事業，②海外のマスコミを通じた広報宣伝，③海外の旅行会社に対する訪日ツアーの開発・販売支援，④一般消費者への観光情報発信，⑤市場分析，といった活動である．①のVJ事業は，2003年に政府が国をあげて訪日外客誘致を行うために開始した事業で，JNTOが中核的な役割を果たしている．②は海外ジャーナリストの日本取材に協力したり，新聞や雑誌に広告を掲載したりして旅行地としての日本の魅力を海外に知らせる活動である．③は海外の旅行会社を日本へ招請したり，日本の宿泊施設や交通機関，旅行会社，自治体などとの商談会を開催したりして，訪日旅行商品開発の働きかけや支援をする活動である．④は直接，一般消費者に情報を提供して，訪日旅行意欲を促進させる活動である．JNTOウェブサイトで情報発信（15言語）したり，各国語の観光宣伝パンフレットなどを配布したりしている．⑤は広報宣伝の基礎資料となる市場動向の分析や国際観光統計のとりまとめなどである．訪日外客統計は毎月，JNTOウェブサイトで発表され，無料でダウンロードできる．

訪日外客受入れは，訪日外客が日本を楽しく，不便なく旅行できるように体制を整えるための事業で，①外国人観光案内所での情報提供，②JNTO認定外国人観光案内所ネットワーク，③善意通訳，④全国通訳案内士試験の実施といった活動である．①はJNTOが東京で運営する外国人観光案内所（ツーリスト・インフォメーション・センター，TIC）で，訪日外客に英語，中国語，韓国語で観光情報やパンフレット，地図を提供するもので，元日を除き毎日オープンしている．②は地方自治体などが運営している観光案内所のうち，訪日外客への対応が可能な案内所をJNTOが認定し，さまざまなサポート（「ビ

ジット・ジャパン案内所」通信の配信による外客案内関連情報の提供など）を実施しているもので，2018年2月現在，「道の駅」を含む909カ所が認定されている．外国語が通じにくいことに不安や不便を感じる訪日外客が多いことから，国は認定案内所をさらに増やす方針である．③は，訪日外客の言葉の不安や不便を解消するために，東京オリンピックが開催された1964年に始まった運動で，善意通訳（goodwill guide）普及運動としてJNTOが推進している．④は，国家試験である全国通訳案内士試験（英語や中国語，韓国語など10カ国語）を観光庁の代行機関として実施している．全国通訳案内士は日本に関して幅広い知識をもって外国語で日本を案内する重要な役割を担っている．全国通訳案内士の資格を得るには，国家試験に合格し，各都道府県に登録する必要がある．

　国際会議などの誘致は，国際会議（conference/convention）のほか，企業が実施する報奨旅行（incentive travel），展示会・イベント（exhibition/event），企業の会議（meeting）を日本に誘致するための活動である．国際会議などを総称して，英語の頭文字をとってMICEとよぶことがある．MICE誘致には特別なノウハウが必要なため，JNTOはニューヨーク，ロンドン，パリ，ソウル，シンガポールにMICE誘致専任職員をおいている．日本でのMICE開催実現のため，海外における見本市への出展や国際団体などへのセールス，開催地決定に影響力をもつキーパーソンの日本視察などを行っている．また，JNTOは観光庁とともに，学術分野や産業界で国内外に発信力やネットワークをもつ人たちをMICEアンバサダーに委嘱し，誘致活動を支援してもらっている．

　JNTOは長年の蓄積により，日本開催の可能性の高いMICEに関する独自のデータベースをもっており，これらのデータをもとに誘致活動を行っている．またこれらのデータを日本各地のMICE推進機関にも提供している．JNTOはさらに，日本でMICEの誘致を検討している団体などに対して，開催地として立候補するための支援やコンサルティングを行っている．JNTOはまた，「特定公益増進法人」に指定されており，税の優遇措置が受けられる寄付金を企業から募集し，一定の要件を満たした国際会議に交付金を交付する制度を運営している．この制度によって国際会議主催者は開催資金を調達しやすくなる．

　日本の国際観光政策とJNTO　自国に外客を誘致する意義は，経済効果と相互理解の増進であるといえよう．外客が訪れた国で消費すれば，その国にとってモノを輸出したのと同じ経済効果がある．それが，ツーリズム産業の拡大や雇用促進，税収増につながる．また，ツーリズムを通じた人と人の触れ合いによって相互理解が深まり，ひいては平和の増進につながる．このため，世界各国は政府観光局を通じて外客誘致に力を入れており，日本と外国の競争が激しくなっている．

　そうした状況のもとで，日本は2006年に観光基本法を全面改正し，観光立国の実現を国家戦略と位置づける「観光立国推進基本法」を制定した．この法律に基づき，国は「観光立国推進基本計画」を策定し，2016年3月に「明日の日本を支える観光ビジョン」をとりまとめた．この「ビジョン」では，東京オリンピック・パラリンピック開催の2020年までに訪日外客を4,000万人に，2030年には6,000万人とする目標を掲げた（訪日外客は2013年にはじめて1,000万人を突破，2017年には2,869万人に増えた）．JNTOは「観光立国推進基本計画」などにおいて，訪日プロモーション事業の実施主体と位置づけられており，訪日外客誘致目標達成に向けた取り組みにおいて日本の政府観光局として中核的な役割を果たすことが期待される．　（田中一郎）

文　献
観光庁（www.mlit.go.jp/kankocho/）（2018年3月3日閲覧）
JNTO（www.jnto.jp/jpn）（2018年3月3日閲覧）

2.23
日本観光振興協会

組織概要 日本観光振興協会は，日本の観光振興に関する中枢機関であり，観光立国の実現，地域経済および観光産業の発展ならびに国民の生活および文化の向上に寄与するとともに，国際親善に資することを目的としている公益社団法人である．地方自治体（全都道府県と市町村の一部），都道府県および市町村などの観光協会，運輸・交通業や旅行業，宿泊業などの観光事業者，観光関係団体など，約 710 の会員により構成されている．単一の業界ではなく，地域と観光に関する幅広い企業，団体から構成されているところが特徴である（図 1）．

日本観光振興協会は，会員からの会費とともに，都道府県および都道府県観光協会（連盟）からの全国広域観光振興事業拠出金，日本財団および日本宝くじ協会からの助成金などを主な財源として運営されており，日本の観光振興を図る総合的かつ全国的な事業を行っている．主な事業としては，観光に関する制度や政策などについての提言，観光資源の磨き上げや観光ルートの開発などの魅力ある観光地域づくりの推進，観光に関わる人材の育成に資する研修の実施，東アジアを中心とした双方向の観光交流の推進，新たなツーリズムの普及や観光情報発信による観光需要の創造などを行っている．また，地域ブロックごとに計 9 支部あり，地域の自治体や観光協会，事業者と連携した事業も行っている（表）．

沿革 日本観光振興協会の歴史は，日本の観光の変遷と歩みを一つにしている（図 2）．その起源は，1930 年に地域の観光協会，保勝会，国立公園協会，地方自治体などが京都市長のよびかけで京都に集まり，「日本観光地連合会」という中央団体の結成を決めたことを始めとしており，同年に日本初の中央観光行政機関である国際観光局が鉄道省の外局として誕生している．日本観光地連合会は，1931 年に観光事業の共同研究を目的として正式に発足し，より中央官庁との結びつきを強めるべく，1936 年に発展的に解散し，同年「日本観光連盟」として再発足した．日本観光連盟は，1942 年まで活動していたが，太平洋戦争の激化と国際観光局の廃止により，それ以降戦後まで活動を休止した．

戦後，観光事業による経済の再建を推進するため，全国各地の観光関係団体の要望により，日本観光連盟は 1946 年に「全日本観光連盟」として復活し，1947 年には社団法人化している．全日本観光連盟では，狭義の観

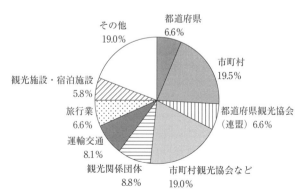

図 1　日本観光振興協会の会員構成

表　日本観光振興協会の事業体系

1　オールジャパン体制構築のための産業連携と国民運動の展開
①観光先進国実現に向けた行動計画などの策定や活動
②観光立国タウンミーティングや異業種交流セミナーの開催
③観光教育や心のバリアフリーの推進
2　地域の担い手となる観光人材の育成
①日本観光振興アカデミーによる人材育成支援
②観光人材育成研修教材と講師の充実
③DMO推進にかかる人材研修プログラムの実施
④DMO組織への人材支援
⑤階層別研修の充実（トップセミナー，ボランティア育成研修など）
⑥大学への寄附講義の実施
3　世界に通用する魅力ある観光地域づくりと広域観光の推進
①魅力ある観光地域づくり推進モデル事業の実施
②日本版DMO推進の各種事業の実施
③地域観光推進体制の機能強化支援
④広域観光ルート整備促進と広域観光の推進
4　双方向交流の促進と受入れ体制の整備
①ツーリズムEXPOジャパンの開催
②日台観光サミットの開催
③台北国際旅行博出展支援
④UNWTOおよびWTTCとの連携
5　地域の観光魅力の創出と観光需要の創造
①産業観光，ガストロノミーツーリズムなどニューツーリズムの促進
②働き方改革など休暇制度の改革による観光需要の創造
③ラグビーワールドカップ日本大会や東京オリンピック・パラリンピックなどを契機とした地域連携支援
④「観るなび」による観光情報の提供
⑤多言語による動的観光情報の提供

光事業のほか，国立公園，国土緑化活動，美化運動，観光施設問題，観光資源・文化財の保存，温泉関係など幅広い事業活動を行っており，現在の日本観光振興協会に，ポスターコンクール，出版物「観光」，観光地診断，観光事業功労者表彰などの事業が引き継がれている．全日本観光連盟は，1959年まで活動したが，1955年に国外への観光宣伝の強化を図るという国の方針により設立された「国際観光協会」と，1959年制定の「日本観光協会法」により合体し，「日本観光協会」となった．そして1969年4月に日本観光協会法が改正され，日本観光協会は，国際観光の振興を図る「国際観光振興会」と，国内観光の振興を主体に併せて外客受入れ体制の整備を図る「日本観光協会」とにふたたび分離した．この日本観光協会法の改正は，日本観光協会の海外観光宣伝事務所が5年間で4カ所から14カ所に増加したことや観光基本法の制定にともない業務内容が質的にも量的にも変わってきたことによるものである．日本観光振興協会は，観光基本法に定められた政策目標や国の施策に大きく関係する目的，業務内容をもつ社団法人として設立されている．

　その後，1992年には日本観光開発財団を統合し，2011年には観光立国の実現など新しい時代の要請に応える体制を確立するため，「日本観光協会」とツーリズム産業の自立と健全な発展を図る「日本ツーリズム産業団体連合会」が合体し，「日本観光振興協会」となった．公益法人改革にともない2013年から公益社団法人となっている．

　これからの役割　地域の声に端を発する日

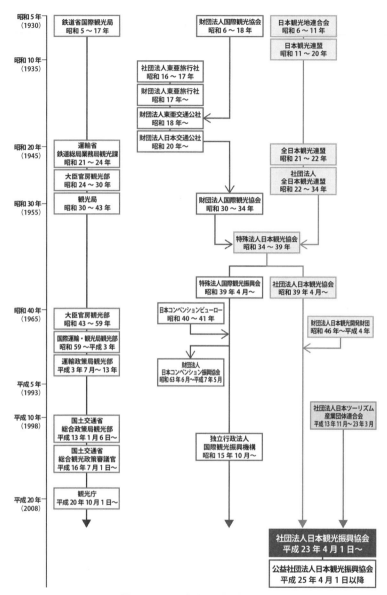

図2 国などの観光関係組織の沿革

本観光協会とツーリズム産業にたずさわる民間企業および業界団体からなるツーリズム産業団体連合会が一緒になることにより，地域と産業界の連携を強化し，裾野の広い観光事業関係者全体で強力に観光振興を推進することが可能となり，現在の日本観光振興協会の大きな役割となっている．　　　　（安本達式）

2.24
中央の観光関係団体

中央観光関係団体は（2.23項の日本観光振興協会を除く），大きく区分すると，宿泊関係団体，旅行関係団体，国際観光関係団体，その他観光振興関係団体に分けられる．

各団体の法人形態は，国際観光関係団体に区分される国際観光推進機構は独立行政法人であるが，その他のほとんどは「民法」第34条により設立された公益法人（社団法人，財団法人）であった．ただし，2008年12月1日に公益法人制度改革3法が施行されて以降は，一般社団法人・財団法人法により，一般社団法人，一般財団法人に移行したもの，さらに公益法人認定法により公益性の認定を受けて，公益社団法人，公益財団法人に移行したものに分けられる．

宿泊関係団体 主な宿泊関係団体としては，ホテルを中心とした会員で構成される「日本ホテル協会」「全日本シティホテル連盟」，旅館を中心とした会員で構成される「日本旅館協会」「全国旅館生活衛生同業組合」がある．ホテルと旅館の区分は「旅館業法」によるものであり，各団体に加盟する会員はおおむね，その区分によって各団体に加盟している．

それぞれの団体の目的は，会員構成により若干異なるものの，おおむね宿泊業の健全な発展，健全で快適な宿泊サービスの提供，会員相互の連絡協調を図ることなどにより，観光事業の発展や国際親善に寄与することを目的としている．なお，日本旅館協会は，2012年に日本観光旅館連盟と国際観光旅館連盟が合併し設立された組織である．

旅行関係団体 旅行関係団体としては，まず，旅行業者で構成される「日本旅行業協会（JATA）」と「全国旅行業協会（ANTA）」がある．以前，旅行業者には，海外および国内旅行をあわせて取り扱う一般旅行業者と国内旅行のみを取り扱う国内旅行業者の区分があり，日本旅行業協会は一般旅行業者を会員とし，全国旅行業協会は国内旅行業者を会員としていた．1995年の旅行業法の改正によりこの旅行業者の区分はなくなっており，現在ではともに旅行業者を正会員としている．

旅行業務の改善，旅行サービスの向上，旅行業務に関する取引の公正確保，会員相互の連絡協調を図ることにより，旅行業の健全な発展に寄与し観光事業の発展に貢献することを目的としている．ガイド，添乗，手配などに関する旅行関係団体としては，通訳案内士（通訳ガイド）を会員とし，通訳案内士業務の向上改善を図っている「日本観光通訳協会」，添乗員を旅行会社に派遣する事業者を会員とし，旅行管理業務や添乗員業務などにかかる事業の発達を図っている「添乗員サービス協会」，ツアーオペレーターを会員とし，海外における運輸，宿泊，食事，ガイドなどの手配業務の向上，海外旅行者の安全確保，利便増進を図っている「日本海外ツアーオペレーター協会」がある．

児童や生徒の旅行に関する団体としては，修学旅行の受入れ地域の自治体・観光協会，公益法人，旅行会社，運輸交通事業者などを賛助会員とし，教育旅行（修学旅行，遠足，移動教室，合宿，野外活動等）などの向上発展を図っている「日本修学旅行協会」がある．

国際観光関係団体 国際観光関係団体としては，まず「国際観光振興機構（日本政府観光局，JNTO）」がある．1964年に日本観光協会と分離する形で国際観光振興会として誕生した（2.23項図2参照）．その後，2003年に国際観光振興機構に移行した．独立行政法人通則法により規定された法人であり，名称，目的，業務の範囲などについては，国際観光振興機構法に定められている．観光庁の発足した2008年より，「日本政府観光局」の通称を使用している．

海外における観光宣伝，外国人観光旅客に対する観光案内その他外国人観光旅客の来訪

の促進に必要な業務を効率的に行うことにより，国際観光の振興を図ることを目的とし，外国人観光旅客の来訪を促進するための宣伝，外国人観光旅客に対する観光案内所の運営，通訳案内士試験の実施に関する事務，国際観光に関する調査および研究や出版物の刊行，国際会議などの誘致促進，開催円滑化などの業務を行っている．海外20都市に事務所を設置し，現地旅行会社・メディアとの連携，マーケティング情報の収集・分析，現地の消費者に対する情報発信など，訪日旅行促進にかかる業務を行っている．

また，「アジア太平洋観光交流センター（APTEC）」は，世界観光機関（UNWTO）アジア太平洋センターの活動支援を行うとともに，アジア太平洋諸国との観光交流促進に関する国際会議，セミナー，シンポジウムの開催などの事業を行っている．アジア太平洋地域の経済発展や国際相互理解の増進に寄与することを目的としている．

その他，国際観光関係機関としては，日本政府観光局（JNTO）や地方公共団体が行う外国人旅行者の来訪促進および受入れ体制整備などに協力し，外国人観光案内所の運営や国際観光に関する出版物を発行している「国際観光サービスセンター」や日本の食文化の育成，発展のため，施設や接遇の改善，人材育成や国内外観光客への情報発信を行っている「国際観光レストラン協会」などがある．

その他観光振興関係団体 観光に関わる要素は幅広く，上記区分以外にも，観光施設，温泉，文化財，地域伝統芸能などの整備，普及，保護，保存，教育などを通じ，観光事業の振興や国民経済の発展，国際相互理解の促進に寄与すること目的とした団体がある（表）．

近年，観光に関わる業種，業態は広がっており，観光振興関係団体も増えているが，ここでは長年活動してきている団体を中心に取り上げている．中央観光関係振興団体は，会員相互の連絡協調を図り，それぞれの分野の発展に寄与している．あわせて，中央観光関係振興団体間の連携により，日本全体の観光振興，観光立国の実現を目指している．

（安本達式）

文献
日本観光協会編 2008『観光実務ハンドブック』丸善．

表 その他の主な観光振興関係団体

名　称	目的など
国際観光施設協会	持続可能な観光施設，およびそれを取り巻く環境の技術的調査研究，整備促進と改善向上を図る．設計事務所，施工会社，建材・設備調度備品等のメーカーなどの会員で構成される．
日本温泉協会	温泉についての研究および温泉知識の普及に努め，ならびに温泉資源の保護，温泉利用施設の改善および温泉利用の適正化を図る．温泉利用の施設（宿泊，入浴，医療など），地方自治体，団体，企業などの会員で構成される．
日本ナショナル・トラスト協会	文化財やすぐれた自然の風景地など国民的財産として後世に継承するに足る観光資源の学術調査研究を行い，かつ，その保存と活用を図る．
地域伝統芸能活用センター	地域の民衆の生活のなかで受け継がれ，当該地域の固有の歴史，文化などを色濃く反映した伝統的な芸能および風俗習慣を活用した行事の実施，支援を行う．
日本ホテル教育センター	ホテルおよび旅館を中心とするホスピタリティ産業の人材育成を図る．
日本交通公社	旅行および観光に関する学術的，実践的な調査研究などを行い，その成果を広く社会に発信する．
全国農協観光協会	農山漁村をはじめとする地域の振興・活性化ならびに観光の振興と促進および，それらに関する広報，調査，研究を行う．JAグループ，農協観光などの会員で構成される．

2.25
地方の観光関係団体

地方観光関係団体の区分 地方観光関係団体としては，その主たる活動エリアで都道府県単位，市町村単位，都道府県域を超えた広域の三つに区分される．

都道府県観光協会 まず，都道府県単位で活動する組織として，名称は，協会，連盟，コンベンションビューロー，財団，機構などさまざまであるが，都道府県それぞれに観光協会がある（以下，都道府県観光協会）．おおむね都道府県内の観光関係事業者を会員とし，地域内の観光振興を図り，経済活性化，文化向上などに寄与することを目的としている．一般社団法人，一般社団法人，公益社団法人，公益財団法人（以下，公益法人）のいずれかの法人形態をとっている．

都道府県観光協会が取り組んでいる事業としては，2010年に日本観光協会が行った「地域観光協会等の実態と課題に関する調査」（以下，地域観光協会調査）によると，国内プロモーション，海外プロモーション，観光案内・ランドオペレーター事業が中心となっており，これらに次いで重点をおいている事業として，人材育成，観光地域づくり基盤形成，広域観光連携があげられている．

市町村等観光協会 次に，市町村単位において活動する組織として，市町村の観光協会があり，都道府県同様に名称はさまざまであるが，その地域内の観光振興を図っている（以下，市町村等観光協会）．必ずしも一市町村に一組織というわけではなく，平成の大合併以降も合併前の市町村単位で観光協会のあるところや，市町村内の観光地域に観光協会がある場合などがある．法人形態はさまざまで，公益法人のほか，特定非営利活動法人（NPO法人），株式会社，合同会社，任意団体などの形態をとっている．

市町村等観光協会の事業としては，「地域観光協会調査」によると，観光案内・ランドオペレーター，国内プロモーション，観光イベントの実施が事業の中心となっている．市町村等観光協会では，地域内の祭りやイベントの実施主体となり，観光イベントの実施が主要な事業となっている場合も多い．

広域観光推進組織 最後に，都道府県域を超えた広域で活動する組織（以下，広域観光推進組織）としては，北海道観光振興機構，東北観光推進機構，中央日本総合観光機構，関西観光本部，中国地域観光推進協議会，四国ツーリズム創造機構，九州観光推進機構がある．それぞれの広域エリアにおいて，自治体，事業者，国，関係機関などの官民の連携協力により，地域一体の魅力ある観光地づくりや国内外観光客の誘客を推進している．広域観光推進組織が取り組んでいる事業としては，広域連携による観光ルート開発や海外プロモーションが主である．特に，拡大傾向にある訪日外国人旅行者の誘致において，従来都道府県ごとに行われていた海外プロモーションを広域観光推進組織がまとめて実施することにより効率性を高めている．「地域観光協会調査」をみても，国内よりも海外向けのプロモーションに重点をおいており，広域観光推進組織の大きな役割となっている．

地方観光関係団体の役割 近年，観光地域づくりを地域住民に対するまちづくりと一体的にとらえることやあらゆる関係者が横断的に連携して観光地域づくりに取り組む動きが広がっている．都道府県・市町村等観光協会および広域観光推進組織は，その活動エリアにより役割を分担し，地域の多様な主体の調整役となるとともに，確かなマーケティングに基づく新たな事業や商品・サービスを創出していくことが求められている． （安本達式）

文 献
日本観光協会 2011「地域観光協会等の実態と課題に関する調査報告書」

3 観光と経済

観光は，昔も現在も経済と密接な関わりをもちながら発展し続けてきた．ヨーロッパで観光の研究が始まった20世紀初頭の主要な課題は，国内観光よりはむしろ「外貨の獲得」を目指した国際観光にあった．現在もそれは変わりがないといっても過言ではない．日本でも外客の誘致目的のひとつは訪日外国人観光客の滞在中の支出であり，外国人観光客の増加にともなう支出の増加が国や地域経済の活性化や発展につながるとの認識が背景には存在する．

しかし，観光と経済の関わりを私たちの目を通してつぶさにみることはできない．そこで，以下では，観光と経済を分析するためのツールを提供することにしたい．

写真：ペナン島ジョージタウンにある Eastern and Oriental ホテル．19世紀末に建築されたコロニアルスタイルの伝統的で格式のあるホテルである．（撮影：小沢健市）

ゴールフォート駅（スリランカ）．スリランカの鉄道網は英国統治時代に紅茶などの農産物輸送のために開発が始まった．今では多くの旅行客も運んでいる．ゴールフォートの観光支出はこの駅から始まる．

米国イリノイ州シカゴとカリフォルニア州サンタモニカを結んでいたルート66．米国西部の発展の歴史を象徴する「マザーロード」として知られ，多くの小説，映画の舞台となっている．国道としては廃線になった現在も観光客が訪れている．観光支出がルート66の存続に貢献している．

ラオスの首都ビエンチャンにあるピザレストラン．ラオスでは1990年以降に社会主義経済の見直しと外国資本の受け入れが進み，外国文化の流入やサービス産業の成長が顕著にみられるようになった．このレストランの収入が地域の住民の生活の糧となっている．
（撮影：すべて小沢健市）

第 3 章　観光と経済　　123

ラオス，ルアンパバーンの風景

左上：洗車されたトゥクトゥク．タクシーの代わりに利用されている．地域観光の足であると同時に，その収入が運転手たちの生活を支えている．

右上：ナイトマーケットで売られているオレンジティー．茶にすぎないが，その価格は売手と買手の交渉によって決まる土産品のひとつ．

左下：早朝の托鉢僧の列．人びとの経済活動のなかに宗教が密接に関わっている一例．地域住民と観光客からの寄進が托鉢僧を支えている．

（撮影：すべて小沢建市）

3.1 観光と経済の関わり

観光支出の効果 現代の観光のみならず，日本では有名なお伊勢参りの時代から，人間の移動には何らかの金銭的な支出を必要とする．私たちは，観光する際には移動するための交通手段の利用，飲食，宿泊施設，観光対象の見学・視察，地域での体験，家族や友人への土産品などに対する金銭的支出を必要とする．

観光客の支出は，彼らに提供する財・サービス，そして経験や体験を提供する企業や組織，そして個人にとっては，需要を構成し，需要の増加にともなって，その価格や料金は上昇し，企業や組織，そして個人の売上げを増加させる．売上げの増加は，彼らの供給能力を高めるために必要な人材の雇用や施設，設備の投資の増加へと導く．また，現在の日本の税制では，財・サービスや体験，経験の購入には消費税が課されているから，それらに対する観光客による需要の増加は，税収入を増加させる．雇用や投資，そして税収の増加は，さらに経済活動を活発にし，地域や国の国内総生産の増加や税収のさらなる増加に結びつく．

したがって，観光客の財・サービスなどに対する需要から出発した金銭的支出は，企業の生産活動や地域のみならず国の経済活動に影響を及ぼすということである．

観光客の支出，すなわち彼らの財・サービスなどに対する需要やその増減は，企業や消費者，そして地方公共団体や国の経済活動に影響を及ぼし，あるときには経済活動を活発にし，またあるときには経済活動を衰退させることがある，ということである．これは，まさに，観光が経済や経済活動と密接な関係をもっているということの証である．

観光と経済学 観光が経済と密接な関わりをもっているということは，観光と経済がどの程度の関わりをもっているのか，観光と税収がどういう関わりをもっているのかといった点を明らかにすることが必要であるということでもある．

経済や経済の仕組みを研究する学問領域は，経済学である．観光が経済と密接な関わりをもっていることは説明したが，その関わりがどのような関わりなのかを説明するためには，経済学を必要とする．換言すれば，観光のもっている経済的側面を分析し，それらの間の関係を明確にするためには経済学の手を借りなければならないということである．

本章では，観光と経済との間の関わりを説明するために必要な経済理論やモデルの説明がなされると同時に，それらの理論やモデルが観光のどういう側面の分析に適用したり応用したりできるかが説明されている．

例えば，一般に観光需要というとき，それは国や地域への観光客の数をさす場合が多いが，経済学では，観光客がどのような財・サービスをどのくらい需要するか，何をどのくらい購入するかが問題となる．そしてその需要の増加や減少は，その財・サービス，そして体験や経験財の価格と取引量にどう影響するかといったことが分析の対象となる．観光客による経済活動の個別的な側面は，ミクロ経済学という経済学の応用や適用によって分析される．観光客によって需要される財・サービスの価格がある割合だけ変化するとき，その結果として，それを供給し販売する企業の売上げにはどの程度影響が出るかといった問題を分析し，その結果を参考に，財・サービスを供給する企業は将来の価格戦略に利用しようとするであろう．

また，観光客全体の財・サービスの需要（総需要）の変化は，地域経済全体や国の経済活動に影響を及ぼすが，それはマクロ経済学の分析ツールを利用して，分析される．その分析結果は，地域・国の観光政策に反映され，将来地域・国は観光に対してどのような政策をとればよいか，といった政策立案の指針をも提供する．

(小沢健市)

3.2 観光生産物

観光生産物とは 私たちは「観光生産物」と「観光に関わる商品」あるいは「旅行商品」とをしばしば混同する.観光生産物とは,パッケージ旅行商品やホテルなどの宿泊サービス,交通手段の旅客輸送サービスやレストランなどの料飲サービスをさす概念ではない.例えば,ホテルの支配人にホテルは観光者に「観光商品」を提供する企業ですかと問えば,彼は私たちが提供するサービスは「宿泊サービスです」と答えるであろう.また航空会社の従業員にこの企業は観光サービスを提供する企業ですか,と尋ねるならば,彼は私たちの企業は「航空旅客輸送サービスを提供する企業です」と答えるであろう.これらのサービス提供企業によって「観光」という言葉は使われていないということである.これは,観光にとって重要な料飲サービスを提供するレストランやファストフードも同様である.

しばしば混乱されるのは,「観光商品」を観光者の側,換言すれば,観光を需要する観光者の側からみた呼称であり,それは供給側からみた呼称ではないという点である.前者の側からみれば,観光商品とは宿泊,輸送,料飲,人工的,自然的な景観や資源といったさまざまな財・サービスを含んだ「複合的商品」(composite commodities)を意味している.

しかし,これらの財・サービスは,観光者が自らの「観光経験」を作り出すための素材や原材料と考えるべきものである.観光者は,彼の観光目的を達成するために必要なさまざまな財・サービスを投入し,観光経験としての観光生産物を生産し,同時に消費する主体であるといっても過言ではない.

では,観光生産物とは一体何をさしているのであろうか.観光生産物(tourism product)とは,観光者がさまざまな財・サービスと自らのもっている観光地や観光に関わる知識や情報に基づき,自らが作り出す「観光経験」をさしている.観光に関わる財・サービスの多くが「経験財」(experience goods)とよばれていることからも理解できるように,観光者が自らの観光目的を達成するために自らの観光を作り出し,その観光経験が「観光生産物」とよばれているということである.

観光を経済学的に分析する際に重要なポイントは,例えば,○○産業とよぶ場合,産業とは同一の財・サービスあるいは非常によく似たあるいは密接な代替関係にある財・サービスを生産している企業の集合と定義していることである.観光の場合には,供給側の視点よりもむしろ需要側の視点から観光をみているという点に特徴がある.しかし,経済学的な産業の定義から,観光産業は存在せず,したがって,観光商品は存在しない.私たちは,便宜上,観光に関わる財・サービスを観光商品とよんでいるにすぎないことに注意すべきである.

経済学的には,観光者の観光経験から彼が獲得する満足(効用)を最大化するような観光に必要な財・サービスの選択の問題としてとらえることができる.しかし,その際に選択の対象とされる財・サービスは消費者としての観光者からみた財・サービスを意味し,観光経験から得られる満足=効用をもっとも大きくするために投入される生産財や中間財であると同時に消費財であるということである.

観光生産物とは,まさに,観光者の「観光経験」を意味している. 〔小沢健市〕

文献

Dwyer, L., Forsyth, P. and Dwyer, W. 2010 *Tourism Economics and Policy*. Channel View Publications.
Stabler, M. J., Papatheodorou, A. and Sinclair, M. T. 2010 *The Economics of Tourism* (2nd ed.). Routledge.

3.3
観光需要と観光供給

観光の需要・供給曲線と均衡 観光（関連）の経済活動は観光主体が行う．観光財・サービス（以下，観光財）を需要する主体は観光者である．他方，観光財を供給する主体が観光（関連）企業（以下，観光業）である．

ホテルを例にとると，縦軸が室料（客室単価）p，横軸が取引客室数 Q を表す図1の右下がりの曲線 D が客室の需要曲線である．客室市場で宿泊客の客室需要 D と，ホテルの客室供給 S が一致（$D = S$）するよう客室の需要供給均衡室料 p_e と客室数 Q_e（以下，均衡室料，均衡客室数）が決まる．（スルツキー分解の結果）室料が下がれば（上がれば），相対的に安価（高価）になった客室が選好され（されず）（代替効果），同じ予算で客室のグレードアップ（ダウン）も可能となる（所得効果）．すなわち，客室は正常財と考えられるため需要曲線は右下がりとなる．

室料 p の変動により同じ需要曲線上の移動（白い両矢印）は起こる．他方，非価格要因により需要曲線はシフト（灰色の両矢印）する．非価格要因には所得や余暇時間などの数的要因と，季節や観光者の嗜好などの質的要因がある．他にも，人気が人気をよぶバンドワゴン効果や，逆に希少性を失い人気をなくすスノッブ効果，ブランド品など，顕示的消費が原因のヴェブレン効果も影響する．他方，増加（減少）の大きさは小さくなるが，室料が上がれば（下がれば），より多くの（少ない）収益を得る（失う）ため，ホテルは供給量を増やす（減らす）．したがって供給曲線は右上がりとなる．同じ供給曲線上の移動（白い両矢印）は室料の変化により起こる．他方，非価格要因により供給曲線はシフト（灰色の両矢印）する．非価格要因には原材料などの使用量の変化や技術進歩のほかに気候なども含まれる．要因はさまざまだがより安く（高く），より多く（少なく）供給するようになることで供給曲線はシフトする．

観光の余剰分析 供給される客室が1室の場合，宿泊客は p_h 円の室料を支払う意志（WTP：willingness to pay）がある．需要曲線の高さ（室料）は WTP を表す．多くの客室が供給される市場で探せば，より安価で客室を需要できる．市場取引への参加で，宿泊客が感じるお得感（$p_h - p_e$）を消費者余剰（CS：consumers' surplus）とよぶ．CS は均衡取引客室数 Q_e に至るまで生じる（よ

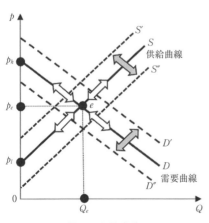

図1 需要と供給

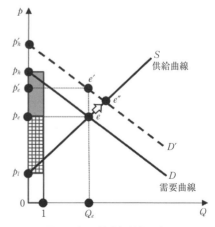

図2 市場（価格）機能と余剰

り右側では WTP が均衡室料 p_e を超えず，宿泊客のお得感（余剰）がマイナスになる）．他方，需要される客室が1室の場合，ホテルが同室の供給に要する費用は p_l 円となる．多くの宿泊客が客室を需要する市場で供給すれば，より高価で客室を供給できる．市場取引への参加で，ホテルが得る売上差額 ($p_e - p_l$) を生産者余剰（PS：producers' surplus）とよぶ．PS は均衡取引客室数 Q_e に至るまで生じる（より右側では費用が均衡室料 p_e を上回り，ホテルの余剰がマイナスになる）．CS と PS を合わせ社会的余剰（SS：social surplus）という．

宿泊税 t 円が課され，そのまま室料に転嫁されたとする．課税（規制）により，均衡取引客室数 Q'_e は室料 $p'_e (= p_e + t)$ 円で取引される．したがって，CS は $CS' = \triangle p'_h e' p'_e$，$PS$ は $PS' = \square p_l e e' p'_e$ となり，SS は $SS' = \square p_l e e' p'_h$ となる．課税（規制）により，SS は SS' に縮小する．$\triangle ee''e'$ は課税（規制）のない市場ならば，宿泊客の CS かホテルの PS となっていた SS である．これを死重損失（DWL：deadweight loss）とよぶ．税収を宿泊客やホテルに還元しない場合，課税（規制）は結局 SS を減らす（取引客室数 Q_e を超えた場合，前述の通り CS，PS ともにマイナスで，SS は最大にならない）．

観光の需要供給均衡と市場 図3で，円安による光熱費の上昇などにより，一時的に室料が p_0 に上がった場合を考える．室料の上昇を受け，客室の需要は Q_0 に減る．価格 p_0 でホテルが供給する客室数は Q_1 なので，超過供給 ($Q_1 - Q_0$) が生じる．その結果，収益が悪化するため室料 p_0 はやがて下落する．

逆に，風評被害などで，一時的に室料が均衡価格 p_e から p_1 に下がった場合は，超過需要 ($Q_1 - Q_2$) が生じる．客室の争奪を経て，室料 p_1 はやがて上昇する．したがって，一時的に室料 p が均衡室料 p_e からずれても，市場調整機能により，やがて均衡室料 p_e と均衡取引客室数 Q_e に戻り，自動的に SS が

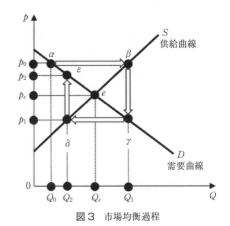

図3 市場均衡過程

最大となる資源配分を実現する．これが，資源配分機能として市場が優れている理由である．ワルラスの価格調整機能では，室料が取引客室数を調整すると考える．他方，取引客室数が多い Q_1 の場合，需要価格 p_1 を供給価格 p_0 が上回る超過供給価格 ($p_1 > p_0$) が生じる．その結果，宿泊客に安く買いたたかれるため，ホテルは供給する客室数を Q_2 に減らす．逆に，取引客室数が少ない Q_2 の場合，超過需要価格 ($p_2 > p_1$) が生じる．宿泊客の客室の争奪の結果，取引客室数 Q_2 はやがて増加する．マーシャルの数量調整機能では，取引室数が室料を調整すると考える．

株や為替など，需要供給調整の時間差が小さい場合，価格調整機能が働く．他方，住宅など時間差が大きい場合，数量調整機能が働くと考えられる．一期の時差 ($Q_0 \to p_0 \to Q_1 \to p_1 \to Q_2 \to p_2 \to \cdots$) をもつマーシャルの数量調整機能を，「くもの巣調整過程」とよぶ．

（金城盛彦）

文献

小沢健市 2001「観光と経済」岡本伸之編『観光学入門―ポスト・マス・ツーリズムの観光学』有斐閣，pp.211-234.

3.4 観光者の観光財・サービスの選択への属性アプローチ

伝統的な新古典派ミクロ経済学では,消費者は観光関連財・サービスそれ自体の消費から効用を獲得すると想定されていた.したがって,消費者・観光者は,消費財・サービスをより多く消費すればするほど,効用が高まると主張されてきた.

しかし,K. Lancaster (1966, 1969) は,消費者は財・サービスそれ自体の消費から効用を獲得するのではなく,財・サービスがもっている属性から効用を獲得するとの前提の下で,いわゆる属性分析(属性アプローチとよばれている)を展開した.

この分析手法を観光者の観光関連財・サービスに適用するならば,観光者は,例えば,ある観光地やリゾート地での宿泊施設の選択において,ある特定の宿泊施設それ自体の選択をするのではなく,宿泊施設の宿泊料金(1泊あたり)と彼の利用可能な所得を所与として,各宿泊施設が有しているいくつかの属性の集合を選択し,その属性の集合がある特定の宿泊施設を決定する,ということである.

以下では,簡単な例を用い属性分析を説明しよう.いま,ある観光地に2軒のホテル(A, B)が存在し,それら2軒のホテルは,いずれも属性 x と y をもっていると仮定しよう.そしてその属性は,ベクトルによって1泊あたりの属性含有量を表せるとしよう.各ホテルの1泊あたり x と y の属性含有量は,次のようであると仮定する(また2泊の場合には,下の各属性含有量を2倍に,3泊の場合には3倍,…などとすればよい).

ホテル A:$x = 3$, $y = 6$
ホテル B:$x = 6$, $y = 3$

これらの属性の含有量は,横軸に属性 x,縦軸に属性 y をとり,その属性含有量をベクトルで表す.図1は,属性分析のエッセンスを表している.

また原点から2本の右上がりの直線が描かれているが,それは各ホテルの属性ベクトルを表し,傾きが急な右上がりの直線はホテル A の属性ベクトル,傾きが緩やかな右上がりの直線はホテル B の属性ベクトルである.また右下がりで原点に凸な曲線は,ある観光客 (k) のホテルの属性に対する無差別曲線である.さらに点 e と点 e' を結んだ右下がりの直線は属性フロンティアとよばれている.属性フロンティア上は,所与の条件のもとで,どの点も観光者が選択可能な属性の組み合わせを表している.

図1に描かれているように,観光者 k の無差別曲線と属性フロンティアが点 e で接している.したがって,観光者 k にとって,点 e は,与えられた条件のもとで,最大の効用が得られる属性の組み合わせを表している.点 e において,観光者 k は属性 x の3単位と属性 y の6単位の組み合わせから得られる効用を獲得する.それらの属性の組み合わせはホテル A の1泊あたりの属性の組み合わせを表しているから,彼は宿泊料金と所得の制約を所与としてホテル A を選択することを意味している.

属性アプローチは,観光者や消費者がたんに財・サービスの消費自体から効用を獲得す

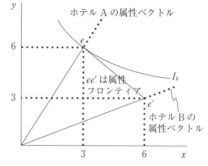

図1 属性アプローチ

実線の属性ベクトルは1泊あたりの属性含有量の組み合わせを,点線は1泊以上のケースの属性ベクトルを表している.

るという伝統的な経済理論とは異なり、財・サービスがもっている属性の組み合わせから効用を獲得し、その属性の集合によって、財・サービスが特定化されるという、これまでにはない考え方に基づいているのみならず、伝統的な効用最大化理論ではうまく説明ができなかった製品差別化や新しい財・サービスの市場への登場についても説明することができるという利点をもっている。

差別化された財・サービスや改良された財・サービスの市場への投入を例に属性分析を用いて、それを説明しよう。

この点を説明するために、例えば、上で用いた宿泊施設、特に既存の第三のホテルCがリニューアルされ、新たなホテルとして当該ホテルが市場に登場したとしよう。

もちろん、リニューアルされているので、第三のリニューアルホテルは、これまでとは異なる属性の組み合わせを有するとともに他の既存のホテルとは異なる属性含有量を有している、と考えてもよいであろう。例えば、第三のホテルCのリニューアル後のx, yの属性含有量は、単純化のために、次のようであると仮定しよう。

　　ホテルC：$x = 5, y = 5$

一見すると、この属性含有量の組み合わせは、他の2軒の既存ホテル（A, B）の属性含有量よりも劣っているように見えるかもしれない。しかし、実はそうではなく、この組み合わせの属性含有量を図に描くと、ホテルAとBよりも属性を表すベクトルはより右上方へと延びていることがわかる（図2）。

図1に描かれている原点からe''点までの距離がホテルCの属性ベクトルを表している。このリニューアルホテルCと既存のホテルAとBの属性ベクトルの頂点、すなわち各ホテルの属性xとyの1泊あたり含有量の組み合わせを表す点e, e''そしてe'を結んだ属性フロンティアが描かれており、その頂点と観光者kの無差別曲線II_kとが接している。無差別曲線II_kはI_kより効用水準は高い。

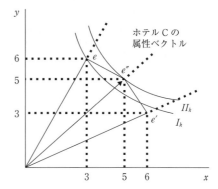

図2　属性含有量の異なる新規ホテルの参入
製品差別化ホテルの市場への新規参入は、観光者の効用最大化選択点を点eから点e''へ変化させる。

属性フロンティアに観光者の無差別曲線を重ねると、観光者が属性集合から獲得する効用は、リニューアルホテルCの市場への参入前には点eであったが、参入後は点e''へと変化している。点e''で新しい属性フロンティアと観光者の無差別曲線とが接している。その点では、観光者の無差別曲線はリニューアルホテル参入前の無差別曲線よりも右上方に位置し、したがって、より高い効用を表している。それゆえリニューアルホテルCの参入後は、観光者kはより効用水準の高い属性の組み合わせを表す点e''を、したがって、リニューアルされたホテルCを選択する。

リニューアルされ市場に参入するホテルCは、他の既存のホテル（A, B）とは異なる属性の集合の含有量をもつという意味において、既存のホテルとは差別化されたホテル（製品差別化）であるといってもよい。　　　（小沢健市）

文献

Lancaster, K. 1966 A new approach to consumer theory. *Journal of Political Economy*, **74**：132-157.
Lancaster, K. 1969 *Introduction to Modern Microeconomics*. Rand McNally International Company, pp.218-221.
Stabler, M. J., Papatheodorou, A. and Sinclair, M. T. 2009 *The Economics of Tourism* (2nd ed.). Routledge, pp. 36-39, 387-390.

3.5 観光市場

観光市場のミクロ経済学 テーマパークは創業に膨大な設備（固定費）が必要なので，入場者が増すほど，その平均（1人あたり）費用は逓減し，収益が逓増する．よって，おのずと大規模化し市場の独占を目指す（自然独占）．独占に利益がともなえば参入を招く．結果，アトラクションの利用料金はやがて，損益分岐価格 p_e まで下落する．（長期）供給曲線はよって，横軸に平行になる．短期的に独占力を行使しアトラクション Q_m を，入場料 p_m で供給する場合を考える．需要曲線の高さ（価格）は入場ごとの利用者の支払意志額（WTP：willingness to pay）を，□$Op_h e_m Q_m$ はその総額を表す．□$Op_m e_m Q_m$ を入場，△$p_m p_h e_m$ を利用料として徴収すれば，アトラクションの運営費は□$Op_e e' Q_m$ なので，テーマパークは□$p_e p_m e_m e'$ の独占利潤を獲得する．参入で入場料が p_e に下がると独占利潤は失われるが，Q_e のアトラクションの運営費 □$Op_e e Q_e$ を入場料で徴収できれば，規模の拡大により平均費用を下げ続けることができる．これが，テーマパークが入場と利用料金を別に課す理由である（二部料金制）．利用者が独占下では失われる WTP（△$e' e_m e$：死重損失）を獲得できるため，社会的にはこの方が望ましい．

観光市場のマクロ経済学 地域や国などマクロの観光市場規模は，一般に乗数や産業連関モデルを用い推計する．観光市場の規模はいずれも，観光収入の乗数（誘発係数）倍になる．例えば，2010年の外国人客は1人当たり13万3,426円，国内宿泊客は4万8,412円消費している．外国人客の消費額は国内宿泊客の2.8人分に匹敵し，2014年までの480万人の外国人客の増加は，国内客に換算すると1,344万人の増加（全体の16.4%）に匹敵する．同じ人数でも，消費額のうえでは同じではない．人の増加は環境負荷を生むが，国内宿泊客の2.8倍を超えなければ，同額の観光収入にともなう負荷は外国人客が小さいともいえる．ハワイは観光市場の規模を表す指標を観光客数から消費額にシフトしている．

過大推計の危険性 これらのモデルはしかし，労働や資本不足の制約を無視し，観光収入に見合う供給の実現を保証する．沖縄県の県外客のレンタカー利用額は，観光以外の用途も含む同産業の移輸出総額を超えている．県外客のものはすべて域内産品消費とする不自然な前提に起因するものも含め，観光市場の規模の推計は実際より過大になりがちな点に留意が必要である．　　　　　　　（金城盛彦）

文 献
金城盛彦 2009「ツーリズムの経済効果分析の課題2～派生需要の過大評価の可能性について～」東海大学紀要政治経済学部，**41**：117-125.
Hawai'i Tourism Authority 2014 *Hawai'i Tourism Strategic Plan：2005-2015.*

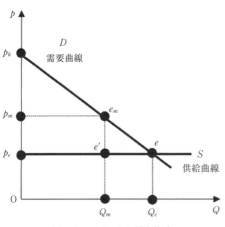

図　テーマパークの料金体系

3.6 観光財・サービス市場

観光財・サービス市場とは，観光財・サービスの供給者と需要者が価格を媒介にして取引を行う場である．例えば，観光地の土産物店で旅行記念の品を購入することや，旅行会社で海外パック旅行を購入することは市場取引である．また宿泊サービスを提供するホテルでは，顧客がホテルに到着してから去るまでの間すべてが市場取引であろう．この場合，ホテル従業員のホスピタリティの高さは，顧客満足度を高め，それによる宿泊客数の増加を通じて高利潤をもたらすので重要な要素である．それゆえホテル経営者にとって，従業員がホスピタリティに溢れた接客をするかどうかは大きな関心事である．

そこで以下では，シィ（Shy 1996）を参照しながら，観光財・サービス市場の一例として宿泊サービスを取引する市場を取り上げ，これが望ましい市場として成立するうえで従業員のホスピタリティを高く維持するためには，オーナーがどのような雇用契約を従業員との間で結べばよいのかという点について，プリンシパル・エージェント（依頼人・代理人）問題としてとらえてみよう．

いま海辺のリゾートホテルのオーナーと従業員との関係を考えると，オーナーが依頼人にあたり，他方従業員が代理人にあたる．依頼人であるオーナーは，代理人である従業員にホスピタリティに溢れた接客（まじめに働く）をしてもらい，売上げを伸ばして高い利潤を得たいと思っている．他方，従業員はまじめな接客にはそれ相応の努力（e）が必要であり，時には手抜きをすることも考えているとしよう．ここでは単純化の仮定として，従業員がまじめに働くときには $e = 2$，手抜きをするときには $e = 0$ とする．また，従業員が別のホテルに移った場合に働いて得られる効用水準（留保効用）を 10 とする．

売上げ（R）は従業員の努力水準に依存するとして，$e = 2$ ならば売上げが高く（$R = H$），他方 $e = 0$ ならば売上げが低い（$R = L$）とする（ただし $H > L$）．ここでオーナーはこの売上げから従業員の努力を確実に判別できる，すなわち完全にモニターできると考えて，売上げが高いとき（$R = H$）には賃金 w^H を，売上げが低いとき（$R = L$）には賃金 w^L をそれぞれ従業員に支払うものとする．このときオーナーが利潤関数を

$$\pi = R - w$$

として利潤最大化行動をとるのならば，オーナーは従業員に対してどのような賃金契約（$w = w^H, w^L$）を提示すればよいであろうか．

いま従業員の効用関数を，

$$U = w - e$$

としよう．このとき，従業員が他のホテルに移らずにこのホテルでまじめに働いてくれるための条件は，このホテルでまじめに働いたときの効用が他のホテルに移ったときの効用より少なくとも小さくならないこと，すなわち

$$w^H - 2 \geq 10 \qquad (1)$$

である．これを参加制約とよぶ．

次に，従業員がこのホテルで働く以上は手を抜かずにまじめに働くための条件は，まじめに働いた場合の効用が手を抜いた場合の効用より少なくとも小さくならないこと，すなわち

$$w^H - 2 \geq w^L - 0 \qquad (2)$$

である．これを誘因両立制約とよぶ．

オーナーの利潤関数を考えると，利潤を最大化するためにはできるだけ低い賃金を選びたいから，参加制約においては等号が成立する賃金水準が選ばれる．すなわち $w^H \geq 12$ より $w^H = 12$ を得る．さらにこれを誘因両立制約に代入すると，$w^L \leq w^H - 2$ であるから，一つの解として，$w^L = 10$ を得る．これを図示したのが図1である．これらの賃金のもとでオーナーの利潤を求めると $w^H = 12$ のときは $\pi^H = H - 12$，$w^L = 10$ のときは

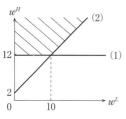

図1　完全モニタリング

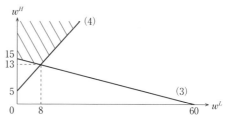

図2　経済的誘因メカニズム

$\pi^L = L - 10$ であり，$\pi^H \geqq \pi^L$ でなければならないから，$H - L \geqq 2$ である．このようにオーナーが従業員の努力水準を完全にモニターできるこのモデルでは，売上げの差額から従業員の努力水準を知ることができる．しかし完全にモニターできるためには，後にみるように余計な費用がかかる．

さて，海辺のリゾートホテルであるから，売上げは従業員の努力だけではなく天候のような別の不確実な要因にも左右されるであろう．従業員がまじめに働いても売上げが低いこともあるし，まじめに働かなくても売上げが高くなることもある．そこで，例えば $e = 2$ のとき $R = H$ となる確率を0.8，他方 $R = L$ となる確率を0.2としよう．また $e = 0$ のとき $R = H$ となる確率を0.4とし，他方 $R = L$ となる確率を0.6としよう．ここでは，従業員がまじめに働いた方が売上げが高くなる確率が大きくなっている．

このように不確実性が導入されると，従業員の効用関数に用いられる賃金は期待賃金 Ew に置き換わる．すなわち，$e = 2$ のとき
$$Ew = 0.8 w^H + 0.2 w^L$$
であり，他方 $e = 0$ のとき
$$Ew = 0.4 w^H + 0.6 w^L$$
である．したがって参加制約は
$$0.8 w^H + 0.2 w^L - 2 \geqq 10 \quad (3)$$
であり，他方誘因両立制約は
$$0.8 w^H + 0.2 w^L - 2 \geqq 0.4 w^H + 0.6 w^L - 0 \quad (4)$$
である．ここでも先の完全モニタリングの場合と同じように考えれば，最適契約の賃金水準として $w^H = 13$ と $w^L = 8$ を得る．これを図示したのが図2である．

以上二つのモデルから，オーナーが従業員を完全にモニターできる場合と経済的誘因メカニズムに任せる場合とではどちらの費用が安いのかを比較できる．後者のモデルではオーナーが従業員に支払う賃金は $w^H = 13$ と $w^L = 8$ であるが，このとき期待賃金は
$$Ew = 0.8 \times 13 + 0.2 \times 8 = 12$$
であり，これは完全モニタリングの場合の w^H と同じである．しかしモニタリングを完全にするためにはカメラを設置したり，監視人を雇ったりしなければならない．もちろん，監視人を監視する人も必要になるかもしれない．その意味で費用はかさむ．これに対して，経済的誘因メカニズムを用いた場合には，そのような余計な費用は必要ない．この意味からも，後者の優位性がわかる．

またモデルの一つの拡張として，オーナーと従業員との間に天候などの不確実性に対する確率の与え方に違いがある場合，すなわちリスク回避の度合いに違いがある場合には，オーナーが不確実な環境に直面する従業員にリスクプレミアムを支払う必要も起こりうる．この点の詳細やゲーム理論については，以下の文献を参照されたい．　　　（長橋　透）

文　献

神取道宏 2014『ミクロ経済学の力』日本評論社．
Candela, G. and Figini, P. 2012 *The Economics of Tourism Destination*. Springer.
Shy, Oz 1996 *Industrial Organization*. MIT Press, Chap. 2.

3.7 観光需要予測

観光需要 観光需要とは,訪問客(visitors)の観光商品(tourism commodities)に対する物品サービス需要であり,観光関連産業およびその他産業が最終消費財または中間財の供給を行うことにより,訪問客の需要を満たす過程において経済効果を発生させて,地域経済を刺激するというのが,世界観光機関(UNWTO)で唱導されている観光サテライト勘定(TSA)における概念である.この需要を把握するために,訪問客が消費した金額を測定し,それを観光支出額という金銭単位で把握するのが,産業規模や経済効果測定に重要な単位であるが,一方で地域への訪問客数や産業セクター別の固有の数値,例えば,輸送機関における総利用客数,観光関連施設の入場者数,観光関連施設の総売上げなどをも対象として広く観光需要ととらえる場合もある.対象観光地への次年度入り込み客数予想,日本への欧米からの年間インバウンド客予想のような特定セグメントのみの予想,ホテルの月間宿泊総数予想,関西国際空港とホノルル間の航空機搭乗人数想定,あるいは台湾における九州旅行パンフレット年間請求予想数のようにミクロレベルでの予想も観光需要予測の対象となる.

予測 予測とは,対象物の過去の情報を整理して将来の方向性や数値を予見することである.基本的に予測には二つの手法がある.ひとつは複数の専門家の過去の対象物の数値に関して未来における対象物の数値を徴収し,それらに基づいて予測を立てる方法である.もうひとつは過去の客観的な定量的なデータを数学的,統計的に解析して,未来の数値を予測する方法で,「過去の歴史的な事実と科学的な知識を導入し,対象数値に将来何が起こりうるかのイメージを創造すること」という説明といえる(Cornish 1977).当該説明は後者の定量的な分析を解説する.

観光需要予測の手順 Frechtling(2001)の説明に準拠した手順としては以下の四つの順番で準備していく.

①デザイン段階　ここでは対象物を決定し,どの数値を予想するか,利用可能なデータを確認し,予想手法をすべて書き出してから,暫定的に手法を選択する.

②詳細確定段階　次に適切な予想モデルを決定する段階となるが,因果推論モデル(別の変数が対象となる変数に影響を及ぼす)を利用するならば,それら変数の関係を考慮しなくてはならない.例えば,為替レートとインバウンド訪問客数の関係ならば,興味の対象はインバウンド訪問客数であり,それは為替レートの変動に影響を受けると推定するならば,過去の学術論文(日本語だけでなく世界の知見の蓄積と発信の標準言語である英語文献も)における研究例などの確認は必須である.その後,選択したモデルにデータを入力し,モデルの媒介変数の有益さを確認し,そのモデルで過去の媒介変数データを入れて,興味の対象の変数がうまく予測できるかを確認する.念のため,他のモデルも偏見なく適用して,もっとも結果がよかったモデルを選択する.

③実行段階　ここではまずモデルを使って予想数値を算出し,必要であれば研究者の判断を駆使して適切な補正を実行する.その結果を記録して,予測データの消費者である上司や顧客に結果を提示する.

④評価段階　最後に,予測値をより正確にするために,予測数値の実際値とのブレを観察し,その乖離の原因を探求し,もし修正数値の方が正しい可能性が高いとの信念があれば予測修正する.そして時代の変遷とともに媒介変数が変化した可能性の確認をとり,より正確な予測実行のために,それら媒介変数修正後の現行モデルによる予測実行,または新規モデル開発により新たな予測を実行す

る.

代表的な予測モデル紹介　ここでは代表的な予測モデル群の概念を説明をする.

① 時系列予測（time series forecasting methods）　歴史は繰り返すのであろうか. もしそう思うならば, 時系列予測手法は単純でもあり最適であろう. 基本的には興味の対象となる数値の過去データを分析し, それを将来にわたって引き伸ばす, つまり過去の既知の事実から未知の事柄を推定する手法である. ただし単純とはいっても, 季節性（例：夏休みの稼働率は高く, 冬は低い, 年次の季節性や, 週末とそれ以外で稼働率が違う週次）の問題は無視できないため, データ頻度が重要となる. また, 単純移動平均手法でより精度を増すこともありうる.

単純移動平均：

$$F_t = \frac{A_{t-1} + A_{t-2} + A_{t-n}}{n}$$

ここで, F は予測値, A は実際値, t はある特定の時間, n は過去数値の数である. さらに時系列分析を進めた手法として指数平滑法, 自己回帰移動平均法などがある.

② 回帰分析手法　予測したい変数が, 他の変数によって予測できるという手法を回帰分析とよぶ. 予測したい変数を従属変数とよびそれを Y として, 他の変数を独立変数とよびそれを X とする. 独立変数が一つの場合は単純回帰, 独立変数が複数の場合は重回帰とよばれる. 時系列が,「明日の試験の成績は前回が85点でいままで少しずつ上がっているから, 87点くらいだろう」というのに対し, 回帰分析は「前回のテストより勉強したが（事前準備時間）, 睡眠不足で（睡眠時間）, この程度の点数になるだろう」というイメージである. 観光分野ならば, 時系列モデルが「今年のインバウンド客数は2,000万人だったから, 来年はさらに増えて2,500万人くらいだろう」というのに対し, 回帰モデルは「来年の年間インバウンド客数値は, 主要通貨との為替レート変動率と, 日本政府観光局の対外宣伝予算前年比増加率を加味すれば予測できる」というようなイメージである.

・重回帰分析

$$Y_t = \alpha + \beta_1 X_{1,t} + \beta_2 X_{2,t} + \cdots + \beta_n X_{n,t} + \varepsilon$$

ここで, Y は従属変数, α は接点, β は傾き係数, X は独立変数, t はある特定の時間, n は独立変数の数, ε は残差（＝エラー）である.

需要予測モデルの評価　基本的には, モデルが予測した数値と, 現実値がどの程度乖離しているのか, またその乖離が最終的に残差が最小限（ゼロ）になるようなモデルであるかを確認することで, モデルの評価ができる.

予測誤差の測定手法としては, トラッキングシグナルを算出することで, 予測誤差が正の値に偏ったり, 負の値にまとまったりして, 偏りが大きくなったかが測定できる.

$$TS = \frac{\Sigma(A_t - F_t)}{\Sigma|A_t - F_t|/n}$$

ここで, TS はトラッキングシグナル, A は実際値, F は予測値, t はある特定の時間, n はデータ測定期間の数である. ただしこれらの需要予測モデルは「歴史は繰り返す」という大前提に立脚した予測モデルであり, 外的ショック（災害や大事故）による需要の急増や急減を予想すること, 外的ショック後の復興需要予測あるいは外的ショックが構造的な変化を及ぼすかは予測できない点, 研究者は留意が必要である.　　　　（原　忠之）

文　献

Cornish, E. 1977 *The Study of Future*. World Future, Society.

Frechtling, D. 2001 *Forecasting Tourism Demand: Methods and Strategies*. Butterworth Heinemann.

Hara, T. 2004 Estimating the immediate effects of an unprecedented event of terrorism. Chen, J. ed. *Advances in Hospitality and Leisure*. (1), Elsevier, pp.237-254.

3.8 需要の弾力性の諸概念

　観光者はさまざまな財・サービスを消費しながら自身の観光目的を達成しようとする．例えば，観光には宿泊が不可欠であるが，宿泊施設の宿泊料金と宿泊（客室）需要の間にはどのような関係があるか，あるいは潜在的観光者の所得が変化したならば，宿泊日数はどの程度影響を受けるか，といったことを数値化することが可能であるならば，それは交通機関や宿泊施設，レストラン，そして種々のエンターテインメント施設などにとってきわめて有益な情報になるであろう．しかしながら，量的変化を測定する際にはある問題をともなう．すなわち，市場ごとに財・サービスを測定する単位が異なること（メートル，グラムなど），またそれぞれの市場で販売される財・サービスは多くの場合価格が決定されているが，その価格は円表示なのか，ドル表示なのか，それともユーロ表示なのかといった問題が存在する．私たちがさまざまな状況全体にわたって量的変化を比較する一つの方法は百分比（パーセント）変化に注目することである．

　弾力性は，抽象的に表現すれば，ある一変数が他の変数の変化にどう反応するかを表す概念である．すなわち，ある変数 x がある大きさだけ変化するとき，他の変数 y がわずかな大きさだけしか変化しないかあるいはより大きく変化するかということである．

　以下では，観光に密接に関わる四つの代表的な弾力性の概念，①需要の価格弾力性，②需要の所得弾力性，③需要の交差価格弾力性，そして④需要の広告支出／マーケティング弾力性の概念を説明する．

需要の価格弾力性（E_d）

$E_d =$（ある財・サービス x の需要量の百分比(%)変化）÷（財・サービス x の価格の百分比(%)変化）

　例えば，ホテルの1泊の宿泊料金が10,000円のとき，客室需要量が440室であり，何らかの理由で1泊あたり客室料金が12,000円へ上昇し，料金引上げ後の客室需要量が400室へ減少するならば，ホテルの需要の価格弾力性は，客室需要量の％変化がマイナス10％，客室料金の％変化がプラス20％であるから，ホテルの需要の価格弾力性（E_d）は

$$E_d = (-10\%) \div (20\%)$$
$$= -0.5$$

であるが，需要の価格弾力性は一般的に絶対値で表すから，ホテルの需要の価格弾力性は0.5となり，$E_d < 1$ である．客室需要の価格弾力性が1より小さいとき，客室料金の引上げによって，ホテルの売上高は，客室料金引上げ前よりも増加する．

料金引上げ前の売上高 $= 10,000 \times 440$
$= 4,400,000$ 円
料金引上げ後の売上高 $= 12,000 \times 400$
$= 4,800,000$ 円

　反対に，ホテルの需要の価格弾力性の値（絶対値）が1より大きいとき，客室料金を引き上げるならば，ホテルの売上高は減少する．

　例えば，客室料金の％変化が10％の増加で，客室料金引上げ後の客室需要量が440室から330室へと25％減少するならば，客室料金の需要の価格弾力性は

$$E_d = (-25\%) \div (10\%)$$
$$= -2.5 = |2.5|$$

これは，客室料金引上げ後の売上高は396万円へと減少することを意味している（表）．

　需要の価格弾力性の概念は，ある財・サー

表　弾力性と売上高の関係

弾力性	価格引上げ 売上高	価格引下げ 売上高
$E_d < 1$	増加	減少
$E_d > 1$	減少	増加
$E_d = 1$	不変	不変

ビスの価格変化の結果として，その財・サービスの売上高がどう変化するかを私たちに教えてくれるという意味において，重要な概念である．

需要の所得弾力性 需要の所得弾力性 E_y は，ある財・サービスの需要量が所得の変化に対してどの程度反応するかを表す概念である．すなわち，

$E_y =$（ある財・サービスの需要量の百分比（％）変化）÷（所得の百分比（％）変化）

この概念は，ある財・サービスの所得弾力性によってその財・サービスを特徴づけることができるという意味において，重要である．

$E_y < 0$ のとき，この財・サービスの需要は所得が増加するにつれて減少し，したがってこの種の財・サービスは下級財（劣等財）という．$0 < E_y < 1$ のとき，所得が1％増加するときに，その財・サービスに対する需要は1％以下しか増加しない．この種の財・サービスは上級財（正常財）とよばれる．

$E_y < 1$ のとき，所得の増加以上にその財・サービスに対する需要は増加する．この種の財・サービスは奢侈財（贅沢品）とよばれる．

日本人の海外旅行の所得弾力性は1より大きいといわれるが，これは日本人の海外旅行需要は所得の変化に敏感に反応するということ，したがって，日本人の海外旅行需要は，所得が増加すればするほど，いっそう増加するということを意味している．

需要の交差価格弾力性 E_c 交差価格弾力性は，上に述べた2つの弾力性概念とは異なり，2種類の別々の財・サービスを対象にしていることである．

$E_c =$（財・サービスBの需要量の百分比（％）変化）÷（財・サービスAの価格の百分比（％）変化）

需要の交差価格弾力性の値により，私たちは2種類の異なる財・サービスがどのような関係にあるかを知ることができる．

例えば，ある2種類の異なる財・サービスの需要の交差価格弾力性の値が $E_c < 0$ のとき，これらの財・サービスは，例えば，ビールと枝豆のように補完関係にあるという．反対に，異なる2種類の財・サービスの交差価格弾力性の値が $E_c > 0$ のとき，これらの財・サービスは代替関係，すなわち一方の財・サービスを選択すれば，他方の財・サービスは選択されないという関係にあるといわれる．例えば，日本酒とワインの間の関係や和風旅館と洋風ホテルの間の関係を表している．

需要の広告支出弾力性 売り手は利潤の最大化が目的であるから，そのためには需要を増加させる必要がある．需要の増加とは，ある財・サービスの需要曲線が右上方へ移動することをさしている．つまり，これは需要量の増加ではなく，需要の増加といわれる．需要曲線の右上方への移動は，当該財・サービスの価格が変化しなくても販売量が増加するから，売り手の売上高を増加させ，それゆえ利潤の増加へつながると期待される．

需要曲線を右上方へ移動させるためのひとつの手段が広告や宣伝である．観光地は，誘客のためにさまざまな媒体を通じて情報を提供している．観光客の誘致を通じた当該地域の観光関連企業や産業の売上高増加を目的とした広告である．需要の広告支出弾力性 E_a は，次のように定義される．

$E_a =$（ある財・サービスの売上高の百分比（％）変化）÷（広告支出の百分比（％）変化）

この弾力性は，広告支出の1％の変化がある財・サービスの売上高を何％変化させるかを表す概念であり，$E_a > 0$ であるならば，広告支出の1％の増加は売上高を増加させ，反対に $E_a < 0$ であるならば，広告支出の増加は売上高を減少させる． 〔小沢健市〕

文　献

Dwyer, L., Forsyth, P. and Dwyer, W. 2010 *Tourism Economics and Policy*. Channel View Publication.
Besanko, D. and Braeutigam, R. 2015 *Microeconomics* (2nd ed.). Wiley.

3.9
観光におけるバンドワゴン効果とスノッブ効果

需要の外部効果 一般に経済学の基礎理論においては，消費者は市場の価格を与えられたものとして行動し，個々の需要量を決定する．そして，これらの需要量の総和が市場全体の総需要を形成する．また，個々の消費者は市場価格にのみ影響され，他の消費者の購買行動には影響されないと想定している．

このような議論に対して，ライベンシュタイン (Leibenstein 1950) は，需要の外部効果を仮定し，消費者は他者の購買行動により影響を受けると想定した．ここで，消費者が他者の購買行動に影響を受け，他者と同じものを購入しようとする購買行動をバンドワゴン効果 (bandwagon effect) とよび，他者と異なったものを購入しようとする購買行動をスノッブ効果 (snob effect) とよぶ．また彼は，価格が高いほど顕示的消費が増すというヴェブレン効果 (Veblen effect) についても言及している．

バンドワゴン効果 ライベンシュタインが想定するバンドワゴン効果とは，ある財に多くの需要がある場合，消費者のその財に対する個人需要が大きくなるという効果である．ここで「バンドワゴン」とは，行列の先頭を行く楽隊車のことで，「バンドワゴンに乗る」とは，「時流に乗る，多勢に与する，勝ち馬に乗る」といった意味がある．

まず，ライベンシュタインのバンドワゴン効果の需要関数を定式化する．個々の消費者の需要関数 (d_i) はある財の価格 (p) だけでなく市場全体の需要関数 ($D = \Sigma d_i$) にも依存する．したがって，個々の消費者の需要関数は $d_i(p, D)$ で表せる．ここでバンドワゴン効果により市場全体の需要 (D) の増加は個々の需要を増加させる ($\partial d_i / \partial D > 0$)．

以上の説明を図示すると，図1のようになる

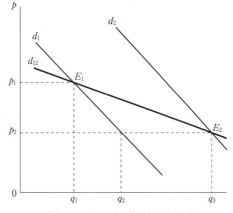

図1 バンドワゴン効果と個人需要

消費者の需要 d_1 は総需要 D_1 のもとで，需要 d_2 は総需要 D_2 のもとで描かれている．総需要 $D_2 > D_1$ を仮定し，d_2 は d_1 より大きい．いま市場価格が p_1 のとき，消費者の個人需要は $d_1(p_1, D_1)$ である．市場価格が p_2 に下落した場合，総需要は D_1 から D_2 へ増加する．これにともない消費者の需要は $d_2(p_2, D_2)$ へと移行する．ここで需要量の増分のうち，q_1 から $q_2(p_2, D_1)$ は外部効果が存在しない場合の価格効果であり，q_2 から q_3 の移行はバンドワゴン効果による増分である．

消費者の個人需要の均衡点を結んだ d_{12} はバンドワゴン効果を仮定した場合の個人需要曲線であり，この曲線は価格に対して弾力的（水平方向）になる．

スノッブ効果 これはバンドワゴン効果とは逆であり，市場全体の総需要の増加が消費者の個人需要を減少させるという効果である．「スノッブ」とは「俗物，気取り屋」という意味で，「他者に容易に迎合しない者」ということである．

スノッブ効果の需要関数は，バンドワゴン効果と同様に定式化することができるが，バンドワゴン効果の外部効果が正であるのに対して，スノッブ効果の外部効果は負となる．つまり，スノッブ効果の場合，市場全体の需要 (D) の増加は個々の需要を減少させる

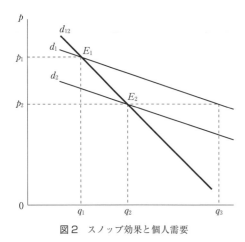

図2 スノッブ効果と個人需要

$(\partial d_i/\partial D < 0)$.

これは図2で示すことができる．消費者の需要 d_1 は総需要 D_1 のもとで，需要 d_2 は総需要 D_2 のもとで描かれている．総需要 $D_2 > D_1$ を仮定し，スノッブ効果により d_2 は d_1 より小さい．市場価格 p_1 のもとで，消費者の個人需要は $d_1(p_1, D_1)$ である．市場価格が p_2 に下落した場合，総需要は D_1 から D_2 へ増加する．これにともない消費者の個人需要は $d_2(p_2, D_2)$ へと移行する．ここで需要量の増分のうち，q_1 から $q_3(p_2, D_1)$ はスノッブ効果がない場合の価格効果であり，q_3 から q_2 への個人需要の減少はスノッブ効果によるものである．消費者の個人需要の均衡点を結んだ d_{12} はスノッブ効果を仮定した場合の個人需要曲線であり，この曲線は価格に対して非弾力的（垂直方向）になる．

上記の消費財需要における外部効果は，その後，ネットワーク外部性への研究に進展する．ロルフス（J. H. Rohlfs）は，ネットワーク外部性に関わるバンドワゴン効果を提唱した．これは「規模の経済」効果や「規模の不経済」効果を需要サイドに当てはめるもので，同一財サービスに対する需要者（利用者）の数の大きさの変化が，その財・サービスの便益（benefit）に影響を与えるとするもので

ある．例えば，SNS などの加入者が増加すればするほど，ネット上での効率性や利用上の便益が高まり，より多くの加入者が SNS に加入しようとする．この現象をロルフスは「ネット外部性のバンドワゴン効果」とよんだ．近年のネットワーク産業の発展により需要の外部効果の問題はより重要性が増している．

観光における外部効果　19世紀においては，観光はまだ大衆化されていなかった．20世紀に入り，交通手段の発達や経済の成長とともに，観光はようやく庶民の手に届くものとなった．「大衆観光（マスツーリズム）」の到来である．当初は，団体列車やバスが手配され，誰もが同じ観光地を目指して殺到した．国内では歴史や寺社仏閣に富む京都や奈良，自然豊かな九州や四国を観光することが流行りとなり，新婚旅行や修学旅行では，そのような観光地が競って選ばれた．誰もが行く観光地であるからこそ，そこに魅力や満足を感じた．観光の歴史を俯瞰すると，まさにこのような時代にこそ，観光需要におけるバンドワゴン効果が働いたと考えることができる．

時代の変遷とともに誰もが何度も観光を体験できる時代となった．観光の成熟化である．観光体験が蓄積されるにしたがって，誰もが行く観光地は敬遠され，あまり人が行かない観光地が選好されるようになる．観光の差別化が生じてくる．他の人が体験したことがない観光地であればあるほど，観光における満足感（効用）はより大きなものとなる．これは，まさに観光需要においてスノッブ効果が作用していると考えることができる．

（麻生憲一）

文 献

依田高典 2001『ネットワーク・エコノミクス』日本評論社．
ロルフス，J. H.（佐々木 勉訳）2003『バンドワゴンに乗る：ハイテク産業成功の理論』NTT出版．
Leibenstein, H. 1950 Bandwagon, Snob, and Veblen Effects in the Theory of Consumers' Demand. *The Quarterly Journal of Economics*, **64**(2)：183-207.

3.10 観光と時間・余暇時間の選択

余暇と労働時間の供給 家計による労働供給の理論に基づき，余暇の供給問題を考える．余暇が l 時間ならば，1日は24時間なので，$L = 24 - l$ 時間が労働に充てられる．時間あたりの賃金が $w(>0)$ ならば，家計の所得は wL となる．所得 wL で価格 p の財を c 単位購入したとすると，$wL = w(24 - l) = pc$ が成り立ち，消費可能な組み合わせを示す予算制約線 ($24w = pc + wl$) が得られる．代わりに労働に充てれば賃金が得られるため（機会費用），余暇の価格は等価な w になっている．

図1の曲線 U_0 は，家計の満足度（効用）が等しい余暇と財の消費組み合わせを表す「無差別曲線」である．曲線 U_0 の Δl と Δc および $\Delta c'$ の比から，余暇が少なく希少な場合，同量の余暇の消費 (Δl) をあきらめる代わりに，多くの財の消費 ($\Delta c < \Delta c'$) が必要となるため，曲線は原点に凸になる（限界代替率低減の法則）．

また，同じ余暇 l_0 の消費でも，U_0'' のときの財の消費 c_0'' の方が大きい．よって，右上の無差別曲線ほど大きな効用を示し，予算制約線より内（原点）側 ($24w > pc + wl$) の消費組み合わせは，予算を余らせてしまうためそもそも選択されない．消費者は，所得をフルに使い，消費から得られる効用の最大化を図ると考えられるからである（効用最大化原理）．

価格変化のスルツキー分解 賃金の変化で予算（制約式）が変わり，限られた予算 ($24w$) のもとで効用を最大化する余暇と財の消費組み合わせを表す点（効用最大化点：e）はシフトする（全部（価格）効果）．このシフトは代替効果と所得効果にスルツキー分解できる．その代替効果と所得効果の有り様によって余暇の供給曲線の形状が変わる．

たとえば，賃金が上昇（$w_0 \to w_1$）すると，予算（$24w$）全額を充てた場合の財の消費を示す予算制約線と縦軸の交点は上方にシフトする（$\frac{24w_0}{p} \to \frac{24w_1}{p}$）．予算（制約）が変わったことで効用最大化点もシフト（$e_0 \to e_1$：全部（価格）効果）する．家計は，賃金と等価で相対的に高くなった余暇よりも，安価な財の消費（代替）を進める（代替効果）．同じ無差別曲線（U_0）上のシフト（$e_0 \to e_0'$）なので，効用は変わらないが，実質的により少ない予算（点線）で実現できるため，家計はさらなる消費が可能になる．しかし，上昇後の賃金が低い場合，家計は，増えた所得の一

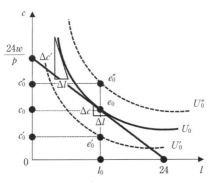

図1　最適消費組み合わせ

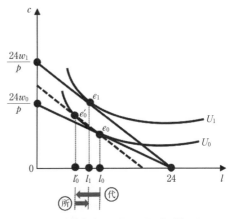

図2　余暇供給の決定：下級（劣等）財

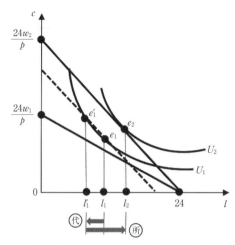

図3 余暇供給の決定：上級（正常）財

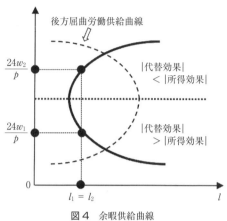

図4 余暇供給曲線
｜ ｜は効果の大きさ．

部を余暇にまわす一方で（$l'_0 \to l_1$），労働を増やし，より多くの財を消費する場合がある（図2）．所得が増えても，それに費やす時間が増えない場合，余暇は「下級（劣等）財」である．

賃金の上昇幅が大きい場合，予算制約線と縦軸の交点はさらに上方にシフト（$\frac{24w_1}{p} \to \frac{24w_2}{p}$），予算（制約）が変わったことで効用最大化点もシフト（$e_1 \to e_2$：全部（価格）効果）する．家計は，等価で相対的に高くなった余暇よりも，安価な財の消費（代替）をさらに進める（代替効果）．同じ無差別曲線（U_1）上のシフト（$e_1 \to e'_1$）なので，効用は変わらないが，実質的により少ない予算（点線）で実現できるため，家計はさらなる消費が可能になる．上昇後の賃金が高い場合，家計は，労働供給を減らし，余暇を大きく増やし（$l'_1 \to l_2$：所得効果），財の消費は少なくなる場合がある（図3）．所得が増えても，それに費やす時間が増えない場合，余暇は「下級（劣等）財」である．所得が増え消費も増える場合，余暇は「上級（正常）財」である．

余暇の供給曲線 賃金上昇により等価の余暇の消費は減り財の消費が増える（代替効果）．しかし，上昇後の賃金が低ければ，余暇は下級財と認識され，所得の実質的上昇（所得効果）による供給（消費）増は望めない．よって「代替効果＞所得効果」のもとでは，余暇の供給曲線は右下がりになる．他方，上昇後の賃金が高ければ，余暇は上級財と認識され，所得の実質的上昇（所得効果）による供給（消費）増が望める．つまり「代替効果＜所得効果」のもとでは余暇は増加し，供給曲線は右上がりとなる．このように，余暇の供給曲線は単純な右上がりではなく，賃金に応じ屈折，右下がりにもなりうる（「後方屈曲労働供給曲線」と左右対称）．よって，異なる賃金（w_1, w_2）で同じ余暇l^*が供給される複数均衡にもなりうる（図4）．

余暇はまた，「見せびらかし効果（顕示性）」が高く高価なほど需要が増えるヴェブレン財でもある．高価な余暇を求める層の存在を示す供給曲線の形状は，高級化により差別化を図る観光振興策に一定の根拠があることを示している．「豪華寝台列車」の予約がとりにくいのはその一例である． （金城盛彦）

文献
阿部勘一 2015「だれの（ための）余暇？：現代社会における余暇にかんする試論的考察」成城大学 経済研究．210：273-301．
千種義人 1993『経済学原論』慶應通信．
室谷正裕 2008『グラフィックミクロ経済学』新世社．

3.11 観光者の観光地選択

サービス財としての観光の特徴 観光者が観光地を選択する際に，どのような要因が作用しているのかという点は，伝統的に観光研究における中心的な学術的課題である．同時に，観光事業者にとっても，その事業拡大に不可欠の解明すべき実際的な課題である．観光地の選択は，観光地での観光サービスの消費のために行われることから，一般のミクロ経済学における消費者効用の理論が適用されることになる．つまり，消費者は効用最大化を目的として，一定の所得の制約のもとで，財やサービスを消費して，自分の効用水準を高めることになる．その点では，観光サービスの消費行動も同様である．一般の財の消費行動と観光行動が異なるのは，観光は，物財ではなくサービス財であるという点にある（シンクレア・スタブラー 2001）．

生産と消費の同時性 物財とサービス財の違いは，一般に「生産と消費の同時性」の有無の違いにあるとされる．物財では，生産と消費は，時間的にも空間的にも異なることが一般的である．例えば，農産物であれば，農業者が農村で生産した後，消費地である都市へ輸送されそこで消費される．この点は，自動車などの工業製品でも同様で，工場で生産された自動車は，消費地で購入される．

しかし，サービス財の場合は，生産と消費が同時に生じる点に特徴がある（大江 2003）．例えば，理髪店での散髪のサービスは，消費者が理髪店に行く必要がある．そして，理髪店の店員が散髪のサービスの生産を行うと同時に消費が行われることになる．つまり場所と時間という二つの点で，生産と消費が同時に行われるのである．これを，時間と空間の同時性とよぶ．これがサービス財の特徴である．このことから，物財と異なる特徴が生じることになる．まず，生産と消費が同じ場所で行われるという空間的同時性により，輸送することができないという特徴が生じる．通常の物財であれば，生産地から消費地へと輸送されることになる．これに対して，サービス財の場合には，輸送ができないため，消費者が生産される場所へ出向く必要がある．また，生産と消費が同時に行われるという時間的同時性により，貯蔵することができないという特徴が生じる．通常の物財であれば，生産される時点と消費される時点が異なることが一般的であることから，在庫，貯蔵が可能となる．例えば，バレンタインデーに需要のピークを迎えるチョコレートでは，その製造業者は一時的な需要の増加に対応するために事前にチョコレートの製造を行い，在庫として需要ピークに備えている．物財であれば，こうした在庫調整により，需給調整を行うことができる．しかし，サービス財の場合には，生産と同時に消費されるため，貯蔵して在庫調整することはできない．

さらに，生産と消費の同時性から，観光サービスは，経験財（experience goods）であるという特徴も指摘できる．これは，実際に消費して経験しないとその品質を判断できないというリスクが存在する財である．経験財は物財でも存在するが，サービス財の場合には，品質のバラツキがより大きくなりがちである．そのために，サービスの品質を明確にする必要があり，西欧のホテルなどでは，星の数で施設設備を含めたサービスの品質を区分して，観光者に提示することが行われてきた．

季節性の問題 これらの特性の結果，サービス財では物財に比べて，需給調整ができづらいことから，需要のピークとオフピークの振幅が大きくなる（Vanhove 2017）．つまり，サービス財においては，需要の季節性（seasonality）という特徴が明確となる．しかし，観光事業者にとって，季節性の存在は稼働率に大きな差をもたらすことで，経営資

源の適切な配分にとって大きな制約となる．さらに，収入の不安定性を引き起こすことになるため，経営上やっかいな問題となる．観光地が観光シーズンに混雑を極めるというよくみられる混雑現象と，逆に閑散期には閉店を余儀なくされるという現象は，こうしたサービス財における生産と消費の同時性に起因しているのである．

この課題を克服して，季節性の波をできる限り平準化するために，いくつかの経営的対応策が講じられることになる．ひとつは，在庫，貯蔵が可能である物財とサービス財を組み合わせることである．もうひとつは，通年性のあるサービス財と組み合わせることである．この二つの対応策について，季節性の明確なアグリツーズムを例にみてみよう．

アグリツーリズムでは，夏期に需要のピークがあり，反対に冬期は閑散期となり，稼働率の季節性が大きい観光活動である．しかし，農産加工品の販売とアグリツーリズムを結びつけ，宿泊需要のない閑散期にも，農産加工品の販売を行うことで，収入の安定化を図っている．また，通年して比較的一定の需要があるレストランを設けることで，宿泊需要の閑散期にも日帰り客のレストランへの受入れが可能となり，収入の安定化を図ることができる．もちろん，レストランにも需要の波はあり，週末に需要が集中するが，それでも宿泊需要の季節性の波よりもその振幅は小さいので，全体としての季節性の緩和につながることになる．

また，生産と消費の同時性から，観光市場が空間的，時間的に分離されることを意味する．しかし，この点から直ちに差別化した市場が成立するわけではなく，同時性はそのための条件を有しているということができる．

観光地選択の要因1—旅行費用　上記の観光サービスにおける生産と消費の同時性という特徴から，観光者は選択した観光地へ出向いて，観光サービスを消費することになる．例えば，有名な桜の名所を観光しようとすれば，桜の開花時期にその場所に行かなければ桜の美しさを直接堪能することはできない．このことは，観光者側にとって旅行のための交通費の負担が必要となることを意味している．この旅行費用を考慮する必要がある点が，観光行動の特徴である．この場合の旅行費用は，実際に金銭として支払う費用のみならず，心理的な負担感も含まれる．つまり，移動に関わる時間的な費用をさしていることから，旅行の機会費用ということができる．通常のミクロ経済学では，消費に関わる費用が高くなれば，消費は減退する．旅行費用についても同様であり，旅行費用と観光需要とは負の相関が成立すると考えられる．費用は，旅行距離や旅行時間と正の相関関係があるので，距離や時間で費用の代理変数とすることも実際には行われている．

もちろん，観光需要は，非日常的な消費活動であることから，旅行にともなう移動自体が楽しみとなる要素をもっていることも否定できない．例えば，「鉄ちゃん」とよばれる鉄道愛好家の観光者にとっては，目的地までの鉄道での移動自体が楽しみをもたらすことになることから，主観的に感じる旅行費用は低くなるといえる．このことから，個人の選好の違いが主観的な費用の部分に作用していることは否定できない．しかし，総じていえば，旅行の費用は，実際に経済的な負担をともなうことから，その負担が大きくなるほど旅行需要は減退することもまた否定できない．

こうした旅行費用の点から，観光需要を分析しようとする手法が，トラベルコスト（travel cost）分析である．また，重力モデル（gravity model）では，観光地からの距離を吸引力（重力）への摩擦としてとらえる．その距離が長くなるほど摩擦が大きくなり，観光地への吸引力（重力）が低下すると想定して，距離を考慮した観光地への吸引力を計測する分析手法である．

観光地選択の要因2—価格と所得水準　価格要因は，消費行動にとってきわめて重要な

経済的要因であり，観光行動においても同様である．価格は，需要と供給が均衡する市場で決まるので，観光者個人はその決定には関与できない．したがって，価格水準に応じて観光需要を変化させることになる．つまり，価格が上昇すれば需要は減退して，逆に下落すれば需要は増加する．一般に，観光需要は食料品のように必需品ではないため，観光サービスの価格が1％変化したときに，観光需要が何％変化するかを示す需要の価格弾力性（price elasticity to demand）の値（弾性値）は，1より大きくなると考えられる．このことは，価格の変化率よりも需要の変化率が大きいことを示しており，価格が1％上昇すると，需要がそれ以上に減少することを意味している．このように弾性値が1より大きいときには，需要が弾力的であるという．したがって，観光需要は価格に対して弾力的，つまり敏感に反応すると考えられる．比較のために述べると，必需品である食料品では，その弾性値は1より小さい．これは，価格が上昇しても，必需品であることから購入せざるをえないため，需要が変化しにくいからである．

もうひとつ重要な経済的な要因は，観光者の所得水準である．通常の財では，所得水準が上がれば需要も増加するので，旅行需要についても同じことがいえる．こうした財のことを上級財（superior goods）とよぶ．観光需要は明らかに上級財である．なぜなら，観光需要は，衣食が足りてはじめて生じる需要であり，近年の中国や東南アジア諸国からの日本への観光旅行者数の増加の背景には，所得水準の上昇が作用している．このため，観光需要の所得弾力性（income elasticity to demand）は，1より大きいと考えられる．つまり，所得が1％変化したときに，需要は1％以上変化するといえる．観光需要でその弾性値が1より大きいことは，所得が1％上昇すると，それ以上に需要が伸びることを意味している．アジア諸国からの日本へのインバウンド観光者数の急速な増加は，この観光需要の所得弾力性が弾力的であることから説明できるのである．

観光地選択の分析手法1—回帰分析 観光者の観光地選択の要因分析には，回帰分析がもっとも一般的に用いられている．上記のトラベルコスト法や重力モデルも回帰分析の一種である．回帰分析は，因果関係 $X \to Y$ を想定して，原因である説明変数 X が結果である被説明変数 Y をどれだけ説明できるかを統計的に示す方程式モデルである．例えば，ある観光地において，入り込み観光客数にどのような要因が作用するのかを解析する場合，結果を示す被説明変数は入り込み観光客数で，それに対して考えられる要因は，交通アクセスの条件，気象条件，そして観光者の属性などが，説明変数として用いられることになる．交通アクセスの条件としては，大都市部からの空間的距離あるいは時間的距離，金銭的費用などを変数として用いる．上記の二つのモデルは，このアクセス要因を中心的な変数として計測を行う解析手法である．気象条件としては，気温，降水量などが考えられる．観光需要は，屋外での活動をともなうことが多いので，気象条件は重要な要因である．以上の要因は，いずれも外生的に決まる要因である．外生的要因とは，観光者が関与できない外的な条件で決まる要因である．

これに対して，属性は，観光者の年齢，性別，配偶者の有無，学歴，職業，所得水準などの観光者側の要因をさしている．これらの属性は，観光者個人ごとに違いがあることから，観光需要にどのような属性要因が関連しているのかを明らかにできれば，観光マーケティングにとって有力な根拠となる．なかでも属性の分析は，特にセグメント化したマーケットを明らかにする際に重要となる．例えば，どのような需要層が特定の観光需要を有しているのかについて知りたい場合，需要のレベルと属性との関係を回帰分析で統計的に解析することで，作用する要因を明らかにすることができる．計測結果から，統計的に有

意な変数が，当該需要に作用している要因となる．

観光地選択の分析手法2―統計的検定　他の統計手法で一般的なものとして，当該観光地への旅行経験の有無などの質的な属性要因では，カイ2乗検定（chi-squared test），年齢などの量的な属性要因では t 検定（t-test）などが用いられることが多い．特定の観光需要の有無について関連する属性要因を分析した場合，検定結果から，統計的に有意な結果が得られた属性要因と，その需要のタイプとの間には関連性があると判断できる．例えば，ある観光需要に対して50代のカップルという統計的に有意な属性が明らかになれば，ターゲットとすべき需要層が特定できることになるので，マーケティング活動をより効率的に行うことができるようになる．このほかに，評価の順位などの順序データの場合には，データの分布を仮定しないノンパラメトリック検定（non-parametric test）が用いられる．これらの検定手法は，特定の要因について分析する場合に有効である．これに対して回帰分析は，通常複数の要因を変数として用いる重回帰モデルとして計測することが一般的であり，複数の要因を考慮して，これらの各要因と被説明変数との関連性の強さを比較することができる．統計的検定手法と回帰分析は相互補完的であり，統計的検定で明らかになった要因を，回帰分析の変数として用いることが一般的に行われている．

観光地選択の分析手法3―多変量解析　このほかにも，諸要因の情報を要約する主成分分析や因子分析などの多変量解析手法もあり，クラスター分析を組み合わせて，市場のセグメント化を明らかにする研究も数多くなされている．さらに近年では，観光需要に作用する観察されない潜在的な要因を探る構造方程式モデル（SEM：structural equation model）の適用も盛んに行われてきており，新たな要因解析も期待されている．

現在，観光行動にとって，インターネットは，すでに不可欠な情報ツールとなり，SNS（social networking service）の利用もネット上の口コミを意味するeWOM（electronic word of mouth）として，急速に普及してきている．このため，たんに観光情報の利用のみにとどまらず，ブログやTwitterを通じて観光者自身が情報発信源となることも珍しくなくなっている．このことから，観光事業者のネットマーケティングへの対応も重要となっており，SNS利用の蓄積データなどをはじめとする，いわゆるビッグデータ（big data）の活用による観光需要や観光者行動の詳細な分析も，有効なマーケティング活動の前提条件となってきている．それに対応した分析ツールの開発適用も，今後必要と考える．具体例として，インターネット上でのアンケート調査によるデータ収集や，旅行情報サイトでの投稿者の評価コメントに関するテキスト分析（text mining）による観光地や施設の満足や不満のレベルやその要因の考察が行われている．さらに，携帯端末のGPS機能を活用したオンサイトの情報収集をもとにした研究も行われるようになってきている．こうした分析が進むことで，新たな観光需要の掘り起こしや，よりきめ細かな観光者ニーズへの的確な対応が可能となることが期待される．
　　　　　　　　　　　　　　（大江靖雄）

文献

大江靖雄　2003『農業と農村多角化の経済分析』農林統計協会．
大江靖雄編著　2017『都市農村交流の経済分析』農林統計出版．
シンクレア，M. T., スタブラー，M.（小沢健市監訳）2001『観光の経済学』学文社．
Vanhove, N. 2017 *The Economics of Tourism Destinations: Theory and Practice* (3rd ed.). Routledge.

3.12
不確実性と観光者の分類

リスクと不確実性 観光にはさまざま不確実的な事象がともなう．例えば観光者は観光財サービスを購入する場合，その内容を事前に把握することは難しい．特に，複合的な特徴をもつパッケージツアー商品などはその傾向が強い．観光者による旅行商品の選択はまさに不確実的な状態での選択といっても過言ではない．20世紀初頭，この不確実性の問題は，すでにケインズ（J. M. Keynes）やナイト（F. Knight）によって議論されていた．彼らは不確実性を確率的に予測不可能な状態であると考えた．特にナイトは不確実性とリスク（危険）とを区別し，リスクを統計的確率として数値上把握できるものであると想定した．

不確実性の経済学 このようなケインズやナイトの貢献はあったものの新古典派経済学のミクロ経済学では，確実性下の静学分析や一般均衡分析が主流であり，不確実性問題は議論の中心ではなかった．その意味で，不確実性的な特徴をもつ旅行商品の経済学的分析はミクロ経済学ではきわめて困難である．しかし，経済がより複雑化し不確実性下での市場取引の効率性が問われるようになると，不確実性下の選好をどのように理論化していくかが問われるようになった．1970年代に入ると「不確実性の経済学」もしくは「情報の経済学」とよばれる領域に脚光が集まり，1980年代以降急速に進展した．完全競争市場では，情報の完全性が想定され，市場において効率的な取引が行われる．しかし，買い手と売り手の間で情報の非対称性が存在する場合，市場は効率的な取引を保証しない．これは「市場の失敗」とよばれるが，この問題を労働市場や企業・産業組織に展開させた．特に，ゲーム理論の導入とともに，産業組織論は大きく発展することになる．また，不確実性を扱う経済理論として，期待効用理論も進展する．

期待効用理論 観光者が不確実的な事象のもとで合理的な意思決定を行う場合，リスクに対応した選好基準を考慮する必要がある．リスクとは将来の事象が起こりうる確率分布のことであり，この点を考慮したものが期待効用（expected utility）の最大化という考え方である．期待効用とは，利得から得られる効用の期待値のことである．ここで，観光者にとって，選択可能な行動をa，将来起こりうる事象をz，事象zが実現する確率を$p(z)$とし，行動の結果としての利得を$y = g(a, z)$，利得から得られる効用を$U(y)$と表す．このとき，期待効用は，利得からの効用の期待値として，$EU(y) = \Sigma p(z) U(g(a, z))$ と表すことができる．そして，観光者の選好が合理性の公準を満たすのであれば，リスクのある状態の効用（期待効用）は，リスクのない状態での効用の期待値として表すことができ，観光者は効用の期待値を最大化するように選好を行うと考えることができる．こうした考え方を期待効用仮説とよぶ．なお，合理的な公準とは，完備性，推移性，独立性，連続性の諸公準であり，これらが満たされるとき期待効用仮説で想定される基数的効用関数（フォン・ノイマン＝モルゲンシュテルン効用関数）が存在する．

期待効用とリスクプレミアム 期待効用仮説に基づいて，観光者の期待効用関数を表したものが図1である．いま，確率pでaの利得が得られ，確率$1-p$でbの利得が得られるとする．このとき利得の期待値は$Ex = pa + (1-p)b$であり，期待効用は$EU = pU(a) + (1-p)U(b)$となる．ここでωは，リスクがある場合の期待効用と同一の効用水準を確実にもたらす利得の大きさであり，確実同値額（certainty equivalent）という．そして，確実同値額ωと期待値Exとの差のことをリスクプレミアム（risk premium）とよび，

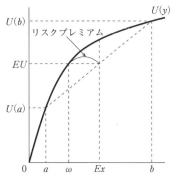

図1　期待効用とリスクプレミアム

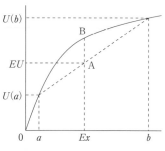

図2　リスク回避的な観光者

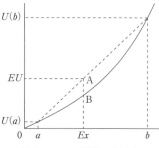

図3　リスク愛好的な観光者

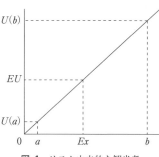

図4　リスク中立的な観光者

不確実な利得を確実な利得として評価するとき，リスクプレミアム分だけ割り引かれる．不確実な事象の分散が大きいほどリスクプレミアは大きくなる．

　リスクに対する観光者の態度　期待効用仮説のもとで，リスクに対する観光者の態度を三つに分類することができる．まず，利得の期待値が等しければ，不確実な利得よりも確実な利得を好む経済主体であり，リスク回避的（risk averse）な観光者とよぶ．リスク回避的な効用関数は図2のように凸型関数として表せる．この図において，不確実な利得がもたらす期待効用水準 EU の A 点よりも利得の期待値が確実に得られたときの効用水準 B の方が大きく，不確実な利得よりも確実な利得が選好される．このような観光者は旅行商品を選択する場合，確実に内容が予想される安心な旅行商品を選好する．次に，利得の期待値が等しければ，確実な利得よりも不確実な利得を好む観光者である．これは，リスク愛好的（risk loving）な観光者とよび，リスク愛好的な効用関数は図3のような凹型関数で表せる．不確実な利得がもたらす期待効用水準 EU の A 点の方が，利得の期待値が確実に得られたときの効用水準 B より大きく，確実な利得よりも不確実な利得が選好される．このタイプの観光者は，予測不可能な旅行商品をより選好する．例えば冒険的な旅行を好む人びとであろう．最後に，期待値さえ等しければ，不確実な利得と確実な利得とを同等に評価する観光者である．これはリスク中立的（risk neutral）な観光者とよぶ．これは，利得に比例して効用が上がるので，図4のように効用関数が線形となる．このタイプの観光者はリスクの有無で，旅行商品の満足度が影響されない人びとである．　（麻生憲一）

文献
丸山雅祥・成生達彦 1997『現代のミクロ経済学情報とゲームの応用ミクロ』創文社．

3.13
観光市場における情報の不完全性

　私たちは，日々さまざまなしかも大量の情報に遭遇し，その大量の情報に振り回され，情報の取捨選択さえますます難しくなっている．同様に，観光に関してもガイドブックや新聞・雑誌やパンフレットやインターネットを通してさまざまな情報が提供されている．

　しかし，大量の観光情報のなかから自分が欲しい情報を見つけ出すことは容易ではないし，まして観光地に到着すると，事前に得た情報ではその量と質が不完全であることに驚かされることがしばしばある．例えば，観光にはつきものの食事や土産品に関する個別のレストランや土産品店の正しい情報を獲得することはきわめて難しい．売り手と買い手の間で情報の非対称性が存在する場合には，より多くの正しい情報をもっている方が有利な取引を行えることは，Akerlof（1970）が指摘して以来よく知られている．

　以下では，土産品価格情報に買い手と売り手の間で非対称性が存在する場合，特に土産品の売り手に有利な情報が存在し，買い手には不完全な情報しかない場合に，同一の土産品であっても購入価格が異なる場合が出現することを説明したい．観光地ではこのようなケースをしばしば見受ける．これは，tourist-trap model とよばれている．

　問題は，なぜこのようなことが生ずるのかということである．買い手が売り手より土産品に対して少ない不完全な情報をもち，したがって土産品店は独占として行動し，独占価格を設定可能なこと，さらに土産品店によりマークアップが異なる場合には同一の土産品には異なった複数の価格が設定可能となるためである．この点を詳細に説明しよう．

　ある土産品 x の質は同質であり，その価格 P_x はガイドブックなどにはおおよその価格のみが記載されおり，土産品店個々の価格は記載されていないと仮定しよう．また完全情報競争市場で販売される当該土産品の価格を P_{xc}，そして観光者の土産品探索費用は1回あたり C_{xs}（観光者が2店舗を探索する場合にはその費用は $2C_{xs}$，そして3店舗探索するときの費用は $3C_{xs}$ など）であるとしよう．

　このとき，観光者は，土産品の価格が完全情報競争市場価格であれば，そしてその価格に探索費用を加えた価格で購入可能ならば，その土産品を購入するであろう．すなわち，

$$P_x \leq P_{xc} + C_{xs}$$

となる．また観光者が3店舗を訪れるならば，価格が

$$P_x \leq P_{xc} + 3C_{xs}$$

であれば，観光者は購入するであろう．

　しかし，土産品店が，観光者のすべてが個々の土産品店の正しい価格情報を知らないことを知っているならば，利潤動機に基づき，競争的価格より高い価格を設定しようとするインセンティブをもつであろう．すなわち

$$P_{xm} = P_{xc} + m$$

となる．ここで，m はマークアップの大きさを示している．しかし，小売店は観光者の土産品探索費用を無視した価格では販売不可能であるから，m の上限は，以下のようである．

$$m \leq C_{xs}$$

m がこの範囲内に存在すれば，小売店それぞれが販売価格を自由に設定可能であり，またマークアップ率が販売店ごとに異なるならば，同一の土産品に対して複数の異なった価格が成立する．これは，買い手と売り手の間の情報の非対称性が引き起こす現象である．

（小沢健市）

文　献

小沢健市 2014「非対称的土産品価格情報の土産品価格への影響」立教大学観光学部紀要，**16**：7-13.

Akerlof, G. 1970 The market for "Lemon": Quality and the market mechanism. *Quarterly Journal of Economics*, **84**(3)：488-500.

Carlton, D. and Perlof, J. M. 2000 M*odern Managerial Economics*（3rd ed.）. Addison-Wesley.

3.14
観光財・サービスの価格戦略

　観光に関わる財・サービスは，しばしば，時と場所，時間・曜日や季節などによって，たとえ同一の財・サービスであっても，異なった価格で販売されることが多い．特に，観光に密接な関わりをもつ宿泊施設の宿泊料金や航空運賃，レストランや美術館・博物館，そしてテーマパークなどは，時と場所，曜日や季節，性別や年齢別に，たとえ販売される財・サービスが同一（同質）であったとしても，異なった価格を設定し販売することを私たちはしばしばみかける．しばしば航空運賃は価格の差別化の代表例であることが指摘されている．航空運賃に関しては，正に自分と自分の左右前後の旅客の運賃が異なるかもしれないのである（この点については，例えば，ハバードほか(2014)を参照）．多くの人びとは，隣の座席に座っている人が自分の購入料金とは異なるかもしれない，と聞いて驚くかもしれない．なぜそのような価格の決定が可能なのかといった疑問をもたれる方も多いであろう．以下ではこのような疑問に経済学はどう答えているのかを説明したい．

　なぜ宿泊施設や航空会社，そして土産品店や旅行代理店などは，同一の財・サービスに異なった価格を設定し販売するのであろうか．それは，観光関連企業がより多くの利潤を獲得するためである．

　同一（同質）の財・サービスに対して異なった顧客に異なった価格を設定し販売することは，価格の差別化（price discrimination）とよばれている．

　よく知られた代表的な価格の差別化方法は，以下の三つの方法がある．第一次価格の差別化，第二次価格の差別化，そして第三次価格の差別化である．

　第一次価格の差別化とは，独占企業がより多くの利潤を手に入れるために，独占企業の利潤最大化価格（限界収入と限界費用が一致する点で生産するときの価格）を設定し販売するのではなく，市場の需要曲線と限界費用が一致する点まで，需要曲線上で財・サービスの1単位ごとに異なった価格を設定し販売する価格決定の方法である（この差別化方法はイールド・マネジメントともいわれている）．

　需要曲線が右下がりで直線であるならば，独占企業の利潤最大化価格と生産量は限界収入曲線と限界費用曲線が一致する点で決まる．しかし，第一次価格の差別化を用いると，限界費用（MC）と需要曲線が一致する点まで生産するときに，企業は最大の利潤が得られる．それは，図1で説明できる．

　ここでは，単純化のために，ある財・サービス（Q_x）の需要曲線は右下がりの直線で，限界費用（＝平均費用 AC）は一定であると仮定しよう．図1はこの仮定のもとで描かれている．

　また，図1には，独占企業が独占価格を設定するケースを説明するために，右下がりの直線で示されている限界収入（MR）曲線も描かれている．

　独占企業が財・サービス（Q_x）に関して第一次価格の差別化を実施する場合には，当該独占企業が独占価格を設定する場合よりも利

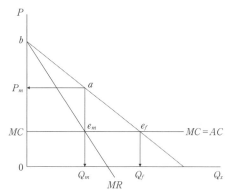

図1　第一次価格の差別化

潤が多くなっていることを，図1によって確かめることができる．

　独占企業が独占価格を設定するならば，独占の利潤最大化条件は $MC = MR$ であるから，図1の点 e_m で生産するときに達成される．そのとき独占価格は P_m であり，独占利潤 Π_m は，総収入（売上高）と生産量の積から総費用を差し引いた残りである．すなわち，$\Pi_m = (P_m \times Q_m) - (MC \times Q_m)$ である．独占利潤は，したがって，面積 $MCe_m aP_m$ で表される．

　図1において，独占企業の利潤を表す四角形の上の部分の三角形 $P_m ab$ は消費者余剰であるが，この消費者余剰の部分を利潤にすることが可能であれば，そしてもうひとつの三角形 $e_m e_f a$ の面積は誰の手にも入らない社会的損失を表しているが，これら二つの三角形の面積を利潤にすることが可能であれば，独占企業の利潤はより大きくなる．この面積の部分を利潤にしようとした価格決定方法が第一次価格の差別化である．

　第一次価格の差別化　いま，独占企業が財・サービスの追加的1単位ごとの販売価格を需要曲線に沿って設定するならば，第一次価格の差別化が成立する．そのときの利潤は，以下のようになる．

　図1から，そのときの総収入は台形の面積 $OQ_f e_f b$ である．それに対して，生産のための総費用は面積 $OQ_f e_f MC$ である．利潤は総収入から総費用を差し引いた残りであるから，第一次価格の差別化を実施する際の利潤は，面積 $MCe_f b$ となる．明らかに，独占価格を設定した場合の利潤よりも，第一次価格の差別化を実施した場合の方が利潤は大きい．

　以上のことは，簡単な数値例を用いることによって，計算によって確認することができる．単純化のために，財・サービス (Q_x) の逆需要関数を $P = 10 - Q_x$，逆供給関数（限界費用＝平均費用関数）を $MC = AC = P = 2$ とするならば，独占価格を設定するケー

スの利潤を求めるには，限界収入関数（MR）を求める必要がある．限界収入関数は，総収入関数が $TR(Q_x) = PQ_x$ であるから，この式の P に逆需要関数を代入し，それを Q_x に関して微分して得られる．すなわち，限界収入関数は，$MR = 10 - 2Q_x$ となる．独占企業の利潤最大化条件は限界収入＝限界費用であるから，独占企業の利潤最大化生産量は4であり，その生産量を逆需要曲線に代入すると，独占価格は8となる．以上から，独占企業の独占利潤 Π_m は，$\Pi_m = (8 \times 4) - (2 \times 4) = 24$ となる．独占企業が第一次価格の差別化を実施するならば，そのときの生産量は，需要曲線＝限界費用となる点で求められる．したがって，生産量は8であり，利潤は，$\Pi_f = (10 - 2) \times 8 \times (1/2) = 32$ となる．すなわち，32＞24であり，したがって，第一次価格の差別化は，独占企業の利潤を増加させる，ということができる．

　第二次価格の差別化　この価格の差別化方法は，別名ブロックプライシング（block pricing）とよばれているが，その名称の通り，ある財のいくつかを一つの束にし，その束をある価格で販売する方法である．

　説明を単純化し，第一次価格の差別化と比較をするために，上の第一次価格の差別化で用いた数値例を利用しよう．

　第二次価格の差別化は，図2に描かれてい

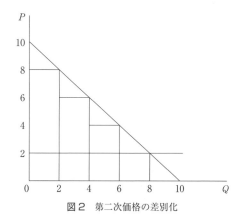

図2　第二次価格の差別化

る.

　この企業がブロックプライシングを実施するにあたって，一束に含まれる財の数を2単位と決定したと仮定しよう．すると，この企業は利潤をもっとも多くするためには，4束を販売しなければならない．この販売束数以下でも以上でも，4束を販売するときよりも利潤は少なくなるからである．

　では，この企業のブロックプライシングを実施した際の利潤はどうなるであろうか？

　第一次価格の差別化のときと同様に，企業は需要曲線に沿って各束の価格を設定するが，その束に含まれている財の数は2単位であり，したがって，上の前提から，最大限販売可能な束の数は4束である．では，各束の価格はそれぞれどのような価格で販売されるであろうか．

　1番目の束の価格：$P = 10 - 2 = 8$
　2番目の束の価格：$P = 10 - 4 = 6$
　3番目の束の価格：$P = 10 - 6 = 4$
　4番目の束の価格：$P = 10 - 8 = 2$

　それらの各束の販売価格からその生産費用を差し引けば，各束から企業が獲得可能な利潤が得られる．限界費用（＝平均費用）は一定で，2である．

　1番目の束から得られる利潤 Π_1，2番目の束から得られる利潤 Π_2 などで表すと，各束から得られる利潤は，次のようになる．

　$\Pi_1 = (8 - 2) \times 2 = 12$
　$\Pi_2 = (6 - 2) \times 2 = 8$
　$\Pi_3 = (4 - 2) \times 2 = 4$
　$\Pi_4 = (2 - 2) \times 2 = 0$

　これらの利潤を合計すると，企業の利潤は $24 (= 12 + 8 + 4)$ となるが，この利潤は，第一次価格の差別化を実施した際に獲得可能な利潤（32）よりも少ない．その理由は，束にして販売するために，プラスの消費者余剰が発生するからである．消費者余剰の合計は，8である．第一次価格の差別化ではこの消費者余剰の部分が生じないために，その分だけ，つまり8だけ利潤は多くなる．

　企業にとっては，利潤をもっとも大きくしようとするならば，第二次価格の差別化よりも第一次価格の差別化の方が望ましい差別化方法であるといえる．

　第三次価格の差別化　ある同一の財・サービスを消費者のグループに対して異なった価格で販売することをさし，消費者のグループは，性別，年齢，場所，そして利用時間などの特定の属性によって識別される．例えば，学生と社会人のある同一の駅から別の同一の駅までの通学・通勤定期料金の相違，航空運賃の予約時期やビジネス利用者と観光での利用者の運賃の相違などをあげることができる．

　第三次価格の差別化が成立するのは，各グループの需要の価格弾力性が異なる場合である．需要者の各グループの弾力性が同一であるならば，第三次価格の差別化は成立せず，どのグループに対しても同一の価格で販売されることになる．

　第三次価格の差別化は，図3を用いて説明することができよう．

　単純化のために，いま，ある財・サービス市場が二つの部分市場に分割可能であり，それらの部分市場の需要の価格弾力性が異なっていると仮定しよう．部分市場Aは部分市場Bと比較して非弾力的な需要曲線を，反対に部分市場BはAと比較して相対的に弾力的な需要曲線をもつ部分市場である．また単純化のために，限界費用は一定であると仮定する．

　利潤最大化生産量と価格は，限界費用＝限界収入の点で決まり，そのときの各市場の生産量と価格の組は，部分市場Aは (Q_a, P_a) であり，部分市場Bのそれは，(Q_b, P_b) である．ここで注意すべき点は，相対的に非弾力的な需要曲線をもつ部分市場Aの生産量は，相対的に弾力的な需要曲線をもつ部市場Bのそれよりも少なく，非弾力的な需要曲線をもつ部分市場Aの価格は，相対的に弾力的な需要曲線をもつ部分市場Bのそれより

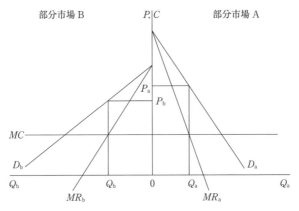

図3 第三次価格の差別化
マイナス方向は絶対値である.

も高い,ということである.

この種の例は,しばしば航空運賃の差別価格の説明に利用される.生産量(座席供給量)が少なく,価格(運賃)が高い部分市場はビジネス客の部分市場であり,生産量(座席供給量)が多く,価格(運賃)が安い部分市場は観光客の部分市場である,との説明がなされる.ビジネス客の部分市場の価格が観光客の部分市場よりも相対的に価格が高い理由は,ビジネス客は航空機を利潤獲得のために利用するのであって,たとえ航空運賃が高くても,利潤獲得のためには利用せざるをえないからである.観光客の航空機利用は観光地での観光活動が目的であり,航空機に搭乗することが目的ではなく,したがって,その運賃は安ければ安いほど望ましいといえるからである.

二部料金制 二部料金制とは,文字通り,財・サービスへの使用権(アクセス権)と使用料の二つの料金から構成されている料金をいう.

例えば,観光に関わりのある財・サービスをあげると,種々の遊園地(東京ディズニーランドやユニバーサル・スタジオ・ジャパン)やゴルフなどである.これらの料金は,入場料とアトラクション使用料,会員権取得のための料金とプレイ料金とから構成されている.

以下では,東京ディズニーランドを例に,その料金制を説明しよう.

東京ディズニーランド(TDLと略記する)は,民間の企業であり,その目的は最大の利潤の獲得である.そのためにTDLは,独占企業の利潤最大化価格決定を行うよりも,消費者が獲得する余剰をすべてTDLの利潤へと変換可能であるならば,独占利潤以上の利潤を獲得可能である.

これは図4を用いて説明できる.図4は,単純化のために,限界費用(=平均費用)は一定であり,かつ需要曲線は右下がりの直線であると仮定し,描かれている.

またTDLは種々のアトラクションを提供するためにはその場所(土地)とそれらの建設を必要とし,その費用は莫大なものになると考えられる.それゆえ装置産業(固定資本部分が大きい企業)とみなすことができるが,可変費用(限界費用MC)はそれほど大きなものではない企業とみなしてよいであろう.このような前提のもとで,TDLの二部料金制は,図4を用いて,以下のように説明できる.

図4は,単純化のために,逆需要関数P

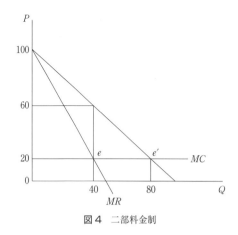

図4 二部料金制

= $100 - Q$, 逆供給関数（限界費用 MC）$P = 20$ と仮定し，描かれている．これらの仮定から，この独占企業の限界収入関数（MR）は，$MR = 100 - 2Q$ となる．

この前提のもとで，この独占企業が単一の独占価格を設定するならば，図4に描かれているように，独占価格（料金）は60であり，その販売量は40であり，独占利潤は1,600である．

しかし，この企業が二部料金制を実施可能ならば，より大きな利潤を獲得可能である．

図4に描かれているように，限界費用 MC（＝供給曲線）と需要曲線によって形成される三角形の面積がこの企業の利潤となり，明らかに，この面積は単一の独占価格を設定する場合よりも大きい．この三角形の面積は，本来ならば，その財・サービスの購入者である消費者が獲得する消費者余剰である．しかし，独占企業は，アトラクションの利用価格（料金）を限界費用に等しく設定し，三角形の面積を当該財・サービスへのアクセス権（入場料金）として設定することによって，単一の独占価格を設定する場合の利潤1,600の2倍の3,200という利潤を獲得可能である．この利潤は，以下のように計算可能である．

二部料金の設定にあたって，この独占企業は，より大きな利潤を獲得するために，競争企業と同様に，価格と限界費用（＝供給曲線）が等しくなる点まで生産し，そのときの財・サービスの使用料金（価格）を決定する．上で想定した数値例を用いて計算するならば，逆需要関数＝逆供給関数（限界費用）とおくと，

$$100 - Q = 20$$
$$Q = 80$$
$$P = 100 - 80$$
$$= 20$$

さらに，これらの数値を用いて，本来ならば消費者余剰に相当する需要曲線と供給曲線（＝限界費用）によって構成される三角形の面積（＝利潤 π）を計算すると，以下のようになる．

利潤 $\pi = |(100 - 20) \times 80| \times (1/2)$
$= 3{,}200$

しかしながら，この利潤をアクセス権として設定するためには，この独占企業は正確な需要関数を知る必要がある．自企業が直面する正しい需要関数を知ることができないならば，独占企業は，アクセス料金と使用料金をどう設定すればよいか，換言すれば，アクセス料金と使用料金をどう差別化すればよいかを正確に決めかねる，という結果になるからである．これは，しばしば「ディズニーランドのジレンマ」とよばれている．

バンドリング バンドリング（bundling）とは，異なる複数の財・サービスを一束にして単一の価格で販売することを意味している．バンドリングには，束に（バンドル）した財・サービスのみを販売する純粋バンドリングと各財・サービスを単品としても販売する混合バンドリングが存在する．

混合バンドリングは，ファストフードのセット価格やコンピュータ本体とソフトの組み合わせといった例がよく知られている．

以下では，純粋バンドリングのケースを説明しよう．

以下では2消費者 (a, b) が2財 (x, y) に対して表のような支払意思をもっていると仮

表　消費者の支払意思（単位：円）

	x 財	y 財	y' 財
消費者 a	500	200	250
消費者 b	400	250	200

注：y' は2消費者の y 財に対する支払意思が変化したケースである．

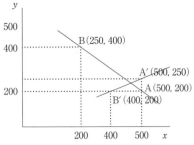

図5　バンドリングの成立条件
点(B, A)を通る右下がりの直線上ではバンドリングが成立するが，右上がりの直線(B'A')上ではバンドリングは成立しない．

定しよう．

まず，各人へ財を個別に販売するケースを考えよう．x 財に関しては，消費者 a の支払意思は b よりも大きいが，a の価格で販売すると，b は購入しないから，売上げは500にすぎない．しかしその財を400で販売するならば，2消費者が購入するから，売上げは800と2倍になる．同様に，y 財を販売する際も，その価格は200で販売され，その収入は400である．したがって，x と y からの合計収入は，

$$800 + 400 = 1200$$

しかし，2財をバンドリングし，単一の価格で販売するときの収入はどうであろうか．2消費者のどちらもが購入するであろう価格は650である．したがって，売上高は $650 \times 2 = 1,300$ である．したがって，この売上げは各財を単一の価格で販売するときの売上げより100多い．バンドリング価格を設定する方がこの企業にとって売上高を増加させる．バンドリングによって売上高が増加する．

しかし，問題は常にバンドリング価格を設定することが売上高に導くといえるのかどうかである．バンドリングが売上高の増加へと導くためには，各消費者の2財の支払意思の組み合わせ，換言すれば，彼らの2財に対する需要が負の相関関係をもつ場合に限られる．それは図5に描かれている．

図5に描かれているように，2消費者の2財の支払意思を表す座標を結ぶと右下がりの直線が描ける．これが消費者の需要が負の相関を持つという意味である．

しかし，バンドリングは常に成立するのであろうか．例えば，上の表に示されているように，y 財に対する2消費者の支払意思が y' へと変化するならば，バンドリングは成立しない．その理由は，2消費者の2財に対する支払意思を示す座標を結ぶと，図5に右上がりの直線で描かれているように，彼らの需要が正の相関関係をもつためである．

仮に企業がバンドリング価格を設定するならば，その価格は，各消費者の支払意思から600となり，売上高はその2倍の1,200となるが，それは各財をそれぞれ単一価格で2消費者に販売する際の売上高に等しいために，バンドリングする必要性は存在しない．

すなわち，「バンドリングに意味があるのは，顧客側の需要にばらつきがあり，企業側が価格差別できない場合である」（ピンダイク・ルビンフェルド 2014）ということになる．

（小沢健市）

文　献

ハバード, R. G. ほか（竹中平蔵ほか訳）2014『ハバード経済学II』日本経済新聞出版社．
ピンダイク, R. S., ルビンフェルド, D. L.（姉川知史監訳）2014『ミクロ経済学II』KADOKAWA．
Oi, W. Y. 1971 A Disneyland dilemma : Two-part tariffs for a Mickey Mouse monopoly. *Quarterly Journal of Economics*, **85**：77–96.

3.15 観光税とその帰着

宿泊税と国際観光旅客税 需要者（観光者）と供給者（観光企業）が出会う市場に税（観光税）を課すと、市場にどのようなことが起こるであろうか。例えば、ある地域のホテルや旅館を利用する宿泊者に1泊あたり一定額の税を課した場合、市場にどのような影響を及ぼすだろうか。東京都と大阪府は税収確保のため宿泊税を課している。京都市も2018年に導入する。東京都の場合、ホテルまたは旅館の宿泊者に1泊10,000円以上15,000円未満は100円、15,000円以上は200円の負担を求め、2017年税収は24億円である。この税は、「財1単位あたりいくら（1泊あたりいくら）」という税金のかけ方で、従量税という。

この観光税の問題を理解するために、観光経済学では、観光市場だけに注目し、他の財の市場の状況は一定と仮定して分析する（部分均衡分析とよぶ）。ある地域（観光地）のホテルや旅館の宿泊料金と客室数は、市場に参加する多数の供給者と需要者がいる完全競争的な観光市場では、価格調整が働く結果、市場の需要と供給が一致するところで決まる。縦軸に宿泊料金（価格）、横軸に宿泊室数（取引数量）をとった図において、市場全体の客室供給曲線は右上がりであるが、短期的にはある地域の客室数には限りがあるので、最大客室数で垂直線となる。通常の財と同様に、市場全体の客室需要曲線は右下がりである。この市場需要曲線と市場供給曲線の交点が、宿泊室数の需要と供給が一致する市場均衡で、均衡客室料金 P_1 と均衡客室数 Q_1 が決まる。図の E 点は、税がないときの宿泊（客室）市場の均衡点を表している。例えば、オリンピック前の訪日外国人の増加が顕著で客室稼働率が高いときには、市場需要曲線は垂直な市場供給曲線の部分で交わる（需要と供給が一致する）と考えることができる。

宿泊者に宿泊税がかかると、宿泊者にとって宿泊税を差し引いた金額しか実際の宿泊代には使えないので、市場全体の客室需要曲線は宿泊税の分だけ下方にシフトする。一方、宿泊税は需要者に対する課税なので、市場供給曲線は変化しない。この結果、課税後の右下がりの市場需要曲線と右上がりの市場供給曲線の交点 F が、宿泊税を課したときの新しい市場均衡である。図の P_2 は課税後の均衡宿泊料金を示す。観光税（宿泊税）が課せられた後、ホテル・旅館利用者（需要者）が実際に支払わなければならない宿泊料金は宿泊税を含む P_1 で、宿泊税の分だけホテルや旅館が受け取る価格（宿泊施設側の手取り価格）P_2 よりも高くなることがわかる。$P_1 - P_2$ が宿泊税である。なお、このケースのように、競争市場で決まる宿泊料金の相場（均衡宿泊料金 P_2）が垂直な供給曲線上にあると、課税後の均衡宿泊室数は課税前と同じで、宿泊税がかかっても、取引される量（客室数）は変わらない（客室は最大 Q_1 しか短期的には供給できないためである）。

観光税の支払いと負担 次に、観光税が観

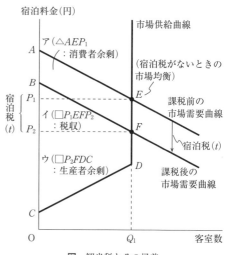

図　観光税とその帰着

光者（需要者）と観光企業（供給者）に及ぼす影響について考える．すなわち，観光税は誰が負担するのか，税の負担の転嫁と税の帰着とよばれる問題である．

観光経済学では，特定の市場や産業に対する課税の分析は余剰（便益と費用の差）という概念を用いて，観光税（という政策や制度）の良し悪しを，需要者（＝消費者，観光客）が市場取引から得る便益（消費者の経済的な喜びを金額で測る）から，供給者（＝生産者，観光企業）がその生産にかかった費用を差し引いた額（全員の余剰で，社会的余剰とよぶ）の大きさによって判定する．すなわち，社会的余剰が最大化されているとき，「市場は効率的で望ましい」と判定する．

観光税の経済効果　観光税がもたらす結果を評価するために，この消費者の便益と生産者の費用の差である余剰（＝便益－費用）の概念を使うと，縦軸に価格（宿泊料金），横軸に取引数量（宿泊室数）をとった図において市場需要曲線を横軸から縦軸に読むと（横軸の数量に対応する需要曲線の高さを読み取ると），「消費者が○○室目の宿泊サービスの購入に対して最大何円まで支払ってもよいと考えているかを表している」と解釈できる．すなわち，市場需要曲線の高さは消費者の支払意志額（限界便益または限界評価ともよぶ）を表している．そして，消費者が支払ってもよいと考える最高金額と実際の支払額の差を消費者余剰とよぶ．同様に，市場供給曲線を横軸から縦軸に読むと，「生産者が○○室目の宿泊サービスを供給するのに最低限支払ってほしいと思う金額を表している」と解釈できる．市場供給曲線の高さは生産者の支払要求額（限界費用の大きさ）を表している．生産者が実際に受け取る金額から支払ってほしいと思う金額の差を生産者余剰とよぶ．消費者が支払う価格と生産者が受け取る価格の差が，宿泊室1単位あたりの宿泊税に等しい．

図が示すように，短期的には宿泊室数（供給量）に限りがあるため，市場で決まる宿泊料金の相場（市場均衡点 E）が垂直な供給曲線上にある場合，課税前の宿泊者の得る消費者余剰（需要者が市場取引から得る便益を金額で表したもの）は面積ア（$\triangle AEP_1$）で，ホテルや旅館が得る生産者余剰（供給者が得る利益の大きさを表したもの）は面積イ＋ウ（$\Box P_1EDC$）である．課税後は，東京都（政府）の税収は面積イ（$\Box P_1EFP_2$）で，宿泊者の消費者余剰は面積ア（＝ $\triangle AEP_1 = \triangle BFP_2$）で課税前のままであるという意味で宿泊税を負担していない．しかし，ホテル・旅館の生産者余剰は面積ウ（$\Box P_2FDC$）となり，課税前に比べて税収分の面積イ（$\Box P_1EFP_2$）だけ減少する．

観光税の帰着　つまり，宿泊税の支払者＝納税義務者は宿泊者であるにもかかわらず，ホテル・旅館側が実質的に宿泊税を負担していることになる．納税義務者＝宿泊利用者が，宿泊税の負担を，最終的負担者に移転することを「税の負担の転嫁」といい，納税義務者や最終的負担者の実質的な負担を「租税の帰着」という．図の例では，宿泊税がかかっても均衡宿泊室数は変わらないので，「課税の超過負担（課税による社会的余剰の損失のことで，税負担以外の負担という意味）」は発生しない．実質的な税負担はすべてホテル・旅館側が負うことになる．もちろん，長期的にはホテル・旅館の供給する客室数は一定ではなく，長期的には宿泊料金の変化に反応するので，宿泊利用者も一部宿泊税の負担を負うことになる．

宿泊利用者にどの程度負担が転嫁されるかは，市場需要曲線と市場供給曲線の傾き（価格弾力性）によって決まる．市場供給曲線の傾きが垂直に近い右上がり（宿泊料金が変化しても宿泊客室数の変化が小さい）の場合，宿泊利用者への負担の転嫁は小さい．

（佐々木康史）

文献
佐藤主光 2017『公共経済学』新世社．

3.16
観光資源の経済分析

観光資源の特徴 観光資源は，労働や資本の投入によりフローとしての観光サービスを生み出すために必要なストックである．特徴ある観光サービスを提供するためには，もちろん労働と資本は重要な役割を果たす．しかし，労働および一般の資本と観光資源の違いは，労働と資本はそれぞれの市場で調達可能であり一般に地域性は問われないのに対して，観光資源は地域の固有性が強い点があげられる．この点に関して，観光資源は長い歴史のなかで，その地域固有の条件により形成された自然や文化資源が基本となっている．つまり，地域固有性という特徴を有しており，それこそが観光資源としての魅力を形成する不可欠な要因ということができる．こうした条件は，他では模倣することが困難な場合が少なくない．これらの点から，観光資源は地域性，不可逆性，歴史性を有しているということができる．不可逆性とは，一度失われると回復が不可能か，あるいは非常に長期間を要し困難なことを意味する．自然環境や有形無形の伝統文化遺産は，この不可逆性を有する観光資源の好例といえる．

コモンズの悲劇 これらの資源は，公共財としての価値を有していることから，その保全が人類共通の利益となる．しかし，公共財では利用者はコスト負担が過小となりやすいため，利用が過大となる「ただ乗り」（free rider）の問題が生じやすい．これは，よく知られる「コモンズ（共有地）の悲劇」（the tragedy of the commons）と共通する問題である．「コモンズの悲劇」とは，共有地では誰もが共有地を自由に使えるため人びとが維持管理のコストを考慮せずに，その利用が過大になされることになる．その結果，共有地が荒廃して，結局共有地の機能が失われることになってしまうというジレンマが発生してしまう（Hardin 1968）．

実際には，観光資源のあり方は観光地ごとに異なっている．例えば，カジノ観光地では，施設やその従業員は大きな役割を果たすことになるが，地域性や不可逆性という点では，伝統文化遺産はそれを主な観光資源とする観光地ほど重要性をもたない．大規模なビーチリゾートや山岳観光地では，景観や動植物相などの自然環境が何より重要な観光資源となるが，自然環境と調和した施設も重要となることから，複合的な観光資源といえる．

さらに，芸術的なパフォーマンスなどの場合には，人的資源のパフォーマンスやホスピタリティの能力が不可欠な観光資源となる．

芸術などは，典型的な無形の文化であり，スロスビー（Thorsby；2002）は文化資本（cultural capital）という概念を提起している．スロスビーによると，文化について広義な解釈をすれば，文化とは「特定の地域で醸造されている精神性」を意味しており，伝統芸能や食文化などの文化的資源とは，その精神性が具現化したものと解釈することができる，としている．

以上みてきたように，多くの観光地の場合は自然，歴史，文化，人的資源，資本の組み合わせで成立している．これらの組み合わせをいかに行うかは，観光地の戦略に依存する．

環境収容能力と持続的観光 他の資源と同様に，観光資源もその利用に関する制約が存在する．いわゆる，環境収容能力（carrying capacity）の問題である．自然資源には鉱物資源のように枯渇性資源もあるが，野生動植物などの回復可能な資源も少なくない．これに対して，文化遺産や芸術作品は回復不可能であるという点で不可逆性を有している．観光事業にこれらのいずれの資源を用いるにしても，再生可能な資源の場合は再生能力を超えない範囲，そして再生不可能な資源の場合は，資源ストックにダメージを与えない範囲での利用の原則が必要である．つまり，この

環境収容能力を考慮した観光事業の実施がその持続性にとって重要となる．持続的観光（sustainable tourism）という考え方は，こうした資源利用と保全のバランスをとる観光資源マネジメントが必要であることを意味している（World Commission on Environment and Development 1987）．この条件が満たされなければ，混雑現象や観光サービスの質の低下などの負の外部性が生じることになる．これらの損失は，観光資源のストックの劣化を進めることになり，ひいては観光事業の存立基盤を脅かすことになる．観光資源は，先に述べた公共財としての特徴があり，「コモンズの悲劇」の問題が生じやすく，不可逆性を有しているため，環境収容能力の問題を考慮することは特に重要である．

ハードツーリズムとソフトツーリズム　先進諸国においては，地域の自然資源と地域外からの資本や労働を投入して行うリゾートホテルの建設などをともなう大規模なリゾート開発は，もはや一般的ではない．こうした大規模な観光開発は，ピーク時の観光客数の増加によるゴミや排泄物の増加で環境負荷を大きく高める結果になると指摘されている．さらに，期待された地域への経済効果も，実際には地域外への漏れが予想より大きいことも指摘されている．こうした外発型の観光開発は，コンクリート製の大型の建物のイメージからハードツーリズム（hard tourism）とよばれている（大江 2013）．日本でも，1980年代のバブル経済期に全国各地で盛んに行われた大規模リゾート開発は，まさにこのハードツーリズムに該当する．しかし，先進国においては，環境負荷の高いこうした外発型の大規模な観光開発の手法は，20世紀とともに終わりを告げたとされている．日本においても，バブル経済の終焉とともに，こうした大型リゾートの経営破綻が相次いだことは，広く知られている事実である．他方で，開発途上国においては，経済開発のシンボルとしての意味づけや，即効性のある経済効果を期待して，ハードツーリズムの手法がしばしば採用されている．

それと対照をなすのが，ソフトツーリズム（soft tourism）とよばれる地域資源を活用した内発的な観光開発のあり方である．ソフトツーリズムは，地域資源に立脚しているため，ハードツーリズムに比べて，その経済規模や環境負荷も小さく，より環境調和的である．この点で，持続的観光の概念にも合致しているということができる．エコツーリズムやアグリツーリズム，農村ツーリズムなどは，このソフトツーリズムの一つのタイプといえる．これらに共通する点は，環境負荷が低いことからハードツーリズムに比べて，ソフトツーリズムは持続性に優れているという特徴を有していることである．

以上から観光資源をめぐる世界的な潮流として，観光事業者は，観光資源の活用に関して持続性の観点を考慮することがますます重要となってきている．観光事業の持続性を実現するためには，地域の観光事業の関係者（stakeholders）の間で，観光事業拡大による短期的な利益追求と長期的な観光資源の活用と保全のバランスをとることが不可避の課題といえる．

〔大江靖雄〕

文　献

大江靖雄　2013『グリーン・ツーリズム―都市と農村の新たな関係に向けて―』千葉日報社．
スロスビー，D.（中谷武雄・後藤和子監訳）2002『文化経済学入門―創造性の探求から都市再生まで―』日本経済新聞社．
Hardin, G. 1968 The tragedy of the commons. *Science*, **162**(3859): 1243-1248. DOI: 10.1126/science.162.3859.1243.
Ohe, Y. 2016 Resources, tourism. Jafari, J. and Xiao, H. (eds.) *Encyclopedia of Tourism*. Springer International Publishing, pp.792-793.
World Commission on Environment and Development 1987 *Our Common Future*. Oxford University Press.

3.17
観光企業とアイデンティティ

アイデンティティとは アイデンティティ (identity) は，一定の範囲の集団内で人びとの行動を規定する社会的規範である．アイデンティティは制度的な要因であるが，それは法律のように明確に明文化されているわけではなく，暗黙的にその規範のなかで人びとは行動しようとする．その規範に沿った行動であれば，人びとは快適さを感じるが，逆にその規範に沿わない行動は違和感や不快感を引き起こすことになる．その意味で，アイデンティティは，無意識に人びとの行動を規定し，自分自身らしさを導く心のよりどころとなっている．

しかし，アイデンティティ自体は，人びとの心のなかにあるため直接観察することはできない．そこで，自らのアイデンティティを確認するため，人びとは自分たちのアイデンティティを象徴的に体現する物により，各自のアイデンティティを確認することになる．例えば，特定の職業における制服には，もちろん機能性が求められるものの，同時に一定の集団のアイデンティティを集団内外に示す象徴的な意味を有している．現代における民族衣装についても，そのファッション性や儀礼性に加えて，自分が特定の民族集団に属することを集団内外に向けて確認する機能を有している．このことから，アイデンティティ自体は，変化しにくいものということができる．また，アイデンティティは，人びとの行動に表れることから，人びとの行動分析を行うことで，事後的にアイデンティティを把握できる．

観光研究とアイデンティティ 観光研究におけるアイデンティティの問題は，これまで主として大きく二つの領域で扱われてきた．第一の領域としては，文化およびヘリテージツーリズム（cultural and heritage tourism）の分野において，観光行動の対象となる文化および伝統遺産に関連して，アイデンティティが取り上げられてきた．長い歴史のなかで形成されてきた固有の文化や有形無形の伝統遺産は，民族や地域，そして国としてのアイデンティティを象徴する存在であるからである．つまり，観察することができないにもかかわらず，民族性，地域性，国民性などさまざまなレベルでのアイデンティティを明確に象徴するものとして，文化や伝統遺産が研究対象とされている．そして，これらの固有性と希少性が強ければ強いほど，観光資源としての価値も高くなるため，観光事業にとって重要な資源として活用されることになる．観光事業により文化や伝統遺産の保全と活用が可能となるが，観光事業の発展により異なる文化との交流が進み，固有のアイデンティティが次第に変容することもありうる．

第二の領域として，観光事業におけるジェンダー問題との関連で取り上げられている．特に農村ツーリズムの分野では，その主要な担い手が農村女性であるため，女性がその活動に従事することで，地位向上や能力開花が期待されている．都市部に比べて，女性の地位向上や自立化が遅れている農村において，この観点からの研究が盛んに行われてきた．

近年では，経済学の分野で，アカロフ・クラントン（2011）によりアイデンティティの経済分析が行われている．彼らの研究成果は，観光研究を対象とはしていないが，観光研究においても新たな視点をもたらし，多様な観光行動の課題に適用可能と考えられる．今後，アイデンティティの経済学からの接近により，観光サービスの供給側のみならず，需要側の観光客の行動に対しても，観光研究の深化が図られることが期待される．　（大江靖雄）

文献
アカロフ，G. A.，クラントン，R. E. 2011『アイデンティティ経済学』東洋経済新報社．
Ohe, Y. 2018 Educational tourism in agriculture and identity of farm successors. *Tourism Economics*, **24**(2)：167-184.

3.18

観光の環境への影響

観光と環境 特定の目的地に対する観光者や観光業者の行動は，さまざまな観光資源と財・サービスを消費しながら，同時に環境（自然環境と生活環境）にさまざまな影響を及ぼしている．観光は環境に依存し環境の状態も観光に影響を受けるので，観光と環境は相互依存関係にある．観光が環境に与える影響は，多くの場合，観光者，観光業者の発地，移動，目的地において自然環境の破壊，劣化ないし生活環境の悪化という形で現れる．これは環境問題とよばれ，身近な問題（大気，水質，土壌汚染など環境汚染や騒音，振動，悪臭，廃棄物，日照権）から，地球規模で発生する地球温暖化や資源の枯渇の問題までさまざまである．

環境問題の経済学 環境問題発生のメカニズムを明らかにするとともに，環境問題解決のためのアプローチと持続可能な社会を実現するための方法を扱う経済学の応用分野のひとつが環境経済学である．観光が環境に影響を与えるメカニズムを考察するうえで役に立つ，経済学の分析の仕方とものの考え方を提供する．その特徴は，現在の環境問題発生の多くは市場の失敗を引き起こす負の外部性の結果である，という経済学的なとらえ方である．

環境問題と外部性 経済学では，市場がうまく機能しないために効率的な資源配分が実現しない（社会的余剰が最大になっていない，パレート最適ではない）とき，「市場の失敗」が発生しているという．ある人の消費活動あるいは企業の生産活動が，他の人や企業の経済活動に，市場取引を経ずに直接影響を及ぼす（何らかの便益や費用をもたらす）ことを「外部性」とよんでいる．特に，他の人にプラスの影響（便益）を与えるときには外部経済（正の外部性），マイナスの影響（費用）を与えるときには外部不経済（負の外部性）という．観光地での外部不経済の主要な例は，自然資源に対する観光開発（生産における負の外部性）と，多数の観光者が同じ時期に観光地を訪れる自動車と人による環境破壊と混雑現象である（消費における負の外部性）．

個人（観光者）や企業（観光業者）は，自分が得る私的便益や自分だけが負担する私的費用だけを考慮し，環境（観光資源）を消費しているにもかかわらず，所有権が付与されていない環境を使用することに対する対価支払い（社会全体が負担しなくてはならない環境の悪化や観光資源の消耗，劣化の追加的な損失額のことで，外部費用という）がないために，個人や企業の負担する私的費用は社会的費用（社会が被る負の外部性を含めた費用＝外部費用と私的費用の合計）より小さい．この結果，負の外部性がある場合には，社会的にみて望ましい水準に比べて消費や生産活動が過大に行われてしまい，環境（観光資源）を過剰に利用・費消してしまう（社会的の損失が発生してしまう）．これが，観光が環境に悪影響を及ぼすメカニズムである．市場の失敗が起こる理由は，自然環境の破壊と生活環境の悪化という社会的費用を個人や企業が自ら支払うべきコストの一部として認識していないことにある．図は，ある観光地である財（観光土産）を，環境（きれいな水質）を使用して製造している多数の観光業者の生産活動にともなう環境汚染のケースを示す．どの観光業者の工場も同一の製造技術のもとで環境に悪い影響を与える廃棄物，廃液を川に流して操業しているため，下流の住民の生活や養殖，農的産物に損害が生じている（河川の水質の所有権は誰にも付与されていないとする）．

市場均衡は市場需要曲線（限界便益曲線）と市場供給曲線（私的限界費用曲線）の交点 E で示され，生産量は Q_0，価格は P_0 となる．需要曲線の高さは消費者が土産に支払っても

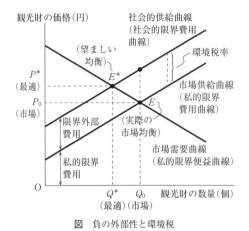

図 負の外部性と環境税

よいと思う金額を表し，供給曲線の高さは生産者の（私的）限界費用を表している．交点 E では限界便益と限界費用が等しくなっている．外部不経済を考慮したときの望ましい均衡は，市場需要曲線と社会的限界費用曲線（社会的供給曲線）の交点 E^* で，私的限界便益が社会的限界費用と等しくなる社会的に効率的な生産量は Q^* となり，私的費用しか存在しなかったときの生産量 Q_0 よりも低い水準である．

環境問題と公共財・共有資源 多くの人が同時に利用（消費）することができ，それによって得る便益が他の人の利用によって減ることのない財は公共財とよばれる（国防，警察，消防，道路網，公園など）．また，社会構成員の誰もが同時に利用可能であるが（排除性をもたない），それによって得る便益が他の人の利用によって減少する（競合性をもつ）財を共有資源という（海を泳ぐ魚，陸にすむ野生動物，森林など）．2012 年ノーベル経済学賞を受賞した L. シャープレイとシュービックは，共有資源である湖水の汚染の戦略形ゲームを分析し（プレイヤーは複数の工場，戦略は廃水の浄化装置をつける／つけない，利得は工場の費用，各工場の経営者の目標は費用の最小化），その均衡点はパレート最適ではないこと，すなわち共有資源の利用に際しては，自己の利潤のみを追求すると共有資源は枯渇してしまうこと（共有地の悲劇とよばれる社会的ジレンマ）を説明している．2009 年ノーベル経済学賞受賞者で政治学者の E. オストロムは，フィールド調査に基づいた有限回の繰り返しゲームを分析し，コミュニティ構成員間のモニタリングと制裁の制度を統治に導入することで，協調行動を生み出し構成員の利己的行動を抑制することができ，資源利用を社会的に効率的な水準に導くことを明らかにしている（実験室実験）．

環境政策（環境問題の解決法） 観光が環境に及ぼす悪影響を防ぐために政府はどのような政策をとるべきだろうか．四つの主要な方法がある．

①直接規制： 政府が直接に管理・監督することで，許容される環境汚染の水準を規制する方法である．例えば 2003 年の 1 都 3 県ディーゼル車排ガス規制があげられる．

②課税と補助金（外部不経済を内部化する政策）： 負の外部性の発生者に対して，発生量に応じた税（ピグー税とよばれ，環境税や混雑料金はその一例）をかけることで社会的に望ましい行動を促す（インセンティブを与える）政策である．補助金はマイナスの税である．

③排出権取引制度： 環境汚染の排出総量の目標水準を設定し，汚染物質を排出する権利を取引する市場を創出して，当事者間で排出枠の取引により目標を達成する政策である．

④当事者間交渉による解決（コースの定理）： 負の外部性の発生源に所有権を設定して，取引費用がなければ法によらなくても，当事者どうしの交渉に委ねることによって環境汚染活動の最適な水準（効率的な結果）を達成する方法である．
　　　　　　　　　　　　（佐々木康史）

文献
栗山浩一・馬奈木俊介 2014『環境経済学をつかむ』（第 2 版）有斐閣．

3.19
国際観光と為替相場

　グローバル化の進展とともに，国境を越えたモノ・サービスの移動（国際貿易），カネの移動（国際金融），企業の移動（海外直接投資），知識の移動（多国籍企業），仕事に関わるヒトの移動（国際労働移動，移民），そして観光に関わるヒトの移動（国際観光）は着実に拡大している．世界の国際観光客数（2017 年 13.2 億人）は世界実質 GDP と強い相関がみられ増加傾向にある．訪日外国人旅行者数は 2,800 万人（2017 年）に達している．

　国際移動と重力方程式　モノ・カネ・ヒト・仕事の国際移動（二国間の移動量）の決定要因を実証的に説明する代表的な考え方に重力モデル（重力方程式）がある．他の条件（政治的リスクなど）が同じならば，いかなる二国間の移動量も主に三つの要因と関係があるというもので，二国の人口・経済規模，二国間の距離，二国の差を表す諸変数（自然環境の差，言語・宗教・文化の差，慣習・法的規制の差，社会インフラの差など）により決まると考える．国際観光のアウトバウンドとインバウンドの場合には，二国の差を表す重要な経済的要因として為替相場（為替レートともよぶ）の存在がある．この重力モデルの主な活用法は，国境を越えた移動量（貿易量，資金量，旅行客数）が重力モデルの予想よりも大きかったり小さかったりする場合，その原因を数量的に探ろうとすることにある．

　国際観光と旅行収支　目に見えないサービスの国境を越えた取引を集計したサービス貿易（輸出と輸入）では，訪日外国人旅行者の支出はサービス輸出に含まれ，海外日本人旅行者の支出はサービス輸入に含まれる．訪日外国人旅行者が日本の航空会社を利用して，また，日本のホテルやレストランを利用するときは，サービスの輸出にあたる（日本国内で観光サービスの消費を行うということ，旅行収支に含まれる）．観光サービスの消費は国境を越えた取引なので，為替レートの変動（円安や円高）が海外旅行者の消費額に影響を与え，それは旅行収支に反映される．アベノミクスや日本銀行の大胆な金融緩和によって生じた 2013～15 年の大幅な円安（円の価値が下がったという意味）の進行は，訪日外国人旅行者数の増大と旅行消費額の増加の相乗効果を通じて旅行収支の赤字縮小に大きく寄与した．

　国際観光と為替相場の変動　2012 年 12 月以降，円の対ドル名目為替レートの減価，すなわち 1 ドル 80 円から 120 円へ 50% の減価によって訪日旅行の割安感の大幅な増大による旅行収支改善効果が作用したと考えられる．実際に，日本のサービス収支は基本的に赤字基調（サービス輸入超過）にあるが，そのなかの旅行収支（国際観光収支）の赤字幅は 2013 年から大幅に縮小し，2015 年にははじめて黒字（サービス輸出超過）に転じた．訪日外国人旅行者による国内消費額は，2012 年の 1 兆 846 億円から 2017 年には 4 兆 4,000 億円へと増大した（特に中国の個人客による商品の購入）．このように為替相場の変動による訪日外国人観光客数と消費額の増大は，国際観光はもちろんのこと日本経済に大きな経済波及効果をもたらしている．為替相場の変動がどの程度の割合で訪日外国人旅行者の消費対象の消費財価格（宿泊料金，土産代，交通費，飲食代）に反映されるか（転嫁されるか）という問題は為替レートのパススルーとよばれる．為替レートから訪日外国人旅行者のインバウンド消費の国内価格へのパススルー率は，売り手である日本企業の価格設定行動と買い手である訪日外国人旅行者の需要の価格感応度（弾力性）に大きく影響を受ける．

〈佐々木康史〉

文献
クルーグマン，P. R. 2016『クルーグマン国際経済学（原書第 10 版）』丸善出版.

3.20
国際観光と国際貿易（見えざる貿易）

観光研究はヨーロッパを中心に始まったが、その際の主要な課題は国際観光を発展させることによってより多くの外貨を獲得するということであった．したがって、ヨーロッパにおける観光研究の中心は国際観光であり、国内観光研究への関心は希薄であった．

また、国際観光の研究は、その主題が外貨獲得にあったとはいえ、観光者による自国の財・サービスの輸出を意味するという点も十分に意識されていた．しかし、国際観光は長い間「見えざる貿易（invisible trade）」とみなされてきたことも事実である．その背景には、観光者による貿易は行われているが、国際観光者が訪問地でどのような財・サービスにどの程度支出するかに関する統計が整備されていなかったことがあげられる．

輸出入統計およびサービス収支における旅行収支統計が整備されるにつれて、国際観光を「国際貿易」と位置づけ、ある程度の分析が行われるようになってきたが、現在でも観光者がどのような産業へどのくらい支出するかに関する詳細な統計の整備は多くの国々で未整備である．

国際貿易の基礎理論はリカード（D. Ricard）が提唱したいわゆる「比較生産費」に依拠してきたが、現在では「比較優位」と特化に基づき貿易が行われ、その結果、貿易当事国に「貿易の利益」がもたらされるとの見方が主流である．

貿易は比較優位と特化に基づき行われるという考え方は、観光にも適用された．すなわち、観光サービスの貿易もまた各国の生産要素賦存量と技術の相違により生じる比較優位と比較優位をもつ財・サービスへの特化に基づき、観光におけるサービス貿易は産業間貿易であるとの考え方から、いわゆる観光サービスの生産に特化した南の国々から北の国々への一方的な輸出が行われると主張されてきた．この考え方に依拠し、マスツーリズム出現の説明がなされてきた．

それに対して、リンダー（S. B. Linder）は、貿易は各国の消費者が何を望んでいるか、換言すれば、消費者の嗜好に依存して決まり、消費者の嗜好は彼らの所得水準に依存し、よく似た所得水準をもつ国々の消費者の嗜好もまたよく似ており、したがって各国の同一産業内で生産された生産物の輸出入が行われると主張した．換言すれば、貿易は需要側の要因に基づき決まるという考え方である．その後、クルーグマン（Krugman）らは、近年の貿易は、伝統的な「比較優位」に基づき行われる産業間貿易、つまり異なる産業で生産された財・サービスの輸出入ではなく、規模の経済と消費者の嗜好に基づく産業内貿易、つまり同一の産業で生産される財・サービスの輸出入が主流であることを説明しようとした．

国際貿易としての観光サービスは、比較優位に基づく産業間貿易ではなく、同一産業内で生産される財・サービスの輸出入という、いわば産業内貿易が行われているのではないかとの視点から、分析と実証が現在進行中である．

例えば、ノワク（Nowak et al. 2012）はEU圏内では圏内の多くの国々の間で観光サービスの産業内貿易が実現していることを実証し、さらにレイタオ（Leitao 2011）はポルトガルと他の17カ国の間で観光における産業内貿易が実現されていることを実証した．

（小沢健市）

文 献

Leitao, N. C. 2011 Intra-Industry Trade in Tourism Services. *Theoretical Applied Economics*, **18**：55-62.

Nowak, J.-J., Petit, S. and Sahli, M. 2012 Intra-industry trade in Europe. *Tourism Economics*, **18**：1287-1311.

Zhang, T. and Jensen, C. 2007 Comparative advantage：Explaining tourism flows. *Annals of Tourism Research*, **34**：232-243.

3.21 観光と経済成長・経済発展

観光振興は地域活性化の手段として，多くの国や地域において行われている．観光には国際親善や教養，保養の増進といった効果もあるが，経済的効果に対する期待は大きい．観光の経済効果が大きければ観光関連産業が振興され，観光関連産業を中心に資本が増強されることにより経済成長にも寄与すると考えられる．以下，カンデラ・フィジーニ (Candela and Figini 2012) に従いながら，ケインズ理論と成長理論に基づく，観光と経済成長，経済発展の関わりについてみていこう．

短期的効果 観光がもたらす短期的な経済効果は，ケインズの乗数理論によって説明される．マクロの均衡条件は，総需要と総供給が等しいことである．総需要は消費，投資，政府支出，輸出そして（控除）輸入で構成されるが，単純化のために政府支出と輸入を無視すると，Y を GDP，C を消費，I を投資，X を輸出とすれば均衡条件として，

$$Y = C + I + X$$

を得る．さらに消費関数が Y に依存するものとすれば，$C = C_0 + cY$ であり，ここで C_0 は Y に依存しない独立支出，また c は限界消費性向 ($0 < c < 1$) である．さらに単純化の仮定として，投資も輸出も一定 (I_0, X_0) としよう．

いま外国からの訪問者の観光支出を G として，また自国民の外国での観光支出を $H = H_0 + hY$ で表そう．ここで H_0 は独立支出，h は自国民の外国旅行における限界消費性向である ($0 < h < 1$)．さらに外国からの訪問者の観光支出のうち，出発地での支出割合を g としよう．この結果，これらを加味した均衡条件は，

$$Y = C_0 + cY - (H_0 + hY) + I_0 + X_0 + (1-g)G$$

となるから，これを整理して以下を得る．

$$Y = \frac{1}{1-(c-h)}\{C_0 - H_0 + I + X + (1-g)G\}$$

よって，外国からの訪問者の観光支出 G が追加1単位増加するとどの程度の経済効果が生じるのかは，

$$k \equiv \Delta Y / \Delta G = (1-g) / \{1-(c-h)\}$$

で表され，これを（本モデルでの）観光乗数とよぶ．観光乗数 (k) は観光消費の出発地における購入分 (g) や外国旅行における（限界）消費性向 (h) が小さければその値が大きくなるので，訪問地にもたらされる観光の経済波及効果は大きくなる．

ところで，この観光乗数は1より大きいこともあれば，その逆もある．$k \geq 1$ ならば，初期の観光支出を上回る経済効果を訪問地は得られるので，観光振興は経済発展に寄与する．しかし $0 < k < 1$ ならば，初期の観光支出以下の経済効果しか訪問地は得られないから，観光振興は期待薄であろう．それゆえ観光振興による経済効果を期待するのであれば，$k \geq 1$ すなわち $h + g \leq c < 1$ であり，訪問地域内経済からの漏出よりも地域内での消費活動が活発であることが必要である．

さて，このような経済効果が得られると，これに起因して新たな観光投資が誘発されるであろう．具体的には，新たな道路建設やホテルなどの観光関連施設の建設や，観光情報を発信するための ICT 関連投資などである．この点を考慮して，投資関数として $I = I_0 + iY$ を考えよう．ここで I_0 は独立投資，そして i は限界投資性向 ($i \geq 0$) である．

このような修正を加えると観光乗数は，

$$k' \equiv (1-g) / \{1-(c-h)-i\}$$

となる．k' は k よりも分母が小さいので，$k' > k$ である．すなわち，訪問地域内での観光投資が活発になると経済波及効果は大きくなる．もちろん観光投資が意味をもつためには，$k' > 1$ が必要である．これは $h + g < c + i$ を意味しており，k の場合と同様に，

地域外への漏出以上に地域内での消費と投資活動が活発であることが必要である．

以上は短期モデルであるが，域外からの観光支出の増加は域内の所得を増加させ，それに誘発された観光投資の増加により資本が蓄積されて，長期的には経済成長が期待される．

長期的効果 以下，成長理論のひとつであるハロッド=ドーマーモデルに従いながら，観光支出の長期的効果について説明しよう．ここで単純化の仮定として，輸出 (X)，輸入 (Z)，そして自国民の外国での観光支出 (H) を無視しよう．すると t 期の均衡条件は，$Y_t = C_t + I_t + G_t$ となる．いま，各期の所得に占める観光支出の割合を q として一定とする ($q \equiv G_t/Y_t, 0 \leq q \leq 1$)．ハロッド=ドーマーモデルに従えば，

$$I_t = v(Y_{t+1} - Y_t)$$
$$Y_t = C_t + I_t + G_t$$
$$C_t = cY_t$$

を得るが，これを整理すれば，

$$sY_t - G_t = v(Y_{t+1} - Y_t)$$

となる．ここで $s(=1-c)$ は限界貯蓄性向である．いまこの両辺を Y_t で割れば，$\gamma_T = (s-q)\pi$ を得る ($s > q$)．ここで γ_T は，観光消費を考慮したうえで，マクロの均衡条件と資本の完全利用が満たされているという意味での保証成長率である．また $\pi(\equiv 1/v)$ は資本の限界生産性である．

さらにこのモデルでは，労働の完全雇用がつねに達成される条件として，$\gamma = n + \lambda$ が得られる．ここで n は人口成長率，そして λ は技術進歩率であり，その和である γ を自然成長率とよぶ．したがって，資本と労働の完全雇用が達成されつつ総需要と総供給が等しい状態で経済が成長する条件は，$\gamma_T = \gamma$，すなわち

$$(s-q)\pi = n + \lambda$$

である．ところで観光支出を考慮しなければ $G_t = 0$，つまり $q = 0$ であるから，この場合の保証成長率は $s\pi$ である．これを観光支出が考慮された場合の γ_T と比較すると，γ_T の方が小さいことがわかる．それゆえ均衡において完全雇用が達成されている状況では，観光支出が増加して超過需要が生じるとその分に相当する投資の減少が必要になるため，保証成長率は低くなるのである．観光支出の増加は，民間投資の減少というクラウディングアウト効果をもつのである．

さて，ハロッド=ドーマーモデルやその後の新古典派ソローモデルには，経済成長を決める要因である貯蓄率や人口増加率そして技術進歩率などが外生的に与えられるという問題点がある．これに対処するために生まれた内生的成長理論では，技術進歩に関して人的資本という概念を取り入れ，これが教育や学習によって労働生産性が高まると考えることで，技術進歩率が内生的に決定されるようなモデル化がなされている．

観光は労働集約的産業であり，顧客満足度を上げるためにも，従業員のホスピタリティ能力を高めるための従業員教育や習熟効果 (learning by doing) が必要である．そこでこの点を考慮して，内生的成長理論の枠組みで観光振興と経済成長との関係を明らかにしようとする研究が試みられている．

例えば，観光産業に特化する国と製造業に特化する国とを考え，それぞれの国の労働生産性の違いが経済成長率に与える影響を分析している．一般には観光産業に特化した国の経済成長率の方が低いと思われがちだが，生産性の違いという技術的ギャップを上回るほど，通常財で測られる観光財の相対価格の上昇率が高い場合には，逆の可能性が導かれる．実証的に得られる結論もユニークではなく，この分野の研究のさらなる深化が期待されている．

(長橋 透)

文献

齊藤　誠・岩本康志・太田聰一・柴田章久 2010『マクロ経済学』有斐閣．

Candela, G. and Figini, P. 2012 *The Economics of Tourism Destination*. Springer, Chap. 13.

Stabler, M. J., Papatheodorou, A. and Sinclair, M. T. 2010 *The Economics of Tourism* (2nd ed.). Routledge.

3.22 観光の経済効果・手法と計量

観光を産業として測定する必要性の背景
2003年の小泉純一郎首相による観光立国宣言,そして2008年の観光庁発足により,観光を産業としてとらえるニーズは高まっている.ところが,世界の標準規範であり,GDP(国内総生産)などの国家統計の基礎である国民経済計算手法(SNA:System of National Accounts)においては,観光という産業セクターは存在しない.SNAのベースはレオンテイエフ博士が主導した産業連関表(input-output table)であるが,そこに観光という産業セクターは存在しない.

では観光を産業としてとらえるためにはどうすればよいのか.通常の産業セクターは農業にしろ,鉄鋼業にしろ,供給側の産出物をみればそのセクターが想像できるが,観光の場合は,供給側をみてもそれが観光客の消費の対象となる場合とならない場合があるため,訪問客という需要サイドの消費実態をみることで観光を産業として計測するという手法をとっている.世界観光機関(UNWTO)が世界銀行やOECDなどと協力し主導している旅行・観光サテライト勘定(TSA:Tourism Satellite Account)は,まさに,国民経済計算をすでに存在する地球としてとらえて,その周りをあたかも衛星のように周回しつつ,既存産業を観察分析することで,既存産業の産出に隠れている観光関連消費を需要と供給側から炙り出していこうとする作業である.

産業連関表は,産業界が産出を行うに際して,どのような中間財投入を対象地域内の他の産業から行ったのかを表にしたものである.

経済効果計算 この産業連関表に若干の行列計算を行うと,経済効果計算が可能となる.観光客の最終需要が地域経済構造を刺激し,各産業セクターの総生産額計が最終需要総額を超えるということを最低限の数式で表すには,以下のような行列式が必要となる.

- I:単位行列.数字の1と同じような働きをする.
- A:産業セクター間の相互依存を表す係数からなる行列.なお,$0 < a < 1$ である.
- X:総産出
- AX:総産出に産業セクター間の相互依存を表す係数をかけたもの,つまり中間財需要を満たす分量.
- Y:最終需要ベクトル.これのみが $N \times 1$ の列ベクトルの形態をとる(訪問客の観光消費を各既存産業セクター別にいくら消費したのかを実際に調査する).

$$(I - A)^{-1} Y = X$$

つまり,「総生産の全体から中間財に投入される分量を除いた余りの部分」の逆数に最終需要をかけたものは総生産に等しい.

ここまで勉強したならば,もう少しだけ付け加えよう.まず Δ(デルタ)については,Δ =「○○の変化」と読めばよい.実はこうするとあとで実際に経済効果を測定するときに便利になる.次に,$(I - A)^{-1}$ の部分については,レオンテイエフの逆行列という名前がある.すると,

$$(I - A)^{-1} \Delta Y = \Delta X$$

つまり,レオンテイエフの逆行列に最終需要の変化をかけたものは総生産の変化に等しい,となる.この ΔY(最終需要変化,つまり訪問客の地域内消費額)は「直接(経済)効果」,ΔX の部分は「間接(経済)効果」とよばれる.

レオンテイエフは1973年にノーベル経済学賞を受賞したが,1984年には産業連関表の拡大版である SAM(social accounting matrix,社会会計行列)を発展させたストーンが同賞を受賞した.これは産業セクター間の中間財投入を反映させた上記の A に家計収入や労働・資本市場も入れて拡大させたも

のであるが，行列計算の大枠そのものは同じである．SAM を利用すると，地域内最終需要変化に対して家計への所得分配効果が計算でき，家計が複数，例えば，高中低所得家計のどこにより多くの経済効果が発生するのかが定量的に把握できることとなる．家計増収分は地域内で再消費にまわると想定すると，同じ最終需要から更なる経済効果が想定できる．これを誘発（経済）効果とよぶ．

さて，この枠組みを利用した観光の最終需要ベクトルの構築に際して，時に見かける間違いがある．例えば，IR(インテグレーティッドリゾート：カジノ，巨大ホテル，国際会議場，多数のレストランやプールなどを含む総合的リゾート）を開発する際の経済効果計算を行いたいとしよう．その場合には，単にホテルとカジノ産業に対する訪問客の消費支出を最終需要とするのではなく，その訪問客が測定対象域内で消費したすべての最終消費について，きちんと科学的な手法で調査を実施し，土産から現地交通費，エンターテインメント消費代金，外部での飲食代金，有料施設入場料（博物館，テーマパーク）などのすべてを把握する必要がある．そして科学的調査に必要な最低限以上の標本数を抽出してから，訪問客の平均消費パターンを列ベクトルにし，あとは推定したい訪問客数を設定して（例：年間 100 万人の訪問客が来訪した際の経済効果測定）それを列ベクトルに乗じて，行列計算を行えばよいわけである．

産業連関表の枠組みは観光サテライト勘定のベースでもあるが，こちらは経済効果計算ではなく，あくまで会計として直接効果のみを記録するのが主眼である点，留意されたい．また，この枠組みは国民経済計算ベースであるが，2017 年に国連が持続可能性を今後の重要な人類の課題だと打ち出した際に，環境のインパクトを定量化するにはこの枠組みを利用する旨の方向性を奨励しているため，今後重要性がさらに増すと想定される．観光に続き，文化分野（ユネスコ（UNESCO）によるCulture Satellite Account）および民間航空分野（ICAO）による Aviation Satellite Account）でも，サテライト勘定の開発が正式に決定しており，観光分野でのサテライト勘定の知識が，他の関連分野でも応用されている．観光分野は 2008 年に国連統計局と UNWTO などが共同で「観光サテライト勘定：手法枠組推奨」および「観光統計国際基準」を発行したために，各国の統計基準が比較的に統一されている一方，文化分野ではそれら国際基準や統計基準がユネスコ統計局によって未発行なため，先行する各国試案でのバラつきが比較的に大きい．現在，ユネスコおよび ICAO の両国連機関は国連統計局と共同で各国や学術界識者から技術諮問委員会（TAG: Technical Advisory Group）を設立し，早い時期での国際基準と枠組み推奨を行う予定となっている．なお，文化分野の第 1 回技術諮問委員会は日本での開催が予定されている．民間航空分野ではまだ ASA を試案として計算した国はないが，文化分野ではすでに複数国が CSA 試案を発表している．詳細についてはユネスコが作成し国連統計局に掲載されている報告書に記載されている（Hara 2015）． 　　　　　　　　（原　忠之）

文　献

Frechtling, D. C. 1994 Assessing the economic impacts of travel and tourism—Measuring economic benefits. Ritchie, J. R. B. and Goeldner, C. R. eds. *Travel, Tourism and Hospitality Research*. John Wiley & Sons.

Frechtling, D. C. and Horváth, E. 1999 Estimating the multiplier effects of tourism expenditures on a local economy through a regional input-output model. *Journal of Travel Research*, 37：324-332.

Hara, T. 2004 Estimating the immediate effects of an unprecedented event of terrorism. Chen, J. ed. *Advances in Hospitality and Leisure*. Elsevier, pp.237-254.

Hara, T. 2015 Culture Satellite Account: An Examination of Current Methodologies and County Experiences; UNESCO, UN Statistical Division, pp.1-107.

Walter, I. et al. eds. 1998 *Methods of Interregional and Regional Analysis*. Regional Science Studies Series, Ashgate.

3.23

観光政策と経済政策

ここでは広域連携観光政策の重要性を，ゲーム理論の考え方に則って説明しよう．

いま隣接する地域Aと地域Bがあり，ともに連休中に観光客の獲得を目指して，従来の地元産品の食の博覧会に加えて集客効果の高いマラソン大会の開催を計画している．マラソン大会の開催には，コース設定や選手の募集，登録などにかかる費用や当日の運営費など，大きな費用がかかると予想される．

まず両地域がそれぞれ単独にマラソン大会を開催したときの経済効果を表1に示そう．

表1のゲーム表現を戦略形とよび，ゲームの基本三要素であるプレイヤー，戦略，利得が示されている．プレイヤーは地域Aと地域Bであり，戦略はマラソン大会を開催するかしないかである．また利得を経済効果（単位：100万円）とし，各セルの左側数字がAの経済効果，右側数字がBの経済効果としよう．

いま地域Aの立場になって考えてみよう．もし地域Bがマラソン大会を「開催する」と予想したときにAも開催すれば，競合したうえに費用もかさみ100万円の経済効果に終わる．他方開催しなければ，Bに観光客を大幅に奪われて100万円の赤字を被る．よってAはより利得が大きい「開催する」を選ぶであろう．逆にもしBが「開催しない」を選ぶと予想し，Aが開催すれば観光客を大幅に増やすことができて500万円の経済効果を得られるが，開催しなければ従来のイベントだけの200万円の経済効果に終わるので，やはり「開催する」を選ぶ．このような推論から，Bがどちらの戦略をとってもAはマラソン大会の開催を決定する．

この推論は地域Bの立場からみても同様であるから，Bもマラソン大会を開催する．その結果，両地域とも100万円の経済効果に終わる．マラソン大会など開催せずに従来のイベントだけであれば200万円の経済効果が得られたのにもかかわらず，自分だけが開催したときの大きな経済効果（500万円）に魅せられて，より劣位の結果に終わってしまう．この状況は「囚人のジレンマ」とよばれる．

ではマラソン大会を共同開催する場合には2地域にまたがる一つのコースにして，運営費を大きく減らすことを考えよう．この結果，経済効果が表2のように変わったとする．

先ほどと同じ推論を行えば，ここでも両地域はマラソン大会を開催することになる．しかし共催によって運営費を大幅に削減できたことで，開催しない場合よりも経済効果を高めること（300万円）ができる．

経済効果を求めて策定される各地の観光政策は，似た内容であることが多い．ここでの考え方に従えば，隣接する地域が共同してイベントを開催することで望ましい結果を得ることができる．広域連携による観光政策には，このような経済学的根拠があるといえよう．

（長橋　透）

表1　単独開催のケース

地域A ＼ 地域B	開催する	開催しない
開催する	1, 1	5, -1
開催しない	-1, 5	2, 2

表2　共同開催のケース

地域A ＼ 地域B	開催する	開催しない
開催する	3, 3	5, -1
開催しない	-1, 5	2, 2

文献

渡辺隆裕 2008『ゼミナール ゲーム理論入門』日本経済新聞社．
Candela, G. and Figini, P. 2012 *The Economics of Tourism Destination*. Springer.
Shy, Oz 1996 *Industrial Organization*. MIT Press.

3.24

持続可能な観光

持続可能な開発　環境問題が地球的規模で人びとに認識されるようになったのは 1960 年代以降である．1972 年，ローマクラブが『成長の限界』と題するレポートを公表し，化石燃料などの自然資源の枯渇問題や環境破壊・汚染問題を取り上げ，これらの問題が解決されない限りいずれ人類は破局を迎える可能性があると訴え，環境問題が経済成長に対して大きな制約になることを世界的に認識させた．これは，その後，資源の枯渇や環境問題が経済成長と両立できるのかという「持続可能な開発（sustainable development）」に関する議論へとつながっていく．1984 年に国連の特別委員会として設置された「環境と開発に関する世界委員会（ブルントラント委員会）」において「持続可能な開発」が討議され，その報告書（Our Common Future, 1987）で「持続可能な開発」とは，「将来世代のニーズを損なうことなく現在の世代のニーズを満たすような開発」であると定義された．

異時点間の最適な資源配分　「持続可能な開発」の概念は多くの論争を呼び起こした．それは資源利用における世代間および世代内の効率と公平の同時達成の問題である．これは三つの課題として示される．①自然資本と人工的資本の間での代替可能性の有無，②現在世代と将来世代のニーズをどのようにして知ることが可能か，③現在世代と将来世代の間での資源利用のあり方とはどのようなものなのか．特に，①の代替可能性については，経済学的研究も数多く行われ，その一部は異時点間の資源配分の問題に置き換えられた．枯渇性資源（再生不可能資源）が人工的資源（資本）に投資されることで将来世代の所得（消費）を生み出すことは可能であるとの考えも示された．枯渇性資源と最適経済成長の問題は，内生的成長論を含め多様な方面から研究が進展している．

持続可能な観光のあり方　1992 年にブラジルのリオデジャネイロで史上最大規模の地球サミット（環境と開発に関する国連会議，UNCED）が開催され，「持続的な開発」に向けての行動計画として「アジェンダ 21」が採択された．そのなかで，観光（travel and tourism）は「持続可能な開発」を達成するために積極的に貢献できる分野のひとつとして位置づけられた．21 世紀に入り世界観光機関（UNWTO）は，観光開発における持続可能性の原則を明示した．そこでは観光開発を三つの側面（自然環境，社会文化，経済）から規定し，長期的な持続可能性を保証していくためには，これらの 3 側面が適切にバランスを保たなければならないと主張し，持続可能な観光を具体的に達成していくためには，以下の点に留意すべきであると指摘している．

①生態系を維持して自然遺産と生物多様性を保全し，観光開発の鍵となる環境資源の最適な使用を図る．

②地域の文化遺産と伝統的価値を保持して異文化間の理解と寛容性に努め，受入れ国の社会・文化的真正性を尊重する．

③安定した雇用と収入を確保する機会と社会的サービスを含めて受入れ国の貧困削減に貢献し，すべての利害関係者に社会・経済的な利益が公平に配分されるような実現性のある長期的な経済運営を確保する．

世界観光機関は，持続可能な観光の実現には，強力な政治的指導力と利害関係者への情報公開の必要性を指摘する．同時に観光者の高い満足度を維持し，観光経験を通して持続可能性問題がより認識され，持続可能な観光行動が奨励されていくことが必要であると述べている．

（麻生憲一）

文献
ターナー，R. K.，ピアス，D.，ベイトマン，I.（大沼あゆみ訳）2001『環境経済学入門』東洋経済新報社．

3.25
貧困と観光

貧困克服のためのツーリズム 1980年代以降，発展途上国（以下，「南」）にとってツーリズムが外貨獲得源として重要なセクターのひとつとなった．直接的，間接的に多様な職業からなるツーリズム産業の成長は自国民の雇用拡大および所得水準向上の契機として目されるようになり，「南」の多くは「観光立国」を目指しつつある．こうした動きを誘導，後押ししたのは国際観光資本による投資や開発のみならず，「貧困克服のためのツーリズム」(pro-poor tourism) というスローガンのもと世界銀行による開発資金の融資や先進工業国（以下，「北」）による開発援助（ODA）である．その結果，「世界各国・地域への外国人訪問者数」（世界観光機関，UNWTO）上位40カ国に，1980～90年代から「観光年」キャンペーンを展開するなどしてツーリズム振興政策に取り組んできたマレーシア，タイ，インドネシアなど，東南アジア諸国も含まれるようになった．

「南」には，「北」が失った自然の豊かさ（密林・常夏＝トロピカリティ），「北」にとって異なる民族・歴史・文化的要素（異国情緒＝エキゾチズム），西洋植民地時代に由来する歴史的建造物や街並み（コロニアリティ），高原の避暑地（ヒルステーション）など，「観光（者）のまなざし」の対象となる多様な集客資源が備わっており，また「北」と「南」の経済格差を背景にした物価の安さは，観光目的地としての「南」の優位性を高める重要な要因とみなされている．

「南」におけるマスツーリズムと観光公害 しかし「南」にとってツーリズムは必ずしも「貧困克服の万能薬」（正のインパクト）とはならず，さまざまな問題（負のインパクト）をも引き起こした．例えば，大規模な観光開発や大量のツーリストの流入により環境破壊，環境汚染が進行し，なかには手つかずの（無垢な）自然が蕩尽され，その一方で新規の観光地にツーリストを奪われたため衰退の一途をたどった「南の楽園」もある．こうしたマスツーリズムがもたらす「観光公害」に対する批判に加え，観光地で生み出された富は，結局は国際資本により回収，収奪されるという意味において「南」の観光開発は新たな「低開発」をもたらす「新植民地主義」（ネオコロニアリズム）に支配されていると厳しく指弾されてきた．

他方，「北」の「南」に対する経済的優位性を背景に「持てる北」からの観光者（ゲスト）による「持たざる南」の観光地（ホスト社会）での傲慢なふるまいや，買春の横行に象徴される「倫理感」の欠如，「罪深い」観光行動に対しても批判の眼が向けられている．すなわち，「北」のツーリストの「南」のホスト社会に対する態度は，ポストコロニアルあるいは新植民地主義的支配−従属関係を反映した偏見や優越・差別意識の表れであると非難されるとともに，「北」のツーリストに対して「倫理的観光」あるいは「観光者の責任ある行動」を求める議論も浮上するようになった．

また「真正性」を欠いた伝統的文化の商品化や見世物化の横行は，ゲストとホスト社会との間で，あるいはホスト社会内部でさまざまな葛藤，対立を引き起こした．さらに「南」の観光地では当該の観光地とは無縁の「没場所」的で，「南」をイメージさせる類似の土産物が氾濫するという，旅慣れたツーリストにとって既視感を覚えさせるような光景が各地でみられるようになった．

ツーリズムに組み込まれる少数民族 ツーリズム産業の進展により，これまで主流社会から遠ざけられ（排除され），辺境や離島などの遠隔地に暮らす少数民族は，国をあげてのツーリズム振興政策に動員されるようになった．次第に遠隔地の少数民族の生活領域

もツーリズム空間に取り込まれ（自動車・航空交通システムの発達がそれを促進した），少数民族それ自体および彼らの「特異な」生活文化が「秘境観光」「エスニックツーリズム」の名のもと，ツーリストの好奇心をひきつける「見世物」として少数民族をテーマにした観光村に囲い込みされるようになった．例えば，台湾には観光客の集客装置として入場者が原住民族の「伝統的」な生活文化の一端にふれ，短時間で「山地原住民族らしさ」を消費できる演出されたショーが公演される九族文化村のような原住民族文化園区や歌舞場が各地に設けられた．またタイ北部のチェンマイ周辺にはモン族などの山地少数民族村や，首に金色の真鍮リングを巻くカヤン族の女性たちが暮らす「首長族」の村も点在する．こうしたタイの山地少数民族の多くはタイ国民と認定されていない難民であり，経済的困窮やさまざまな政治社会的権利が与えられていないため「モン族」や「首長族」を演じ，訪問者の求めに応じて「SNS映え」する写真の被写体となることを余儀なくされている．

とはいえ，「南」の少数民族は「観光（者）のまなざし」に一方向的にさらされているわけではない．その政治・経済・社会・文化的周辺性を逆手にとり，自立的に観光ビジネスに参入することによって自己存在の正当性をアピールする動きもみられる．すなわち，少数民族コミュニティが内発的に父祖の代より受け継いできた彼らの「身体」ともいうべき自然環境や伝統的生活様式を持続可能な集客資源としつつ，外部者との交流を目指す「コミュニティ・ベースト・ツーリズム」（CBT）の取り組みが，「南」の各地で展開されつつある．台湾中部のツォウ族が暮らす山美村における原住民族観光とエコツーリズムとを組み合わせたCBTが好例であろう．

またタイの北部山地のカレン族の村などでは，国際ボランティアNGOの支援のもとフェアトレードの考え方や仕組みにボランティアツーリズムを取り込みつつ住民のエンパワメントにつなげる活動もみられる．そしてマレーシアのキャメロンハイランドの先住民族であるオランアスリ（セマイ族）のなかには，観光道路沿いに小屋掛けをして「オランアスリ」を「売り」にしつつ，密林から採取してきたドリアンや蜂蜜，工芸品などを販売する（「オランアスリ・ビジネス」に参入する）人びとも現れるようになった．

観光対象としての「貧困」　少数民族と同様，主流社会において「排除」の対象とされてきたスクォッターなどの貧困層もツーリズム産業に「包摂」されるようになった．観光スポットにおける屋台や食堂，土産物店，宿泊施設などの従業員としてである．

他方，貧困層の居住地域である「スラム」を訪問するツーリズムすら出現するようになった．リオデジャネイロやマニラ，ナイロビ，ケープタウンなどにおける貧民街を対象にしたツアーが好例であろう．その多くはNGOなどの組織が仲介するケースが多いが，なかにはスラム住民主導によるプログラムもある．それらはスタディツーリズムとして解釈されることが多いが，スラム住民とツアー参加者との関係性や，「貧困」をテーマとするツアーそれ自体の倫理性が問われるなど「スラムツーリズム」をめぐって，賛否両論が交わされている．また日本の旅行代理店によって，大学生などの若者を主な顧客対象としてベトナムやカンボジアの孤児院を訪問し，孤児との交流をテーマとする「海外ボランティア」と銘打った観光商品が販売されているが，こうした販路の拡大に貪欲な観光産業に対して批判の声があがっている．

（藤巻正己）

文　献

江口信清・藤巻正己編著 2010『貧困の超克とツーリズム』明石書店．

高寺奎一郎 2004『貧困克服のためのツーリズム』古今書院．

藤巻正己・江口信清編著 2009『グローバル化とアジアの観光―他者理解の旅へ―』ナカニシヤ出版．

4

観光産業と施設

　現代観光において人びとが求める体験の大半は商品であり，商業的取引の結果，観光者にもたらされる．観光は制度化，商業化することによって，大きく飛躍する契機を得た．観光産業は単なる経済的側面を越えて，現代観光の根幹をなす重要な概念である．

　観光に関わる産業分野もかつての宿泊，旅行手配，土産品販売などから，情報，物販，各種サービスなどへと急速に拡大し，産業社会における重要性も増大している．第4章ではこうした観光産業の変容を背景に，観光産業の現状，歴史，社会的役割について概観する．

写真：ツアーオペレーター，土産物販売，両替，バイクレンタル，ホステル，ゲストハウス，多種多様な生業的観光サービスが林立するハノイ旧市街（ベトナム）．観光産業は地域に起業の機会をもたらすと同時に，街から生活機能を奪っていく．（撮影：稲垣　勉）

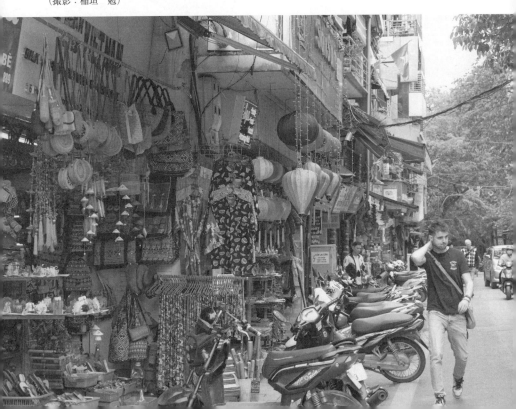

172　第4章　観光産業と施設

右上・中：ランプの宿・青荷温泉（青森県），湯治客でにぎわった時代（昭和40年代後半，写真提供：青荷温泉）と，秘境の温泉宿として宿泊客を集める現在の外観（撮影：稲垣　勉）［関連項目：4.5 旅館］

左下：東京・台東区のホステル・カオサン東京のドーミトリー客室（撮影：稲垣　勉）［関連項目：4.6 生業的宿泊施設］

右下：マリーナベイ・サンズ（シンガポール）（写真提供：Shutterstock）［関連項目：4.8 MICEとIR］

第4章　観光産業と施設　173

左上：香港ディズニーランド（写真提供：Shutterstock）［関連項目：4.11 テーマパークとディズニーランド］
右上：中国人観光客を対象とした東京のドラッグストアの看板（撮影：稲垣　勉）［関連項目：4.14 観光と商業（物販）活動］
中：サイアム博物館（タイ，バンコク）の参加型展示（撮影：稲垣　勉）［関連項目：4.9 博物館・美術館］
左下：島原半島ジオパーク（長崎県）の中心施設，雲仙岳災害記念館の普賢岳火砕流被災家屋の展示（撮影：稲垣　勉）［関連項目：4.10 ジオパーク］

4.1

観光産業

観光事業と観光産業　観光には二つの大きな概念規定が存在する．第一は余暇を目的とする旅行という，人間行動としての把握であり，第二はその人間行動が生み出す社会的事象の総体というとらえ方である．後者は，現代観光が単なる自己完結的な個人行動ではなく，観光者が求める観光経験そのものが商業的な文脈のもとで取引されるものとなったという基本認識に立脚している．行為者である観光者と観光体験の提供者である産業との制度的な結びつきが拡大し，同時に行政などの主体がその結びつきを促進，規制することで観光のもたらす利益をより有効に利用しようとする社会制度が成立した．この「社会制度としての観光」は，ほぼ観光事業とよばれる概念と同一とみなすことができる．

観光事業を構成する要素のうち，観光に関係する産業分野の総称として，観光産業は広範に用いられている．しかし厳密な概念規定のもとで使用される例はほぼ存在せず，その範囲もあいまいである．観光産業という用語は，一般社会の観光現象に対する漠としたイメージを前提として，それに関連する営利事業，業種をさす日常用法としての側面が強い．

観光産業のあいまいさ　観光産業という概念が曖昧な理由のひとつとして，観光という言葉が一般社会において，かなりあいまいに用いられ，同時にその範囲が拡大しつつあるという背景がある．日常用法としての観光には，日帰りレクリエーションも含めることが多い．このためテーマパーク，遊園地などのレジャー施設は，観光産業の一種とみなされ，ことにこれらレジャー産業の大半が観光者と日帰りレクリエーション客の双方を受け入れているという事実も，こうした社会通念の成立を助けている．また最近では退職者の短期的移住などのライフスタイルマイグレーション（lifestyle migration）や，余暇とは無関係のメディカルツーリズム（medical tourism）にまで観光概念が拡張され観光自体の概念があいまいになるとともに，観光産業の規定もあいまいさを増している．

さらに観光産業という概念のあいまいさを生み出すより本質的な問題点として，観光に関わる産業が多種多様で裾野が広く，範囲が不明確なこと，また観光産業とみなされる産業分野でも観光への関わりには，業種，企業単位でそれぞれ大きな相違が存在することがあげられよう．観光産業という概念は，観光事業を理解しようとするとき，わかりやすい通念としては機能するものの，明確な実態のある概念ではなく，同時に分析概念としての有用性，政策の対象としても疑問が残る．

観光産業の範囲　一般に観光産業に含まれると考えられているのは宿泊業，旅行業，運輸業，その他の観光関連サービスである．これは観光行動を「準備」「移動」「宿泊」「レジャー」という一連の行為の連続体としてとらえ，それぞれに対応するサービスを産業として規定したものに他ならない．移動は運輸業，宿泊は宿泊業が対応し，さらに準備には旅行情報を集約するという性格から旅行業が，レジャーにはテーマパーク，遊園地，動植物園から土産物販売に至るさまざまなその他の観光産業が対応している．いわば狭義の観光産業というべき事業分類である．

観光産業といわれる産業分野は，かならずしも「日本標準産業分類」上，関連した産業分野として扱われているわけではない．またこれらの産業分野を包括する上位概念として観光産業というくくり方も存在しない．これらの各産業分野は「日本標準産業分類」の大分類上は「宿泊業・飲食サービス業」「運輸業・郵便業」「その他生活関連サービス業」などに属し個別の産業分野として扱われている．

一般に産業分類はその産業の生産物（サービス）を基準に分類が行われる．これに対し

て観光産業は需要を基礎とした概念であり，同様のサービスを観光者が受容した場合，はじめて観光サービスとなる性格をもっている．運輸業が生産するサービスは「移動」であり，同じサービスを業務旅行者も観光者も同様に利用する．「移動」は観光者によって利用されたとき，はじめて観光サービスとしての性格をもつ．特定の産業が生産するサービス様態・形態から，その産業が観光産業であるかどうかを判定することは事実上不可能である．

また観光産業に属すると考えられる前記の各産業分野も，観光需要に対する依存度には大きな相違がみられる．運輸業にとって観光需要は収入の重要な一部を成すとはいえ，基礎的需要とは考えられていない．むしろ価格弾力性が高いという観光需要の性格から，基礎的需要を補完する役割が期待されている．宿泊業でも，多機能化した大規模都市ホテルは収入上，宴集会や飲食など地域需要への依存が大きく，観光者を含む宿泊需要への依存は相対的に小さい．これらの業種では，産業自体にも自らが観光産業であるという認識が存在しない例が少なくない．

同時に各産業の立地も，観光需要への依存に大きな影響を及ぼす．温泉地に立地する旅館などは，ほぼ観光者の需要で成り立っており，前述の都市ホテルとは，同じ産業分類に属しながらも，かならずしも観光への依存度は同一ではない．観光産業に属すると考えられている諸産業分野は，需要の様態や立地など微視的な要因の影響を強く受けており，一概に観光的性格の強さを判断することは困難である．同時に，観光産業という概念規定は，観光に関連する産業分野を包括する概念としては不十分であり，分析的にも安定的といい難い側面をもっている．

変化する観光産業の位置づけ　一方観光行動そのものは急速に変化している．観光体験の多くが商的取引の結果，交換されるというマスツーリズム（大衆観光）の基本構造に変化がないとはいえ，国内観光ではワンボックスカーの普及にともなって，従来観光サービスと考えられていた部分の内製化が著しく進展した．いわゆる車中泊は従来宿泊業が担ってきた機能の内製化にほかならない．また急速に成長する都市観光では支出の大きな部分が，これまでいわゆる観光産業とはみなされなかった都市型商業に向かっている．いわゆる「爆買い」はその典型である．都市型商業への需要も，それが観光者に起因する限り，観光需要にほかならない．これは観光者に生じた観光産業離れ，ツーリスティックなものに魅力を感じない，観光者のために用意されたものを避けたいという心情に根ざしている．この新しい傾向の大きな受益者である都市商業施設は，従来の伝統的な考え方からすれば，観光産業としてみなされるわけではない．しかしこれらの都市商業施設は，観光需要の受け皿として大きな役割を果たしている．伝統的な観光産業概念では，こうした新しい観光状況を分析し，観光の役割を明らかにすることには限界がある．一方で観光は都市型の消費を牽引するという，きわめて大きな経済的役割を果たしつつある．観光の現代的な機能や役割を分析するために，従来の観光産業に代わる，観光の産業的側面に関する新しい分析概念の確立は急務といえよう．

また観光の導入によって，地域内で騒音や交通混雑などの問題が生じることも少なくない．実際京都やベネツィアなどの代表的観光地で，観光忌避運動が生じている．この場合も観光による受益者を従来の狭義の観光産業に限定し，受益者としての観光産業対被害者としての地域住民という図式で考えるなら，効率的かつ納得的な結論を導き出すことは困難であろう．観光の導入にともなう受益者が，従来いわれてきた観光産業を越えて広がっていることを明らかにしなければ，地域住民の観光に対する好意的な態度を引き出すことも難しい．観光産業という概念は社会的な意味でも限界を迎えつつあり，意義も薄らぎつつあるということができよう． （稲垣　勉）

4.2 旅行業務と旅行業の経営基盤

旅行業の歴史　世界における旅行会社の始まりは，1841年7月に，英国のトマス・クック（1808-1892）が禁酒大会のために，ミッドランド鉄道に依頼をして，総勢570名の特別列車を利用したツアーを実施したこととされている．大人数で乗車することを条件に運賃の割引を得て，募集広告やツアー中の食事の提供も実施した．この団体旅行が，旅行業の一形態とみなされ，世界最初の旅行業として広く認知されている．その後，1851年のロンドン万博に16万5,000人を送り込み，1872年には「世界一周旅行」も実施した．また，鉄道切符とホテルクーポンをセットにした個人旅行や，1874年には旅行小切手も発行し，トマス・クックが世界における旅行産業の創設者であることは間違いないといえる．

一方，日本における旅行業の起源は，平安時代末期に盛んになった，熊野三山を参詣する「熊野詣」，近世の伊勢参宮，富士講などに関わった「先達」および「御師」であるといわれている．「先達」は，参詣に慣れていない客への宿泊手配や参詣の指導などの先導役のことである．「御師」は，身分の低い神職で，特定の寺社仏閣に所属し，その詳細な案内とともに宿泊の斡旋などをしていた．

1893年には，日本の国際的地位向上を目指し，上流階級の外国人観光客の誘致や接遇を目的とする機関，「喜賓会」が設立された．その後，財政難や訪日客拡大への対応が必要となり，鉄道院の尽力により1912年，現在日本で旅行取扱額第1位のJTBの前身である「ジャパン・ツーリスト・ビューロー」が創設され，喜賓会の業務を引き継いだ．主業務は海外における日本観光の宣伝業務であったが，訪日外国人向けに，宿泊施設や運輸機関の斡旋業務も実施し，日本における旅行会社のビジネスモデルの礎となった．この国策による設立経緯が，現在のJTBが，民間の旅行会社にもかかわらず，社名を1945～2000年の間「日本交通公社」と名乗った所以である．現在では，JTBとして，個人・法人・グローバル事業を核として，日本の旅行業界トップの座を不動のものとしている．

日本人に向けての，旅行業の始まりは，1905年，滋賀県の国鉄東海道線草津駅における弁当や名菓販売の構内営業および東海道線における列車食堂の共同運営を営んでいた，南新介（1885-1972）によって設立された，「日本旅行会」（現日本旅行）である．南新介が，「旅行のお世話をすることによって人のため世のためつくしたい」と20歳の1905年11月に，高野山参詣団と伊勢神宮参詣団の取扱いをしたのが，日本旅行会の始まりである．1908年には，本邦初の国鉄の臨時貸切列車を利用した，善光寺参詣団を実施した．草津（滋賀）発，江ノ島・東京・日光経由の善光寺（長野）という臨時列車ならではの行程であった．列車内では，新聞や茶を配布，宿泊先における余興の実施など，当時としては画期的な対応をした．これが後に日本の旅行業の特徴となった，「団体旅行」の企画やサービスの起源といっても過言ではないであろう．現在，日本で最古の旅行会社となり，チャーター機による「世界一周ツアー」，1億円の特注バスを製造した「日本一周バスの旅」などヒット商品を数多く企画する，大手総合旅行会社として広く知られている．

その他，主要旅行会社の歴史は以下の通りである．近畿日本ツーリストは，1955年近畿日本鉄道の旅行部門「近畿日本航空観光」と，独立系で修学旅行を中心に取り扱う「日本ツーリスト」が合併し設立された．当初は，国鉄の乗車券類の代売権をもたなかったが，国鉄に交渉して修学旅行専用列車を走らせ今日の基盤を築いた．現在ではホールディング化され，個人旅行を扱うクラブツーリズムを中心に業界第2位の位置にある．エイチ・ア

イ・エスは，1980年に創業者の澤田秀雄により，インターナショナルツアーズとして創業された．海外旅行において，航空会社が旅行会社に対して宿泊とセットにして販売する目的として卸していた，団体包括（GIT）航空券をバラ売りし，若者を中心に支持され急拡大した．ニッチマーケットから始まり，旅行業の流通手法に大きく影響を与えたといえよう．

旅行業に関係する法規　現在の旅行業法は，1952年に制定された「旅行あっ旋業法」が基本となっている．顧客と宿泊施設や運輸機関の間に立ち，接遇の向上を目指すことを目的とし，旅行斡旋業者の登録，営業保証金の供託，旅行斡旋料の登録などが定められ，取締り色の強い法律であった．その後，不正行為を行う旅行業者や無登録業者があとを絶たず，1956年に，登録の基幹を3年とする更新制などを導入した．1964年には，日本人の海外渡航自由化を控え，日本人の旅行を対象とする旅行斡旋業から，日本人の国内旅行のみを対象とする斡旋業に限定された．1971年の改正では，法律名を「旅行業法」とする，法の大改正を実施した．国民の生活水準の向上と余暇時間の増大や海外旅行の自由化により，旅行需要が増大した．その結果，旅行会社の事業活動が拡大し，社会に認知されたことに対応すべき法律とすることを目的とした．特に，海外旅行による旅行の高額化や旅行斡旋業者の主催する団体の増加など，国民の旅行形態が質・量ともに増大し，旅行業あっ旋法の規定では，旅行者保護の観点では十分でなく対応が必要とされたのである．具体的には，旅行業の登録種別を，一般旅行業，国内旅行業，旅行業代理業の3種類に分類した．さらに，営業保証金額を省令で引き上げ，旅行業務取扱主任者規定の創設，旅行業協会規定の創設などの制度も導入した画期的な法律となった．1983年の改正では，主催旅行に関係するトラブルが多いことから，主催旅行に関する定義がなされ，旅程管理や特別保証制度などが導入された．1996年には海外旅行者数が1,000万人時代を迎え，マスメディアを通じての主催旅行販売も急増した．その結果，トラブルも増加し，旅行者の保護をいっそう確保する必要が状況となった．対応策として，営業保証金の算定基準を営業店舗数から取扱額へ変更し，営業保証金の還付を旅行者優先とするなどの制度を導入した．2005年の改正では，旅行需要の多様化やインターネット販売に対応するコンサルティング力強化など，旅行者の旅行計画から旅程管理まで幅広く対応する，大がかりなものとなった．その対応のため，企画旅行と手配旅行に該当する行為を定義した．主催旅行は包括料金特約と一本化して新たに企画旅行として設定し，募集型企画旅行契約と受注型企画旅行契約に分類した．募集型企画旅行契約とは，不特定な顧客に対し，旅行会社が，あらかじめ行程，利用宿泊施設，利用運輸機関などのサービス内容や料金を定める旅行形態（パッケージ旅行）をさす．手配旅行とは異なり，旅行会社の自らの企画で販売するため，旅程管理責任（旅程保証，特別補償，損害賠償）を負うこととした．受注型企画旅行契約とは，特定の顧客からの依頼に対し，行程，利用宿泊施設，利用運輸機関などのサービス内容や料金提示し実施する旅行形態で，旅程管理責任も負うものである．主に，職場旅行や教育（修学）旅行などの団体旅行がこれに該当する．手配旅行については，旅行業務取扱主任者から旅行業務取扱管理者への名称変更，職務範囲の拡大なども行われた．2007年の改正では，観光による地域振興を目的として，第3種旅行業者に着地型という制限をつけたうえで企画旅行の実施を認めた．さらに，2008年の改正では，特例として，宿泊事業者に観光圏内限定旅行業者代理業としての営業が認められ，宿泊事業者も自らの観光圏における募集型企画旅行の商品造成が可能となった．2018年の改正では，急増する訪日外国人旅行者客へ旅行内容の品質を担

保するため，旅行サービス手配業（いわゆるランドオペレーター）の登録制度を創設し，管理者の選任や書面の交付などを義務づけた．

旅行業の業務内容　旅行業の定義は，上述の旅行業法第2条で，「報酬を得て，一定の旅行に関する行為（業務）を，事業として継続的に行うこと」と明記されている．

(1) 報酬とは，①旅行者から得る報酬（旅行取扱手数料など），②宿泊施設，運輸機関などから得る報酬（販売手数料や増売報奨金など），③他の旅行会社から得る報酬（パッケージ旅行の代売手数料）のことをさす．

(2) 一定の行為（旅行業務）とは，旅行業法の第2条の1～9項で規定される主に以下の業務のことをさす．具体的には，①企画旅行業務（募集型企画旅行や受注型企画旅行の企画や販売），②手配旅行業務（顧客の依頼による宿泊施設，運輸機関の手配），③その他業務（旅行相談業務，渡航手続業務，旅行傷害保険販売業務など）のことである．

(3) 事業として継続的に行うとは，上記(1)(2)の行為について反復継続の意思が認められる場合は，事業性があると認められる．具体的には，①店舗を構え旅行業務を行う旨の看板をあげている，②旅行の手配を行う旨の宣伝，広告をしている場合がこれに該当するといえる．

旅行会社は，その旅行取扱範囲により，表の通り，第1種，第2種，第3種，地域限定，旅行業者代理業，観光圏内限定旅行業代理業の6種類に分類される．6種類の最大の違いは，自社による募集型企画旅行（パッケージ旅行）の取扱いの可否の分類である．どの分類でも，職場旅行や教育（修学）旅行などの，受注型企画旅行，手配旅行，渡航手続業務は変わりなく取扱いが可能である．

日本には，約10,000社の旅行会社があり，営業スタイルもさまざまである．また，大手旅行会社による販売の寡占化が進んでいるの

表　旅行業の登録制度の概要

区分	登録行政庁（申請先）	業務範囲				登録要件		
		企画旅行			手配旅行	営業保証金	基準資産	旅行業務取扱管理者の選任
		募集型		受注型				
		海外	国内					
第1種旅行業者	観光庁長官	○	○	○	○	7,000万(1,400万)	3,000万	必要
第2種旅行業者	＊	×	○	○	○	1,100万(220万)	700万	必要
第3種旅行業者	＊	×	△(隣接市町村等)	○	○	300万(60万)	300万	必要
地域限定旅行業者	＊	×	△(隣接市町村等)	△(隣接市町村等)	△(隣接市町村等)	100万(20万)	100万	必要
旅行業者代理業	＊	旅行業者から委託された業務				不要	—	必要
観光圏内限定旅行業者代理業	観光圏整備実施計画における国土交通大臣の認定	旅行業者から委託された業務（観光圏内限定，対宿泊者限定）				不要	—	研修修了者で代替可能

＊：主たる営業所の所在地を管轄する都道府県知事．

が大きな特徴である．大手旅行会社の多くは，鉄道や航空会社などの「キャリア（運輸機関）」が，自社の輸送量アップのために設立したケースが多い．その他，流通・新聞会社系では自社顧客の囲い込みを目的とし，商社・金融・メーカー系では自社社員の出張対応などが設立目的のものが，旅行取扱額上位～中堅のもののなかでは目立つ．

旅行会社の事業内容により，業務の内容は異なるが，現在の旅行会社の主要業務としては，①店頭販売，②渉外営業（法人旅行や修学旅行），③企画（国内・海外の募集型企画旅行の企画），④予約センター運営，⑤手配（国内・海外の宿泊施設や運輸機関の手配），⑥添乗業務などに大別できる．

産業構造の変化　上述の通り，明治時代から現在における日本の旅行業は，「旅行代理（斡旋）業」として発展した．旅行に関する鉄道の乗車券，特急券類，航空券，宿泊施設などの予約は，旅行会社の窓口に依頼するのが主流で，旅行会社は「代売」により発展を遂げた．さらに，1980年代頃までは，消費者が直接入手できる国内や海外の旅行の情報源は，旅行ガイドブック以外になかったといっても過言ではない．その結果消費者からは，旅行会社に情報が集積されていると大きく信頼され，販売を拡大してきた．

しかし，近年のインターネットの普及により，消費者の旅行情報の直接の収集が容易となり，同時に運輸機関や宿泊施設のインターネットによる直接販売が急増した．近年は，OTA（オンライン・トラベルエージェント）の参入も急増している．さらに，民泊新法（住宅宿泊事業法）の施行やシェアリングエコノミーの台頭により，一般企業や個人が，運輸機関や運輸機関の運営を一定の条件下で可能となり，旅行会社のビジネスモデルを圧迫している．IT技術の進化や法制度の変化により，旅行会社は，パラダイムシフトを迎えているといえよう．

日本旅行業協会（JATA）作成による「旅行業のビジネスモデルの変革」のイメージ図をみると，従来の旅行会社は，図右側のコア事業ゾーンの「国内企画（国内募集型企画旅行）」「海外企画（海外募集型企画旅行）」「店頭販売」「一般団体旅行」「教育（修学）旅行」が基幹事業となっていた．これらは，業務の成熟度も高く今後も大手を中心とした日本の旅行会社のコア（基幹）ビジネスであることは間違いない．しかしながら，旅行スタイルの変化や，宿泊施設や運輸機関の直売により，これ以上の成長は期待できない．一方，「eビジネス（インターネット販売）」「地域DMC（地域創生事業）」「インバウンド（訪日外国人旅行）」「MICE（ミーティング，インセンティブ，コンベンション，エキシビション）」を重点事業とする旅行会社が増加している．日本の旅行業は，宿泊施設や運輸機関の斡旋事業（旅行代理業）から始まり，職場旅行や教育（修学）旅行などの団体旅行や募集型企画旅行を中心としたビジネスモデルによる発展を遂げた．しかしながら，今後の旅行業のビジネスモデルは，上述の通り，ICTの利用，地域づくりと連携した旅行，旅行需要を創出するビジネスなど，従来とは違う旅行「ソリューション」の提供が重要になるといえよう．

　　　　　　　　　　　　　　　（矢嶋敏朗）

文献
日本旅行百年史編纂室 2006『日本旅行百年史』pp.30-35.

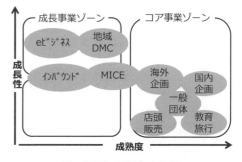

図　旅行業のビジネスモデル
出典：日本旅行業協会（JATA）．

4.3 宿泊業の法的枠組み

　宿泊業の法的枠組みを考えるうえで重要な法律として，旅館業法（昭和23年法律第138号），国際観光ホテル整備法（昭和24年法律279号）がある．このほか宿泊業を営むうえで遵守しなければならない法律として，食品衛生法，建築基準法，消防法，温泉法などの行政法規もあげることができる．このように宿泊業を取り巻く法律が多い理由は，宿泊客や宿泊施設利用者の生命，身体，財産を預かる役割を担っていることによる．実際に宿泊業を営む場合には，上記以外にも多くの法令が存在するため，これらを理解し，遵守する必要がある．ここでは，宿泊業を営むうえでその法的根拠となる法律を中心に説明する．宿泊業を営むうえで基本となる法律は，「旅館業法」「国際観光ホテル整備法」のほかに「農山漁村滞在型余暇活動のための基盤整備の促進に関する法律（以下，農山漁村余暇法と略す）」（平成6年法律第46号），国家戦略特別区域法（平成25年法律第107号），住宅宿泊事業法（平成29年法律第65号）をあげることができる．以下順に説明する．

旅館業法[1]

①本法の目的　現在，宿泊業の法的枠組みの中心となっている法律は，旅館業法である．1948年に制定され，数度の改正を経ながらも，現在も存続する法律である．本法は宿泊料を受けて人を宿泊させる営業をする者すべてに適用されるため，宿泊業を営む者にとってもっとも重要な法律といえる．本法は，「旅館業の業務の適正な運営を確保すること等により，旅館業の健全な発達を図るとともに，旅館業の分野における利用者の需要の高度化及び多様化に対応したサービスの提供を促進し，もつて公衆衛生及び国民生活の向上に寄与する」ことを目的とする法律である（法第1条）．

②旅館業の定義　本法では，「旅館・ホテル営業」「簡易宿所営業」「下宿営業」の3種類が旅館業として規定されており（法第2条1項），旅館業を経営する者は，都道府県知事（保健所設置市または特別区にあっては，市長または区長）の許可を受ける必要がある．旅館業の許可は，旅館業法施行令で定める構造設備基準に従っていなければならない．

　「旅館・ホテル営業」とは，「施設を設け，宿泊料を受けて，人を宿泊させる営業で，簡易宿所営業及び下宿営業以外のもの」をいう（法第2条2項）．「簡易宿所営業」とは，「宿泊する場所を多数人で共用する構造及び設備を主とする施設」を設け，宿泊料を受けて人を宿泊させる営業で，下宿営業以外のものをいう（例えば，山小屋，カプセルホテルなどが該当する）．簡易宿所営業の施設は，客室の延床面積が33 m^2 以上あることが必要である．もっとも，宿泊者数が10人未満の場合，3.3 m^2 に当該宿泊者数を乗じて得た面積であればよい（同法施行令第1条2項1号参照）．「下宿営業」とは，「施設」を設け，「一月以上の期間を単位」とする宿泊料を受けて，人を宿泊させる営業をいう（同法施行令第1条4項）．

　これらはいずれも「宿泊料を受けて，人を宿泊させる営業」をする点で共通している（同法第2条2〜5項参照）．ここに「宿泊」とは「寝具を使用」して旅館業法に規定されている「施設を利用すること」をいう．また旅館業は「人を宿泊させる」ことであり，生活の本拠をおくような場合，例えばアパートや間借り部屋などは貸室業，貸家業であって旅館業には含まれない．「宿泊料を受けること」が要件となっており，友人，知人を自宅に宿泊させるなど，宿泊料を徴収しない場合には旅館業法は適用されない．もっとも，宿泊料は名目を問わないため，実質的に寝具や部屋の使用料とみなされるものは含まれる．例えば，休憩料，寝具賃貸料，寝具などのクリー

ニング代，光熱水道費，室内清掃費も宿泊料とみなされる．また「営業」とは，施設の提供が「社会性をもって継続反復されるもの」をいう．「社会性」とは，社会通念上，個人生活上の行為として行われる範囲を超える行為として行われることをいう．したがって，日頃から交流のある友人，知人を泊める場合には「社会性」の要件を満たさないが，不特定多数の者を宿泊させたり，インターネットの広告などにより，広く一般に募集を行う場合には「社会性」の要件を満たすことになる．「継続反復性*2」とは，宿泊募集を継続的に行っている場合はもちろん，曜日や季節を限定するなど営業日を限定した場合であっても繰り返し行っているときにはこれに該当する．

旅館業法上，旅館業者にはさまざまな義務が課されている．例えば，営業の許可（法第3条），営業者の責務（法第3条4項：安全・衛生の水準の維持・向上，サービスの向上に努める義務），営業者の講ずべき衛生措置（法第4条：換気，採光，清潔などの宿泊者の衛生に必要な措置を講じる義務），宿泊拒否の制限（法第5条），宿泊者名簿の備付義務（法第6条）などをあげることができる．

2017年に旅館業法が改正された．これまで「ホテル営業」と「旅館営業」に区別されていた営業種別が「旅館・ホテル営業」に統一され（法第2条2項），規制緩和が図られるとともに，違法な民泊サービスの広がりなどを背景にした無許可営業者に対する取締りが強化された．具体的には，刑が「3万円」から「100万円」以下の罰金に引き上げられ，懲役刑との併科が可能となっている（法第10条）．

国際観光ホテル整備法*3 観光事業は外貨獲得のための重要な手段であり，国際収支の均衡を図るうえで重要な役割を果たしている．このため国際観光の振興は各国で重要な政策として位置づけられている．ところが，戦後間もない日本では，外客受入れ体制ができておらず，「とくにホテルその他の外客宿泊施設の不備不足は，わが國の観光事業の振興上大きな障害」となっていた．そこで，「外客の宿泊施設として一定水準以上のホテル及び一部日本旅館に対して特別の助成」を行い，これによって「ほぼ国際的水準に近い優秀な外客宿泊施設を急速に整備*4」することを目的に制定されたのが本法である．

外客に対する接遇を充実させるために，ホテルその他の外客宿泊施設について登録制度を実施し，これらの施設の整備を図るとともに，外客に対する登録ホテルなどに関する情報提供を促進するなどの措置を講じている．政府登録ホテル・旅館業になるための登録基準は，施設などのハード面（客室数などの施設基準）と接遇などのソフト面（外客接遇主任者の選任などの人的側面や経営状況に関する基準）とに分けることができる．政府登録ホテル・旅館業になると「政府登録ホテル」「政府登録旅館」の名称を用いることができるとともに，地方税の不均一課税など税制面での優遇措置，政府系金融機関による資金の融資を受けることができるなどのメリットがある．

農山漁村余暇法*5 緑豊かな農山漁村でゆっくりと滞在し，訪れた地域の人びととの交流を通じて，その自然，文化，生活，人びとの魅力に触れ，農山漁村でさまざまな体験などを楽しむ余暇活動（グリーンツーリズム）を推進するためには，農山漁村地域において都市住民を受け入れるための条件整備が重要になる．農家民宿を実施するうえで，旅館業法のさまざまな基準を緩和するために制定されたのが，農山漁村余暇法である．

新たな流れ

①背景　訪日外国人観光客の増加，および2020年の東京オリンピック・パラリンピック開催に向けて宿泊施設不足が日本の観光政策の課題となっている．観光立国推進閣僚会議が2015年6月にまとめた「観光立国実現に向けたアクション・プログラム2015」では，

「訪日外国人が急激に増加している状況を踏まえ，「2000万人時代」を万全の備えで迎えるべく，交通機関や宿泊施設等の供給能力（キャパシティー）が制約要因とならないよう，官民の関係者が十分連携をとって，「2000万人時代」への受入環境整備を急ピッチで進める」と謳っており，国の政策として，取り組むことが宣言されている．

この問題への対策として登場したのが，国家戦略特別区域法の制度を利用した宿泊業と住宅宿泊事業法に基づく宿泊業である．一般に「民泊」と総称されるこれらの事業が注目されたのは以下の四つの事情による．1）観光立国推進の観点（急増する訪日外国人観光客のニーズ，大都市部での宿泊需給の逼迫状況への対応），2）地域活性化の観点（地域の人口減少や都市の空洞化により増加している空き家の有効活用），3）GDP 600兆円目標達成の手段（ITを活用したシェアリングエコノミーは，経済効果や国民の利便性向上といった観点から，これを推進していくことが必要である）．4）民泊はシェアリングエコノミーの重要なピースであり，個人が保有する遊休資産を有効活用することで経済成長に結びつく可能性があるからである．

②国家戦略特別区域法　産業の国際競争力の強化および国際的な経済活動の拠点の形成を図るため，国家戦略特別区域[*6, 7]を定め，同地域内で規制改革を大胆に推進することで岩盤規制の突破口を開くことを目的に，2013年に成立したのが国家戦略特別区域法（以下，特区法）である．規制改革のメニューは，教育，観光など11分野に及び，観光メニューの規制改革事項には「滞在施設の旅館業法の適用除外」がある．これにより，国家戦略特別区域会議が，特定事業（国家戦略特別区域外国人滞在施設経営事業）を定めた区域計画について，内閣総理大臣の認定を申請し，その認定を受けた場合，当該認定の日以後，特区法の特定事業を行おうとする者が，その事業について都道府県知事の特定認定を受けた

ときには，当該事業に旅館業法第3条1項が適用されないこととなる（特区民泊：特区法第13条）．

後述する住宅宿泊事業法と異なり，営業日数に制限はなく，1年を通して宿泊客を受け入れることができるが，滞在日数が条例で3〜10日の範囲内で定められている（特区法施行令第12条2項参照）のが特徴である．

③住宅宿泊事業法[*8, 9, 10]　訪日外国人旅行者が急増するなか，多様化する宿泊ニーズに対応して住宅（戸建住宅，共同住宅など）の全部または一部を活用して，宿泊サービスを提供する（民泊サービス）ビジネスが日本でも普及している．こうした民泊については，観光立国推進の観点や地域活性化の観点などから積極的に活用すべきと主張される一方で，感染症のまん延防止やテロ防止などの適正な管理，安全性の確保や地域住民などとのトラブル防止にも留意すべきとの慎重論も主張されていた[*11]．このような意見が対立するなか，無許可で営業される違法な民泊事業が社会的な実態として広がり続け，それらへの対応が急務[*12]とされていた．このような事情を背景に，2017年に制定されたのが住宅宿泊事業法である．

住宅宿泊契約は住宅宿泊事業者と宿泊客との間で締結される．住宅宿泊事業を営もうとする者が，都道府県知事へ届出を行うことにより適法に宿泊事業を営むことができる．

民泊サービスの形態は，家主居住型と家主不在型の2類型に分けられている．家主居住型の場合，住宅宿泊事業者に対し，住宅宿泊事業の適正な遂行のための措置（衛生確保措置，騒音防止のための説明，苦情への対応，宿泊者名簿の作成・備付け，標識の掲示など）を義務づけている．この場合，住宅宿泊事業者が直接，近隣住民とのトラブル，衛生管理などさまざまな事態に対応できる．これに対して，家主不在型の場合，住宅宿泊事業者の代わりに，住宅宿泊管理業者が上記の事態に対応する．すなわち，住宅宿泊管理業者（国

土交通大臣への登録が必要）は，住宅宿泊管理業の適正な遂行のための措置（住宅宿泊事業者への契約内容の説明など）と住宅宿泊事業の適正な遂行のための措置（宿泊者の衛生の確保の措置など）を代行する者である．住宅仲介事業者（観光庁長官への登録が必要）は，宿泊者や住宅宿泊事業者の間に入り，届出住宅における宿泊サービスについて，代理や媒介などを行う者をいう．

　住宅宿泊事業法に基づく民泊サービスは，「住宅」を活用した宿泊サービスの提供であるため，都市計画法で定められている用途地域の制限を受けずに営業ができる点が利点といえる．もっとも，年間提供日数の上限は，諸外国の例も参考としつつ，既存のホテル・旅館との競争条件にも留意した結果，国土交通省令，厚生労働省令で定めるところにより算定した日数が1年間で180日（泊）とされている．しかも宿泊に対する需要や生活環境への影響は地域により異なるため，地域の実情を反映するために対象地域と日数制限について条例（住宅宿泊事業法施行条例）に委ねる形をとっている．都道府県などが条例で民泊を制限できる規定について，政府は年間0泊の禁止区域を設けることは法案の目的から適切ではないと指摘したが，最終的には自治体の判断とされている点で，今後の施行条例の動向が注目される．

　まとめ　宿泊事業を取り巻く環境は，訪日外国人の増加とインターネットをはじめとするさまざまな技術革新の影響を受け，大きく変化している．宿泊事業が，どのような形態をとるとしても，宿泊客の生命，身体，財産を預かる役割を有していることには変わりない．したがって，観光事業の発展と規制緩和の流れにより新規参入する事業者の利益と既存の宿泊事業者の利益の調和を図ることはもちろんであるが，宿泊客の保護の視点をいかに加えて調和していくかが今後の課題といえよう．

（岡本伸之・藥師丸正二郎）

注

[*1] 宿泊業の法規整を検討する際，法律のみを参照するのではなく，その他に法令が存在しないかを確認する必要がある．旅館業法の場合，旅館業法施行令（政令），旅館業法施行規則（省令）である．その他，自治体ごとに旅館業法施行細則および旅館業法施行条例がある．

[*2] 年数回程度（1回あたり2～3日程度）のイベント開催時であって，宿泊施設の不足が見込まれることにより，開催地の自治体の要請などにより自宅を提供するような公共性の高いもの（イベント民泊）は，「反復継続」性を欠き，「旅館業」には該当しない．（観光庁「イベント民泊ガイドライン」http://www.mhlw.go.jp/file/06-Seisakujouhou-11130500-Shokuhinanzenbu/0000171350.pdf）（2018年1月4日閲覧）

[*3] 観光庁「登録ホテル・旅館」(http://www.mlit.go.jp/kankocho/shisaku/sangyou/hotel.html)（2018年1月4日閲覧）

[*4] 国井富士利 1952「国際観光ホテル整備法改正法解説」Hotel review, **3**(26)：2.

[*5] 農林水産省「農村漁村余暇法」(http://www.maff.go.jp/j/nousin/kouryu/yokahou.html)（2018年1月4日閲覧）

[*6] http://www.kantei.go.jp/jp/headline/kokkasenryaku_tokku2013.html

[*7] 2017年10月時点で，特区として指定されている区域は，10区域である（仙北市，仙台市，新潟市，東京圏（東京都，神奈川県，千葉市，成田市），愛知県，関西圏（大阪府，兵庫県，京都府），養父市，広島県・今治市，福岡市・北九州市，沖縄県）．

[*8] 観光庁「住宅宿泊事業法」(http://www.mlit.go.jp/kankocho/shisaku/sangyou/juutakushukuhaku.html)（2018年1月4日閲覧）

[*9] 本法を運用するために必要な法令として，住宅宿泊事業法施行令，住宅宿泊事業法の施行期日を定める政令，住宅宿泊事業法施行規則，国土交通省関係住宅宿泊事業法施行規則，厚生労働省関係住宅宿泊事業法施行規則がある．その他，自治体ごとに住宅宿泊事業の実施の制限に関する条例がある．

[*10] 住宅宿泊事業法にかかる解釈，留意事項などを定めた「住宅宿泊事業法施行要領（ガイドライン）」（観光庁）がある．(http://www.mlit.go.jp/kankocho/news06_000344.html)（2018年1月4日閲覧）

[*11] 「民泊サービス」のあり方に関する検討会最終報告書「「民泊サービス」の制度設計のあり方について」(http://www.mlit.go.jp/common/001135805.pdf)（2018年1月4日閲覧）

[*12] 前掲＊9参照．

4.4 ホテル

ホテルの西洋史 ホテル（hotel）とは，19世紀以降，欧米で発達した洋式の構造と設備を備えた高級宿泊施設のことである．宿泊施設とは，旅行者に対して睡眠と飲食，さらに生命・財産の保護に関わるサービスを提供することによって，人びとに旅先での滞在を可能とさせる施設のことである．宿泊施設を表す用語は，欧米では19世紀半ば以降一般化したホテルのほかに，中世から用いられたイン（inn），米国で20世紀以降モータリゼーションとともに発達したモーテル（motel）などがある．

インという用語は英国で15世紀初頭から使われ，小規模で家庭的な雰囲気を示唆する語として用いられている．ホテルという用語が英国や米国で使われるようになったのは，18世紀末～19世紀初頭である．19世紀半ば以降，大規模なホテルがヨーロッパや米国で建設されるようになった．そうしたなかで，その後の高級ホテルのあり方に決定的な影響を与えることになった人物が，スイスのホテルマンであったリッツ（C. Ritz, 1850-1918）とフランスの料理長エスコフィエ（G. A. Escoffier, 1846-1935）である．リッツはスイスの片田舎からパリへ出て，レストランの給仕を振出しにやがて世界の王侯貴族や新興の富豪をもてなす人物となった．一方，リッツとコンビを組んだエスコフィエは数々のフランス料理を創作し，その著書である *Le Guide Culinaire*（1903）（角田明訳，井上幸作技術監修 1969『エスコフィエ フランス料理』柴田書店）はフランス料理のバイブルとされている．2人が協力して開業させたホテルにロンドンのサボイホテル（Savoy Hotel, 1889年），カールトンホテル（Carlton Hotel, 1898年），パリのオテルリッツ（Hôtel Ritz）などがある．サボイホテルの開業はロンドンで日曜日に外食を楽しむ習慣が定着する契機となった．またパリのオテルリッツは今日もパリを代表する高級ホテルであるが，その後の高級ホテルの手本となった．さらにエスコフィエの創作した料理は，彼が人気オペラ歌手N. メルバのために作ったピーチメルバのように，その多くが現在も世界のホテルのメニューに登場している．

2人が創作したホテルは，いわば王侯貴族のためのホテルであったが，20世紀に入ると米国で，一般大衆でも負担できるような料金で，しかも高級ホテルとして十分な機能を備えたホテルが建設されるようになった．その背景としては，産業活動が活発化して商用旅行が盛んとなり，快適な設備とサービスを備えたホテルに対する需要が高まったこと，一方，ホテルを建設，運営する側では大量生産，大量販売の仕組み，すなわちチェーン経営の手法で価格の引下げが可能になったことなどがあげられる．後にホテル業を近代的産業としての地位にまで高めたと評されたスタットラー（E. M. Statler, 1863-1928）が，1908年にバッファローでスタットラーホテルを開業し大成功を収めた．彼は1,000室単位の大規模なチェーンホテルを次々に建設し，その後のホテル経営の模範となった．そしてこの経営法を継承したのが，自らも数々の革新的な業績を残したヒルトンチェーンの創始者ヒルトン（C. N. Hilton, 1887-1979），ヒルトンに対抗するシェラトンチェーンを築いたヘンダーソン（E. Henderson, 1897-1967）である．さらに現在では新興勢力としてハイアット，ウェスティン，マリオットといったホテルチェーンが台頭し，米国のホテル産業は新しい発展段階を迎えている．

米国の宿泊施設には，上記のような高級ホテルに加えて，1920年代に登場したモーテルとよばれる種類がある．モーテルという言葉はmotorists' hotelすなわち「自動車利用者のホテル」をつづめた語で，自動車の普及

によって誕生した．自動車旅行者にとって便利な立地条件と十分な駐車場を備えていること，さらに施設とサービスが簡素であるため廉価なことが特色である．モーテルは第二次世界大戦後急成長を遂げ，現在では軒数，客室数ともにホテルを上回っている．なかでもホリデイ・インは，米国のみならず全世界にチェーンモーテルを擁する世界最大の宿泊施設チェーンとなっている．

ホテルの日本史 明治時代以降，開国にともなって衣食住遊学といった生活様式の多くの側面で洋風化，すなわち西洋で一般的な様式を模倣する動きが進んだ．明治10年代後期の鹿鳴館時代には，欧米のホテルを模して建設された鹿鳴館を中心に日本政府の高官や華族，欧米の外交団が宴会，舞踏会を催した．日本で洋式ホテルがはじめて登場したのは横浜居留地であった．1860年に横浜で日本最初のホテルといわれる横浜ホテル（YOKOHAMA HOTEL）が開業した．本格的なものとしては1868年に東京で竣工したホテル館（別名，築地ホテル館）が最初とされる．その後，1890年には，首都東京で政府と財界が支援して私設迎賓館としての帝国ホテルが開業し，多彩な機能を内包する都市の交流空間としての都市型ホテルの先駆けとなった．

その後日本のホテルは1960年頃までは，もっぱら外国人を，日本人ではごく一部の富裕な人びとを対象として営業された．しかし1960年代後半になると，高度経済成長とともに日本人の生活様式が洋風化し，そのため東急や西武といった私鉄会社を中心に大企業がホテル建設に乗り出し，1964年の東京オリンピックの開催を契機に第一次ホテル建設ブームが起こった．その後1970年前後に第二次のブームが，さらにオイルショック後の1980年代になって第三次のブームが起こっている．バブル経済崩壊後，ホテルの倒産も相次いできたが，2007年前後に東京に高級ホテルが続々登場し，さらに2020年，2回目の東京オリンピックをきっかけにふたたびホテルブームが起ころうとしている．こうしたブームを経て，ホテルは洋風の生活様式のシンボルとしての役割を担って現代に至っている．

ホテルの役割 現代社会におけるホテルの機能としては次の四つがあげられる．まず，休憩場所の提供と，娯楽場所の提供である．旅や仕事の疲れから休憩をとるとともに，商用旅行者の援助，ショーなどのイベントやレクリエーションを通じてエンターテインメントを提供する．次に，社会的交流の場所の提供である．国際交流促進とともに，地域社会の人びとにとってショッピング，文化，教養，娯楽，スポーツなどさまざまな社会的機能を果たしている．最後に，ビジネスサービスの支援である．コンベンションなど国際会議をはじめ，展示会や商談会，学会など，MICE産業において重要な役割を果たしている．

今後の課題 ホテルは巨大な初期投資費用を必要とするため，近年米国を中心にホテルの所有と運営を分離するアセットマネジメントが活発に行われている．日本への導入は浅いが，今後ホテルへの投資を活発化させるためには，アセットマネジメント推進の環境づくりが重要である．

また，ホテル業の最大の課題として人材育成および確保があげられる．人的資源の依存度の高いホテル業における優秀な人材の確保は必須不可欠な先決課題ともいえる．そのため，リッツカールトンの「クレド」のように従業員のモチベーションを高めることと，人材のセグメンテーションと処遇方針を連動させ，従業員側のニーズにマッチした人材ポートフォリオの構築が必要とされる．

〔岡本伸之・金　振晩〕

文　献
岡本伸之　1979『現代ホテル経営の基礎理論』柴田書店．
金　振晩　2013『戦略的ホテル経営』学文社．

4.5 旅館

旅籠屋と湯治宿　旅館には二つのルーツがある．ひとつは江戸時代に主要な街道に設けられた宿場に端を発する旅籠屋，もうひとつは温泉療養を目的とした湯治宿である．旅籠屋とは社寺参詣の下級武士や百姓町人などが泊まる宿泊施設のことで，幕府の要人や大名が泊まる宿は本陣，脇本陣とよばれた．旅籠屋の宿泊日数は原則1泊で，湯治宿は湯治の基本単位を3週間21日もしくは1週間7日と設定していたため宿泊日数は旅籠屋よりも長かった．しかし，その後，基本単位制は撤廃され，湯治宿でも1泊宿泊が可能になった．

旅籠屋には飯盛女をおく飯盛旅籠と飯盛女をおかない平旅籠があり，飯盛女は江戸府内の貧困者地域の出身者が多く，宿泊者に遊興を提供する役割を担わされていた．このことから旅籠屋と飯盛女の関係は「雇用」と「労働」ではなく「人身売買」だったと指摘する研究者もいる（宇佐美 2000）．一方，湯治宿には食事の用意がなく，宿泊客は，原則，自炊だった．しかし，明治，大正になると自炊材料（米や味噌など）をもたない町からの湯治客が増加し，宿側が出前をとって部屋に運んだり，食事を作って提供したりするようになった．明治以降には新たな温泉開発により館内への浴場設置が可能となり，宿泊施設は湯治宿から温泉旅館へと質的に変化した．

1887年に「宿屋営業取締規則」が公布されると，旅籠屋に代わって宿屋の名称が徐々に用いられるようになった．この規則は警察の管理下で宿屋の営業資格，客室構造，風紀の取締り，宿泊者の管理などを定めたもので，昭和初期になると古代の貴族や高官の旅宿を意味した旅館が屋号として普及し始めた．

旅館の宿泊料金　1942年，戦時下にあった旅館の宿泊料金は「旅館宿泊料金統制要綱」によって細かく統制された．宿泊料金は，旅館の建物設備の良否や立地環境によって格付けを表す級別と客室の規模や良否を表す等別に区分されランクごとに規定された．宿泊料金は室料，夕食料金，朝食料金の三つに区別され，夕食をとらない場合は宿泊料金から夕食料金の2/3を差し引いた金額を支払い，夕食なしの半泊を常態とする旅館や宿泊日の午前中に宿泊客が夕食を断わった場合は夕食料金全額を差し引いた金額を支払うなどキャンセル時の対応についても定めがあった（大阪毎日新聞 1942）．この規則は中央の商工省が大枠を定め具体的決定は地方長官に委ねられており，岐阜県では1950年3月に廃止されるまで継続されていた（木村 2010）．

現在，旅館の宿泊料金は1泊2食料金が主流だが，訪日外国人客の増加にともない外国人旅行客が旅館の料金体系を理解し，納得しやすいよう室料と食事料金を分けた泊食分離方式に変更すべきだと主張する声もある．だが，地方の温泉旅館の宿泊形態が素泊まりもしくは1泊朝食が主流になった場合，旅館の接遇を支える接客係は不要となり，「日本のもてなし」自体が廃れてしまう可能性もある．旅館の宿泊料金の透明化は必要不可欠ではあるが，多方面から議論する必要がある．

また，前述の規則では，客室定員（6畳1名，8畳2名，10畳・12畳2名）を定め，定員以上が宿泊した場合は各宿泊客の室料を下げるといった料金設定の方法についても細かく規定している．加えて，茶代を全面廃止し，奉仕料は室料と飲食料金の合計額の2割以内，団体の場合は1割以内に限って受け取ってもよいとした（木村 2010）．茶代とは，宿泊料金とは別に支払われる心づけ（チップ）のことで，金額に決まりはなく，部屋の大小や設え，接客係の心配りなどから顧客が独自に判断した妥当な金額を出立時に帳場に支払っていた．これに対し奉仕料とはいわばサービス料のことで，精算の際に旅館側が宿泊料金に上乗せして請求していた．奉仕料は

宿泊客数によって変動するが，奉仕料の合計を接客係の総人数で割り，接客係に報酬（給与）として分配する方法を「奉仕料制」とよぶ．現在でも北陸地方の旅館では奉仕料制を踏襲し，接客係の給与に固定給ではなく奉仕料を充当している旅館もある．だが，一般の旅館では，サービス料は売上げとして計上され，接客係の給与も他の従業員同様，人件費のなかから配分されている．

旅館の近代化 1950年に全国で39,074軒あった旅館は経済の高度成長期とともに増加し，1980年には史上最高の83,226軒を数えた．だが，バブル経済崩壊とともに減少に転じ2009年には48,966軒と5万軒台を割り込み，2016年には39,489軒まで落ち込んだ．

旅館業界に勢いがあったのは経済の高度成長期の1955～1973年と1980年代終盤から始まったバブル経済の頃である．経済の高度成長期の頃は修学旅行や会社の慰安旅行といった団体客がバスを連ねて旅館に押し寄せ，バブル経済の頃は土地や建築資材の価格が高騰したにもかかわらず収容人員が1,000名を超える高層の大型観光旅館が地方の温泉地に続々と登場した．これらの旅館はリゾートコンベンションと称して会議や展示会を積極的に誘致し，会議と宿泊宴会をセットにした法人向け商品や婚礼商品で売上げを伸ばした．

しかし，1997年以降の平成不況に入るとバブル経済期の多額の投資が足かせとなり大型観光旅館の倒産が相次いだ．経営が立ち行かなくなった大型観光旅館は大手デベロッパーや再生会社などによって立て直しが図られ，徹底したコストダウンのもと食事をすべてブッフェ形式にし，宿泊料金を破格の設定にするなど生き残り策が打ち出された．その一方で，客層は団体から個人，男性から女性へと変化し，「露天風呂付き客室」や「地産地消の料理提供」といった個性を打ち出した中小規模旅館が人気を博し，小規模旅館を多店舗展開するブランド企業も登場した．

旅館の接客 旅館は日本独自の業態であり四季ごとに館内のしつらえを変えたり，宿泊客を個別にもてなす接客係を配したりとホテルとは異なるサービスを提供している．例えば，ホテルの「ルームサービス」は料理を部屋に届けるだけだが，旅館の「部屋食」は担当接客係が会席料理を1品ないし2品ずつ順次客室に運び入れコース料理のように提供していく．ちなみに，1人の接客係が部屋食提供で担当する客室数は2～3部屋で，団体宴会の場合は宴会客8～15名が妥当とされている．

旅館業は労働集約型産業と称されるが，旅館の接客係は宿泊客の行動に合わせて業務が配されるため，勤務体系が変則的になるという組織運営上の問題を抱えている．例えば，通常，接客係は朝7時に出勤し朝食業務を行った後，午前10時頃から「中抜け」とよばれる昼休憩に入り，ふたたび，夕方4時に出勤する．業務を終えて帰宅するのは夜9時過ぎになるが，翌朝は，また7時には出勤しなければならない．このような勤務体系を旅館業界では「たすき掛け」勤務とよぶ．本来，中抜けは「労働時間」ではなく「生活のための時間」なのだが両者の区別はあいまいである．また，接客係の出勤時間や出勤日数は，宿泊客数や接客係の出勤人数によって決まるが直前にシフトが変更されることも少なくない．このようなことが接客係のモチベーションを下げ，慢性的な人手不足を招く要因となっている可能性は高い．ワークライフバランスを考慮した勤務体制の見直しと労働環境の整備は今後，旅館が「日本のもてなし」を継承していくための重要課題といえよう．　　　（福島規子）

文　献

宇佐美ミサ子　2000『宿場と飯盛女』同成社，p.109, 132.
大阪毎日新聞　1942年8月21日「旅館に等級　奉仕料は二割以内　宿泊料改正，最高八円まで」
木村吾郎　2010『旅館業の変遷史論考』福村出版，pp.16-28, 68, 72-80.
厚生労働省　2010『平成21年度衛生行政報告例結果の概況』p.7.
厚生労働省　2013『平成25年度衛生行政報告例結果の概況』p.5

4.6 生業的宿泊施設

生業的宿泊施設とは 生業とは「なりわい」として一家の生計を立てるための仕事であり，生業的宿泊施設には民宿，民泊，ゲストハウスなど多様な業種，業態が含まれる．また一般に小規模で生業的とされるゲストハウスのような宿泊業態にも，企業化した施設と生業的な施設が混在しており，これも事態の把握を難しくする一因となっている．しかし生業的宿泊施設は，自己所有（自己管理）施設の利用，家族労働力中心の運営，経営と家計との未分離，小規模経営などの基本的特徴をもっており，企業化した宿泊施設とは明確に区分することが可能である．

宿泊施設の歴史にはさまざまな流れがあるが，大きな潮流のひとつは巡礼などへの宿泊場所提供から始まり，次第に営業的性格を強めてイン（inn），タヴァーン（tavern）などに転化していく流れである．しかし宿駅を中心に立地したこれらの宿泊施設は，いずれも生業的で，施設，運営ともに低水準にとどまっていた．大衆的な旅行需要の増加にともない，より高水準の施設を求める旅行者側のニーズに対応することができず，企業的な体裁を整えたチェーンホテルの成立とともに，これらの生業的宿泊施設は淘汰されていった．現在では家族的なホスピタリティをイメージさせることから名称として使用されることはあっても，生業的宿泊施設自体は時代遅れの存在とみなされている．

巡礼に対する無償の宿泊提供である善根宿を宿泊施設の源流のひとつとする日本でも，経緯は相似している．しかし日本の場合，旅館の大半は事実上生業的な零細経営であり，1960〜70年代まで宿泊業の主体をなしてきた．しかしこれらの商人宿，駅前旅館もビジネスホテルの伸長とともに過去の存在となった．

民宿と大衆旅行時代 日本では1960年代の大衆旅行時代の到来とともに，生業的宿泊施設が民宿として再度脚光を浴びることとなった．民宿とは農・漁家などが自宅を開放して副業として営む宿泊施設をさす．当初は多くの場合，季節営業で，旅館業法上は簡易宿所営業に含まれることが多かった．

民宿の歴史は古く，白馬（長野県），富浦（千葉県）などでは大正期までさかのぼることができる．しかし民宿が宿泊施設のひとつとして観光事業に位置づけられたのは1960年代の大衆観光の勃興期である．観光者の急増にともなう宿泊需要拡大に，旅館や公的宿泊施設の建設が間に合わず，宿泊客を収容する季節的な受け皿として重要な存在となった．民宿は家族経営を基本としており，素朴なサービスが「心のこもった家族的サービス」「ふるさとの雰囲気」などとして商品に転化し，広い支持を集めた．

1970年代に入るとより洋風のペンションなどの類似施設も増加することとなった．日本におけるペンションは，ヨーロッパのペンション（後述）とは異なり自然発生的な宿泊業態ではない．オーナーの脱都会志向を前提に意図して生業施設とすることで投資額を削減し，同時に季節波動の大きな企業による進出が困難な立地での展開を目的としたパッケージ化された宿泊業態である．しかし所得の上昇にともなって民宿の市場は急速に縮小した．現在では民宿の一部は通年営業の専業化で生き残っており，農業振興の一環として農業観光など新しい観光形態と結合した事例もみられる．

ゲストハウスとホステル 21世紀に入ると生業的宿泊施設はめざましい復活を果たす．代表的な旅行情報共有システム，トリップアドバイザー（TripAdvisor）でも，主要な観光地ではホテルを上回る数の生業的宿泊施設がリストアップされていることが多い．その主体となるのはゲストハウス（guesthouse），ホステル（hostel），ホームステイ（home stay) などとよばれる宿泊業態である．しかしこれらの名称は国により概念が異なることも多く，また混用，誤用されることも多い．ホームステイは日本では民泊とよばれることが一般的で，民宿に類似した概念だが食事提供などサービス部分を含む民宿に対して，一棟貸し，ユニット貸しなど宿泊空間の提供を主な内容として食事などサービス部分は省略される傾向にある．しかしホームステイとゲストハウスをほぼ同様の概念として扱う地域も存在する．

ゲストハウスとホステルも日本では明確に区分せずに用いられることが多い．バンクベッドなどを備えた一つの宿泊空間を不特定多数の宿泊者が共用する施設は，国際的にはホステルとよぶことが一般的だが，日本ではゲストハウスとよぶことが多い．ゲストハウスとホステルでは歴史的背景が異なる．ゲストハウスの起源は英米でベッド・アンド・ブレックファスト（bed and breakfast）とよばれる生業的宿泊施設である．子どもたちの独立によって生じた空部屋を旅行者に提供したことを起源とする．簡単な朝食のみを提供したところから，この名称が生じた．家の所有者は引退していることが多く，わずかとはいえ収入にもなり，社会とつながっていたいという欲求にも合致している．このためヨーロッパでは同様の施設を，年金を意味するペンション（pension）とよぶことが多い．インドネシアのロスメンも同様の起源をもっている．

一方ホステルは巡礼に宿を提供した伝統を受け継いでおり，ドーミトリー（dormitory）とよばれる共用の宿泊スペースを特徴とし，水回りも共用である．主としてバックパッカー用の施設として発展し，カトマンドゥのタメル（Thamel），バンコクのカオサン（Khao San）など，ホステルが集中したエンクレーブとよばれる地域を形成している．

生業的宿泊施設の現在　生業的宿泊施設の存在感が増している背景には，観光者の意識・行動の変化，情報技術の進展，観光自体の変化などの要因が複雑に関係している．観光者の一部にみられるグローバルオペレーター，いわゆる世界規模でチェーンを展開する巨大ホテル企業の画一化した商品への忌避感情，地域性，親密なコミュニケーションへの希求などはポストフォーディズムの消費の典型的な反映であろう．

また観光もかつての大規模開発ばかりでなく，地域を基盤としたCBT（community based tourism）が増加している．理念的にも，地域住民に可能な投資規模からいっても生業的施設以外の選択肢はない．フィリピンのボラカイ（Boracay）は典型的な事例である．さらに途上国の経済発展にともなって国内観光が急成長すると，国内観光特有の需要の週間波動に対応するため，生業的施設は最適である．こうして生業的施設で構成される観光地が出現する．タイのアンパワ（Amphawa），チェンカーン（Chiang Khan），ベトナムのマイチョウ（Mai Chau）などはこの事例であり，同種の観光地が各所に生じている．

かつて生業的施設の決定的な弱点は消費者につながるコミュニケーション経路をもちえないことであった．しかしIT技術の発展によりエアビーアンドビー（Airbnb）などソーシャルネットワークを利用した短期賃貸システムが生まれ，生業的施設だけの予約を扱うホステルワールド（Hostelworld）も大きなシェアをもっている．すでにグローバルオペレーターは生業的施設に優位性をもっていない．

しかし現在主流になりつつある生業的施設はかつてとは大きく異なる．Airbnbは草の根的供給と消費者を結びつけたシェアリングエコノミーの典型といわれるが，実際の役割は零細な投資家に不動産運用の機会を提供したことであろう．また日本の若いホステル起業家の多くは，親密な対応など生業的施設の魅力を意識しながらも，企業化を志向している．しかしこうした新しい動向が，観光を変革する力になっていることは否定できない．

〈稲垣　勉〉

4.7
グローバル化のなかでの宿泊業—国際チェーン

ホテルのチェーン展開の始まり 1908年，米国のバッファローで開業したスタットラーホテルの成功は，ホテル業の新たな時代の幕開けであると同時に，現代商業ホテルが誕生することになった．スタットラーによる1,000室単位の大規模なチェーン展開は，彼自身が培った経験やアイデアを付け加えた画期的なものであり，ホテル業を近代的産業としての地位にまで高めたと評価されている．同ホテルは，今日のホテルが提供している多くのサービスや設計を実現し，その後のホテル経営の模範となっている．

また，同ホテルは顧客の快適さを最優先に考え，もっとも効率的な設計でサービスを提供することを心がけたため，サービスのみならずホテル施設としても，現代のホテル建築のモデルになった．さらに，同ホテルは1.50ドルという平均的な旅行客にも払うことができるリーズナブルな価格で快適で清潔な部屋とバスルーム，付け加えて最上のサービスを提供し，多くの人びとから支持を受け，発展し続けた．ホテル業のチェーン展開が急激に拡大していったのは，第二次世界大戦以降である．その理由として，スタットラーホテルの躍進と対抗馬としてのヒルトンホテルとシェラトンホテルが大々的な拡大戦略をとり始めたからである．当時，上記の3社は三大ホテルチェーンとよばれた．

しかし，チェーン展開方式はそれぞれ異なり，スタットラーホテルは自社でホテルを建設・所有し，自ら運営する所有直営方式でチェーン展開を行った．一方，ヒルトンホテルとシェラトンホテルは，より早い拡大が望める既存のホテルを買収して経営するなど，当時では革新的であったM&Aを行った．すなわち，自社の拡大戦略に必要なければすぐに売却，必要であれば買収を繰り返しながらチェーン展開を行った．そのため，両社は，ホテル経営会社というより不動産運用会社としてその名を知らしめていくこととなった．

また，ホテルチェーンが成長し続けるにつれ，独立系ホテルは非常に厳しい競争状態にさらされることになり，この時期独立系ホテル会社を助けるため，多くのリファーラルアソシエーション（referral association，業務提携）が設立された．

ホテルチェーン展開の仕組み ホテル事業は巨大な初期投資が必要であり，多大な資金が必要なビジネスにもかかわらず，チェーン化が促進し，加速化してきた．本来なら多額な投資を必要とするホテルだけに，それだけの資本を有する企業でなければチェーン展開は不可能であるが，次のような仕組みを採用し，チェーン化拡大が図られてきた．料金，施設，サービスなどの標準化を基本的前提として，「食材，什器備品，消耗品などの大量集中仕入れによるコスト低減」「共同宣伝およびセールスプロモーション」「予約ネットワークの総合化と拡充」「人事交流などによる人材教育および人材活用」「コンピュータによる計数管理の徹底」「資金調達手段の多様化」などがあげられる．図はホテル企業のグローバリゼーションへのプロセスを示したものである．

主なグローバルホテルチェーン チェーン化を著しく進めたホテル企業は，当初は所有直営方式で海外に進出したが，巨大な初期投資の負担や現地での円滑なオペレーションのため，土地や建物を所有せず，フランチャイズ方式やマネジメントコントラクト方式を利用しチェーン展開を行っている．そのなかで，

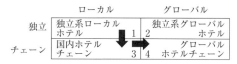

図 ホテル企業のグローバル展開のプロセス
（ゴー・パイン 2002）

表　世界のホテルチェーンの規模の上位10位

ホテルチェーン名	客室数
1. Marriott International	1,164,668
2. Hilton	796,440
3. InterContinental Hotels Group	767,135
4. Wyndham Hotel Group	697,607
5. Shanghai Jin Jiang International	602,350
6. AccorHotels	583,161
7. Choice Hotels International	516,122
8. BTG Homeinns Hotels Group	373,560
9. China Lodging Group	331,447
10. Best Western Hotels & Resorts	293,059

出典：hotelsmag (2017).

グローバルオペレーターとよばれる巨大企業が台頭している（表）．

また，多くのホテルチェーンは，多様なサービスと価格帯を提供する複数のブランドを所有している．所有するブランドのなかでは，オペレーターが自ら開発した場合もあるが，活発なM&Aによって他社から獲得しリブランドしたホテルも多い．例えば，2016年9月 Marriott International は Starwood H&R を買収し，世界最大のホテルチェーンとなり，同社はホテルブランド30社を保有している．

日系ホテルオペレーターの海外進出　1970年代に入ってホテルオークラや日本航空開発（現オークラニッコーホテルマネジメント）などが，北米やアジア・太平洋地域を中心に海外進出を行った．1980年代後半からは日本人の旅行先の多様化につれ，海外進出のホテル立地も多様化していた．バブル経済崩壊後，ホテル企業の倒産などにより日系ホテルオペレーター企業が再編されて，日本ホテルのグローバル化はかつての大手都市ホテルからビジネスホテル，中小規模ホテルチェーン，異業種資本が中心の進出形態に転換した．都市ホテル大手，リゾートホテル大手の活発な海外進出は行われなかったが，ホテルオークラ（トルコ，2017年）のようにここ数年でふたたび海外進出を展開する企業が増えている．

日本旅館の海外進出―加賀屋　台北の中心地から車で30分程度離れた北投温泉に2010年12月18日，「日勝生加賀屋」がオープンした．石川県の老舗旅館「加賀屋」と台湾企業の共同出資により誕生した温泉旅館である．台湾でも有名な日本の老舗旅館の名前を冠した温泉宿のオープンとあって，オープン数カ月前から台湾内では大きな話題となった．日本式のサービスを，現地事情に合わせて妥協することなく，そのまま導入するスタイルに，当初は危惧する声もあった．しかし開業から3年を経て，台湾の人びとの間では，加賀屋といえば憧れの宿泊先として定着した．開業当時から半年は，日本からの利用客が3割ほどを占め，台湾人は6割程度であったが，現在は台湾人の宿泊客は全体の7割にのぼる．全90室の稼働率は7割弱であるものの，「おもてなし」輸出の成功事例として評価されている．

今後の課題　ホテル企業，特にグローバルホテルチェーンは国境を越えた展開を図っている．米国系ホテルにみられるようなグローバルスタンダード化したオペレーションやマネジメントの運営方法もあるが，国内外の競争に勝ち抜くためには，やはり現地のニーズに適応し，あるいはそれを創造するような地域の特徴を活かした戦略の策定・マネジメントの実行が必要となる．また，国際ホテル企業の経営の現地化も進んでおり，そのため異文化，現地の習慣・伝統に精通し，コミュニケーション能力のある人材の需要が増大しつつある．さらに，国際ツーリズムの急速な成長にともなって，国内のみで展開しているホテルにとっても，より多様な文化を有する宿泊客の割合が年々増加している．そのため，質的サービス・商品を提供するためには，従業員には外国語能力のみならず，外国人旅客の異文化的文脈に対する理解も必要となる．

（金　振晩）

文　献

ゴー，F. M.，パイン，R.（安室憲一監訳）2002『ホテル産業のグローバル戦略』白桃書房，p.213.

4.8 MICE と IR

MICE は，meeting，incentive，convention（conference），event（exhibition）の頭文字をとった表記として使用されている．しかし国際会議協会（ICCA：International Congress and Convention Association，1963年設立，本部はオランダのアムステルダム）は，公式サイトのFAQページに産業界から"MICE Market"というラベルを使用しないで，"Meetings Industry"を使う動きがあると記述している．世界観光機関（UNWTO）が欧州旅行委員会（ETC）と一緒に作成した報告書（2015）でも，主に"Meetings Industry"を使用し，"MICE sector"とよばれることもあると説明している．

このように用語に関する議論はあるが，企業が主に行うmeeting，報奨旅行のincentive，学会や産業団，政府が開催するconvention，展示会や博覧会のexhibition（オリンピックやフェスティバルなどのeventを含む場合もある）が一つの産業として，会場となる施設を必要とし，宿泊，飲食，ショッピング，交通などの観光要素をともなう共通点がある．観光形態としてはビジネスツーリズムとして分類される．

企業のmeetingは企業内部と企業外部にタイプが分けられ，企業外部に対するmeetingの場合，開催地の選定が重要で大きい規模の施設を使用する．企業報奨旅行のincentive travel は企業が社員に対して報奨することが目的であるため，高品質のプログラムが求められ，会議施設がある豪華なホテルやリゾートを使用することが多い．convention は平均500名の参加者を収容できるコンベンションセンターや会議施設があるホテル，大学などで開催する．展示会は，その目的や参加人数の規模により使用する施設が異なるが，参加者がアクセスしやすいことがもっとも重要である．MICE が都市観光の重要なモチベーションであるが，その施設整備には，大型化と投資の緻密な計画が必要である．

IRとカジノ　米国のネバダ州で1931年にカジノが合法化されてから，ラスベガスは世界のカジノの中心地として発展してきた．最初はホテルにカジノを併設した「ホテル・カジノ」の単純な施設として出発した．その後，1989年にオープンした「ミラージュ（Mirage）」をはじめ，コンベンション施設，劇場，エンターテインメント施設をもつカジノリゾート，メガリゾートとして拡大してきた．ラスベガスの場合，社会的環境や市場環境に対応しながら進化してきたといえる．

自然観光資源が乏しいシンガポールは，観光客誘致の競争力強化のために，カジノを含む複合観光施設（IR：integrated resort）を観光政策として計画的に導入した．2006年にカジノ管理法（Casino Control Act）を施行し，政府プロジェクトで二つのIR，マリーナベイ・サンズ（Marina Bay Sands）と，リゾート・ワールド・セントーサ（Resort World Sentosa）が2010年にオープンした．シンガポールは観光振興のためにIRを導入し，IRを実現するためにカジノを合法化したケースであり，ラスベガスと開発の背景と経緯が異なる．

また，シンガポールが，このIRプロジェクト開発に関連してカジノが注目されないように強調して使用したことで，IRの名称がカジノを含む複合観光施設を意味するものとして知られ，使用されるようになった．MacDonald and Eadington（2008）はIRの定義を，「カジノがリゾートのパブリック床面積の10%を超えないが，3億ドル以上の年間売上げをあげる数十億ドルの複合リゾート」であると提案した．またカジノ運営の成功が数十億ドル規模の施設開発には非常に重要な核であると主張した．ラスベガス，マカ

オ，シンガポール，フィリピンがカジノを含むIRを成功させたデスティネーションとして評価されている．しかし，中国人旅行客への依存度が高いマカオの場合，中国政府の反腐敗キャンペーンの影響でギャンブルに来る旅行者が激減し，ギャンブルをしない団体旅行客の誘致に注力するようになった（Back and Ahn 2018）．

日本のIR 日本では，1999年に当時東京都知事に立候補した石原慎太郎が公約として「お台場カジノ構想」をあげた．

「特定総合観光施設地区整備法」（IR整備法，カジノ整備法）が2018年7月に国会で成立した．カジノという賭博が合法化されただけではなく，カジノを含んだホテルや劇場，国際会議場，ショッピングモールなどが集まった複合的な施設をつくり，滞在型観光を実現し，地域経済の振興，社会への還元を目的としていると日本政府は説明している．日本では公益目的で国や自治体が設置し，運営する賭博は刑法35条で例外とされてきた．競馬，競輪，サッカーくじなどが，それである．

しかしながら，IR整備法におけるカジノは民間企業が設置，運営する，いわゆる「民設民営」の賭博である．民間事業者の利益のためのカジノが，なぜ許容されるのかという疑問の声もある．またギャンブル依存症や，青少年への影響などが問題視されている．

カジノを含まないIR カジノを含む複合観光施設として認識される前に，IRは観光地の特定エリアにおいて複数のホテルや観光関連施設を計画して開発することを意味する概念として使用されていた．

最初のIRの発想は，1950年代にハワイで複数の土地所有者が宿泊施設と観光施設をあるエリアに統合して建設するマスタープランを立てたことであり，このコンセプトは1970年代や，1980年代に世界のリゾート開発に影響を与えた（Helber 1995）．また東南アジアで最初に開発されたIRは，インドネシアのバリ島にあるヌサドゥア（Nusa Dua）エリアで，1970年にインドネシア政府と国連開発計画（UNDP），世界銀行（World Bank）がバリ島の観光プランを作成することに合意し，五つ星ホテル，コンベンションセンター，カルチャーセンター，ショッピングビレッジ，18ホールのゴルフコースなどのレクリエーション施設を整備するリゾートマスタープランに基づいて開発が行われた（Inskeep and Kallenberger 1992）．このタイプのIRに関する研究は，シンガポールのIRが登場した後はあまり行われていない．IRは表記が同じでも意味する内容が異なる可能性があるため，先行研究のレビューの際は注意が必要である．

MICEに関する研究 英文で発行される海外の学術論文誌に，*Journal of Convention & Event Tourism* がある．1997年に *Journal of Convention & Exhibition Management* のタイトルで創刊されたが，2004年から現在のタイトルに変更した．MICE分野の研究テーマは，開催地や施設の決定要因，参加者の参加決定要因，参加後の満足度などが注目されてきているが，理論的研究はほとんどなされてない．

（韓　志昊）

文　献

Back, K. J. and Ahn, J. 2018 Integrated resort: A review of research and directions for future study. *International Journal of Hospitality Management*, **69**：94-101.

Helber, E. L. 1995 Redeveloping mature resorts for new markets. Colin, M. and Baum, T. eds. *Island Tourism: Management Principles and Practice*, John Wiley & Sons.

Inskeep, E. and Kallenberger, M. 1992 *An Integrated Approach to Resort Development: Six Case Studies*, World Tourism Organization.

MacDonald, A. and Eadington, W. A. 2008 The case for integrated resorts. *Inside Asian Gaming*, Nov：37-43.

World Tourism Organization and European Travel Commission 2015 *The Decision-making Preocess of Meetings, Congresses, Conventions and Incentives Organizers*, UNWTO.

4.9 博物館・美術館

博物館・美術館とは 日本の博物館法（1951年制定）の定義では，博物館とは，「歴史，芸術，民俗，産業，自然科学等に関する資料を収集し，保管（育成を含む）し，展示して教育的配慮の下に一般公衆の利用に供し，その教養，調査研究，リクリエーション等に資するために必要な事業を行い，あわせてこれらの資料に関する調査研究をすることを目的とする機関」とされている．つまり，厳密には美術館は博物館に含まれるものといえる．

しかし，一般的には，科学や民俗といったものに関わる展示品を主体とする総合博物館，科学博物館などを「博物館」，美術品のみを展示しているものを「美術館」としていることから，本項ではこれを分けて説明する．

①博物館　博物館は主に，「総合博物館」「自然系博物館」「科学博物館」「民族博物館」に大別される．また，「野外博物館」といった設置場所による分類もある．近年では自然・民俗を組み合わせて地域全体を博物館ととらえる，エコミュージアムという形態も多くみられるようになるなど，展示内容は多様化しているが，いずれにせよ保存・展示（公開）を前提とした施設といえる．

博物館は，ヨーロッパ王侯貴族たちのコレクション蓄積の場として成長してきた．著名なものとしては，大英博物館（英国），国立自然史博物館（米国）などがある．日本では，1870年代に東京博物館，内務省博物館などが設置されたことを皮切りに，第二次世界大戦後も，経済成長にともない順調に新設が進み，バブル経済の崩壊の影響を受けつつも，現在その数約4,000館に達し，アニメーションやマンガを展示する施設も増加している．

②美術館　現在の美術館の起源は，一般的には1793年に設立された，共和国美術館（フランス）であるとされている．その後，プラド美術館（スペイン），ウフィツィ美術館（イタリア），エルミタージュ美術館（ロシア）など，著名な美術館が政府・民間主導によって建設され，ニューヨーク近代美術館（米国）など有力な集客施設が各国に多数存在する．日本最初の美術館は，1926年に設立された東京府美術館である．その後，公立を中心として（1930年設立の岡山県・大原美術館など私立の施設もある）その数を増やしていった．第二次世界大戦後には，1952年の国立近代美術館（東京都）など，公立・私立ともに多くの美術館が設立された．特に，1980年代に入ると増加をみせ，現在の美術館のうち約70％が1980年代以降に設立されたものである．

観光対象施設の博物館・美術館　観光と博物館・美術館との関わりは歴史的に深く，観光対象施設のひとつとしてとらえられてきたといえる．西洋社会においてはグランドツアーの立寄り地としてスタートし，それ以降の観光現象の発達にともなって，訪問した地域を短期間で知る，あるいはそこに行かなければ見られない作品を見るといった動機で人びとをひきつけてきた．これは日本における観光の発達においても同じことがいえ，観光形態のひとつである「文化観光」を支える重要な役割を博物館・美術館は果たしているといえる．

観光研究においても博物館・美術館の集客や，特定施設が周辺地域にもたらす経済的効果（観光者数の増加）に関する研究は多くみられ，同時にミュージアムマネジメントの観点からも博物館・美術館運営における観光の位置づけ（入館者の属性調査，来館体験の質の向上など）についてはさまざまな議論がなされている．近年ではアートイベントとの関連についても論じられることが多い．

ただ，観光と博物館・美術館との関係は集客力の面だけとはいえない．

地域の記憶を伝える場としての博物館　博

博物館においては，従来は，教育的な観点から地域に存在している貴重な文化財の収集・保存，学芸員などを通じた「客観的」な視点からの展示がその主要な役割であったが，近年では展示手法の発達や収集・保存能力の向上を受けて，その地域の「記憶」全体を展示する施設が増加している．

国際博物館協会（ICOM）は，観光と博物館の関係を従来よりも積極的にとらえたうえで，観光者の博物館利用が，当該地域のコミュニティにとってプラスになること，さらには有形・無形遺産の保全に寄与するような良好な関係構築を求めており，この点は観光地域開発にとって大きな課題である．

また，近年日本でも話題となっている「ダークツーリズム」にみられるように，それらの展示には，災害や戦争の痕跡など負の記憶も含まれていることがあり，単なる文化教育施設ではなく，その地域の住民を取り巻くすべてを「保存」し，来館者に対してそれをストーリー＝解説として「伝える」場所となっている．そこでは訪れる観光者と施設との関係性が密接不可分になっており，観光の場でのホストとゲストとの関係を考えるうえで，興味深い役割を果たしている．また，展示という行為自体あるいはその場が有する政治性も無視できないものであり，観光研究における重要なテーマといえる．

文化創造の場としての美術館　従来の美術館は，館として所蔵している作品・資料を展示する「常設展示」と，他施設の協力を得て特定のテーマに絞り込んで作品・資料を展示する「企画展示」に分けて展示を行っており，常設展示作品の知名度（社会的価値が高いと思われるもの）が大きく施設や周辺地域の集客力に影響してきた．そのことを受けて，研究においても施設単体の運営が議論の中心であった．

ただ近年では，芸術家を地域で受け入れて創作活動を行ってもらい展示する「アーティスト・イン・レジデンス（Artist in Residence）」というシステムを取り入れるなどして，地域からの文化発信が各地で行われており，美術館はそのなかに組み込まれるようになっている．日本においても，香川県香川郡直島町で展開されている「ベネッセアートサイト直島」など，外部の美術関係者がまちづくり全体に積極的に関与するケースが増加しており，そこでは美術館が中核的な施設としての役割を果たしている．これらの動きはまだ歴史的に浅いため，その研究においては事例紹介が多いが，取組事例の増加から，今後は観光開発との関連など俯瞰的な研究が増加していくものと考えられる．

その一方で，既存観光地域における美術館はその経営面において大きな課題を有していることから，これらの施設をどのように観光地域開発のなかで生かしていくのかという点も大きな課題といえる．

研究視点の広がり　博物館・美術館は有力な観光対象施設であり，その施設の集客力の向上，さらには周辺地域へのさまざまな波及効果についての研究は多く行われてきている．一方，それにとどまらず，展示のあり方や観光者との関わり，新たな文化の発信と観光的価値の創出における美術館の役割など，その研究視点は広がりをみせている．

デジタル技術の発達など，博物館・美術館自体も進化を遂げるなかで，今後観光という文脈における博物館・美術館との関係はさらなる深みをもっていくといえる．　　（古本泰之）

文献
スミス，M. K.，ロビンソン，M. 編（阿曽村邦昭ほか訳）2009『文化観光―理論と事例研究―』（上・下巻）古今書院．
中村　活・青木　豊編著 2016『観光資源としての博物館』芙蓉書房出版．
並木誠士・中川　理 2006『美術館の可能性』学芸出版社．
橋本和也 2018『地域文化観光論―新たな観光学への展望―』ナカニシヤ出版．
美山良夫ほか 2010『文化観光「観光」のリマスタリング』慶應義塾大学アート・センター．

4.10 ジオパーク

ジオパークとは ジオパークの歴史は1991年にフランスのディーニュの国際会議で宣言された「地球の記憶権利宣言」や，1992年の国連環境開発会議（リオデジャネイロ）において地質遺産や地質学的な多様性の保全保護が提言のひとつとして採択されたことを契機としている．そして，2004年にはユネスコの支援を受けて世界ジオパークネットワーク（GGN）が組織され，その第1回の国際会議が中国の雲台山ジオパークで開催された．GGNの組織化により，ジオパーク活動が本格化し，ジオパークが世界各地でつくられるようになった．ジオパークは地球の記憶を地質遺産よりも広義にとらえて地球遺産として保全保護し，地球科学教育の普及やそれに基づくジオツーリズムの振興を通じて地域の持続的な開発を推進できる場所として設定されている．そのため，ジオパークは「地質公園」と訳されることもあったが，地球遺産の観点から「大地の公園」と訳されることが一般的となった．大地の公園としてのジオパークは地球遺産の自然としての価値だけでなく，社会・経済的な価値や歴史・文化的な価値にも焦点を当て，それらの視点から地域の特徴や個性を総合的に示すものであり，そのようなローカルアイデンティティを用いて持続的な地域振興を図るものである．

ジオパークになるためには，任意の空間的な領域と，自治体や民間団体，および地域社会に基づく管理・運営組織と財政的な基盤が必要であり，それらの持続性も重要となる．加えて，管理・運営組織や住民コミュニティの活動を通じて，地域におけるさまざまな地球遺産が保全保護され，地球遺産に基づくジオツーリズムの振興と地域の持続的発展が担保されることも必要となる．具体的には，地域の管理運営組織や住民コミュニティは，ジオパークの活動を日常的に実施し，それらの活動の蓄積に基づいてジオパークの設立を提案することができる．いわば，ジオパークはボトムアップ型で地域から提案され，地域の創意工夫によって発達する．その意味で，各地のジオパークで展開するジオツーリズムは着地型観光を基本としている．

世界ジオパークと日本ジオパーク 世界的な観点からジオパークの活動を推進しているのはGGNであり，2018年4月現在で世界38カ国140地域が加盟している（日本では9地域が加盟）．GGNに加盟する世界ジオパークは4年ごとに再審査が行われ，地域や国，あるいは世界的なスケールでのジオパークとしての活動が評価される．その評価に基づいて，世界ジオパークとしての資格を失うこともあるし，世界ジオパークとしての水準を担保するための改善や改良が求められることもある．GGNとは別に，アジア太平洋ジオパークネットワークやヨーロッパジオパークネットワークなどの州大陸別のジオパークネットワークと，日本や中国やイタリアのように国内のジオパークネットワークもある．

日本においては，それぞれの地域におけるジオパーク活動の組織化や実績をふまえて申請と審査が行われ，日本ジオパークネットワーク（JGN）に加入することができ，日本ジオパークとして周知されるようになる．JGNに加入しているジオパークは，2018年5月現在，43地域である．JGNの加入後，活動や運営実績，および地球遺産の保全保護の状況をふまえて，GGNに推薦される．推薦された日本のジオパークは，書類審査と現地審査を経て，GGNに登録認定される．日本ジオパークも，世界ジオパークと同様に，認定後において4年に一度の再審査を受けなければならない．その再審査の時点で，地球遺産の保全保護の状況や活動・運営の状況などの要件を満たさない場合には，JGNの加盟が取り消されてしまう．

（菊地俊夫）

4.11 テーマパークとディズニーランド

　テーマパークとは，遊園地のなかである特定の統一テーマが強調されたものを示す．しかし通常の遊園地とテーマパークとの差はしばしばあいまいであり，厳密な区分は難しい．他の遊園地との差別化を図るために，特定のテーマが強調されたものがテーマパークといってよいだろう．海外ではテーマパークという語が使われることは多くなく，アミューズメントパークなどの語が使われる場合が多い．

　テーマパークの歴史は米国のディズニーランドとともに始まったと考えてよい．ディズニーランドがその建設の際に大きく参考にしたといわれるデンマークのチボリ公園（1843年開園）などもテーマパークといわれることがあるが，テーマパークという概念が一般化したのは，ディズニーランドの成功以来である．ウォルト・ディズニー（W. Disney；1901-1966）の「地上の楽園」を再現するという明確な意図のもとに作られたディズニーランドが成功したことにより，それをモデルにしてさまざまなテーマによって作られたものがテーマパークだといってよい．その意味ではテーマパークの概念は，ディズニーランドの成功と切っても切れない関係にある．

ディズニーランド，ディズニーワールド　米国のディズニーランドは，ウォルト・ディズニーが「大人でも楽しめる遊園地」「地上の楽園」を作るという強い意志のもとに計画されたものである．カリフォルニア州アナハイムに1955年に開園され，開園1年で入場客数は400万人を超え，開園後の10年で米国の1/4の住民がディズニーランドを訪れたとされている．

　ディズニーランドのなかにはいくつかの独立したテーマランド（フロンティアランド，アドベンチャーランド，ファンタジーランド，トゥモローランドなど）が設けられ，そのテーマに合わせたアトラクションや施設が設置されている．またウォルト・ディズニーの考えが強く反映されているといわれているが，それまでの遊園地にはなかった，観客をひきつけるためのさまざまな工夫がされている．入口を一つにして観客の楽しみ方を統一しようとしたり，ショーやパフォーマンスを重要視したり，徹底的に舞台裏を見せずに「非日常」の世界を作り上げたりするなどの特徴をもっている．またゴミを見せないようにするなど，これまでの遊園地にありがちな「俗悪」な部分を排したことも特徴のひとつである．

　ディズニーランドは非常に成功した事業と評価されたが，ウォルト・ディズニーにとっては不本意な部分もあり，その理想を達成するために彼はフロリダに広大な土地を購入し，そこにさらなる娯楽施設エプコット（Experimental Prototype Community of Tomorrow）を計画した．これは単なる遊園地というよりは，ウォルト・ディズニーが考えた未来都市という性格があった．ウォルト・ディズニー自身はこの開園を見ることなく逝去したが，兄のロイ・ディズニーがウォルトの死を悼み，名称をウォルト・ディズニー・ワールドとして1971年に開園した．そのなかには独立したテーマパークとして，マジック・キングダム，エプコット，ディズニー・ハリウッド・スタジオ，ディズニー・アニマル・キングダムがあり，現在では世界一の入園者数を誇るテーマパーク施設となっている．

　その後，1983年に東京ディズニーランドが開園し，その成功を受けて1992年にユーロディズニーランド（後にディズニーランド・パークとなるが，通常はディズニーランド・パリとよばれる）が開園する．2005年には香港ディズニーランドが開園し，2016年には上海ディズニーランドが開園した．

世界のテーマパーク　前述したように海外

ではテーマパークという語のほかにアミューズメントパークなどの語が使われる場合が多い．米国のテーマエンターテインメント協会が，毎年テーマパークとアミューズメントパークの入園者数のランキングを発表しているが，2017年のベスト10は表のようになっている．ディズニーパーク系がトップ10のうち八つを占めている．

日本のテーマパーク　日本では1983年に東京ディズニーランドが開園し，同年に長崎オランダ村が開園したことから，1983年はテーマパーク元年といわれた．特に東京ディズニーランドが大きく成功したことから，日本でもその後，数多くのテーマパークが作られた．その典型的なタイプは外国の雰囲気をテーマにしており，「外国村」とよばれるテーマパークである．例えば，グリュック王国（1989年開園，中世ヨーロッパがテーマ），パルケ・エスパーニャ（1988年開園，スペインがテーマ），倉敷チボリ公園（1997年開園，デンマークのチボリ公園がモデル），東京ドイツ村（2001年），新潟ロシア村（1993年）などがあげられる．このほかにもサンリオピューロランド（1990年），日光江戸村（1986年），東武ワールドスクエア（1993年），スペースワールド（1990年），レオマワールド（1991年）などのテーマパークが作られた．これらのテーマパークが作られた背景には，通称リゾート法ともよばれた，大型娯楽施設を作ることを容易にした法（総合保養地域整備法）が1987年に制定されたことも関係している．

その後，これらのテーマパークのうちの多くはバブル景気の終焉とともに閉園となった．閉園または休園となっているテーマパークとして，富士ガリバー王国（2001年に閉園），新潟ロシア村（2004年に閉園），グリュック王国（2007年に閉園），倉敷チボリパーク（2008年に閉園），レオマワールド（2000年に休園，その後ニューレオマワールドとして再開）などがあげられる．

現在では東京ディズニーランドに東京ディズニーシーを加えた東京ディズニーリゾートが年間約3,000万人の入園者数を誇り，次いで大阪のユニバーサル・スタジオ・ジャパンが年間約1,500万人でこれに続いている（2017年）．しかしそれ以外のテーマパークは経営上苦戦しているのが実情である．

また近年，遊園地型のテーマパークとは異なり，特定の食べ物をテーマとした商業店舗施設が「フードテーマパーク」とよばれることもある．

〈豊田由貴夫〉

文献
奥野一生 2008『日本のテーマパーク研究』竹林館．

表　世界のテーマパークの入園者数ベスト10（2017年）

順位	名称	所在地	入園者数（単位：千人）
1	マジックキングダム（WDW）	米国	20,450
2	ディズニーランド	米国	18,300
3	東京ディズニーランド	日本	16,600
4	ユニバーサル・スタジオ・ジャパン	日本	14,935
5	東京ディズニーシー	日本	13,500
6	アニマル・キングダム（WDW）	米国	12,500
7	エプコット（WDW）	米国	12,200
8	上海ディズニーランド	中国	11,000
9	ハリウッド・スタジオ（WDW）	米国	10,722
10	ユニバーサル・スタジオ	米国	10,198

出典：Themed Entertainment Association, 2017 TEA/AECOM Theme Index（TEA Website）．
WDW は Walt Disney World を示す．

4.12 建築としての観光施設

観光施設とは 観光を目的に行動する人びとが観光しやすいように作られた施設，あるいは，人びとが日常では体験できないような遊戯や観賞，運動をすることができるような空間を形作る施設を観光施設とよぶ．法的には観光施設財団抵当法において，「観光旅行者の利用に供される施設のうち遊園地，動物園，スキー場その他の遊戯，観賞又は運動のための施設であって政令で定めるもの」を観光施設とよぶことになっており，一般の宿泊施設や温浴施設などが入っているわけではない．

この法律では，博物館の一種である動物園が観光施設とされているものの，同様に多数の観客が訪れる劇場や音楽ホール，運動競技場や演芸場などの運動施設や文化施設は観光施設とはされておらず，音楽や劇，試合といったパフォーマンスを観る施設は観光施設としては扱われていない．

利用者にとっての観光施設とは 利用者によっては，観光に訪れるところ，すなわち観光対象を観光施設として認識している場合がある．施設の名称や分類は問題ではなく，実際に施設を訪れて心が揺り動かされたという満足が得られるのであれば，観光対象と認識されうる．社会教育施設として整備された博物館や美術館であっても観光対象となり，観光施設として扱われていることがある．世界遺産に登録された国立西洋美術館は，その展示物を観るという目的以外にその建物自体を観光対象として観るために多数の人が訪れるようになっているが，観光振興のために作られた観光施設ではないことは自明である．

観光施設のデザイン性 観光施設のなかでも展望台など景色を眺めるために作られる施設は，その自然環境のなかに施設が存在することになるので，外部からは景色の一部となって見えてしまう．展望台から見える外の景色だけを美しく保てばよいというエゴに立ったような，周囲とは調和しないデザインの展望台も少なくはない．1889年に開催されたパリ万博の目玉として建設されたエッフェル塔は，展望塔として作られた観光施設であったが，今日では，パリを代表する観光資源として世界に知れ渡っている．しかしながら，建設された当時，パリの街並みを遥かに見渡せる高さの塔については批判的な意見もあったようで，自然主義の作家ギ・ド・モーパッサンが，エッフェル塔を見ないですむ唯一の場所だからという理由でエッフェル塔のレストランで食事をとっていたという逸話が残っている．

鉄塔としてのエッフェル塔は，単独でも非常に美しく，パリの街並みにも調和しているが，塔がなかった頃の街並みを知る人からすれば，違和感があっても不思議ではない．背景となる景色についての周辺地域の人びとの思い入れとの関係が，実際の施設建設にあたっては大切で，たんに景色としての美しさや調和を示し実現するだけでは建設に合意は得られないことがわかる．

競争的野心にともなう高所展望台の設置 塔や高層建築は時代とともにその高さを増してきた．建設技術の進歩とともに経済力が増し，国や企業が誇りをかけて高さを競ってきたのである．

1958年に建設された電波塔である東京タワーは333 m，これは地上300 mの鉄塔建設計画から始まったエッフェル塔の324 mより若干高い．そして，2012年に竣工した武蔵国のスカイツリーは634 m．どれもその高さに技術的な限界があったわけではなく，語呂合わせなどで数値が決められている．高層建築の場合も，日本一，北米一，世界一といった修飾語を得たいがために竣工時まで建物の高さを明かさなかったり，設計変更を繰り返して高さを増したり，最後まで建物内部で隠

して製作していた塔頂部をリフトアップして設置し，高さを積み増したりする競争が行われてきた．アール・デコ装飾でエレガントな外観が特徴のニューヨークを象徴するクライスラー・ビルディングの塔頂部はそうした苦心の競争の末に完成したことで知られている．

高さだけではなく，デザインの面でも競争が行われており，全面ミラーガラスで覆う，ツインタワー化する，矩形以外の形を使う，粘土細工のように有機的なデザインに造形するといった工夫が行われている．これにともない，空中に浮かぶ空中庭園（梅田スカイビル）のようにスリルすら感じる展望台が現れており，自然環境のなかでも展望台というよりはアトラクションとよぶ方が相応しいようなスカイウォーク（グランドキャニオン）が出てきている．一方で，地形を削り自然に溶け込むような形で建設された亀老山展望台（愛媛県今治市）のような施設も出てきており，自然景観と一体になる形でより魅力的な景色を生み出す工夫も行われ始めている．

建築の観光資源化　経済的に豊かではなく，機能的な必要性から施設が作られていた時代の建物は，まだ建築意匠において特別な趣向が凝らされていることはまれで，建築そのものが観光対象となることはあまりないが，建築様式の時代による変化や地域性に着目されて観光対象になることがある．しかしながら，それほど多くの人が興味を持つわけではなかった．明治期の文明開化が西洋化を志向したことで，伝統的な日本の建築技術や美意識にはあまり目を向けられなかったからかもしれない．

建築そのものよりも，歴史的な出来事が起こった場所を構成する建物としての価値が見出されて，「○○が生まれた家」「○○事件が起こった料理屋」というように「場所」として観光対象にされてきた場合が多かった．しかしながら，近年，その建物のなかで何が行われているかにはあまり関心がなく，建物そのものを鑑賞する人びとが増えてきている．

建築がその求められる基本的な機能ではなく，部外者でも個々の好みで評価できる芸術性や，計画時には期待されていなかったが建物として実現することで新たに生じた効果などによっても評価されるようになって，一般の人びとにも身近な存在になってきたことが背景としてあるのであろう．

俳優やタレントの人気投票のように建築を好き嫌いで区分し，コメントすることは自由である．また，ソーシャルメディアを利用することで，個々の評価や書き込み情報を閲覧し，実際にコンサートに出かけて直にタレントを見てその評価を確認するかのように，実際の建物を訪れてその空間を体感し評価するといった例も出てきており，まさに建築を観光対象として訪れ観賞する建築観光が行われている．

都市の舞台化と観光施設　表参道や銀座の建物が洗練されていくなかで，その街を訪れる人びとはその街を背景として，まるで舞台を歩く役者のように着飾っている．おしゃれな街を誰にも気づかれないように覗きに行くのではなく，そこで暮らす住人の一人として都市生活者を演じている．日常生活から建物のデザインが乖離すればするほど憧れの舞台としての都市の魅力は増していく．

一方，地方都市や自然環境豊かな観光地のなかで旅行者は旅行者を演じるわけであるが，その旅行者のなかにはバックパッカーもセレブリティも存在する．多様な旅行者の役作りの背景としては，できるだけ演者の演技を邪魔しないことが大切である．そのため，観光施設は，そのボリュームを極力見せないで自然景観に溶け込ませることが肝要であろう．

（毛谷村英治）

文　献
ロラン・バルト（宗　左近・諸田和治訳）1997『エッフェル塔』ちくま学芸文庫．

4.13
観光産業におけるアセットマネジメント

観光産業とアセットマネジメント　アセットマネジメントは比較的新しい概念であり，定義が確立されているとはいえない．一般的には，資産運用をさす．金融機関や機関投資家が，個人や企業の株式や債券などの金融資産，あるいは，不動産などの管理と運用を代行することである．また，アセットマネジメントは公共施設の管理をさすこともある．道路や橋梁，トンネル，上下水道，学校，公民館などの建造物について状態を把握し，適切な改修や維持管理，さらには，売却などを行う．日本でも，観光地や観光施設を社会資本として広くとらえた結果，アセットマネジメントという用語が用いられるようになったと考えられ，また，今日の観光産業はプライベートエクイティ（ファンド）や不動産投資信託（リート）などの資産運用会社の存在なくしては成長を期待することはできない．

観光産業は，ハコモノ産業とよばれてきたように，多額の初期投資を必要とする資本集約型産業である．観光施設の多くは，資産に占める固定資産の割合が高い．さらに，これらの施設は，一定期間が経過すれば，修繕，改修が不可欠である．定期的修繕に加え，新たな設備投資を行うことで業務を効率化したり，多様なサービスを求める観光客のニーズに応えなくてはならない．老朽化を放置し，新たな設備投資を怠れば，施設の魅力は著しく失われてしまう．

施設の整備や更新のためには，多額の資金を調達する必要がある．しかしながら，観光産業にとって安定的資金調達は最大の課題であり続けた．観光産業は，生産性の低さが指摘されることもあり，また需要変動にともなう事業の不安定さに加え，資金を回収できるまでの償却期間が他産業に比べて長いことなどから，金融機関からはリスクの高い投資先として敬遠されてきた．

そのような状況のなかで注目されたのが，前述のプライベートエクイティや不動産投資信託などの機関投資家である．観光産業では，1990年代以降，特に不動産の証券化が進み，株式や債券同様，不動産が金融商品として売買されるようになった．プライベートエクイティや不動産投資信託が実質的な不動産所有者となることにより，施設の運営者は機動的な資金調達が可能になったのである．

所有と運営の分離　不動産の所有者と事業の運営者が同一でない状況を「不動産所有と事業運営の分離（separation of ownership and operation）」とよんでいる．不動産所有と事業運営の分離は，米国ホテル産業が先駆的に取り入れてきた．不動産所有者（ホテルオーナー）は費用対効果を十分に検討したうえで，ホテルの土地，建物を購入し，施設の維持管理のために投資を行う．一方，運営者（ホテルオペレーター）は，集客のための広告宣伝活動やレベニューマネジメント，サービスの提供など日々のオペレーションに専念する．所有者と運営者が専門に特化することによって効率的経営が実現し，両者が相互に監督・抑制し合うことで，権限の集中を防ぐことができる．さらに，資産をもたない身軽な経営は，運営者が事業を拡大したり，グローバルに展開する可能性を広げた．この事業モデルは，1990年代以降，本格的に日本においても導入され普及していくのであるが，概して前近代的経営が行われていると批判され，合理的な財務，労務管理が必要であるといわれてきた日本の旅館やホテルに新風を吹き込んだことは間違いない．

しかしながら，所有者（あるいは出資者）が自ら運営せず，他者に運営を委託するという状況は，深刻なガバナンス（企業統治）の問題を生じさせた．バーリーとミーンズ（バーリー・ミーンズ 1932）は，株主と経営者の関係を「所有と経営の分離」と表現したが，

利益相反が生じるその関係は観光産業における不動産所有者と施設運営者の関係にも当てはまる．つまり，富を危険にさらしている人以外の人によって事業が指揮されるならば，怠慢や無駄遣い，無責任といった倫理的問題が起こりやすく，また利益の効果的配分も困難である．所有者と運営者では事業の目的や動機が異なるため，利益相反は不可避ということである．

加えて，機関投資家は，経営および運営に特別の関心がない膨大な一般投資家から資金を集めているため，これら一般投資家への投資還元率が最大になることを使命に活動している．分散投資先として組み入れられることも多く，一般投資家は自分たちが所有者であるという意識が希薄である．投資還元率を重視する機関投資家の最大の関心は，不動産などの売買から得られるキャピタルゲインであり，投資対象が長期的に発展することに関心が寄せられないことも少なくない．不特定多数の一般投資家によって成り立つ機関投資家の存在は，ガバナンスの問題をいっそう深刻なものにしているのである．

経営技術としてのアセットマネジメント
所有と運営の分離が効率的経営を促し，資産運用を通じて企業成長を支援できるというメリットがある一方で，所有者と運営者の協働には前述のような困難がともなうことも明らかである．所有者と運営者の利益相反に直面し，試行錯誤を重ねた米国ホテル産業は，アセットマネジメントを経営技術として取り入れた先進事例として示唆に富む．

1990年代以降，米国ホテル産業ではホテルアセットマネージャーという職種が急速に普及した．2000年代以降は，日本のホテル産業においても採用される機会が増え，不動産所有と事業運営の分離が進むホテル産業にとって不可欠な存在になっている．ホテルアセットマネージャーは，フィージビリティスタディーズ（事業化可能性調査）を緻密に行い，ホテルの開発，購入から改修や売却に至るまで事業採算性を考慮した投資を検討すると同時に，ホテルオーナー（所有者）に代わりホテルオペレーター（運営者）を監督・評価する．また，オペレーターが決定した設備投資や施設の改修が適切であるか精査するなど，文字通りアセット（資産）の管理を行うのである．

ホテルアセットマネージャーが普及した背景には，ホテルオーナーがホテルオペレーターを十分に監督できなかったことがある．ホテル運営について知識と経験を持ち合わせていないホテルオーナーは，ホテルオペレーターの業務を監督できず，成果も十分に評価できなかったからである．したがって，ホテルアセットマネージャーはオーナーの助言者となり，ホテルの資産価値を最大にすることを目的に活動しているといえるであろう．

一方では，ホテルアセットマネージャーはホテルオーナーの利益を優先するばかりに，ホテルオペレーターのインセンティブを削ぐことがあってはならない．ホテル産業においては，機関投資家がホテルオーナーとしてますます存在感を増しており，そのような状況下においては，アセットマネージャーはすべてのステークホルダーのためによりよい経営が行われるよう中立的に機能することが期待される（田尾・庄司 2016）．

観光産業においては，資金調達の形態も多様化し，そのことは可能性を広げると同時に，さまざまな問題を提起することが予想される．米国ホテル産業において先駆的に導入され，定着したアセットマネジメントは，観光産業にとって広く共通の関心事になることは間違いない．

（西山桂子）

文献

田尾桂子・庄司貴行 2016「ホテルアセットマネジメントとホテルのガバナンスに関する研究—先進事例としての米国ホテル産業—」観光研究，**28**(1)：45-55．

バーリー，A. A., ミーンズ，G. C.（北島忠男訳）1958『近代株式会社と私有財産 現代経済学名著選集』文雅堂銀行研究社．

4.14
観光と商業（物販）活動

　少子高齢化が進んでいるなか，地域再生におけるキーワードとして観光が注目されており，観光による消費拡大，すなわち観光の経済的効果に期待が高まっている．観光庁によると，2013年の国内における観光消費（内部観光消費）は23.6兆円（前年対比1.1兆円増）であり，GDPの1.9%を占めている．また，観光産業における就業者数は447万人であり，就業者総数の6.9%を占めている．また，観光消費がもたらす生産波及効果（直接効果を含む）は48.8兆円，このうちの付加価値効果は24.9兆円であり，これによる雇用効果は419万人となった．

　観光地における観光客の行動はその目的によってさまざまであるが，旅行先でのショッピングは観光の大きな楽しみである．特に，現在はその魅力が薄れているが，ブランド品や免税品などのショッピングは海外旅行の目的のひとつであった．国内旅行においても，アウトレットモール，生鮮市場，朝市など，そこでのショッピングを目的に出かける観光客が多く，重要な観光資源となっている．

　しかし，大量生産と大量消費の仕組みへの変化にともない，大部分の観光地の土産店の店頭にはどこでも買えるような商品が陳列されるようになり，その地域ならではの土産品としての機能を果たせなくなっている．このように地域の名物であった土産品が地域特色のない一般商業の記念品となりつつあり，結果的に売上高の減少につながる．したがって，地域色の強い土産品の開発は，地域の魅力を高めるとともに，観光地の競争優位を確保するための重要な役割を果たしている．

　一例に，観光地への訪問意識および特産物の購入意欲についてのJTB総合研究所の調査結果がある[1]．一般の消費者を対象に「観光地や特産品の写真（あるいは現物）及び解説文のみ見せた場合」と「それらに加えて関係者の話（録音）を1分間聞かせた場合」を比較した結果，前者より後者の方が観光地への訪問意識および物産品の購入意欲ともに高い結果となった．つまり，観光客はたんに土産品を購買するよりは，その土産品がもっている意味や価値，伝統などをより重視していることを意味し，言い換えれば，観光事業者にはモノを売るのではなく観光地や特産品の隠れたストーリーを売ることが求められているともいえる．これは，企業が商品やサービスを消費者に提供する際に，社会貢献に結びつくような仕掛けを取り入れるマーケティング手法のひとつであるコーズリレーテッドマーケティング（cause related marketing）と類似な考え方である．例えば，ボルヴィック社が2007年から「1 L for 10 L（ワンリッターフォーテンリッター）」プログラムを実施し，ユニセフと協働してアフリカのマリ共和国に井戸を掘るなどの活動を行っている．もともと，1983年にアメリカン・エキスプレス社が，自由の女神を修復するために同社のカードへ新規入会すると1ドルを，利用するごとに1セントを寄付するキャンペーンを行ったのが始まりであり，このキャンペーンによって同社は新規入会者が45%，カード利用額を28%増加させ，3カ月間で総額170万ドルの寄付を集めることができ，その後米国で多くのコーズキャンペーンが立ち上がることになった．

　以上のように，観光行動および非観光行動を問わず，成熟消費社会における消費者の購買行動は，単なるモノの仕様（スペック）より，自分の購買行動を通じて何かを解決できることに意味を付与しており，それが購買行動の判断基準となっている．

　一方，現在，観光産業において注目されているのがインバウンド観光である．日本人観光客の消費意欲の低下にともない，外国人観光客を誘致し彼らの消費行動によって地域活性化を図ろうとしている地方自治体も多い．

特に，訪日中国人観光客の消費活動は際立っている．他企業よりいち早くインバウンド事業に取り組んでいるドン・キホーテ*2によると，中国人観光客の客単価は，台湾人や韓国人観光客に比べて3倍となっているという．また，訪日外国人観光客の購買行動における五つのキーワードは，「健康」「美容」「文化」「安全・安心」「高級」であり，そのなかでも「健康」および「美容」関連商品がよく売れているという．同社は，将来外国人観光客の売上げを全体の10%（現在4%）まで伸ばすために，海外の旅行会社と協力し，「ようこそカード」やパンフレット，クーポン，チラシを配布するとともに，海外での展示会に積極的に出展するなど，プロモーション活動を強化している．

日本政府も訪日外国人観光客の増加にともなう観光消費を促進させるため，他国より遅れているものの，外国人旅行者向けの免税制度を導入し実施している．消費税法第8条に定める「輸出物品販売場」は一般的に「免税店（tax free shop）」といわれ，外国人旅行者などの非居住者（日本国籍者も可）に対して特定の物品を一定の方法で販売する場合に，消費税を免除して販売できる店舗をさす．免税店になるためには，納税地を所轄する税務署の許可が必要となる．免税店の種類は外国人観光客に自分の店で免税をする「一般型」と商店街やショッピングセンター内に出店している店が承認免税手続事業者に免税を委託する「手続委託型」の2種類に分かれる．

免税対象となる物品は通常生活の用に供される物品として，一般物品と消耗品に分かれる．一般物品の品目は，家電製品，カバン・靴，洋服・着物，時計・宝飾品，民芸品であり，「1人の非居住者に対して同じ店舗における1日の販売合計額が1万円を超えること」「販売合計額が100万円を超える場合には，旅券等の写しを経営する事業者の納税地又は販売場の所在地に保存すること」を条件としている．一方，消耗品の品目は，食品，果物，化粧品，飲料，医薬品であり，「1人の非居住者に対して同じ店舗における1日の販売合計額が5千円を超え，50万円までの範囲内であること」「非居住者は，消耗品を購入した日から30日以内に輸出する旨を誓約すること」「消費されないように指定された方法による包装がされていること」が条件となっている．

同免税制度に関する情報は，観光庁のホームページを含め，ジャパンショッピングツーリズム協会（JSTO）が運営する「免税店.jp」を通じて小売業を対象に情報を発信している．同協会は，国の観光立国実現に向けた戦略とも連動し，国土交通省，観光庁のみならず経済産業省や地方自治体，商工会議所との官民連携や，地域エリアが参加したオールジャパン体制で推進しており，観光業や流通業だけでなく幅広い民間企業によって2013年9月に設立された．2018年4月1日現在，全国に44,646店の免税店が営業している．（金　振晩）

注
*1　調査結果の詳細内容については，岡本伸之編著（2013：40）を参照すること．
*2　以下の内容は，筆者が2015年に行ったドン・キホーテ関係者のインタビューに基づいたものである．

文献
岡本伸之編著 2013『よくわかる観光学1 観光経営学』，朝倉書店．
観光庁（http://www.mlit.go.jp/kankocho/tax-free/）
免税店.jp（http://taxfree.jp）

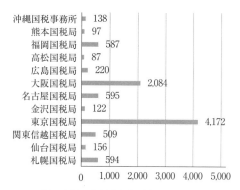

図　全国の免税店分布（出典：JSTO）

4.15 観光産業における人材開発

観光産業の人的資源管理の特徴　観光産業は，いうまでもなく人的サービスを中心とした労働によって支えられている労働集約型産業であり，観光の発展はサービス労働を担う人材に大きく依存している．つまり，観光産業の経営資源のなかで人的資源は，もっとも重要な要素のひとつと位置づけられる．

金（2013）によれば，は観光産業における人的資源管理の特徴について，「人的資源への依存度が他産業に比べ高い」「従業員間のチームワークと動機づけが重要」「柔軟な人的資源管理が求められる」の3点があげられている．観光産業においてのホスピタリティの重要性について触れてから，顧客満足度の決め手となるのはホスピタリティを体現するヒューマンウェアであることを主張した．また，観光産業においては，従業員の個人とチームをいかに教育し，動機づけするのかが重要であることや労働力需要の繁閑の厳しさに応じた柔軟な人的資源管理が必要であることを述べた．

観光産業で求められる人材　ここでは，有為な人材の確保，開発が非常に重要である観光産業ではどのような能力や資質をもっている人材が求められているかについて述べる．

結論からいうと全社的な「マネジメントができる」という視点の人材と現場の「オペレーションに必要な知識や技能を有する」人材である．

日々変化する経済環境や社会環境の変化にともないマーケットにおける消費者の価値観や観光産業へのニーズとウォンツなども変化しつつある．このような状況のなかで，それぞれの観光企業では顧客の要望に的確に応えながら，いかに効率を高め利益を最大化するのかという課題を解決しなければならない．マーケティングやマネジメントに関する基礎知識や技能が欠如している人材では，企業活動における業務の効率化や利益の最大化といった課題に取り組めないわけである．また，個別の観光企業だけではなく，観光産業全体においても将来観光産業を背負っていくマネジメント能力のある人材が求められている．

次に，現場の「オペレーションに必要な知識や技能」の面においては各業種や職種によって必要とされる専門的スキルが若干異なる．例えば，ホテル業の場合，飲料，宿泊，施設管理などのホテル実務技能が，また旅行業の場合，CIQ知識，CRS操作，旅程管理などの旅行実務能力が必要になってくる．ここでは，最前線で観光客にサービスやホスピタリティを提供するという観光産業の共通業務において求められる技能や資質についてまとめる．いうまでもなく，一番大切なのは相手の喜ぶことをすることに自分も喜びを感じることのできる，「顧客志向のホスピタリティマインド」をもっていることである．また，各種の調査によれば，顧客と直接に対応する第一線のスタッフにもっとも求められるのは「コミュニケーション能力」である．観光産業においては従業員間のチームワークが大事であるため，同じ職場で一緒に働く仲間とのコミュニケーション能力，また顧客の要望にすばやく応えるための顧客とのコミュニケーション能力が必要になってくる．さらに，非定型業務が頻繁に発生するという観光産業の特徴や顧客との接触時における決定的な瞬間が顧客満足を決めるといった特性から「状況を適切に把握し，主体的に実行できる人材」が観光産業では求められるといえる．

以上をまとめると，観光産業では「マネジメント能力」「顧客志向のホスピタリティマインド」「コミュニケーション能力」「主体性」「行動力」をもっている人材が求められている．

〔金　蘭正〕

観光産業のサービス人材開発の重要性　人

的資源管理の主要領域である人材開発は，従業員に求められる能力や潜在力を開発し人材活用の効率性を増進することを目的としている．それは教育訓練および報酬や福利厚生などの従業員に対する長期的な投資を通じてその効果が期待できる．サービス産業である観光産業においては競争相手の他社より優れた人材を確保したり，彼らにトレーニングを実施したりすることによって競争力を高めることができる．他社より洗練されたサービスを提供することによってよりよい評判につながることになる．この場合，他の運営システムなどは模倣する可能性が高いが，従業員のサービスマインドを模倣することはできない（コトラーほか 2003）．

すなわち一貫した態度で顧客の要求に応え，顧客の理解に努め，明確なコミュニケーションを図り，顧客の要求と問題にすばやく対処できるような人材を育てるのが観光産業における人材開発の課題になるだろう．

サービス人材と感情労働　前述したように人的サービスに大きく依存している観光産業においては，人的資源の管理方法のひとつとして従業員の行動特性を把握し組織全体の効率性を高めようとする研究が行われている．そのひとつが「感情労働」である．感情労働とは，顧客との相互作用の場面で顧客に対し，企業側が提示するその場にふさわしい感情を表出するため自分の感情をコントロールしようとする努力のことをいう．つまり職務を効果的に遂行するため，「公的に観察可能な表情と身体的表現を作るために行う感情の管理であり，賃金と引き換えに売られ，交換価値を有するものである」と概念化した（ホックシールド 1983）．

「航空会社の客室乗務員，ホテル従業員，ツアーコンダクター，ウェイター，遊園地の従業員など，観光産業の接客担当の従業員は顧客へのサービスそのものであり，顧客に対して組織を代表する存在である」（崔 2013: 157）．そのため，接客場面で顧客が認識するサービスの質はその企業に対する重要な評価基準になりうる．

顧客へのサービス遂行は，技術的クオリティと機能的クオリティで構成される（フィスクほか 2005）．例えば技術的クオリティは，質のよい食事や予定時刻通りの飛行機の運航のように有形的な結果を意味する．機能的クオリティは従業員の友好で誠実な態度のようなサービスデリバリーのスタイルを意味する．この場合クオリティは従業員が顧客との相互作用の際に作り出す対人スキルに左右される．そこで従業員の顧客とのタッチポイントは企業の管理対象となり，感情労働につながる．

ここで問題になるのは，仕事上感情コントロールが要求される従業員たちは過度な精神的・感情的要求により，エネルギーを使い果たした状態である感情消耗を経験するようになり，結果的に「職務満足」や「顧客に対するサービス態度」などの職務態度に否定的な影響を与えることである．職務満足が低くなったり顧客に対するサービス態度が悪くなったりすることは直ちに顧客満足に影響を与え企業の収益に影響を与えるようになる．

職務態度は感情労働をはじめ，多様な要因によってネガティブな影響を与えられるが，逆に多様な組織特性要因によってポジティブに変わる可能性も提示されつつある．

（崔　錦珍）

文献
金蘭正 2013「観光産業の人的資源管理」岡本伸之編著『よくわかる観光学1 観光経営学』朝倉書店，pp.152-155．
コトラー，P.，ボーエン，J.，マーキンズ，M.（平林祥訳）2003『コトラーのホスピタリティ＆ツーリズム・マーケティング』（第3版），ピアソン・エデュケーション．
崔　錦珍 2013「観光産業の人的資源管理」岡本伸之編著『よくわかる観光学1 観光経営学』朝倉書店，p.157．
フィスク，R.P.，グローブ，S.J.，ジョン，J.（小川孔輔・戸谷圭子訳）2005『サービス・マーケティング入門』法政大学出版局．
ホックシールド，A.R.（石川　准・室伏亜希訳）2000『管理される心：感情が商品になるとき』世界思想社．

4.16 通訳ガイド業と観光情報

観光における対人的情報伝達の担い手 言語が異なる人びとの間にたって言葉の仲介を行うのが「通訳」であり，人びとの旅行に付き添って観光案内を行うのが「(観光)ガイド」である．いわゆる「通訳ガイド」は，外客に対応し旅行者の言語を用いて旅行地に関する情報伝達を担う．旅には解放感と緊張感がつきものだが，ガイドは，文化仲介者として旅行者・受入れ側双方の異文化接触場面での緊張を和らげ，旅行者の知的好奇心を刺激することで旅の付加価値と満足を高める働きをする．

本項では，外国人旅行者に付き添い，外国語を用いて観光案内を行う通訳ガイドについて，その歴史や法的背景をみていくこととする．

通訳ガイドをめぐる歴史的背景 江戸時代に制限されていた庶民の旅は，明治に入り自由化される．少し遅れて1889年には外国人の日本国内旅行も解禁となるが，居留地に住む外国人のなかには，条件つきながら，解禁に先立ち政府の旅行免状を得て旅する者もいた．

西洋風の宿泊施設や食堂が整備されていない当時の日本にあって，外国人の旅にはさまざまな困難があったことだろう．英国人のイサベラ・バード (I. Bird；1831-1904) は，明治初頭に日本各地を旅しその記録を残している．バードは1878年に東北と北海道を3カ月間にわたり旅したが，その際に雇った「ガイド」について次のように記述している．「(日本人ガイドの) イトーは，料理もできるし洗濯もやるし，通訳や旅行の従者の役目はもちろん，お供として雑用を何でもやってくれる」(バード 1973)．通訳と，食事，洗濯，荷物運搬といった身の回りの世話，いわば「通訳と道案内を兼ねた雑用係」というのが，バードの記述から推察される当時の「ガイド」の姿である．

その伊藤らにより，1879年，最初のガイド組合となる開誘社が結成されている．その後，東洋通弁協会が発足した1897年頃には相当数の「ガイド」が存在していたようで，すでに職業としての確立があったものと考えられる．ガイドの需要の多くは外国人が宿泊するホテルにあり，ホテルから仕事が斡旋されたため，当時のガイドはホテルとの結びつきが強かった．

外国客船が寄港し外客が訪れるようになると，外客の歓待機関として喜賓会 (Welcome Society) が創設された (1893年)．その綱領のひとつは「善良なる案内者を監督奨励する」ことにあった．世界一周観光旅行団を乗せた外国船が次々に到着するようになると，ガイドの需要は急速に高まる．一部には悪質な者も存在したようで，内務省は，「案内業者取締りに関し標準を定め関係地方長官に通牒」(1903年)，「案内業者取締規則」(1907年) を発令しガイドに試験と免許取得を義務づけた．

1910年，京都日出新聞 (1月3日付) は，「米国観光団入洛．米国大観光団七百名の一団は，旧暦二十九日を以て長崎に着港し順次観光を経て，昨朝未明神戸に入港したる」と米国人観光団の大型客船での来訪を報じている．外客の増加を受け，1912年，鉄道院 (後の鉄道省，現国土交通省) が中心となって半官半民の外客受入れ組織ジャパン・ツーリスト・ビューローが設立された．主な目的は外貨獲得に向けた外客の斡旋であり，これにより喜賓会は使命を終え解散した．

第一次世界大戦後，近代産業としての観光に期待が高まり，外客誘致が国策として推進されるようになる．1930年には鉄道省の外局として国際観光局が新設され，翌年には海外向け観光宣伝を担う国際観光協会が誕生，ニューヨークを拠点に外客誘致活動が展開さ

れた．

　太平洋戦争による中断後にふたたび外客が到着するようになると，GHQは期限つきの日本国内の旅行を許可した．内務省の解体で失効した案内業者取締規則に代わり，1949年には「通訳案内業法」（現「通訳案内士法」）が公布施行された．

　東京オリンピックが開催された1964年には，35万人を超える外国人が来日した．ジャパン・ツーリスト・ビューローは社名変更を経て日本交通公社となり，外客向けの「サンライズ・ツアー」の運行を開始した．また，同年，日本人の海外旅行が解禁され，およそ12万7,000人が出国した．

　大阪万国博覧会が開催された1970年の訪日外客は85万人を超えた．他方，海外渡航自由化以降，日本人出国者は訪日外客以上の伸び率を示し，万博の翌1971年にはアウトバウンドがインバウンドをはじめて上回り，その後右肩上がりで増加する．一方で，インバウンドは低迷のうちに推移する．

　1990年代に入ると，「ウェルカムプラン21（訪日観光交流倍増計画）」（1995年）や「ビジット・ジャパン・キャンペーン」（2003年）などインバウンド促進に向けた各種キャンペーンが展開され，訪日外客が徐々に増加する．

　通訳ガイドをめぐる法的背景　太平洋戦争により「案内業者取締規則」は失効，戦後「通訳案内業法」が公布施行され，全国統一試験による初の通訳ガイド（通訳案内業）が登場した．2006年，通訳案内業法は「通訳案内士法」へと，名称変更を含む大幅な改正が行われた．対象言語は10カ国語となり，「地域限定通訳案内士」や「特区ガイド」制度が導入された．地域限定通訳案内士は，「外客誘致法」（1997年）制定にともなって創設されたもので，通訳案内士が不足しているなどの要件を満たす場合に都道府県知事が実施する試験を経て当該都道府県内の通訳案内が可能となるもので，特区ガイドは「総合特別区域法」（2011年）に則り特例として導入された．通訳案内士資格をもたない者の通訳案内業務は禁じられており，違反には罰則規定が設けられているが，地域限定通訳案内士や特区ガイドは有償でのガイド行為が可能とされた．

　訪問外客が急増するなかで，2018年，改正通訳案内士法が施行された．これにより，1949年の法の登場以来，もっぱら有資格者のみが担ってきた通訳案内に資格が求められなくなった．通訳案内士は名称独占で継承されるものの，業務独占規制は撤廃された．

　課題および通訳ガイドへの期待　戦後日本の観光政策は，インバウンドの推進から始まった．経済復興とともにアウトバウンドの隆盛が続いたが，2015年，45年ぶりにインバウンドがアウトバウンドを逆転し，現在はインバウンド市場がかつてない拡大をみせている．政府は観光先進国を目指し，訪日外客数を倍増，さらに3倍増へとする目標を掲げている．

　訪日外客の急増とともに旅行者の発地や文化・宗教は多様化しており，適切な観光情報提供者としてのガイドに求められる専門性や技能はきわめて細分化，高度化している．

　観光産業は平和産業であって，観光情勢は世界情勢の影響を受ける．もとより季節変動も大きい．ガイドは「労働者派遣法」制定時からの派遣対象業務のひとつであり，就労環境には不安定要因が多い．

　国際観光の場面で最初に出会う「その国の人」であるガイドに寄せられる期待は，今後もますます高まっていくだろう．資格規制の撤廃など受入れ環境が変化するなかで，彼（女）らの担う重責に見合う就労環境と支援体制の充実がさらに求められる．　　（橋本佳恵）

文献
有泉晶子 2003「通訳案内業」前田　勇編著『21世紀の観光学』学文社，pp.179-196.
バード，I.L.（高梨健吉訳）1973『日本奥地紀行』平凡社．

4.17
ガイドブックと旅行ジャーナリズム

ガイドブックの目的は，観光客が自由にできる時間と予算を効率的に活用できるようあらかじめ計画を立てることを可能にし，現地に行ってからも有用な情報を提供することである．そのため，変化する現実と絶えず照合される宿命にあるガイドブックにとって，改訂作業は最大の売りであり，それ以上に，長きにわたって最大の泣きどころであった．

消費期限の短さにおいて雑誌に近接していくガイドブックのこの傾向は，移動手段の進歩につれて，強まりこそすれ，弱まりはしない．それを逆手にとって，改訂をむしろ積極的に制度化し，その必要性を最大限にすることで，ガイドブックの最終形態を導き出した立役者がアンドレ・ミシュラン（A. Michelin, 1853-1931）だった．

1900年のこと，当時はまだ珍しかった自動車の操縦者の役に立つ住所（ガソリン販売所や整備所など）の一覧を地図とともに掲載した小冊子の無料頒布が，タイヤ製造業者ミシュランの発意で開始される．このガイドブック（『ギード・フランス』）は，次第に観光情報を充実させ，1920年の有料化と同時に，名所の格付けを開始．自動車の利用者がターゲットにされた結果，住所などのデータがコンテンツの中心になったのみならず，観光者の行動範囲の飛躍的拡大を反映して，19世紀ガイドブックの覇者『ベデカー』が先鞭をつけた体系的評価の需要が増大していたのだ．

こうして自動車という新たな移動手段がもたらした，ガイドブックの消費サイクルの加速（それはすなわち，社会の流動性上昇の反映でもある）をミシュランはさらに推進する．まず1926年，観光に特化した『地域別ガイド』を創刊，その各巻がフランス全土を次第にカバーしていくのにともない，本家『ギード・フランス』のコンテンツを，国内のホテルやレストランの住所や価格，評価の詳細に絞り，改訂の必須度を上げる．そのうえで，1930年，観光名所に適用されていたランク付けをそこに導入．匿名評者による名高い評価システムがここに誕生した．

段階的に進展させてきた改訂の制度化を，最終的に，世間の注目を浴びる恒例のメディアイヴェントに仕立て上げることで，読者が毎年買い替えざるをえなくなる仕組みに至る．その過程で『地域別ガイド』は『ギード・ヴェール（緑ガイド）』に，『ギード・フランス』は『ギード・ルージュ（赤ガイド）』に呼び名を変える．ミシュランがブランドとして世間に認知された証だった．

19世紀におけるガイドブックと旅行記の分化 だが，ここで忘れてはならないのは，ミシュランによる一連の「革新」が，19世紀半ばにさかのぼるガイドブックの誕生とその後の本質化の最終段階にすぎないということである．無論，19世紀以前にも，主に巡礼者やグランドツアーに出かける者たちに向けたガイドブック的な書物は存在した．しかし，それらはしばしば通常の旅行記との区別があいまいで，世代を越えて長年愛用されることが多かった．両者が分化し，一種の「棲み分け」が成立してはじめて，近代的な意味での「ガイドブック」は誕生したのであった．

大きな流れとしては，旅行記が主観性・個人性の側へ，ガイドブックが客観性・集団性（匿名性）の側へと分化していくことになるのであるが，本質的に雑多なジャンルである旅行記に比べ，ガイドブックの方が純化の度合いは高かった．そのことを端的に示しているのは，1830年代に相次いで創刊されたイギリスの『マレー』やドイツの『ベデガー』がガイドブックの始祖とされる理由として，その形式的特徴もさることながら，本格的な叢書であった点が特に重視されている事実である．書き手の個性よりも，叢書全体に適用

される編集方針（記述対象の選択や評価の基準，基本構成，全巻に共通の略語や記号，トーン）が作り出す統一性が上位におかれているわけで，監修者の姓がそのまま総称となる風習は，フランスでいえば『ラルース』や『リトレ』のような辞典類と共通し，しばしば科学の名のもとに標榜されるある種の理念的な中立性が，一人格による担保を受ける形になっている（そして，成功したガイドブックの多くはその表紙の色でよばれるようになり，匿名性はブランドとして完成する）。

それはまた，この時代の出版社の社名が社主本人のそれだったように，ブランド化と固定読者の獲得による売れ行きの向上を目指す叢書という刊行形態において，出版の論理がすべてに優先することを意味する。後の『ミシュラン』には遠く及ばないにせよ，比較的短い周期での改版が可能になるだけの売れ行きの確保が求められる。『マレー』『ベデカー』の先行例をふまえつつ，この点をより戦略的に追求した出版者として，フランスのルイ・アシェット（L. Hachette）の名があがる。

『ギード・ブルー』とそれに対する批判
アシェットは1852年，鉄道文庫という叢書を創刊する。並行して国内の鉄道各社と独占契約を結び，主要駅におけるキオスクの営業権を獲得する傍ら，叢書の柱をなすガイドブック部門を一挙に拡充すべく，フランス語で刊行されていた目ぼしいガイドブックを買収，そのなかにあってひときわ優れた著作の書き手に白羽の矢を立てる。ただちに，件の著者ジョアンヌ（A. Joanne）を監修者に迎えた『ギード・ジョアンヌ』の刊行が1855年に開始された。『ギード・ヴェール』が登場するまでフランス語圏のガイドブック市場を独占した『ギード・ブルー（青ガイド）』の前身である。

以後，『ギード・ジョアンヌ』は，鉄道の乗客を主な販売対象とし，そのために全国に広げた流通網を基盤とするに留まらず，各巻の地域区分やその紹介に至るまで，基本的にパリに住む鉄道利用者の視線に寄り添って編集されるようになる。同時代でもっとも間口の広い旅行形態を通して，一定数の読者の安定的な確保が目論まれ，それは見事成功する。

ただし，この時期の観光者は社会的エリートであって，ガイドブックの部数も現在と比べれば控え目だった。当然，その単価は庶民にとっては高額で，判型も厚さも情報も「重厚」であった。改訂の必要性を極力減らしつつ，中立性という名のコンセンサスを形成するため，対象地域における変動する"今"は，最大多数の観光者にとって必要最低限の部分に切り詰められ，それ以外は旅行記に担われる一方，鉄道で行ける範囲については文化遺産が，そうでない範囲については，山岳地帯の「自然美」がもっぱら称揚され，普遍／不変的価値が観光資源として見出される「教養主義」的傾向が強まらざるをえなかった。

"今"の観光的要素と非観光的要素への二極化と後者の斬り捨て，そして「教養主義」は，19世紀とは比較にならない大部数が発行されるようになった20世紀以降も基本的に変わらず，『ギード・ブルー』より大衆的な『ギード・ヴェール』もこの点で例外ではないし，『ロンリー・プラネット』などのバックパッカー向けガイドによる"今"の範囲の拡大も，あくまで観光者が五官を通して接しうる部分に限られる。地元で生きる「生身の人間」をガイドブックが排除する，と1950年代に難じた文芸評論家バルト（R. Barthes）や哲学者サルトル（J.-P. Sartre）の批判は，まさにこの排除こそがガイドブックを旅行記から分化した歴史的経緯を見落としており，ないものねだりだったといえるだろう。　　（石橋正孝）

文献
中川浩一 1979『旅の文化史 ガイドブックと時刻表と旅行者たち』伝統と現代社.
Chabaud, G., Cohen, E., Coquery, N., et Penez, J. 2000 *Les Guides imprimés du XVIe au XXe siècle*, Belin, Economica.
Francon, M. 2001 *Le Guide Vert Michelin*.
Nordman, D. 1986 Les Guides-Joanne. *Les Lieux de mémoire II*, Galllimard, pp.529-567.

4.18 観光情報と観光メディア

観光情報とは何か 観光情報とは，観光者が観光行動を行ううえで取り扱う情報をいう．観光者が観光行動を執り行うにあたり必要な情報量と保有している情報量との差から生じる不確実性を減らす役割を果たす．

観光は日常生活圏を離れた訪問先での事物の見物や体験などの活動を行うものである．観光者は訪問先での活動に対する知識やイメージ，期待から訪問を決定し，情報収集や予約などの準備を行い，実際の観光行動を行う．その行動には移動や滞在，飲食，体験などのさまざまなサービス利用がともなう．その過程で観光者はさまざまな情報を収集し，その情報によって問題を解決する．観光を一つの商品と考えるならば，形がなく複数のサービス提供者が作り上げている観光という商品がもつ観光者にとっての不確実性を減らす役割を果たしているのが観光情報だといえる．

観光地や，観光に関わるサービスを提供する事業者（サプライヤー）は，そもそもその存在や価値を知られていないならば観光対象となりえず，また観光商品に組み込まれない．その意味で観光地やサプライヤーにとっての観光情報とは，それらの存在と価値を人びとに知らしめ観光行動を誘発し，来訪・利用を促すために提供される情報である．

観光情報の分類 観光情報は分類する方法がいくつかある．例えば，観光者がその情報を取り扱う場面を時系列に沿って考えるならば，誘発情報，選択情報，計画情報，現地情報，事後情報と分類ができる．誘発情報は観光のきっかけとなる情報である．選択情報は，訪問先や現地での活動の選別・決定に関わる情報である．計画情報は旅程立案や行動の効率化，予約，手配，決済に関わる情報である．現地情報は訪問先で得られる情報で，観光案内所などでの案内やそこで提供されるパンフレットや地図などである．事後情報は観光者が実際に行った観光行動を振り返り整理し評価する際に扱われる情報で，近年は電子メディア上で再構成された観光経験がインターネット，特に SNS（social networking service）を通じて広く人びとに発信され共有されている．類似する分類法として，観光者がその情報を取り扱う場面を空間的に分け発地情報と着地情報とに分類する方法もある．

情報の変化のしやすさの度合いによって静態情報と動態情報とに分類する方法もある．前者は比較的長期間にわたって変化しない，あるいは変化の少ない固定的な情報である．後者は時間とともにその内容が定期的，不定期的に変化する情報である．ICT（information and communication technology，情報通信技術）革命は，それ以前には困難であった動態情報の観光者への直接的，リアルタイムな提供を容易なものとした．

このほか，情報の構造によって点情報，線情報，面情報という分類もできる．点情報は観光資源や施設などの個別的な情報である．線情報は地点間の経路，移動手段，発着時刻，所要時間，料金など観光者の移動に関する情報である．面情報は地理的，目的別などの形で提示されるある特定の地域，エリアに関する情報を有機的に結合した情報である．

観光情報の提供主体 観光情報の提供主体は多種多様であるが，主なものをあげると次の通りである．第一にコンテンツプロバイダーである．情報提供をビジネスとする事業者が各種のメディアを用いて有料の情報を提供している．ICT 革命以前は新聞，雑誌，テレビなどのマスメディアによって情報提供がなされていたが，現在ではインターネットを含めさまざまなメディアが用いられている．

第二に観光を推進する公的機関である．自治体や観光協会などが観光客の誘致や来訪者の誘致のために情報を提供するものである．パンフレットやマップなどの印刷物で提供さ

れる情報や，観光案内所で対面・提示などの形で提供される情報などがある．扱われる情報は平等性，公平性が求められ網羅的な提示となり，評価がともなう情報は扱いづらい．

第三にサプライヤーである．交通，宿泊，観光施設など観光に関わるサービスを提供している事業者が集客のために情報を提供するものである．ICT 革命以降は観光者への直接的な情報提供が容易となっただけでなく，予約・決済の機能を提供することが可能になり，それと連動した情報提供も盛んである．

第四に旅行業である．観光者やサプライヤーを代理して観光に関するサービスの売買を行うに際して，また，パッケージツアーの販売を通じて，旅行業が情報を提供するものである．その情報には観光地やサプライヤーに対する評価も含まれる．

第五に個人である．観光者や消費者が家族や友人との直接的なコミュニケーション（"口コミ"）を通じて，またインターネットを通じて情報発信の主体となり，自身の観光経験に関わる情報を発信し共有するものである．

観光に関連するメディア　観光に関連するメディア（媒体）は主に紙媒体，電波媒体，ネット媒体がある．

紙媒体での観光情報の取扱いは，4.17 項で論じられているように近代ツーリズム成立以前から旅行記に類する形でみられ，また近代ツーリズムが成立しつつあった 19 世紀初頭にはガイドブックが登場しており，古くから存在するが，現代でも紙媒体は多く活用されている．観光情報を専門的に扱うガイドブックや旅行雑誌，観光推進機関やサプライヤーが発行するパンフレットやマップなどがあるほか，一般雑誌や新聞などで観光地やサプライヤーが記事として取り上げられることもある．観光地やサプライヤーに関わる広告，あるいは旅行会社が販売するパッケージツアーの販売広告が掲載されることもある．

電波媒体としてはテレビやラジオがあるが，そのなかで観光を取り扱う番組が放送される場合やコマーシャルだけでなく，放送された映像作品の舞台や撮影地が観光対象として注目を集めることもある．

ネット媒体はその速報性，双方向性，マルチメディア性といった旧来のメディアになかった特性から ICT 革命の中心となっているメディアである．これにより観光者が取り扱うことができる観光情報の量と質は飛躍的に向上し，モバイル通信環境の整備にともない時間も場所も問わずに情報へのアクセスが可能になった．サプライヤーや観光地にとっては観光情報を直接的に観光者に提供できるようになったほか，予約や決済に関わる機能も提供できるようになった．一方で人びとの観光情報へのアクセス手段が限られていた時代に観光情報の提供や予約・決済に関わる機能を強みとしていた旅行業の役割は相対的に低下した．

このほか「メディア」を広くとらえるならば，旅行展示会（一般の人びと向けの旅行に関わる展示会や関連業界向け商談会）やファムトリップ（観光地への誘客を目的とする関連業界向け視察旅行）などの場でも観光情報がやりとりされていると考えることができる．

メディアと「観光客のまなざし」　本項では観光情報を観光者が観光行動に関する準備・計画・実行・評価するうえで取り扱う情報とし，それを伝達する媒体をメディアとした．しかし観光とメディアの関係を論じるうえでは，メディアが「観光客のまなざし」を作り出しているという観光社会学における議論にも注目しておきたい．そこではメディアが表象する記号が訪問先の事物や空間の解釈を規定するとみる．

（大谷新太郎）

文献
谷口知司 2010「観光ビジネスとメディア戦略」谷口知司編『観光ビジネス論』ミネルヴァ書房，pp.95-113．
中村 哲 2010「観光と情報」前田 勇編著『現代観光総論』（改訂新版）学文社，pp.65-73．
Benckendorff, P. J., Sheldon, P. J. and Fesenmaier, D. R. 2014 *Tourism Information Technology*, CABI.

4.19 観光とインターネット

観光者とインターネット インターネットの登場と普及は社会の多方面に影響を与えたが，一般の人びとに与えた影響も数知れない．インターネットはそれがもつ速報性，双方向性，ダイレクト性といった特性から人びとに能動的な情報収集ツールとして利用されている．商品(サービス)の購入も一般化している．インターネットはその技術が標準化されておりその利用に求められるリテラシーが低く，誰でも容易に利用できる．しかも移動体通信技術や携帯端末の発達によりいわゆるユビキタス化が実現され，いつでもどこでも利用できる．しかしインターネットが社会にもたらしているもっとも大きな影響は，それが交流や自己表現の場ともなり人びとのコミュニケーションに変化を与えているということである．情報の受け手であった一般の人びとにとって情報の発信が容易となっただけでなく，多くの人びとが他の人びとに共有されることを前提とする情報発信を行うようになった．

人びとが観光に関連して扱う情報もインターネットにより大きく変化した．観光者は観光行動の事前の段階で，それまでマスメディアや旅行業を通して得ていた観光の実施そのものに関わる情報，行動の効率化に関わる情報，観光対象に関する知的関心を満たす情報などをインターネットを通じて得られるようになり，それらの情報量も飛躍的に大きくなった．1990年代後半におけるインターネット上でのサプライヤーによる直接販売やOTA (online travel agent, オンライン旅行取引事業者) の展開により観光に関わるサービスのネット上での予約や決済も容易になった．人びとはICTを通じて自らの手で好みの時点，場所で情報収集から手配まで効率的に行うことができるようになったのである．

しかしインターネットがもたらした最大の変化は，人びとが自身の観光体験や観光に関わるサービスの利用体験を発信し共有するようになったことである．発信・共有の対象は特定の相手であることもあれば不特定多数であることもあり，そこには後述する評価情報も含まれる．

すなわち観光地やサプライヤーなど観光産業側から人びとへの一方向であった情報の授受が双方向になったというだけでなく，水平的な関係を基盤とした相互作用がなされるようになったのである．自身が強く関心・興味をもつものの消費について能動的な情報探索を行うだけでなく積極的な情報発信をも行う層も広がりをみせ，観光分野においてもその影響力を増してきた．さらに近年のソーシャルメディアの台頭は，人と人とのつながりを容易にする仕掛けが設けられ，あらゆる層の人びとが観光をめぐる情報発信の主体となっている．その情報が共有されることで観光行動が誘発されるなど相互作用が生じている．観光情報の提供主体として個人の重要性が高まっているのである．

評価情報の共有 インターネットを通じて人びとが観光に関わる情報を共有するようになったことは，観光産業側が人びとに一方向に情報を提供していた時代には人びとが入手できなかった情報が扱われることにつながった．それは，観光地やサプライヤーに対する評価に関わる情報の共有である．インターネットの普及以前は，そういった評価情報の収集と提供は旅行業が強みとしていた．人びとからの投稿情報や調査に基づくいわゆるランキングを掲載するなど評価情報をコンテンツとするガイドブックや雑誌などの旧来メディアの例もみられたものの，一般の人びとが積極的に評価情報を発信し共有するようになったのはインターネット普及以降である．人びとはそれらを観光産業側から提供される情報よりも信頼性が高いと (実際にそうであるとは限らないが) 認識している．

人びとがインターネット上で評価情報を発信，共有するのは口コミサイト，Q&Aサイト，ブログ，SNS（social networking service）などである．一般の人びとがコンテンツを生成するこれらのメディアをCGM（consumer generated media，消費者生成メディア）といい，人びとが観光に関わる情報の収集や発信の手段としてこれらのサイトを利用することが定着している．例えばトリップアドバイザーなどの旅行口コミサイトにおいて，観光地やサプライヤーの訪問・利用経験とその評価が一般の人びとによって投稿され，それを多くの人びとが閲覧し自身の観光行動の参考にする．旅行・観光を専門的に扱うサイトのみならずQ&Aサイトでは観光に関わる質問と回答がなされ，ブログでは観光経験が語られているなど，各種のCGMで一般の人びとが生成する観光に関わるコンテンツが扱われている．宿泊予約サイトにおいて利用者が宿泊施設に対する評価情報を書き込み，他の利用者もその情報を閲覧できる機能が提供されている例が多いが，このようにOTAのサイトもCGMの性質を有しているといえる．

SNSと観光 CGMの一種であるSNSでも人びとが評価情報を含む観光に関わる情報を発信・共有している．SNSとは個人間の社会的なつながり（社会的ネットワーク）を基盤として利用者間の情報のやりとりがなされるインターネット上のサービスのことで，FacebookやTwitterがその代表例である．利用者は社会的ネットワークを明示し実名あるいはそれに近い形で情報を発信する（ただし実名性，匿名性の度合いはそれぞれのサービスや設定の仕方によって異なる）．そこでやりとりされる情報は社会的ネットワークにおいて共有されることを前提として発信されていることから，その情報の受け手は発信者に対する社会的ネットワークにおける信頼を基盤に情報を信頼する．

SNS上で人びとがやりとりする観光に関わる情報は，観光地やサプライヤーの訪問・利用経験とそれに対する評価である．それは文字，写真，動画により表現される．いままさに行っている観光行動についての情報のようにリアルタイム性を帯び時間軸を共有するようなフロー型の情報もあれば，後から観光行動を振り返り整理する情報のようにストック型の情報もある．フロー型の情報に特化するTwitter，インスタントメッセージングで大きなシェアをもつLINE，写真に特化するInstagramなどそれぞれのSNSの特徴により利用者の使い方に違いがあるものの，家族，友人，同窓，同郷，同僚，同好などの社会的ネットワークを基盤とする個人間のコミュニケーションにおいて，デジタルメディア上に再構成された観光経験が共有されている．

JTB総合研究所が2013年9月に行った「スマートフォンの利用と旅行消費に関する調査」によればスマートフォン利用者の42.0%がSNSやブログなどで自身の旅行経験を発信したことがあると回答し，20代では65.5%，30代では53.9%と年代が低いほどその割合が高くなっている．SNS上の情報でもっとも好まれるのは旅行中の写真で，そのなかでも男性は自然風景，名所旧跡，交通機関の写真を，女性は食べ物や食事風景，体験シーン，名産品，投稿者本人が写った記念写真とのことである．

多くの人びとがSNSで表現することを前提とした観光行動を行うようになっており，SNSで表現することが目的化し，自身の観光経験がSNSでどう評価されるかを意識して観光行動を行う人すら増えてきているのではないか．観光産業としてもこのような観光者側の変化をふまえたマーケティングが求められる． 　　　　　　　　　　　（大谷新太郎）

文　献
大谷新太郎 2013「ICT革命と観光産業」岡本伸之編著『よくわかる観光学1　観光経営学』朝倉書店，pp.52-63．
高橋一夫編 2011『観光のビジネスモデル』学芸出版社．

4.20 ICTと観光

観光産業におけるICTの利活用 ICT (information and communication technology, 情報通信技術) は現在の観光に大きな変化をもたらしているもののひとつであるが，観光とICTの関係はいまに始まったことではない．観光者とICTの関わりが活発になったのはインターネットの利用が広がった1990年代半ば以降であるが，観光産業はそれより以前からICTを利活用してきた．観光産業は各サプライヤーが提供する輸送，宿泊，飲食，体験などのサービスを単体で，あるいは組み合わせて消費者に提供しており，そこには予約や決済などそのサービスを利用する権利をめぐる取引に関わる情報の処理がともなう．観光産業は古くからそれをICTによって効率化させてきた．

その代表例は航空会社の予約システムを起源とするCRS (computer reservation system) である．アメリカン航空が1960年に導入した"Sabre"を嚆矢とするCRSはその運用と展開が航空会社の経営を左右するようになった．1970年代後半にはCRSが旅行会社と結ばれ航空会社が旅行会社を囲い込むようになり，他社に対する競争優位獲得のため戦略的に用いられた．やがてCRSはホテルやレンタカー，鉄道，船舶などさまざまなサプライヤーの予約も扱うようになり，旅行・観光業界全体を結びその流通を支えるようになったことからGDS (global distribution system) ともよばれるようになった．

人びとと直接的に結ばれる情報提供や流通チャネルをもたなかった航空会社は，規制緩和により運賃や路線が複雑になったため煩雑となった航空券販売に関わるさまざまな作業を代行し，また観光者への情報提供を行ってくれる旅行業への依存を高めた．また旅行業がパッケージツアーを造成し販売することで，観光需要が創出され送客が受けられることを期待した．このように旅行業はCRSによって航空会社の流通チャネルとして機能することになった．すなわち旅行業はICTの活用によりサプライヤーと観光者を結ぶ媒介としての存在意義を高めてきたのである．

CRS以外にも，鉄道会社の予約システムや，宿泊業界において予約や客室管理，会計，顧客管理などを扱うPMS (property management system) など，各サプライヤーにおいてICTが利活用されてきた．

サプライヤーによる直販 このように観光産業は古くからICTを利活用してきたが，それはあくまでも産業界のことであった．しかし一般の人びとが直接利用するインターネットの登場により，観光産業と観光者がICTにより結ばれるようになった．観光に関わる事業者にとっては，多くの人びとが直接利用するという前提で，しかも旧来のメディアよりも低コストで情報の発信や予約機能の提供を行えるようになった．

人びとと直接結ばれるようになったサプライヤーは，人びとに直接販売することで旅行業者に支払う販売手数料が不要となり，価格，販売数，販売時機などを主体的にコントロールできるようにもなった．自社が提供するサービスに関する情報を人びとに直接提供することも可能になった．

各サプライヤーは直販志向を強め，自社サイトを中心とする直接販売に注力している．例えば航空業界は2000年代半ばに旅行業に対する販売手数料の廃止を推し進め，直販を重視する方針に転じた．サイト利用者が入力した条件に対し空き状況に応じて交通や宿泊などを自動的に組み合わせて提示し販売するダイナミックパッケージのように，他のサプライヤーとの組み合わせを行い販売することも行われている．もとよりネットでの直販を前提としたビジネスモデルであるLCC (low cost carrier, 格安航空会社) も勢力を拡げ

ている．ICT 革命によってサプライヤーは旧来の旅行業を流通チャネルとして重視する必要がなくなったのである．

OTA の台頭 このように直販を志向するサプライヤーが旅行業を通さずに販売することが可能な環境が整ったのだが，実際には旧来の旅行業に代わる中間業者がネット上で強大な力を有するようになっている．それはExpedia，楽天トラベル，じゃらんなどのOTA（online travel agent，オンライン旅行取引事業者）である．サプライヤー，特に宿泊業者の多くが OTA を利用しているが，旧来の旅行業に比べ販売の自由度が高く手数料が低廉であることがサプライヤーからみた利用メリットであったはずが，大手 OTA での検索対象にならなければ顧客の選択肢に入ることができないことから OTA 側が力をもち，販売手数料の値上げ，アロットメント（一定の客室数を排他的に確保する），最低価格保証（サプライヤーの自社サイトや他サイトよりも低価格にする）など自社に有利な条件を提示する OTA の例がみられる．サプライヤーにとっては旅行業を排除した直販が可能になったはずだが，新たな中間業者が台頭するようになったにすぎず，そのコストは顧客の選択肢に入るためのコストや，予約機能や利用経験の閲覧機能の提供のためのコストとしてみても大きな負担になりつつある．

旧来の旅行業や OTA とは別の観点で注目したい流通構造の変化もある．大手旅行業 JTB は 2015 年に体験型商品などの現地でのアクティビティを販売するサイトを展開するアソビューへ出資するとともに着地型旅行商品の販売に関わる業務提携を行った．それまで着地型観光の考え方が提唱され，後押ししようとする法制度改正が行われるなどされてきたものの，流通体制の構築は不十分であった．しかしこの例は，移動，宿泊などの旅の基盤は大手旅行業や OTA，あるいはサプライヤーの自社サイトで，現地のアクティビティは専門サイトでと，役割分担がなされる可能性があることを示唆している．

観光産業と ICT のこれから 以上のように ICT は観光産業に取引・流通の効率化，サプライヤーの直販と OTA の台頭という流れをもたらした．観光産業と ICT をめぐって今後注目しておきたいことは，4.19 項で触れた SNS において人びとどうしがつながることを前提とするマーケティングに加え，ビッグデータとシェアエコノミーである．

観光庁は 2015 年度より「観光ビッグデータを活用した観光振興」を打ち出し，携帯端末の位置情報を収集して行う流動分析，SNS 上の投稿を収集して行う意識分析，携帯電話基地局のローミング情報を収集して行う地域特性分析などで訪日外国人の観光動態調査を展開しようとしている．また，ネット上での人びととの情報収集・予約の操作記録，ネット上や現場での決済記録などのビッグデータを活用するマーケティングが観光産業においても本格化していくものと思われる．

シェアリングエコノミー（共有型経済）とは，ソーシャルメディアでつながる人びとによるモノやサービスの共有を基盤とする経済である．さまざまな共有型ビジネスが登場しているが，宿泊や移動に関わるものも登場しており，例えば Airbnb は部屋を短期間貸し借りしたい人どうしを，Uber は車で移動したい人と車で人を運ぶことができる人とを，それぞれマッチングするサービスであり，これらは観光産業にも影響を与えることが予想される．法制度との関係，あるいは文化・慣習との関係でこれらが日本でどのような展開をみせるか未知数ではあるが，観光産業として注目しておく必要がある．　　　（大谷新太郎）

文　献
井手　明 2014「情報学の視点」大橋昭一・橋下和也・遠藤英樹・神田孝治編『観光学ガイドブック』ナカニシヤ出版，pp.64-69．
大谷新太郎 2013「IT 革命と旅行業」日本観光協会編『観光実務ハンドブック』丸善，pp.514-518．

5 観光計画

　観光振興においては，観光目的地のみならず宿泊，交通，情報など総合的な視点からの計画策定とそれにともなう実現化が求められる．観光総合計画に則り，松江は，まち歩き観光を推進している．それを可能にしているのが港やバス停での乗り降り自由な堀川めぐりの舟と，レイクラインの周遊バスの運行である．主要な観光目的地をめぐる公共交通機関の整備によるまち歩き観光の推進は，パークアンドライドを促進させるとともに，渋滞の緩和，商店街の活性化などに貢献している．

　この第5章では観光そのものはもちろん，観光地としての展開に関わる計画について，その歴史を含めて考える．

写真：塩見縄手の武家屋敷前の堀川めぐりの舟とレイクラインの周遊バス．堀川めぐりは都市の自然環境など新たな観光魅力の発掘，レイクラインは低利用観光目的地への来訪促進などにもつながっている．（撮影：古賀　学）

右上：定置網漁体験（長崎県平戸市）［関連項目：5.16 農林漁業と観光振興］
中：観光資源評価で特A級のお別れのショー（小笠原）［関連項目：5.9 観光資源の評価］
左下：景観を配慮して整備された層雲峡の町並み［関連項目：5.20 観光景観計画］
右下：獅子島のレンタル電気自動車（鹿児島県長島町）［関連項目：5.21 観光交通計画］（撮影：すべて古賀 学）

第5章 観光計画　219

上：日本初の重要伝統的建造物群保存地区の妻籠宿［関連項目：5.13 町並み保存と観光振興］
左中：世界自然遺産の知床半島（北海道）［関連項目：5.14 自然地の観光振興］
右中：昔の衣装で熊野古道を歩く（和歌山県）［関連項目：5.22 観光ルート・コース計画］
下：三陸復興国立公園・浄土ヶ浜（岩手県宮古市）［関連項目：5.11 名所・史跡と観光振興］
（撮影：すべて古賀　学）

5.1 観光計画の変遷

第二次世界大戦後の復興期における観光計画の始動　終戦直後の1946年から1963年頃にはすでにさまざまな形で観光計画が始動している．「国際観光ホテル整備法」（1949年），「旅行あっ旋業法」（1952年），「自然公園法」（1962年）などの法整備もなされ，1962年10月，「全国総合開発計画（全総）」が閣議決定された．法定計画でははじめて「観光開発の方向」という観光に関する独立した章が設けられ，観光開発の将来の方向性などが記述された．同年，観光基本法が制定された．

1953年には全国観光連盟により「伊豆半島観光開発計画」が策定されており，外貨獲得における国際観光推進の役割の重要性が述べられている．全日本観光連盟（現日本観光振興協会）は，1946年発足と同時に観光計画を実施し，観光事業相談所を開設して観光に関する無料相談を行う．1956年，同連盟にて「観光診断」の受託などが始まる．観光診断の名称は，高橋進により経営診断からとって名づけられた．1957年，茨城県全県診断の実施をきっかけとして，全県，ブロック，市町村単位での実施が全国的に広がり普及した．多くは大学の観光系教員を中心として行われた．1963年，観光計画を中心としたコンサルタントとしてスペースコンサルタンツが設立された．

観光・レクリエーション施設整備と観光計画　1964年から1975年頃に観光的土地利用区分やそれにともなう施設整備などの整備計画が実施された．

1963年，日本交通公社が旅行営業部門を株式会社化して独立させ，旅行，観光に関する調査，研究，計画策定の専門機関に移行した．

1964年，総理府総務省より第1回観光白書が発刊され，1965年には第1回観光週間が制定された．1969年，新全国総合開発計画（新全総）において大規模開発プロジェクト方式が打ち出され，高速道路や高速幹線鉄道の整備が進められた．それにともない自動車旅行などレジャーの大衆化が一気に進展し，遊園地，スキー場，ゴルフ場などの大型レジャー施設などの整備が進んだ．観光計画においても，それら観光レクリエーション施設などの整備計画を中心にその計画手法が策定された．

運輸省は，1973年度に大規模観光レクリエーション地区の整備，建設省はレクリエーション都市整備要綱（1970年12月10日建設省決定）などの政策を立ち上げる．

観光計画の基礎研究を促進させた大きな要因のひとつとして，日本船舶振興会（現日本財団）の補助金制度の改定がある．1962年，モーターボート競走法の一部改正にともない，同法の振興対策事業に新たに「観光」が追加された．この法改正に基づく補助金が日本観光協会へ交付され，観光計画に関するさまざまな調査，研究が行われるようになる．また，1969年ラック計画研究所，ジュピオ，1973年ジェド日本環境ダイナミックス，観光都市計画事務所など観光系コンサルタントが多く設立され，観光計画の実施が大学からコンサルタントへと移り変わってきた．

この時期，観光計画に関連する書籍も多く出され，日本観光協会では，1969年には『観光開発計画の手法』，1971年には運輸省より『観光・レクリエーション・エリアの計画手法と適用』，1975年にはラック計画研究所により『観光・レクリエーション計画の手法』などがまとめられた．

また，その後の観光計画の基礎となった調査研究が，ひとつは日本観光協会が1972年から2年かけて行った計画の原単位などをまとめた「観光レクリエーション地区と観光施設の基準に関する調査研究」である．もうひとつが1972年から2年をかけて建設省が高

速交通体系の整備にあたり全国の観光資源観光地の分布および評価について調査した「観光交通資源調査」である．この調査をもとに日本交通公社により4段階（特A級，A級，B級，C級）に評価された「全国観光資源台帳」が作成され現在も活用されている．

事例を中心とした観光計画の策定　1976年頃から各地で観光振興が進み観光地の浮き沈みも明確になり，それら各地の事例を参考にして計画策定をすることが多くなってくる．また，地域おこしの隆盛の影響もあり，観光開発や観光計画の代わりに地域主導としての性格を強くもつ観光地づくりという言葉が多く使われるようになった．観光地管理計画なども重視されるようになる．1976年策定の『観光開発計画の手法』も『観光計画の手法』として改訂された．

地域主導の観光計画　1987年頃からは，1987年，総合保養地域整備法（通称リゾート法）が施行され各地でリゾート計画がなされたがそのほとんどが実施にはいたらなかった．

地域主導型として体験型観光の計画が主流となり，綜合ユニコムが1994年『地域おこし型文化・観光施設整備計画・実態調査資料集』を体験型という視点からテーマ別計画論としてまとめている．

観光地域づくりとしての計画策定　2003年ビジット・ジャパン・キャンペーンが開始される．2007年1月に観光立国推進基本法が施行，同年観光立国基本計画が制定され，2008年に観光庁が発足する．

2007年には第3種旅行業の業務範囲拡大によりニューツーリズムなどの地域主導の着地型旅行商品造成が主体の観光振興となり，ハード整備の観光計画が影を潜めてきた．

観光計画の名称も観光まちづくり，観光地域づくりが主流となってくる．2000年，国土交通省による観光まちづくり研究会にて「観光まちづくりガイドブック」が策定される．

観光振興が地域主体となるとともに地域で観光振興での立役者が他地域での実践的プランナーとして活動するようになる．2002年から3年かけて認定された観光カリスマはその代表的な実践者といえよう．

観光計画手法の変遷　戦後からの観光計画の手法はその特徴的から大きく四つの段階に分けられる（筆者分類）．

①診断型観光計画　戦後間もなく行われ，当時の主流となった現地調査を基本として行われた観光計画．観光診断とは現地調査のことを意味していた．現在では名称としてはほとんど使われなくなっているが，机上の資料や社会分析からの計画策定に陥りやすい今日の観光計画策定においては，現地調査を基本とする手法について改めて見直す必要がある．

②演繹型観光計画　1964年頃から観光計画に関連する基礎調査などが多く行われ，それをもとに行われた観光計画．その当時は観光レクリエーション施設整備などのハードの計画が主流であり，演繹的な方法が必須でもあった．

③帰納型観光計画　1975年頃から主として各地の観光振興の事例をもとに策定された観光計画．多くの行政による観光計画には各地の事例が盛り込まれた．国や日本観光振興協会などより事例や事例に基づく計画論なども出されている．

④代替型観光計画　1998年頃から主として観光を手段として用い他の産業などの振興を図ることを目的とした観光計画．ニューツーリズムなど観光市場の多様化，地域主導による観光振興に対応した計画であり，観光による地域づくりを意味する「観光地域づくり」も同意義といえる．　　　（古賀　学）

文　献
梅川智也編著 2018『観光計画論1 理論と実践』（観光学全集第7巻）原書房．
古賀　学 2017「戦後の観光計画の手法の時系列分類に関する考察」松蔭大学紀要，**22**：39-49．

5.2 観光調査・計画の種類

観光調査とは 観光に関連する調査の総称で,「観光振興を進める主体が, 観光施策を有効・適切に行うために必要な情報を収集し, 分析することを目的として行うもの」(阿比留 2008) であるという. つまり, 観光調査は地域や団体, 企業などが観光振興を図るうえで展開する各種観光施策の根拠となるものであり, 各施策の効果を計れるものでもある.

観光調査の種類 現代において, 観光振興を進める主体が行っている観光調査は「資源調査」「来訪者調査」「入り込み客数調査」「位置情報ビッグデータ分析調査」「認知度およびイメージ調査(インターネット調査)」「事業者調査」「住民意識調査」と大きく七つに分けられる.

資源調査は, ある地域やエリア内に観光客を呼び込むことができる素材にどのようなものがあるかを調査し整理するものである. 調査にあたっては, 来訪者の動向やニーズに照らし合わせ, 従来の資源以外に潜在需要の大きい資源の発掘も重要となってくる. また, 従来は神社・仏閣や自然景勝などが主な観光資源ではあったが, 現在は地域ならではの食材や飲食, 地域に由来する物語や縁のある人物も観光資源として位置づけられている.

来訪者調査は, ある地域やエリア, 観光資源などに訪れる来訪者に対し, 来訪目的, 宿泊の有無, 利用した宿泊施設の種類, 宿泊数, 同行者, 訪問回数, 訪問地点, 消費額, 満足度, 再来訪意向などの観光行動特性を調べるものである. この調査は観光地のマーケティングの土台として多く活用される.

入り込み客数調査は, 地域内, またはエリア内などの観光関連施設, さらには資源などに対し, そこへの来訪者数を調査するものである. そして, 調査した対象への来訪者数を積み上げることで「観光地点入り込み客数(延べ人数)」を知ることができる. さらに, 上記の来訪者調査から訪問地点数などを用いて「観光入り込み客数(実人数)」を推計することができる.

位置情報ビッグデータ分析調査は, より客観的かつ正確に来訪者の動向を把握できるということで, 国だけではなく多くの自治体で活用されている. 本調査では, ある地域やエリアなどへの来訪者はどこからきているのか, どのように周遊しているのか, また, 特定の地点の時間ごとの滞在人数などを把握できる.

認知度およびイメージ調査はインターネット調査で行われるケースが多く, モニターに対し, ある地域やエリア, 施設などの観光対象に対する認知度や観光対象に対するイメージなどを詳細に把握し, 地域のプロモーションのあり方などを明らかにするため行う調査である.

事業者調査は大きく2種類あり, 一つ目は観光客の消費額による経済波及効果を算出するうえで用いる取引基本法を作成するために行うものである. 本調査の主な項目としては売上高, 従業員数, 地域内調達率, 地域内販売率などがある. 二つ目は地域の事業者として, 観光客に対する意識を調査するものである. この調査では観光客の増加による地域への効果を肯定的あるいは否定的にとらえているかを把握し, 地域が一体となり観光振興を進めるための基礎資料となる.

住民意識調査は, 地域住民に対し, 住民の地域に対する愛着や住民としての観光活動に対する満足度などを調査するものである. 近年の観光においては, 人口減少などの影響により観光交流人口も減っていくことが懸念されているなか, 地域外からの観光客だけでなく, 地域内の観光活動も非常に重要となってきているためである. また, 事業者意識調査と同様, 地域外からの観光客に対する意識を把握するもので, 地域が一体となり観光振興を進めるにあたり, 地域住民の観光客に対す

る意識によって地域としてのホスピタリティに大きく影響するものである．

公的観光調査および統計　公的な観光調査および統計には観光庁が実施・監修している以下に述べる5種類の統計がある．

①旅行・観光消費動向調査（一般統計）は国内旅行の消費額や国民の宿泊旅行回数などについて調査するものであり，本調査をもとに国内観光による日本における生産波及効果などを算出している．

②宿泊旅行統計調査（一般統計）は全国の宿泊施設を対象に宿泊者数などを調査するもので，地域別の延べ・実宿泊者数，定員・客室稼働率などについて四半期ごとに調査し発表している．

③訪日外国人消費動向調査（一般統計）は全国の主要18空海港で行われ，訪日外国人が日本で行った観光行動や観光消費額（交通費,宿泊費等）などについて調査するもので，国籍別，四半期別，地域別に発表している．

④都道府県観光入込客統計は観光入り込み客数を把握する統計手法「観光入込客統計に関する共通基準（観光庁）」をもとに2010年度から都道府県で調査実施するものである．

⑤観光地域経済調査（一般統計）は観光産業の実態や，観光が地域経済に及ぼす効果などを明らかにするため，観光産業の基本構造（事業者数，売上げ規模，雇用・就労状況など）を把握するための調査である．

観光計画の種類　観光計画はさまざまな観光需要に対し，どのように対応するか，どのように潜在需要を掘り起こし，観光による地域振興を図るかを計画するものである．観光計画の種類としては，地域全体を対象とする「観光地域計画」や特定の施設を対象とする「観光施設計画」をはじめとして，観光素材を具体的に活用する計画として，観光景観計画，リゾート計画，観光交通計画，観光情報計画など多岐にわたる．

観光地域計画は5年や10年などの計画期限があり，その年次までの達成すべき目標を定め，その目標を達成するためのさまざまな対策を具体的に示していくのが主な柱である．その目標の設定において，従来は来訪者数を伸ばすことという量的な視点が重点目標ではあったが，近年では，人口減少の影響などにより観光旅行人口も減少しており，量的な視点に加え，来訪者の消費単価を伸ばすという質的な視点も重視されるようになった．

図1,2が示すように来訪者数が減っていっても消費額単価を上げれば，現状維持あるいはそれ以上の効果を生むことになる．

したがって，近年の観光計画では実現可能性の高い量的目標と各種計画による，より充実した質的目標を総合的に考えていく必要がある．　　　　　　　　　　　　（全　相鎮）

文献
阿比留勝利　2008「観光調査」日本観光協会編『観光実務ハンドブック』丸善，pp.423-425.
前田　豪　2008「観光計画」日本観光協会編『観光実務ハンドブック』丸善，pp.333-338.

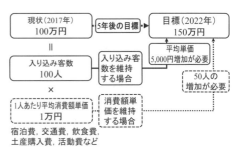

図1　観光客による直接効果＝地域への入り込み客数×1人あたりの消費額単価

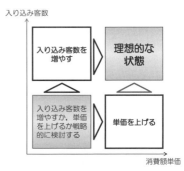

図2　理想的な目標設定

5.3 観光調査・計画の手順

観光計画の分類　観光調査や観光計画といっても，その内容は多様である．例えば観光計画の精度は，大きく構想計画→基本計画→実施計画（アクション・プラン）に分けられる．また，対象地域では，全国計画から施設計画までさまざまな段階がある．ここでは，市町村の基本計画レベルの観光計画と，そのための調査の手順について述べることとする．

計画策定にあたっての考え方　「計画」は，英語でいえば「プラン（plan）」と「プランニング（planning）」という二つの意味をもっている．プランは，ある目的や実現しようとする成果と，それを達成するために必要かつ最適だとして選択された手段や方法，手順などをまとめたもの（結果）であり，プランニングとは，その結果を導くまでの，一定の価値観や規範に基づく，"考えられる手段や方法の選択"を決定する過程といわれる（鈴木・渡辺 1984）．

計画を策定する際に大切なことは，それが一種の"論理体系"になっているということで，それは読む人＝計画を実行する担い手（実行者）に計画の内容を理解して効果を信じ，その内容を実現させたいと思うようにさせるということである．

計画の内容を実行することは，放っておけばなるようになる状態を，計画者の意図するような状態に向けて変えていくことである（清水 1966）．すなわち，計画者は計画が目的とする最終的な姿を"（より）望ましい姿"としてとらえ，そうした状態にしようとする意図をもって計画を策定する．そして，実行者に，計画者の意図や計画の内容を十分に理解して"賛同"してもらわなくてはならない．しかし，そうした計画の実行者にはいろいろな立場の人びとがいる．地域における観光計画の場合は，地域の住民にまでその役割が期待される．

計画の要素　このような論理体系という考え方に基づいていえば，計画には次の要素が必要といえる．

①計画課題：どのような課題があるのか
②現状分析：計画対象の内部およびそれを取り巻く環境をどのようにとらえるか
③基本理念：どのような考え方を基本にするか
④計画目標：どのような目的や目標を実現しようとするのか（将来どのような姿にするのか，具体的に何を実現させるのか）
⑤施策体系：そのためにどのような手段や方法を選択するのか
⑥効果の予測：その手段や方法を実施することによってどのような成果が生じると予測されるのか

そして計画は，こうした要素からなる各段階（ステージ）をまとめた体系となっている必要がある．

プランを策定する過程としてのプランニングも，こうした体系に沿って進められることになる．その場合，各ステージごとに各種の調査が必要となる．例えば，課題を発見するためには対象地域の現状や問題が生じてきた背景を明らかにするための調査が必要である．また，手段や方法の提案のためには，他の地域での類似事例や，関連する法律や補助・助成制度などの調査が重要になる．計画の要素ごとのプランニングにおける視点は以下の通りである．

①計画課題　課題としては，解決しようとする問題点や，計画において明らかにすべきこと，およびその前提条件が示される．ただし，計画策定に着手する段階で，課題は必ずしも理路整然として明らかになるとは限らない．また，計画づくりはさまざまな角度からの検討が必要とされ，相反する価値観をもっている人びとが関係するなかで進められることも多く，計画者はあらためて目的との

整合性をチェックすることも必要である．

②現状分析　このための調査は，対象地域の内部条件の調査とそれを取り巻く環境条件の調査に大別することができる．

計画対象地域の内部条件については，観光対象（観光資源や観光施設など）や観光利用動向（市場・競合条件などを含む）といった，直接観光に関係する条件だけではなく，「自然・地理的条件」「社会・経済条件」「政策条件（上位計画など）」「住民の意向」など，総合的な調査が必要である．この調査の方法としては，計画対象地に関するさまざまな文献や資料の収集・分析，現地の視察やヒアリングのほかに，来訪者（観光客など）や一般住民を含めた対象地内外の人びとに対するアンケートを行うこともある．この場合，将来の担い手としての子どもたちを対象としたアンケートも行われている．

もう一方の対象地域を取り巻く環境については，「観光・レクリエーションニーズの動向」だけではなく，「社会・地域動向（広域交通条件などを含む）」の把握も必要である．すなわち，観光は政治，経済をはじめ，社会全体の動きに大きく影響される．したがって，計画の内容を実現させる最終年（目標年）において，計画対象地域を取り巻く社会全体の姿がどうなっているかという予測も必要となる．

③基本理念　どのような価値観に基づいて計画が策定されているかを示すもので，基本的なテーマや方針などを表す．

④計画目標　課題を解消するために目標年までに達成すべきことの内容など，計画においてねらうべき効果の質，量を示す．

⑤施策体系　具体的な施策の内容や方法を示すもので，ハード面の施策（施設整備）とソフト面の施策（イベントや事業の仕組み方など）を表す．また，それらの事業を誰が，（資金調達方法なども含めて）どのように，どのようなスケジュールで進めるかを明らかにする．施設整備の場合は，整備後の管理運営をどう進めるかを示すことも含まれる．

⑥効果の予測　その計画を実施した場合にもたらされると予測される成果をまとめる．施設レベルの計画では事業化可能性調査（feasibility study）として示されることが多いが，観光はさまざまな社会現象（政治や経済の動向や事件，事故など）や自然現象（災害など）に大きく影響されることなどから，観光計画では示されないことも多い．

これに関連していえば，計画（プラン）は策定して終了するというものではない．計画の進捗状況にあわせて，状況の変化などに応じた施策の修正や補足などを行う計画管理が重要になる．

「よい計画」を策定するために必要なこと
計画策定の手順を知っているということだけでは，「よい計画」を策定することはできない．また，論理的に思考を重ねていても，課題を解決するためのよいアイディアが生み出せるとは限らない．しかし，単なる「思いつき」レベルでは実現性のある方策にはならない．すなわち，実行者に対する説得力をもちえない．その「思いつき」や「アイディア」による提案が効果を生むうえで有効である，という根拠を明らかにしなくてはならない．

このように，「作業の順序」は「発想の順序」であるとは限らない．結論としての内容をはじめのうちにある程度想定しておき，その想定に向かうように各段階の内容や，それを選択する理由づけを行うという方法もある．

いずれにしても，計画を策定するためには，多分野にわたる広範囲な知識と観光におけるしっかりした理念や価値観をもつことが必要であり，常にさまざまな情報の収集や多くの実践活動により自身の見識，すなわち知見を磨くことが必要といえる．　　　〔捧　富雄〕

文　献
清水幾太郎　1966『現代思想　下』岩波書店．
鈴木忠義・渡辺貴介　1984「観光地計画」鈴木忠義編『現代観光論［新版］』pp.221-252，有斐閣．

5.4 観光需要予測

観光需要予測の目的と意義　需要予測は目的によって多岐にわたるが，以下では観光地域計画の需要予測について述べる．

観光地域計画のための需要予測は，①計画地域に関わる将来の観光市場性（潜在需要）の把握，②振興目標，基本方針をふまえた施策および計画の総合評価となる需要量（顕在需要）の推計を主たる目的とする（日本観光協会 1976～78）．その意義は，計画目標，基本方針に基づくハード，ソフトの受入れ体制の整備および観光地域経営の評価に量的な知見を与え，計画の実現性と実効性を高めるところにある．

需要予測の方法　観光需要の量的予測には統計的方法をはじめ OR 的方法，類似事例による比較類推法など多様であるが，ここでは，通常用いられる次の

①時系列モデル
②重力（グラビティ）モデル
③要因分析モデル

の統計的予測モデルを中心に述べる（日本観光協会 1976）．

①**時系列モデル**　計画対象地域に関して観光入り込み客や利用者数など時系列の実績データがある場合，それらを時間軸に沿って並べると特徴的な変動（傾向変動，周期変動など）を示すことが少なくない．

このモデルは時系列の統計量の変動傾向を景気や立地変動要因などを加味してとらえ，傾向線を推定して予測値を求める方法で，時系列モデルといわれる．

下記の i は直線モデル，ii は二次曲線モデル，iii は複利モデルといわれる．ここに記述していないが，このほか成長曲線モデルなどがある．

i) $Y = at + b$
ii) $Y = at^2 + bt + c$
iii) $Y = A(1 + r)^t$

ここで，Y は年間需要量，t は基準年次からの経過年数，A は基準年の需要量，a, b, c, r は定数である．

〈モデルの特徴〉

時系列モデルは，将来も社会経済環境や地域環境が現状と大きな変化がないことを前提としているので主に短期予測や立地変動が少ない場合に用いられる．

またこのモデルでは，他の観光地域との競合関係を説明できない．それを補完するために，競合関係にある観光地域個別の観光入り込み客数予測，それらを含む観光圏の総需要量予測を含めて予測値の妥当性を判断し，適宜修正する．

②**重力（グラビティ）モデル**　重力モデルはニュートンの万有引力の法則の概念を観光分野に適用したものである．この法則では，二つの物体に働く引力 F_{ij} はそれぞれの質量 M_i, M_j の積に比例し，距離 D_{ij} の 2 乗に反比例するとされる．この引力と距離の関係を地域間に適用したのが重力モデルである．

観光関連地域間に対応させて説明すると，観光地域（着地）に対する発地からの観光入り込み量を発地の人口や発生需要量，観光地域の魅力，観光地域までの距離で定式化するもので，基本型は $Y = \alpha D_{ij}^{\beta}$（$\alpha$, β は定数，D_{ij} は発地 i と着地 j 間の距離）と表される．ここで Y は発地から着地への誘致率を示すため，V_{ij} を発地 i から着地 j への観光入り込み客数，P_i を発地 i の人口，V_i を発地 i の観光発生量とすると，$Y = V_{ij}/P_i$（または V_{ij}/V_i）となる．これから次のように定式化できる．定数を決めて予測時点の D_{ij} と P_i（または V_i）を推計すれば予測値が求められる（ラック計画研究所 1975）．

$$V_{ij} = \alpha D_{ij}^{\beta} \cdot P_i \text{（または } \alpha D_{ij}^{\beta} \cdot V_i\text{）}$$

〈モデルの特徴〉

重力モデル $Y = \alpha D_{ij}^{\beta}$ を対数変換すると，$\ln Y = \ln \alpha + \beta \ln D_{ij}$ となる．$\ln Y$ を y, $\ln \alpha$

を a, $\ln D_{ij}$ を D とおけば，対数式は一次関数式の $y = a + \beta D$ として扱える．

このモデルは短期，広域への観光入り込み予測に向いているとされるが，発地別入り込みデータがないと適用できないし，単発予測では他の観光地域との競合関係が説明できない．また当該観光地域，類似観光地域の関連データ収集，資料化などで手間がかかる．

③要因分析モデル（重回帰分析または数量化理論Ⅰ類モデル）　観光入り込み量に影響を与えそうな要因を説明変数として取り込み，その現象を定式化して定数を決定，要因の将来値を求めて入り込み量を予測するモデルである．

Y を対象地域への観光入り込み量，X_n を要因（説明変数），a_n を定数とすると，次のように定式化できる．なお要因は相互に独立的であることが原則である．

$$Y = a_0 + a_1 X_1 + a_2 X_2 + \cdots + a_n X_n$$

仮に，観光地域への入り込み客数を Y，要因を観光魅力と観光誘致圏人口とすると，次のように定式化できる．

観光地域の入り込み客数 $(Y) = a_0 + a_1$
　　　　× 観光魅力 $(X_1) + a_2$ × 誘致圏人口 (X_2)

〈モデルの特徴〉

上式を例とすると，これを解くには，計画対象地域の立地を考慮して，類似観光地域の入り込み客数，観光魅力，誘致圏人口の実績データを数多く収集し，定数を決める．次に予測時点における観光魅力，誘致圏人口を独立的に推計して予測値を求める．ただ，それらの作業にはかなりの手間がかかる．

またこのモデルも②同様に競合が説明できず，コントロール・トータルによる推計結果の修正を要する．

観光需要予測の参考例　目的地群と需要発生地群との観光OD（オリジン・デスティネーション）データを使って主に都道府県の観光発生・分布量を予測した代表的な調査として，1975〜77年度の日本観光協会の「観光の需要予測Ⅰ〜Ⅲ」，1987〜88年度の「観光需要の将来動向予測Ⅰ, Ⅱ」，1978〜82年度の本州四国連絡橋公団・日本観光協会の「本州四国連絡橋調査—本四架橋の観光レクリエーション需要に与える影響調査—」などがある．

「観光需要の将来動向予測Ⅰ, Ⅱ」では，都道府県別・活動別発生量，都道府県際活動別分布量（県際OD）が推計されており，基礎データには全国旅行動態調査（総理府），観光の実態と志向（日本観光協会）が使用されている．

この調査では，観光発生原単位予測に要因分析モデル（数量化理論Ⅰ類モデル），都道府県際分布量予測に重力モデルが採用された．「観光等」の分布量予測では，活動別誘致力として日帰りでは日本交通公社の観光資源全国評価別得点が援用され，宿泊では都道府県別宿泊収容力（厚生省）が使用されている．

需要予測作業の進め方と留意点　観光需要の予測には計画内容を読み込まない需要環境の予測と，計画内容を加味した予測がある．

また予測を実施する場合，予測の目的と精度，時間，費用なども考慮して予測方法を決めることになるが，ねらいを見定めて方法的な構えを固めることが肝要である．

そのうえで，特に後者の場合，予測手法を複数採用し，代替案の検討を行うのが好ましい．結果の判断には類似地域の事後評価などが参考となる．これらを精査することが望まれる．　　　　　　　　　　　　　　（阿比留勝利）

文　献
日本観光協会 1976〜78『観光の需要予測Ⅰ〜Ⅲ』pp.7-9.
日本観光協会 1976『観光計画の手法』p.54.
日本観光協会 1987〜88『観光需要の将来動向予測Ⅰ, Ⅱ』
本州四国連絡橋公団・日本観光協会 1983「本州四国連絡橋調査報告書(3)—本四架橋の観光レクリエーション需要に与える影響調査—」
ラック計画研究所 1975『観光・レクリエーション計画論』技報堂，pp.99-100.

5.5 観光マーケティング

マーケティングとは マーケティングとは企業が市場と関わるあり方とされる.それは20世紀に入って米国で研究が始まり,日本では日本生産性本部のアメリカ視察団報告(1955年)で導入機運が高まった.ちなみに1940年代に米国マーケティング協会(AMA)がはじめてマーケティングを定義した.それは,初期の大量生産時代を反映した製品やサービスを生産者から消費者に流通させるための企業経営活動のあり方と理解される.以降,社会変化のなかで消費需要が成熟化し,その定義やあり方も顧客志向,社会志向(社会的責任など)に変容している(和田ほか2004).

観光マーケティングとは 観光マーケティングとは企業マーケティングの観光への応用で,企業,観光地などが顧客志向を前提に,旅行市場の維持,創造のために行う経営戦略の展開である.そこでは標的観光顧客を満足させる商品(product),求める価値に値する価格(price),旅行商品などが求めやすい情報・流通経路(place),PR,広告宣伝など有効な販売促進活動(promotion)によるマーケティング・ミックス戦略(4P戦略)が立てられ,PDCAサイクル(計画,実行,評価,改善)で実践される.

上記戦略展開のための観光市場関連の調査を観光マーケティング調査という.

発地点調査と着地点調査 観光マーケティング調査には発地点(居住地),着地点(観光地)の調査がある.前者では主に発生需要の量的側面(観光参加率,参加回数,旅行費用など)と質的側面(志向,行動,目的地,希望など)を分析する.後者では地域資源分析とともに,観光入り込み客調査や統計などから来訪客の特性(客層,ニーズ,活動,満足度,顧客化適正など)を地域魅力と対応させて分析する.

特に着地点調査では,「商品としての観光地」の特性に留意する.それは観光地が地域立地で自然,暮らし(場,活動,所産)などを資源とするため商品見本や試用ができないこと,季節による資源価値の変動,距離による費用差,複合経営体の不統一性などがマーケティングの遂行に関わるからである.

観光地マーケティング調査の枠組みと観光誘致圏分析 発地調査を加えた地域発の観光立地分析調査の体系を広義の観光地マーケティング調査の枠組みとして概要を説明する.この枠組みは総合的な市場戦略を引き出す役割をもつ.

①観光資源調査:a.地域特性分析(自然,人口,産業,生活,文化など),b.観光資源分析(自然,人文,複合)

②観光市場調査:a.観光需要動向分析,b.観光市場構造分析,c.立地変動要因分析

③観光受け入れ調査:a.観光施設分析(観光,宿泊施設など),b.観光地経営分析(地域主体の動向,観光地経営方式など)

④観光利用調査:a.観光入り込み客分析,b.地域波及効果分析(経済効果,社会効果)

次に,観光地マーケティング調査の要である②観光市場調査とその中核となる観光誘致圏分析の考え方を説明する.

②のa.観光需要動向分析では,観光地を取り巻く社会経済環境の動向と観光需給への影響,観光潮流の変化などを世界的視野で分析し,今後の当該地の課題を摘出する.

b.観光市場構造分析では,④のa.観光入り込み客分析の発地別データから観光誘致圏を設定する.次に当該地の市場構造(発地,行動圏,競合地など),誘致圏内潜在需要の動向と今後の課題を摘出する(詳細は後述).

c.立地変動要因分析では,当該地に関わる上位・関連計画(国,自治体など)および当該地に影響が予想される観光施設開発などについて観光需給への影響と課題を分析する.

観光誘致圏分析の進め方 観光誘致圏とは当該地に観光者が来訪する可能性のある範囲である．観光誘致圏分析とは，それを使って観光市場，競合地分析などを行う手法で，需要予測にも使える．概要は図に示す．

分析手順は，以下のとおりである．

①発地別観光入り込み客数から日帰り，宿泊別に観光客の来訪圏域を把握する．さらに到達時間距離，泊数などから将来の日帰り圏，1泊圏などを推定する．

②前述の①をふまえて観光誘致圏内潜在発生需要量を推計する．それは現状と将来の誘致圏内人口と観光発生原単位（1人あたり年間日帰り旅行回数，宿泊旅行回数など）から求められる．

③標的客層の探索などを含め，誘致圏内潜在需要の観光志向や特性を資料，実査，アンケートなどで分析する．

④誘致圏との関連で競合圏を設定し，主な発地からの競合地・補完地を検索，その魅力，観光ルート，観光地経営，入り込み状況，将来計画などの比較から当該地の強み，弱みや競争力強化の課題を分析する（阿比留 2008）．

観光地マーケティング戦略展開の必要性と視点 国土交通省は2014年に「2050年の国土形成ビジョン～対流促進型国土の形成～」を発表し，グローバル化，人口減少社会化に対する国土構想を提唱した．地域連携も含めて新たな次元で観光，交流への期待がうかがえる．観光面でもインバウンドを含めて地域主導の体験旅行や着地型観光圏の整備などが動いている．しかし，観光志向が地域生活とのふれあいに変化しているわりには来訪者と住民の結びつきは強くない．

その意味で，まちづくりと標的観光顧客の接合を維持，創造する観光地マーケティングの強化，さらに地域マネジメント機能も含めて，持続的活性化と競争力を再生産する地域ぐるみの観光地経営組織（DMO：destination marketing organization）の整備と人材育成が期待される（岡田 2014）．

（阿比留勝利）

文 献

阿比留勝利 2008「観光市場構造の分析」日本観光協会編『観光実務ハンドブック』丸善，pp.450-454．

岡田豊一 2014「ツーリズム・デスティネーション・マーケティングの基本フレームワークについて」城西国際大学紀要，**22**(6)：1-18．

日本観光協会 1974「観光レクリエーション地区及び観光施設の基準に関する調査研究Ⅱ 観光施設の基準」

和田充夫・恩蔵直人・三浦俊彦 2004「マーケティング戦略への招待」『マーケティング戦略』〔新版〕有斐閣アルマ，pp.1-18．

- 誘致圏：観光地（もしくは施設）に来訪する可能性をもつ人びとが居住する広がりで，一次市場ともよばれる
- 行動圏：対象の魅力と行動欲求から規定される行動範囲で，誘致圏の逆概念である
- 補完圏：互いに利用者を送り込み，補完関係の成立する対象が存在しうる範囲．二次市場ともよばれる
- 競合圏：当該対象にとってライバルとなりうる対象が存在しうる範囲で，誘致圏の約2倍の広がりをもつ

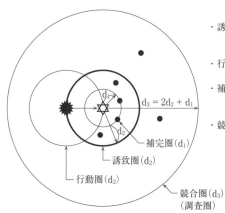

図 誘致圏，行動圏，補完圏，競合圏（日本観光協会 1974）

5.6 観光入り込み客数調査

　観光入り込み客数調査とは，ある地域に観光目的でどのくらいの人数が訪れ，地域内での消費はいくらなのか，その答えを「数量的」に把握するための手法が「観光入り込み客数調査」である．ある地域に観光を目的として訪れた人のことを「観光入り込み客」といい，その人数を「観光入り込み客数」，地域内で観光入り込み客が使うお金を「観光消費額」，そしてそれらを調べるための調査を観光入り込み客数調査という．

　観光入り込み客数や観光消費額は，地域の観光の現状を知り，観光振興に関する計画を立てるうえでもっとも基礎となるデータであり，経済波及効果や費用対効果を算出する際にも基礎的なデータとして用いられる．具体的な数値を得ることにより，数値目標を掲げることができ，その達成状況についても確実に把握することができる．また，継続的に調査を実施することで，時系列での動向把握や地域観光の将来予測も可能となる．

　観光入り込み客数調査の歴史（共通基準策定に向けた取り組み）　観光入り込み客数調査には，その実査方法および集計方法においていくつかの種類がある．実査方法としては主に，観光地点や宿泊施設ごとに内部への入場者数をカウントする「観光地点調査」と，観光地点への流入地点（駅やバスターミナルなど）において，観光地点へ向かう人数をカウントする「観光地点への流入地点調査」の二つがある．また，調査期間にも暦年（1～12月）と年度（4～翌年3月）の違いがある．

　集計方法としては，実人数／延べ人数の違いのほか，日帰り／宿泊，県内／県外など推計の有無や属性での集計が行われている．実人数とは，ある地域を訪れた実際の人数であり，訪れた観光地点数や宿泊の有無にかかわらず，1回の訪問で1人につき1人回とカウントする．一方延べ人数とは，ある地域内の観光地点訪問者の積算であり，1人が地域内の二つの観光地点を訪れた場合，2人地点とカウントされる．こうした調査手法や結果のまとめ方は，都道府県，自治体によりさまざまであり，地域間の比較が困難であった．そのため，全国的な共通基準の必要性が生じ，1960年代から議論が行われてきた．1996年3月には日本観光協会（現日本観光振興協会）により，「全国観光客数統計―観光統計の調査・手法の全国統一―」として，全国観光統計基準の提案がなされた．2009年12月には「観光入込客統計に関する共通基準」「同調査要領」が国土交通省観光庁にて策定され，2010年4月より，同基準の導入が開始された（2013年3月に一部運用改定）．

　観光入込客統計に関する共通基準について共通基準を用いた調査では，年に1回観光地点などの名簿の整理を行う．これは都道府県および市区町村がそれぞれの地域の観光地点や行祭事，イベントに対して，「非日常利用が多い，観光入り込み客数が適切に把握できる，前年の観光入り込み客数が1万人以上（もしくは特定月の観光入り込み客数が5,000人以上）」といった要件を満たすかどうかを判断し，新設または廃止の整理を行うものである．

　次にこの名簿に記載された観光地点などに対して，四半期ごとに「観光地点等入込客数調査」が行われる．この調査は，各観光地点の管理者，行祭事，イベントの運営者に月別の入場者数，参加者数を確認し，観光地点などごとの観光入り込み客数を把握するものである．観光地点などのとりまとめは各市区町村が行い都道府県に報告，それらを積算し，各都道府県の延べ人数を算出する．

　同じく四半期ごとに都道府県単位で「観光地点パラメータ調査」を実施する．この調査では，名簿記載の観光地点のなかから各都道府県10地点以上を選定し，各地点への訪問

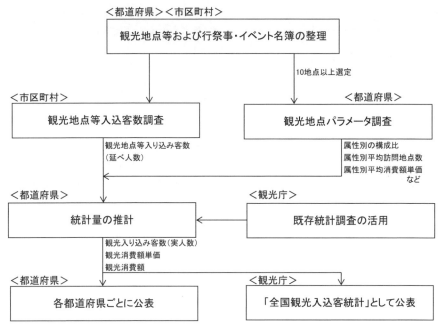

図　共通基準を用いた観光入り込み客数調査の流れ（国土交通省観光庁 2013）

者に対して，属性（居住地や性別，年齢など），宿泊の有無，都道府県内の訪問観光地点名，消費額単価などをアンケートにより調査する．1回の調査で 3,000 サンプル以上の回収が望ましいとされており，これによって属性別の平均訪問地点数や観光消費額単価などのパラメータが求められる．

観光地点等入込客数調査で求めた延べ人数より，このパラメータと，観光庁より提供される既存統計調査のデータを活用し，各都道府県は自地域に訪れた実人数を推計する．推計方法と算出方法の詳細については「観光入込客統計に関する共通基準 調査要領」に示されている．

推計されたデータは，共通の様式にて市区町村，観光庁と共有され，観光庁が「全国観光入込客統計」として，公表している．全国観光入込客統計では，都道府県単位の観光入り込み客数と観光消費額単価，観光消費額（日本人／訪日外国人別，観光目的／ビジネス目的別，県内／県外別，日帰り／宿泊別）が四半期別と年間で公表されている（図）．

2018 年 10 月現在，大阪府を除く 46 都道府県がこの共通基準を導入しているが，都道府県，市区町村のなかには，この共通基準導入以前との時系列変化をみることなどから共通基準での観光入り込み客数調査に加え，独自の水準でも調査や集計を行い，自地域の観光に対する基礎データを収集しているところもある．

（近藤千恵子）

文　献
国土交通省観光庁 2013（改定）「観光入込客統計に関する共通基準」「同調査要領」
日本観光協会 1996「全国観光客数統計—観光統計の調査・集計方法の全国統一—（全国観光統計基準の提案）」
安本達式 2008「観光入り込み統計調査」日本観光協会『観光実務ハンドブック』丸善，pp.469-477.

5.7 観光の費用対効果

費用対効果分析の実施 1997年12月，内閣総理大臣より新規公共事業の採択時に費用対効果分析を行うとともに，一定期間未着工の事業などにおける中止を含む必要な見直しを行う旨の指示がなされた．それにともない，公共事業を所管する旧建設省，旧運輸省，農林水産省などにおいては，ほとんどの事業分野において費用対効果分析マニュアルの整備が進み，新規事業採択時などに費用便益分析が行われるようになった．2002年「行政機関が行う政策の評価に関する法律」が施行され，公共事業に費用便益分析などによる政策評価が明確に組み込まれるようになった．

観光事業における費用対効果分析マニュアルの作成 1999年度運輸省により「観光事業の費用対効果分析調査」が実施され，それに基づき2000年2月運輸省運輸政策局観光部より「観光基盤施設整備における費用対効果分析マニュアル」(以下，観光事業費用対効果マニュアル)が策定された．

観光事業費用対効果マニュアルでは，マニュアルに従って作業を行うことにより，費用便益分析およびその他の効果の分析が可能となっており，このような統一的な考え方に基づく分析に加えて，それぞれの事業を取り巻く状況を考慮した政策判断により，的確な観光事業への支援，助成が実施されることが期待された．また観光地の経済効果については，日本観光協会により策定された「観光地の経済効果推計マニュアル」の利用により定量的な効果算出が可能となっている．また，観光事業の効果は，施設などの整備段階に発生する「事業効果」と整備後の供用段階に発生する「施設効果」に大別されるが，観光事業費用対効果マニュアルで取り扱うのは施設効果としている．

マニュアルは個別観光事業の妥当性を判断するにあたっては有効であるが，こうした分析はあくまで基準のひとつであり，例えば費用便益分析の水準が低くとも地域振興に資する経済効果に住民が強く期待している場合もあり，最終的には事業に期待される内容や実施予定地域のおかれている状況などを考慮した政策的な判断が必要であるとしている．

事業評価の実施段階 観光事業にかかわらず，事業評価の実施段階は事前評価，再評価，事後評価に大別される．観光事業の評価マニュアルにおいては，事前評価のなかでも事業採択時評価を念頭に作成されているが，再評価についても採択可能な手法としている．

①事前評価
・計画時評価：観光計画などの基本計画(マスタープラン)策定時の評価．
・事業採択時評価：事業の採択を判断する際の評価．
②再評価　一定期間を経過した時点で，事業継続の妥当性を判断する際の評価．
③事後評価　投資が終了し，施設が供用を開始して一定の期間が経過した時点の評価．

観光事業の多様性と費用対効果分析の対象
観光事業へ公的主体が関わる際の判断は，社会的な費用と効果を比較する費用対効果分析に加えて，社会における今後の観光事業に対する基幹産業としての期待や地域社会・住民の要望などをふまえた政策的な判断として下されるべきものである．マニュアルにおいては前者の観光事業の費用便益分析の方法による客観的な費用対効果分析について取り扱っている．

費用対効果分析の対象とする観光事業は，①利用者の満足度を高めて需要も誘発する事業(観光施設整備など)，②利用者の利便性や安心感を高める事業(観光情報板整備など)，③認知度を高めて需要を誘発する事業(観光PR事業など)としている．

費用対効果分析の内容　観光事業費用対効

果マニュアルにおける費用対効果分析は,「費用便益分析」と「その他の効果の分析」および費用対効果分析のケーススタディとして具体的な実施例が示されている．費用対効果分析の各段階における具体的な内容は次の通り．
　①プロジェクトの特定
　　・事業の目的や整備施設の内容などに応じたプロジェクトの特定，分析対象の期間の設定．
　②便益項目の抽出
　　・プロジェクトによって生じる直接効果および波及効果や帰着関係の整理．
　　・計測する効果項目，貨幣換算しない効果の抽出．
　③需要の推計
　　・推計する需要の内容（来場者数など）の設定．
　　・目標年の設定と需要の推計．
　④便益の計測
　　・年便益および便益の残存価値の計測．
〈計測する便益の抽出〉
　費用便益分析を行う効果は,プロジェクトの供用によって利用者が得る効果（直接効果），および地域社会が得る地域的外部効果である．この効果から，技術的な計測の可能性を検討し,便益を計測する効果を抽出する．
　便益の計測手法は，計測する便益の内容に応じて，TCM（旅行費用法）または，CVM（仮想市場法）を用いるとしている．
　TCM とは，ある財に対して，そこまでのアクセス費用を支払ってまでも訪問（利用）する価値があるか否かという観点から，その価値を評価する方法である．便益を計測する際の設定する数値は旅行費用あたりの来訪者数であり，アンケート調査により抽出する．
　CVM は，事業の概要や効果を説明する文章や図版などを直接示し，その効果と引き替えに，各々が支払ってもよいと判断している金額を直接インタビュー，アンケートなどにて把握する方法である．
　⑤費用の算定

　　・対象とする費用項目の抽出および年費用の算定．
　⑥費用便益分析
　　・計測した年便益，算定した年費用から現在価値による計測期間の総便益と総費用の算出による費用便益の分析．必要に応じた費用便益分析の前提条件の変更と感度分析の実施．
　⑦その他の効果の分析
　　・貨幣換算しない効果についての効果内容はアンケート調査や事例分析等から把握．
　　・必要に応じた「観光地の経済効果推計マニュアル」による経済効果の分析・計測．
　　・効果ではないが，事業評価の要素となる住民ニーズ，社会的ニーズ，地域の将来像との整合性，他事業との優先度などについての整理．

費用対効果分析による事業の評価　費用対効果分析に基づく最終的な事業評価については，観光事業費用対効果マニュアルの分析結果とともに，経済効果や地域住民などのニーズなど，さまざまな視点での検討項目を総合的に判断するものとしている．費用対効果分析は,事業評価を行うひとつの視点にすぎず,この分析の結果のみで，事業推進の是非などが決まるものではなく，合意形成の状況などをふまえた住民ニーズ，社会的ニーズ，地域の総合的将来像，他事業と比較した優先順位などを総合的に判断する必要がある．また特に，マニュアル策定後，障害をともなう人への対応などバリアフリーに関する事業については，費用便益分析の対象外とする必要があるのではないかとの議論がなされ今後の課題とされた． 　　　　　　　　　　（古賀　学）

文　献
運輸省運輸政策局観光部 2000「観光基盤施設整備における費用対効果分析マニュアル」
日本観光協会 2000「観光事業の費用対効果分析調査事業報告書」（調査：三菱総合研究所）
山田　宏 2007「公共事業における費用便益分析の役割」

5.8 地域資源の活用と観光振興

地域資源とは 地域資源の定義にはさまざまな考え方があるが，一般的には，自然資源のほか，特定の地域に存在する特徴的なものを資源として活用可能な物ととらえ，人的，人文的な資源をも含む広義の総称であるとされる．つまり近年の地方創生やご当地ブーム，町づくりや町おこし，地域ブランドなどに代表される地域活性化において，地域の特徴的な素材であったり，事業活動を支える要素であると解釈される．2007年6月施行の中小企業による地域産業資源を活用した事業活動の促進に関する法律（中小企業地域資源活用促進法）では，各都道府県が農林水産物，鉱工業品およびその生産技術，観光資源の3類型から地域資源をリストアップし認定している．

観光資源とは 観光資源とは，観光やレジャーといった余暇を楽しむ需要に応じられる要素のことであり，各種施設をはじめ，風光明媚な名勝・景勝，郷土料理，伝統に基づく地域文化などを地域にある資産や資源とみなし，地域おこしの方法のひとつとして，観光産業を興すときのもととなる要素や事象のこととされる．また観光立国推進基本法が規定する観光資源は，史跡，名勝，天然記念物などの文化財，優れた自然の風景地，温泉を代表例に掲げ，包括規定として「その他産業，文化等に関するもの」として，あらゆるものが観光資源としてとらえられている．

観光は，それ自体が非日常を楽しむ人間の行動であるとされてきたが，近年特に注目されているのは，観光目的地において住んでいる人びとの日常であり，郷土の風習や文化である．都会からやってきた観光客にとっては，当該地域の当たり前の日常生活が異日常体験であり，そこに地域性の差異による感動が生まれる．言い換えると，目的地である地域の日常的な生活そのものが他の地域と異なっている場合，十分に観光資源となりうるということである．また地域の名物（特産品，行事，イベントなど）となっている地域固有の産業や文化などは，まさに観光資源として扱われる．

地域資源の観光資源化 地域資源は地域に存在する産業や文化の素材であり，観光資源は観光客に感動を与えることができる地域おこしの要素や現象となるものである．地域資源と観光資源それぞれの違いに注目し，地域資源を観光資源として活用するならば，地域資源を磨き上げて観光資源に変化させる，いわゆる「地域資源の観光資源化」という作業が必要となってくる．

その意味で，地域資源のなかには地域のお宝が眠っていることも多く，たくさんの地域資源群のなかから観光客にとって感動を与えられる観光資源を見つけ出すことが重要である．また，そのままの形では観光資源とならない地域資源であっても，これらを磨き上げることによって観光資源となりうる地域資源も存在する．すなわち，多くの地域資源のなかから磨けば光る原石を探し出し，マーケティングにより価値査定し，物語化することにより，サービスや情報などの付加価値を付与することによって観光資源に変化させるのである．

最近は，IT技術の進歩によって地域の観光資源を旅行者に直接，安価に，リアルタイムで発信できるようになり，観光資源と旅行者を結びつける技術の進歩や設備の充実の影響も大きい．これにより，ニーズそのものが少ない場合でも，SNSなどを通じて情報を必要とする旅行者に直接訴求しやすくなった．同時に観光旅行者どうしの情報共有が活発になることによって，さらに多くの観光旅行者をひきつけ，観光資源化が促進されるという側面もある．観光旅行者がたんに消費行動を行う主体のみならず，自らが情報発信者

となりイベント企画や商品開発に携わるような主体となって，他の観光旅行者の来訪を促すこともある．IT 技術の進歩によって，観光旅行者自身が観光資源化のプロセスを楽しみながら，さらに多くの観光旅行者を広げていく過程が容易になったと考えられる．一方で，地域が意図していない情報が拡散したり，観光資源化の過程が進む場合もある．

いずれにしても，観光資源化できない地域資源はないかもしれないが，観光資源化すべきではない対象も存在する．よって，地域資源の取捨選択や価値判断には慎重な判断を要し，地域の観光振興担当者は地域の実情に応じて取り組まなければならない．

観光振興の目的　観光振興は，いまや多くの自治体で地域活性化のキーワードとなりつつある．しかしながら，これまでの観光振興の目標値は観光入り込み客数の増加が多く用いられてきた．地域の活性化において，地域経済の発展や地域消費の増加を明確に KPI (key performance indicator，重要業績評価指標)としている自治体は少ない．そのため，多くの自治体においては，観光入り込み客数の増減に一喜一憂しているのが現状である．

しかし多くの観光客が訪れている地域であっても，トイレと駐車場だけ利用して通過している観光客が多ければ，施設のメンテナンス費用が多額にかかるだけである．地域経済に何ら貢献しない客が多ければ，地域の財政コストを圧迫し疲弊していくことは明らかである．もっとも，訪れた観光客が地域を認識し郷土の自然環境や風景などを感じることで認知・宣伝効果はあるかもしれない．しかし本来の観光振興の目標は，観光客の来訪によって地域の市場経済を活性化させることにほかならない．観光客が増加しても地域に金が落ちない，または金が落ちたとしても利益が上がらないのでは，観光が地域活性化を牽引することはできない．つまり，観光客の増加によって地域が儲からなければ，観光振興も継続できず，地域全体が観光振興に取り組もうという機運は生まれないのである．

新たな地域資源の活用による観光振興　地域資源の活用による観光振興の意味は，これまで観光資源ではないと思われていた地域資源を見つけ出して評価し，観光客に感動を与える観光資源として磨き上げ，新しい資源として生まれ変わらせることによって観光振興を目指すものである．それは，時代とともに変遷する観光客の観光ニーズを的確にとらえ，これを多くの観光客に訴求する資源として活用することによって，どんな地域でも観光振興が可能となるということである．

特に FIT（個人旅行者）は，いわゆる有名な観光地にはないユニークな観光資源を求める傾向があり，多様な観光資源を探訪することに積極的である．このタイプの旅は例えばニューツーリズム，あるいは着地型観光と称される．有名な例としては，埼玉県鷲宮町（現久喜市：アニメ），神奈川県川崎市（工場群の夜景），和歌山県貴志町（ローカル鉄道の猫の駅長）など，ユニークな体験や食べ物，アニメやご当地アイドル，ゆるキャラ，さらには戦争遺産などの苛烈な体験や記憶などである．これら地域に根ざした資源を活用することで十分に観光地となりうるのである．個人旅行者が地域住民と交流し，さらに周囲地域を周遊することで長期滞在したり，リピーター化したりする例は少なくなく，収容力の小さな地域であっても相応の経済効果が期待できる．

〔上村 基〕

文献

高橋光幸 2014「観光資源の定義と分類に関する考察」富山国際大学現代社会学部紀要，**6**：109-125.

長田　進 2012「2011 年度高山市丹生川地域活性化に関する調査活動についての報告」慶応義塾大学日吉紀要社会科学，**23**：3750.

森重昌之 2012「観光資源の分類の意義と資源化プロセスのマネジメントの重要性」阪南論集 人文・自然科学編，**47**(2)：113-124.

山田晴通 2014「地域文化の観光資源化に関する政策提言のための理論的枠組」東京経済大学コミュニケーション学会，**40**：43-57.

5.9 観光資源の評価

観光資源評価の起源と系譜 観光資源評価の起源は、奈良時代の『古事記』や『日本書紀』にさかのぼるが、近代的な選定が行われるようになったのは、五街道が整備される江戸時代であり、全国に八景が誕生した。明治に入り鉄道の発達とともに旅が容易となり、外国人の視点なども相まって、日本人の風景観は大きく変化していった。国民参加による選定は 1927 年に実施された「日本八景」（日本新八景ともいう）が最初である。大阪毎日新聞社、東京日日新聞社が主催し、鉄道省の後援で実施されたが、全国からハガキがなくなったといわれるほどの人気であった。海岸、湖沼、山岳など主たる観光魅力を 8 部門に分け、それぞれの第 1 位が日本八景となった。昭和初期は一大観光ブームの時代であり、その後の国立公園制度の創設などにより地方に多くの観光地を誕生させていった（溝尾 2014；梅川 2009）。

現代における観光資源評価 戦後、国際観光の視点から観光資源評価の必要性が指摘されていたが、本格的に実施されたのは昭和 40 年代、いわゆる新全国総合開発計画が策定された時代である。日本交通公社の自主研究として観光資源の評価手法に関する研究や全国観光資源調査が始められた。そこに全国に高速交通体系を整備しようという政府の方針もあり、旧建設省道路局が全国の道路網整備計画のベースとして観光交通の重要性を認識し、3 カ年をかけて観光資源の分布と評価を全国で実施することとなった。

観光資源評価の手法 その成果である『観光交通資源調査・観光行動調査（1973）』によれば、当時は「見る」観光が主体であり、観光資源評価の手法は、「観光資源」の要素を以下の 6 点として、そのなかで優れているものが選定された。

①美しさ、②珍しさ、③大きさ（長さ、高さ）、
④古さ、⑤静けさ、⑥地方色。

しかしながら、「美しさ」「珍しさ」など、個人によって感じ方が異なる要素をどう評価するかが議論となったが、最終的には、個人の尺度によるものであることをふまえたうえで、基本的には「皆が美しいと感じるものは美しい」との判断で、80％の人が納得できる評価、評価基準をつくることとなった。そして、基礎的な数量データと専門家による総合的評価が行われ、日本交通公社によって『全国観光資源台帳』がとりまとめられた。

観光資源の分類 それによると、観光資源を以下の 2 種類に分類し、タイプを設定した。

①自然資源　山岳、高原、原野、湿原、湖沼、渓谷、滝、河川、海岸、岬、島嶼、岩石・洞窟、動物、植物、自然現象の 15 分類。
②人文資源　史跡、社寺、城趾・城郭、歴史景観、地域景観、年中行事、庭園・公園、歴史的建造物、現代建造物、博物館・美術館の 10 分類。

観光資源の評価と基準 当時の評価基準と評価の例を以下に示す。

①特 A 級　わが国を代表する資源で、世界にも誇示しうるもの。わが国のイメージ構成の基調となりうるもの（例：富士山、摩周湖、法隆寺、姫路城、祇園祭りなど）。
② A 級　特 A 級に準じ、その誘致力は全国的なもの、わが国の人は一生のうち一度は見る価値のあるもの（例：乗鞍岳、琵琶湖、清水寺、松本城、阿波踊りなど）。
③ B 級　地方スケールの誘致力を持ち、地方のイメージ構成の基調となるもの（例：筑波山、浜名湖、津和野城跡など）。

今日的価値基準による観光資源評価 こうした観光資源の評価は、何回か個々の資源の評価見直しが行われてきたが、すでに 40 年が経過し、観光を取り巻く社会環境が大きく変化したことを受けて、日本交通公社では、3 カ年をかけて「評価の枠組みの再構築」と

「観光資源の再評価」を実施し，2014 年『観光資源の今日的価値基準の研究』（以下，新観光資源評価）をとりまとめた．

新しい観光資源評価の枠組み　これまでの観光資源評価の視点は，前述したように「美しさ」「珍しさ」「大きさ」「古さ」「静けさ」「地方色」の六つであったが，新観光資源評価では，観光活動の多様化や観光市場のグローバル化にともない，「日本らしさ」「住民とのつながりの深さ」を加えた八つとしている．

新しい観光資源の定義　さらに新観光資源評価では，観光資源とは，「人々の観光活動のために利用可能なものであり，観光活動がもたらす感動の源泉となり得るもの，人々を誘引する源泉となり得るもののうち，観光活動の対象として認識されているもの」であり，観光活動とは，"見ることや，その場に身を置くこと，体験することにより，感性や知性を通して観光資源の「素晴らしさ」を感じることで，人生が豊かなものになり，人間的な成長を促される行為"であると定義した．

魅力ある観光資源とは，"自然や人間が長い時間をかけて創り出したものであり，現在のお金や技術では容易に作り出すことが出来ない「固有性」や「土着性」「独自性」を持ち，他に「代替」がきかないもの"とした．

資源が本来有している魅力に加え，その整備状況も評価の対象とし，資源の現在のあり様を評価対象とする．ただし，アクセスの容易さのように，資源のあり様と関係の薄い要因によって多くの観光客が訪れることもあり，多くの観光客が訪れているからといって観光資源の魅力が高いということにはならない．

新しい観光資源の種別と評価　新観光資源評価では，観光資源を，「自然資源」と「人文資源」の二つに大きく区分し，それぞれ以下の通り，10 種類，14 種類，計 24 種類に分類している．

①自然資源　01 山岳／02 高原・湿原・原野／03 湖沼／04 河川・峡谷／05 滝／06 海岸・岬／07 岩石・洞窟／08 動物／09 植物／10 自然現象

②人文資源　11 史跡／12 神社・寺院・教会／13 城跡・城郭・宮殿／14 集落・街／15 郷土景観／16 庭園・公園／17 建造物／18 年中行事／19 動植物園・水族館／20 博物館・美術館／21 テーマ公園・テーマ施設／22 温泉／23 食／24 芸能・興行・イベント

表　全国のタイプ別観光資源数（日本交通公社 2014）

	自然資源	人文資源	合計
特 A 級	15	40	55
A 級	143	253	396
合計	158	293	451

評価のランクは，数多くの観光資源のなかからとりわけ魅力のあるものを選定するため，以下のようなランクとした．

①特 A 級　わが国を代表する資源であり，世界にも誇示しうるもの．日本人の誇り，日本のアイデンティティを強く示すもの．人生のうちで一度は訪れたいもの．

②A 級　特 A 級に準じ，わが国を代表する資源であり，日本人の誇り，日本のアイデンティティを示すもの．人生のうちで一度は訪れたいもの．

評価の方法と評価の結果　観光研究者，実務者で構成する「観光資源評価委員会」によって一件一件の資源を特 A 級と A 級に評価し，その結果は表の通りであり，日本交通公社（2014）に個別資源の評価が掲載されている．

〔梅川智也〕

文　献

梅川智也 2009「これまでの観光地づくりの系譜」『観光まちづくり』学芸出版社．
建設省道路局 1973『観光交通資源調査・観光行動調査』
中野文彦・五木田玲子 2014「観光資源の今日的価値基準の研究」観光文化，**222**：20-28．
日本交通公社 2014『観光資源の今日的価値基準の研究』
溝尾良隆 2014「観光資源，観光地の魅力評価の系譜―誰が評価してきたのか」観光文化，**222**：3-9．

5.10 着地型観光

着地型観光とは 着地型観光とは，観光旅行の形態のひとつである．従来のパッケージツアーに代表される旅行会社主導で企画し，流通している旅行商品が「発地型旅行」とよばれるのに対して，旅行，観光の目的地である各地域（=着地）側が有する個別の観光資源（自然，歴史，産業，街並み，文化など）に関する情報および着地側での人びとの観点（例：各地域での体験，学習などの活動）を重視して企画・立案・実施されるのが「着地型旅行」と理解されている（国土交通省 2005）．

1970年代の日本では，団体旅行が中心で各地域の観光地をなるべくたくさんまわるツアーが主流であった．このような旅行商品は，主に旅行者が居住している都市部（発地）の観光業者が作ることが多かった．しかしインターネットなどの普及により，都市部の観光業者に頼らなくても観光地側（着地）から情報発信できるようになったことで，着地型観光が誕生したといわれている．

さらに，時代の変遷により観光客のニーズが細分化し，団体旅行の衰退とともに個人で旅行する形態が好まれるようになり，個人が新たな観光資源や観光ルートを求めて自由に観光地を訪れるようになってきた．発地型観光は地域の魅力を主とした商品が少ないのに対して，着地型観光は観光地が個人旅行者に直接地域の魅力をPRすることで，魅力的な商品作りが可能となってきた．

着地型観光と発地型観光 着地型観光についてはさまざまな解釈があり，寺前（2008）は「旅行者に着目する旅行業は営業的に発地型であることから造語されたもの」とし，また，山村（2009）は発地型観光を「企業が旅行商品を販売するために送客システムを構築していく旧来の『経済開発型モデル』（マスツーリズム）」とし，着地型観光を「地域社会が自らの資源を旅行商品として持続可能な形で維持・管理・販売するために集客システムを構築していく'地域開発型モデル'（ニューツーリズム）」と定義したうえで，主体が企業から地域住民へと変わったものの「観光」を「地域資源を商品として取引・消費する仕組み」とする考え方は共通しているとするなど，さまざまに定義されているところである．

いずれも，着地型観光は発地型観光との違いにおいて，旅行商品を企画・販売する主体の違いでしかないとする見方を示している．言い換えれば，発地型観光は出発地にある発地型旅行会社が主体となって企画・販売した旅行商品であり，着地型観光は目的地である地域が主体となって企画・販売した旅行商品であるという定義である．主として出発地の旅行会社が企画して参加者を目的地へ連れていく従来の「発地型観光」と比べて，着地型観光は地域の振興につながると期待されている．

地域限定旅行業の創設 着地型観光は，政府が進める観光立国への道のりでもっとも重要になっている．観光立国推進の取り組みに関しては，2003年1月に小泉純一郎総理（当時）が「観光立国懇談会」を主宰し，その4月からビジット・ジャパン事業開始，2008年には観光立国推進基本法が成立している．その流れのなかで，2017年に成立した「通訳案内士法及び旅行業法の一部を改正する法律」が2018年1月4日に施行され，旅行業務取扱管理者に関する制度などが一部緩和され，着地型旅行商品の造成に関して地域主導で企画・販売することができる制度が創設された．

背景には，日本人に限らず，訪日外国人観光客も旅行慣れしてくると，単に有名な観光地を見るだけよりも自分のニーズに合った観光地での体験を求める傾向が強くなる．つまり，一時的に人気が出た観光地であっても，消費者が成熟してくると飽きられてしまう傾

向にある．実際にリピーターが増えてくると，以前に訪れたところを見るだけの観光地に対する再来訪よりも，体験を主体とした地域を再来訪する傾向の方が強い．各地域の特徴を活かすことで差別化することができる着地型観光は，このような問題に対して強く地域の観光振興にも役立つと考えられている．

着地型観光の課題 ただし，どんなに魅力的で個性のある地域オリジナルの旅行商品であっても，消費者である観光客に情報が届かなければ意味がない．これまでの発地型観光では，大手旅行会社を中心として商品造成され，広範な情報発信が行われてきたため，多くの潜在観光客の目にとまり需要を拡大してきた．しかしながら，着地型観光は地元の小さな旅行会社や旅行商品を取り扱う中小事業者，旅館などが着地型観光の企画・販売の主体となっていることから，広範に情報発信するための資金力もなく，旅行商品も少人数を想定することが多くマスメディアでの広報に適していない．ゆえに，現地を訪れた観光旅行者がはじめて目にする傾向が強く，予約しなければ当日参加できない旅行商品であったり，すでに予定がある観光旅行者が目にしても参加する時間がなかったりと，需要と供給のミスマッチが起こっている．

また，いくら経済効果があるとしても，地域住民のなかには「ゴミが増える」「渋滞が起こる」などの理由で，観光業に対して嫌悪感をもっている住民も少なからずいる．こういう声が強い地域においては，地域住民の暮らしや文化に密着した観光資源を活用すること自体がそもそも困難になる．地域住民の生活そのものが観光資源となりうるのは，地域住民が納得したうえでおもてなしすることが必須条件であるからである．着地型観光では地域住民と観光業者がよい関係を築き，地域住民の協力を得ることが不可欠になる．

本物の価値を磨き上げる 着地型観光は各地域で取り組まれるようになってきた．地域自らが地域資源を掘り起こし，磨き上げ，さらには連携・交流する時代にまでなってきた．しかし，ここでもっとも重要なのは「選ばれる観光地」となるためには，安易に流行にのった表面的な体験ではなく，地域資源の本物の価値を見出し，磨き上げ，新たに創造できるかどうかである．そして住民が自らの地域を誇りに思い，住んでよしの地域を作り上げられるかどうかである．住民が誇りに思えないような地域が，外から客をよべるはずがない．観光まちづくりにおいては，地域住民と観光旅行者がともに作り上げ，感動をよぶ「滞在」や「交流」が重要な意味をもち，その必要性はさらに増すであろう．

英国やイタリアの高齢者は，老後は農村部で過ごすことが理想であり，地域で自然と語り合い集会を楽しんでいる．今後の日本においても，若者定住に加えて高齢者を農村地域にいかに受け入れて新しいコミュニティを作っていくかが重要となってくる．観光振興においても，定住ではなくとも物見遊山に終わることなく，まるで本当に暮らしているような滞在が可能であるということが，その地域の魅力のひとつとなり，リピート率を上げることにもつながっていくと思われる．観光旅行者は，本物に出会ったときに感動するものであり，とりあえず観光客だけが飛びつき喜ぶものがあればいいということではない．着地型観光においては，住民自身の支持や誇りも得られるような，文化，技術，体験，交流などについて，しっかり地域資源を掘り起こし，磨き上げる，まさに本物づくりが必要である．

〔上村 基〕

文　献

国土交通省総合政策局旅行振興課 2005「沖縄観光における外国人向け着地型旅行の充実化及び販売促進のための調査報告書」

寺前秀一 2008「地域観光政策に関する考察」地域政策研究，**11**(1)：2140．

山村高淑 2009「観光革命と21世紀：アニメ聖地巡礼型まちづくりに見るツーリズムの現代的意義と可能性」『メディアコンテンツとツーリズム』(CATS叢書第1巻) p.328．

5.11 名所・史跡と観光振興

日本中にあふれる名所・史跡　2014年の新語・流行語大賞候補にあげられたのが「絶景」。ここ数年「死ぬまでに一度は行きたい絶景，観光名所」と称して，日本や世界各地の美しい景色を紹介する写真集，観光ガイド本の発行が続いている．また，テレビのバラエティ番組や雑誌の気軽な記事で，有名なわりにはつまらない，名ばかりの名所が，世界（日本）三大がっかり名所などとして紹介されるなど，名だたる場所，すなわち名所の楽しみ方が広がりをみせている．名だたる所以としては，桜の名所といった美しい風景，平家伝説ゆかりの名所といった歴史的曰く，みかんの名所といった特産品，東京タワーといった珍しい建設物など，さまざまであるが，観光情報を伝えるパンフレットやホームページなどの必須項目といえる名所・史跡の項には，歴史的曰くをもつ史跡を中心に紹介されている．その数を合計するとおびただしいことは間違いなく，日本中にあふれる名所・史跡のなかで，それぞれをそれぞれの地域らしく観光振興に活かしたい．

名所と名勝　名所とよく似た言葉として名勝（めいしょう）がある．名勝は，名だたる勝地（勝れた地，美しい風景の場所）であり，文化財としての記念物である名勝を示す場合もある．この場合の名勝は，文化財の種類を定義する文化財保護法第2条第4項で説明する記念物のうち「庭園，橋梁，峡谷，海浜，山岳その他の名勝地で我が国にとって芸術上又は観賞上価値の高いもの」から，同法第109条に基づき文部科学大臣によって「重要なもの」として指定されるもので，国指定の名勝と表される．また，同様に史跡は，同第4項「貝づか，古墳，都城跡，城跡，旧宅その他の遺跡で我が国にとって歴史上又は学術上価値の高いもの」から，同法第109条に基づき文部科学大臣によって「重要なもの」として指定されるもので，国指定の史跡と表される．そのうち特に重要なものについては，それぞれ，「特別名勝」「特別史跡」が指定できるとされている．また，同法第182条第2項の規定によって地方公共団体に指定された名勝，史跡があり，県指定名勝などと表現されている．

標識と説明版　名所・史跡は，いまにその名所・史跡たる曰くを残すものは少なく，その曰くを示す標識と説明板が設置されていることが多い．前述の文化財である名勝，史跡は，文化財保護法第113条第1項の規定により「史跡名勝天然記念物の管理に必要な標識，説明板，境界標，囲いその他の施設を設置しなければならない」とされている．いまは何もない場所に，ぽつんと説明板が風にさらされ立っている，あるいは朽ちている状態が，先に述べたがっかり名所を作り出している．

学校で学ばない歴史　名所・史跡の曰くは，説明板だけでは語り尽くせない．そのひとつひとつにその場所だけの特別なことがある．例えば，宮城県の松島は，松島湾に大小260余島の島々が浮かぶ光景が美しく，日本三景のひとつとされ，国指定の名勝でもある．この風景を語るには，松尾芭蕉やリアス式海岸は欠かせない．曰くを知ることで，その風景がより魅力的になる．しかし，松尾芭蕉やリアス式海岸といった基礎的用語，人名が知識として幅広く定着していないことを理解しなければならない．2009年3月に改訂された現行の高等学校学習指導要領では，「世界史」は必ず学ぶが，「日本史」と「地理」はどちらかしか学ばずに，卒業できるようになっている．名所・史跡に関する基本的な知識を学校で学んでいない大人が増えてくるのである．

奈良県橿原（かしはら）市には万葉集にうたわれた天香具山が，いまも緑豊かにその姿をみせている．百人一首の有名な歌「春過ぎて　夏来にけらし　白妙の　衣干すてふ　天の香具山」を思い出す人も多いだろう．しかし，いまの若

世代は，空に洗濯物がはためく光景を想像できるであろうか．小さなベランダに並ぶ洗濯物，乾燥機が活躍する家も多い昨今，天の香具山の日くを万葉集で語るには，工夫が必要となる．

歴史や地理について知らない世代が増えるなか，お笑い芸人がテレビで熱く語る城，歴史シミュレーションゲーム，書店に並ぶ数多い歴史小説，歴史雑誌と，名所・史跡を，マニア的に好む人たちもいる．工場夜景や，ダムの風景など，建造物を愛でる人たちもいて，名所・史跡に関する消費者の知識，興味の度合いに幅があることを認識しつつ，その説明手法にさらなる工夫が求められている．

史跡が伝える暮らし　山口県西部，美祢(みね)市は，かつて良質の無煙炭を産する大嶺炭田で賑わった．炭田は1970年に閉山，石炭輸送のために作られた鉄道も1997年に廃線となった．いまは駅舎があったことを示す石碑や，鉄橋跡などが残るが，昔の賑わいを感じられない．しかし，来訪者はこの町の昼時のサイレンに驚かされる．これは炭鉱時代からの続くもので，町中に昼食の合図として定着したので，町民の願いもあり，閉山後の会社で引き継いでいると聞く．このことが伝えるのは町のかつての賑わいや暮らしであり，いまなお引き継がれる炭鉱への思いである．史跡が伝えるのは，かつてのその地域の姿でなく，いまなおそこに暮らす人びとの思いなのではないか．

名勝の新しいとらえ方　文化庁では法律で名勝が定められる以前より「名所が古歌に詠まれ歌枕として定着した土地であったのに対し，名勝は名所のみならず，由緒・来歴のある霊場・旧跡，庭園である林泉をも含め，それらの土地が表す優れた景勝地としての総称であった」として，文化財の指定，保護の対象となる名勝へとつながっている．つまり，国指定の名勝には時代をさかのぼる場所が多いが，2005年に一括指定された名勝イーハトーブの風景地（岩手県岩手郡滝沢村ほか2市2町）は，近代文学が素材となったはじめての名勝である（2006年1カ所追加）．ここは童話作家・詩人の宮沢賢治（1896-1933）の理想の大地である「イーハトーブ」の舞台であり，宮沢賢治の作品に描かれた岩手県内の風景地が一群として指定されている．

そして名勝イーハトーブの風景地は，改めて「点から線へ」「線から面へ」といった観光計画で基本的な視点を再認識させる例である．東北地方ののどかな風景が，宮沢賢治によって彩られ，宮沢賢治を慈しむ地域の人びとによって深まっていく．名所・史跡と観光振興では，その時代にさかのぼるだけでなく，いまの時代にその場所がどのように息づいているのか，標識，案内板のある場所の背後に広がる世界を味わえる創意が求められている．

未来へつなぐ　また，岩手県陸前高田市の海沿いに，東日本大震災の津波に負けず1本だけ残った奇跡の一本松は，一度は枯死したものの，多くの協力を得て，モニュメントとして保存され，高くから町を見守るようにその姿を見せている．奇跡の一本松は，間違いなく名所であり，市民から慈しまれる場所であり，訪れる人を感動させる観光地である．一本松周辺は駐車場，観光物産施設，市街地を見渡す見晴台，震災を伝える記念館が整備され，JR大船渡線には駅ができ，夜にはライトアップされる．名所が観光地として成長していく過程を見せてくれている．先にあげた松島も，東日本大震災での比較的小さかった被害と，その後の観光での再起は，新たな魅力となっていく．

名所・史跡の観光振興には，「点から線へ」「線から面へ」に加えて，過去から現在，そして未来へと，時間の広がり，つながりを大切に進めていく必要がある．　　　（鷲尾裕子）

文献
文化庁文化財部記念物課 2013「名勝に関する総合調査―全国的な調査（所在調査）の結果―報告書」

5.12 温泉観光地の振興

温泉地の形成 温泉地には大型観光温泉地から山奥の秘湯などさまざまあり，歴史的に共通した成り立ちは源泉，共同湯（入浴施設），宿（宿泊施設）であるといえる．温泉地は地域により違いはあるが，近世期には「集落部」を中心に同心円状に「周縁部」「周辺自然部」の三重構造から成り立っていた（下村 1993）．集落部は生活や活動を展開する活動領域であり，中心的な共同湯（源泉）や広小路を核として，それを囲む宿と商店が賑わいを作り出していた．宿は商人，他宿の人びとにも開放されており人びとが集う交流の場でもあった．近世では宿に内湯があることは少なく，基本的に湯治客は宿から共同湯に入浴に訪れた．湯治（温泉療養）を基本として成立していた温泉地の中心は「共同湯」であり，それは温泉地のシンボルであった．そして，この集落部を取り囲むように周縁部の高台に寺社，さらに山や川など豊かな自然との接触活動を図る周辺自然部があった．これらの自然が温泉街を包み込むことで温泉地をまとまりと独自の魅力ある空間として形成していた．この空間のなかで湯治客は主に自炊をしながら共同湯に通い，入浴の合間に温泉寺社に参詣し，商店，名所，自然散策に出かけ，湯治仲間などと交流をもちながら，3週間前後の日々を過ごした．今日でも山形県肘折温泉は「旅館はお部屋，道路が廊下，お店が売店」を目指しているが，まさに温泉地は地域自体が一つの宿のような役割を果たしていた．

温泉地の観光化 温泉地は長期滞在を基本とする療養型から始まり，療養機能もあるが観光機能が強まった中間型，やがて療養機能の消滅した観光型と発展した．近代以降の移動の自由化，交通機関の発達，西洋医学導入にともなう温泉医療の衰退は観光目的の短期滞在を増加させた．厚生省は公共福祉の増進という観点から温泉の保護と利用の適正を目的に 1945 年に温泉法を制定した．さらに 1954 年に国民が広く安心して休養・保養できる温泉地として国民保養温泉地，1981 年には医療機関との連携を通じて保健的な利用が可能な温泉地を国民保健温泉地として制定し，療養，保養面での温泉利用の推進を試みた．

しかし第二次世界大戦後のマスツーリズムにおいて温泉地は，行楽，慰安を目的とした観光地として発展した．その中心は男性の団体旅行であり，交通の利便性のよい大都市周辺の温泉地は歓楽化し，熱海，別府は日本を代表する観光温泉都市になった．さらに広域観光の滞在拠点として従来の収容人数を超える観光客が温泉地に短期滞在で訪れた．これにより宿は収容人数を増加させる必要が生じ，旅館の建て増しが相次いで行われる一方で，昭和の経済の高度成長期におけるマイカーブームはヒューマンスケールを基本として成立していた温泉地の空間構造を大きく変容させた．旅館は大型化するために広い敷地と大型バスが通行可能な道路を求めて従来の温泉街から相次いで移転し，温泉地が面的に拡大した．さらに各施設が大型化し，施設内に土産店，飲食店，遊戯施設を設置することで，宿泊客を施設内に囲い込んだ．宿泊施設から客を出さない囲い込み戦略は結果として温泉街から賑わいを奪い，地域を疲弊させることになった．温泉地の変化は，空間的な拡大と景観の破壊という目に見える変化と，地域が保有していた温泉地の文化，歴史に対するアイデンティティの喪失という目に見えない変化を招いた．

温泉地と温泉開発 日本でレジャーブームが起きた 1983 年以降は温泉地でも「秘湯ブーム」「温泉ブーム」が相次ぎ，対象者もバブル経済期には会社などの団体旅行を中心とした男性から家族，女性，若者などに広がった．個人客を中心に秘湯，癒しの湯など，新しい魅力をもつ温泉地にも目が向けられ始めた

が，バブル経済期を通して観光型温泉地は大型化，豪華化した．こうしたなか温泉地に大きな影響を与えたのが1987年に施行された総合保養地域整備法（通称リゾート法）による大規模なリゾート開発，1989年の「ふるさと創生事業」による温泉施設の開発であった．後者では市町村が公的補助事業として地域に温泉施設の設置を試みたことにより，各地に日帰り温泉施設が増加した．さらに掘削技術の向上にともなう大深度掘削により温泉地ではなかった地域でも温泉湧出が可能となり，固有の観光資源であった温泉が全国各地で利用可能になっている．各地で温泉施設が増加したことに加え観光客が団体から個人の小グループへ，男性から女性へと変化するなか，バブル崩壊後の新たな時代のニーズに対応できない宿泊施設，温泉地が衰退していった．こうした倒産旅館を買収して低価格で宿泊できる旅館再生企業が登場し，温泉地の価格競争が進むこととなった．

温泉地の観光振興への取り組み　温泉地の観光資源には，①温泉資源，②温泉地を取り巻く自然環境，③温泉街の歴史的な町並みと温泉情緒，④温泉の療養・保養機能を生かした滞在プログラムがある．

第二次世界大戦後の温泉地は観光地として発展する一方で，本来保有していた温泉地独自の資源を失っていった．現在では交通が不便で，小規模なため歓楽的な要素が少なく団体旅行の全盛期には顧みられなかった温泉地が人気を博している．高度成長期のゴルフ場開発，バブル経済期のリゾート開発など大規模な開発から由布岳を背景とした自然と田園風景を守り，滞在型保養温泉地を目指してユニークなイベントを行いまちづくりに取り組んだ大分県由布院温泉や，湯治場の雰囲気を感じる「秘湯」として豊富な温泉資源とひなびた景観を守る秋田県乳頭温泉郷など，各地域の特色を生かし，個性を守った温泉地では観光客が増加した．今後は温泉地固有の魅力を形成するとともに，広域観光の通過地点ではなく滞在が楽しめる温泉地づくりが求められる．

こうしたなか新たな温泉まちづくりも進められている．ハード面では道後温泉本館，草津温泉の湯畑など歴史的なシンボルを中心に温泉街の整備などを進める地域や，廃業した旅館を取り壊し新たな共同湯を整備した地域もある．ソフト面では黒川温泉が取り組んだ「入湯手形による露天風呂めぐり」など共同湯や旅館の湯めぐりに加え，温泉街，公園などの拠点を生かし，浴衣で歩けるコースや保養滞在プログラムを作り，観光客の回遊性を高め，温泉地滞在の魅力を高めている．さらに訪日外国人観光客の増加や生活の洋式化にともない，温泉情緒である温泉街，旅館，和食，入浴などは文化体験の場ともなっている．

しかし人気温泉地でも長期休暇や週末に観光客が集中しており，温泉地が持続的な発展を遂げるためには滞在の分散化が大きな課題である．このためには長期休暇の取得など社会・制度面の問題もあるが，温泉地側にも課題がある．例えば，宿泊施設の食事は1泊2食付が定着しているが，豪華な夕食提供を基本とするのは短期利用を前提としている．長期利用するには経済的・健康的負担の面からみても困難であり，健康に配慮した食事の提供，泊食分離型や自炊が可能な施設が必要となる．しかし温泉街における飲食機能の充実がなければ泊食分離は成り立たず，温泉地という非日常性のなかで，暮らすように過ごせる温泉地全体の取り組みが必要となる．

今後の温泉まちづくりにおいては，あらためて各地の地域的な特質や文化について見直し，そのうえで地域住民，観光業界，行政が温泉資源の適正な利用と保護を考慮しながら多様な滞在に対応できるよう計画的に取り組んでいく必要がある．

（内田　彩）

文献

下村彰男　1993「わが国における温泉地の空間構成に関する研究（1）」東京大学農学部演習林報告，**90**：23-95.

山村順次　1998『新版―日本の温泉地―その発達・現状とあり方』日本温泉協会.

5.13
町並み保存と観光振興

町並みが形成された経緯 町並み保存の対象となる町並みは，主には江戸時代からの町並みであり，例えば城下町，宿場町，門前町，港町などである．幕藩体制のもと，各藩では城下町が形成され，当時の地方都市として発展していった．また街道が整備され参勤交代も行われて，各所の宿場町は大いに賑わった．また有力な神社や寺院の周辺には門前町が形成され，ここに参詣者が宿泊し，多くの商工業者が集積した．さらに細かくみれば，文化庁の伝統的建造物群保存地区の種別においても，武家町，商家町，在郷町，寺町，寺内町，茶屋町などが示されている．一方で伝統産業を成り立たせてきた町でも町並みが形成されており，製織町，鋳物師町，漆工町，養蚕町，鉱山町，製塩町，製蠟町などがある．さらには山村集落，農村集落，漁村，船主集落も，その町並みをいまの時代に伝えている．

このように多くの町並みは江戸時代からの町並みであるが，なかには中世の地割りを残しているものや，明治以降の町並みも存在している．ではどのようにして町並みが形成されていったのだろうか．例えば武家町であれば，大名から与えられた城下の広い敷地に，身分に応じて武家屋敷や侍屋敷が立ち並ぶことで武家町が形成された．宿場町であれば，古代官道の駅家に由来するものもあるが，主には江戸時代に整備された五街道や脇往還に計画的に整備されたものである．その宿場町には，武士や公家が投宿する本陣や脇本陣がまず整備され，旅籠，木賃宿，商店や茶屋なども立ち並んだ．そしてそれぞれの地域において，地域ごとの建築様式や工法があり，地場の職人によって普請され，材料もその土地で手に入るものを用いることが多かったため，結果として個性的で整った町並みが形成されていった．

町並みが残った理由，残らなかった理由 ところがその後現代に至るまで，多くの変革が全国の地域を襲うことになる．まずは，明治維新による1873年の廃城令である．現存する天守は現在12カ所あるが，多くの城郭が廃城となり，城下町の武家町は明治政府などに接収されていった．また明治の半ば以降，全国に鉄道が整備されたが，その際街道沿いに鉄道が整備される場合と街道を避けて整備される場合があった．これは次代を見据えて鉄道を誘致した場合や，従来の街道の往来や舟運が主要な交通手段であり鉄道の整備を避けた場合などであったが，宿場町が鉄道駅を中心とした地方都市として大きく変貌していく場合や，時代から忘れ去られたように取り残される場合もあった．その後都市化はさらに進展し，なかには震災などの大災害にさらされたり，戦災でも多くの町が焼失した．第二次世界大戦後の経済の高度成長期やバブルの時代などにも，それぞれの町並みの歴史的な背景や価値を顧みられることなく，多くの伝統的な町並みが，区画整理や再開発，道路事業などによって壊されていったのである．いまの時代に残されている町並みは，地域の先人やいまの時代の住民の努力で守られ残されたものも多いが，なかには前述したような時代の流れに翻弄されながらも，結果としてかろうじて生き残ってきたものも存在する．また文化庁が選定する伝統的建造物群保存地区も数多く存在する一方で，選定はされないものの一定の集積がある場合や，単体や少数であっても貴重な建築物が残っていたり，小ぢんまりとした町並みが残されている場合もある．

町並み保存にまつわる法律 ここで町並み保存にまつわる法律を概観してみたい．まず文化財保護法（1950年5月30日，法律第214号，1975年7月1日改正，法律第49号）であるが，文化財の保存・活用と，国民の文化的向上を目的とする法律であり，第142〜

146条で伝統的建造物群保存地区について規定している．例えば中山道の妻籠宿では，売らない，貸さない，壊さないという三原則を作り，全国に先駆けて保存運動が始まった．こうした保存地区では，地域住民がそこに暮らしながら保存することが前提であり，外観の保存には制約があるものの，内部の様式はある程度自由に変更することができる．そのなかで特に価値が高いものを重要伝統的建造物群保存地区として選定し，保存，修復に際しては，国と地元自治体が応分の補助を行う．

次に景観法（2004年6月18日，法律第110号）は，良好な景観を形成するため，景観計画の策定などにより，美しく風格のある生活環境や地域社会の実現を図るためのものである．景観計画は地域住民が提案することができ，景観行政団体である自治体が策定するものであるが，これまである意味自由に建築された結果バラバラな町並みになっていたものを，意匠や色彩，建物高さなどを規制し一定の方向に導くものである．

一方で歴史まちづくり法（2008年5月23日，法律第40号）は，歴史的建造物など地域の歴史的風致の維持および向上を図るために制定されたものである．なかでも先述した二つの法律が規制に重きがおかれているのに対して，歴史的風致維持向上計画が国に認定されれば，国から支援が受けられるなど，景観法を補完するものと位置づけられる．

ところで，伝統的建造物群保存地区は各自治体で都市計画法（1968年6月15日，法律第100号，その後一部改正）に基づく都市計画や条例により国に申し出るものであるが，都市計画法自体は，都市計画や必要な事項などを定めることにより，都市の健全な発展と秩序ある整備を図ることなどを目的としている．ところが諸外国に比べて日本の都市計画は規制が緩く権限が弱いものである．また建築基準法（1950年5月24日，法律第201号，その後一部改正）も，国民の生命，健康，財産の保護のため，建築物の敷地，設備，構造，用途についてその最低基準を定めたものであり，この法律だけで良好な建築物の保存，整備はできない．先に紹介した三法やさまざまな施策で保存を図っていかなければならないが，開発事業や道路事業によって，町並み保存が難しくなる場面もよくみられる．

観光振興との兼ね合い　町並み保存と観光振興の調和には多くの課題を有する．伝建地区では地域住民がそこに暮らしながら保存することが前提であるが，例えば町並み保存地区の多くは木造建築物であり，その地区は昔ながらの細い路地である場合が多い．現在のモータリゼーションからみれば，走りにくい道であったり，駐車場の確保も容易ではない．また伝統的建造物群保存地区や景観法の規制がなければ，いまの建築基準法や都市計画法に合致さえしていれば建築や意匠は自由であり，新建材を用い近代的な建築にすることもできる．そうしたなかでの町並み保存である．さらには，町並み保存地区に住む人にとっての日常が，観光客からみれば非日常の観光資源であるため，暮らしそのものがさらされるようでもあり，安寧な暮らしが脅かされてしまうという側面も存在する．

また海外の美しい町並みと比較したとき，日本では電柱・電線類がまだむき出しであり，乱立している．町並み保存は建物自体を保存するのが目的ではなく，そこでの豊かな暮らしを維持向上することが目的であるものの，道路空間，公共空間の醜さは看過できない状況である．またいったん観光地化すれば，看板やのぼり旗が増え続け，暮らしよりも観光客の方が優先されて，その地域の景観は悪化することが多い．他方で町並みを保存し，一定の賑わいをもたせるために観光施設や商業施設を立地させるのもやはり有効であり，町並み保存をめぐって，暮らしと観光・商業とどう折り合いをつけていくのか，議論を続けることが大切である．　　　　　（米田誠司）

5.14 自然地の観光振興

自然 自然には，人為の介入度，人為による改変度に応じてさまざまな状態がある．特に，人為が加わることなく原生を維持している自然を原生自然とよび，知床半島のようにこれまで大きな開発圧がなかった地域には原生自然が多く残されている．しかし，狭い国土に多くの人口を抱える日本においては，完全に原生状態を保つ自然はないといってよく，知床においても森林伐採の歴史や人為の痕跡を確認できる（畠山 2001）．それゆえ，厳密には，日本のごく一部の狭い地域に原生に近い自然が残されていると表現すべきである．一方，人為が加わり維持されている自然を二次（的）自然とよび，自然と人の関わりのうえに成立した森林，草原を二次林，二次草原という．近年では，集落を取り巻く二次林と，それらと混在する農地，ため池，草原などで構成される地域を包括的に「里山」（武内ほか編 2001）と呼称し，海の「里海」と合わせて，その自然がもつ価値に注目が集まっている．

自然保護の仕組み 環境保全や生物多様性確保のための法令には環境基本法や生物多様性基本法などがある．特に，価値ある資源，地域に対して包括的に空間を指定して保護，保全する法律，条約などには例えば次のようなものがある．まず，すぐれた自然の風景地の保護と利用の増進を図る法律として自然公園法がある．自然公園とは国立公園，国定公園，都道府県立自然公園の三つの公園をいい，日本の自然観光地の多くはこの三つの公園区域のいずれかに指定されている．また，文化財の保存と活用を目的とする文化財保護法のなかにも名勝，天然記念物のように自然資源を指定し保全を図る仕組みがある．さらに，国際的に自然をまもる仕組みとして文化遺産と自然遺産を一つの国際条約のもとで保護する世界遺産条約などがある．以上のように，自然地を包括的に，空間的に保護，保全する法令，条約は複数あり，例えば富士山は，自然公園法によって国立公園に，文化財保護法によって特別名勝に指定され，世界遺産条約のもとで世界文化遺産に登録されている．このように，実際の自然地では重層的に自然がまもられている．

自然地で生じる諸問題 自然地が観光対象となると，人が訪れ利用することでさまざまな問題が生じる．自然観光地における問題は大きく二つに分類できる．一つ目は，自然資源の劣化である．例えば，2004 年に世界自然遺産に登録されたスマトラの熱帯雨林遺産では，密漁や不法伐採，遺産地域内の農地開拓などの問題が生じて 2011 年に危機遺産となった．また，2007 年に日光国立公園から分離され，周辺地域を編入する形で単独の国立公園に指定された尾瀬では，人の利用によって湿地が裸地化するなど深刻な影響があり，現在もなお湿地を回復するための植生復元事業が行われている．しかし，その一方で，人為によって地域の自然が維持，管理されてきた自然地では，生活様式の変容にともない耕作放棄や管理放棄が問題化している．例えば，阿蘇（図）では放牧，採草，野焼きなどの伝統，技術が失われつつあったことから，技術の伝承，地域の人と自然との関わりを維持，再創造する活動が行われている．

図 草千里ヶ浜（阿蘇くじゅう国立公園）

自然観光地における問題の二つ目は，自然体験の劣化である．例えば，キャンプファイアによって地面に焚き火の痕が残り，その痕跡が他の利用者に不快感を与えることがある（Shelby et al. 1988）．また，人が多数存在することで混雑や渋滞が生じ，静かに自然を楽しめない，自然観光地がもつ野趣性が低下する，といった事態が起きる．さらに，団体旅行者が一列歩行せずに道を塞ぐような状況下では，他の旅行者に不快感を与え，人どうしの軋轢を生じさせる．そのほか，奥深くへと分け入った自然のなかに，不釣り合いな人工施設，駐車場などがあるような場合には，過剰整備といった状況も生じる．それゆえ，自然観光地では，自然体験が劣化しないよう，人どうしの軋轢を低減し，自然が本来もつ野趣性の保持に努めなければならない．

自然地の観光振興　日本三景のように古くから名所として機能してきた自然地がある一方で，先に触れた通り，その価値が認められて自然公園や名勝，天然記念物，世界遺産などに指定されるものがある．しかし，いったん，その価値が認められると魅力的な観光対象として知名度が向上し，来訪者数の増加といった旅行者の量的拡大，はじめての来訪者の増加といった旅行者の質的変化に対応することが必要となる．それゆえ，自然地において観光振興を図る場合，地域の持続可能な発展に向けた目標，取り組みの中心に環境保全をおくことがきわめて重要である．サステイナブルツーリズム（sustainable tourism），エコツーリズム（ecotourism）の概念のなかにはこうした環境保全の考え方が導入されており，観光と地域のあり方を考えるうえで参考になろう．

自然地の観光計画　自然地において旅行者を受け入れるためには，想定される来訪者数に応じて案内標識や駐車場，歩道，公衆トイレ，ビジターセンターやインフォメーションセンターなどの施設に関して整備水準，管理水準を決定しておく必要がある．米国では原生自然を原生らしく保つための管理水準を決定するために Recreation Opportunity Spectrum（ROS）というレクリエーション計画概念が採用されており，国有林および土地管理局の土地管理計画に導入されている（八巻ほか 2003）．端的にいえば，原生自然は人工的な環境から遠ざけ，来訪者どうしの遭遇，出会いの頻度を低くし，原生的な自然環境がもつ野趣性を維持しようとする考え方である．また，過剰利用にならないように，魅力的な自然資源のある観光拠点の収容力を検討しておくことが望ましい．実際の自然地においては，博物館や遊園地のように直接的に来訪者を規制し調整することは技術的にも，費用対効果の観点からも困難であるが，駐車場の規模を適正に設計することによってある程度は観光拠点に到達する来訪者数を調整することができる．さらに，自然地において来訪者が自然を楽しめる方法論についても検討しておく必要がある．地域の魅力や個性を再発見し，地域住民が地域の自然の価値を共有するための地元学の創設，地域の自然の特徴や変化を知るための自然環境モニタリング調査の実施，自然解説を行い，現地を案内するガイドの活用は，来訪者の自然体験の質を高め，自然地の観光振興に寄与する仕組みとして期待できる．

〔山本清龍〕

文献
武内和彦ほか編 2001『里山の環境学』東京大学出版会, 257pp.
畠山武道 2001『自然保護法講義』北海道大学図書刊行会, p.88.
八巻一成ほか 2003「山岳自然公園における ROS 概念を用いた地域区分手法」日本林学会誌, **85**(1)：55-62.
Shelby, B. et al. 1988 User standards for ecological impacts at wilderness campsites. *Journal of Leisure Research*, **20**(3)：245-256.

5.15
都市の観光振興

都市の観光振興の今日的意義　ロンドンやパリ，ローマ，京都をはじめ「観光都市」として定着している都市は国内外を問わず数多い．こうした都市だけでなく，いまやあらゆる都市で観光振興が重要な意義をもつようになっている．それはなぜだろうか．

企業立地や人びとの居住場所の選択肢が広がり，条件や環境のよい都市を求めて流動性を高めている．そしてその流動は，いまや国際的に展開される．このため世界中の都市が，企業や定住人口はもとより，ビジネスや観光，買物などを目的とした交流人口確保にしのぎを削っている．それは企業の立地や定住，交流人口の確保が，持続的，安定的な都市経営の基本条件となるためであることはいうまでもない．特に日本は人口減少社会に突入し，大都市であってもいずれ人口減少が予想されているなか，都市規模を問わず交流人口の確保は重要な課題となっている．都市の観光振興が政策的に大変重要な意義をもつ背景のひとつはここにある．

要は多数の選択肢から人びとに選別して住み訪れてもらうとともに，その都市に会社や商いを構えること，住まうことなどにメリットを感じる魅力的な都市づくりと，それと連動した戦略的なシティセールスへの取り組みが重要となるが，それは観光振興の取り組みと同軸にあるのである．

もともと都市とは，その周辺地域を含めた，多様な人びとの営みを支え，それに起因するヒト，モノ，カネ，情報が集積し，交易・交流する場ととらえることができる．都市の魅力は集客性と不可分であり，魅力的な都市づくりのひとつの方向は，交易・交流の活性化，集客力向上におかれるべきものともいえる．

また多くの都市が，旧市街地の機能の低下や，中心市街地の疲弊などの深刻な問題を抱えている．これらの歴史的な資産や集客性を活かした，リノベーションや活性化を図るときに，観光や集客をキーワードにした方策が有効となる．こうした面でも都市の観光振興は重要な役割をもっている．

都市ならではの観光振興計画策定の視点　都市の本質がヒト，モノ，カネ，情報の交易・交流する場とすれば，来訪目的はビジネス，買物，会合，芸術文化活動など，実に多様である．純粋な観光客だけでなく，こうした多様なビジターを誘致していく視点が欠かせない．そして宿泊，交通，観光・レジャー関連の産業はもとより，商業，文化，業務，MICE関連などを含め，ビジターズ産業としてとらえ，その振興を図ることが前述した都市の観光振興の意義に適うことになる．

一方都市は，広域的な観光の玄関口となったり，周辺地域の宿泊基地としての位置づけをもつことも多い．日本は訪日外国人観光客誘致を国策の柱のひとつに据えているが，特に外国人観光客にとって，都市は交通，情報面で重要なゲートウェイとなっている．都市の観光振興にあたり，周辺地域との関係性やこの役割を意識しておくことが重要である．

都市の観光振興戦略

①歴史的街区の保存と都市開発戦略　国内外の都市は，時代の変遷に応じて周辺地域はもとより国内外から富や文化を結集し，それを大事に蓄積してきたところが多い．こうした文化財は，当該都市のみならず国民の，場合によっては世界の重要な財産となっており，貴重な観光資源である．来街者を圧倒するような建造物や歴史的な町並み，産業遺産となっているような構造物は，都市の観光資源の中核をなすものである．一方で現代の最先端の技術で形成された都市は，「摩天楼」「100万ドルの夜景」などとよばれ，それ自体が近代文明の象徴といってもよいだろう．

観光客にとっては，この両面性に着眼し歴史的街区をきちんと保存し，現代的，都市的

な用途として活用しながら，歩いてめぐれる界隈性を作り出していけるか否かが，都市観光の成否を決定づける要素となる．

また多様な建築物や構成要素が混在する都市空間で，都市の美観を整えていくことや，都市の顔となっているような景観を保全していくための都市景観施策が，観光振興において重要な役割を演じる．

② MICE 誘致戦略　純粋な観光目的以外で，都市の観光振興上，着眼すべき第一のビジターは MICE である．MICE とは，meeting（会議・研修），incentive travel（報酬・招待旅行），convention，conference（国際・学術会議），exhibition，event（展示会やイベント）の頭文字をとったものである．これらの積極的な誘致を図るプロモーションと，円滑な催行のための各種サポート，ビジターの受入れや観光振興につないでいく施策などが戦略の基本となる．

③文化事業などとの連携戦略　一流の芸術，文化の鑑賞，機会によってはこれらの活動に参加することも都市ならではの知的な楽しみである．ロンドンでいえば大英博物館，パリのルーブル美術館，ニューヨークのブロードウェイ，ウィーンのオペラ座などは，その都市の観光あるいは文化の代名詞ともなっている．ミュージアムやコンサートホール，劇場などでの展示や催行を，都市観光の重要な要素ととらえ，こうした情報を的確に発信し来街の動機づけとしていくことや交通，誘導を図っていくことが戦略の基本となる．

また映画館やスポーツの観覧なども，人口集積地である都市ならではのアクティビティとなる．都市空間を舞台にしたマラソンなどのスポーツイベントは，それ自体が大きな集客力をもつとともに，テレビ放映などを通じてその都市の魅力を伝え，好イメージを発信することにつながるため，戦略的に誘致を図っている都市も少なくない．

④商業，娯楽を活かした集客戦略　常に流行の先端を追い多様なライフスタイルを希求していく消費機会も，都市ならではの集客資源である．遠方からこうした商空間への来街を図るためには，多種多様なモノが揃っているとともに，ライフスタイルの差別化，個性化に向けた新しい提案がなされる，いわば商業空間への情報性，文化性の付与が不可欠である．この情報性，文化性を帯びて提供されるモノのなかで，「食」の魅力の創出，発信は都市観光の魅力に直結する．また多様なビジターの宿泊に着眼すれば，安全かつ魅力的なナイトライフの提供戦略も重要である．

一方，人口集積地である都市ならでは経営的に成立するような遊戯施設やテーマパークなど都市型娯楽（エンターテインメントアトラクション）も，都市の目玉的な観光資源である．その一環で言及すると，都市経営上の集客核としてカジノを戦略的に位置づけている都市も少なくない．日本でも 2018 年に IR 実施（統合型リゾート）法が成立した．

⑤交通・誘導戦略　都市の観光振興にあたり，モータリゼーション対応の都市交通が阻害要因となりやすい．特に都市内部の公共交通機関が整っていない地方都市では，交通手段として車への依存度が高く，観光車両による交通渋滞などの問題も発生している．適切な規模の駐車場を外縁部に配置するとともに，回遊バスおよび運河などを活かした船舶などを運行したパーク＆ライドシステムの導入，そして旧市街地などでは道路拡張などを行わずに歩いてめぐるなどの複合的な交通戦略が望まれる．

⑥シティセールス戦略　犯罪，事故，災害にあう危険性が小さい安全な都市を作るとともに，前述のような戦略により都市文化を享受できる条件を整え，そのうえでそれらを総合した良好な都市イメージを発信していくことが求められる．

（熊谷圭介）

文　献

熊谷圭介 2008「都市と観光振興」日本観光協会編『観光実務ハンドブック』丸善，pp.46-86．

5.16 農林漁業と観光振興

農林漁業と観光　農業，林業，畜産業，水産業は栽培や造林，飼育，養殖，捕獲といった方法によって人類の生活に必要な資材を生産する産業である．地球温暖化など地球規模の環境条件，短期から長期にわたる時間の長さの天候，気候など環境条件の影響を受けやすく，自然生態系，農業生態系に強く依存した産業ということができる．人が必要とする資材を生産するため，自然の恵みを収奪的に利用するという性格を一部にもつものの，国民生活や国民経済の安定に重要な役割を果たしている．日本学術会議は農林水産大臣からの諮問に対し，2001年に農業と森林（日本学術会議2001）について，2004年に水産業と漁村（日本学術会議2004）について，それらがもつ多面的機能を整理して答申しており，その役割を理解できる．特に，産業を通じた地域の社会と固有の文化の形成，保健，レクリエーションの場の形成，来訪者に対する快適な環境の提供は，旅行者にとっての魅力，誘因要因になっていると考えられる．

農林漁業に対する関心の高まり　農林漁業体験が求められるようになってきた背景はいくつかある．まず，近代における生活の質の向上，余暇時間の拡大，レジャーを重視する志向の高まり（観光庁2012）は，人が農山漁村に足を運ぶ余裕と志向を生み出し，農林漁業が営まれる場における体験活動，学習機会の増加を後押ししていると考えられる．また，地球環境問題への危機感に加え，食料，森林資源，海洋資源の世界的な減少，枯渇，生産と消費の分離，食料自給率，国産材の利用の低下を背景に，二酸化炭素の吸収源であり，資源を供給する農地，森林，海に注意，関心が向けられてきたこともある．さらに，仕事と生業の分業化が進むなかで，森里川海が生み出す生活物資，例えば，薪炭，稲藁，貝殻などが利用されなくなり，人が地域の自然の維持，管理に関与しなくなってきたことも大きな問題である．すなわち，自然体験や自然遊びの減少（仙田1992）という都市部にとどまらない問題が生起するなかで，農山漁村においても自然に対する人の関与は弱くなってきており，人と自然の関係性の再構築，希薄化した農林漁業へのつながりの強化が求められてきたと思われる．加えて，農林漁業の経営の不振と担い手人材の不足，地域社会の衰退などを背景に，農林漁業を営む現場や管理者の側においても地域資源の循環利用や適切な管理の必要性が認識され，体験をともなう学習機会の確保に至ったと考えられる．

観光対象としての農林漁業　宮本常一は『海人ものがたり』（宮本1990）のなかで観光海女に触れ，「…．いずれにしても，人の働く姿が，観光対象になるようになったということは，その職業の衰亡を物語る以外に何ものもないであろう」と，生業の観光対象化と衰亡とを関連づけて語っている．事実，海女，海士は後継者不足が指摘され，衰亡の危機に瀕しており，日常における生業としての行為，活動が非日常，異日常へとその位置づけを変えるにつれて，観光対象としての価値が高まってきていると理解できる（図）．また，初等中等教育において修学旅行の学習素材として農林漁業が取り上げられてきたことも農林漁業の観光対象化を促進した要因と考えら

図　海女の素潜り実演（岩手県久慈市小袖）

れる．例えば，2002年以降の小中学校の教育現場における「総合的な学習の時間」の本格導入，2003年の「環境の保全のための意欲の増進及び環境教育の推進に関する法律」の施行は農林漁業に関する教育の実践を大きく後押しした（山本2014）．2018年現在，各地域に設立されたグリーンツーリズムの推進協議会などの組織をみると，その定款の目的の項には修学旅行の受入れ，教育旅行の受入れといった記述を数多く確認でき，農林漁業体験を志向する旅行者の受入れが進んできたと考えられる．

六次産業化と農商工連携 グリーンツーリズムのほかに，近年では六次産業化といった言葉も用いられている．六次産業化とは，農林漁業者（第一次産業）などが単に農林水産物を生産するだけでなく，加工（第二次産業）や販売あるいは観光などのサービス（第三次産業）とともに，農村にある資源を活用しながら一体化して提供していくことであり，相乗効果の意味を込めて第一次産業の1，第二次産業の2，第三次産業の3のそれぞれの数字を乗じて$1 \times 2 \times 3 = 6$として六次産業化と呼称されている．2010年には「地域資源を活用した農林漁業者等による新事業の創出等及び地域の農林水産物の利用促進に関する法律」（略称は「6次産業化・地産地消法」）が公布，施行された．六次産業化に類するものとして農商工連携があり，両者ともに産業政策として推進される国の施策であるが，六次産業化は農林漁業者が主体的に経営改善を行う点により力点がおかれている（宮地ほか2014）．

農林漁業における観光振興の課題 農林漁業を通して地域をみることは，人がその土地，自然とどのように向き合い，社会，文化を形成して暮らしてきたかを知る大きな手がかりとなる．例えば，水田の水路網から歴史を知ることができる．また，森林景観は生産される木材用途によって生み出され，地域によって個性をもつ．さらに，三陸沿岸部の漁業集落では，隣どうしで漁具のよび名が異なり，漁撈唄にも地域の固有性が残る．こうした地域特性を支えているのは，いうまでもなく，日々の自然への関与の繰り返しである．それゆえに，観光対象化するとなると克服すべき課題も少なくない．それは，過度な企画開発競争と価格競争，もてなし疲れ，品質管理と評価の欠如，市場の未形成，人材育成の遅れ，中間支援組織の不在などであるが，忙しい生業の傍らで来訪者を受け入れなければならないというジレンマであり，これは農林漁業が観光を志向したときからすでにある大きな課題ともいえよう．

農林漁業と観光振興の親和性 東日本大震災後は，三陸沿岸部の復興食堂が賑わいをみせ，地域の食を楽しむ行為が震災復興，観光振興を後押ししたことは記憶に新しい．古くから，地域の食材を購入でき，食を楽しめる場所として市場，産直，農家レストランがあり，近年は，フードツーリズム，飲み・食べ歩きのイベント"バル"など，より観光を意識した楽しみ方の提案も行われている．こうした食にとどまらず，農林漁業が育む地域固有の生活文化は五感で楽しめる要素が多く，観光との親和性が高い． 　　　　（山本清龍）

文献

青木辰司 2010『転換するグリーン・ツーリズム―広域連携と自立を目指して』学芸出版社，pp.10-26．

観光庁 2012『観光白書 平成24年版』pp.29-63．

仙田 満 1992『子どもとあそび―環境建築家の眼―』岩波書店，205pp．

日本学術会議 2001「地球環境・人間生活にかかわる農業及び森林の多面的な機能の評価について」（答申）

日本学術会議 2004「地球環境・人間生活にかかわる水産業及び漁村の多面的な機能の内容及び評価について」（答申）

宮地忠幸・高柳長直・中川秀一 2014「農村の6次産業化―期待と論点―」地理，**59**(3)：16-23．

宮本常一 1990「海人ものがたり」谷川健一編『日本民俗文化資料集成第四巻―海女と海士』三一書房，pp.43-44．

山本清龍 2014「巻頭言―森林環境教育に関する研究を特集とした経緯」（特集「森林環境教育の歩みと実践研究」）日本森林学会誌，**96**(1)：12-14．

5.17
食の観光振興

地域と食文化　地域とは都市部であれ，農山漁村であれ，先人から受け継がれてきた暮らしと営みの場であり，さまざまな文化や歴史が蓄積した場所である．日本列島は，北は北海道から南は沖縄まで，気候や風土はさまざまに異なり，海沿いの町，山地，平野部など，それぞれの地理的条件や歴史性の違いを背景に，地域それぞれの食文化が形成されてきた．そうした違いを基層としながら，日常においては四季折々にその土地でとれるものを家庭の食卓で食してきた．また祭りのときなどにはハレの料理が用意され，農耕や漁撈，自然の恵みに感謝を捧げながら，地域でずっと生きてきたのである．

ところが日本人は，さまざまな外来のものを取り込み，自分たちのものに改変して定着させるのが昔から得意であった．古代には中国から豆腐や味噌，醤油など，伝来したものを日本風にアレンジし適応させてきた．南蛮貿易の時代には，スペインやポルトガルなどから天ぷらやカステラなどの食文化を移入し，明治以降にも西洋料理を大いに取り込んで日本風にアレンジしてきたのである．

さらに戦後の経済の高度成長期以降では，さまざまな国の食文化が直接日々の暮らしに取り込まれ，また外食産業においても，そうした取り込みや変革が日夜行われている．同時に昔は家族で囲む食卓であったはずであるが，個食の時代といわれるように，銘々が好きな時間に食事をしたり，必要以上に発達した冷凍食品やインスタント食品に囲まれながら生活している状態である．地域独自の食文化が消え去ろうとしていること，日常の食が衰退していることは，実は観光の食への感受性も乏しくさせる方に作用している．

マスツーリズムの弊害　そうしたなか，観光は日常から離脱し，ストレスを開放するものでもあるため，なかでも食事に重きがおかれてきた．いわゆる上げ膳，据え膳で豪華な食事をとること自体が観光と思われてきたように，多くの場合食事が旅の目的のひとつとされてきた．例えば経済の高度成長期以降の団体旅行では，大人数で宴会し，親睦することが目的であったため，宴会料理は自ずと大人数で規格の揃うものが用意され，料理の大半は食事が始まるときには供されて冷めており，二の膳，三の膳といった豪華さこそが基準であるというような状態が続いた．ただそこにはそれぞれの地域に伝わる食文化は存在しにくく，地域の食材も仕入れ単価やまとまった数量確保の問題などでほとんど扱うことができず，地域に由来の少ない華やかさだけが演出されていったのである．

またその後に団体旅行の単価が徐々に下がり，1泊2食で1万円を下回るようなツアーも数多く実施され，諸経費を除けば食材にかけられる経費は限られたものとなっていった．時を同じくして食品加工業界もさまざまな製品を開発してきているが，例えば建設工事の世界で，現場でコンクリートを打設するのではなく，すでに工場で製品化している建設資材を「二次製品」とよんで使用し工事の効率的が図られてきたが，料理の世界でも「食の二次製品化」とでもいうべき製品をさまざまに用いることができるようになった．要は袋から取り出し，切って並べるだけで一連の会席料理風のものを提供することも可能となったのである．こうした状況は，マスツーリズムで歪められてきた食の側面でもあり，いわばマスツーリズムの弊害であるとみることもできるのではないだろうか．

グルメブームとの関係　これまでみてきたのは旅館やホテルにおける食の状況であったが，同時にみていくべきもののなかにグルメブームの存在がある．前述したように，さまざまな国の料理が取り込まれ，日々目新しいものを大衆は求めているとされている．同時

にインターネットの普及によりさまざまな情報がたちどころに入手できるようになり，食の情報は巷にあふれている．また多くの人が外食をする際にこぞって写真を撮り，SNSなどにアップして情報を拡散している．このような状態を「グルメブーム」と称しているが，こうした時代のなかでの食にまつわる観光振興を考えるとき，即効性だけを考えれば，観光地の食においても話題性のあるもの，目新しいものを提供するのがよいということになる．ただ長期的な視野に立てば，それは実は持続可能なものではなく，また消費者の食に対する本物志向や食の安全安心への関心が年々高まっているのも事実であり，観光振興と食の本質は別のところで追求しなければならない．

それぞれの時代のグルメブームとうまく付き合いながら，観光振興において実をとりつつ，大きなトレンドとしては，食の安全性を担保し，地域の食文化や地場の食材を掘り起こし，さらには伝統野菜の復活や伝統的な調理法の再興なども試みられるべきであろう．そうしていまの時代に合う方法で食を通じて地域性を表現していくことも大切なアプローチではないだろうか．

インバウンドへの対応 国が目標として示してきたインバウンド観光客3,000万人時代を迎えて，この数の増大傾向はさらに拍車がかかると考えられるが，インバウンド観光の大きな市場性に期待しつつも，このブームに関してもいくつかの留意点が存在する．

まずインバウンド観光客を迎える際に，従来の団体旅行のときの轍を踏まないように，足下の食文化や地場の食材，調理法を磨き直すことである．インバウンドにおいても数で勝負するのではなく，地域にあるものを磨き，表現して，次のリピートにつなげなければならない．また大都市に古くからある「市場」などでも，インバウンド観光客が大挙して押しかけ，長年培ってきた雰囲気や商品構成がインバウンド向けに変容している事例も見受

けられ，それぞれの市場の歴史性や大切な顧客を失いかねない状況も出てきている．

また和食はユネスコ無形文化遺産に認定されたが，和食本来の持ち味，季節感，ヘルシーさを大切にしながら，本物の和食でその本質を伝えていかなければならない．けれども同時に，さまざまな国から食文化や宗教が異なる人びとがやってくることを考えれば，周到な準備も必要となってくる．例えば，イスラーム圏からの顧客に対しては，ハラール食品を用意するだけでなく，味噌や醤油などの調味料もアルコールフリーのものが必要とされることもある．また欧米諸国や台湾ではベジタリアンの割合が高く，先進地のベジタリアン料理を研究しながら，地域で多彩なメニューを用意することも必要であろう．

地域性を表現するには 宿泊施設での食事や，インバウンド対応について述べてきたが，観光地における食自体も再検討の時期を迎えているかもしれない．具体的には，「観光地価格」などとよばれるように，観光地の食の単価は高止まりしやすく，手軽なもの，低廉なものとなれば選択肢は意外と狭まってくる．さらにいずれの観光地も滞在時間を延ばすことがこれから必要であるが，そのためには早朝から深夜に至るまで，それぞれの地域らしさの食の提案を地域の住民と観光客に同時に行うべきであろう．

土産品は，賞味期限，品質保持期限という制約もあるが，地域で普通に食されているものと土産品との乖離がまず存在し，空港や道の駅などで販売されているものも含めて，クオリティをもっと高めなければならない．食の観光振興に必要なことは地域性の表現である．地産地消などで地場の食材を用いるのも大切なことではあるが，世界の食のトレンドは地域性に加えて調理法にある．定番商品にしがみつくだけでなく，常にイノベーションを心がけ，顧客の声に耳を傾けながら食の観光振興を図っていくことが求められている．

（米田誠司）

5.18 国際交流を生かした観光振興

観光は平和へのパスポート 「訪日外国人旅行者1,000万人」を目標に2003年に始まったビジット・ジャパン・キャンペーン（VJC）の実施以降，順調に伸び続けた訪日外国人旅行者数は，2013年に1,000万人を超え，いまや3,000万人に迫る勢いである．インバウンドの好調時にこそ，国際観光の根底にある1967年国連「国際観光年」でのスローガン「観光は平和へのパスポート Tourism, Passport for Peace」を再確認したい．それは，民族，国家の枠，境を越えて，異なる文化の相互理解が世界平和へとつながるという考えである．

姉妹都市 自治体が行う国際交流の施策として，数多く展開されているのが姉妹都市（友好都市などと表す場合もある）である．全国の姉妹都市提携に関する情報を収集している自治体国際化協会によると，日本初の姉妹都市は，1955年に長崎市と米国セントポール市との間で結ばれたものであり，その数は2018年10月1日現在，全国で1,734組となっている．姉妹都市の要件として同協会は，①両首長による提携書があること，②交流分野が特定のものに限られていないこと，③議会の承認を得ていることの3点をあげている．また，同協会の姉妹都市の交流事業などの実績に関する調査によると，2015年では，教育分野（727件）がもっとも多く，行政分野（512件），文化分野（224件），スポーツ分野（122件）となっている．どの分野においても，具体的な事業内容の多くは，○○団の派遣，受入れであり，現実に人の往来＝観光の種となっている．さらに，国内での人の移動，加えて海外からの来訪につながる事業を組み合わせることで，大きな観光交流が生まれ，花咲くことを期待する自治体も多い．

最近の姉妹都市の取り組み例として，2014年の米国ハワイのホノルル市と提携した神奈川県茅ヶ崎市をあげる．湘南は海，サーフィンのイメージが強く，茅ヶ崎にハワイのイメージを重ねる人が多い．茅ヶ崎では，戦前の1920年代にはサーフィンが楽しまれていたとされ，1965年の日本サーフィン連盟発足の翌年すでに神奈川支部の核として活動が始められていた．海岸では年中サーフィンを楽しむ姿が見られ，暮らしに根づいている．茅ヶ崎では，2003年に商工会議所に茅ヶ崎アロハ委員会が発足，委員会の活動によって，同年，国の「クールビズ」（2005年）に先立ち「アロハビズ」が始められ，そして，2004年からは海岸でのイベント「アロハマーケット」が開催されるというように，一気にハワイが際立つなか，第1回「アロハマーケット」にオアフ観光局（現ハワイ州観光局）職員が来日した際，観光局と茅ヶ崎市観光協会の間で話題となった友好ビーチ提携が，その後，民間，行政が相互訪問を重ねるなかで，姉妹都市提携へとつながっていった．姉妹都市となった年から茅ヶ崎市では，さらに各種関連事業が活発に展開されている．そのなかには，2011年から続くフラダンスの世界大会が2015年から「茅ヶ崎マカナ・フラ・フェスティバル」と市名を冠した大会として実施されるなど，国内外からの誘客を図るとともに，茅ヶ崎の名を広く発信することとなった．

国際スポーツ大会 各自治体が誘致に積極的に取り組む国際スポーツ大会は，観光振興の分野でさまざまな効果を生み出す．例えば，1994年，広島アジア競技大会では，広島市では公民館を中心とした「一館一国応援事業」が展開された．市内の公民館それぞれが一つの国や地域を受け持って，その国の歴史や文化などを学び，理解し，市民の国際感覚を高めることを目的としたものである．この事業から始まった交流は，いまなお，小学校などで引き継がれている．この運動が，1998年長野冬期オリンピックでは学校ごとでの「一

校一国運動」となり，国際オリンピック委員会からの評価を受け，2000年シドニーオリンピック，2002年ソルトレークシティ冬期オリンピック，2006年トリノ冬期オリンピックの大会でも展開された．

また2002年，日本と韓国の共同開催となったFIFAワールドカップでカメルーン代表のキャンプ地であった大分県日田郡中津江村は，当時人口1,360人の快挙として注目された．選手団の到着が4日遅れたことが毎日ニュースで紹介され，全国にその名を知られることとなった．さらに，村民による温かなおもてなしの数々がカメルーンの選手たちを喜ばせたことも好意的に報道された．それは，花壇に黄，赤，緑の花で作られたカメルーン国旗であったり，カメルーン国歌演奏の練習をする子どもたちであったり，何よりも村民の楽しそうな顔であった．その後，中津江村は合併して日田市となったが，中津江村は，住居表示にその名が残ることになった．

民間による国際交流 国際交流は国と国の交流であるが，何よりも人と人の交流である．人と人の交流は，文化の交流，暮らしの交流である．神奈川県藤沢市の寿司店さつまやの寿司教室では，外国人が日本食の代表である寿司づくりを楽しんでいる．英会話講師でもある寿司屋の若女将が，英会話の仕事を家業に活かしたいと始めたことだが，当初は日本で暮らす外国人が参加，県や国の訪日外国人向けのモニターツアーに組み込まれたり，またその様子をホームページで発信したりしているうちに，個人旅行（FIT）の外国人から直接申し込みが入るようになってきた．寿司教室では，ベテラン寿司職人の目利きによる魚が用意され，包丁の使い方から教えてくれる．また，日本人も一緒の教室は，日本人にとっては自身の英語を磨く機会であり，寿司だけでなく，自分たちの暮らしについても外国人と話が弾み，教室は和気あいあいとした雰囲気である．2009年から続くこの教室には，これまでに延べ約25カ国の訪日在外国

人が参加している．本物の日本食と，普段着の日本人との交流が，外国人をひきつけている．

2020東京五輪はホストタウンで　オリンピック・パラリンピックは，大会に参加する国・地域との実りある交流を生む舞台となる．2020年の東京大会では，地域の活性化などにつなげようと，人的，経済的，文化的な相互交流を図る地方公共団体をホストタウンとして国が支援する事業が進められている．ホストタウン推進要綱（2015年9月）にはホストタウンの登録の要件として，住民たちと，大会などに参加するために来日する選手たち，大会参加国・地域の関係者，日本人オリンピアン・パラリンピアンとの交流，その交流にともない行われる取り組みを図る地方公共団体としている．2017年11月時点で，211件が登録されている．東京大会のホストタウンの特徴は，事前合宿の受入れは必須要件でなく，大会出場後の交流でもよいとしていることで，「事後交流」型ホストタウンを後押ししている．地域のグローバル化，活性化，観光振興などへとつながる大会前後を通じた継続的な取り組みを目指している．広島アジア大会の「一館一国応援事業」から引き継がれる市民レベルの交流で，オリンピック・パラリンピックを盛り上げ，地域の活性化などにつながることを期待したい．

「観光は平和へのパスポート Tourism, Passport for Peace」を後世につないでいくことに国際交流を生かした観光振興の意義がある．

〔鷲尾裕子〕

文献
坂本　休 2002『カメルーンがやってきた 中津江村長奮戦記』宣伝会議．
自治体国際化協会 2015「平成27年度姉妹（友好）提携自治体の活動概況について）」
内閣官房東京オリンピック競技大会・東京パラリンピック競技大会推進本部事務局「ホストタウンの推進について」（http://www.kantei.go.jp/jp/singi/tokyo2020_suishin_honbu/hosttown_suisin/index.html）（2018年3月閲覧）

5.19 リゾート計画

リゾート計画とは リゾートとは，しばしば通うという行為が転じてしばしば訪れる場所とされている．つまり，リゾート地とは，しばしば通い，数日滞在して避暑や避寒，スキー，ゴルフ，海洋性スポーツなどを楽しんだり，観光対象を鑑賞する地域と定義されている．別荘地などがその典型であり，温泉地も同様な側面がある．しかしリゾート地における活動は多様化しており，利用者が日常生活を離れてしばしば通うところならばすべてリゾート地・施設となり，活動内容は自由である．リゾート計画とは，そうしたリゾート地や単独の施設を造る計画である．

リゾート計画の歴史 現存する日本最古の別荘といわれる平等院のある宇治も，江戸の根岸なども当時は別荘が多い地域であった．日本で一番有名な別荘地である軽井沢の嚆矢は明治時代外国人に許可された20の観光目的の旅行ルート上にあった地域のひとつであり，そこに別荘が個々に建てられ，発展していった．日光も同様である．大正時代にも別荘ブームがあり，国民新聞が1930年に行った読者の人気投票で選ばれた「理想的別荘地」の第1位は那須の北隣にあって，東北本線の駅に近く，標高もやや高い福島県白河町（現白河市）であった．第2位は国木田独歩『武蔵野』に影響を受けた東京の保谷村（現西東京市）であったが，いまは住宅地になっており，別荘地のイメージは全くない．戦後においては蓼科や苗場など，企業が別荘地やスキーリゾート地として計画的に開発したケースはあるが，多分には自然発生的にでき上がり，変遷していったケースが多い．

ヨーロッパの場合，例えば，ニースは19世紀の後半，王侯貴族や産業革命成金たちが，地中海に太陽と料理などを求めて個々に別荘開発を行ったことを嚆矢とし，後に行政が鉄道，飛行場，コンベンションホールなどを戦略的に整備していき，今日に至っている．

特筆すべきリゾート開発は，1963年から始まったフランスの，地中海沿岸のラングドック・ルシヨン地方の開発である．この開発が成功した三大理由として，開発主体として官の規制力と民間の資金および事業・経営能力を併せ持った官民合同の第三セクターを設立したこと，そこに土地の先買い権を与えたこと，そして各拠点の計画，設計を一人もしくは一組織に委ね，統一した理念のもとでデザインされていることがあげられる．

「リゾート法」とよばれた総合保養地域整備法 このラングドック・ルシヨン開発に刺激され，日本でも1987年に総合保養地域整備法が施行され，空前のリゾート開発ブームが起きた．翌年，法適用第一号として認定された福島県猪苗代地域や宮崎県の日南海岸などは，一瞬の夢を見ることができたが，すぐにバブル経済が崩壊し，倒産に至っている．バブル期の金余りを背景に新しい収入源を求めて狂奔した企業の思惑主導であって，国民には長期滞在旅行に行けるほどの有給休暇はなく，リゾート需要はきわめて脆弱であった．

フランスでは1936年に労使の協定をもとに法で定められた週40時間労働，年間2週間の有給休暇がきっかけとなってリゾート需要が成熟していき，27年後のラングドック・ルシヨン地方の開発に結びついている．需要を喚起してから大規模リゾート開発をしたフランスに対し，需要が脆弱なまま大規模な受け皿を整備して大やけどをした日本．その結果，リゾートという言葉を二度と聞きたくないという心境に陥ったところも少なくない．その意味でこの法律の罪は国民のなかにリゾートという言葉に対するアレルギーを生み，その定着を阻害したことだろう．「功」としてその反面教師効果をあげたいところであるが，失敗がしっかり検証されていない現状では難しい．失敗を直視しないことは日本

の観光開発における最大の欠点である．

リゾート計画の作成方法　リゾート計画の作成にあたっては，リゾート需要をしっかり見極めることが基礎となる．そのひとつは長期休暇の存在で，リゾート大国フランスの有給休暇は30日であり，100％消化されているのに対し，日本は名目上18日あるがその消化率は39％にとどまっている．それを受けたフランスの年間旅行日数は，2013年で4回×1回あたり4日の計16日であるのに対し，日本は2回×2日の4日にとどまっている．この調査は筆者が設立した，観光計画を主とするコンサルタント，リージョナルプランニングが1998年から15年間行ったものであるが，その間日本の年間宿泊旅行日数はほとんど増加していない．その一方で，日本の日帰り旅行や花火見物など，細切れ余暇を活用した行楽は多彩で，今後ともこの形態が続くと予想されている．ただニセコや白馬のようにインバウンドをターゲットにしたリゾート開発は，海外資本のディベロッパーも含めてもう少し増えていくであろう．

　そうした需要を見極め，リゾート地であれ施設であれ，その目的をしっかり確認することが肝要である．リゾート地の計画にあっては，その地域の振興計画と密接に連携していることが不可欠である．リゾート施設も，地元と共存共栄を図ることが事業を持続していくうえでも重要である．そうした目的を確認したうえで，当該地域の資源条件（特に他にないよさの発見が大切）や市場・競合条件を的確に分析し，目指すべき方向性やターゲットなどを見据えた基本コンセプトおよびその達成方策を規定する基本方針を設定することが大切である．それをふまえて環境・施設計画，その整備費やその調達方法などの事業計画，完成後の運営計画を相互にフィードバックを繰り返しながら同時決定的に仕上げることが肝要である．そしてリゾート地が成熟し，「住んで良し・訪れたくなる町」づくりにつなげていくにはかなりの時間がかかるため，その間基本コンセプトと基本方針を堅持し，ぶれることなくしかるべき改善と新しい魅力を積み上げていくことがきわめて重要である．残念ながら公共が主導するケースなどでは，首長が変わることによっていままでとは異なる基本コンセプトで始められ，すべてがもとの木阿弥になった例も少なくない．

イン・ザ・ラスト・リゾート　もともとは法律用語で，最後の収まり処という意味であるが，リゾートも終の棲家を探す足掛かりとなりえよう．

　宮崎県西米良村は村全体を休暇村として八つの集落ごとに小さな宿泊施設や飲食施設，花の名所などを整備して過疎化を食い止めようと，約四半世紀にわたって基本コンセプトを堅持して頑張っている．その一つの地区に整備された小さな宿に毎月県外から泊まりに来る客がいるが，リゾートの定番といわれるような活動をするわけではなく，ふるさとに帰ったような気分で，のんびりと村民との交流を楽しんでいる．

　また北陸の小さな宿のある客は別荘を建てる場所を探していたときにこの宿を見つけ，以来40年にわたって別荘のように使っているという．宿も大切な家族のように客をもてなし，その姿を台湾からの顧客は「壱家人」と表現している．顧客ともてなす側が一つの家族のように親密な関係になっていることを意味している．いずれもリゾートの理想的な姿のひとつといえよう．

　今後，全国で急増する空き家を活用した日本独自のリゾートスタイルが形成され，地方の活性化につながっていくことが期待される．
　　　　　　　　　　　　　　　　（前田　豪）

文　献
前田　豪ほか 1990『観光・リゾート計画論』日本観光協会.
前田　豪 2008「リゾートとしての観光開発」『観光実務ハンドブック』丸善, pp.108-128.
安島博幸・十代田 朗 1991『日本別荘史ノート』pp.6-10.

5.20 観光景観計画

観光地における景観の重要性　景観とは,人間を取り巻く地形,空間,環境が,主として視覚を通して認識される形(像)のことである.「風景」や「景色」「眺め」とほぼ同じ意味であるが,どちらかといえばこれらが視(見)る主体の印象を中心とした概念であるのに対して,「景観」は,視る主体の偏った評価によらない,客観的,操作論的な概念ということができ,行政や学術などの領域で多く使われてきた.「景観」は,人びとのさまざまな観光体験にとって,その印象を左右する肝心な要素である.このため景観計画は,観光計画の根幹をなすものといえる.

景観アセスメント　古都京都における京都タワーや新京都駅の建設やその外観が,日本随一の歴史景観にふさわしいものか,その論争は広く国民の関心となった.この論争の内容についてここで論じるものではないが,自然観光地においても,歴史観光地においても,新たな開発行為による景観の改変は,観光地のイメージを壊し魅力を大きく損ね兼ねない大変重要な問題であることは間違いない.

とりわけ大きな影響をもたらす大規模開発行為に対しては,事前にその影響を調査,予測,評価する必要があり,景観アセスメントの仕組みが制度化されつつある.1999年に施行された環境影響評価法においては,「人と自然との豊かな触れ合い」という分類区分で景観アセスメントが位置づけられている.また国土交通省では,2003年にまとめた「美しい国づくり政策大綱」の具体的施策のひとつとして,公共事業における景観アセスメントシステムの確立に取り組んできた.

観光地において,人為の如何を問わず,景観が改変される事態が予測される場合に,その影響を予測・評価し,観光地全体の景観やイメージへの影響を極力抑える適切な対策をとることは基本となる.

景観把握モデルと観光景観計画の基本要素　このようなマイナスの影響を減じる方向だけでなく,観光景観計画ではより魅力的な景観を積極的に創造する視点が不可欠であり,そのためには観光地の空間,情報などを対象とした,具体的なプランニングが必要となる.

観光地において「景観を計画する」,言い換えると「景観を操作する」とはどのようなことか.それは人びとの視覚に映る地形や空間,環境を印象深く良好な状態に演出し,整えることであり,①どのような視点場(視る場所＝視点資源)を設定するかと,②眺める対象(＝対象資源)をどのように整えるか,そして③この両者の関係において視覚的に影響を及ぼす空間要素(介在物)をどのように調整するか,の3点が操作要素の基本となる.

ただし同じ眺めであっても,眺める人の文化的背景や知的情報によって「景観」は異なる.そのため,視点場や景観対象などの空間の操作とともに,それによって獲得される視覚像の価値を高めていく＝意味づけという行為(情報)も,景観計画の要点となる.

観光景観計画策定と運用の手順　観光景観計画の典型的な手順は,図1に示す通り.

①**観光地の景観調査**　計画策定の前段には,観光地の地形,空間,環境を概観し,当該観光地の景観構造を把握するとともに,歴史,文化,産業,生活などに関わる特徴的な資源の把握を通して,ランドマークなどの景観対象＝対象資源と,人口に膾炙された展望地点＝視点資源などを抽出することがまず手始めとなる.なお人びとの賑わい自体が景観の対象となっていたり,そこでのスペクテイターシップ(見る／見られるの関係)が魅力となる街並みなどは,「場の資源」として,対象資源,視点資源と分ける考え方もある.

②**現状と予測,評価**　観光地の景観の主役となるランドマーク的要素については,既存の視点だけでなく,より印象的な眺めが獲

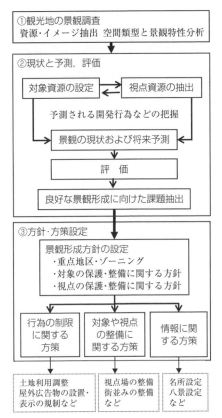

図1 観光景観計画の手順

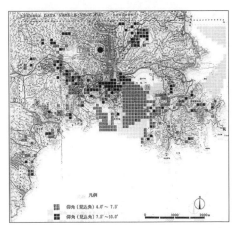

図2 景観ポテンシャル分析の例（下田市下田港）

得できる視点資源を検索するプロセスが重要となる．地元の人が知る絶好の視点をヒアリングにより抽出したり，視覚的有効指標（視距離や対象に対する見込角など）を用いて，数値解析やCGを用いる方法もある（図2）．これらの対象資源と視点資源の空間的関係を総合的に勘案し，現状および将来を見据えた景観の総合的な評価を行ったうえで，景観形成に向けた課題を明らかにしていく．

③方針・方策設定　課題への対応策を検討し，その実行のための具体的な仕組みや制度を設定する．景観保護を最優先するゾーンや，重点的に景観対策に取り組む重点地区を設定するなどのゾーニングを行うことも有効となる．対象資源，視点資源の保護と整備については，両者の間に介在する空間要素などに関する行為制限などの方策を定めていく．例えば城下町において，主役となる天守閣の眺めを視点資源から保護するために，介在する建築物の高さを制限するなどである．また観光地において屋外広告物による景観阻害をいかに抑えるかも重要な問題となり，設置場所や表示方法などの規制を定めていく．

情報で景観の価値をつける八景などの取り組み　観光地の景観の魅力向上にあたり，景観の操作のみならず，景観の価値を新たに見出したり，意味づけすることも検討する．例えば観光地において設定されている「八景」は，時間とともにうつろう視覚的な特徴と，音や声といった聴覚を組み合わせて場所の意味づけを行い，名数化することにより，観光地の景観の魅力を情報発信したものである．

景観法に基づく景観計画の策定　景観法により，景観の価値が法律的に規定され，景観行政団体が当該地域の景観の価値を保護し，高めていく取り組みを定める基本的な計画として「景観計画」が策定されることとなっている．観光景観計画もこれらに位置づけることで実効性が高まる．

〔熊谷圭介〕

5.21 観光交通計画

観光と交通計画　観光という現象は，観光客がそれぞれの居住地から目的地である観光地に来ることで成り立つ仕組みであり，ゆえに観光において交通計画は重要な要素である．また交通機関の近代化や高速化は近年目覚ましく，硬直化していた料金体系にも変化があった．一方でモータリゼーションは観光地に福と禍をもたらすことをみていきたい．

交通利用の変化　明治の半ばまで，旅は徒歩が一般的であった．五街道や脇街道を中心に人びとは歩いて移動し，宿場町は栄え，さらに海運，舟運も発達していった．明治以降は鉄道が順に整備され，鉄道や船で長距離移動する形態が根付いていった．鉄道の整備は，街道沿いに鉄道が整備される場合と避けて整備される場合に分かれた．これは次代を見据えて鉄道を誘致した場合と，従来の街道の往来や舟運が主要な交通手段であったため鉄道を嫌った場合などであった．また観光地の中心部と玄関口の駅の間に距離がある場合も同様の事情であることが多い．こうした交通機関のモードの変化はその後何度もあり，変化に対応できるか否かで観光地の命運は大きく左右された．太平洋戦争後の大きな変化はまず1964年の東海道新幹線開通であり，後の全国の新幹線整備があげられる．全国で空港が100ヵ所近くまで整備されたが，これも交通モードの変化の一例である．

旅行形態の変化　鉄道が全国に整備される大正時代には，大正デモクラシーという時代背景も相まって，大衆が自由に旅行できるようになった．同時に乗合自動車や海路も整備されていったが，その後の太平洋戦争中は自由な旅行は不可能となり，戦後の経済の高度成長期が次の変化点となった．その頃の旅行形態は，職場旅行などの団体旅行がまず主流で，鉄道と貸切バスが主要な輸送手段であったが，その後全国で東名高速など高速道路網が順に整備されていった．全国の温泉地は団体客に対応するため宿泊施設の大規模化を図っていったが，その後旅行客の趣向が多様化し，団体型から個人・小グループ型へと観光形態は変化してきた．現在でも団体型旅行と個人・小グループ型旅行は併存しているが，長距離移動は，主に飛行機や鉄道，高速バス，中・近距離移動は，鉄道，バスに加えて自家用車やレンタカーも主流となり，また観光地域内を移動するための交通手段として，バスやタクシー，場合によっては地下鉄や路面電車なども利用されている．こうした長・中距離交通手段を一次交通といい，観光地内での交通手段を二次交通と称するが，これらの連携がまず観光地では大切である．例えば，各交通機関は観光客が選択すればよいのであるが，交通計画上の問題点はそのノード（結節点）における利便性である．具体的には，ある駅で鉄道からバスに乗り換える際に，はじめてその土地を訪れた観光客や外国人にとってわかりやすくストレスのない乗換ができるか，ここがまず大切である．わかりやすいサインや地図の整備はもちろん，できるだけスムースな乗換，誘導の方法，接続時間の調整なども考慮すべき課題であろう．

交通手段ごとの役割と課題

①飛行機　前述したように日本で100ヵ所近くの空港が整備され，インバウンド観光客3,000万人時代を迎えて，航空路線の維持，拡充や空港へのアクセス改善は観光地にとって大きな課題である．特に近年運航の効率化とサービスの簡素化により低運賃を実現した格安航空会社（LCC）の進展は目覚ましく，大手航空会社はもちろん，鉄道や高速バスとの競合も始まった．このため観光地では，LCCによる新たな顧客層の開拓も見込める状況となっている．

②鉄道　前述した新幹線の登場までは，長距離運行の急行や特急，寝台列車が鉄道の

主力であったが，その後新幹線整備や他の高速交通機関の発達により，特急は，都市間輸送の特急と東京と出雲・高松間を走る寝台特急を除いてほとんど廃止された．また長距離輸送を担ってきた国鉄は1987年にJR7社に分割民営化された．ただ近年の新幹線開業に際しては並行在来線が廃止されることが多く，その在来線は地元自治体などが出資する第三セクターによって運営されているものの，苦境に立たされるケースも多い．また都市部，地方の私鉄も通勤，通学利用に重きをおきながらも，小田急，東武，近鉄など，長年観光特急に力を入れてきた事例もある．さらに近年眺めのよい区間や観光地に向けて走る観光列車も相次いで登場しており，JR九州による「クルーズトレインななつ星in九州」は3泊4日などで周遊する新しい観光商品である．一方で都市部や観光地の交通機関として地下鉄や路面電車も有効な交通手段であり，特に富山市や宇都宮市でLRT（次世代型路面電車システム）の整備や計画が行われており，今後の都市内交通で利便性の高い交通機関として注目したい．

③船舶　　高速交通機関の発達や架橋，高速1,000円制度，燃油代の高騰などにより，フェリーや旅客船の運航はずっと厳しい状況におかれてきた．ただフェリーは大量輸送能力をもち，今後も地域間の交通手段として維持されなければならない．一方離島航路は，人口減少社会のなかでさらに厳しい状況へ追い込まれているが，さまざまな制度で支えていくべきであろう．他方でゆとりのある観光としてクルーズ船も含めて船舶は可能性を秘めており，なかでも近年諸外国からの大型クルーズ船の来航は，地域で新たな観光需要を生み出しているが，一部に課題も存在する．

④バス　　前述したように，長・中距離交通機関としての高速バスは，観光地への廉価な交通手段として定着している．一方で地域における路線バスは撤退が相次いでおり，地元住民も観光客も不便を強いられることが増えてきた．また観光地においては，独自にユニークな観光周遊バスを運行するケースが増えている．

⑤タクシー　　タクシーは都市部で供給過多であり，地方の過疎地では経営が成り立たない地域が発生している．しかし二次交通として重要な交通手段であり，料金の高止まりや接遇面での課題もあるが，定額制や乗合制も含めてイノベーションが望まれる．

⑥自家用車，レンタカー　　自家用車は荷物を気にせず自由に行動でき，レンタカーも主要な空港や駅からの利用も多く，自家用車に準じた交通機関として定着してきた．ただ観光地においては週末や連休，長期休暇時に道路や駐車場が混雑し，神奈川県鎌倉市，岐阜県白川郷，大分県湯布院などでは，自家用車などの乗入れ規制の交通実験が行われてきたが，決定打はまだ見出せていない．またレンタカーだけでなくカーシェアリングの普及にも観光地としては着目したい．

⑦自転車　　昨今の自転車ブームにより，観光の交通手段として自転車を利用する人も増えており，また広島県と愛媛県を結ぶしまなみ海道では，海を渡るツーリングそのものが観光資源となった．また観光地のレンタサイクルも二次交通のひとつの方法で，周遊範囲を広げる手段として定着してきている．

歩いて楽しい環境の創出　　いま観光地でもっとも求められていることは，交通手段の充実に加えて，歩いて楽しい空間づくりとソフトを充実させることである．モータリゼーションは全国に広がり，これを前提にしないと成立しない社会ではあるが，やはり観光地で歩いて楽しい環境を創出することが重要であろう．広場や公園などの公共空間や道路空間も含めて，歩きやすさや居心地のよさを考え，何らかの車の規制はやはり必要である．そして観光における交通機関は，観光客の状況と必要に応じて，さまざまな手段が選べるということが大切なのではないだろうか．

〔米田誠司〕

5.22 観光ルート・コース計画

観光ルートと観光コース 観光ルートとは，道路や鉄道などを軸として旅行が完結するように起終点を設定し，その沿線にある複数の観光対象を「線」として結びつけ魅力をもたせたものである（図）．観光ルートには観光を主たる目的として山岳や高原などに建設された観光道路を含む場合もあるが，道路そのものではなく，広域的な観光地をつなぐ移動経路といった意味合いで用いられることが多い．一般には，広域市町村圏や都道府県などにより，広域にわたる複数の観光地をルートで結んで効果的に観光宣伝・プロモーションを行う一環で取り組まれ提案される．また，観光ルートには，街道などはじめから交通ルートとして活用されていたものに，広域連携を図って観光的な魅力を付加して形成されている場合もあり，魅力ある観光ルートはそれ自体が観光対象ともなりうる．

観光ルートが固定されたものであるのに対し，観光コースは，観光ルート上の観光対象をテーマや旅行日程，季節などに応じて取捨選択し行程として組み立てたもので，ルート上の見どころや休憩場所，宿泊地などをコースとしてどう使うかは，あくまでも提供する側の選択になる．観光地や市町村によって提案されるものや，観光バスなどを使った旅行会社のパッケージツアーのように旅行商品として提供されるものがある．

観光ルートのタイプと事例 海外における代表的な観光ルートには，ドイツの観光街道がある．ドイツ政府観光局や自治体が特定のテーマにしたがって史跡や史蹟，風光明媚な風景地などを結んだルートで，もっとも古く1927年に制定された「ドイツ・アルペン街道」をはじめ，ドイツ国内には個性あふれる150を超える街道がある．なかでも，ドイツ中世の町並み景観で知られた町を結ぶ「ロマンチック街道」や「メルヘン街道」などは知名度が高い．その他では，キリスト教の聖地への巡礼路であり世界文化遺産でもあるスペインの「サンティアゴ・デ・コンポステラの巡礼路」，米国西部の発展を促した重要な国道であり多くの映画や小説の舞台にも登場する「ルート66（U.S. Route 66）」などがあげられる．

日本においても，第二次世界大戦後，各地の山岳や高原に観光道路が整備され，高規格道路や架橋，新幹線などの交通インフラの整備を機に，美しい風景地や歴史的観光地を結ぶ観光ルートが各地に生まれた．構想から約30年をかけて建設された「やまなみハイウェイ（別府阿蘇道路）」（1964年開通）はその代表で，今日なお，九州を横断するゴールデンルートのひとつとなっている．また「立山黒部アルペンルート」（1971年開通）は，ほぼ全区間が中部山岳国立公園内にあり，ロープウェイ，ケーブルカー，トロリーバス（黒部ダム建設に用いられたトンネルを利用），黒部ダムの堰堤（徒歩移動）などさまざまな移動手段を乗り継ぎながら北アルプスの立山連峰の壮大な景観を楽しむことができる日本を代表する国際的な山岳観光ルートである．ドイツのロマンチック街道に由来する「日本ロマンチック街道」（1987年）は，長野県上田市から栃木県日光市まで，上信越高原国立

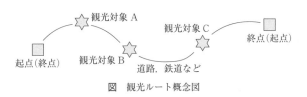

図 観光ルート概念図

公園，軽井沢，日光国立公園などの有名観光地や近世の城下町，温泉町，宿場町，門前町などを結ぶ広域観光ルートである．

その他，観光ルートには，歴史文化などより強くテーマ性を打ち出したものや沿道風景・景観をアピールしたものなどがある．前者では，古くは「奥の細道」や「四国八十八箇所の巡礼街道（四国遍路）」，街道として世界で2番目に世界遺産登録された「熊野古道」，伊勢-飛鳥-奈良-京都-大阪-神戸の各歴史都市を結ぶ「歴史街道」など，後者では米国を参考にした北海道の試みから全国的な取り組みへと広まった「日本風景街道（シーニックバイウェイ）」が代表例である．

観光ルート・コース計画の留意点　日本においても数多くの観光ルートが策定されているが，多くの旅行者に認知され親しまれるまでに普及・定着しているものはそれほど多くはない．なかにはユニークなネーミングや広域パンフレットの作成程度で事足れりとしているかのような事例も散見される．観光ルートの計画とその実現にあたっては，以下の点に留意する必要がある．

①エリア内の観光対象の評価のうえに共通のテーマ性を見出し，テーマに合致する観光地を選択してルート化すること．

②ルートの特徴がイメージしやすく訴求力のあるネーミングを工夫すること（参考例：「しまなみ海道」など）．

③道路の規格（大型観光バスが通れる規格かどうかなど）やトイレなど付帯設備の状況を把握し，必要な整備を行うこと．

④テーマにふさわしい沿道の景観に対する配慮や景観づくりを十分に行うこと．

⑤交通情報（道路標識など），観光対象についての案内情報（観光案内所や案内板）の設置や観光ルートを紹介するパンフレットやマップの作成など，観光ルートを利用するための各種情報の充実を図ること．

⑥観光ルートをめぐる目的や楽しみを付加する工夫をすること（参考例：「四国遍路」における御朱印帳，「サンティアゴ・デ・コンポステーラの巡礼路」の巡礼証明書や巡礼手帖など）．

⑦効果的なプロモーションを行うこと．

⑧市町村などが広域で連携し，持続的に取り組んでいくためのプロモーションとマネジメントの体制を構築すること（参考例：「日本風景街道」など）．

一方，観光コースが魅力あるものとなりうるかどうかは，観光ルート上の見どころや食事・休憩ポイントを選択しコースとして提供するユーザー側の工夫次第である．観光コースは寿命が短いため，旅行者のニーズや満足を充足させるためには，企画力とタイミングが勝負となる．また旅行会社との連携や定期観光バスの運行などは，観光コースの利用において有効な手段である．

個性豊かな国際観光ルートの形成に向けて　日本の国際観光ルート整備の歴史は古く，1960年代には，観光基本法（1963年制定）に基づき「国際観光地及び国際観光ルートの整備方針」を決定（1965年）し，国際観光地とともに12の国際観光ルートが選定された．近年においても，外客促進法（1997年）に基づき外客誘致を促進する国際観光テーマ地区整備が提言され，全国16地区で外客が3〜5泊程度で周遊できる観光ルートが設定されている．今日，訪日外国人旅行者が飛躍的に増加しつつあるなかで，国際的にも通用する観光ルートの整備は，外国人旅行者の国民性やニーズに応じた観光体験の提供とともに，訪日外客を地方へと誘客するうえでも，その必要性はより高まっている．　　（大隅一志）

文　献

奥山忠裕・毛塚　宏 2012「外国人観光客の動向と国際観光ルートの形成」運輸政策研究，14(4)：105-112．

日本交通公社 2004『観光読本（第2版）』東洋経済新報社，pp.235-236．

溝尾良隆 2003『観光学—基本と実践』古今書院，pp.129-133．

5.23 旅行商品化計画

旅行商品と基本的分類　旅行商品とは，広義には旅行業が取り扱う財・サービスをさし，旅行券などの有価証券類，旅行相談なども含まれる．狭義での旅行商品は，旅行業が交通，宿泊，食事，観光などの旅行サービスを単品ないしは組み合わせたもの，あるいはそれらに企画など付加価値を加えたものをさす．旅行の商品化が進んだことで，1971 年，旅行斡旋業は旅行業に改められた．

狭義の旅行商品の基本的分類は，旅行契約上，手配旅行と企画旅行に大別される．手配旅行とは，旅行業者が旅行者から依頼を受けて手配をする旅行をさす．企画旅行には，受注型企画旅行と募集型企画旅行とがある．

受注型企画旅行は，旅行業者が旅行者の希望する日程や目的地，旅行サービスの内容，料金に基づき旅程を提案・受注する旅行をいう．修学旅行や参拝旅行などがその例である．旅行会社は万一のキャンセルがあっても規定の企画料を収受することができる．

募集型企画旅行は，旅行業者があらかじめ日程や目的地，旅行サービスの内容，料金を定め，広告その他の方法により募集して実施する旅行をさし，パッケージツアーともよばれる．

受注型，募集型ともに企画旅行では，旅行業法で定められた消費者保護のための三つの責任（旅程管理，旅程保証，特別補償）が，旅行業者に課せられている．

また旅行商品は，国内旅行，海外旅行，訪日旅行に分類され，旅行業の営業種別（第一種，第二種，第三種，旅行業者代理業者など）によって取り扱える範囲も異なる．

旅行商品の企画と商品化　パッケージツアーの誕生は 1964 年にさかのぼる．当時のスイス航空が「プッシュ・ボタン」というネーミングで発売した．翌 1965 年，航空と海外ホテル，空港間送迎などを添乗員付きでパッケージ化した旅行商品「ジャルパック」が日本航空によって誕生する．1968 年には，日本交通公社（現 JTB）と日本通運による「ルック」が誕生して，募集型企画旅行の礎が築かれた．

ときは昭和の大衆旅行時代．旅行商品は画一的で，いまでいうマーケティング（市場調査）は問われなかった．市場創造や価値創出が叫ばれるようになった平成以降は，市場分析に基づいた商品企画や価格設定，販売促進が進められている．

現在の旅行商品は，多様なニーズ，客層に対応するべく，商品内容も細分化がなされている．特にパッケージツアーは流通形態によって商品特性も異なり，企画力はもちろん，主催する旅行会社の仕入れ力でも差が出る．

パッケージツアーにおける商品化のプロセスには，大きく二つの検討がなされている．

ひとつは，訴求対象を明確にしたうえでの内容検討である．過去の実績データのほか，社会経済環境や産業環境を見極め，顧客特性をよく分析して商品企画を進める必要がある．商品内容は企画会議でまとめられるのが一般的だが，プランナーのみならず，地域や特定のテーマに精通した専門家を交えて商品内容を検討することも珍しくない．リサーチをもとに造成する，モニターツアーを先行させるなどの工夫も行われている．また，ツアーのネーミング（ツアー名称）も重要とされる．

もうひとつの検討は，旅行商品を構成する素材や仕入れ先の選定である．素材とは交通，宿泊，食事，観光などの旅行サービスをさすが，海外旅行商品の場合，現地の営業ライセンスをもったランドオペレーター（地上手配会社）を通すのが一般的である．

個人と団体とでは仕入れ価格が異なり，団体割引適用は旅行業の存在価値を高めている．価格は，季節性や送客のボリューム（量）によっても変動する．また，関係機関が実施

する施策などの活用や，販売手数料も反映される．サプライヤー（供給側）との仕入れ交渉や，タリフ（料金一覧）をもとにした見積り積算でパッケージツアーの販売価格が決定する．

ちなみに，手配旅行や相談業務は，旅行業務取扱料金を収受することができる．

旅行商品の流通と販売 旅行商品の流通形態や販売活動は，旅行商品の契約形態によって異なる．

法人や団体の手配旅行，受注型企画旅行は，主に渉外営業（外部セールス）が担う．募集型企画旅行は，パンフレットやチラシ，新聞などのマスメディア，インターネットによるところが大きく，店頭やコールセンターが販売を担う．

個人の手配旅行は店頭販売や渉外営業が主流だが，インターネットによるオーダーメイド型のダイナミックパッケージやコンビニエンスストア設置の端末販売など多様化している．また，出張などの業務旅行を専門に取り扱う業態も確立され，システム導入も進んだ．欧米市場のように日本も近年，業務旅行は観光旅行と区分される傾向にある．

パッケージツアーは，一般の商品と同様に，製造（メーカー），卸売（ホールセラー），小売（リテーラー）の流通経路をたどる．

パッケージツアーの造成，販売は，大衆化の時代には製販分離が進められたが，市場が成熟して小ロットの旅行商品が増加したことから，近年では製販一体型の手法がとられている．また，他社の流通チャネルを活用した提携販売も存在する．

旅行商品化計画は，これら流通経路や販売手法を見定めたうえで進められている．

着地型旅行商品の商品化計画 大都市圏を発着する旅行商品は，旅行者の出発地の側にある旅行会社で商品企画や造成がなされてきた．

しかし近年，インターネットの普及やインフラの発展にともない，旅行会社を経由せずに，航空会社や鉄道，宿泊予約サイトで自己手配する旅行者が増えており，到着地での観光インフラが整っていないことが指摘されていた．そのため，旅行者の到着地の側で造成された旅行商品，すなわち着地型旅行商品への注目が高まるようになっている．

その担い手として期待されるのが，地域の観光資源や事情に精通した地域の旅行会社である．すでに海外旅行では，営業ライセンスの壁から，オプショナルツアーが着地の側で造成されてきたが，国内旅行においてもランドオペレーターの育成が叫ばれるようになった．そこで2013年，旅行業施行規則の一部が改正され，地域限定旅行業の登録が可能になった．

着地型旅行商品の商品化のカギは，地域密着・地域連携・地域協働，多様な地域資源の多彩な活用，人との触れ合い・交流（ガイドや住民），生活体験（滞在），自然・歴史・生活文化学習などがあげられる．

開発にあたっては，地域資源をきめ細かく掘り起こして，それらをつなぎあわせ物語性をもたせた編集や演出といった作業が必要で，従来の観光が素材を単に観せるだけの素材提供型であったのに対して，着地型旅行商品は組立加工型とよばれる．当地の魅力を伝えるためにもガイドの育成，確保が不可欠で，事業の担い手も観光事業者にとどまらず，市民や地元企業，NPOなどの市民団体，農水畜産業者などの参画が重要である．事業性や情報発信，集客体制などで課題も多いが，弘前（青森）や大阪，長崎，那覇（沖縄）などで根づき始めて，今に至る． 　　（千葉千枝子）

文　献

北川宗忠編著 2008『観光・旅行用語辞典』ミネルヴァ書房．
JTB総合研究所 2018『観光学基礎 第7版』．
JTB能力開発 2009『旅行業概論 第3版』．
羽田耕治監修 2008『地域振興と観光ビジネス』JTB能力開発．

5.24 観光情報計画

観光情報の位置 Gunn (2002) は観光を一つの社会システムととらえ，旅行市場の需給バランスが観光システムの発展に重要な意味をもつと説いた．そして，観光地の特性や資源をもとに，市場の動きに合わせた旅行商品を提供する計画の策定が必要であるとした．

図に示した五つの構成要素のひとつである観光情報は，一般的にプロモーションとともに以下の活動に関わっている．

宣伝活動：観光者に観光行動をとらせ，観光地へ誘引する組織的なメッセージの提供

支援活動：観光者の移動に必要な情報または観光地までのシームレスな案内の提供

教育活動：観光地あるいは点在する観光対象の解説などによる知識の提供

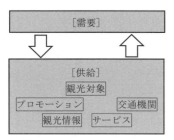

図 観光需給システムのモデル

観光情報の分類 Dann (1996) は，観光情報を入手する経路を時間軸でとらえ，以下に示す三つの軸を用いて分類した．

Pre：旅行前に入手される情報
On：旅行中に入手される情報
Post：旅行後に入手される情報

Takeuchi (2010) は，日常生活圏で入手しうる発地情報と，非日常生活圏である観光地で入手しうる着地情報という従来の分類に，人間の五感を組み合わせた分類を行っている．

○発地情報（日常生活圏での情報）
　視覚情報：書籍，広告，ウェブサイト
　聴覚情報：口コミ，ラジオ
　視聴覚情報：TV，授業，YouTube
○着地情報（観光地での情報）
　視覚情報：配付物，案内板，手話
　聴覚情報：音声ガイド，音の風景
　視聴覚情報：添乗員，ガイド
　嗅覚情報：試供品，観光地の匂い
　味覚情報：試飲，試食
　触覚情報：点字，指文字，ハンズオン

情報発信の留意点 観光情報は人間の五感によって受信されるが，多くの情報は視覚と聴覚に依存している．そのため，視覚や聴覚に問題を抱えた観光者は必要な情報を受信できず，訪問国の言語がわからない外国人観光者と同様の立場に陥ってしまう．ここで問題となるのは，障害のない人びとに比べ障害を抱える層への情報提供にはより多くの費用がかかるため，視覚と聴覚以外の経路を用いる情報提供には消極的になってしまう点である．すべての人びとに観光を楽しむ環境を整えるためには，受信経路への配慮は必要である．

また，観光情報を宣伝活動の一環として活用する場合，利益追求に重きをおくあまり事実の範囲を超えて，情報そのものが誇大広告となる危険がつきまとう．それゆえ，健全な宣伝活動を継続するには，観光者の信頼を裏切らないように，観光情報の質の向上に努めていく必要がある．

情報計画の基本 観光情報をどのように発信するかという点に関しては，潜在的な観光者の需要に対して，観光者を迎える側である観光地の組織的な取り組みが必要となる．つまり，①誰に，②何の目的で，③どういう情報を，④いくらの予算で，⑤どういう媒体を使って，⑥どのくらいの期間，観光情報を発信するのかという選択と決断が求められる．

①発信対象（誰に）　情報受信者の年齢（世代），性別，言語，宗教，国籍を決める．

②発信目的（何の目的で）　宣伝活動，

支援活動，教育活動，いずれに相当する事案か決める．

③発信内容（どういう情報を）　順路の誘導，訪問地の特定，利用案内の紹介，禁止事項の提示，解説という機能のどれを使うか決める．

④予算措置（いくらの予算で）　収入を見込むのかどうか，収入を見込むとき単年度か継続的な支出か，メンテナンスの有無などを決める．

⑤使用媒体（どういう媒体を使って）　観光地主体のプッシュ型媒体（CM, 広告）か，観光者主体のプル型媒体（ウェブサイト，SNS）か決める．

⑥発信期間（どのくらいの期間）　一時的な仕掛け，断続的あるいは反復的な販売促進，永続的な戦略のいずれかを決める．

どこから来ようとも観光者の来訪は都道府県の収益に寄与するが，外国人観光者の増加は国益にかなう外貨獲得に貢献する．外国人観光者を増やすためには，観光情報に使用する言語が鍵を握る．障害の有無にかかわらず外国人を日本に誘致するには，以下に示す観光情報（言語，記号）のどれを採用するのか，議論が必要となる．

○言語に依存する観光情報
　　日本語（日本の公用語）
　　日本語の点字・手話
　　世界の共通語（英語）
　　各国の公用語
　　各国の公用語の点字・手話
○言語に依存しない観光情報
　　記号，ピクトグラムなど

しかし，充実した観光情報を提供できるかどうかは，効果的な実施計画の有無だけでなく，予算決定の権限をもつ責任者が観光情報の重要性を理解しているかどうかに依存している点を見過ごしてはならない．

観光情報の将来　環境に優しい持続可能な観光行動によって観光対象を保護しようとしても，時間の経過とともに万物は老朽化あるいは風化し，そのままの姿をとどめ続けることはできない．それゆえ，視覚に問題のない観光者に対しては，老朽化あるいは風化する前の姿をデジタル情報に残すことで，日常生活圏から観光地へ移動してもらうことなく，インターネットなどを通じて自宅に居ながらにして観光地や観光対象を見て楽しんでもらうことができる．

また，過去の時代を演出するために当時の衣装を身にまとい，ありし時代の一幕を観光者に見学してもらう，あるいは実際に観光者に試着して当時の臨場感を体験してもらうという手法にとどまらず，観光者が訪問している観光地や観光対象においてスマートフォンなどでビデオ撮りをする際に，撮影中の映像に当時の写真，映像，アニメーションなどを背景に組み入れることのできるオーグメンテッド・リアリティも活用されている．さらにIoTの考え方に従えば，人工知能を搭載した交通機関からインターネットに接続すれば，移動しながら映像を楽しむ観光形態も可能である．

しかしながら，人間が環境を理解するうえで欠かせないのが言語による人間どうしの情報交換である．世界がどう変化しようとも，人間どうしの情報交換が言語に依存している限り，観光情報に関する研究の本質が変わることはない．さらにいえば，観光者誘致を重視するあまり，誇大広告となる可能性を秘めた宣伝活動や，観光対象の解説という教育活動を考え合わせれば，観光情報の社会的責任は重いといえよう．

〈武内一良〉

文　献

Dann, G. M. S. 1996 *The Language of Tourism: A Sociolinguistic Perspective*. CAB International.

Gunn, C. A. with Var, T. 2002 *Tourism Planning*. 4th edition, Routledge.

Takeuchi, K. 2010 A theoretical study of tourist information. In The 3rd Biennial International Tourism Studies Association and 4th Tourism Outlook conference Proceedings, University of Technology MARA, pp.391-398.

5.25
案内標識計画

　案内標識　誘導標識，表示板，案内板，解説パネル，ラベルなどを本項目では案内標識という用語で統一する．案内標識とは観光情報を発信するメディア（媒体）のひとつであり，道標や案内板などのように屋外に設置されているものと，博物館や宝物殿などの施設内に設置されているものがある．これらは，設置場所にかかわらず以下の5形態に分類できる．
　①誘導型標識（順路の誘導）
　　観光対象の順路を観光者に指し示し，観光者を目的地まで誘導するもの
　②表札型標識（訪問場所の特定）
　　店舗入口の看板と同じように，観光対象の場所を観光者に特定させるもの
　③告示型標識（利用方法の案内）
　　観光施設の入館料，開館時間，利用方法などの情報を観光者に案内するもの
　④規制型標識（禁止事項の提示）
　　禁止事項などを観光者に提示して，注意を喚起するもの
　⑤解説型標識（説明・解説の提供）
　　観光対象や展示資料について，観光者に説明あるいは解説を提供するもの
　制作準備　案内標識の制作計画を立案する場合，以下に示した作業が重要となる．
・予算計上　案内標識の制作でもっとも重要な作業は予算の確保である．しかし，観光対象の責任者は往々にして観光者誘致や観光者の消費活動に心を奪われ，経済効果と縁の薄い案内標識に予算を割くことは少ない．そのため，案内標識の充実を図るには，予算決定の権限をもつ責任者に，案内標識の重要性を認識してもらうところから始める必要がある．
・組織体制　空港から交通機関などを経由してはじめて訪れる観光地や宿泊施設まで移動するとき，案内標識がなく観光者が方向を見失うことがある．こうした事例は，①移動区間を複数の自治体が管轄する縦割り行政の存在，②自治体ごとに異なる設置時期，③設置予算の無配分などの理由で発生する．道路標識と同様，案内標識についても，各自治体と関連企業との間で事前に連携体制を整えておく必要がある．
・名称統一　同じ観光対象に対するローマ字表記が訓令式とヘボン式に分かれ，また英語を含むローマ字表記が複数存在することがある．これは，観光対象の責任者が翻訳者に依頼するたびに異なる翻訳者が担当することに起因している．責任者は，以下のいずれかの方法で唯一無二の英語名を決定しておくことが重要である．
　①発音表記型（翻訳が入らない）
　　金閣寺を"Kinkaku-ji"とする．道を尋ねるときに地元住民に理解されやすい．
　②翻訳組込型（翻訳が一部含まれる）
　　金閣寺を"Kinkaku Temple"とする．外国人にとって対象物を把握しやすい．
　③翻訳追加型（翻訳が追加される）
　　金閣寺を"Kinkaku-ji Temple"とする．外国人と地元住民に理解されやすい．
　④完全翻訳型（翻訳だけで表記される）
　　金閣寺を"Golden Pavilion"とする．外国人にわかりやすく，記憶に残りやすい．
・複数経路の確保　人間は，五感（視覚，聴覚，嗅覚，味覚，触覚）を用いて周囲の情報を収集する．案内標識の多くが視覚に依存しているため，視覚に障害をもつ観光者は案内標識から情報を得ることができず，外国人観光者と同様の立場に陥る．そのため，可能であれば，視覚だけでなく聴覚や触覚を使った案内標識の設置も予算計上すべきである．
　制作工程　武内（2003）は，案内標識の制作には三つの役割（図）が必要と説いた．左端の「責任者」は，観光対象の管理・運営に責任をもつ個人・団体を意味する．予算を確

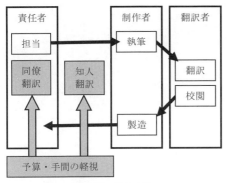

図　案内標識の制作工程モデル

保し，中央の「制作者」に対して案内標識の原稿執筆，標識のデザイン，標識の製造などを依頼する．制作者は，案内標識の原稿を翻訳する作業を自分で行うか，右端の「翻訳者」に依頼する役割を担う．責任者が翻訳を依頼する手間や予算を惜しんで，責任者の「同僚」や「知人」（灰色部分）に依頼する行為は，素人による社会的に恥ずかしい翻訳となる可能性が高く，避けるべきである．そのため，翻訳者に依頼できるよう事前に予算を確保しておかなければならない．そのとき，一定の年月が過ぎた段階で，案内標識の原稿や翻訳のメンテナンスを行う予算も見据えておくことが望ましい．

執筆者の留意点　観光対象の責任者は，案内標識の原稿を執筆者に丸投げせず，目的にかなったものに仕上がるか注意を払わなければならない．Tilden（1957）は，解説を執筆するうえで重要な六つの原則を示した．

①観光者の個性や経験に関連していない展示物の解説は，役に立たない．
②解説と情報は別物である．解説は情報から引き出された思いがけない事実をさす．
③展示物が，科学的あるいは歴史的な資料であろうと，解説は芸術である．
④解説の主要目的は，教えることではなく，観光者に衝撃を与えることである．
⑤解説とは全体像を示すことであり，個々の特徴を列挙することではない．
⑥子どもへの解説は，大人への解説の縮小版ではない．全く違う方法での解説となる．

なお，執筆者には次の事実を知らせておくべきである．

・日本語の美的表現は，翻訳を通じて外国語の表現に置き換わることで失われる．
・翻訳者に原稿を校正する権限がないため，執筆者の文章がそのまま翻訳される．

翻訳者の留意点　観光対象の責任者は，制作者が翻訳者に依頼した翻訳に注目し，以下の点を心に留めておかなければならない．

・**語彙選択**　翻訳者はプロ意識から，教養ある翻訳を追求するあまり，格式高く高度な語彙を選択しがちであるが，翻訳目的は案内標識の理解である．責任者は，誰にでもわかる平易な表現や語彙を用いた翻訳となっているか確認する必要がある．

・**校閲作業**　翻訳者がどんなに外国語に堪能であっても不自然な表現がないとはいい切れない．責任者は，完成された翻訳がその言語のネイティブスピーカーに校閲されているか確認することを忘れてはならない．

・**英語の二面性**　責任者は，英語を国際語とするとき，英語圏の人びとにはわかりやすいが，非英語圏の人びとにとってはわかりにくくなるという二面性を理解する必要がある．非英語圏の人びとにもわかりやすい翻訳が望まれる．

以上の点をふまえた翻訳を仕上げるためには，翻訳者に丸投げするのではなく，翻訳者と密に連絡をとりながら進める必要がある．

（武内一良）

文　献
武内一良 2003「展示解説に関する考察」展示学，35：7-14.
Tilden, F. 1957 *Interpreting Our Heritage*. University of North Carolina Press.

6 観光と地域

　観光を目的とした人びとが訪れることによって地域は観光地としての地位を確立していく．会津若松と日光街道の今市を結ぶ下野街道の宿場であった大内宿は，明治に入り，幹線道路や鉄道から外れたために寒村となっていた．第二次世界大戦後の経済の成長期に藁葺き屋根の民家が観光としての価値を生み，国の重要伝統的建造物群保存地区に指定され，福島県内でも屈指の観光地となった．いわゆる「時代」，交通，経済，情報，地元の人材などを背景に「観光」は「地域」の価値を生み出す．
　第6章では，さまざまな「地域」と「観光」が，どのように関わっているのかを分析する方法を考える．

写真：大内宿の景観（2014年4月，撮影：白坂　蕃）

上:八方地区の外観(2014年2月,長野県白馬村,撮影:呉羽正昭).1950年代以降に八方尾根などのスキー場開発が本格的に始まるまでは,白馬村は純粋な農村地域であった.昭和の高度成長期に多くの農家が民宿経営を開始し,その後は茅葺き屋根の家屋をコンクリート造りへと改築して規模拡大をはかってきた.近年では外国人スキーヤーの増加に対応した変化がみられる.[関連項目:6.4 農山漁村と観光]
下:保存修景集落の景観(広島県竹原市,撮影:屋代雅充)[関連項目:6.5 風景と景観(景観保存)]

第 6 章 観光と地域 273

左上:『続膝栗毛 上州草津温泉道中』(十返舎一九著) の挿画 (国立国会図書館ウェブサイトより),右上:草津の湯もみ体験 (撮影:古賀　学) [関連項目:6.6 温泉]
中:ニセコひらふ地区のリゾート中心 (2017 年 3 月, 北海道倶知安町,撮影:呉羽正昭). スキー場直下は, スキーリゾートにおいて重要な位置である. そこはスキーヤーが必ず立ち寄る場所であるため, リフトチケット売り場や飲食店のほか, レンタルスキー店, スキー学校事務所, 宿泊施設 (ホテルやアパート (コンドミニアム)), 売店などが集積している. ニセコひらふ地区では, ますます増加しているアパートメントが外国人富裕層による投資の対象にもなっているため, 不動産事務所の立地も複数みられる. [関連項目:6.9 リゾート]
左下:長野県白樺湖の景観 (撮影:池　俊介) [関連項目:6.11 観光とコモンズ]

6.1 地域開発と観光

開発と発展　「地域開発」の英語訳はregional developmentとなるが，developmentは「発展」としても訳される．「地域を開発する」か，「地域が発展する」か，日本語では主体が異なるが，ここでは両方を含める意味で開発について検討する．またdevelopmentは経済成長，近代化，資源分散の平等，社会経済的変化，空間的な変化という側面をもち，単なる施設開発より意味が広い（Hall 1994）．ここではこの広い意味で地域開発と観光の関連について考える．

地域開発の手段としての観光　ドイツの地理学者クリスタラーは都市の中心性に関する研究者として有名であるが，1950年代に観光にも触れていた．観光の主な流れは人口が多い都市部や工業地域から人の少ない周縁部の山，海，森林へと向かっていると記した．つまり，観光が人口や経済力が集中する中心地域から財源，人，豊かさを周縁地域へ分散させる力をもっていることを意味する．観光は日常生活圏を離れて行う行動なので，生活で得られている財源や収入を非日常生活圏へ再配分するのである．

しかし観光の対象地域は周縁地域だけでなく，文化資源や観光施設が集中する都市にも及んでいる．複雑な産業構造をもつ都市では観光の経済効果が限られていると思われるが，観光の発展がイメージ改善や，基盤産業が衰退した地区の再開発につながる場合がある．つまり，観光は世界中でさまざまな条件において地域開発の手段として注目されているといえる．

地域開発への貢献　観光は地域開発にどのように貢献するだろうか．観光によって先進国から発展途上国へ，各国内の中心地域から周縁地域へ，さまざまなスケールで財産や裕福が再配分されるという浸透効果をもたらす．地域の生産物を消費するような直接的な経済効果，地域の雇用誘発効果，また産業拡大による税金効果があげられる．このような効果は消費調査や産業統計に基づき計られ，旅行・観光サテライト勘定（TSA：Tourism Satellite Account）にまとめられている．

その他に観光開発は既存の道路，交通手段などの施設と，費用のかからない自然，景色，文化財，伝統などを活用しているため最初の投資が少なく，地域住民や事業者が関わりやすい業種である．また適切に管理すれば自然観光資源となる環境の保護，人文観光資源となる文化財や町並みなどの保護にも貢献する．さらに観光客のために整備するレジャー施設，博物館，レストランなどは地元の人も利用できるため生活環境が改善される．

観光開発の課題　1960年代から大衆観光が発展すると自然や田園風景，昔の町並みを求める観光者が経済開発に取り残された周縁地域に押し寄せ，また世界的規模で先進国の観光者が発展途上国の未開発地を訪れるようになった．そこで観光開発にともなうさまざまな課題が明確になり，大衆観光に対する批判が広がる．観光開発が起こす問題は多岐にわたる．まず移動は観光の必然的な一部であるが，主な交通手段である自動車と飛行機は排気ガスや二酸化炭素排出のような直接的な環境汚染，道路や空港など交通網整備のための土地利用につながる．また観光施設の整備による自然景観の破壊，自然を楽しむ観光活動による生態系への影響のような環境問題もあげられる．受入れ地域の文化を商品化してしまう文化的影響もみられる．経済的側面では需要の季節性が強いため臨時雇いやパート雇用が中心となり，地域の経済を安定させるために必要な雇用を提供されないことが指摘されている．また観光から得られる利益が地域外に流れる危険性が高い．発展途上国では特に観光者の流れ，施設の開発，観光者に提供する食品や物資は国際観光事業者によりコント

ロールされ，利益も海外に流出する割合が高い（Hall 1994）．目的地内では土地所有者など一部の人だけが利益を得る一方，道路の整備やゴミ処理，観光資源の維持などのコストは地域全体で担う不均等な構造がみられる．

このように観光はプラスの効果と，望ましくない影響との両方をもたらすが，観光が，どのように地域開発に貢献するかは地域の自然環境，人口密度と構成，観光以外の経済的活動など，さまざまな要因によって異なる．開発の計画性，行政と民間企業の役割分担，開発の主体，決定権など，開発のあり方も影響する．

観光地のライフサイクル　地域が発展する過程のなかで上述の課題が拡大し，また観光形態や流れの変化により発展が止まることもある．Butler（1980）が描いた観光地のライフサイクルによると観光地は訪問者の収容力，環境や社会の容量限界に近づいた場合，「停滞」という段階に入る恐れがある．停滞から先は衰退，安定，再生の三つの異なった方向がみられる．このライフサイクル論の意義は観光地の発展や開発には停滞という段階があり，そこから安定，再生に向かうために地域の政策，新たな投資などの必要性を指摘したことにある．ライフサイクル論の典型的な事例として英国の海岸リゾートを取り上げる研究が多い．19世紀後半から大衆化し，英国の観光に欠かせない存在となった海岸リゾートは第二次世界大戦後，地中海への海外旅行が人気となり，観光者が減る．そこでMICEの拠点として開発を進めたリゾート，キャンプ場などを揃えて家族で気軽に楽しめるリゾート，高級感を出すリゾートなどが出現した．一方，観光から脱出し，宿泊施設を通勤者の住宅や高齢者施設に再利用するリゾートなど，さまざまな対応が報告されている．

持続可能な観光と地域開発　観光地の停滞につながる観光開発の問題点が指摘されるようになり，1980年代からヨーロッパでは環境や地域社会に「やさしい（soft）」観光が提案され，すべての階級の観光者の満足，自然環境の安定，地元住民の利害の配慮という三つの要因の調整が求められた．1990年代から「持続可能な発展」の思想が登場すると観光開発による地域の発展にも適用され，次の世代への責任と世代間の平等が理念として導入され，「持続可能な観光」（sustainable tourism）という概念が定着した．世界観光機関（UNWTO）によると持続可能な観光は次の三つの要因を含める．①自然遺産と生態的多様性の保護に貢献しながら環境資源を最適に利用する要因，②受入れ地域の社会的・文化的真正性を尊敬する要因，③貧困の緩和に貢献し，平等に配布される社会的，経済的な利益をもたらす要因である．持続可能な観光を達成するためには観光の影響を常にモニタリングする必要がある．そこで具体的な政策や計画を支援するためにUNWTOによるガイドラインが発表されている．それは持続可能性を測定し，評価するための指標の開発手順，14分野にわたる指標の具体例と適用についての説明からなっている．このような指標を利用することにより観光が地域開発にする貢献を経済振興に限らないで広く提示できるようになる（中島・清水 2013）．

観光はさまざまなスケールでみられる地域格差を改善する手段として期待され，地域開発に貢献できる．しかし経済効果が計りにくく，社会，文化，環境への影響も多義にわたり複雑である．持続可能な発展につながる観光を目指すため，このような複雑な影響を計るための指標の開発と運営が不可欠である．

（フンク・カロリン）

文献

中島　泰・清水雄一 2013「世界観光機関（UNWTO）による持続可能な観光のための指標を活用した観光地の管理・運営の体系」観光文化．**216**：14-20．

Butler, R. W. 1980 The Concept of a tourist area cycle of evolution and implications for management of resources. *The Canadian Geographer*, **24**(1): 5-12.

Hall, C. M. 1994 *Tourism and Politics*. Wiley.

6.2 地域アイデンティティと観光

アイデンティティとは 観光研究においてアイデンティティが，さまざまな視点から取り上げられている．大きく二つの側面に分けられる．ひとつは観光経験を通じて変わっていく観光者の自己認識とアイデンティティである．もうひとつは地域のアイデンティティ，または地域住民の文化的，民族的なアイデンティティである．ここでは後者に焦点を当てるが，近年の研究では両方とも，きわめて流動的なものであり，さまざまな過程や影響を通じて構築されていることが強調されている．また人も，社会的集団も，地域も同時に複数のアイデンティティを重ねていることが珍しくない．つまり，アイデンティティは特有な属性に基づき形成される，または意図的に構築される付属認識であるといえよう．

地域・場所とアイデンティティの関係 人びとは場所や地域に対して，さまざまな気持ちや考えをもっている．そのことを場所の感覚（sense of place）という．

一方，地域や場所は人びとのアイデンティティ形成に貢献する側面もある．生まれた場所，子どもを育てた地域，いつか訪れた場所などは私たちのアイデンティティに刻印される．しかし多くの場所は単一性が目立つ近代都市の郊外住宅地のように刻印する力を失い，「没場所性」が進んでいると強調する学者もいる．またグローバル化にともない地域や場所は独自性を失ってしまうことも指摘されている．それに対し場所は外部との関係のなかで絶えず変化し，同じ場所でも形成されるアイデンティティが個人の経験や社会層により異なっているため場所に価値をつけ，評価することに意味がないという意見もある．そのように考えると，ある地域・場所の住民は自分たちのルーツから発展し，周辺と異なる地域特有のアイデンティティをもっているのではなく，さまざまなルート（道）を通じてある地域に集まってきた住民たちは，それぞれにローカルな場所性とグローバルな影響からなるアイデンティティを形成しているということになる（Castree 2003）．

地域アイデンティティ，イメージとブランド それでも，あえて地域や場所のアイデンティティを定義すると地域内で，ある程度共有される付属認識であるといえよう．

一方，イメージは他者に対する認識で，観光の場合，観光者が地域に対してもつ知覚や信念であり，前者の地域アイデンティティと必ずしも一致するとは限らない．行政や観光協会など観光地管理に関わる主体は観光地のイメージを作り出し，または変更することに努める．しかし，このような計画的な構築と同時に個人の主体的な経験やメディアを通じての代表的な経験がイメージを左右させる．このように複数の方法から得られる情報を処理し，観光者は観光地のイメージを，住民は付属する地域のアイデンティティを作り出す．なお情報処理過程を誘導し，ある地域・場所についての知覚を意図的に形成させることをブランド化という．アイデンティティ，イメージとブランドの構築は place-making（場所の創生）という言葉でまとめられる（Dredge and Jenkins 2003）．

スケール 観光における地域や場所の生産は，さまざまなスケールで行われる．グローバルなスケールでは西洋の先進国が 19 世紀には植民地を通じて，20 世紀からは経済の発展と，それにともなう外国旅行の大衆化によって世界を自分たちと「他者」に分けてきた．「他者」は経済力に欠けるが，真正性と異国情調を有しているとされるため魅力的な観光対象となる．

一方，このように位置づけられたアジアやアフリカの各地域は国際観光市場のなかでこの「他者」のイメージを観光者の誘致に活かそうとしてきた．しかし 21 世紀に入るとア

ジア諸国の経済成長にともない，このようなグローバルスケールの地域イメージが崩れ始め，多様化するようになった．

国のスケールでみると政府や行政機関，特に観光担当機関がイメージの生産者として活躍することが多い．その場合，外部に対するイメージと同時に国民のアイデンティティ構築も視野に入れている．例えば，日本が2003年から取り組んできたインバウンド観光戦略は訪日外国人旅行者を増やすことを通じて経済効果とともに地域の誇りを高めることを目的としていた．その後「クール・ジャパン」をテーマに現代の大衆文化，生活文化を中心としたイメージが生産されるようになった．

地域，つまりリージョナルなスケールでみると平成の大合併にともなう新自治体のアイデンティティ形成が記憶に新しい．都市と山間地，島嶼部の過疎地が合併すると，新しい市の共通認識を育てることに苦労した自治体が少なくなかった．そこで広くなった市域内に点在する観光資源と施設を観光ルートで結び，まずは外部に対し観光地イメージを構築し，次に観光者と観光産業の循環を通じて地域のアイデンティティを育てる試みが行われた．交通網の整備にともない，つながりが弱かった場所が連携され，新しい地域認識が形成される例もみられる．瀬戸内海では四国から中国地方まで愛媛県と広島県の六つの島をつなぐしまなみ海道が1999年に全通したが，観光が期待されたほど発展しなかった．住民も県境を越えた共通認識が弱かった．しかし開通10年後から全国的に自転車ブームが始まると，自転車で空中散歩できるしまなみ街道は自転車の聖地として注目を集め，新しいイメージが定着するようになった．合併のような行政改革や交通網の発展などの影響を受け，地域は流動的に変化し，観光地としてのイメージ構築が新しい地域アイデンティティを作り出すための手段であるといえよう．

地域アイデンティティの観光化　文化，生活習慣などさまざまな要因からなる地域アイデンティティは観光資源として活用されている．国際観光において民俗文化が博物館，民俗集落，特産品，食べ物，行事などを通じて観光者に提示されている．提示が主な目的となり，商品化された民俗文化が意味を失うことを批判する声もあれば，観光資源化を通じて文化が注目され，技術や行事の維持につながり，民俗アイデンティティを強化する効果も指摘されている（Pitchford 2008）．

地域アイデンティティに関する研究　地域や場所に対する認識を取り上げる研究は，まず，ある地名が呼び起こす連想から認識の内容を分析する．次に，このような認識を発生，変容，消滅させる条件に注目する．例えば，地域内で共通認識が発生する条件，地域に関する連想が普及する過程，付属認識や地域のイメージが定着する過程で活動する主体や媒体を明らかにする．付属認識の存在は地域の発展にどのように影響するか，アイデンティティの程度が個人の地域における活動にどのように関連するかも研究の対象となる．

このように観光を通じて地域イメージがグローバル，国，地域のスケールで形成されている．外部から重ねられたイメージ，地域内で観光用に生産されたブランドやイメージ，政策の一環で誘導されるアイデンティティ，地域住民個人個人の経験との組み合わせで発生する付属認識，観光商品として利用される地域アイデンティティ，イメージとアイデンティティの生産過程と生産に関わる主体は多様である． 　　　　　　　（フンク・カロリン）

文　献

Castree, N. 2003 Place: Connections and boundaries in an interdependent world. Holloway, S., Rice, S. P. and Valentine, G. *Key Concepts in Geography*. Sage, pp.165-186.

Dredge, D. and Jenkins, J. 2003 Destination place identity and regional tourism policy. *Tourism Geographies*, **5**(4)：383-407.

Pitchford, S. 2008 *Identity Tourism*. Emerald.

6.3 都市観光

都市観光の対象　都市観光は都市に存在する物件を人びとが観光対象としてとらえ，それに接して楽しむことである．都市はひとつの地域単位（国，州，地方など）の中心地として政治，経済，交通，文化など多くの機能を担っており，それらの機能を果たすために必要な施設や設備が存在している．これらの物件は本来的には観光を目的とするものではないが，好奇的な対象として多くの観光客の来訪をみている．東京を例にとれば，日本の首都としての政治的機能を果たす国会議事堂，鉄道交通の中枢的な要衝としての東京駅，首都圏の電波塔である東京タワーなどがそれである．地方に居住する中・高校生が修学旅行として東京を訪れる行為は，その典型である．既存の施設や設備の利用だけではなく，当初から観光を目的とした施設の設置がみられ，ロンドンにおけるテムズ川岸にある「ロンドン・アイ」（現在名は「コカ・コーラ　ロンドン・アイ」）と名づけられた高さ135mの大観覧車の建設（2008年3月営業開始），日本ではTDL（東京ディズニーランド，1983年4月開園），USJ（ユニバーサル・スタジオ・ジャパン，2001年3月開園）などのテーマパークとよばれる遊覧施設が現れた．さらに本来の都市機能のいっそうの充実を担うとともに観光をも強く意図した複合施設の建設も進んでおり，首都圏の通信機能の強化とともに超高所からの展望を楽しむことができる「東京スカイツリー」（2012年5月開業，高さ634m，第二展望台高さ450m）や，商業施設，業務施設，宿泊施設を併設し，超高所からの展望を楽しむことができる大阪の「あべのハルカス」（2014年3月開業，地上60階，展望台高さ300m）がある．先駆け的な物件としてはパリのラ・デファンス地区

図1　パリ・グランダルシュ（新凱旋門）（2009年，撮影：淡野明彦）

の都市再開発による建築のひとつである「グランダルシュ」（1989年7月完成，高さ110m，35階に展望台）がある（図1）．これはフランス革命後ナポレオンが建設したエトワール凱旋門の形を模しているが，世界の一流企業が入居する超高層オフィスビルである．パリの市街を一望でき，カルーゼル凱旋門，エトワール凱旋門の一直線上に配置されていることもありパリの新しい名所となっている．

観光による都市の再生　1970年代に英国では大都市の都心周辺地域で工業を中心とした産業活動が停滞し，高い失業率の発生，経済的衰退，住宅の老朽化などが深刻化していた．この傾向は欧米の先進国の大都市に波及していった．こうした状況のなかで都市の経済および環境の再生の拍車として都市観光に関心が向けられるようになった．都市には先に述べた観光客を誘発する施設，設備があり，観光そのものを目的としない来訪客にとっても観光に関心をもたせ，都市は観光客の大きな集客源であった．

今日の都市における観光活動への注目は都市に観光客を集めるといった単純な図式ではなく，都市経済そのものにどのように観光的要素を組み込み，他の都市活動と連動させるのかといった構造化を意味している．

観光の効果と意義　都市に及ぼす観光の経済効果は観光客による宿泊，飲食，購買などの直接的（一次的）なものだけではなく，宿泊に関しては土木建築，食材供給，人材派遣，印刷，金融などの二次的な効果をももたらし，さらに食材供給に関わっては商社，農林漁業，包装資材，エネルギー供給，運送，衛生管理などにも及び，観光を頂点とした産業連関が形成される．観光は経済的効果のみならず，観光を通じた地域交流，国際理解といった面での意義も重要であり，来訪客は伝統的な都市文化に親しむ機会となり，来訪客から都市に持ち込まれたさまざまな地域文化も多くの人びとに流布されることになり，異なった文化に対する理解が相互に生まれ，観光を通じた交流が促進される．東京都は「総合的な文化活動の拠点としての機能」「情報の交流と創造の拠点としての機能」「国際交流の拠点としての機能」を担うために1997年1月に「東京国際フォーラム」を開館した．

都市での観光行動　都市を訪れた人びとが，どのような観光行動を行っているかについて，東京区内と大阪市で運行されている一般客が利用できる定期観光バスのコースを例としてみよう．

●コース名：東京ダイジェスト　毎日催行　所要約7時間20分（はとバスによる運行）〔経路〕新宿駅東口・東京駅丸の内南口発→国会（車窓）→六本木ヒルズ・東京シティビュー（海抜250mからの大展望／50分）→レインボーブリッジ（車窓）→ヒルトン東京ベイ「フォレストガーデン」（寿司，点心，カレーなど中国・インド・タイ・日本料理を中心としたバイキングの昼食／60分）→TOKYO湾岸ドライブ（東京ディズニーリゾート→葛西臨海公園→東京ゲートブリッジ→お台場）→隅田川遊覧船（乗船：日の出桟橋〜浅草／40分）→浅草観音と仲見世（自由散策／50分）→銀座ドライブ（歌舞伎座→銀座）→東京駅丸の内南口．

隅田川，浅草や国会といった旧来からの名

図2　あべのハルカス（2018年，撮影：淡野明彦）

所と，六本木ヒルズ，レインボーブリッジなど新規に開発された場所を折り込み，東京の過去と現在をハイライト化した演出を図ったコースとなっている．

●コース名：2階建てオープンデッキで巡る名所の数々！【南】なんばルート　毎日催行　所要約1時間30分（近鉄バスによる運行）〔経路〕大阪駅→お初天神→御堂筋→なんば→谷町→でんでんタウン→通天閣→新世界→あべのハルカス（図2）→四天王寺→阪神高速道路→空中庭園→大阪駅．

このコースは時間的には短いものであるが，お初天神や四天王寺といった旧来からの名所に，あべのハルカスと空中庭園（梅田スカイビルの最上階にある展望台，高さ173m）の新しく建設された施設が組み合わされ，大阪中心部の新旧の名所を見物できるコースとなっている．

都市観光は都市の成長と一体化したもので，いわば都市の蓄積された魅力の集大成である．都市観光が適正かつ持続的に維持，発展を続けるには都市そのものが安定した機能を維持しなければならないことはいうまでもない．

（淡野明彦）

文献
淡野明彦　2004『アーバンツーリズム』古今書院．
ロー，クリストファー（内藤嘉昭訳）1993『アーバン・ツーリズム』近代文藝社．
Page, S. 1995 *Urban Tourism*. Routledge.

6.4 農山漁村と観光

観光目的地としての農山漁村　人びとは観光旅行のために神社仏閣や温泉地，風景の優れた展望台や街並みなどを訪れる．また海水浴やスキーのために，紅葉を愛でるために海岸や山，高原を目指す．テーマパークや博物館などの施設訪問，そばやワインの飲食や購入が目的になる場合もある．これらは個々の観光資源や施設が観光対象と位置づけられる例であろう．これに対して都市や農山漁村はさまざまな観光資源や施設が存在する目的地としてとらえることもできる．

農山漁村における観光形態　農山漁村における観光行動に関しては，これまで，さまざまな用語で説明されてきた．農村のみに限定して考えると，農村におけるすべての観光行動を含めて考えるルーラルツーリズムという立場がもっとも広範なとらえ方である．これには農業とは直接的に関係しない生態系を目的とするエコツーリズム，スキー場での観光行動なども含まれる．逆に収穫体験など農業生産活動と直接関係がある形態はアグリツーリズムと認識される．

一方，農林水産省によるとグリーンツーリズムは農村地域において自然，文化，人びととの交流を楽しむ滞在型の余暇活動と定義されており，その活動が限定的である．

ルーラリティの消費　農山漁村における観光行動はさまざまであるが，一般に観光行動は人びととの移動をともなう．農山漁村をめぐる一般的な観光流動は都市に居住する消費者が一時的にある農村空間を訪れるものである．観光者は，そこでさまざまなモノ・サービスを消費するが，そのなかで農山漁村独自の景観，雰囲気，文化，さらには生産物などを消費することを農山漁村性の消費，もしくはルーラリティの消費ととらえることができる．このように農山漁村独自の景観や文化を楽しむ観光は，そうではない観光と対比され，前者が農山漁村の持続性と大きく関係する．

一方で農山漁村にはルーラリティを消費しないツーリズム形態も多くみられる．

オルタナティブツーリズムの目的地としての農山漁村　世界の先進国では1950年代から1960年代頃にかけてマスツーリズムが発展した．海岸観光地に代表されるマスツーリズムの目的地には多くの人が溢れ，その喧噪に嫌気がさした一部のツーリストの出現によってオルタナティブツーリズムが成長してきた．その枠組みのなかで農山漁村は重要な目的地となってきた．ヨーロッパ諸国では，ドイツの「農家で休暇を（Urlaub auf dem Bauernhof）」のように政策的な後押しもあって，農山漁村での観光が発展してきた．

その訪問者は1週間前後の期間を超える長期滞在をすることが多く，その間にハイキングや散歩，読書などをしてリラックスする．つまり，訪問者は落ち着いた色彩の農山漁村景観のなかでのんびりと過ごすことを望んでおり，その基盤として農山漁村独特の景観が維持されることが重要となる．

日本の農山漁村における伝統的な観光の展開　最古の観光形態としては江戸時代の鷹狩りや遠足などがある．江戸の郊外農村や森林にはこれらの目的地が存在した．

1920年代に大都市近郊で果実の販売やもぎ取りを目的とする観光農園が出現した．昭和の経済の高度成長期以降，マスツーリズムの進展とともに観光農園は大きく発展した．ブドウやリンゴなどの観光農園は大都市圏または地方中心都市から訪問者が到達しやすい果樹生産地域に成立し，周遊観光の立寄り施設としても機能した．

日本の民宿は1930年代にスキー場の近接農村に成立したが，マスツーリズムの影響下で大量で安価な宿泊機会を提供する施設として大きく発展した．海水浴やスキーのために多くの人びとが漁村や山村を訪れ，彼らが宿

泊する民宿が整備された．さらに特定の地域では民宿が集積するようになり，民宿の存在が景観的にまた経済的に重要な役割を果たす民宿地域が形成された．

上記の伝統的なツーリズムは観光農園や民宿などの施設を中心に展開したが，これらの多くはルーラリティをあまり消費しない形態ととらえられる．観光農園には土産品の購入や果実のもぎ取り体験ために滞在しており，農村の雰囲気や文化を楽しむ視点はなかった．民宿は旅館やホテルの代替的な宿泊施設としても位置づけられ，訪問者はスキーや海水浴を楽しむために民宿が存在する地域に滞在したのであって，やはり，そこにもルーラリティの消費に対する観点はなかった．

日本の農山漁村における大規模観光開発
日本では大都市や地方都市に近接する農山漁村を除いて1955年頃から1975年頃にかけて著しい人口減少が生じた．この過疎問題を緩和・解決するために1960年代から山村振興法や過疎法によって農山村地域への助成政策が導入された．1970年代には複数の省庁が農山村における観光開発事業を開始した（自然休養村や自然休養林など）．公的な政策による観光産業の創出は経済不況のなかで重要な役割を果たした．

1980年代になるとリゾートブームが訪れ，多くの農山漁村で観光開発が進行した．特に，1987年に成立した総合保養地域整備法によって全国の農山漁村における大規模な観光開発計画が策定された．しかしバブル経済の崩壊によってほとんどの計画は頓挫した．

日本の農山漁村における新しい観光の展開
ルーラリティを消費するようなツーリズムの嚆矢は市民農園の出現である．1960年代半ば以降，大都市や地方中心都市の近郊農村では耕作に興味を有する都市住民によって市民農園が支持された．1989年の「特定農地貸付に関する農地法等の特例に関する法律」，翌年の「市民農園整備促進法」によって農地法のもとで貸付け行為による市民農園の開設，付帯施設の整備も条件付きで可能となった．その結果，（大）都市近郊における市民農園の開設が活発となった．

1990年代前半には大都市圏の外縁部農村でクラインガルテンの整備が始まり，市民農園とともに滞在するための宿泊設備も整備された．1992年に群馬県倉渕村（現，高崎市）にクラインガルテンが開設された後，首都圏外縁部で多くの整備が進み，農場付き別荘の形態も多くみられる．

また新鮮で安全な食材に対する需要の高まりによって1980年代頃から農山漁村に産地直売施設が増加した．施設には大きく都市住民依存型と観光物産依存型があり，前者は都市化地域，後者は中山間地域に立地する．「道の駅」にも直売所が整備されることも多い．

1992年に農林水産省の政策でグリーンツーリズムの振興が示された．その後は田植えや稲刈りなどの農業体験の実施，オーナー制度による都市住民と農山漁村との交流，市民農園などの施設整備が進んでいる．しかし日本のグリーンツーリズムは滞在型であると定義されてはいるが，その滞在時間は非常に短く，行動は農作業体験，買物，食事などに著しく限定される．この点は周遊旅行が好まれる日本人の観光文化を反映している．

グリーンツーリズムの推進が，日本の農山漁村でルーラリティを生かしたツーリズムの成長に果たした役割は大きい．また学習旅行の目的地として農山漁村が選ばれる例も多いが，一部の農山漁村では観光者の過度の増加や後継者不足などの問題も出現している．

（呉羽正昭）

文献
大江靖雄 2013『グリーン・ツーリズム―都市と農村の新たな関係に向けて―』千葉日報社．
田林 明編 2013『商品化する日本の農村空間』農林統計出版．
富川久美子 2007『ドイツの農村政策と農家民宿』農林統計協会，198p．
横山秀司 2006『観光のための環境景観学―真のグリーン・ツーリズムにむけて―』古今書院．

6.5 風景と景観（景観保存）

風景と景観の定義　風景や景観という語は，日常的な使われ方をみる限り，環境の眺め，つまり視覚的にとらえた環境の様子のことを表す．これらに類似した概念の言葉には，「風景≒景色≒眺め≒景観≒環境≒空間」などがあり，左側の語ほど心理現象を表すのに対し，右側の語ほど物理現象を表す（図）．

つまり「こと」としての景観体験と，「もの」としての景観対象（視覚対象）とがあるが，日常的な用語としては両者を厳密に区別していないことが多い．区別が必要な場合には，それぞれ景観体験，景観対象の語を用いるなど，定義を明確にしておく必要がある．

景観体験の構造　「こと」としての景観体験の構造を模式的に把握するために屋代(1982)は「景観体験のメカニズム」を仮説として提案し，さらにその後に加筆版（2010）を提示している．そこでは過去から現在を経て未来に至る時間軸のなかに景観体験の構成要素（主体，景観対象，先行経験，知的情報，環境，視点場，活動など）とその関係性を図解している．はじめに主体（人）は景観対象を見ると同時に，色や形や大きさなどの形状を知覚する．このとき主体は景観対象からさまざまな意味やアフォーダンス（環境のなかに埋め込まれている行為の可能性）を読み取っている．そこに立ち現れる意味は，主体が保有している知識や経験，あるいはその場で提供される知的情報などに基づいて主体が景観対象に対して与えた意味にほかならない．つまり，私たちが景観対象から読み取る意味とは，私たちが景観対象に対して意味付与をした結果であると考えられる．

文化現象としての風景　一般に風景には美醜があると思われている．例えば，悪魔の棲む恐ろしいアルプスの風景が美の対象として認知されるようになったのは18世紀になってからだとされる．風景の美醜は自分が決めているのではなく，社会が決めた見方に従って自分も評価しているにすぎない．美の基準は時代とともに，あるいは社会に応じて変化している．つまり，美醜は自分ではなく社会が決めており，風景の美醜も社会が決めるという意味で文化現象であるといえる．

生態現象としての風景　色や形や大きさやテクスチャーなどは景観対象そのものに備わっている物理的性質であり，主体が景観対象に対して意味付与をする以前に知覚されると考えられる．こうした意味をともなわない物理的性質の知覚は人類だけでなくあらゆる動物においても利用可能な空間情報であろう．

さらにJ. J. ギブソンのアフォーダンス理論が示唆するように，動物が環境（景観対象）に関わるなかで見出す行為の可能性（これをギブソンは"affordance"と造語した）は，意味付与という過程を経ないで空間情報を動物に提供している．動物が環境と向き合うなかで直接的に知覚される空間情報は，動物の生存に関わる行動にとって重要な手掛かりを提供する．

同様に人間にとって景観対象が生存に適しているのか否か，あるいは快適性を確保できるのか否か，という空間情報はアフォーダンスの知覚を通して瞬時に評価される．

中村(1979)は「仮想行動」という概念を導入して，景観対象が仮想の行動を通して評価されていることを示唆している．このような動物的な身体感覚を通した空間評価は，そ

風景	≒	景色	≒	眺め	≒	景観	≒	環境	≒	空間
（心理現象）				⇔				（物理現象）		
（景観体験）				⇔				（景観対象）		
（こと）				⇔				（もの）		
風景のデザイン＝「もの」ばかりでなく「こと」のデザインも										

図　風景や景観に類似する概念の言葉

のまま景観対象の評価，つまり美醜の評価へとつながる．生存に関わる危険や安全を左右する空間構造は至るところに見出され，私たちはそれを手掛かりに景観対象を評価していると考えられる．さらに中村は「代理自我」という概念も提示しており，景観対象のなかにいる人物を通して自らもその空間に関与することができ，仮想的な空間への参加が促進される点を指摘している．つまり，空間内の人物は，自分の代理として空間内で行動しているというとらえ方である．

以上のように私たちの身の回りには仮想行動を通して評価されるような景観対象が至るところに存在する．これらは生態現象としての風景としてとらえていく必要がある．

空間のホスピタリティ 観光において「快いもてなし」に注目してみると，これが景観デザインと関係の深いことに気づく．

通常，「もてなし」や「ホスピタリティ」は，来訪者を迎える側の人の笑顔，挨拶，ふるまい，言動などの接客態度によって表現されると考えられている．しかしながら，こうした「もてなしの心」は空間のなかにも表現することが可能である．例えば，花，噴水，ライトアップ，打ち水，掃き清め，清流，固有のランドマークへの眺望（山，建造物，巨樹など），地域に固有の風物や耕作地など，多様な場面で来訪者を歓迎する効果がみられる．さらに敷地境界をあいまいにする（なわばりの放棄），仮想的な立入りの許容，居心地のよさの可視化なども来訪者を歓迎しもてなしの心を表現するうえで有効である．ホスピタリティは接客者だけに与えられた役割ではなく，空間にも与えられた役割であり，それが美しい風景を育むことになる．

眺望の価値 景観体験の醍醐味のひとつとして眺望を楽しむことがあげられる．遠くの景観対象を近景から遠景まで広視野で眺めるという景観体験の仕方は，多くの展望台が提供する観光魅力である．ホテル，レストラン，マンションなどの価格でも良好な眺望は高い付加価値をもたらしている．眺望が良好な心理的効果をもたらすからこそ，こうした経済的価値を発生していると考えられる．

景観保存 観光資源，つまり観光の興味対象としての景観の保存を考えるには，上記のような景観体験に関わる人間の心理的な特性や各種のデザイン要素に着目する必要がある．

例えば，歴史的街並みの景観保存では，歴史的な建築物が昔のままの姿で連なっていることが重要な条件である．

しかし文化財保存という観点だけでは必ずしも観光資源の保存は達成できない．そこには現代を生きる観光者のニーズへの配慮が不可欠だからである．古い街並みに導入された当時はなかったはずの街路灯でも納まりのよいデザインであれば，その街並みに調和し，夜の街並みを楽しむ契機をも提供できる．屋外広告物のデザインに関しても，街区全体で材料，色，形などを工夫し統一感を生み出すことで調和させることも可能である．さらに道路舗装に石畳を採用することで古い街並みの雰囲気を保ちつつ，必要時には車の走行も可能にできる．また人を歓迎するような草花を随所に配置したり，きれいに掃き清めたり，あるいは眺望を活かすことなどは，空間のホスピタリティを高めるうえで有効である．

以上，ごく一部の例をあげたが景観保存には，上述した多様な着眼点からの景観デザインが望まれる．

〔屋代雅充〕

文　献

ギブソン，J. J.（古崎　敬ほか訳）1985『生態学的視覚論』サイエンス社．

中村良夫 1979「交通行動に関連した景観体験の空間意味論的考察」国際交通安全学会誌，**5**(2)：52-61．

屋代雅充 2009「景観評価におけるアフォーダンス理論の有用性に関する考察」ランドスケープ研究，**72**(5)：956-965．

屋代雅充 2010「景観分析の基礎」農業農村工学会『改訂七版 農業農村工学ハンドブック 基礎編』丸善出版，pp.407-408．

屋代雅充 2015「景観ツーリズムの新潮流と地域活性化」地域デザイン学会誌，**6**：13-22．

6.6 温泉

温泉の定義 日本は温泉資源に恵まれた国であり，環境省の統計では3,084カ所の温泉地(2016)が存在する．温泉の三大要素は，水，温度，化学成分であり，歴史的には地中から湧き出した湯か，鉱物質が多く含まれている鉱泉を含めて温泉としてきた．一般的に温度は地域の平均気温以上とするため，温泉の定義は各国により異なる．日本では1948年に制定された温泉法により「地中からゆう出する温水，鉱水及び水蒸気その他のガス（炭化水素を主成分とする天然ガスを除く）で，摂氏25度以上の温度又は物質を有するもの」と定義されている．つまり，温度と含有する化学成分により普通の地下水と区別されている．

温泉は主に浴用，飲用，その他に分けられるが，日本では浴用が利用の中心的な存在である．浴用は宿泊施設，日帰り施設が大半を占めており，2016年時点で宿泊施設数は13,108軒，日帰り施設は7,864軒となる．従来，環太平洋火山帯に位置する日本では主な熱源は火成作用であったが，利用量の増加，石油掘削技術の応用などにより掘削技術，採取技術が発展し，現在では1,000 mを超える掘削が増加した．地中の温度が深さとともに上昇する割合である地温勾配（地下増温率ともいう）では平均すると深さ1,000 mの地下では恒温層の温度より30℃ほど高い温度になる．この大深度掘削によって旧来の温泉地ではない地域でも温泉の熱源が可能となり，大都市周辺に温泉施設が増加している．

温泉と医学 古来，温泉は「湯」とも表現され，『出雲風土記』(733)意宇郡忌部神戸条（玉造温泉）には「ひとたび湯を浴びればただちに美しくなり，再び湯あみすればどんな病気もすっかり治る．大昔から今に至るまで，効果がなかったことはない．そのため土地の人は，神の湯という」とある．熱い湯が時には音を立て，地上に湧き出すことは人知を超えたものとして受け止められ，「神湯」「慍湯（いかりのゆ）」などとされた．こうした畏敬の念から温泉は神と深い関わりをもち，温泉地に温泉神社が建立され，延喜式神名帳(927)には「湯泉神社」「湯神社」などが記載されている．温泉入浴の主な目的は病を療治するためのものであり，温泉地には薬師如来を祀る温泉寺も建立されたほか，温泉の発見についても動物が自らの傷を癒し，病を治したことや高僧が開湯した伝承，伝説が多く残されている．温泉を利用した療養は「湯治」といわれ古代から行われてきたが，近世には温泉医学として体系的に論じられるようになった．医師の後藤艮山は湯治の理論的基礎を築き，弟子の香川修庵は『一本堂薬選続編』(1738)において「温泉」の項目を立て，全国温泉一覧とともに効能，利用方法，入浴上の禁止事項などを書き，書物を通して温泉理論を流通させた．さらに蘭医である宇田川榕庵などが温泉の成分分析から効能を論ずるようになった．「湯治」は地域差はあるが一般的に「一廻り」(7日)を一つのクールとしており，三廻(21日)が温泉療養の一つの形式として定着していった．

しかし近代になると西洋医学の流入，化学療法の進歩や政府の方針により次第に医療としての温泉利用は衰退していく．一方で西洋医学の導入は西洋医学の見地から温泉利用に取り組む機会でもあった．政府はドイツ開催の万国鉱泉博覧会にあわせて，温泉の調査，活用を考え始め，日本全国の鉱泉の場所と利用状況を調べ『日本鉱泉誌』(1886)を作成した．御雇外国人で『日本鉱泉論』(1880)において日本の温泉の効能を広めたドイツ医師ベルツは草津温泉で近代的な温泉リゾートに取り組んだが，温泉地の既存権利などの利害関係によりヨーロッパ式の温泉療養地への展開，整備は困難を極めた．1930年代に国立大学で温泉研究所が付属されるなど近代的

な研究も進められたが，ヨーロッパ諸国と違い，温泉療法が健康保険制度に認められていないこともあり，温泉医療は浸透しなかった．しかし21世紀の超高齢化社会を迎えるなか，温泉を利用した疾病治療ばかりではなく，心身の休養，疲労回復，予防医学のための保養的応用も含め幅広い活用が期待されている．

温泉と旅 古代からみられた「湯治」への旅は，旅が大衆化した近世に大きく発展した．江戸幕府や諸藩は，治安維持の側面などから領民が自由に移動すること，特に物見遊山を目的とした旅を禁じていたが，信仰（寺社参詣）と療養（湯治）に関しては人心の安定のため認めていた．箱根や熱海などの温泉地から，はるばる江戸の将軍にまで献上湯が行われたことや，温泉番付などから温泉地や湯治の効果が喧伝され，湯治が庶民にも広く知られるようになった．こうしたなか諸藩が財政を潤すために湯銭をとり温泉地を保護したことと相まって，『旅行用心集』(1810)に全国292カ所の温泉地があげられるほど温泉地の発展がみられた．この時代の温泉地は地域差があるが，比較的著名な温泉地の大部分は療養，あるいは保養と歓楽の併存型であり，特に近世後期になるにつれ温泉地で長期滞在を行うためのさまざまな魅力的な仕組みや空間が形作られ長期滞在地として完成した．湯治客は回復祈願のための温泉寺社への参詣のほか，湯治客同士の交流をはじめ，四季の遊び，名所めぐり，土産物の見学，釣りなど地域の名所や自然，文化を楽しむことができた．こうしたなか大規模な温泉地は寺社参詣などの立寄り地としても人気を博していくことになった．本来は宿場以外の場所で一泊することは禁じられていたが，近世後期になると宿場ではない箱根湯本温泉で一晩だけ宿泊する「一夜湯治」が公認されるなど，温泉地への旅や温泉地における滞在も多様化していくこととなった．

近代以降の温泉地は，移動の自由化，交通機関の発達にともなう入湯圏の広域化がみられた．これにより宿泊形態も長期滞在向きから短期滞在客向きに多様化し，湯治を目的とした固定客から観光を目的とした不特定多数の客へと変化を遂げた．温泉地側においても地域の共有財産であった温泉が近代私有財産制のもとに新規に相次いで掘削が行われた．近代以降に新規に開発された温泉地も増加し，都市部周辺の温泉地を中心に観光客が増加した．温泉地の発展は外部からのサービス業の流入を呼び込み，大規模観光温泉地として発展するとともに次第に歓楽化していった．

現在では温泉地の観光化がいっそう進み，観光型が大半となる一方で，そのなかで生じた温泉資源の過度な利用，景観破壊と画一化された温泉地の低迷，温泉施設の増加にともなう温泉地離れなどの課題が指摘されている．

温泉と文化 人びとと温泉の交わりのなかで温泉地では多様な文化が育まれた．有馬温泉の「入初式」は開湯伝説や説話に基づいた伝統行事である．このように温泉地には寺社の祭事に由来するもののほか，故事や開湯伝説，説話に基づく祭りが残されている．また草津温泉の時間湯，鉄輪温泉の蒸し湯など各地域の個性豊かな入浴方法が残されているほか，温泉熱を利用した野菜栽培，地獄蒸などの調理法，温泉饅頭，炭酸煎餅などの温泉土産が生み出された．また温泉での暮らしは温泉文学，絵画，民謡などの芸術分野においても残されてきた．こうした各地の特色ある温泉文化は地域の歴史と文化を伝えるだけではなく，重要な観光資源ともなりうる．今後は温泉資源や温泉文化への理解を深めるとともに，その適切な保存と観光への活用について持続的に取り組む必要がある． （内田　彩）

文　献

佐藤幸二 2012「温泉の地学」『温泉の百科事典』丸善出版．

日本温泉文化研究会 2010『論集温泉学II 湯治の文化誌』岩田書院．

山村順次 1998『新版日本の温泉地―その発達・現状とあり方―』日本温泉協会．

6.7 観光農園

観光農園の特徴 観光農園とは，農業者が都市住民（観光客など）を対象に自らが生産した農産物の収穫作業（もぎ取り・摘み取り）や観賞（花，植物園），直接販売（直売）などを行うために整備した農園をさす．農村の自然環境と農業生産をレクリエーションの対象として活用している点に特徴がみられる．

日本では果樹栽培の盛んな地域において積極的に農家経営に取り入れられる場合が多い．農林水産省『農業生産関連事業による経営の多角化状況調査（2003年）』によると，観光農園の種類のうち果樹農園の割合が全体の72.8％を占めている．代表的な品目としてはブドウやリンゴ，モモ，サクランボ，ナシ，カキ，ミカン，クリなどがあげられる．また果樹以外ではイチゴの観光農園が多く，メロンやスイカの収穫や山菜や筍，キノコの採取，芋掘り，花摘みのできる農園などもみられる．近年では健康志向の高まりや女性客の獲得を促すため，ブルーベリーの摘み取り園なども多い．

通常は所定の入園料を受付で徴収し，収穫物は食べ放題とする形が一般的であるものの，時間や収穫量に制限やルールを設定している場合も少なくない．その他にも1本の樹を消費者が所有する年間契約を結ぶことで，その樹から収穫された分をすべて受け取ることのできるオーナー制度を導入している農園もみられる．

観光農園の来歴 観光農園は1894年に山梨県甲州市（旧勝沼町）に「甲州葡萄」を眺める遊覧園が開かれ，東京および近県からの見物客が訪問するようになったことが嚆矢とされる（呉羽 2013）．大正末期になると，旧勝沼町内で広範にブドウが栽培され，訪問者も増加していった．そして第二次世界大戦後には国道20号線沿いにブドウ園を有する農家が店舗を構え，直売やもぎ取りに応じるようになり，観光農業として本格化した．また大都市圏では昭和初期（1920年代後半〜1930年代初頭）に私鉄の開通とともに鉄道会社が沿線の農家に働きかけ，もぎ取りや直売を開始した例もみられる．小田急電鉄の開通と川崎市における日本ナシ（多摩川梨）のもぎ取り即売会の実施や，神戸電鉄三田線の開通にともなう神戸市北区でのイチゴ狩りの開始などは，その最たるものである（藤井編著 1972；山村・浦 1982）．

このように初期の観光農園の成立においては大都市への近接性と交通条件に恵まれていることが重要であった．また観光農園で取り扱う品目は地域内で古くから栽培され，ある程度の知名度を有していることも入園を促すうえでは効果的であった．

その後，日本が経済の高度成長期を迎えると，観光農園は余暇時間の増大と所得の向上，マイカー所有の増加に代表される国民生活の変化と，観光客が収穫することによる農作業および梱包作業の軽減，自由な価格設定による現金収入の確保，販路の多様化を図りたい農家の実情に即した経営形態として発達した．特に既成観光地周辺の農家によって観光農園が始められる場合が多く，善光寺への参詣客やスキー客を対象にした長野盆地のリンゴ狩り・直売や，久能山東照宮や三保の松原といった周辺の観光地と連動して発展した静岡市久能のイチゴ狩りはその典型といえる．

さらに，1990年前後になると農山村独自の地域資源を活かした内発的発展が重視されるようになり，観光農園は地域活性化や観光振興を促すためのグリーンツーリズムの一翼を担うようになった（林 2007）．経営形態も初期の頃は立地条件に恵まれた幹線道路沿いでの個人経営や農家グループによるものが中心であったが，自治体（市区町村）や農協，観光協会などに専門の事務局や運営窓口が設置され，広範な宣伝活動とともに事業の周年

化や組織化を図る場合や法人化を進める農園も増加している.

観光農園の分布 図は「2015年農林業センサス」をもとに都道府県別の観光農園の経営体数を整理したものである.同年の観光農園数は6,597にのぼる.観光農園の多寡は特定農産物の生産規模や知名度,都市部とのつながり(近接性や集客力)に影響される.このため,果樹栽培が盛んで,東京周辺からの余暇・レクリエーション需要の大きい山梨県や長野県の農園数は,それぞれ全国の1割程度に達している.また総じて首都圏には多くの観光農園が存在する.

その他に,北日本では北海道や山形県,福島県,青森県に多く,これらの地域はリンゴやサクランボ,モモといった果樹栽培の核心地域でもある.近畿地方では兵庫県,九州地方では福岡県に比較的多くの観光農園が立地している.

加えて全国的な知名度や生産規模は有していないが,都市の郊外や近傍においてローカルな知名度や栽培実績を背景に観光農園の経営を展開する地域もみられる.

観光農園経営の変化とその意義 かつては旅行会社の観光バスで農園を訪問し,農産物を収穫し,多くの土産を購入していく形態が一般的であった.しかし旅行形態の変化(団体旅行から個人旅行への移行),旅行会社による入園料の低価格化の要求,景気低迷にともなう観光客の消費額の減少も相まって,農園でのもぎ取りや直売によって高い収益を獲得することは以前よりも困難になっていった.このため近年では滞在時間に制約のある団体客よりも農園の経営方針や栽培へのこだわりに理解を示してくれる個人客を重視した経営へと方針転換を図る農園も少なくない.観光農園経営の盛んな甲府盆地や長野盆地では熱心な農家は自園のホームページを利用して,情報発信や宣伝に力を入れるとともに,観光客との交流を図っている.また多くの顧客(固定客)を獲得することで,販売量や販売金額に占める宅配の注文比率がもぎ取りや直売よりも高くなっているケースもみられる.

一方,大都市圏の市街化区域内に立地する観光農園は市民農園とともに都市農業の存立に寄与している.都市化の進行する地域では,農地は宅地やアパート・マンション,駐車場,倉庫,商業施設への転換が比較的容易であり,常に都市的土地利用との競合が生じている.決して良好な営農環境とはいえない地域での農業の継続には,非農家(都市住民)の理解や協力が不可欠である.その意味では,観光農園での収穫体験や新鮮な農産物の購入は両者の交流や都市部に居住する子どものレクリエーション,教育の場としても重要な意味をもっている.　　　　　　　　　　　(林　琢也)

文献

呉羽正昭 2013「レクリエーション・観光―ルーラル・ツーリズムの展開―」田林　明編著『商品化する日本の農村空間』農林統計出版,pp. 29-44.

林　琢也 2007「青森県南部町名川地域における観光農業の発展要因―地域リーダーの役割に注目して―」地理学評論,**80**:635-659.

藤井信雄編著 1972『観光農業への招待』富民協会.

山村順次・浦　達雄 1982「都市化地域における観光農園の動向―川崎市多摩川沿岸を例として―」新地理,**30**(2):1-18.

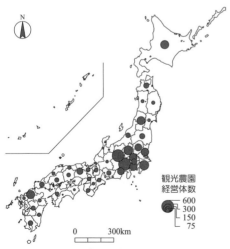

図　都道府県別の観光農園経営体数
2015年農林業センサスより作成.

6.8 島嶼観光

島の定義 基本的には島は「海に囲まれた陸地」であり，5大陸以外を島とよぶことが多い．海洋法に関する国際連合条約では「島とは，自然に形成された陸地であって水に囲まれ満潮時においても水面上にあるものをいう」．日本における島の数は海上保安庁の発表している数が使われるが，その数え方は以下の基準による．①周囲が 0.1 km 以上のもの，②橋，防波堤のような細い構造物で本土とつながっている場合は島として扱い，それより幅が広くつながっていて本土と一体化しているようなものは除く，③埋立地は除く．世界からみると大陸以外は島となり，日本はすべて島から構成されることになる．日本だけをみると本土5と，その他が離島に仕分けされる．

島の数 日本における島の数は，本土5を除くと，離島は 6,847 であり，そのうち有人島 418 となる．琵琶湖に位置する内水面離島である沖島が含まれている．そのうち離島振興法の対象となっている離島は 258 であり，そのうち 2016 年に制定された有人国境離島法対象の島は 71 となっている．

島と法律 1953 年 7 月離島振興法が 10 年ごとに見直される時限立法として制定された．現行の離島振興法は 2013 年 4 月に改定されたが，2003 年の同法律と比較すると第 17 条（地域間交流の促進）が（観光の振興及び地域間交流の促進）に改正され，条文において「離島と他の地域との交流を拡大」とともに「……離島振興対策実施地域における観光の振興並びに……」と観光の振興が明記されたことなど，離島振興対策における観光振興への期待は高くなっている．

2002 年に新法に移行された沖縄振興特別措置法，1954 年に奄美群島振興開発特別措置法，1969 年に小笠原諸島振興開発特別措置法が制定されている．

また 2016 年には「我が国の領海，排他的経済水域等の保全等に寄与すること」を目的として有人国境離島法が制定された．対象となる島は 71 である．その他，本土と離島とを連絡する航路，離島相互を連絡する航路の整備など離島航路事業に関する国の特別の助成措置を定めた離島航路整備法がある．国際的には 1982 年海洋の国際ルールを定めた海洋法に関する国際連合条約（通称「国連海洋法条約」）が採択され 1994 年発効された．同条約に基づいて 1996 年海の法秩序を守る国際海洋法裁判所が設立された．また 1996 年には日本が国連海洋法条約を発効した日として 7 月 20 日が海の日（現在第 3 月曜日）として制定された．

島の役割 島の果たす多面的な役割として，国土交通省は次の点をあげている．自然特性に基づく役割としては，①さまざまな生き物のすむ環境を守る（生物・生態系保全），②藻場・干潟，森林，農地などが空気や水をきれいに保つ（環境浄化・維持），③海のレクリエーションや観光，保養，環境教育の場となる（アメニティ提供），文化特性に基づく役割としては，①地域文化などを生かした体験学習や，国際交流，相互交流の場となる（学習・交流の場提供），②海などの自然とともに生きる社会，さまざまな生活文化を育む（地域社会継承），③固有の祭り・文化財・技などの伝統文化や，独特の景観を守る（伝統文化保存），そして地理的特性に基づく役割として，①国境，領土や領海，経済水域などを確保し，海洋資源を守る（国土・海域確保），②密漁や密航，密輸の監視など，海の治安を守る（海の治安維持），③海難救助や緊急時の船の寄港など，海の安全を守る（海の安全確保），④魚介類を中心とした食糧確保の拠点となる（食糧確保・補給）などをあげており，これら役割は島の特性でもあり観光対象ともなっている．

島における観光の変遷　戦後の離島観光ブームは3期に分けられる．①戦後復興の景気回復と秘境ブームや柳田國男や宮本常一などの民俗学者による離島関連の書籍に後押しされた昭和30年代中期，②国鉄の「ディスカバー・ジャパン」キャンペーンによる新たな旅の魅力やカニ族などに代表され，もっとも来島者の集中した40年代中後期，そして③離島観光ガイドブックの出版やマリンスポーツなどへの関心などによる50年代後期．さらに2008年頃からトレッキングブームや高齢者需要の拡大など観光市場の一般的変化の影響を受け，海水浴一辺倒から山歩きや食観光などの新たな需要による第4期の離島ブームが起こっているといえる．日本離島センターにおいて2016年11月「しま山100選」が選定され，2017年8月スポーツメーカーの書籍シリーズより同名の書籍として出版されていることからも島トレッキングの人気の高まりをうかがうことができる．また観光市場の一般的変化が同様に島嶼観光にも影響を与えている．

1973年の1,838万人をピークとして来島観光客は減少傾向にある（離島統計年報）．そのうち約5割の869.1万人が6〜8月の海水浴を中心とする夏場に集中する夏季一期型の観光形態であった．2013年度は1,494.7万人であるが，四季の割合は夏（6〜8月）32.6％，春（3〜5月）25.2％，秋（9〜11月）24.6％，冬（12〜2月）17.6％と夏季一期型から四季型への移行がみて取れる．海水浴一辺倒から島の歴史・文化，トレッキング，花，食，スキューバダイビングなど新たな魅力の顕在化による観光活動の多様化が進んでいる．

宿泊施設は，1975年においてホテル・旅館1,356軒，収容力62,262人，民宿2,272軒，収容力48,603人，計3,628軒，110,865人の収容力であったが，2003年度は旅館・ホテル851軒，収容力57,465人，民宿2,042軒，収容力42,898人と，特に旅館・ホテルの減少が著しい．

離島と観光　2003年度の観光客数（日本離島センター 2017）の上位10島は，瀬戸中央自動車道のPAである与島（香川県）323.2万人，1969年度からほぼ100〜130万人程度の安定した観光来島者のある小豆島（香川県）111.9万人，川平や由布島などの自然環境を生かした観光を進める石垣島（沖縄県）96.9万人，古民家活用や現代美術など瀬戸内アートの島を進める直島（香川県）70.8万人，沖縄の生活文化を体感できる竹富島（沖縄県）46.8万人，沖縄特有の自然環境を生かした宮古島（沖縄県）43.1万人，韓国観光客の増加する対馬島（長崎県）41.8万人，マングローブ原生林など特有の風景を有する奄美大島（鹿児島県）38万人，日本で最初のエコツーリズム協会が設立（1996年）された西表島（沖縄県）35.7万人，世界遺産登録の屋久島（鹿児島県）29.9万人となっている（ただし佐渡島など，未集計の島を除く）．1985年度は佐渡島78.5万人をはじめ，利尻島，礼文島，宮城大島，伊豆大島，甑島，日間賀島，大三島，壱岐島，答志島の順となっている．また2014年環境保護団体NGOのONE GREEN PLANETにより青ヶ島村（東京都）が「死ぬまでにみるべき世界の絶景13」に選ばれている．

島の環海性は変化に富んだ海岸景観を有する一方で，人・物の往来や旅行商品化を妨げる原因ともなっている．しかし，それゆえにマスツーリズムに頼らぬ個人やグループを対象にした島の歴史文化や生活体験，島歩きやエコツーリズムなど新たな需要による多彩な観光活動の可能性を多く秘めているといえる．また国土庁（当時）と日本離島センターにより2000年度に策定された健康の島づくりアイランドテラピー構想を生かした島づくりも，これからの離島の長期滞在型観光の推進の大切な方向性であるといえる．　　　　（古賀　学）

文献
日本離島センター 2017『2015 離島統計年報』
離島振興30年史編纂委員会編 1989-1990『離島振興30年史（上・下巻）』全国離島振興協議会.

6.9 リゾート

リゾートの意味 リゾートは単純にはバカンス，すなわち長期休暇の目的地ととらえられるが，多種多様なアトラクションを備え，滞在する観光者の行動がほぼ完結される施設をさす場合もある．前者の例は地中海沿岸やフロリダの海岸リゾート，アルプスやロッキーのスキーリゾートであり，複数の宿泊施設に加え，さまざまなサービス施設が集積する空間である．一方，後者に該当するのは東京ディズニーリゾート，「○○リゾートホテル」「○○スキーリゾート」などの名称をもつ宿泊施設やスキー場などである．つまり，リゾートの意味には観光者の目的地として複数の多様な施設が集まったある程度の地域的領域をさす場合と，個々の施設のみをさす場合とがある．前者については，リゾート地という表現が用いられることもある．このようにリゾートは複雑な意味を有した語である．

リゾートと観光地 稲垣（2011）はリゾートを観光地と対比させて整理した．観光地は観光行動の対象となる一過性の空間であるのに対してリゾートは一定の頻度で何度も訪れ日常生活を一時的に移転させる余暇空間であるとした．この整理によれば別荘地はリゾートの代表であり，週末の慰安旅行の目的地となる温泉地は典型的な観光地である．

リゾートは観光地とは異なる目的地ではあるが，例えばハワイはリゾートと観光地の両者の性格を有する．リゾートと観光地は宿泊して楽しむ余暇空間として連続的で比較可能な存在であり，ハワイはその両極に位置する．また観光地とリゾートはともに空間的な概念ではあるが，その差は空間の形態というよりも余暇活動の形態や性格の違いに基づく．

日本におけるリゾートの変遷 江戸時代に本格的に成立した湯治場は日本の伝統的なリゾートである．温泉地には木賃宿が整備され，療養・保養のために湯治客が1〜3週間滞在していた．

明治時代になると多様なリゾートが開発される．その多くは外国人が持ち込んだ観光文化に基づいていた．ゴルフ場やマリーナといったレクリエーション施設のみならず，宿泊施設としてのリゾートホテルや別荘が整備された．箱根や日光には外国人向けの旅館（リゾートホテル）が開業し，軽井沢では別荘が集積する別荘地が形成された．大正時代にはスキー場の整備が開始された．

昭和の経済の高度成長期には別荘地やゴルフ場，スキー場の開発が進み，また一部のスキー場や海水浴場に近接してリゾートホテルが整備された．これらの開発は首都圏をはじめとする大都市圏の外縁部に立地し，大都市圏住民による利用に基づいていた．開発を担った主体は目的地の地元企業や団体，自治体などのほかに鉄道系，不動産系など，大都市の大手企業で，土地開発型の性格が強かった．石油危機が招いた経済不況下で民間企業による開発は停滞した．

1980年代になるとプラザ合意による対米貿易黒字の縮小や，内需拡大の推進などのもとでリゾート開発が急速に進行した．ゴルフ場やマリーナの開発が盛んとなり，スキー場ではゲレンデ直下にリゾートホテルを備えた新規開発が増加した．これらの開発は日本の周辺地域へと地域的に拡大した．別荘地開発という点ではリゾートマンション整備が進み，新潟県湯沢町のリゾートマンション林立景観は社会問題ともなった．この時期のリゾート開発の主体としては従来の鉄道系や不動産系企業に加えて情報産業や鉄鋼業などといった異業種からの資本進出もみられた．1987年に制定された総合保養地域整備法はリゾート開発をさらに進める契機となった．道府県を単位としそれぞれゴルフ場，スキー場，マリーナなどを中核とし，リゾートホテルを備える大型宿泊基地が計画された．計画

の一部が実現されたものの，全国で42の基本構想はバブル経済の崩壊とともに事実上の中止を余儀なくされた．整備された施設についても利用不振による経営体制変更などの問題を抱えているのが現状である．

「リゾート」という言葉は1980年代当時の人びとに受容されて急速に普及した．しかし長期休暇を取得しにくい日本の社会習慣と当時のリゾート開発との乖離が開発に関わる諸問題を引き起こした一端にもなった．今後は高齢化社会の進行のもとでのリゾートの位置づけが注目される．

フランスにおけるリゾート開発　ニースやシャモニーはフランスの伝統的リゾートとして著名である．1936年に「バカンス法」を制定したフランスでは，第二次世界大戦後に発展したマスツーリズムのもとで長期化したバカンスの受け皿となるリゾートの開発を，政府が推進した．

ラングドック・ルシヨン地方には国家的な開発計画に基づいて，1960年代に大規模な海岸リゾートが新規開発された（白坂2014）．グランド・モット（ベッド数約6.3万）はその代表例である．マリーナとともに，奇抜なデザインの外観をもつさまざまな宿泊施設が整備された．一方，フランス・アルプスでは，1960年代半ば前後に国の「雪の計画」により，統合型のスキーリゾートが多く新規開発された．アヴォリアツ（ベッド数1.8万）やレザルク（3万）のように海抜高度およそ1,800m前後の非居住地が基点となった．そこではスキーリゾートに必要なすべての施設や環境が同一の事業体によって整備された．

アルプスにおけるリゾートの発展　ヨーロッパ・アルプスにはさまざまなリゾートが分布しているが，伝統的形態として性格づけられるのは温泉リゾート，またやや遅れて成立した結核療養所としての気候療養地である．19世紀の半ば頃から，それらに夏季の一般保養地としての機能が徐々に加わった．1870年代に始まる登山鉄道の敷設ととも

に高山，氷河，氷河湖などの景観が人びとを魅了し，夏季の山岳リゾートが成立した．また19世紀末頃にアルプスにスキー技術が導入され，1920年代頃の本格的なロープウェイ導入とも相まって夏季の山岳リゾートに冬季のスキー客が訪問するようになった．

第二次世界大戦後，マスツーリズム時代になると，まず夏季の山岳リゾートがアルプス全体で地域的に拡大した．それらのリゾートでは1960年代頃から地元資本によるスキー場設備の開発が段階的に標高の高い地域へと進み，徐々に夏冬2季型リゾートへと変貌し，個々のリゾートは空間的に大規模化していった．さらに前述のフランスとイタリアのアルプスでは冬季のみに経営する統合型スキーリゾートが出現した．

ところが1970年代以降になると地中海などの海岸リゾートとの競合によりアルプスでの夏季観光が停滞した．安価なパッケージ旅行の普及とともに夏季のバカンスに海岸リゾートへの訪問が増えた．氷河湖畔に立地するザルツカマーグートなど大規模スキー場をもたない夏季中心の山岳リゾートでは宿泊客数の停滞，衰退が顕著である．

今日，大多数を占めるのは夏季も冬季も滞在者を受け入れる2季型リゾートである．夏季の停滞はみられるが，ハイキングや自転車などを楽しむある程度の訪問者がいる．一方，東欧からの訪問者増加，また多様なサービス提供に基づいて冬季にスキーやスノーボードを楽しむ宿泊客は安定・増加傾向にある．しかし温暖化の影響で人工雪への依存が高まるなど課題も多い．

（呉羽正昭）

文献

稲垣 勉 2011「観光地とリゾート」山下晋司編『観光学キーワード』有斐閣，pp.70-71．
呉羽正昭 2017『スキーリゾートの発展プロセス―日本とオーストリアの比較研究』二宮書房，223p．
白坂 蕃 2014「ヨーロッパの経験した観光開発と有給休暇制度」立教大学観光学部紀要，**16**：48-63．
淡野明彦編 2016『観光先進地ヨーロッパ』古今書院．
望月真一 1990『フランスのリゾートづくり』鹿島出版会．

6.10 避暑と別荘地

　日本における近代的な高原リゾートは，日本の蒸し暑い夏に閉口した外交官，宣教師ら欧米人の避暑地として，その開発の端緒がつけられた．欧米人はアジア各地で植民地化すると同時に避暑地を作った．インドのダージリン，ビルマのメイミョウ，南ベトナムのダラット，フィリピンのバギオなどである．これらの避暑地は「夏の首都」とよばれ，酷暑期に支配者が外交，会議などの政治活動を快適に能率よく行うための仕事場であった．日本の場合，政治の中心とはならなかったが，現在でも高級リゾートとして知られる箱根，軽井沢，六甲，雲仙などに避暑のための別荘が次々と建てられ別荘地が形成された．その後，皇族をはじめとする日本人の上流階級の人びとも別荘を構えたり，日光金谷ホテル，箱根富士屋ホテルなどの西洋式ホテルが建てられたりして高原・山岳は発展していった．これらは当時の西洋文化の積極的な摂取，模倣の一形態であり，その背後には先進国欧米の生活文化に対する強い憧れがあった．

　日本の高原リゾートの先駆的な存在としては軽井沢地域がある．軽井沢の開発はカナダ人牧師 A. C. ショー（1846-1902）が，浅間山と草原の風光を好んで別荘を建てたことが契機とされる．その後，外国人所有の別荘，日本の政財界人，華族，文化人の別荘が盛んに建てられるようになった．先住者の外国人との間に三笠ホテルや万平ホテルを中心に華やかな交流が生まれ，リゾートサロンを形成していった．この流れは現在に至るまで，多くの作家をはじめ自由業を営む人びとが夏期の仕事場として，また政財界人の交流の場として利用していることにつながっている．

　また箱根地域も先駆的な存在である．箱根の開発は芦ノ湖畔に箱根離宮が建設されたことを契機としている．以前から温泉湯治場として賑わっており，その延長線上にある和風の別荘は明治の初期から存在したが，近代的な別荘地としての形成には，箱根離宮の適地として推薦したベルツ博士の功績が大きかったといわれている．本格的な開発事業は箱根登山鉄道が開通し，強羅で温泉付別荘地が分譲されてからである．

　さらに大正時代に入るとスキーを中心とした山岳リゾートが誕生する．スキーの出現でそれまで夏の避暑地にすぎなかった高原・山岳リゾートに冬にもリゾート客が訪れるようになった．

　昭和に入ると当時の国立公園区域内にリゾートホテルが相次いで建設された．これは国際観光の振興を目的にした事業であり，高原・山岳リゾートでは赤倉観光ホテル，上高地帝国ホテル，雲仙ホテルなど，現在でも格式の高さで広く知られるリゾートホテルはほとんどこの当時に建てられている．これらのリゾートホテルは主に外国人に利用されていたが利用方法は完全な長期滞在型であった．また，雲仙にみられるようにこの頃から県営ゴルフ場が各地にでき滞在者に大いに利用された．当時生まれたホテルとゴルフ場という組み合わせは現在でもリゾートの大きな流れを構成している．

　第二次世界大戦後の高原・山岳リゾートは西武や東急といった大企業による大規模な開発が主流となった．そのタイプとしては八方尾根，苗場に代表されるスキー場を中心とした開発，八ヶ岳，箱根に代表される分譲別荘地とゴルフ場を中心とした開発に大別される．別荘地は昭和40年代までは投機的意味が強いものであったが近年は健康志向や地方移住の受け皿ともなっており，リゾートライフを目指すものといえよう．　　　（十代田 朗）

文　献
安島博幸・十代田 朗 1991『日本別荘史ノート』住まいの図書館出版局．

6.11
観光とコモンズ

コモンズとは何か コモンズをめぐる議論は Harding（1968）により始まった．生物学者であるハーディン（G. Harding）は共有牧草地における資源の過剰利用の問題を取り上げ，人びとが自由に利用できる共有牧草地では各人が自らの利益を最大化させようとするため資源が枯渇するに至る「コモンズの悲劇」が起こるとし，共有地を分割して私有化するか，国家による管理に委ねることを提唱した．その後，このハーディンのモデルに対するアンチテーゼとして「コモンズ論」が展開され，コモンズの利用者集団などによる共同管理に委ねた方が，資源の持続可能な利用につながるとする多くの実証的研究が蓄積された．特に日本におけるコモンズ研究では，入会や結，催合という具体的な制度のもつ環境保全的機能を積極的に評価する点に特徴がみられ，伝統的なコモンズのもつ環境的メリットが強調されてきた（間宮・廣川 2013）．

コモンズは林学，環境経済学，環境社会学，法社会学，地理学など多様な分野で議論されてきたテーマであるため，その定義も多様である．

しかし鈴木（2006）が「自然資源などの地域住民による共同管理制度，および地域住民により共同管理されている自然資源など」とコモンズを定義するように，個人による「私」的な管理でもなく，国・地方公共団体による「公」的な管理でもなく，地域住民による「共」的な管理にコモンズの特徴を見出す点については，おおむね共通理解が存在している．そして多くのコモンズ研究は，地域の自然資源を熟知した住民が資源の共同管理を行うことにより，その持続可能な利用が促進され，乱開発による資源の枯渇などの問題が防止される点にコモンズの現代的な意義を認めている．

一般にコモンズは，地域共同体が土地利用・管理の主体となる「狭義のコモンズ」と，広い意味での地域における公共的な土地利用秩序全体をさす「広義のコモンズ」に区分される（鈴木 2006）．

観光との関係でいえば，英国の大都市近郊のコモンズ（森林，農地）の都市住民による余暇的な利用のように「広義のコモンズ」に関わる事例も存在するが（三俣・森元・室田編 2008），日本の観光地域の形成に直接的に関与してきたのは，もっぱら入会林野や地先漁場に代表される「狭義のコモンズ」の方である．

観光と入会林野 近世村落では，肥料，薪炭材，建築用材などの供給源として不可欠な山林原野は入会林野として村落の構成員による集団的な所有のもとにおかれ，共同で利用された．明治期以降，政府による一貫した解体政策が進められるなか，多くの入会林野が国・公有林に編入されたり，私有林として個人分割されたりして消滅したが，1960 年の時点でも全国で 205 万 ha 以上の入会林野が存在した（山下 2011）．

しかし 1960 年代の経済の高度成長期以降，化学肥料の普及，燃料革命にともなう薪炭需要の減少，外材輸入の増加による国内林業の不振などにより，入会林野の利用価値が著しく低下した．その一方で経済の高度成長期には観光需要が増大し，農山村地域の観光地化が急速に進んだ．特に利用価値の低下にともない住民に無用の「くず山」と認識されていた入会林野は売買，貸借による用地取得が比較的容易であり，多数の地権者との交渉，契約も不要であったため，多くの入会林野が観光開発の対象とされた．

その結果，スキー場，ゴルフ場，別荘地，宿泊施設用地などとして入会林野の観光的利用が進められた．そのなかには，入会林野の財産権的な性格の強化が入会林野の売却益のみを期待する姿勢を生み，外部資本による乱

開発が深刻な環境破壊につながったり，住民の意思を無視した他律的な開発が行われたりする事例も存在した．

しかし自らの入会林野を活用して地域住民による自律的な観光開発を実現し，それが地域社会の維持，発展に大きく貢献している事例も多数存在している（池 2006）．例えば，長野県茅野市の柏原集落では，1950年頃から白樺湖で直営の貸ボート営業が行われたほか，湖周辺の入会林野での住民による宿泊施設の建設が進められた．また別荘地としての土地貸付も行われ，最盛期の1980年代にはわずか150戸程度の柏原集落に年間1.5億円以上の莫大な収益がもたらされた．入会林野の観光的利用により集落にもたらされる多額の収益は，現在も所有山林の手入れや道路の整備，補修など共有財産の管理のために使用されるほか，各種の地域活動を資金面で支えている．さらに白樺湖周辺での観光地域の形成によって多くの雇用機会が創出され，入会林野の観光的利用による収益が直接・間接に地域社会に還元されている．

コモンズをめぐる議論では，「観光」は伝統的な林野利用を破壊する存在として否定的にとらえられる傾向が強い．しかし入会林野の観光的利用が自律的に進められた場合には，逆に所有山林の維持や環境の保全にとってプラスに作用するのである．

地先漁場の観光的利用 日本では潜水機材の進歩やファッション化の進展にともない，1980年代から若年層を中心にスキューバダイビングが急速に普及した．スキューバダイビングの舞台となる地先（沿岸）海域は，近世以来，各漁村の村落構成員が独占的に利用・管理を行ってきた長い歴史をもち，現在でも地区漁協それぞれが共同漁業権の主体として地先漁場を利用・管理している．そのためレジャーとしてのスキューバダイビングは，共同漁業権を有する漁協によって正式に潜水活動が認められた海域であるダイビングスポットにおいてのみ可能となる．

ダイビングスポットは大都市圏に近い伊豆半島，紀伊半島，水中景観に恵まれた沖縄諸島，伊豆諸島などに集中している．これらのダイビングスポットの多くでは，漁協と潜水者団体などとの協議のうえで定められた協定に基づき，各ダイバーから潜水料を徴収している．これら潜水料収入は共同漁業権を有する漁協の収益となるが，例えば，伊豆半島の沼津市大瀬崎地区の場合，地先漁場の伝統的な入会集団である漁村住民にも収益が分配されている．これらの分配金は，道路整備などの公益的事業を行う際の地元負担金として利用されるなど住民の生活基盤の充実に役立てられている（池 2006）．

また大瀬崎地区では1980年代後半から既存の旅館，民宿がダイバーにタンクのエア充填やガイドなどのサービスを提供するダイビングサービスを併設するようになり，ダイバーを主たる顧客とする「ダイビング観光地」へと発展した．宿泊客の大半を占めるダイバーは9～10月をピークにほぼ年間を通して来訪するため，スキューバダイビングは宿泊施設経営の安定化や観光地域の維持にとって不可欠な存在となっている．

日本の漁業者は一般にスキューバダイビングをはじめとする海洋性レジャーの導入に消極的な場合が多いが，漁業者の高齢化が進み沿岸漁業が衰退傾向にある今日，地先漁場の観光的利用を積極的に進める必要性が次第に高まりつつある． （池 俊介）

文献
池 俊介 2006『村落共有空間の観光的利用』風間書房．
鈴木龍也 2006「コモンズとしての入会」鈴木龍也・富野暉一郎編著『コモンズ論再考』晃洋書房，pp.221-252．
間宮陽介・廣川祐司編 2013『コモンズと公共空間—都市と農漁村の再生にむけて—』昭和堂．
三俣 学・森元早苗・室田 武編 2008『コモンズ研究のフロンティア—山野海川の共的世界—』東京大学出版会．
山下詠子 2011『入会林野の変容と現代的意義』東京大学出版会．
Harding, G. 1968 The Tragedy of the Commons. Science, **162**：1243-1248．

6.12 新しい観光地化の波

旅行大衆化の加速と新しい旅先 観光地化の当初的段階は，誰かによる場所性の発見とその価値の伝達で開始される．移動中の誰かが発見した場所の性質（美しいとか，避暑によいとか，狩猟に適しているとか）が伝えられて，後続の来訪者を迎えた後，訪ねるべき場所／観光地として成り立っていく．

発見者がデベロッパーであれば，通常，その場所から利益を得られるかどうかを問い，ツーリストやレクリエーショニストは自分たちの好みや教養，専門性などから場所の効用，つまり楽しみや慰安・休息，刺激，自慢話などにどう役立つだろうか？　ということに着眼する．芸術家はその間の立ち位置かもしれない．

地理学者 W. クリスタラーは，途上地域の観光地化のイメージを描きたいものを探して辺境へ向かう画家による風景の発見から語り始めている（Christaller 1963）．

いずれにせよ，観光の大衆化が加速した後，順当なら新しい観光地化の波が訪れる．事業者でもツーリストでも移動する人の増加は，行くべき場所が見出される確率を高めることになるからである．いわゆる普及の離陸期を経てマスツーリズム社会となった諸国では，阻害要因が並び立たない限り，急増した旅行者による新しい旅先の発見が重なり，新しい観光先が，かつてない頻度で生まれるであろう．

特定関心者旅行と差異化価値 実際，米国や西ヨーロッパ諸国の旅行大衆化が進むと，新たな印象の観光地がおよそ全世界にわたって出現した．

米国の旅行大衆化は 1950 年代から，西ヨーロッパ産業先進国のそれは 1960 年代から 1970 年代にかけてとみられるが，米国の旅行業界は 1970 年代までに，従来の都市や保養地などのツーリストエリアやデベロッパーや諸国政府が開発した新興のリゾートなど以外にも，思いがけないような場所に出かけていくスペシャルインタレストトラベル（以下，特定関心旅行という）の市場を見出している．バードウォッチング，スキューバダイビングなどのレクリエーショニスト，オーストラリアの原石採掘地を宝石鑑定人の集団が訪ねるツアー，日本への盆栽ツアー，イースター島で学ぶ考古学，退役軍人の戦時赴任地再訪のツアーなど，多様な場所をさまざまに価値づけして行われる特定関心旅行が出現した（Read 1980；WTO 1983）．

Read の報告（1980）によれば，旅行会社などの事業者は，その出現に気づきながらもニッチで儲からない市場だと考えてあまり相手にしなかったというから，これらの多様な旅先は主にツーリストやレクリエーショニストが価値づけしたのである．特定関心旅行の市場は，万人受けするツアーを規範にみていた旅行業界を後目に，標準的な他者と同じであること（standard package）を，つまらなく思うタイプの人にも支持されて，1980 年代以降さらに伸長した．ありきたりの旅から離れようとする付加価値への訴求は「地球総観光地化」を進め，今世紀には宇宙旅行購買者を生んでいる．

双方向性に秀でたインターネットの普及は趣味の分野や専門領域内での情報のやりとりやネットワーク化をいっそうたやすくさせ，テーマ性の強い旅行やマニアックな見地で取り上げられる場所は益々増えていった．

日本における新しい観光地化の波 日本の観光大衆化でもその離陸期以降に新しい観光地や名所の創出が目立っている．例えば「カニ族」や「アンノン族」とよばれた若者の旅行では広域周遊中の誰かが価値を感じた場所が口コミで伝えられて名所化し，萩，津和野などが地方の小京都といわれて観光地になった．旧カニ族が旅行中に気に入った町村に移

住して宿を開くこともあった．カニ族もアンノン族も旅行のスタイルに付加価値を認めた旅行形態であり，その志向は先んじて「行くべき，見るべき」推奨された特定の観光地や温泉地へ向かう旅行を旧態依然と位置づけてもいた．

また日本のサーフィンは1960年代から1970年代を通して愛好者を増やしていったが，よい波が立つ海辺の特定もこの間に進んだ．人気のある場所は移住者を迎えたり波乗り旅行の目的地となっている．

コンセプトアウトとしてのニューツーリズム A．プーン（Poon 1989）による「ニューツーリズム（新しい観光）」は，マスツーリズムの弊害に対しいまのままの観光ではいけないという「オルタナティブツーリズム（観光のもっと別のあり方）」や，対人的な摩擦や環境への負荷を抑えて長期に持続可能な観光への転換を説く「サステイナブルツーリズム（持続可能な観光）」と類似する概念であり，これから全地球的に達成するべき変革後の望ましく豊かな観光の姿を表している．

そのための観光の変革の仕方として，プーンは旅行業や観光地，ツーリストなど，あらゆる観光のステークホルダーがそれぞれの場でそれぞれに適正な状態に歩み寄ることを構想した．人びとが真の旅の豊かさに出逢えるように旅行産業は，もっと柔軟にビジネスモデルやサービスを磨きあげること，観光地でも「とにかく大勢来てくれればよい（The More The Merrier）」などと考えてはならず，来る人と地元の人びととの関係性を育む計画を立てること，ツーリストも観光地のちゃちな装飾や演出に厳しい目を向け，自然な姿や実像，本物志向となることが求められている．プーンは皆がそれぞれに変わっていくことで観光全体の最適化を実現しようと述べた（Poon 1989）．

2000年代半ば頃から国土交通省，観光庁は観光まちづくりの場へニューツーリズムの導入を推奨している（観光庁「ニューツーリズムの振興」（2016年3月11日など）．2000年代初頭に示された観光まちづくりの考え方（観光まちづくり研究会 2000）は人口減少を免れない各地の地域社会が域外の人と積極的に交流することで今後の活力を得ていくというシナリオで，地域の交流人口をそれまで以上に作り出すための機会，手段として観光を位置づけていた．来る人との関係性を育むことを重視し，地域のリアルな実像や本物に触れてもらう観光を展開することこそが観光まちづくりにとって肝要なのである．

ツーリストやレクリエーショニストが自ら豊かさを追求して立ち現れた旅行が特定関心旅行であったとすれば，21世紀に地域社会が取り組むニューツーリズムは次世代の旅の豊かさの創出に向けたコンセプトアウトな旅づくりであり，新しい観光地化の次の波として期待される．

プーンの構想では，そのような各地での取り組みのひとつひとつが，全地球的に望ましい観光へのアプローチと位置づけられる．

（小長谷悠紀）

文献

観光まちづくり研究会 2000『観光まちづくりガイドブック』アジア太平洋観光交流センター．
ボードリヤール，J. 1970（今村仁司・塚原 史訳）1995『消費社会の神話と構造』紀伊國屋書店．
Christaller, W. 1963 Some considerations of tourism location in Europe in the peripheral regions under developed countries recreation areas. *Regional Science Association Papers*, **12**：103.
Poon, A. 1989 Competitive strategies for new tourism, Cooper, E. and Lowman, G. eds. *Progress in Tourism Research and Hospitality Management*. Vol.1, Belhaven Press.
Read, S. E. 1980 Prime force in the expansion of tourism in the next decade: Special interest travel. Hawkins, D. E. eds. *Tourism Marketing and Management Issues*. George Washington University, pp.193-202.
Wailler, B. and Hall, C. M. eds. 1992 *Special Interest Tourism*. Belhaven Press.
World Tourism Organization 1985 The role of recreation management in the development of active holiday and special interest tourism and consequent enrichment of the holiday experience.

6.13 観光とごみ

観光は人間活動であり，その過程においてさまざまな環境負荷が発生する．特に従来から人間活動が活発でない地域で観光が行われた場合，観光によって発生した環境負荷に対応する社会的インフラストラクチャーの整備の不足により問題が起きることが多い．季節的に観光が集中する場合，ピーク時に対応しようとすると施設などの年間稼働率が悪くなり，コスト高となってしまう．費用負担の側面からみると，環境対策の多くは市町村が行っているが，観光客は観光先の自治体に住民税を払うことはないので，しばしば財源確保が困難となっている．

施設の整備だけでなく，観光事業者の業務内容の見直し，観光客自身による環境負荷軽減への協力も重要である．環境対策のために観光客にどの程度の不便の許容や協力を求めるべきかというのも課題である．

観光による地域的な環境影響としては，道路・施設の建設や人の喧噪による野生生物の減少，道路交通による騒音や大気汚染，上水需要による水資源の枯渇，排水による土壌や水系の汚染などもあるが，ここでは「ごみ」を取り上げる．法制度上の「廃棄物」は，し尿も含み，観光地，特に自然保護地域におけるトイレの整備に関しても多くの取り組みがあるが（青木 2015），ここでは「ごみ」とは市町村が固体の一般廃棄物として収集処理する対象物とする．

観光地散乱ごみとデポジット制　観光地のごみとして早くから問題になったのは観光客の「ポイ捨て」による散乱ごみである．1970年代に北アルプス上高地での報告事例がある．京都市でも嵯峨野常寂光寺の住職らの働きかけにより1981年には「飲料容器の散乱の防止及び再資源化の促進に関する条例」（空き缶条例）が制定された（長尾 1984）．当初は容器のデポジット制の導入を目指していたが，自動販売機設置者による回収容器の設置，回収の義務づけに終わっている．

デポジット制とは預かり金返却制度ともよばれ，返却保証金として10円程度価格に上乗せして販売され，容器返却時に上乗せ分を返金するという仕組みである．米国の多くの州やカナダ，ヨーロッパの多くの国で導入実績がある．1990年代には八丈島や埼玉の神泉村（現神川町）などにおいて地域限定のデポジット制度が導入され，散乱ごみの減少や回収率の向上など，高い効果を上げたことが報告されているが，いずれも現在は継続されていない．域外で購入されたものとの識別の問題や，デポジット制に関する法的な裏付けがないことが普及しない原因といわれている．

一方で2010年頃からイベントなどにおけるリユース食器の使用においてデポジット制度を応用した例が散見されている．使い捨ての食器類を使用することを減らし，資源保護と散乱ごみを含むごみの削減を達成するだけでなく，参加者の環境への関心を高める効果があるといわれている．

観光地自治体の負担　観光施設，宿泊施設や飲食店などから発生する観光に関連するごみのほとんどは制度上，事業系一般廃棄物に該当し，市町村に収集処理の管理責任がある．市町村が作成するごみ処理計画などでは，しばしば1人1日あたりのごみ収集量が指標として用いられる．この数値は自治体によって収集対象が違ったり，計量方法が違ったりするので直接比較できない面もあるが，全国の市町村のなかで収集量の多いものを並べてみると観光地を有する自治体が多く含まれる．表は上位10自治体を列挙したものである．自治体としては自区域内の住民の分だけでなく，観光客のごみの処理もしなければならないため負担が大きい．飲食店や宿泊施設からの厨芥類の増加分が多いと考えられるが，そ

表 1人あたりごみ収集量の多い市町村

都道府県名	市町村名	排出量（g/人日）
神奈川県	箱根町	4,032
北海道	豊浦町	3,786
北海道	礼文町	3,674
山梨県	山中湖村	2,343
東京都	神津島村	2,324
群馬県	草津町	2,283
鳥取県	日吉津村	2,253
東京都	御蔵島村	2,183
東京都	青ヶ島村	2,175
北海道	中札内村	2,088
	全国平均	925

環境省（2018）の2016年度データより筆者抽出．

のほか容器包装など，ごみが全般的に増加する．従来は地元産業支援の意味合いもあり，自治体が宿泊施設などに減量努力や細かい分別，高額な収集単価を課すところは少なかったが，状況は変わりつつある．

とはいえ，観光客らに自宅所在地よりも細かい分別や，ごみの持ち帰りなどを要請するのは難しい点もある．一般家庭ごみの排出に有料の指定袋を用いる地域の増加にともない，家庭ごみが混入する可能性への懸念などもあり，観光客が利用できるごみ箱が少なくなっている（水谷 2017）．日本では積極的なPRの成果もあって観光地でのごみ持ち帰りに比較的協力が得られているが，ごみ箱を設置するかどうかで悩む管理者も多い．ごみ箱を設置しなければ観光客に不便を強いることになり散乱ごみを増やすリスクを負う一方で，設置した場合はごみ箱があふれることがないように対応管理する負担が発生する．費用負担や協力のあり方，散乱ごみの現状などと照らし合わせて状況に応じた対応が求められる．

ホテルでのごみ削減・循環の取り組み 廃棄物への対応は3Rといわれるが，リデュース（発生抑制）がもっとも優先で，リユース（そのままの形で再使用），リサイクル（粉砕・溶解して新製品製造に利用）と続き，いずれもできなかったものを最終処分するのが原則となっており，それは観光の場においても例外ではない．

ホテルでの3Rの取り組み事例は数多く報告されている．例えば，客室ではボディーソープやシャンプーなどを個包装から詰め替え可能なディスペンサーによる提供に換えることによって容器包装の発生抑制が可能である．韓国では発生抑制の観点から，宿泊施設において歯ブラシなど使い捨てのアメニティを無料配布することが禁止されている．

レストランや宴会施設をもつホテルなどでは食品廃棄物が多いことが知られている．ここでも盛りの大きさを選択できるメニューや，宴会参加者の特性（年齢など）から提供する品目と量を調整して食べ残しなどの削減に成果を上げている例がある．参加者側への働きかけとしては，長野県を中心に「3010（サンマルイチマル）運動」と称して宴会が始まった最初の30分と最後の10分間は自分の席について料理を楽しみ，食べ残しを減らそうというキャンペーンも行われている（三木 2015）．

発生抑制できなかった食品廃棄物を堆肥化している事例も少なくない．また，その堆肥で生産された食材を客に提供するという形の循環を実現している事業者も少数ながら存在する（環境省 2015）．

廃棄を少なくすることは環境や社会の面からみて望ましいだけでなく，利用者に効率よく満足度の高いサービスを提供することにつながるので，今後いっそうの取り組みが期待される．

（渡辺浩平）

文　献

青木直子 2015「富士山のごみとトイレ」廃棄物資源循環学会誌，**26**：207-214．
環境省 2015『平成27年度版環境白書』pp.84-85．
環境省 2018「一般廃棄物処理事業実態調査統計」（http://www.env.go.jp/recycle/waste_tech/ippan）
長尾憲彰 1984「カンカン坊主の清掃ゲリラ作戦―市民運動からみた空カン問題」樹心社．
三木陽平 2015「長野県の生ごみ削減の取り組み」廃棄物資源循環学会誌，**26**：215-221．
水谷　聡 2017「観光地のジレンマ〜観光地にごみ箱は設置すべき？」循環とくらし，**7**：82-87．

7 観光とスポーツ

　近代スポーツのなかでも，明治末に日本に導入されたスキーは観光業を成立させ，地域を大きく変貌させてきた．宿泊をともなうスキー客の増加は湯治場を含む既存集落の生業構造に大きな影響を与えた．またスキー場の開発によって新たに観光集落が形成された．このことはアルプスでも同じである．

　第7章はオリンピックそのものをはじめ，いくつかのスポーツを通してスポーツが，どのようなインパクトを地域に与え，どのような位置を「観光」に占めるのかを整理する．

写真：湯治場からスキー集落となった野沢温泉（野沢温泉村提供）

右上：大阪府枚方市の大型テニスクラブ（2018 年，撮影：河原典史）．ナイター設備の整った屋外コートの向こうには室内コートがある．[関連項目：7.7 テニス]
中：北海道ニセコ地域のグランヒラフスキー場から「ひらふ地区」のリゾートタウンと羊蹄山を望む（2018 年 3 月，撮影：呉羽正昭）[関連項目：7.4 スキー]
左下：サイクルトレイン，右下：糧食（撮影：ともに天野宏司）[関連項目：7.11 自転車]

第 7 章 観光とスポーツ　301

上：ネパール東北部，トレッキングに人気のエヴェレスト山麓は，すべて徒歩の社会である．建築資材をはじめ，燃料や食糧のほとんどを家畜や，人間が運ぶ．トレッカーは道をあけてやり過ごすのが礼儀である．(標高3860 m, 2017年3月19日，撮影：白坂　蕃)［関連項目：7.6 登山］

左中：リッフェルゼー（標高 2720 m）からみるマッターホルン．アルプスには登山電車やロープウェイが設置されるとともに，登山道も整備され，世界中から多くのツーリストを集めている．(2016年9月7日，撮影：白坂　蕃)［関連項目：7.6 登山］

左下：湘南のシーボニアマリーナ（『地域調査ことはじめ』，ナカニシヤ出版，2007 より）［関連項目：7.2 マリンスポーツ］

7.1 観光とスポーツの関わり

　観光の本質は日常の生活圏から離れて楽しみの経験をする，すなわち，物理的な空間の移動によって「非日常」の精神的状態を作り出すということである．スポーツの本質について考えた場合も同様に「日常から離れて楽しむ」という側面が重要となるが，語源をさかのぼると，そこには「移動」という要素も深く関わっていたということが理解できる．

　スポーツの本質と「移動」　現代英語として広く世界に広まったsportの語源は古代ローマで使用されていたラテン語のdeportareに求められる．接頭辞deは「離れる」を表し，portare「運ぶ」と合わさって「運搬」「持ち去る」「移動」「転換」という意味をもっていた．

　空間的移動を意味したものから古フランス語deporter, desporterになると精神的な状態の転換，変化を表す語として使用されるようになり，「気分を転じさせる」「楽しませる」「喜ばせる」という意味が付与される．その後，古英語desport, disportに定着すると「気分転換」「娯楽」「遊び」という意味で使用されるようになる．接頭辞のde, diが抜け落ち，私たちがイメージする競技としてのスポーツの意味をもつようになるのは19世紀の半ば以降である．

　以上のように語源的にみるとsportは物理的，精神的に日常を離れた「非日常の楽しみ」=「遊び」全般をさし，元来，娯楽としてみなされるさまざまな「非日常」の活動を含む言葉であったということがいえよう．私たちが「スポーツ」という言葉を使用する際，一定のルールのなかで身体的競争が行われる「近代スポーツ」だけでなく，競争を想定しないランニングやウォーキング，山登り，海水浴，健康のための体操などを含めて認識する理由は，この概念の出自と関係があると考えられる．特にスポーツに関わる観光を考える場合，競技スポーツだけでなく，日常を離れた時間，空間で行われる非競争的なレジャー活動全般をスポーツという概念は含んでいるととらえる方がよいだろう．

　統一ルールをもち，世界的な統括組織がコントロールする近代スポーツは，大量輸送装置の普及にともなって，オリンピックに代表されるような国境を越えた競技会のネットワークを発達させた．そのことにより多くのアスリートや観客，ファンが日常の生活圏を離れるようになった．こうした近代スポーツの普及，発展が進行する19世紀から20世紀という時代は，登山道や海水浴場，スキー場，キャンプ場なども整備され，レクリエーション的な活動が大衆レジャーとして普及した時代でもある．スポーツに関わるこうした人びとの移動が一般に普及しても，長らく，そのような行為は「観光」という枠組みのなかでとらえられることは少なく，「スポーツ観光（スポーツツーリズム，sport tourism）」という言葉が登場し普及するのは，ごく最近になってからである．それは，スポーツという概念に，もともと移動も含む「日常を離れた楽しみの探究」という要素が組み込まれており，あえて観光という言葉を重ねる必要がなかったということを物語っている．

　「スポーツ観光」への期待の高まりと研究の進展　スポーツを観光学の視点でとらえる研究は1970年代から英国で始まり，1980年代には研究領域として展開期を迎え，1993年には*Journal of Sport & Tourism*という国際的な研究雑誌が発刊されるようになる．このような学術領域での研究の進展の背景には，メディアのグローバル化に後押しされながら急激に規模を大きくしていったオリンピックや，サッカーのワールドカップなどのメガイベントの存在があり，国境を越えて大量に人びとを移動させるスポーツ観光という仕組みに対するビジネス面や政策面での注目の高まりがあった．2001年には国

際オリンピック委員会（IOC）と世界観光機関（UNWTO）によって，はじめてのスポーツ観光に関する国際会議がスペインのバルセロナで開催されている．

日本においても1980年代からスポーツイベントに関する研究を中心にスポーツ観光の研究は進展してきたが，スポーツ観光という言葉は一般的にはなじみの薄いものであった．日本でオリンピックが開催された1964年，1972年，1998年でさえ，新聞記事にスポーツ観光という言葉はほとんどみられなかった．ところが，近年，スポーツ観光は急速に普及しつつある．それは日本の観光政策とスポーツ政策のなかにほぼ同時期にスポーツ観光が明記され，今後，振興していくべき施策として位置づけられたからである．

観光政策に関しては，2010年1月に国土交通大臣を本部長とし全府省の副大臣などで構成する「観光立国推進本部」の会議が政府の会議として「スポーツ観光」をはじめて採り上げた．この年の5月には第1回「スポーツ・ツーリズム推進連絡会議」が開催され，スポーツ競技団体，観光産業界，スポーツ産業界，マスメディアなどの関係者が一堂に会し，今後のスポーツ観光の振興策が検討された．この会議体は2011年6月には，その後のスポーツ観光の振興を方向づける「スポーツツーリズム基本方針～スポーツで旅を楽しむ国・ニッポン～」をとりまとめている．2012年には「基本方針」のなかで謳われている，日本のスポーツ観光振興の中心組織である「日本スポーツツーリズム推進機構」（JSTA）が設立された．

一方で，スポーツ政策については2010年8月に文部科学省が策定した「スポーツ立国戦略」のなかに「国際競技大会の招致・開催支援，スポーツ・ツーリズムの促進」が盛り込まれ，また2011年8月に施行された「スポーツ基本法」に基づく「スポーツ基本計画」（2012年3月30日文部科学大臣策定）には「旅行先で気軽に親しめるスポーツツーリズムの推進」や，地域でスポーツ観光を振興する組織「地域スポーツコミッションの設立推進」などが謳われている．

スポーツ観光の振興によって期待される効果は地域経済の活性化や雇用の創出，地域ブランドのプロモーションなど多岐にわたるが，一般的な観光と同様な効果だけでなく，それが地域の人びとのスポーツ活動の促進にもつながるという特徴をもつことも忘れてはならない．

ただしスポーツ観光の振興を地域スポーツ活動の振興へとつなげるためには，域内者を対象にしたスポーツ振興政策と域外者も対象となるスポーツ観光政策の整合性をとることが重要な課題となる．

スポーツ観光の定義 スポーツ観光は多くの研究者が定義しているが，①スポーツに競技的なものだけでなく非競技的なものを含めるか，②「観るスポーツ」や「するスポーツ」以外の博物館などのアトラクション見物を含めるか，③プロスポーツ選手の移動を含めるか（ビジネストリップではないか），④コーチや監督，審判，大会に関わるスタッフやボランティア，メディア関係者などの移動を含めるかなどの多様な論点がある．

以下のStandevenとDe Knopによる定義は包括的なものであり，スポーツによる人びとの移動の現状を反映させたものになっている．「気軽に，あるいは組織的に，非商業的かビジネス（商業）目的にかかわらず，スポーツに関する活動における全ての能動的・受動的参与の形態で，必然的に自宅や仕事に関わる地域を離れ旅行すること」（Standeven and De Knop 1998）．　　　　〔岡本純也〕

文　献
中村敏雄ほか編 2015『21世紀スポーツ大事典』大修館書店．
日本スポーツツーリズム推進機構編 2015『スポーツツーリズム・ハンドブック』学芸出版社．
原田宗彦・木村和彦編著 2009『スポーツ・ヘルスツーリズム』大修館書店．
Standeven, J. and De Knop, P. 1998 *Sport Tourism.* Human Kinetics.

7.2 マリンスポーツ

マリンスポーツと観光，その空間的特性 マリンスポーツはヨットやモーターボートなどのプレジャーボート，ダイビング，サーフィン，カヤックなど多岐にわたるが，いずれも日常生活の余暇に生活圏で行われたり，非日常的な体験のひとつとしてリゾート地などで行われたりする．そのため，その分布も都市部から周縁部まで広がるのが特徴的である．したがって，観光との関わりでマリンスポーツをとらえる際には日帰りから滞在まで含めた観光レクリエーションとしてのマリンスポーツと，その施設の立地特性や利用形態にまずは注目することが重要となる．

プレジャーボートを保管するマリーナは都市部にも数多く立地しており，わけても夏に日没の遅いヨーロッパや北米では，平日の夕方退社後にヨットレースが行われる地域も多く，マリーナやヨットクラブは生活圏内の社交場のひとつとして位置づけられている．サーフィンも手軽なためジョギングのように出勤前の早朝や退社後の夕方に行われることが多い．またマリンスポーツには親水性やファッション性，カジュアルさなどを演出する効果があり，都心部の工場・倉庫跡地のウォーターフロント再開発ではマリーナが取り入れられる．

リゾート地には都市近郊の週末宿泊圏から周縁部の長期滞在圏まで含まれるが，南仏やフロリダ半島などの長期滞在型別荘地では大規模なマリーナや，無数の自家用桟橋が設けられており，プレジャーボートがリゾート地における地域開発と生活様式の中核に位置づけられている．また湘南海岸や，南カリフォルニアのビーチシティーズのような大都市近郊でもヨットやサーフィンとその愛好者および関連ショップなどが合わさって，固有の場所イメージが作り出されており，リゾート地と住宅地が融合した人気の高い郊外地域になっている．これらリゾート地に取り入れられるマリンスポーツの種類は各地の自然環境に大きく依存する．身体と水が接するために原則としてより温暖な地域が嗜好されるが，例えば，ヨットにとっては晴天率が高く季節風の吹く地中海沿岸，ダイビングではサンゴ礁など地形や魚種に特徴のある熱帯島嶼，サーフィンでは地形と気象によりコンスタントに波が立つハワイやカリフォルニアなどが好まれる．

マリンスポーツの普及の特徴 マリンスポーツは普及の点で次の三つに大別される．一つ目は欧米に起源をもってリゾート地の発展や植民地の拡大と軌を一に普及したもの，二つ目は周縁地域の先住民に起源をもって現代社会に取り込まれながら普及したもの，三つ目は現代の技術革新によって新たに生まれたものである．

欧米に起源をもつ典型はヨットである．17世紀からヨーロッパ王侯貴族に愛好されたヨットは，植民地貿易商などが勃興した19世紀半ば以降，中産階級にも普及し始めた．当時は英国でブライトンをはじめとする海岸リゾートが誕生し，初期においては王室の庇護のもと，その後は中産階級の増加にともなって成長した時期であった．ヨットは海岸リゾートに持ち込まれ，レースや，パーティーを通してヨットクラブが社交の舞台となった．特にブライトン西方，ヴィクトリア女王の離宮のあるワイト島では1826年から続くヨットレースのイベント（カウズウィーク）があり，多くの参加者や観戦者が訪れる．このようにヨットとクラブは歴史あるリゾート地につきものであり，フランスではノルマンディーのドーヴィル，北米では北東部のニューポートが代表例である．

19世紀半ば以降，英国の植民地拡大とともにボンベイ（現ムンバイ）やシンガポールなどの貿易都市にもヨットクラブが結成さ

れ，ボンベイの奥座敷である高原避暑地プーナにも伝播した（佐藤 2010）．ヨットを世界中に拡散させたのは植民地化を牽引した英国系の商館経営者や駐在員，外交官などである．日本でもヨットは開国直後に長崎や横浜などの外国人居留地に導入され，1890年代から欧米の外交官や宣教師による避暑コロニーのあった中禅寺湖や野尻湖の高原避暑地に伝播し，昭和初期になって日本人によって湘南の海岸リゾートで受容された（佐藤 2003）．このような階層性伝播は近代化にともなって政治経済的主導権が欧米人から日本人へ移ったことを反映したものであり，欧米以外の国々においても共通していると考えられる．

また20世紀に入るとヨットよりも手軽なモーターボートが開発され普及し始めると同時に，南国の楽園イメージを付与されリゾート地化する地域に導入された．フロリダ半島では1920年代以降マイアミやパームビーチにおいて櫛形の人工島に桟橋付き別荘が建てられ，自家用のヨットやモーターボートを係留できる独特のリゾート開発がなされた．このような形態のリゾート開発はフロリダ半島の両岸に広がるだけでなく，カリフォルニア州ニューポートビーチ，南仏ポール・グリモー，オーストラリアのゴールドコーストなどにも波及している．さらに南仏ラングドック・ルシヨン地方では1960年代から国策に基づいてマリーナを核とした大規模なリゾート地が数珠状に開発された．日本でも1960年代にリゾートマンションを備えたマリーナが湘南海岸を中心に開発されている（佐藤 2001）．

周縁地域の先住民文化に起源をもつマリンスポーツとしてあげられるのはサーフィン，カヌー・カヤックなどである．ポリネシア系先住民の生活に根ざしたサーフィンは，ハワイではキリスト教の布教に際して野蛮な風俗とみなされて一時廃れるが，1920年代以降ワイキキのリゾート地化とともに北米からの観光客にとってエキゾチシズムを兼ね備えたアトラクションとして復活した．その後サーフィンはカリフォルニアやオーストラリアで若者に普及し，競技としても発展する．日本にも第二次世界大戦後に湘南海岸などに導入されて大学生を中心に広まり，関連するファッションブランドも派生した（小長谷 2005）．自然愛好家に好まれるカヌー・カヤックも含めて先住民起源のマリンスポーツはヨットに代表される伝統的，権威的な近代スポーツに対するカウンターカルチャーの側面を有する．

第二次世界大戦を契機とする技術革新によって誕生したスキューバダイビングは，戦後にレクリエーション目的に転用され一般にも普及した．日本におけるスキューバダイビングのスポットは，大都市近接型として伊豆半島や紀伊半島が，低緯度島嶼型として慶良間諸島が有名であるが，ダイビング海域と漁場との競合や棲み分けの調整が必要とされる（池 1999）．

マリンスポーツの研究視座　観光とマリンスポーツの関わりを研究する主な視座は以下のものがあげられる．一つ目は愛好者の客層や集客圏，施設経営など需給関係に注目したものである．二つ目は植民地主義や支配・被支配関係からマリンスポーツの伝播や受容を論じたり，サーフカルチャーなどの価値観を共有する集団と場所性を解明したりする文化論的な立場である．三つ目は工業や漁業などからの産業転換や，漁業権をはじめとする既得権との競合，棲み分けなどのような地域社会との関わりである． （佐藤大祐）

文　献
池　俊介 1999「伊豆半島大瀬崎におけるダイビング観光地の発展」新地理，**47**(2)：1-22.
小長谷悠紀 2005「日本におけるサーフィンの受容過程」立教大学観光学部紀要，**7**：1-16.
佐藤大祐 2001「相模湾・東京湾におけるマリーナの立地と海域利用」地理学評論，**74**：452-469.
佐藤大祐 2003「明治・大正期におけるヨットの伝播と受容基盤」地理学評論，**768**：599-615.
佐藤大祐 2010「アジアにおけるヨットの伝播と受容」交流文化，**10**：32-37.

7.3 海水浴

現代の海水浴 海水浴は夏季の代表的なレジャーのひとつである．1984年には日本で延べ9,000万人以上が各地の海水浴場を訪れた．海水浴客を対象として各地の沿岸集落には民宿，土産物店などの観光産業が成立し，海水浴が地域にもたらす経済効果は大きい．しかし近年ではレジャーの多様化や冷房の普及，日焼けに対する健康観の変化などで日本の海水浴人口は減少しており，2010年代の海水浴客数はかつての隆盛期の1/10程度になっている．

日本における海水浴の歴史 海水浴の日本への導入は1882年頃とみられる（個人的な水浴の試行を除く）．1881年に内務省が発行した「海水浴説」という論文（『内務省衛生局雑誌』34所収）に，ヨーロッパでは海水浴が実践され医療効果が認められているが，海水浴は日本ではまだ行われていないと述べられている．

それに対し翌1882年刊行の後藤新平著『海水功用論』には自らの海水浴体験に加え海水浴実地検分の記載があり，この時期が日本における海水浴の創始とみられる．ただし後藤が認定した海水浴は愛知県大野（現常滑市）に伝わる奇習「潮湯治」を当時の医学に基づき改良したものである．

この頃は日本における海水浴の黎明期で，上述の後藤による大野以外に1882年に長与専斎が三重県二見浦，1885年に松本順が神奈川県大磯に海水浴場を開設するなど，1890年代にかけて各地で海水浴場の開設が相次いだ．松本（1832年生），長与（1838年生），後藤（1857年生）ともに西洋医学を学んだ人物である．

導入初期の海水浴 日本に導入された初期の海水浴は呼吸器・内臓疾患，リューマチ，婦人病などの治療を目的とする医療行為であった．当時は「海気」（海浜の空気），「海水」（海水の成分），「波動」（波による皮膚への刺激）という3要素が治療上の効果をもたらすと考えられた．今日のような遠浅の砂浜海岸では強い波が得られないため初期の海水浴場には岩場が不可欠で，海中に何本も杭を立てて浴者はその杭につかまって寄せ来る波を体に打ちつけていた．遊泳は海水浴の目的ではなく水中で低温になった体を温めるための手段であった．

漁撈や貝類採取以外で海に入る習慣がなかった日本人にとって明治期に導入された海水浴は刺激が強い行為であった．そのため海に入って海水に身を浸す「海水冷浴」とは別に，海水を汲み上げて35℃前後に加温して入浴する「海水温浴」という方法が明治期には海水浴の一種として存在した．「海水温浴」は温泉への入浴と類似した行為で日本人になじみやすく，海水浴の普及を促進させた．

交通の発達と海水浴場の変化 明治後期以降になると各地に敷設された鉄道路線の利用客増加策として鉄道会社が海水浴客に着目した．海水浴用の臨時列車を走らせたり，海水浴場への往復割引切符を発売するといった工夫により各社は利用客の誘致を図った．

この動きにともなって海水浴の対象が疾病治療を目的とする人びとから健康な人びとへと変化し，さらに子どもを含む家族連れに拡大した．並行して海水浴の目的が行楽へと変化した．その結果，海水浴場の立地条件が「遠浅で波静かな砂浜海岸」へと移行し，今日のレジャーとしての海水浴が確立した．

（小口千明）

文献
小口千明 1985「日本における海水浴の受容と明治期の海水浴場」人文地理，37(3)：23-37．
小口千明 1998「療養から行楽型海水浴への変容と各地の海水浴場」地方史研究，275：9-14．
藤原書店編集部編 2014『時代が求める後藤新平 自治／公共／世界認識』藤原書店，pp.239-241．

7.4 スキー

スキーと観光, そして地域　世界でスキーの歴史は数千年に及ぶが, その大半の期間は北欧で雪上（平地）の移動手段であった. 19世紀末になって山を滑り降りるスキーが誕生した. オーストリアのツダルスキー (M. Zdarsky) らがアルプスに持ち込み, 山岳スキーが発展したのである. 20世紀はじめにオーストリアでスキーリフトが建設されて以降, スキー場内を滑降するレクリエーションとしてのスキーが確立されていった.

その結果, 主に次の三つの理由からスキーと観光は密接に関係をもつようになった.

第一には, スキーを楽しむ人の多くが大都市に居住するが, スキー場は積雪のある農村や非居住地に立地するため, その地域間に人びとの移動が発生する.

第二に, その移動距離・時間は一般に長いゆえにスキーをする人びとの多くはスキー場の近隣地域に宿泊する. それゆえに多くの場合, スキー場の近隣地域にはさまざまな宿泊施設が立地する.

第三に, スキー場や, それを含むスキーリゾートには上記の宿泊施設以外にもさまざまなサービスが生じ, 関係諸施設が立地する. スキーは, こうした観光と地域の関係をもたらすレクリエーション（もしくはスポーツ）ととらえられる.

現在の日本ではスキーはスキー場という観光施設の内部でなされるレクリエーションである. その際, スキー場が有する地域的特徴の把握も重要な研究視点となる. 地域的特徴のなかでも観光施設の地域的な分布を説明することは人間と環境の関係を考える地理学の基本的な研究視点である.

日本のスキー場の分布をみると, 日本海側に偏在し, 西日本よりも東日本に多く, 中央日本北部に集中するなどの特徴がみられる. その理由を検討すると, 積雪や地形の存在が重要な立地条件となり, 積雪の多い日本海側, 奥羽山脈から中国山地にかけての山地地帯の存在, すなわち環境条件の重要性が指摘される. さらに中央日本北部へのスキー場の集中はスキー人口が多く存在する大都市（東京, 大阪, 名古屋など）からの近接性という位置条件の重要性を示している. その理由は日本人のスキー旅行のほとんどが日帰りや1泊2日という短期でなされることにある. それゆえ大都市からの近接性もスキー場立地を規定している. この点はスキーヤーによる1週間以上の長期滞在が卓越するアルプスのスキーリゾートとの大きな相違である.

スキーの導入と地域的伝播　日本への本格的なスキー技術の移入は1911年1月オーストリア=ハンガリー帝国の軍人レルヒ少佐 (T. von Lerch) が上越市高田で軍人にスキー技術を教えたとするのが定説である. これ以降100年以上が経過し, その間, 日本のスキーの技術や環境は大きく変貌し, またスキーをめぐる観光も大きく変化してきた.

レルヒ以後, さまざまな地域にスキー技術が普及した. 特に積雪の多い湯治温泉地では, その裏山斜面（多くは共有地）に「スキー場」が整備され, スキー客を集めた. その背景には冬季の利用者が少なかった湯治温泉地が新規顧客を得るために積極的に誘客したことがある. その結果, スキーが観光業を引き起こし, 温泉のある積雪地域に定着し,「スキー場＋温泉地」という組み合わせが生まれた. 長野県野沢温泉, 志賀高原や群馬県草津などはその典型例である.

一方, 昭和初期にスキーは大都市の人びとにも普及し, スキー旅行が出現するようになった. 高速交通の存在しない当時, ほとんどのスキー旅行は宿泊をともない, 積雪温泉地の旅館に宿泊した. また温泉地以外では長野県菅平や白馬村細野（八方）で農家民宿の原型が発生した.

スキー観光とスキーリゾートの変化　太平洋戦争後，占領軍がスキーリフトを持ち込み，1960年代以降の経済の高度成長期におけるマスツーリズムを通じてスキー人口が増加し，スキー場開発が活発化した．中央日本北部の伝統的なスキーリゾートに加え，東日本の日本海側を中心に，またやや遅れて岐阜県以西の山地にも多くのスキー場が新規開設された．1960年代や70年代には多くのスキー旅行は宿泊をともなっていた．スキー場開発がなされた農村には民宿地域が形成され，その地域は激変した．この例は長野県白馬村，新潟県塩沢町（現南魚沼市），群馬県片品村などにみられる．

一方，長野・新潟県境の斑尾高原や長野県峰の原高原のように標高が高く，従来の非居住空間にもスキー場開発がなされ，スキーヤーの宿泊のためにペンションの集積地区が成立し，新しい集落ができた．

1980年代後半になると若年世代を中心にスキー人口は急増し，スキーブームが生じた．映画『私をスキーに連れてって』（1987年）もこの傾向に拍車をかけた．この時期はバブル経済の時期とも重なり，スキー場やスキーリゾートの新規開発ブームが生じた．トマムや安比高原のようにリゾートホテルやスキー場が統合された「リゾート型」のスキー場，神立高原や川場のように日帰りスキーヤーに対応した「コンビニエンス型」のスキー場が誕生した．スキー場の周囲では従来からの旅館や民宿といった和風の宿泊施設に加えて，リゾートマンション，ホテル，ペンションなどの洋風の施設が増加した．このスキーブームのもとでスキー場の内外では，週末や連休の時期には激しい混雑が生じた．

しかし1990年代初頭以降，スキー場では来訪客数が激減した．その結果，ほとんどのスキー場は赤字経営となり，スキー場索道会社の倒産，売却，経営体の変更などが大量に生じた．同時にスキー場自体の休業や閉鎖も目立つ（呉羽2017）．閉鎖されたスキー場の多くは小規模で，北海道，新潟県，長野県，岐阜県といったスキー場集積地域に比較的多くみられる．ただし，大規模なスキー場は継続する傾向にある．

一方で2000年代半ば頃から外国人スキー客が増えつつある．北海道倶知安町，ニセコ町では外国人スキーヤーの訪問によって集落景観が激変している．それはアパートメント（キッチンや居間，寝室，バス・トイレなどが備わったもの）の増加によるもので，景観的にコテージやマンションの集積が顕著である．長野県白馬村や野沢温泉でも外国人による旅館やペンションの買収や，アパートメント新設が目立っている．泊食分離で外食を好む外国人スキーヤー（主にオーストラリア人）が夕食時の村集内を賑やかにしている．

スキーリゾートをめぐる研究視点　スキー観光と地域に関してさまざまな研究視点がある．そのなかに「スキー集落」の概念を用いて山地集落の変化プロセスを追求した白坂（1986）の研究がある．スキー集落とはスキー場の開発によって景観や就業構造が変貌した集落である．その形成プロセスに注目し，それは既存集落移行型と新集落発生型とに分類できることを指摘した．従来，農林業集落，温泉集落および信仰集落として性格づけられたものからスキー集落へと移行するのが既存集落移行型である．

一方，地域住民の移住や外部資本によって新規に形成された観光集落が新集落発生型である．前者の例として野沢温泉，後者の例として志賀高原と栂池高原における詳細な研究がある．特に集落内の土地利用や共有林野の利用変化，宿泊施設の経営，さらにはスキー場に関連するさまざまな経済活動の存在などに注目して山地集落の変貌を解明した視点は有効である．

(呉羽正昭)

文献
呉羽正昭 2017『スキーリゾートの発展プロセス―日本とオーストリアの比較研究』二宮書店．
白坂 蕃 1986『スキーと山地集落』明玄書房．

7.5 ゴルフ

ゴルフ人口とゴルフ場面積 ゴルフは、かつて日本でもっともプレー人口の多いスポーツだと目されたことがある。野球やサッカーは観客数こそ多いが、自らプレーする人は意外と少ない。だがゴルフは、たいてい自らプレーする。しかも老若男女ができるスポーツだからである。

しかし、今やゴルフ業界も凋落が激しい。ゴルフ人口は1992年に1,000万人を超えるとされたが、2016年は550万人まで減ったと推定されている。原因のひとつはプレーヤーの年齢が上がり、ゴルフ場に足を運ばなくなったからだろう。ゴルフ人口の過半が50代以上といわれるから、今後も減少は避けられないと思われる。

一方でゴルフ場面積は、ほかのスポーツとは比較にならないほど広い。18ホールのコースで約100ヘクタール。ゴルフ場数は2016年で2,282、最多時（2002年）は2,460だったから随分減った。それでも総面積は、20万ヘクタールをはるかに超える。

しかも開設時に地形や植生をかなり改変する。ゴルフ場が地域環境に与える影響は無視できないだろう。

そこでゴルフの歴史とともに、ゴルフ場が地域にもたらした影響を追いたい。

ゴルフ場開発の歴史 ゴルフは伝承によると15世紀にスコットランドのセント・アンドリュースで、羊飼いが生み出した。荒れ地にあったウサギの穴に杖で石を打ち込む遊びとして始まったという。

最初にゴルフという文字が文書に登場したのは1457年にスコットランド議会が発布した「ゴルフ禁止令」である。その後1471年、91年と同じ法令が出された。幾度も禁止令が公布されるほどゴルフは人気だった。

日本で最初のゴルフ場は、1901年に神戸の六甲山に誕生した。英国人の紅茶貿易商アーサー・グルームが、所有する別荘の隣接地を借りて作った4ホールのコースである。2年後に9ホールに拡張して神戸ゴルフ倶楽部が結成された。会員120人（132人説もある）のうち、7人が日本人だった（田中 1992）。

その後ゴルフ場は各地に作られていく。日本人の参加も増え、1907年には日本アマチュア選手権が発足し、日本初のプロゴルファー福井寛治も登場する。

太平洋戦争前に発行されていたゴルフ雑誌『Nippon Golf DOM』によると、1940年の日本のゴルフ場は71、ゴルフ人口は11万人と推定している。

ゴルフ批判は当時からあった。理由は、ゴルファーのほとんどは外国人と海外留学組や政財界人など富裕層だったことが大きい。また広大な敷地を囲い込んだため、西洋かぶれの金持ちのスポーツと反発を買ったのである。

1924年に実業家の大谷光明と川崎肇らが程ヶ谷カントリー倶楽部で暴漢に襲われる事件が起きた。前年に関東大震災が起き、政情不安と経済的な苦境が広がるなかでゴルフに興じたことへの反発からだろう。

課税も厳しかった。ゴルフ関係の税金は、1920年に福岡で県内のゴルフクラブ会員から年20円徴税したのが最初だが、1939年には入場料の10％を課税するゴルフ税が成立した。それが翌年には20％、1942年に50％、43年に90％、44年には150％と戦時下には大増税されていく。

戦後は1950年にゴルフ場利用税が登場した。ゴルフ用品物品税も長く設けられていた（1989年消費税法施行にともなって廃止）。ゴルフは裕福な人のレジャーという認識のため、徴税に抵抗感が少なかったと思われる。

戦後のゴルフ場批判 しかし次第にゴルフは一般市民にも広がった。1959年に中村寅吉プロがカナダカップで優勝したのを機にゴルフブームが起きる。1970年代前半にも有

名プロゴルファーを輩出してふたたびブームを生み出した．

1980年代後半のバブル景気には一般の老若男女がゴルフクラブを手にし始め，テレビや新聞もゴルフの話題を取り上げるようになった．するとゴルフ場開発も盛んとなり，銀行や商社，ゼネコンなどが参入し始めた．

だがゴルフ場の建設が増えると，批判も強まった．その内容は以下の三つに分かれる．

まずゴルフ場開発が，山野などの自然を破壊する点．建設には森林を伐採し，山肌を削ったり谷を埋めたりすることが多い．それが森林破壊に加えて土壌流出，水質汚染を引き起こすと心配された．芝生は保水力が弱いという指摘も出た．さらに古墳など文化財を破壊するケースもあった．

第二は，農薬問題．ゴルフ場の芝を維持するために農薬や除草剤が大量散布されていると問題視された．それが住民の健康を蝕み，生態系を壊すというのだ．

そして三番目に，ゴルフ場開発に多額の資金が動くことで地域社会を壊したり，汚職の温床になるという点である．

これらの批判はいまも根強い．ただ開発ラッシュは2000年までに終息し，現在新設はほぼなくなった．そのため金銭問題も発生する余地がなくなっている．

誤解の多いゴルフ場の自然　ゴルフ場の植生に関する誤解も多い．敷地すべてが芝生に覆われるわけではない．残置森林を設ける規定があるからだ．植生割合の統計によると，18ホールの平均では森林が57.2%，芝地が42.8%である．さらに池や小川など水辺環境も備えている．つまりゴルフ場とは，樹林と草地がモザイク状に配置された里山に似た生態系なのである．

また芝生は地表を完全に覆うため，土壌流出防止機能は，森林より高いことも研究の結果わかってきた．

一方，農薬使用も変化した．芝生の病害虫や雑草について研究が進み，生育環境の改善や害虫の天敵利用，ピンポイントで少量の農薬，除草剤を使用する総合防除が主流になった．今や農薬の使用量は農地よりも少ないといわれている．

ゴルフは景観産業でもある．プレーを楽しむだけではなく，コースの景観を目にするのも楽しみにする．だから経営側も景観維持にコストをかける．それが里山によく似た健全な生態系を生み出した．

ゴルフ場の建設時は，山野の環境を破壊したかもしれない．しかし，すでに大半のコースは完成後，数十年の歳月を経て多様で豊かな自然が育つようになった．また周辺で開発が進むなか，残置森林内に貴重な植物が残されているケースも少なくない．さらに棲息地を奪われた周辺の動物が逃げ込む場にもなっている．

2012年に行われた全国のゴルフ場動植物調査（主催：ゴルフ緑化促進会）では植物24種，動物42種の絶滅危惧種が確認された．放置されて荒れた里山よりもゴルフ場内に良好な自然が広がっている様子が想像できる．

むしろ，懸念は相次ぐゴルフ場の閉鎖にある．冒頭に記した通り，ゴルフ人口は減少しコースの閉鎖も相次いでいる．そんな土地が産業廃棄物の処理場やメガソーラー場に転用されるケースもある．芝地を放置すると，偏った植生が繁茂して病害虫の発生源になりがちだ．希少な動植物が姿を消してしまう恐れもあるだろう．もちろん地域の雇用や税収も失う点から地域経済にも影響を与える．

改めて，地域にとってゴルフ場のよりよいあり方を考え直す時期が来ているのかもしれない．　　　　　　　　　　　　　　（田中淳夫）

文　献
田中淳夫　2009『ゴルフ場は自然がいっぱい』ちくま新書．
田中淳夫　2011『いま里山が必要な理由』洋泉社．
田中淳夫　2015『ゴルフ場に自然はあるか？　つくられた「里山」の真実』ビジネスごきげん出版．
田中義久　1992『ゴルフと日本人』岩波新書．

7.6 登山

登山の発祥　世界各地の山岳・山地は，さまざまな地域や時代における信仰の特徴を反映し，神の住まう場所，悪魔や竜の住処のようにとらえられてきた．はるか天空へとそびえ立つ山容は，人びとにとって近寄りがたい存在であった．そのため，山に入ることや，山に住まうことは交易や資源獲得，牧畜，迫害からの逃避など特定の目的に限定されていた．17世紀以前，山に登ること自体を目的として，眺望を楽しむために登山を行っていたのは，ごく限られた知識人であった．1336年4月，イタリアの詩人ペトラルカがフランス南部のモン・ヴァントゥ（標高1,912 m）に登頂し，その様子を友人へ宛てた手紙から，彼は世界初の登山者であるといわれている．

近代科学と登山　18世紀に啓蒙主義の時代を迎えたヨーロッパでは，山が自然科学の興味関心の対象としてとらえられるようになった．特にヨーロッパアルプスにおける氷河や地質は多くの科学者たちを魅了し，彼らを山へと誘った．正確な風景描写が必要とされる科学調査では，画家を携えることも多かった．彼らが描いた氷河や岩稜は科学的価値が高かったが，同時にその美しさが富裕層にも評価された．また，それまで「グランドツアー」に出かける英国富裕層の若者から，イタリアの華やかな都市に向かうためには，やむをえず越えなければならないという嫌悪の目で見られてきたアルプスであったが，描かれた風景の美しさや荘厳さから目的地としても据えられるようになってきた．19世紀に入ると，山に登ること自体にひかれる人びとが現れ始めた．スイス北部のアーラウの商家であったマイヤー一家は1812年にユングフラウ（4,158 m）初登頂を果たし，オーストリアのチロル州に生まれたトゥルヴィーザーは1820年にヴァッツマン（2,713 m）初登頂を果たすなど，高峰の頂点に立つことがステータスとされるようになってきた．

山岳会の創設と登山の普及　1857年，世界最古の山岳会である英国山岳会が創設されると，エリートのスポーツならびに文化としての登山が推進された．1865年，エドワード・ウィンパー率いる英国登山隊が，それまで登頂不可能といわれたマッターホルン（4,478 m）初登頂を果たすと，より冒険的でスリルのある登山も人気を集めるようになり，登山者はアルプスを離れ，世界各地の山岳へと活動範囲を広げていった．

一方，19世紀後半に観光輸送を目的とした登山鉄道がスイス各地で敷設されると，山麓の山村はアルプスに魅せられた観光者が集まる保養地へと変容した．長期休暇をとり，ガイドを雇うのに十分な資金を有する知識階級の人びとは，こうした保養地を拠点としながら，周囲の山頂やアルプ（山の放牧地）に登るようになってきた．英国山岳会に続いてヨーロッパ各地で発足した山岳会は非エリートへも登山を普及させた．1890年までにスイス山岳会は38軒，フランス山岳会は33軒もの山小屋を建設するなど（ドイツ・オーストリア山岳会も同様），山岳地域のインフラは急速に整備された．登山者はテントを持参する必要がなくなり，登山道の印付けや案内標・ロープ設置，地図発行などによって，より安全な登山ができるようになった．

日本における信仰登山　ヨーロッパの人びとがアルプス登山に魅了され始めていた18世紀，日本では信仰登山が一般庶民にも広がりをみせていた．その代表例が富士講による富士山登山である．江戸の職人や中小の商人たちは講を組織するとともに，富士山麓の宿坊や登山道を整備し，先達が講の加入者を連れて集団で登山していた．江戸八百八講と称されるほどに繁栄をきわめ，次第に信仰色が希薄になり，物見遊山的なものになっていたという（小泉 2015）．当時，信仰登山で賑わ

いをみせていたのは，今日において日本三大霊山にも数えられる富士山や立山，白山のほか，御嶽山，乗鞍岳，鳥海山，月山，大山などの火山や独立峰が主であった．

日本アルプスの成立と近代登山の発展　信仰登山の対象ではなかった槍ヶ岳や穂高岳，およびそれらを有する山脈は人びとの生活圏から直接その姿を見ることができない「奥山」であった．これらの山々に注目が集まるようになったのは外国人の功績による．英国人冶金技師ウィリアム・ガウランドが「日本アルプス」を命名したことで知名度が高まった．さらに『日本アルプスの登山と探検』を著した英国人牧師ウォルター・ウェストンの功績も大きく，彼の助言を受けて1905年に日本山岳会が創設された．大正期に入ると北アルプス各所で山小屋が開業された．こうした山小屋の多くは私設のものであり，ヨーロッパアルプスにおける山小屋とは規模やネットワークが大きく異なり，零細的な経営であった．

第二次世界大戦後，1956年の日本隊によるマナスル登頂を契機に日本国内における登山者数が急増した．次第に国民の生活水準が向上し，余暇が増えるなかで大学生を中心とする若者が大きなザックを背負って山に登った．当時は短時間で多くのピークを踏破することを目的とした「ピークハント型」の登山が主流であった．狭い地域に数多くのピークをもつ日本アルプスは，こうした登山ブームの舞台としてふさわしいものであった．

現代の登山を取り巻く諸相　上述の登山ブームとは対照的に，1990年代以降は中高年初心者を主たる担い手とする登山ブームが起こっている．バブル崩壊後において自然志向，健康志向の生活が流行し，さらに深田久弥の『日本百名山』のテレビ放映が引き金となって，それまで山に登ることのなかった人びとが登山を楽しむようになったといわれる．しかし，こうした登山ブームは特定の人気山域，特定の時期における登山者の過度な集中とそれにともなう環境負荷の増大をもたらした．その代表的なものが，し尿汚染と登山道侵食である．これに対して，2000年代以降，行政や山小屋の共同出資による環境配慮型トイレの導入や，赤外線カウンターを用いた登山者数計測の実施が各山域でみられるようになってきた．

また登山人口の高齢化や山岳事故の増加を反映して，登山における遭難・災害対策も近年重要性を増している．2014年9月の御嶽山噴火を受け，主として高標高または急峻な山域を訪れる際に登山届の提出が義務化されている．山岳における事故は原則として自己責任とされるが，土地所有者が国や寺社で，かつ管理が地方自治体や山小屋など，重層的で複雑な土地所有形態となっている場合が多いため，対策においては官民の密接な連携が必要とされている．また事故を未然に防ぐ取り組みとして，登山ルートを体力度と技術的難易度を指標として分類し，登山者の実力に見合った目的山域を提案する「山のグレーディング」を行う自治体も増えている．

一方でゲストである登山者に目を向けると，2000年代以降にその行動は多様化している．日本百名山などの著名なピークから里山でのトレッキングへの「目的地の多様化」，トレイルランニングやロングディスタンスハイキングなどの「歩き方の多様化」，ピークハントから自然観賞・アウトドア体験などへの「目的の多様化」など，さまざまな側面で指摘される．こうした多様化が山地環境にどのような影響を与えるのか，利用と保全の枠組みを主眼に据えつつ，自然，社会文化，経済といった複数の観点から今後も慎重に検討がなされる必要がある．　　　　（猪股泰広）

文献
英国山岳会・英国王立地理学協会編 2013『世界の山岳大百科』山と渓谷社．
小泉武栄 2015『登山と日本人』角川書店．
小林昭裕・愛甲哲也編著 2008『自然公園シリーズ2 利用者の行動と体験』古今書院．
渡辺悌二 2008『自然公園シリーズ1 登山道の保全と管理』古今書院．

7.7 テ ニ ス

日本への伝来 テニスは現在もっとも一般に愛好されているスポーツのひとつである。このスポーツは1876年に英国から横浜に伝えられた。はじめてテニスが行われたのは、外国人居留区に隣接し、日本で最初の洋式公園として整備された横浜の山手公園である（図）。この公園を管理したのは1878年に居留地に住む外国人女性たちによって設立されたLadies Lawn Tennis and Croquet Clubであった。その芝生のコートを整備したのは庭師の石田亀吉であった。居留地のおかれた横浜や神戸では外国人を中心にテニスが普及していった。さらに外国人の避暑地に選ばれた長野県軽井沢においても、テニスが親しまれた。このような経緯から1900年には神戸、翌年には東京にもテニスクラブが設立されたが、会員の多くは外国人であった。また学校（教育現場）では日本独自の軟式テニスが普及した。

やがて、テニスは日本人にも広まりをみせた。当初テニスコートの設置は東京の山手地区や、阪神間の六甲山麓地区における上層階級者の固定資産税対策によるものが多かった。とりわけ、テニスが広く認識される契機としては、軽井沢でテニスを楽しまれた当時の皇太子と美智子様（平成天皇、皇后両陛下）の「テニスコートの恋」の影響は計り知れない。そしてテニスコートの設置が日本で顕著になるのは1970年代以降である。旅行雑誌の影響により、いわゆる「アンノン族」とよばれた若い女性たちがラケットを手に軽井沢や清里などの高原へ出かけるようになったのである。

テニスクラブの登場 1970年代のオイルショックはボウリング場をはじめとするスポーツ施設にも影響を及ぼし、休・廃業に追い込まれるものもあった。ただしテニスコートは既得の所有地で経営されることが多かったため影響は小さく、その後も設置数は増加した。そして1980年代になるとテニスコートの設置数は激増した。これは大手資本の参入がみられたからである。

スポーツを本格的に事業として取り組んで市場を成熟させたのはオイルショック後における彼らの経営する会員制テニスクラブといえる。テニス人口の拡大はテニスコートの種類にも変化をきたした。日本の気候になじまない天然芝に代わってクレーコート（真土）やアンツーカーコート（レンガ土）、さらに小雨時や冬季でも楽しめるハードコート（セメントやアスファルト上を合成樹脂でコーティング）や、人工芝に砂を撒いた日本独自のオムニコートが作られるようになった。さらに、簡易なテント形式の室内テニスコートも設置されるようになり、テニスはより一般化した。

近年ではナイター設備を整えることによって、利用時間の拡大がはかられている。冷暖房も完備された屋内型のテニスコート（インドアコート）では、一年を通して快適なプレーが楽しめる。このような諸設備の充実は、とりわけスクール生の確保に大きく影響している。そのため、壮年層や子どもなど幅広い年齢層がテニスを楽しんでいる。

都市周辺のテニス 日本におけるテニス

図 横浜市中区にある日本テニスコート発祥の碑　コートをならすローラーが活用されている（2016年，撮影：河原典史）．

コートは日常的な余暇を楽しむために都市周辺に立地するタイプと，宿泊施設に付帯するリゾート，保養地に立地するものの二つに大別される．都市周辺に立地するタイプについて京阪神大都市圏をみると，1970年以前では兵庫県西宮市と大阪府堺市においていくつかのテニスコートが開設された．六甲山南麓地区，北大阪の西部周辺や京都市近郊にもテニスコートは比較的集中していた．これらの地域の人びとの娯楽的スポーツとして，テニスは親しまれた．1970年代になると，テニスコートの開設は住宅地と同様に郊外化が認められた．大阪と京都・神戸，および奈良を結ぶ鉄道沿線において，テニスコートの開設が展開したのである．

1970年代における郊外化に対し，1980年代前半は都市域内部におけるテニスコートの充実期である．会員制やパブリック制（貸コート）だけではなく，レッスンを行うスクール制の導入も市場開拓の成功要因である．テニススクールの会費の方が貸コート代の収入よりも多額となるからである．なお大規模なテニススクールを併営するにはインストラクター（コーチ）が必要である．この場合，学生アルバイトの雇用が多く，大学付近や多くの学生が居住（下宿）する都市郊外にテニススクールが開業された．

1980年代後半以降，テニスコートの開業は鈍化した．営利目的の経営や大手資本の参入が急速に進んだ結果，開設用地は必ずしも交通至便な場所には限定されなくなった．他の都市機能として未利用，または再利用が可能な狭小地にテニスコートが開設された．典型的な例として，河川敷やビルの屋上などに数面のテニスコートが設置されたのである．

農村振興とテニス　一方，長野県や山梨県など，大都市から遠隔地で，宿泊施設に付帯するリゾート・保養地にもテニスコートが多い．軽井沢，菅平高原や富士五湖周辺地域などのテニスコートが，都市域からの学校・職場サークルの合宿に利用されるためである．

このように宿泊施設に付帯するテニスコートの事例として，兵庫県神鍋高原があげられる．当初，この高原はスキー観光地として発展したことは見逃せない．1923年，大机山に北神鍋スキー場が，翌年には神鍋山にも神鍋山スキー場（後のアップかんなべスキー場）が開設された．1928年に第1回全関西学生スキー選手権大会がこのスキー場で開催され，関係者の受入れに地元農家は民宿を開業した．やがて通年観光業の展開が目指され，スキー客の多い冬季以外の観光客の誘致が試行された．そこで夏季の学生を対象とした体育館，陸上グラウンドやサッカー場などのスポーツ施設が作られ，農家は民宿との季節的営業に取り組んだ．そして1974年頃から民宿所有のテニスコートの設置が始められた．現在，夏季にはスポーツ合宿の入り込み客が増加し，冬季のスキー観光に代わって神鍋高原の主要観光客になっている．

通常，テニスは屋外で行われることが多い．そのため特に大規模な施設の新築を必要としない．全天候型コートの場合でも，前述した簡易テント型の施設ですむ．何よりも，すでに水田に関わる圃場整備が完了している場合，地割も長方形に整地され，大規模な地形改変が不必要である．そのため1面30×15m程度の狭小な土地の転換ですむため，テニスコートの新設は他のスポーツ施設よりも初期投資が小さい．ただし日照の関係からテニスコートは長辺を南北方向にとるのが望ましいものの，水利システムや通路形態の関係上それがかなわない場合には，西日がまぶしいコートになることも少なくない．　　（河原典史）

文献

河原典史ほか 1993「わが国におけるテニス場の立地展開―京阪神大都市圏を中心に―」立命館地理学，**5**：1-15.

兵庫県豊岡市 1983『日高町史・下巻』

Saito, I. and Kanno, M. 1990 Development of private sports facilities as a side business of urban farmers. *Geographical Review of Japan*, **63**(Ser.B)-1：48-59.

7.8 オリンピック

オリンピックとは　国際オリンピック委員会（IOC：International Olympic Committee）は1894年にフランスの教育者クーベルタン（P. de Coubertin）男爵を中心にパリで創設された．クーベルタン男爵は平和で，よりよい社会の実現の可能性を国際的なスポーツ大会の開催に見出し，オリンピズムという理念を確立した．オリンピック（以下，五輪）がサッカーワールドカップ，テニスの四大大会，米国のスーパーボウルなどの他の大規模イベントと大きく異なる点は三つある．そのひとつがオリンピズムとよばれる独特の世界観を形成していることである．それによりIOCと各国のオリンピック委員会の間で五輪に関する法的・政策的枠組みが制度的に統制されている．二つ目の違いは五輪が夏季大会と冬季大会に分かれていることである．四季や自然などの環境的要因と密接に関わったスポーツイベントであることから五輪は開催都市とそこで暮らす人びととの持続可能性を追求しなければならない．五輪の独自性の三つ目は複数の競技種目の試合を一都市で集中的に開催する点である．一競技を国レベルで誘致するサッカーワールドカップとは種目数と開催エリアにおいて大きな違いがある．

五輪の経済効果　五輪の効果にはインフラストラクチャーの整備，都市の再開発，スポーツ振興の推進に加え，次の観光関連の恩恵が含まれる．すなわち，①五輪開催地としてのイメージ形成，②大会期間とその前後に訪れる観光客の増加，③ホテル業や小売業を中心とした新たな雇用の創出，④大会後に新たな観光ビジネスを根づかせるための産業構造の転換などである（Gardiner and Chalip 2006）．これまで経済学者の多くは五輪の恩恵が地域経済ではなく，五輪スポンサーや大企業によって独占されることを懸念してきた．ところが，こうした研究者も開催地の外部から訪れる観光客が地域経済に与える観光的インパクトについて異論を挟むことはなかった（Bartow 1998）．五輪と観光は密接に関係しており，そのつながりをより深く理解するためには開催前，開催年度，開催後のそれぞれの段階において五輪の観光的特性を知る必要がある（Preuss 2008）．

開催前　五輪の開催地は開催年度の7年前にIOC総会で決定される．開催地に選ばれた都市は誘致の勝因に加え，まちの歴史，文化，観光に関する魅力を，メディアを通じて世界に発信することができる．開催準備期間に開催地およびその周辺を訪れる者のなかで多いのが"MICE"とよばれる人びとである．彼らは会議（meeting），研修旅行（incentive travel），国際学会や総会（convention），文化・スポーツイベント（event）などへの参加を主な目的としている（Preuss 2008）．五輪のMICEは選手・競技団体，スポンサー，メディア，各国のオリンピック委員会の関係者や招待客などであり，事前合宿が本格化する開催2年前から前年にかけてピークを迎える．

MICEを受け入れることで開催都市と周辺の合宿地は観光的効果を期待することができる．効果には次の4点があげられる：①事前合宿を行う選手，チームとそれを取材するマスコミ関係者によって生み出される経済効果，②合宿の様子を各国のマスコミから取り上げてもらうことで生まれるまちの宣伝効果，③マスコミによる宣伝をきっかけとする開催地とその周辺を訪れる旅行者の増加，④国際規格のトレーニング施設や宿泊施設を整備することで五輪後も合宿地として定着する拠点づくりなど．ここで重要な視点は五輪開催前の注目度の高い時期にマスコミから「まち」を宣伝してもらうことと，五輪後も外国チームなどの合宿を受け入れることのできる体制を築くことである．

開催年度　五輪の開催年度に経済効果を生

み出す重要な人びとは次の3種類である：①イベント来場者，②滞在延長者，③地元住民（Preuss 2008）．開催地の外部から訪れるイベント来場者は五輪が観光の目的であり，もし五輪が開催されなかったら開催地を訪問することはない．観戦チケットのほかに移動，宿泊，外食，ショッピングなどに金銭を費やすことから，もっとも大きな観光的インパクトを生み出す．次に滞在延長者は五輪とは別の目的で開催都市を訪れた者が五輪を理由に滞在を延長する場合に該当する．彼らにとって五輪関連の消費は二次的であり，その他のビジネスや観光が主な目的である．三番目の地元住民は観光客ではないが，大会期間中に開催地に留まり，観光客と類似した消費行動（観戦，外食，ショッピングなど）を行う場合は経済効果の一部とみなすことができる．

一方で五輪開催による混雑を嫌って大会期間中に他の観光地へと流出する住民がいるが，こうした者は経済効果の対象外となる．

ここまで五輪の開催年度の経済効果を説明してきたが，次の3点については注意が必要である．第一に，五輪以外の目的（他のビジネスや観光）で開催地を訪れる者を五輪の観光客とみなすことはできない．さまざまな目的で滞在している者のなかから五輪に関与した訪問者だけを抽出しなければならない．第二に，五輪は開催地の他のレクリエーション事業者の収入を減少させるおそれがある．例えば，ロサンゼルスの遊園地やシドニーの動物園は五輪の開催年度に来場者数が大幅に減少した．五輪から他のレジャー産業に人が流れる仕組みを作らなければシェアの奪い合いに陥ってしまう．第三に，ホテルの宿泊が期待される観光客のうち，国内からの旅行者の多くが親戚や友人の家に滞在する可能性がある．このような国内旅行者の節約志向が観光業に与える影響は大きく，アトランタ五輪の経済効果はこれが原因で当初予想された40億ドルを下回った（Bartow 1998）．

開催後　五輪を一過性のイベントで終わらせないため，開催都市は五輪のレガシー（遺産）を後世へと継承させる努力とビジョンをもつ必要がある．IOC（2014）の定義によると，五輪のレガシーは次の五つに分類される：①スポーツレガシー（スポーツ施設の整備，スポーツへの興味・関心の増加），②社会レガシー（開催都市の文化，歴史，民族性に対する理解の向上，友好や平和などの五輪の価値の普及），③環境レガシー（環境保全による都市の再生，持続可能な新エネルギーの利用），④都市開発レガシー（交通網や都市機能の向上，開催地の生活の質の向上），⑤経済レガシー（雇用の創出，消費支出の増加，観光客の誘致などによる経済の活性化）．

これらのうち都市開発レガシーと経済レガシーは特に観光業と密接に関わっている．五輪後も観光客を呼び込み続けるためには観光都市としてのあり方を五輪の熱が冷めてから慌てて模索するのではなく，市民の関心が高く協力が得られやすい事前準備の段階に明確なビジョンを定め，そのもとで都市開発と観光客の誘致を推進していかなければならない．シドニーマラソンが五輪直後の2001年に始まり，以後毎年開催されているように，五輪を契機に地域文化がよりいっそう開花し，観光業の継続的な発展につながって，ようやく五輪が観光的に成功したといえるのかもしれない．

（吉田政幸）

文献

Bartow, R. 1998「オリンピックレガシー：ホストシティの長期的発展」スポーツ産業学研究．**8**(1)：77-85．

Gardiner, S. and Chalip, L. 2006 *Leveraging a Mega-Event When not the Host City: Lessons from Pre-Olympic Training*. CRC for Sustainable Tourism.

International Olympic Committee 2014 Olympic Games: Legacies and Impacts: A list of publications, articles, reports, studies and electronic sources. Retrieved from http://www.olympic.org/Assets/OSC%20Section/pdf/LRes_7E.pdf

Preuss, H. 2008 The economic impact of visitors at major multi-sport events. Weed, M. ed., *Sport & Tourism: A reader*. Routledge, pp. 296-313.

7.9 野球

プロ野球の特徴　プロ野球（NPB）は日本人にとって人気のプロスポーツである．マクロミル（2014）の市場調査によると「よく観るスポーツ」の第1位は野球であり，プロ野球ファンの人口は3,000万人以上と推定されている．プロ野球の特徴は，①第二次世界大戦前から現在に至るまでの長い歴史，②入れ替え戦のない安定したリーグ構造，③年間試合数の多さ，④大都市を本拠地とするフランチャイズ制などである．これらの特徴は歴史が短く，入れ替え戦があり，年間試合数の少ないサッカーとは対照的である．

プロ野球チームの多くが都市部の中心地にある野球場を使用している点も重要な特徴であり，郊外に建設されたスタジアムを使用するクラブが多いJリーグとは大きく異なる．プロ野球は戦後の復興の歴史をいまに語り継ぐスポーツレガシーであると同時に，現在では都市型のエンターテインメントとして定着している．

観光業としてのプロ野球　スポーツツーリズムは，ある期間に居住地を離れスポーツ関連の活動に参加するために行う旅行と定義される（Gibson 2003）．この場合の旅行には宿泊旅行と日帰り旅行があり，宿泊旅行者がツーリスト（tourist）をさす一方，日帰り旅行者はエクスカーショニスト（excursionist）とよばれる．観戦型のスポーツツーリズムとしてプロ野球をとらえた場合，主な観光客は，①対戦相手のビジター観戦者と，②春季キャンプにおいて特定のチームや選手を追いかけるファンである．どちらも宿泊をともなうツーリストと，近隣からやって来るエクスカーショニストの両方を含む．プロ野球の試合だけでなく，現地までの移動，宿泊，買物，飲食などに関する需要が高いのは，遠方から訪れるツーリストの方である．

ビジター観戦者を対象とした観光業の推進において考慮すべき条件は主に三つある．すなわち，①スポーツ観戦環境の整備，②都市機能の活用，③ホスピタリティの充実である（傍士 2011）．一つ目のスポーツ観戦環境はハード面の施設とソフト面のイベントからなり，イベントの主催者である球団はこれら両方を整備しなければならない．施設に関しては利便性（会場までのアクセスや場内案内など）と快適性（座席の座り心地や余裕のある空間設計など）を高めることで来場者の滞在時間の増加を期待できる（Wakefield et al. 1996）．ソフト面のイベントでは試合の合間に行われるアトラクション（始球式，抽選会，花火，ジェット風船，電光掲示板による演出など）や，地元の特産品を味わうことのできる飲食サービス，土産物，記念グッズを販売することで娯楽性がさらに向上する（Yoshida and James 2011）．

条件の二つ目は都市機能の活用である．球団はまちの中心部で試合を興行するプロ野球の利点を生かすことができる．スタジアム周辺の交通機能（最寄駅や駐車場の利用しやすさ），商業機能（飲食店，土産物屋，宿泊施設の利用しやすさ），文化交流機能（観光名所の利用しやすさ）を効果的に引き出すことで観光客の試合前後の滞在経験に旅行業の側面から付加価値が加わる．

三つ目の条件はホスピタリティの充実である．ここで重要なのはホーム球団の関係者だけでなく，スポンサー企業，地元商店街，観光団体，旅行関連企業，行政機関などが地元の文化財や英知を結集してビジター観戦者を歓迎することである．試合会場の整備で充実したスポーツ観戦の提供が可能となるが，それによってスポーツツーリズムという旅の経験自体が全体的に向上するわけではない．大切なのはスタジアムの周辺でまちをあげて，ビジター観戦者をもてなすことである．そのためにはプロ野球チーム，関係企業，観光団

体，行政機関がプロ野球を通じた地域活性化という共通の目標のもとで協力し，観光振興を図る必要がある．

　ここまでビジター観戦者を対象としたスポーツツーリズムについて説明してきたが，ツーリストとしての特徴がより際立つのは春季キャンプに参加するチームとそのファンたちである．プロ野球チームの多くはオフシーズンの冬季（主に2月）に温暖な気候を求めて沖縄県や宮崎県などでキャンプをはる．特に沖縄県は多くの日本の球団に加えて韓国の球団も利用していることから，練習試合を組みやすい．キャンプ参加者は選手と球団関係者を合わせると1,000人を超え，このほかに2,000人近くの報道関係者が取材のために現地を訪れる（りゅうぎん総合研究所 2014）．さらにキャンプ期間中にプロ野球選手を一目見ようと集まるファンは約30万人にのぼり，そのうち県外からのツーリストは約5万人と推定される（りゅうぎん総合研究所 2014）．春季キャンプの関連支出は次の三つに集約される．つまり，①県外からのツーリストによる宿泊，飲食，土産品，グッズ，移動交通費，娯楽レジャーへの支出，②県内からのエクスカーショニストによる飲食やグッズへの支出，③キャンプを受け入れる市町村による練習施設などのインフラ整備への支出などである．これらを合計すると経済効果は総額で50億円以上になる（りゅうぎん総合研究所 2014）．

ノスタルジアスポーツツーリズム　プロ野球の長い歴史も観光資源として魅力がある．古くは第二次世界大戦前に始まり，戦後の復興のなかで国民に元気を与え続けてきたプロ野球には他のスポーツにはない独特の歴史がある．神宮球場や甲子園球場などのスタジアムには球団と地元の歴史が染み込んでおり，現在ではあまり見られなくなってしまった古き良き昭和時代の面影を現在に伝えている．これらの球場は施設のデザインや建築構造だけでなく，レストランのメニュー，売店の土産品，場内の演出，スポンサー企業の広告看板に至るまで，あえてレトロな要素を取り入れている．

　いくつかのプロ野球チームは球団の伝統を紹介するためのミュージアムを建設し，ファンがチームと本拠地の歴史や文化に触れることができるようにしている．2009年に完成した広島カープのスタジアムはコンコースの壁面に球団と地元の自動車メーカーの歴史を展示し，球場自体がミュージアムとしての役割を兼ね備えている．このように人びとが過去の時代を懐かしむ郷愁の想いによってスポーツツーリストをひきつける手法をノスタルジアスポーツツーリズム（nostalgia sport tourism; Gordon 2013）とよび，米国大リーグにおいてもボストン・レッドソックスのフェンウェイパークやシカゴ・カブスのリグリーフィールドが100年以上の歴史を強調し，世界中から観光客を集めている．プロ野球の場合，このようなレトロな球場が大都市の中心部にあることから，地域の拠点として定着し，市民から愛されやすい状況を生み出している．スタジアム自体が観光名所になっており，スポーツを通じて地域の多様な魅力を引き出す仕組みがプロ野球では整っている．

　　　　　　　　　　　　　　　（吉田政幸）

文　献

傍士銑太 2011「"街なかスタジアム"は地域の交流拠点」Future SIGHT，**52**：9．

マクロミル 2014「2014年スポーツマーケティング基礎調査：スポーツ参加市場規模は約2.7兆円に復調」pp.1-9．

りゅうぎん総合研究所 2014「沖縄県内における2014年プロ野球春季キャンプの経済効果：経済効果は過去最高となる88億8,000万円」調査レポート，2014年7月，pp.1-8．

Gibson, H. J. 2003 Sport tourism: An introduction to the special issue. *Journal of Sport Management*, **17**：205-213.

Gordon, K. O. 2013 Emotion and memory in nostalgia sport tourism: Examining the attraction to postmodern ballparks through an interdisciplinary lens. *Journal of Sport & Tourism*, **18**(3)：217-239.

Wakefield, K. L., Blodgett, J. G. and Sloan, H. J. 1996 Measurement and management of the sportscape. *Journal of Sport Management*, **10**(1)：15-31.

7.10 サッカー

本拠地域という概念　1993 年に発足した日本プロサッカーリーグ（Jリーグ）は，日本野球機構の管轄するプロ野球（NPB）に続く本格的なホームアンドアウェイ（H&A）制のプロリーグとして生まれた．いまとなってはJリーグやNPBに限らず，アイスホッケーやバスケットボールなどのプロリーグでもH&Aが採用され，一般的な方式としてとらえられている．しかしJリーグ発足時点に行われていた多くのスポーツの国内リーグは「セントラル方式」とよばれ，同日に一カ所に集まって試合をする形式が多かった．セントラル開催を重ね，全国を転戦してシーズンを終える．当然ながら，チームの本拠地での試合は，H&A制に比べて大きく減る．もしくは1試合もないという状況もある．本拠地との関係，特に誘客という部分での結びつきは希薄であった．

H&A制のプロスポーツの本拠地をおくということは，定期的に試合が開催され，興行機会が飛躍的に増えることを意味する．同時に誘客が不振な場合にはすべて，自クラブや地域の収益減として跳ね返ってくる．地域との結びつき，あるいは地域への還元がなければ，成り立っていくことができない．

この場合の「本拠地域」という概念についてJリーグとNPBではとらえ方が異なっている．前者においては「ホームタウン」，後者においては「フランチャイズ」というよび方をする．どちらも規約内に都道府県単位の地域が示されているが，前者は「活動地域」，後者は「保護地域」という日本語があてられている．会社に例えるならば，Jリーグクラブは各地方の本社企業であり，プロ野球の球団はNPBの地方支社という形になる．Jリーグにおいては誰でもサッカークラブを設立す

ることができ，競技力がともなえば，最終的に1部リーグ（J1）にたどりつくことができる．実際，1993年に10クラブで始まったJリーグは，2018年現在，54クラブを抱える組織となっている．

NPB は 1958 年以降は 12 チーム制が保たれており，身売りや球団統廃合・消滅などを除いて新球団が参入できたことはない．

既存球団の権利保護による共存主義によって利益を確保するNPBに対して，Jリーグは競争主義によってレベルを保っている．実力をともなわないクラブは次々に下部リーグへと降格し，代わりのクラブが上がってくる．経営的にいえば，NPBでは自らの商圏に断りなく他球団が入ってくることはないが，Jリーグでは商圏内にいきなり別のクラブが登場することがある．

Jリーグクラブの求心力　Jリーグクラブは競技面，商業面の両面において，不振に陥れば淘汰される宿命を背負う．チーム力を維持して上位リーグに居続けることと同時に，どんなクラブが近隣に誕生したとしても人気を維持することのできる求心力が常に問われる．両面と表現したが，競技力が落ちれば人気も落ちるし，人気が落ちれば商業面の不振につながり，競技力の維持がさらに難しくなるスパイラルを招く．

求心力の指標としてJリーグ事務局が2004年から毎年行っている「Jリーグ観戦者調査」から，各クラブのファンの「平均アクセス時間」を利用する．Jリーグ観戦者調査は各地区の大学の協力のもと共通のフォーマットでスタジアム来場者に対して聞き取り調査を行っているもので，毎年1試合，各クラブが「平均的」と考える試合を指定して実施する．特定の市町村に対する招待施策が動員に大きな影響を与えている試合や，集客がグンと落ちる平日ナイターなど，特殊と考えられる試合を避けて実施されている．とはいえ，毎年特定の1試合での実施ということに鑑み，この平均アクセス時間についてさらに

2013～2017年の「5年間の平均」を指標として用いることにする．

第1位は鹿島アントラーズ（本拠スタジアム所在地：茨城県鹿嶋市）で，第2位以下を大きく引き離す101.9分で第1位となっている．政令指定都市や県庁所在地がホームタウンになることがほとんどのJリーグにおいて，人口わずか6万人の鹿嶋市に本拠地をおいており，そもそも近隣からの動員が限られるのだから，この結果は当然かもしれない．これに加えて最寄りの鹿島サッカースタジアムに乗り入れるJR鹿島線，鹿島臨海鉄道大洗鹿島線は，いずれも単線であり，短時間に大規模な輸送を行うことができない．バスや車の利用に頼ることとなり，それが渋滞を招いてアクセス時間の増大にもつながっている．

第2位は30分以上差が開いて東京ヴェルディ（東京都調布市）70.9分，以下，第3位サンフレッチェ広島（広島市）67.6分，第4位名古屋グランパス（名古屋市）64.8分，第5位清水エスパルス（静岡県清水市）64.6分，第6位ガンバ大阪（大阪府吹田市）64.2分，第7位浦和レッズ（さいたま市）59.1分，第8位ジュビロ磐田（静岡県磐田市）57.6分，第9位横浜F・マリノス（横浜市）55.7分，第10位コンサドーレ札幌（札幌市）53.0分と続いている．

獲得した人気と観光資産 2013～2017年の5年間のデータがある35クラブのうち，該当期間のJリーグ平均である52.8分を超えているのは上位13クラブだけであり，平均の軸は大きく上に傾いている．

前述の鹿島による引き上げの影響もあるが，一方ではトップ10のうち8クラブ（鹿島，東京ヴ，広島，名古屋，清水，ガ大阪，浦和，横浜マ）が，1993年に10クラブで発足したJリーグ創設時のメンバー（通称オリジナル10）であるというところが目につく．

「Jリーグバブル」とよばれた社会現象的人気のもとスタートし，わずか10クラブで国内の商圏を分け合ったオリジナル10は，その後のJリーグクラブの増加によってパイを小さくしながらも，依然として商圏という点で後発クラブに差をつけている．第8位の磐田も発足翌年の1994年加盟の初期メンバーであり，第10位の札幌は1997年加盟の北海道で最初（現在に至るまで唯一）のクラブで，オリジナル10同様に商圏獲得において有利な立場にあったと考えられる．

これらからいえることは，いったん獲得した「求心力」はなかなか落ちないということである．

直感的にも合致することだが，少なくともサッカーにおいては応援するクラブが決まって観戦習慣がついた人は他のクラブが近くにできたとしても応援するクラブをあまり変えない．「どのクラブの試合に行くか」という選択肢はほとんどなく，「応援するクラブの試合に行くか，行かないか」という判断がほとんどを占める．観客動員が減退するのは新しいクラブにとられるというよりも，自クラブの競技力に起因していることが多い．

ツーリズムという点においては，応援クラブを中心に，毎年，毎月，あるいは毎試合，ファンは同じ場所を訪れることになる．クラブに応援する魅力があれば，ある程度の距離はいとわずに移動する．本拠地域の立場に立てば，ひとたび来訪ファンを獲得すれば質の高いリピーターとなる可能性が高いということになる．

H&A制において行われるJリーグのクラブは原則として参画の可能性が開かれているという部分も含め，地域にとって重要な観光資産となりうる存在である． （小西弘樹）

文　献

Jリーグスタジアム観戦者調査サマリーレポート 2013，2014，2015，2016，2017，日本プロサッカーリーグ．

7.11 自転車

日本におけるスポーツサイクルの歴史　スポーツサイクルは大別すると、ロードレーサー（一般公道を走る）、MTB（悪路走行を目的に作られたもの）、ピスト（トラック走行を目的とする）と、走行する場所で大きく二つに分けられる。道路環境の良化は全国的に舗装路が普及してきた1970年代に達成され、この頃、荘司としおの漫画『サイクル野郎』（少年画報社、1974～1982年連載）に触発され、自転車で日本一周をする「ワッパー」なる青少年や、大学のサークルなどで草レースが行われた。

1990年代に入ると大きく二つの要因がホビーレーサーの数を増やした。

一つ目は大手自転車メーカーがレディーメイドタイプの自転車を販売し、塗装、パーツなど他者と差別化した自転車を2週間あまりで入手できるようになったことで、これにより他者とは違う自転車を、廉く・早く手に入れられるようになった。

二つ目は曽田正人『シャカリキ！』（秋田書店、1992～1995年連載）の流行である。『シャカリキ！』は、上り坂が得意な主人公をはじめ、下り坂が得意な人物や、全般を得意とする者など脚質の差によりロードレースで活躍する高校生が描かれた。これにより、漫画を購読する10代後半から20代前半に、ロードレースが受け入れられていった。

2010年代になると、渡辺航『弱虫ペダル』（秋田書店、2008年～現在連載）でふたたび、高校生の自転車競技を扱い、ファン層が自転車に乗るきっかけとなっている。同作は漫画連載のほか、舞台化、アニメ化がなされ、特に女性層に受け入れられた。

また自転車を構成する素材の変化も著しい。長らく鉄を中心とした素材から、1990年代にアルミ、チタンが導入され、現在ではカーボンが中心になってきている。軽量であることはいうまでもなく、形状もある程度、自由度が増してきた。これにより UCI（国際自転車競技連合、Union Cycliste Internationale）のレギュレーションによる重さを下回ってしまう自転車が出てきたり、波形のフォークなども登場してきた。レースによる実験結果が翌年の一般消費市場に投入される早さも魅力の倍増に役立っている。

生涯スポーツとしての自転車　大川(1998)はライフスタイルスポーツの特徴として以下の7点をあげた。①装備にかかる投資コストが一般消費者に無理がないレベルであること、②プレイコストが安いこと、③ステイタスバリエーションが豊富であること、④ジェネレーションバリエーションが豊富であること、⑤プレイレベルバリエーションが豊富であること、⑥ファッション性があること、⑦技術革新による進化があること。そして自転車においては、いずれもが適合するとしている。また身体への負担という観点から考えると、自転車の場合、体重がハンドル、サドル、ペダルに分散されるため、ウォーキングやランニングなどに比べて関節への負担が小さく、また運動負荷が小さいながら適度に心肺機能への負荷がかかる点などが生涯スポーツとして評価される。

サイクルイベントの増加　図1はサイクル

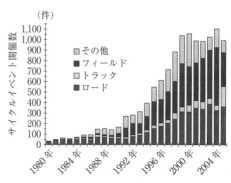

図1　サイクルイベント数の推移（天野 2005：50）

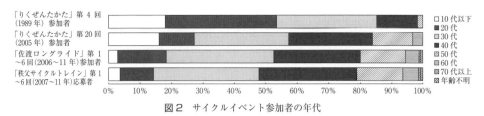

図2　サイクルイベント参加者の年代

イベント数の変化を,『CYCLE SPORTS』誌のイベントカレンダーから抽出したものである. これによると1990年代からサイクルイベントの数自体が増えている. 1980年代後半にバブル景気もあり, 自治体が主催あるいは共催のロードレース大会が開かれるようになる. レース参加の機会増大はスポーツ自転車に乗る層を拡大し, また同じ時期, 日本ではMTBが流行し, 悪路でも自転車に乗ることが増加してきた.

このようなサイクルイベントを開催する場合, 公道を使用するならば道路を一時的に封鎖し, 出場する自転車以外に走れないようにするのが一般的である. 道路封鎖は交通に支障が少ないよう設定されるため早朝になることが多く, 自然と宿泊需要が生み出されることになる.

自転車競技と怪我は切っても切り離せないものである. ロードレースの場合, 時速80kmにも及ぶ自転車が集団で走行している際に, 落車とよばれる転倒をすれば, 骨折だけでは済まない. 時として人命に関わる(という, 覚悟もイベント主催者には必要である). ゆえに, 近年, 増えているのが, 上り坂をどれだけ速く上れるかを競う(スピードが出ないため必然的に怪我が少ない)ヒルクライムや, 長距離を景色を楽しみながら走行するロングライドである. 特に後者の場合, 200kmほどの距離を走るが, 着順や時間測定をしないことも多く, 高齢者層も無理なく参加できる形態になっている. また副次的ではあるが, 高齢者ほどイベント参加のために前泊だけでなく, 後泊を必要とし経済効果は大きい.

サイクルイベントの問題点　しかしながら, サイクルイベントに若年層が参加していない現状は需要層の再生産の意味から大きな問題である. 図2は各種イベントの参加者を世代別にみたものである. これによると現在参加のピークは30～40代である. これは16年前にピークであった20代が, 経年後も依然参加し続けていることを意味し, 参加者層の固定化や, 若年層の取り込みに失敗していることを表す. 比較のためイベント形態の全く異なるサイクルトレイン(自転車を完成型のまま鉄道車両内に持ち込む)や, ロングライドの参加者も図2に示したが, その構成は第20回の「りくぜんたかた」と大差ない.

若年層だけでなく, 女性層の取り込みにも問題が残る. 男性比でみた場合, ロードレース(りくぜんたかた)が94.7％なのに対し, 佐渡ロングライドで87.9％, 秩父サイクルトレイン(応募者ベース)75.5％と, いずれも男性に偏っている.『弱虫ペダル』の流行は女性参加者が増える救世主となるかは, いまだ未知数ではあるが, 自転車の購買層に女性が増えたことは事実である.　　(天野宏司)

文献

天野宏司 2005「自転車と観光の親和性に関する研究: 南三陸サイクルロード「りくぜんたかた」を事例に」文化情報学, **12**(2): 47-67.

天野宏司 2009「スポーツイベントの創出と観光振興に関する研究: スポニチ佐渡ロングライド210を事例に」文化情報学, **16**(2): 35-52.

天野宏司「サイクルトレインの成立と展開: 秩父サイクルトレインの分析を通じて」駿河台大学論叢, **39**: 161-182.

大川耕平 1998「ライフスタイルスポーツの時代の「サイクリング」」月刊レジャー産業資料, **31**(5): 183-185.

7.12 バレーボール

バレーボール競技の伝播 バレーボールは1895年に米国のモーガン（W. G. Morgan）によって身体接触がなく，誰もが気軽に楽しめる安全な球技として考案された．1927年に大日本排球協会（現日本バレーボール協会；JVA）が設立された．第一次世界大戦後にヨーロッパから各国に普及し，1947年に国際バレーボール連盟（以下，FIVB）がパリ（現在はスイスのローザンヌ）に設立された．国際競技団体として加盟数が多く，FIVBには220の加盟がある．

五輪では1964年の第17回東京大会ではじめて公式競技として採用され，その大会で全日本女子が金メダルを獲得した．ソ連との決勝戦のテレビ視聴率は驚異的な記録で，ゴールドメダリストたちは「東洋の魔女」とよばれた．男子も1972年のミュンヘン五輪で金メダルを獲得した．男女ともに金メダルを獲得した日本で唯一のチームスポーツで，見るアリーナスポーツとしても定着している．

またビーチスポーツでは唯一1996年のアトランタ五輪から屋外で行う2人制のビーチバレーボールが五輪競技として採用されている．近年は浜辺のみではなく，街中で世界大会が行われるようになり，見るスポーツとして人気が高い（図）．ロンドン，リオ五輪ではチケット入手がもっとも困難な競技のひとつとなった．

観戦者動向と観戦者への取り組み 1967年に男女各6チームの参加で開幕した「日本リーグ」が国内トップ選手の活躍する場となり，当時の観戦者数は平均で5,000名を超えており，集客力のある競技であった．現在も「Vリーグ」として継承され，2003年よりホームゲーム制が取り入れられ，全国各地でリーグ戦が繰り広げられている．

日本バレーボールリーグ機構の観戦者調査（2014年）によれば，公共交通機関などを利用し片道2時間以上かけて来る観戦者が全体の約15%（3時間以上は8%）を占める．週末の連戦の場合は，「好きなチームを応援」するため，その開催地で宿泊をともなう熱狂的なファンも多い．

一方，そこで活躍するトップ選手を中心に全日本代表選手が構成されているが，その全日本チームが出場する世界大会は，メディアバリューの高いコンテンツとして扱われている．FIVB主催のワールドカップや世界選手権なども日本の大会運営力の高さと，国内メディアの放映権料負担により，世界大会が日本国内で数多く開催されている．近年会場では大型スクリーンを設置し，得点シーンのリプレイやITを駆使したラインジャッジなどが観戦者にわかりやすく写しだされる．さらに多くの大会はインターネット上のストリーミングにより世界中に動画配信されている．会場での観戦者と新たなメディアを通じたライブ感によりファン層の開拓が期待される．大型アリーナのバレーボール競技会場に集まる観客のため，質の高い競技をベースにその観戦経験を感動へと高めるためのさまざまな工夫がなされている．　　　　　　　　（鳥羽賢二）

図　パリ・エッフェル塔近隣でのビーチバレー大会

8
観光と文化

　美しい自然景観と同様，古代の遺跡や伝統的な祭礼，芸能などの文化も重要な観光資源である．例えば，インドネシアのバリ島では，「文化観光」が観光政策の基本とされ，伝統芸能が「観光芸能」として新たな発展を遂げた．さらに，人類にとって「顕著な普遍的な価値」をもつとされるユネスコ世界文化遺産は，今日，ヘリテージツーリズムの対象として多くの観光客をひきつけている．本章では，そうした観光と文化の関係をさまざまな角度から描き出す．

写真：インドネシア・バリ島，クタ南部ウルワトゥ寺院で行われている観光用ケチャの上演（2017年3月，撮影：山下晋司）

第 8 章 観光と文化

上：白米千枚田（石川県輪島市，撮影：菊地　暁）[関連項目：8.8 文化的景観]
右中：マレーシア，クアラルンプールのマクドナルドの店頭に貼られたハラールマーク（左）．各国で同じような構図のマークを見ることができる．(撮影：安田　慎)[関連項目：8.15 イスラーム]
左中：スバック—バリの文化的景観（撮影：山下晋司）[関連項目：8.8 文化的景観]
右下：スマホによる写真撮影（撮影：山下晋司）[関連項目：8.20 写真]

第 8 章　観光と文化　　327

左上：スペイン，サンティアゴ・デ・コンポステラ（撮影：岡本亮輔氏）[関連項目：8.14 巡礼]
右上：四国遍路（撮影：門田岳久）[関連項目：8.14 巡礼]
中：阿波踊りの連（踊り手集団）と桟敷席（写真提供：Shutterstock）[関連項目：8.12 祭礼]
左下：博多祇園山笠（写真提供：Shutterstock）[関連項目：8.12 祭礼]

8.1
文化という観光資源

　文化の観光資源化　美しい自然景観などと同様,古代遺跡や祭礼,芸能などの文化も観光の重要な資源である.しかし,資源とははじめから「資源である」わけではない.ある条件において「資源になる」のである(山下 2007: 48).例えば,酸素は,私たちが生命を維持するうえでの不可欠な資源だが,酸素バーのように,単なる生命維持のためにではなく,心身のリフレッシュや美容や健康のために酸素を利用することがある.そこでは酸素が,新たな意味なり価値なりを付加され,新たな文脈に差し挟まれて,美容や健康のための資源として活用されたことになる(森山 2007: 66-67).こうして,資源とはあるコンテクスト,ある目的において「資源である」ものをそれとは別のコンテクストで使用することによって「資源になる」.観光資源の場合も,同様なメカニズムが働いている.

　バリ島の事例　インドネシアの観光地として有名なバリ島を例にとって,文化の観光資源化についてみてみよう.バリ島の観光は,オランダ植民地体制下(1906〜42年)においてバリが「最後の楽園」として発見されたことによって幕を開ける.1930年代には,当時バリに住んでいたドイツ人画家ヴァルター・シュピースをはじめとする欧米の芸術家や人類学者が,バリの文化に興味をもち,その文化が欧米に知られるようになった.そうしたなかで,元来は儀礼用のパフォーマンスであったケチャやバロンダンス,クリスダンスなどがバリの「伝統芸能」として作り直され,欧米の観光客に供されるような文化資源になったのである(山下 1999: 37-65).

　インドネシア独立後は,1969年に始まった第一次五カ年計画において,バリの観光はインドネシアの国家開発プロジェクトとして位置づけられた.そうしたなかで,バリ州政府は「文化観光」(cultural tourism)を観光政策の基本に据えた.そこではかつて植民地宗主国や欧米の文化人によって観光資源化されたバリの伝統文化が,インドネシア国家やバリ州政府により観光資源としてとらえ直されることになる.

　バリの文化観光において,芸能集団が定期的に観光用の上演をしようとする場合,バリ文化の「品質保証」のためにプラマナ・パトラム・ブダヤとよばれる州の免許証をとらない.その取得にあたっては州政府文化局の審査委員会による審査を受ける必要がある.バリの芸能はそれぞれのコミュニティで伝承されてきたのだが,審査をクリアするために村の踊りは国家の基準により標準化されていくことになる.こうして,今日の観光客が見ている伝統芸能は,かつてのコミュニティのなかに埋め込まれていた芸能ではなく,国家の観光政策のなかで作り出された「観光芸能」なのである.

　このように,バリの伝統文化だといわれているものが,欧米との出会いや国家の観光政策のなかで作り直された文化だと述べることは,今日のバリ文化がオーセンティシティ(本物性)を欠いた「偽の文化」だということになるのだろうか.もちろんそうではないだろう.私たちがみなければならないのは,観光というコンテクストにおける新たな文化創造の物語である.

　このように観光によって生成される文化を「観光文化」(touristic culture)とよぶことができよう.つまり,バリの文化観光において焦点となる文化は,いまや観光客を想定して作られており,観光はバリにおける文化の生産の前提になっているのである.さらに,観光用に作られた芸能は,バリの祭礼において寺院に奉納され,バリ社会にもフィードバックされている(山下 1999: 123-133).

　世界遺産という文化のあり方　地域の文化は,国民国家のために資源化されるだけでは

ない．近年，文化観光の新たな展開として，「ヘリテージツーリズム」が生まれ，とりわけ世界遺産をめぐる観光として急速に発展している．そこでは，文化は世界に向かって開かれたものとして資源化される．世界遺産という考え方は，人類にとって「顕著な普遍的価値」を有する文化的あるいは自然的な記念物や地域を守るために，1972年にユネスコの世界遺産条約により成立したものである．2018年8月現在，1,092件が世界遺産として登録されている．

インドネシアでは，中部ジャワのプランバナン寺院やボロブドゥール寺院が世界遺産に登録されていたが，バリには世界遺産はなかった．そこで，インドネシア政府は，1990年にバリ・ヒンドゥー教の総本山であるブサキ寺院を世界遺産候補として登録しようとした．しかし，プランバナンやボロブドゥールが歴史的な遺跡であるのに対し，ブサキは地域住民によって現に使われている「生きている遺産」であること，世界遺産になればブサキでも毎年行われる何百もの儀式に対していちいち政府から許可を得なくてはならないのではないかといった懸念から，バリのヒンドゥー教徒の団体はブサキ寺院の世界遺産化に反対した．その後も何度かブサキ寺院の世界遺産化の話が持ち上がったが，その都度地域住民の反対で頓挫した（山下 2009: 83-87）．

しかし，スバックとよばれる水利組織に基づいた「バリの文化的景観（cultural landscape）」が，2012年にユネスコの世界文化遺産に登録された．これはジャティルイの棚田やタマン・アユン寺院などの構成資産からなり，その自然，文化，宗教が織りなす文化的景観が世界文化遺産に指定されたのである．ある意味でこの世界遺産登録はバリにおける文化観光の総仕上げとでもいうべき出来事であった．今日，ジャティルイなどの地区では，レストランや展望台が整備され，世界遺産としてのバリの文化的景観の観光地化が始まっている．

文化観光のジレンマ　しかしながら，バリではいま，文化観光のパラドックスとよびうる事態が進行している．つまり，ヘリテージツーリズムも含め文化観光が成功していけばいくほど，文化は，資本として操作され，流用されるものとなる．そして，そのようなものとしての文化は，しばしば外部，つまりジャカルタや海外の資本によってコントロールされ，バリ人の手を離れていくのである．そうしたなかで，「アジェック・バリ」（Ajek Bali，バリを堅持せよ）とよばれる新たな文化復興運動が展開されるようになっている．そこでは，「バリ人のためのバリ」という古くて新しいアイデンティティ・ポリティクスが主張されている．

その意味では，文化という観光資源は，今日バリのホットな政治課題となっている．そこでは，誰が，何のために，誰のために，文化を資源化するかということが焦点となる．この課題を解決するには，さまざまな利害関係者が話し合いのテーブルに着き，最適の解を見出していかなくてはならない．

こうして，観光と文化の関係は単純な問題ではなくなる．そうしたなかで筆者はかつてウルリッヒ・ベックのいう「再帰的近代化」（reflexive modernization）を念頭において「再帰的観光」（reflexive tourism）を提唱したことがある．これは近代の行きすぎを是正するタイプの観光である．エコツーリズム，ヘリテージツーリズムなどはその例である．文化観光も再帰的近代という観点から新しいあり方を模索すべきであろう．　（山下晋司）

文献

森山　工　2007「文化資源使用法」山下晋司編『資源化する文化』弘文堂，pp.61-91.

山下晋司　1999『バリ―観光人類学のレッスン』東京大学出版会.

山下晋司　2007「文化という資源」内堀基光編『資源と人間』弘文堂，pp.61-91.

山下晋司　2009『観光人類学の挑戦―「新しい地球」の生き方』講談社，pp.75-96.

8.2
文化の客体化

　観光と文化の客体化　文化の客体化とは，ある社会内部の人びとが文化を意識し操作することに着目する概念である．この概念は，米国ヴァージニア州ウィリアムズバーグでの英国植民地時代の文化遺産を背景にした歴史観光からオセアニアでのエスニック観光まで，広義の観光現象に適用可能である．例えば，現地の人びとが観光客に対し，舞踊や儀礼，民芸品の製作過程を見せたり，ときには漁撈活動を体験させ，口承や自らの経験を語り聞かせたりすることを含む観光現象の分析がある（太田 2010）．

　また，文化の客体化は，次の二つの支配的思考への限定的介入でもある．ひとつは，文化人類学理論に根強く残る，近代は真正性を喪失させるという暗黙の了解，もうひとつは，観光現象では文化は商品化されるにすぎないという見解である．限定的介入とは，既存の了解や見解を完全に置き換えるのではなく，観光現象の複雑さを指摘し，研究者側の理解の地平を開くことをいう．

　真正性の喪失と文化の商品化　文化人類学は植民地主義の時代に制度化され，近代の余波により崩壊寸前の小規模社会を民族誌に書きとどめるという目標を掲げていた．学問の出発点には，対象となる文化は失われつつあるという認識がある．民族誌はつねに現在時制で記述されるものの，文化の真正性を判断する基準は現在にはなく，過去に帰属していた．C. レヴィ゠ストロースは，ブラジル奥地への旅行中，西洋との接触によって崩壊途上にある先住民社会を前にし，自らのメランコリーを込めて「悲しき熱帯」と表現したくらいである．

　文化人類学の民族誌的記述において，観光現象は無視されるか，観光に関与した人びとは西洋化されており，そのような人びとが文化として提示するパフォーマンスや口承は，非真正であるという暗黙の了解が成立していたのである．現地の人びとが自らの知識の正確さをチェックするため，文化人類学者たちが書き残した民族誌を読んでいる光景も，そのような文化的崩壊の一事例として報告されてしまうわけである．

　非真正な文化の展示は，観光現象の一部ともなっている．一方において，観光客が西洋化されていない文化との出会いを求めているとき，現地の人びとは，その求めに応じなければならない．日常生活のなかから西洋の痕跡をできるだけ排除し，観光客が求める真正性を自ら想像し，それを演出するのである（MacCannell 1976）．

　オセアニアなどでは，1970年代に植民地が独立すると，新興国家のエリート指導者は自らには馴染みの薄い文化を客体化し，国民文化として主張するようになる（Tilley 1997）．ちょうどその頃，E. ホブズボウムらが近代国家形成には文化創造が不可欠であることを論じた．この「伝統の創造論」が文化人類学者にも大きな影響を与えた．新興国家のエリート層が主張する文化は，真正ではなく，政治的利用を目的として創造されたものにすぎないと多くの文化人類学者は考えるようになった．

　観光現象に付随する非真性は，商品化の結果であるという見解も広く共有されている．グローバル規模で展開するネオリベラリズムの時代にあって，多様性も価値を帯び，観光はローカル文化をこれまで以上に積極的に資源化する．舞踊であれ，手工芸品であれ，登録商標され，資本の蓄積に寄与する．そうして資源化された文化は，現在，観光のために作り出されているからというだけではなく，資本化の過程に取り込まれているという理由からも非真正であるとみなされる（Comaroff and Comaroff 2009）．

　このような了解と見解が支配的な文脈において，観光現象の一方の当事者である文化を

展示し，演じる人びとの現在とそれらの人びとのエージェンシー（行為主体性）に着目するために文化の客体化の概念が提示された．

文化の現在とエージェンシーの確保　観光現象が文化人類学の研究対象として成立するまで時間がかかった理由のひとつには，この学問の成立が過去に真正性を想定してきたことがある．すなわち，西洋化は新しい文化を生成する舞台にはなりえないという発想である．しかし，文化の客体化からは，観光現象は見る者の期待と見られる者のその期待への応対を通し，記憶や伝承に眠っていた過去が観光という現在の舞台へと結びつけられることがわかる．文化の客体化は，文化人類学理論に潜在する了解を可視化し，理論的解放をもたらすのだ．

観光には見る者と見られる者の存在がある．例えば，北海道白老町にあるアイヌ民族博物館（2018年閉館）では，博物館の敷地内に建っているチセ（アイヌの木造建築）において，古式舞踊のパフォーマンスが博物館を訪問する観光客向けに，繰り返し行われていた．これまで述べてきた了解や見解によれば，非真正であり文化の商品化の典型にすぎないと判断されかねないパフォーマンスである．

しかしながら，文化の客体化に基づく分析では，博物館内でのパフォーマンスという制約を考慮したうえで，古式舞踊の今日における意味は何か，という問いが重要になる．なぜなら，古式舞踊の最後にパフォーマーは，観客に対して，アイヌはつねに伝統衣装を着ているわけではなく，「9時から5時までです」と付け加えることを忘れないからである．

こうして，観客はアイヌの日常が自らの日常とは違わないことを知らされる．制約のなかでもパフォーマーのエージェンシーは無視できない．エージェンシーは，行為をパフォーマーの意思に還元するわけではなく，むしろ観光という制約のもとで古式舞踊が担いうる多様な意味の発生に配慮する概念である．

エージェンシーへの配慮は，アイヌ民族博物館において毎日繰り返し演じられる古式舞踊のパフォーマンスの意味を商品化という単一の枠組みから解放し，その複雑な様相を想像することを可能にする．

長い同化政策の歴史を経て，社会的に先住民族としての認知を得ている21世紀の日本においてアイヌとして生きるとは，どのような意味をもつのだろうか．パフォーマンスの意味は観客が見出す意味だけではなく，パフォーマー自身がそれぞれのパフォーマンスに込める意味もある．

一例として，自らの舞踊の後に付されたコメントは，現代社会に生きるアイヌの生活の一部を知らしめる啓蒙の意味があり，観光は啓蒙の機会に満ちた舞台へと変化しているかもしれない．古式舞踊の意味は一つしかないわけではないし，またそれらの意味も将来，変化する可能性もある．文化の客体化は，商品化という批判や真正性の欠如を指摘する批判に対し，新たにエージェンシーへの関心を喚起し，観光現象へのアプローチの可能性を開くのである．

今後の展望　文化の客体化は，観光現象においてしばしば文化人類学者が等閑視してきた現在における文化の生成に着目することを可能にする．と同時に，文化の商品化の視点が隠蔽してしまう観光における現地の人びとの間の複雑なエージェンシーへの配慮を促す．文化の客体化という概念は，このように，文化人類学理論と観光現象とを結びつけながら，21世紀における文化の様態に新たな光を投げかけるだろう．　　　　（太田好信）

文　献

太田好信 2010『増補版・トランスポジションの思想』世界思想社．

太田好信 2018「ジェイムズ・クリフォード」岸上伸啓編『はじめて学ぶ文化人類学』ミネルヴァ書房，215-220頁．

Comaroff, J. and Comaroff, J. 2009 *Ethnicity, Inc.* University of Chicago Press.

MacCannell, D. 1976 *The Tourist.* Schoken Books.

Tilley, C. 1997 Performing culture in the global village. *Critique of Anthropology*, **17**(1): 67-89.

8.3 文化の商品化

観光対象としての文化　観光消費の対象になる事物は数多く存在しているが，文化もそのひとつである．世界遺産に登録されている遺跡や建造物はもちろんのこと，各地の名物料理や民俗芸能など観光客が関心を寄せる文化の例は数限りなく存在する．その対象に直接的に対価が支払われるか否かは別として，観光客はそれらを観る，参加する，経験するために金銭を支払い，その地域を訪れる．

それら文化の多くは，そもそも商品として提供されることを目的として建造されたり，地域の人びとに担われたりしているわけではない．そこで暮らす人びとにとっては当たり前の衣食住をはじめとした生活文化は，異国から訪れた観光客にとってだからこそ物珍しく，体験したいと思うような存在となる．観光は，文化の差異を商品化する現象なのである．

こうした観光における文化の商品化について考えるためには，日常的に私たちが用いる文化という言葉が，幅広い含意を有していることに注意する必要がある．一般的な国語辞典をみても，文化は，芸術や教育，科学などの精神的活動をさすこともあれば，日常生活の習慣をはじめとした生活様式の総体を意味することもある．英語のcultureも同様である．文化史家R.ウィリアムズは，この語の成立過程を吟味しながら，cultureには「知的，芸術的な活動とその作品」と「特定の集団の生活様式」という異なる意味が併存していることを指摘している（ウィリアムズ 2011）．

観光客の関心の対象となる文化は，当然のことながらこの双方と関わっている．ミュージアムに収められた美術品の数々や世界遺産の建造物は，前者の意味における文化としてとらえられ，地域の名物料理であれば，後者の意味となるのである．

文化の商品化をめぐる問題は，観光研究においてこれまでも多くの研究者の関心を集めてきた．そして，この議論が主たる対象としてきたのは，先に述べた文化の含意のうちの後者，「生活様式の総体」としての諸側面であった．このような特徴は，文化の商品化をめぐる議論が，生活様式の総体としての文化に焦点を当ててきた文化人類学者や社会学者から提起されたことによるものである．

文化の商品化と真正性　地域活性化や観光ビジネスの視点からみれば，「文化の商品化」という言葉は，地域資源を掘り起こし観光客を誘致するため積極的に推進されるべき活動という印象を与えるかもしれない．しかし，観光研究において，この概念は，観光振興のように，その取り組みが「望ましい」ことが自明の前提とされるものではなく，時にやや批判的な含意のもとで論じられてきた．とりわけ初期の研究では，特定の地域の生活文化が観光客向け商品として供されることによって被る変化について，その文化の真正性（オーセンティシティ）の消失と関連して議論されてきた．

文化の商品化をめぐる議論の端緒となった研究のひとつに，観光現象を対象とした文化人類学的研究の初期の成果として知られる *Hosts and Guests : The Anthropology of Tourism*（第2版の邦訳『ホスト・アンド・ゲスト』）に所収されているD.グリーンウッドの論文「切り売りされる文化」があげられる．彼は，スペイン・バスク地方の祭礼アラーデが，観光客の来訪によって変質していく過程を鋭く批判した．本来この祭礼は，バスク住民がフランスの侵略に対して行った抵抗運動とその勝利を祝って行われていたものだが，観光客向けイベントとなることで，地元の人びとの意思と反して祭礼の場所や内容が変更された．このような過程は，観光による商品化によって文化が真正性を失い，破壊されていく過程としてとらえられたのである．

グリーンウッドの議論は，世界各地の伝統文化と観光の関係を分析する研究において，1980年代以降多くの研究者から参照されてきた．そして，文化の商品化という現象は，日々の生活の一断面を商品として供することを余儀なくされた人びとと，その暮らしを自らの好奇心を満たすために商品として消費する観光客の間に横たわる，政治的経済的な権力関係を表出させるものであった．

しかしその後，観光が地域の文化に与える影響を単純に否定的にとらえる議論に対する疑義が呈されるようになる．例えば，観光研究における文化の商品化と真正性の関係を整理した E. コーエンは，商品化が文化の意味を単純に破壊するとする考え方を批判する（Cohen 1988）．そして，観光は真正性を失わせるだけの存在ではなく，観光との関わりのなかで新たに生成される真正性のあり方にも目を向ける必要性を指摘している．

私たちが念頭におかなければならないのは，観光客が訪れる地域は，観光とは直接関わらずとも，いわゆる近代化／西洋化の只中にあるということである．そこでは，伝統的な生活様式の多くが変化を余儀なくされる．

確かに，観光もそのような変化をもたらす要因のひとつではあるが，すべてではない．むしろ，そのような変化のなかで旧来の文化が残されるとき，それは異国趣味の観光客の興味関心を引く地域独自の要素であるという側面も存在する．すなわち，逆説的に観光による文化の商品化は，それ以前と完全に同一ではないにせよ伝統的な文化の保存と結びつくこともあるのである．観光客誘致を期待して行われている町並み保存活動や観光客向けの接客業で民族衣装が多用されていることにも，その一端を垣間見ることができるだろう．

文化の商品化論の課題　観光における文化の商品化と真正性をめぐる問いは，現在も論争が続いている．ここで重要なのは，文化の商品化が本来的な意味や真正性を失わせるのか否か，あるいは商品化は善か悪かという二項対立的な枠組みでとらえるのではなく，この現象が観光と不即不離の関係にあり，文化のあり方そのものをめぐって，多様なアクターによる交渉の場となっていることを理解することである．

その意味で，観光における文化の商品化をめぐる議論には，課題も残されている．文化の商品化論が焦点を当ててきたのは，それを肯定的にとらえるにせよ，否定的にとらえるにせよ，観光客の消費の対象となった当該の文化が被った変化であった．一方で，その対象がどのような政治経済的文脈のなかで，いかなるアクターの活動のもと，文字通り商品化され流通してきたのか，特定の地域の文脈を越えたプロセスについては，十分に議論が蓄積されていない．いわば商品化の帰結は問われても，その過程についてはブラックボックス化されてきたのである．

文化の商品化は，観光に限らず生じうる．であるとすれば，観光という文脈は，その商品化のプロセスにおいていかなる特徴をもっているのだろうか．あるいは観光そのものもまた，変化し続ける政治経済的文脈のなかで進行する過程であり，地域の文化と観光客との出会いもまた多様なものである．したがって，観光による文化の商品化についても単一の帰結を想定することは困難なはずである．

それゆえ，観光における文化の商品化をめぐる問いは，真正性の問題と関連しつつ，この議論に先鞭をつけた観光人類学や観光社会学の領域のみならず，観光研究全体において重要な論点であり続けているのである．

（鈴木涼太郎）

文　献

ウィリアムズ，R.（椎名美智ほか訳）2011『完訳キーワード辞典』平凡社．

スミス，V. 編（市野澤潤平・東賢太朗・橋本和也監訳）2018『ホスト・アンド・ゲスト』ミネルヴァ書房．

Cohen, E. 1988 Authenticity and commoditization in tourism. *Annals of Tourism Research*, **15**(3)：371–386.

8.4 オーセンティシティ

概念 オーセンティシティ（authenticity）とは，モノや現象，経験などの真正性（ホンモノ性）に関して，それを評価し認定してきた特定の権威・権力のあり様や，それに抗して変革を求める者たちの運動の，全体的な力関係の動態を意味する政治学的術語である．それは調整や闘争の現場でやりとりされるリアルな政治的資源，武器でもある．

しかし，観光学の教科書では，オーセンティシティは，誰が，誰のものを，誰へ向けて，誰の利害のために語っているものなのかといった政治的駆け引きの部分に必ずしも大きな関心を寄せてこなかった．また，観光研究者は，オーセンティシティをめぐる調整や闘争の修羅場へ自らがすすんで巻き込まれていく研究実践に臆病でもあった．

ブーアスティンとマッカネル 教科書の多くは，まずD. ブーアスティンの『幻影の時代』（1964）を取り上げ，観光客は複写技術・メディアの発達によってつくられ流通する種々のイメージに従って，それを確認するように観光地へ出かけるのであり，その旅は「疑似イベント」（ニセモノ）であるとするとらえ方を紹介する．たしかにブーアスティンは，「骨折り，労働，苦痛」といった意味をもつtravailと同根の言葉であるtravelと対照させながら，パッケージツアーやガイド付きツアーをやり玉にあげて，touristはただ「受け身であって，おもしろいことを待っている」だけの存在だと説いた．彼は観光客をオーセンティシティの政治とは無関係な者と夢想しており，観光客に寛容すぎるといえるだろう．

しかし，多くの教科書はブーアスティンをただの枕扱いだけで済ませてしまい，さっさとD. マッカネルの『ザ・ツーリスト』（マキァーネル 2012）の紹介へと移ってしまう．

マッカネル自身が「ブーアスティンや他の知識人のアプローチは我々の役に立たない」と罵るからでもあるが，教科書の多くがブーアスティンをわざわざ「エリート主義」とまで断じて敵意をむき出しにしてきたのは興味深い．それは自らをオーセンティシティの政治を支配してきたエリートとは一線を画した大衆の一員と示したいからかもしれない．

マッカネルはゴフマンが示した「表舞台」（front stage）と「裏舞台」（back stage）といった概念を援用しながら，観光客も裏舞台にオーセンティシティが隠れていることを想像し，それを期待していると論じる．「演出されたオーセンティシティ」（staged authenticity）という表現が物語るように，裏といえども舞台である以上，それらは幾重にも張りめぐらされ，表と裏とは二律背反ではなくて相互依存的で，果てなく交替する関係にある．ところが，そうでありながらも観光客が「舞台裏の中をちらっとのぞいた」という「経験 experience」とそれに基づく「洞察 insight」とが得られると思い込んでしまうことを促す巧みな装置，それこそが観光であり，私たちが住む社会の近代性であると説く．このように読むとマッカネルの方がブーアスティンよりも，よほど観光や観光客に手厳しいと受け止めることもできる．

オーセンティシティの生成 さらに議論を進めたい者は，山下晋司のバリ文化論に触れる．山下は，有名なケチャなどバリの「伝統的」舞踊がオランダによる支配の時代に西洋の芸術家たちの主導のもとで新たに創られたものであることを紹介し，さらには，その創られた芸能が寺院でも奉納されることを指摘して，「こうした状況においては『本物』とか『観光用』といった区別は意味のあることなのだろうか．実際同じ芸能が村の寺院で演じられれば『本物』となり，ホテルで演じられれば『観光』となるというのも変である」（山下 1996: 109）とまで述べる．その主張はマッカネルによる議論の延長にあって，ある

いは，従来繰り返されてきた観光による文化の破壊といった論調に抗する議論としても，主に人類学の外側の人びと，典型的には「まちづくり観光」推進論者たちの間で，観光による新たなオーセンティシティ生成の物語として政治経済的に歓迎され流用されることになった．しかし，山下は，バリ島民たちの間でも芸能のオーセンティシティをめぐっては互いに対立もする多様な立場の声があるはずなのに，その多声性を民族誌的にひとつひとつ丁寧に掬い上げようとはしていない．

ところで，山下のもともとの議論は，人類学者用に『国立民族学博物館研究報告』に書かれた論文（山下 1992）を通して理解すべきで，人類学者クリフォードによる「芸術-文化システム」論こそが主題であった．その「（近代的）芸術-文化システム」とは「真正性を製造する機械」，すなわち，真正な芸術を選び美術館に収める権力，真正な文化を選び博物館に収める権力のことである．

筆者はクリフォードの主張のポイントを，「私の論点は，芸術と人類学という互いに連結している支配的なコンテクストが，もはや自明でもなければ挑戦を受けていないわけでもないということにすぎない」（クリフォード 2003: 313）の部分に読む．クリフォードは，ニュージーランドの博物館が所蔵するマオリの「器物」が米国内の博物館を巡回する際，その「器物」はマオリの権威者たちの管理下にあって，彼らの許可や指示のもとでしか展示ができないことを注視している．

サーミにおけるオーセンティシティの政治学 ここで，筆者の主たるフィールドであるフィンランド北極圏北部地域の先住民族サーミの文化の取り扱いを紹介しよう．シャーマンドラムなどサーミの古い物質文化をホンモノとして所蔵し展示してきたのは，首都ヘルシンキにある国立博物館である．しかし，サーミは長く厳しい民族運動の結果，民族議会による言語・文化自治の権利を獲得し，サーミ文化のオーセンティシティを扱う中心的な主体はサーミ議会やサーミ博物館になった．国立博物館，人類学者や歴史学者，観光業界や観光客は，もはや特権的な立場にはない．国立博物館のサーミ展示はいまも撤去されてはいないが，新たに手を加えることはできず，将来サーミ議会やサーミ博物館が利用するのを待って凍結されたままである（独立100周年に合わせた改修工事のなか，2018年現在，サーミ展示は姿を消している）．国立博物館でもサーミ特別展が開催されることはあるが，サーミ博物館が企画・制作・展示したものが巡回してくる仕組みになっている．

筆者は，1987～88年に開催された北欧閣僚評議会主催の展示会「北欧・トナカイ遊牧民の工芸」から，2014年に開催された伊勢丹グループの展示会「Sápmi：北極圏の先住民族，サーミの世界へ」まで，さまざまなサーミ展に関わってきたし，テレビ番組も監修してきた．その都度，サーミから違和感を伝えられることもあり，人類学者である筆者がサーミ文化のオーセンティシティを扱う身として特別な立場にいるわけではないことを思い知らされる．しかし，自らがオーセンティシティにまつわる政治の修羅場に1人の当事者として身をおき続け，そして多方面の当事者たちから批判されながらも，その多様な当事者たちとつながり続けること，そのことでしかオーセンティシティの政治力学への感受性は育たないと筆者は受け止めている．

（葛野浩昭）

文　献
クリフォード，ジェイムズ（太田好信ほか訳）2003『文化の窮状』人文書院．
ブーアスティン，ダニエル J.（星野郁美・後藤和彦訳）1694『幻影の時代―マスコミが製造する事実』東京創元社．
マキァーネル，D.（安村克己ほか訳）2012『ザ・ツーリスト―高度近代社会の構造分析』学文社．
山下晋司 1992「「劇場国家」から「旅行者の楽園」へ」国立民族学博物館研究報告，**17**(1)：1-13．
山下晋司 1996「「楽園」の創造」山下晋司編『観光人類学』新曜社．

8.5 疑似イベント

メディアの発達と疑似イベント　「疑似イベント」(pseudo-event) とはD.ブーアスティンが『幻影の時代』のなかで用いた用語で，自然に発生した「現実」の出来事ではなく，メディアによって仕組まれて起きた「偽物」の出来事をさす．現代社会では，メディアは報道されることを前提に，現実よりも本物らしく，わかりやすくてインパクトのある新しい出来事を生み出している．

また，テレビ，映画，新聞，雑誌，広告などの複製技術の発達によって疑似イベントは急速に増大し，人びとのイメージを支配するようになった．ニュースは取材されるものから製造されるものとなったのであり，大統領のインタビューや有名人の評判もメディアによって作られる．もはや，メディアで描かれたイメージの方が，実際の出来事よりも現実感（リアリティ）をもつのである．

疑似イベントとしての観光経験　ブーアスティンは，疑似イベントの典型として観光をとらえている．観光客は観光の目的地に着く前に，多くのメディアを通して，すでに見るべきもののイメージを脳裏に焼きつけてしまっている．観光客は観光地の本当の姿や文化よりも，観光のパンフレットや情報誌，映画，テレビなどのメディアによるイメージの方に惹かれるようになっており，そうしたイメージを確認するために現実の観光地へ出かけるのだという．

彼はまた，旅行者から観光客への転換を示しつつ，疑似イベントとしての観光経験を構成する諸要素について次のように説く．18世紀までの産業化される以前の観光は，直接的な現実体験としての「旅」(travel) であった．困難を乗り越えた先に，絵画，彫刻，建築や優れた人物との出会いが待っており，人びとはそこに驚きと喜びを発見した．しかし，近代の観光は，あらかじめ作り上げられた「ツアー」(tour) になってしまったというのだ．

それは快適さを提供する人工的な諸もろのサービス商品によって構成されている．鉄道と汽船が旅行を快適なものとしたが，目的地までの途中の経験はかき消されてしまった．ホテルは，自分の国にあるホテルと同じようなものであり，滞在客は異国にいるのではないという安心した気分になれる．ガイドブックは観光客がいつ，何を期待したらよいのか，現地での服装やふるまい方などを親切に教えてくれる．観光客は，旅行会社で交通手段，食事，宿泊，娯楽を予約でき，値段交渉で煩わされることもない．さらに，旅につきものの危険は保険の対象とされるのである．

偽物を求める観光客　ブーアスティンは，観光客が目的地で何を体験しているのか，旅行会社やホスト側が何を提示するのかについても言及している．疑似イベントである観光では，観光客は一包みの商品となったツアーを旅行代理店から買い，現地の文化をアトラクションとして体験する．自然発生的な本当の儀式や祭りは思いのままにはならないし，売り買いもできない．代理店が保証できるのは，観光客用に作られたアトラクションだけである．観光客の要望に合わせて決まった時間に繰り返すためには，それは複製された人工の産物でなければならない．また，観光客の期待を満足させるために，土地の人びとは愛想よく彼ら自身の「物真似」をしてみせるのであり，もっとも神聖な儀式，祭日，祝典さえ戯画化してしまう．一方，観光客は，正真正銘の異国の文化を求めるのではなく，メディアのイメージに依拠して提示されるアトラクションを体験して満足するのである．

ブーアスティンへの批判　ブーアスティンは，本来の旅行者は18世紀までのグランドツアーに代表されるように，苦難の末に本物や発見や出会いに到達するものだったが，観光客は本物など求めずにイメージの確認を望

み，何か楽しくて面白いことが起こるのを待っている受動的な存在なのだという．

嘆きと皮肉に満ちた彼の主張は，後に批判を浴びることになる．D.マッカネルはブーアスティンの主張に対して，観光客と知識人の態度を完全に分け，過ぎ去った旅行のあり方へのノスタルジーや観光客への嫌悪感を表明するにすぎないと批判した．かつての旅行を賛美する姿勢をエリート主義として退けるとともに，現代の観光客も本物を捜し求めているのだとして反論を展開した．

また，E.コーエンは，ブーアスティンの観光客像は一面的で大ざっぱであると批判した．現実には多様な観光客が異なる様式の旅行経験を求めているのであって，観光客一般というものは存在しないという．コーエンは観光経験を，観光客自身の生き方や価値観の根幹に触れる部分，すなわち「中心」(center)を希求する程度によって，レクリエーションモード，気晴らしモード，経験モード，体験モード，実存モードの五つに類型化した．観光の途上も目的も「遊び」なのだとするブーアスティンのとらえ方は，レクリエーションと気晴らしのモードに該当するだけで，多様な観光客のあり方を排除してしまうことになる．

さらに，ブーアスティンが文化を本源的な実体としてとらえ，疑似イベントと対比していることにも疑問が呈されてきた．そもそも「現実」と「虚構」とが明確に区別できない疑似環境を前提に成り立っている現代社会の生活のなかでは，こうした考え方は説得力をもたない．例えば，ディズニーランドのようなアトラクションを，作りものと十分知りながら楽しんでいる観光客の存在を説明することは難しい．

観光研究の起点としての疑似イベント論
観光に対するあまりに悲観的な態度を留保するならば，ブーアスティンの指摘が多くの示唆を含んでいることに気づくであろう．メディアによるステレオタイプの観光地イメージの形成，観光客の受動的性格，伝統文化の切り張りと商品化といった問題は，その後のマスツーリズム批判の重要な論点となったし，観光経験における本物性の追求をどう把握するのかというテーマも彼によって議論の端緒が開かれたといってよい．

ブーアスティンの疑似イベント論については，メディアによるイメージが現実の観光客の経験を規定し方向づけるという点のみが強調されがちだが，彼の著述は観光がさまざまな機構が複合的に作用し合って成立していることや，メディアが製造する「事実」が大衆の欲望の投影でもあることを示唆している．

ブーアスティンは単純に観光客批判だけをしているのではない．現代社会では旅行の冒険が，人工的，虚構的，非現実的なものにしかなりえないことも自覚しているし，観光客が作りもののアトラクションに満足することを事実として認識している．こうした現状認識の限りでは，明確な分析的意図はないものの，演出された本物性やシミュラークルの働きを半ば予見していたともいえよう．

観光がメディアのイメージに構造的に依拠した虚構性を帯びた現象であり，そこで観光客が経験する「現実」とはいったい何であるのかを問うことは，現在でも重要な研究課題である．その意味で，ブーアスティンが1960年代初頭に展開した疑似イベント論は，観光研究の起点となっているのであり，その先見性は高く評価されてよい． （堀野正人）

文献
コーエン，E.（遠藤英樹訳）1998「観光経験の現象学」奈良県立商科大学研究季報，9(1)：39-58.
高岡文章 2001「観光研究におけるD.ブーアスティンの再定式化―「本物の」観光をめぐって」慶應義塾大学大学院社会学研究科紀要，53：69-78.
ブーアスティン，ダニエルJ.（星野郁美・後藤和彦訳）1964『幻影の時代―マスコミが製造する事実』東京創元社．
マキァーネル，D.（安村克己ほか訳）2012『ザ・ツーリスト―高度近代社会の構造分析』学文社．
吉見俊哉 1996「観光の誕生―疑似イベント論を超えて」山下晋司編『観光人類学』新曜社，pp.24-34.

8.6 歴　史

　歴史観光とは，人類の永年にわたる暮らしの営みの後を振り返り，残された所産（遺構，遺物）などに触れ，地域の文化の原点を求める観光である．

　観光の対象としての歴史　観光資源は一般に自然景観と歴史文化に大別されるが，歴史観光の主な対象は後者で，いわば人間が歴史のなかで作り出したものがその中心となっている．もっとも，自然景観観光資源のなかにも歴史文化的要素が含まれており，総合観光資源（都市，農村そのものなど）の構成要素ともなっている．

　観光が一般に普及するきっかけとなったのは室町時代に伊勢神宮への一般人の参拝が認められるようになったことによるといわれている．これは歴史を化体した先祖を敬う「神仏詣で」であった．江戸時代には道路，宿駅の整備によって一般人の旅行が急増してきた．登山についても山岳信仰という宗教的動機によってこの時代から盛んとなったといわれる．「神仏詣で」に関連してその沿道，近傍地の観光地（温泉，景観観光など）の開発も進んでいった．こうして，日本の国内観光は広義の歴史観光から始まったといっても過言ではない．しかし，観光に赴く人びとは必ずしも「歴史」を意識したものではなかった．

　明治以降，観光が市民の日常生活として広く普及するにつれて，テーマ別観光ともいうべき産業観光，街道観光，都市観光など，さまざまな形の観光も普及していくが，それらのなかにも初期の段階では歴史観光の要素が含まれている．

　例えば，自然景観観光でも，景観の形成過程は歴史の所産でもあった．歴史観光が歴史自体を直接対象に限るようになったのは近年のことである．例えば，TVドラマなどの影響で歴史そのものへの関心が高まり，それらの舞台となった地域への観光である史跡の探訪がにわかに普及し始めた．そうしたなかで今日では歴史観光という独自の観光形態が発展し始めたとも考えられる．

　こうして，歴史につながる神仏詣でに端を発し，それらを通じて歴史に触れることが，日本での観光行動の出発点となり，それに付帯して自然景観観光などが広がるようになったのである．しかし，ほとんどの観光にはいまでも何らかの歴史の要素が含まれており，歴史観光はさまざまな観光の底流となっている．

　先述のように，近年の歴史への関心の高まりから，今日，歴史観光として独自の観光形態を形成するようになってきたわけで，観光の起源から観光の底流の段階を経て，観光のひとつの形態（分野）として，歴史観光が位置づけられたのである．このように，歴史観光との関わり方が近年の観光の方向性を左右しているといっても過言ではない．

　観光資源としての歴史　観光の対象は，それに触れた観光客がその対象の観光から満足感，充足感（行ってよかった）などの観光効果を得たときに，観光資源としてその対象が認知されたといえる．

　前述のように，ほとんどの観光対象はその底流に歴史的要素を含んでいる．歴史観光資源とは，人間が作った資源としての沿革上の相違による分類にすぎないとも考えられる．

　一方このような歴史観光に前記のような傾向がみられるようになってきた．すなわち歴史そのものを主なストーリーとする歴史（街道）観光の発生である．すなわち，歴史に触れること，歴史に学ぶこと自体をその目的とし，歴史の流れに沿って観光客が行動するなど，純粋な歴史を求める観光の普及である．

　一例として「関西歴史街道」をあげてみよう．関西地方の経済界，学者などの提唱によるもので，関係者が実行委員会を作ってそのコースを選定し，情報発信を行っている．そして各所に共通様式の案内板の整備，各地点

にボランティアガイドの設置して「歴史を訪ねる旅」に誘致した．特に「歴史街道」という道があるわけではないが，歴史を主なストーリーとして掲げ，それに沿って徒歩，サイクリング，鉄道（自動車）などでゆかりの地を歴訪するものである．

伊勢・飛鳥・大和・京都・大阪・神戸と時代順に古代史ゾーン，奈良・平安・室町各時代ゾーン，戦国・江戸ゾーン，近代史ゾーンに大別して各地の観光資源をリストアップして紹介し，多くのサブルートを含むコースを提案して観光客を誘致することに成功している．

もうひとつの例は，「利家出世の道」（歴史観光モデルコース）である．戦国武将（前田利家）の伝記をなぞる新しい観光の提案である．その出生地の名古屋市をスタートし，前田利家ゆかりの長浜城，敦賀（金ヶ崎）城址，丸岡城址，七尾などを経て金沢（城）に至るコースである．利家の生涯をたどることは，まさにその時代の歴史の舞台を訪ねることであり，純粋な歴史探訪を目的とする観光といえよう．

利家を主人公としたTVドラマがヒットしたこともあり，その放映直後からこのルートは大勢の観光客で賑わった．上記のように，近年歴史観光はさまざまな観光の底流としての存在から脱皮して，ひとつの独自の新しい観光分野（ニューツーリズム）を形成するところまで進んできた．各地で「武将観光」の名のもとに，同種の観光が多くの観光客を誘致するようになった．

歴史観光の効果　観光客が観光対象に触れ，そこから観光「効果」（満足感）を得たときその対象がその人にとって観光資源として認知されたことになる．このような観光効果として歴史観光にはどのようなものがあるだろうか．

①学習効果　近年観光客が高年齢化している傾向から，観光客のニーズのなかに学習観光を求める動きが高まっている．観光に先立って，観光地の歴史をまず学ぶ，そして観光目的地で得た知見，説明などから歴史に向かい合い，そこから日本の歴史を自分なりに評価把握する学習観光的要素を観光のなかに求めている．近年日本の歴史教育の不備が指摘されているが，このような歴史観光の実現により歴史の生き証人に触れることになり，日本の歴史をそれぞれの心のなかで再構築していくことができるのは歴史観光ならではの効果であるといえよう．

②芸術・技術発展への効果　歴史のもつ文化的側面は芸術・技術の発展経緯でもある．歴史観光によってこのような芸術・技術の発展の跡をたどるとともに，その延長線上に浮かぶ今後の芸術・技術などの方向を求めることができる．受入れ体制が整えば芸術・文化の今後の発展へのヒントが歴史観光から得られると考えられる．この点も歴史観光のもたらす効果といえよう．

③人材育成への効果　歴史上の人物の事蹟を訪ねる先述のストーリー型歴史観光を通じて，先人の生き様，足跡に接することによって将来の人材育成への効果も期待できる．ストーリー型歴史観光で先人のこころに接し，自らの進路に大きい影響を受けたという人も少なくない．歴史観光によって大きい効果を期待するためには，歴史の「語り部」（説明役）ともいうべき人が必要で，それらの人びとによる案内があれば歴史観光資源が人びとの心のなかにより大きい思い出，印象を残すことになる．つまり，ガイドの人的質的充実である．各地でボランティアガイドに協力する人びとも増加しており，その効果を高めつつある．

このように，人材育成につながる効果をもち，そのための人材が求められるのも歴史観光の大きい特徴といえよう．　　　（須田　寛）

文献
岡本伸之編 2001『観光学入門』有斐閣．
須田　寛 2004『新観光資源論』交通新聞社．
須田　寛 2012『街道観光』交通新聞社．
須田　寛 2015『都市観光』交通新聞社．
德久球雄 1999『観光』学文社．
安村克己 2001『観光』学文社．

8.7 産業

　産業観光とは，歴史的文化的価値のある産業文化財（古い機械器具，工場遺構などの産業遺産），生産の現場（工場，工房など），産業製品などを観光対象とする観光をいう．

　観光の対象としての産業観光　従来の観光は見物観光や温泉観光が中心となって展開されてきたが，近年，ニューツーリズムとよばれる「新しい観光」として，「産業観光」がクローズアップされ，多くの人びとが参加するようになっている．

　観光ニーズの変化　その背景には観光へのニーズの変化がある．すなわち，観光地で単なる見物だけでなく何らかの体験（例えば作陶，農作業など）をしてみたいとの欲求である．また，観光が熟年層に広がりつつあるなかで，観光に関わる学習意欲が高まり，観光地，観光対象を学習のうえ訪れたい，ないしは観光地でさまざまな学習をともなう観光をしたいという期待が急速に高まってきている．このようなニーズに応えるためにもものづくりに直接関わる観光，すなわち産業観光が興隆してきたと考えられる．

　産業遺産の発生とその保存活用への機運　日本の産業近代化が急速に進展し，工場，機械器具などの産業施設の取換え・更新が全国的に急進している．

　そうしたなかで，日本の産業近代化に貢献した多くの産業遺産が各地に大量に発生した（鉄鋼，造船，機械などの昭和初期にかけて作られた諸施設など）．これらの遺産は日本の近代産業史の生き証人であり，その保存と活用は産業発展の資料としても貴重なものである．

　そのような認識から各地に産業博物館，資料館などを設けて，そこに収蔵したり旧工場・工房を公開する動きが国や自治体，さらに企業などの間で拡がってきている．それらを学習型観光資源として活用しようとする動きである．

　観光資源としての産業観光　近年国は数値目標を立てて外国人客誘致を進めているが，日本の産業製品などが多く輸入される諸国（特に近隣のアジア諸国）の間でその製品を造った工場の見学，ないしは製品を日本でショッピングすることへの関心が高まり，これを目的に多くの外国人観光客が訪れるようになった．すなわち，産業観光が訪日外国人観光客誘致のための重要な観光資源となってきているのである．このようななかで，産業観光への関心が急速に高まり，それへの取り組みが2005年の愛知万博開催の頃から各地で本格化した．

　前述のように，産業観光は産業遺産，生産現場，製品を主な対象とする観光で，製造・加工業から鉱業，エネルギー産業，交通・通信などの第二次産業のほか第一次産業（農業，漁業など），第三次産業（輸送，商業）も対象とする幅の広いものである．具体的には，①産業博物館，資料館，②稼働中の工場，工房など，③近代産業を支えた炭坑など鉱山工場の遺構（産業遺産）などが主な観光対象となっている．

　このそれぞれにおいて，見学や体験をともなうメニューを用意する必要があり，自治体，観光団体，企業が各地で実行委員会などを結成，観光環境の整備（公開のための通路，案内など，駐車場整備，体験のための指導員の配置，案内説明資料調整など）を進めている．

　また，この種の新しい観光は，複雑な情報の発信がそのカギを握るので，マス媒体，IT機器を活用するなどして開発が進められている．

　大都市など，市内に多くの産業観光資源の所在するところでは，そのなかにコア（中核）施設（産業博物館，主要工場など）を設け，そこを中核とする産業観光ネットワークを構成するところも多い．対象施設相互の情報交換共有と発信，観光モデルルートの設定，学

習体験プログラムの共同設定を行うことが効果的観光につながるからである．

農漁業観光では，見学と体験の効果的なメニューを作ることが必要で，長期滞在型またリピーターの多い観光，さらには居住型の観光まで幅広い観光を提案している．

産業観光の効果　観光は観光したいとの意思をもって居住地を離れて観光対象（資源）に触れることから始まる．そして，観光対象に触れることによって観光客がそこから自分の心証のなかに満足感，充足感を得たとき，すなわち観光効果を得たときにはじめて，その観光対象はその人にとって観光資源になる．

産業観光は産業（ものづくり）をテーマとする新しいテーマ型（専門型）の観光であるから，このような産業観光効果を極力大きくするため，観光対象側での受入れ体制（説明，案内方法，体験施設の充実）整備を進め，情報発信が求められる．観光効果には次のような産業観光独特のものが期待される．

①産業（技術）の発展につながる効果　産業の長い発展過程をたどりつつ，現代の産業に触れることが，産業観光を通じて可能となるので観光客がそれらを体得するなかからそれを自らの心のなかで活かし発展させ，産業（技術）発展への新しいアイデアを着想したり改善点を見つけることが期待される．実際，産業資料館の見学によって新技術へのヒントを得た人も多いといわれる．

②人材育成への効果　先人の努力の跡をたどり，その結晶ともいうべき産業文化財に触れるのであるから，産業（技術）への理解と愛着が体得される．このことは，産業後継者の育成につながる．実際，産業博物館の見学で機械，工場，製品の美しさにめざめエンジニアになったり，陶工を志した人も多いといわれる．

③まちづくりへの効果　産業がまちをつくる，またまちが産業を成立させ発展させる，この相互作用があることは明らかである．「産業観光」はこの関係に触れることであり，体験を通じてそこに参入するものでもある．

以下に，愛知県での産業観光の例をみておこう．

①瀬戸市では，万博を期に駅前に大型産業博物館（瀬戸蔵）など，ものづくりへの触れ合いの場を造成し，ここから市内に多数ある焼き物の窯元の間を結ぶモデルコースを設定した．同時にそれが観光センターとしての機能を果たすとともに，瀬戸駅前の区画整理（道路整備，駐車場整備）や道路，建物の修景の動機となり，「産業観光まちづくり」を実現している．

②名古屋市では，旧城下町地区に残るまちなみ，工場，工房を見学・作業体験のできる施設とし，それらを結ぶ「文化のみち」を造成して多くの観光客を迎えている．

③陶磁器の産地である常滑市では，特産の陶器を道の舗装，擁壁，モニュメントに活用し「やきもの散歩道」を造成した．

④瓦の産地である高浜市のように，鬼瓦を使ったモニュメント交差点の添景とする「鬼みち」など産業観光によるまちづくり，みちづくりに成功した例も多い．

愛知県では，こうした試みにによってさらに多くの観光客を呼び込み，それが新たなまちづくりにつながる好循環をもたらしているのである．

このように，観光とまちづくりを結びつけることのできる産業観光の役割はきわめて大きいものがある．今後，産業観光発展のために観光地どうしの広域連携を，さらに外国（特に欧米は産業観光が盛行）との連携も指向しより幅広い，地域と暮らしに密着した観光を求めて，今後の観光資源間の連携，協働がおおいに期待される．　　　　（須田　寛）

文　献
岡本伸之（編）2001『観光学入門』有斐閣．
須田　寛　2004『新観光資源論』交通新聞社．
須田　寛　2009『新産業観光』交通新聞社．
須田　寛　2015『都市観光』交通新聞社．
徳久球雄　1999『観光』学文社．
安村克己　2001『観光』学文社．

8.8 文化的景観

制度的背景　「文化的景観」(cultural landscape)とは，1992年に米国のサンタフェで開催された第16回世界遺産委員会において導入されたものである．これはそれまでの世界遺産条約（1972年採択）に基づく遺産保護のあり方を是正する試みだった．従来の規定により登録された世界遺産は，文化遺産に偏り，かつ，所在地も欧米に固まっていたが，自然と文化を対立的にとらえる西欧的思考は必ずしも普遍的ではないとする反省がなされ，遺産を自然と文化のどちらかに分類するのではなく，自然に対する人間のさまざまな働きかけを通じて創造されたものとして遺産をとらえる必要性が確認されたのである．

その結果，庭園のような「意匠された景観」，棚田のような「有機的に進化する景観」，禁足地のような「関連する景観」の三領域を内容とする「文化的景観」概念が導入される．このように遺産概念が脱西欧化した結果，従来の西欧中心主義的な概念においては遺産とみなされなかった物件が世界遺産に取り込まれることとなった．1995年に登録された「フィリピン・コルディレラの棚田群」はその一例である．

こうしたグローバルな変化に触発され，日本国内においても保護対象の再編が押し進められることとなった．2000年，文化庁は文化的景観に関する検討委員会を設置，専門家による検討を重ね，2003年に報告書をまとめた．これを受けて2004年に文化財保護法が改正され，「地域における人々の生活又は生業及び当該地域の風土により形成された景観地で国民の生活又は生業の理解のため欠くことのできないもの」（文化財保護法第2条第1項第5号）として「文化的景観」という新カテゴリーが導入され，①農耕，②採草・放牧，③森林利用，④漁撈，⑤水利，⑥採掘・製造，⑦流通・往来，⑧居住に関する景観地を「重要文化的景観」として選定できるようになった．なお，文化財保護法改正と同時に「景観法」が制定され，文化的景観の保全と活用も景観法に連動する形で制度化されている．

思想的背景　文化的景観の概念はドイツ語のKulturlandschaftに淵源し，日本には1930年前後，ドイツ景観地理学より移入された．その際，「文化景観」という訳語が当てられたが，これは人為に関わる景観をその優劣を問わずに指し示す語であるため，文化財保護法では保護対象として優れた景観に限定するべく「文化的景観」の語が採用されたという．

もっとも，文化的景観概念の導入以前の日本にもそれに類する思想や実践は存在した．例えば，南方熊楠の神社合祀反対運動である．日露戦争後，政府は経費節減と道徳普及を目的に一町村一神社と定め，自余の神社の合祀を推し進めた．実施状況は地域によってばらつきがあったが，もっとも激しかったのが三重県，和歌山県であり，これに敢然と立ち向かったのが，世界的な生物学者にして民俗学者である熊楠だった．熊楠の「神社合祀に関する意見」(1911)には，合祀が引き起こした数々の混乱を述べたうえで，合祀が地方の人心や生活を動揺させるばかりでなく，「史跡，古伝を滅ぼし」「学術上貴重の天然記念物を滅却する」と，生活環境に対する総体的な暴力であることを指摘する．日本における文化的景観思想のひとつの原点といえるだろう．

また，柳田國男の風景論も示唆的である．風景の評価軸が主体によって異なり絶対的尺度が存在しないこと，和歌随筆などのメディアが風景経験を構成することなど，柳田の風景論には今日的に有効な論点が数多く含まれるが，その核心は「風景の成長」という言葉に端的に示されるように，風景を歴史的なも

の，可変的なものととらえ，そこに意識的であれ無意識的であれ，人びとの営みが大きく介在していることを積極的に主題化した点である．

興味深いのは，そうした立場から当時の文化財保護への批判がなされていることで，柳田は放送講演「椿は春の木」（1928）において，「これをこの植物［椿］の自然生の北限と認めて，天然記念物として内務省が保存を命じておりますのは，目的は至極よろしいが実は理由が心もとないのであります．詳しく考えてみたら，事によると史蹟記念物であるかも知れないのであります」と述べている．椿のある風景が「天然」ではなく「史蹟」だと指摘しているわけで，これもまた文化的景観思想の先駆といえるだろう．

日本における文化的景観の保護と活用　以上のような制度的・思想的背景のもとに日本における文化的景観の保護が展開されている．今世紀に入ってから登録された世界文化遺産は，「紀伊山地の霊場と参詣道」（2004），「石見銀山遺跡とその文化的景観」（2007），「平泉―仏国土（浄土）を表す建築・庭園及び考古学的遺跡群―」（2011），「富士山―信仰の対象と芸術の源泉」（2013），「『神宿る島』宗像・沖ノ島と関連遺産群」（2017），「長崎と天草地方の潜伏キリシタン関連遺産」（2018）と，文化的景観の要素を含む遺産がメインストリームとなっている．

また，国の文化財としては，「姨捨（田毎の月）」（長野県更埴市（現千曲市），1999），「白米の千枚田」（石川県輪島市，2001）という２件の名勝指定を先行事例とし，文化財保護法改正による文化的景観の導入後は，「近江八幡の水郷」（2006）を皮切りに，61件の重要文化的景観が選定されている（2018年2月現在）．自然と文化，有形と無形にまたがる対象をフレキシブルに保護することが求められる今日において，文化的景観というフレームワークの役割は今後ますます高まることが予想される．

とはいえ，文化的景観の保護と活用がさまざまな困難を惹起しうることも確かだろう．美術や建築といった文化財に比して，生活環境そのものといってもよい文化的景観は，利害を有する多数かつ多様な関係者を含み込まざるをえない．さらに，生活者の環境への働きかけは，個々人においてすら複数のベクトルをもつことが常であり，一個人において欲求が分裂することも十分に起こりうる．文化的景観の維持管理に，大規模かつ複雑な調整作業が必須である所以である．

実際，文化的景観の保全と活用をめぐっては，世界各地でさまざまなコンフリクトが発生しており，ホスト／ゲスト間の交渉に関する民族誌的研究が蓄積されつつある．現代社会においては，政府や企業といった「大きなエージェント」による景観への介入は不可避的に拡大深化し，その一方，「小さなエージェント」たる生活者の暮らしが生み出す景観はそこからこぼれ落ちる要素を抱え込み，必然的に齟齬や葛藤が引き起こされる．そのプロセスを記述し，その衝突と拮抗にいかなる妥協点がありうるかを模索することは，今後ますます大切な課題となるだろう．

最後に，景観はどこまでも景観であり，絵画や工芸ほどの可塑性はないということが再確認されなければなるまい．人びとが電気や自動車を使う限り，そのインフラは必ず景観のどこかに付加される．生活，生業，流通，観光などをも含めた人びとの営みを支えるシステム総体の現れが文化的景観であるといえる．であるならば，結局のところ，文化的景観の改善はシステム総体の改善なしにはありえないということである．　　　　（菊地　暁）

文　献
文化庁文化財部記念物課監修 2005『日本の文化的景観：農林水産業に関連する文化的景観の保護に関する調査研究報告書』同成社．
ミッチェル，ノラほか編 2015『世界遺産の文化的景観：保全・管理のためのハンドブック』奈良文化財研究所．

8.9 芸能

「見る／見られる」関係 芸能は芸能史研究の分野において，個々の身に備わった芸に関わる能力として定義される．したがって，芸能を取り上げる際も，芸能を形成している内在的な諸条件，つまり芸能における演技を主題化することが中心的な課題として求められるはずである．だが，芸能と観光の関係に関していえば，芸能を規定している外在的な諸条件を主題化することが必要だろう．というよりも，こうした諸条件の典型こそが芸能をめぐる観光であると考えられる．

特異な芸能史を構想した折口信夫は，見せ物として対象化される表現が芸能であるという．芸能は「見る／見られる」関係によって規定された表現でしかなく，その出自を問わない．すなわち，儀礼だろうが，労働だろうが，事件だろうが，それが「見る／見られる」関係におかれていたら，芸能として理解することができるというわけである．実際，折口 (1991) は『日本芸能史六講』において，芸能が発生する過程の一例として，「儀式を繰り返してゐる間に，熟練して来て批評したり，鑑賞したりする自由が生じる訣です．あの人この人が，儀式をどんなに巧みに行つたか，否か，といふことが，批評や鑑賞を生み出す根本にな」ることを指摘している．

したがって，批評したり鑑賞したりする存在，つまり観客は「見る／見られる」関係を生み出すという意味で，芸能を成立させる必要不可欠な要素であるということができる．折口は観客が発生する契機についても言及しており，「謂はゞ饗宴から出発した芸能は誰かに見せようといふ目的はなかつた．ところがそれをみようといふ目的が出て来てから，見る者の位置がその間に考へ出されて来た．招かれない客の位置がだんだん見物を産み出して来たといふ方が正しいかと思ひます」という．そして，観光は観客を生み出す最大のエンジンであるといってよいだろう．

観光文化としての芸能 「見る／見られる」関係が成立するところならば，芸能は時空を問わず生み出される．だが，芸能と観光の関係を検討する場合は，近代以降の動向をみておかなければならない．例えば，都をどりは毎年4月1〜30日に京都の祇園甲部歌舞練場で開催されている祇園甲部の舞踊公演であるが，近代以降の京都観光に深く関わっている．京都は幕末の内戦状態や直後の東京遷都によって引き起こされた経済的な打撃を克服するべく，近代化を急ぐ方法として，1871年の秋に博覧会を開催した．

だが，集客のみならず経済的な効果も不十分だったため，翌年の春にふたたび博覧会を開催したのである．今度は綿密に計画して，集客を意図したイベントも企画した．博覧会の入場料以外に別料金をとって見せるイベント「附博覧」として，芸妓の舞踊公演が企画されたのであり，そのひとつが都をどりだった．都をどりは評判をよび，外国人客用の椅子席も用意されていたという．これは外国人の観光客に対して京都の魅力を伝えるべく考案されたアイデアだったと思われる．

都をどりは国際的な規模を付与された近代以降の京都観光によって形成された芸能であったという意味で，観光文化としての芸能の好例であると考えられるだろう．こうした性格は今日にも継承されている．だが，それは都をどりに限られるものでもないはずである．全国各地に伝承されている民俗芸能も，近代的な諸メディアのネットワークを介して，観光文化として再発見されていった．

民俗芸能と観光活動 民俗芸能は地域社会に伝承されている各種の芸能を中心として想定しながら，その周辺をも広く包含する概念である．戦後に誕生した学術用語であり，以前は郷土芸能とも民間芸能ともいわれた．獅子舞，盆踊り，神楽，田楽などがその典型で

あり，文化財保護法が規定する無形民俗文化財に含まれて，伝統文化や地域文化として保存，活用することが図られてきた．だが，民俗芸能と観光活動の関係は，そもそも切っても切り離せない間柄であった．というよりも，一般に民俗芸能といわれている領域は，近代的な観光活動を介して対象化されたとも考えられる．

こうした対象化の過程は民俗芸能研究の歴史がもっともよく示している．近代以降，農村の人口が都市に多数流出したばかりか，鉄道，郵便，ラジオなどの近代的なメディアが発達した結果として，人びとは各地に埋もれていた芸能，つまり民俗芸能を発見する．そして同時に，民俗芸能に対して「伝統」「素朴」「古風」などを前提する懐古／回顧的な視線を獲得していった．そのような視線自体が近代的なメディアをくぐって発現，広汎に流通していったのである．

とりわけ急速に発達した鉄道網は，民俗芸能の対象化における技術史的な背景として重要である．鉄道省や関連する団体は各沿線に点在する祭礼，芸能，風俗，温泉，名勝などを網羅し，何種類もの観光案内を刊行した．しかも，鉄道省は旅客数の増大に貢献しそうなメディアに無料パスを配布したため，民間にも旅行雑誌が続々登場した．こうして，全国に旅行ブームが巻き起こる．旅行雑誌は民俗芸能に関する記事を多く掲載したため，初期の民俗芸能研究に対して決定的な役割を果たした．すなわち，民俗芸能研究は民俗芸能を観光資源として利用するという，功利主義的な発想に沿って出発したのである．

観光資源としての民俗芸能 そう考えてみれば，民俗芸能が今日でも，観光資源として活用されていることは十二分にうなずける．1992年，地域伝統芸能等を活用した行事の実施による観光及び特定地域商工業の振興に関する法律，通称「おまつり法」が当時の運輸省，通商産業省，農林水産省，文部省，自治省の五省によって制定された．民俗芸能を観光資源として活用することによって，地域を活性化しようというわけである．

この法律は地域伝統芸能という概念を採用している．地域伝統芸能は「地域の民衆の生活の中で受け継がれ，当該地域の固有の歴史，文化等を色濃く反映した伝統的な芸能及び風俗慣習」をいう．民俗芸能にほぼ重なると考えられるが，歴史的な真正性を欠いた比較的新しいものも含まれる．だが，地域伝統芸能は地域に根ざした土着的なものでなければならないとされているから，地域を活性化する契機として期待されていることがわかる．

民俗芸能は今日，ユネスコの無形文化遺産条約が定める無形文化遺産として扱われることが多い．また，東日本大震災以降は被災地を支援することを意図した被災地観光のコンテンツとして取り上げられる場合も増えてきた．どちらも地域における当事者の価値を重視することによって，地域の活性化に資することを想定している．したがって，当事者のみならず観光客も民俗芸能をめぐるさまざまな活動に参加したり，関与したりするという新しい段階が到来しているのである．

観光資源としての民俗芸能は従来，観光客が見るものだった．民俗芸能をめぐる観光はもっぱら民俗芸能を見ることを意味していたのである．だが，近年は民俗芸能を習ったり演じたりする参加型の観光が増えている．一年中阿波踊りが見られる阿波おどり会館における阿波踊りの体験コーナーはその好例だろう．観光客が芸能を形成している内在的な諸条件，つまり芸能における演技の一端を体験することが，年間を通じた有力な観光資源として位置づけられているのである．

（橋本裕之）

文　献

岡田万里子 2013『京舞井上流の誕生』思文閣出版．
折口信夫 1991『日本芸能史六講』講談社学術文庫．
橋本裕之 2014『舞台の上の文化―まつり・民俗芸能・博物館』追手門学院大学出版会．
橋本裕之 2015『芸能的思考』森話社．
守屋　毅 1992『近世芸能文化史の研究』弘文堂．

8.10 文学

　文学への観光のまなざし　傾倒する作品や作家にまつわる旅には巡礼に比した体験が内包されている．観光の発展を考えるときに，巡礼を忘れることはできない．ギリシャでは紀元前8世紀頃から神殿詣でが盛んになり，それぞれ4年ごとに行われるオリンピアの競技会やデルフォイで行われる演劇祭が，全市民参加の義務でもあり観光を兼ねたものであった．巡礼の旅は内的希求の旅で，聖地や霊的な場所をめぐり拝礼し，自己覚醒をはかるものと理解されている．読書体験はどのように巡礼や観光に結びつくのであろうか．

　英国おける文学の観光化　18世紀から19世紀にかけて青年貴顕紳士たちの教育の締めくくりとして盛んに行われたグランドツアーには，ヨーロッパ大陸に点在する過去の作家の生誕あるいは終焉の地をめぐるということがプログラムされていた．ホメロスの叙事詩「イリアス」「オデュッセイア」をギリシャに訪ね，ウェルギリウスの墓をナポリに見るということは，古典を学んだ青年たちの目指す巡礼であった．19世紀になり移動の自由が特権階級の占有ではなくなると新たな文学による地平が広がった．

　その典型例がロンドンからウィンダミアへの鉄道敷設で始まった湖水地方である．「私たちが湖水地とよんでいる地域は……神話の発展によってもたらされた」とアーリは論じている（アーリ 2003: 324）．湖畔詩人とよばれるコールリッジ（1772-1834），サウジー（1774-1843），ワーズワース（1770-1850）の名声は，その詩が人口に膾炙するところとなり，彼ら自身が観光の主要な呼び物となった．ワーズワースのライダルマウントのダヴ・コテッジやコールリッジのケズウィックの住居は散歩を通じて自然と触れ合うという彼らの生活スタイルに触れたいと考える人びとの巡礼地となり，1840年代には年間500人もが訪れた（アーリ 2003）．

　この地の大きな吸引力は「ピーターラビット」の作者ビアトリクス・ポッター（1866-1943）である．ウィンダミアの自然観察からウサギ，ネズミ，カエルなどの活躍するイラストが生まれた．この児童書で育った読者が世界中からやってくる．ポッター自身が運営に貢献し，財産を残したナショナル・トラストが，住居のヒルトップ・ファームを管理している．

　作家を消費する　作者にまつわる巡礼に比した旅は，近年ますます当該地方自治体の促進するところで，観光集客の目玉になっている．突出した集客を誇るシェークスピアをはじめ，英国とアイルランドの地域色の強い作家を次にあげる．

① ジェフリー・チョーサー（1343頃-1400）　カンタベリー大寺院への巡礼譚『カンタベリー物語』にならったケント州の模擬巡礼．

② ウィリアム・シェークスピア（1564-1616）　ウォリックシャー，ストラットフォード・アポン・エーヴォンの生家，ニュー・プレイス（終焉の家），ホールズ・クロフト（娘夫婦の家），ホーリー・トリニティ教会（埋葬地），メアリー・アーデンズ・コテッジ（母の実家），アン・ハサウェイズ・コテッジや近在のマナーハウス周遊．

③ ジェーン・オースティン（1775-1817）　ハンプシャー，チョートンの兄の家が博物館．作品の舞台バースやピークディストリクトの逍遥．

④ ウォルター・スコット（1771-1832）　アボッツフォードの壮大な邸宅と所在地，スコットランドとイングランド境界地域の自然．

⑤ チャールズ・ディケンズ（1812-1870）　ポーツマスの生家博物館．ロンドンおよびケント州ギャッズ・ヒルの邸宅博物館．作品の舞台ロンドン探訪．

⑥ブロンテ姉妹（シャーロット：1816-55，エミリー：1818-48，アン：1820-49）　ヨークシャー，ハワースの生家牧師館が博物館．

⑦トマス・ハーディ（1840-1928）　架空のハーディ・カントリー「ウェセックス」を標榜するドーセット州の自然．生家および近隣農家の建物．

⑧D. H. ローレンス（1885-1930）　ノッティンガムシャー，イーストウッドの生家・博物館．炭鉱町と周辺の自然の対比．

⑨ジェームズ・ジョイス（1882-1941）　生誕地アイルランド，首都ダブリン．『ユリシーズ』がダブリンの案内書だともいわれる．

⑩ダフネ・デュ・モーリア（1907-1989）多くの作品の舞台であるコーンウォール，フォーイの海岸，特に居住したキルマース．

作家はどのような環境で執筆したのか．何に啓発されたのか．作者の経験あるいは作品に参与したいという読者の好奇心から，文学巡礼は行われる．多くの土地にフェスティバルが用意され，集客の吸引力になっている．

観光経験の真正性　覚醒を経験するには，旅人の側と目的地の真正性が必要である．コーエン（E. Cohen）は観光経験がレジャーからも宗教的側面からもアプローチ可能であり，ツーリストの異なる世界観が観光経験の異なるモードを導くことを示した．観光が真正なものとなるかどうかは，文化的構造に対する人間の実践行為から生まれるもので，観光の対象そのものに実在するわけではない（Cohen 1988）．目的地の真正性に関してはD. ゲッツ（Getz 2005）は次のように述べている．「イベントのオーセンティシティで大事なのは，それが地域社会によって創造され，それを提示する地域社会に属し，コントロールされ，かつ促進されるものである．……地域社会とオーセンティシティの関係は地域社会が外部の者に対して自分の文化をどのように見せたいかによっている」．フェスティバルであれ，イベントであれ，根本的な真正性は，主催者である共同体が催しを単なる商品におとしめていないかどうかだというのである．

文学とポストモダンツーリズム　シェークスピアなくしてストラットフォード観光は成立しない．それが現在，ウォリックシャー州の観光総収入の36％を創出している．更なる可能性の掘り起こしに観光協会は躍起である．何といってもシェークスピアの観光集客は劇場である．

世界を見渡せば，シェークスピアを冠した演劇祭やイベントの多さに驚く．米国だけで2013年，190以上（URL）を数える．オレゴン・シェークスピア・フェスティバルとカナダ，オンタリオ州のストラットフォード・フェスティバル・オブ・カナダは北米でも傑出して成功した演劇祭で，地方財政に大きく貢献している．こうしたものを本家のストラットフォードにないからまがい物だと断じることができるだろうか．

現代は没場所性の時代といわれるが，イタリアのヴェローナに『ロミオとジュリエット』の舞台として世界から観光客を集める家がある．キャピュレット一族のジュリエットの家として愛の成就を求める人びとの聖地なのだ．『ハムレット』の舞台となる「エルシノア城」は作品の架空の世界である．だがモデルのクロンボー城は別名「ハムレットの城」とよばれ，デンマーク観光の目玉に成長している．

巡礼の聖地で，土地にどのような性格を付与するか．文学のように場所を越境するものが作り出す観光には，多くの形態が可能だ．

〈鬼頭孝子〉

文　献

アーリ，ジョン（吉原直樹・大澤善信訳）2003『場所を消費する』法政大学出版局．

Cohen, E. 1988 Authenticity and Commodification in Tourism. *Annals of Tourism Research*, **15**：48-49.

Getz, D. 2005 *Event Management and Event Tourism*. Cognizant Communication Corporation, p.168.

Shakespear for All Time: Shakespear Festivals and Theaters（www.shakespeareforalltime.com/840-2）

8.11 音楽

旅に誘う歌　「汽笛一声　新橋を」で知られる鉄道唱歌は，1900年にはじめて出版された．東海道編の66番までである歌詞は，沿線各地の名物などを歌い込んでいる．もともとは「地理教育鉄道唱歌」と銘打たれ，日本の国土についての知識を身につけることを目的として作られた（渡辺 2010: 65）．

しかし，この歌は単に地名を覚えるだけでなく，汽車の車窓を過ぎゆくさまざまな風景を想像させ，人びとの心を汽車の旅へと誘った．1920年代末からは，広く普及し始めたレコードなどによって，さまざまな地方を歌い込んだ歌が流行する．これは鉄道やバスなどの交通の発達を背景として旅の習慣が広がっていったことと関連している．

例えば，1930年代を通じて草津温泉を訪れる人が急激に増えたことは，《草津節》の流行と無関係ではない．昭和に入るとレコードの普及とともに三味線や尺八による伴奏，「和洋合奏団」，あるいはジャズバンドの伴奏などによるさまざまなバージョンがレコードとして発売され多くの人に楽しまれた．それは草津電気鉄道の開通（全通は1926年）あるいは乗合バス路線の開設により，草津温泉を訪れる客が増加していったことと軌を一にしていた（関戸 2018: 67）．

その後，観光産業の発展とともに，ご当地ソングとよばれる歌がキャンペーン・ソングとして利用されることも増えた．《知床旅情》を聴いて，知床岬を訪ねたいと思う人は少なくないだろう．歌はある地域の情景やそこに生きる人びとの暮らしを想像させ，文学や映画などと同様に，その地域を表象し魅力を伝え，全国の観光地のイメージを形成するメディアとしての力をもっている．

観光資源としての音楽　一方，ある音楽を聴くために特定の場所に多くの人が集まってくるということもある．そうした音楽は，ほかでは聴くことができない，あるいはそこに行けば本格的なものを聴くことができるといった形で，その土地に強く結びついた観光資源とみなすことができるだろう．

例えば，カーニバルを体験するために，世界中から多くの観光客がブラジルのリオデジャネイロを訪れる．カーニバルは，もともと，キリストの受難をしのんでつつしみ深く過ごす四旬節の前に，思い切りにぎやかに開催される祝祭である．キリスト教とともにブラジルにもたらされ，アフリカ系住民が生み出した音楽・舞踊であるサンバと結びついて大きく発展した．豪華絢爛たる山車，きらびやかな衣装，軽快なリズムの音楽と歌，そしてエネルギッシュな踊りで競いあうコンテストに参加するため，人びとは多くの金と労力をつぎこんで準備し，本番でそのエネルギーを爆発させる．

近年では，ブラジルのカーニバルに刺激を受けて，世界各地でサンバによるパレードを中心にすえたイベントが催されるようになっている．それはさらに，「本場」ブラジルに向かう人を増やしている．

観光への対応　潜在的な観光資源としての音楽をになう人びとの観光客への対応の仕方には，さまざまなパターンがみられる．観光客の都合に特別な配慮をせず，音楽を奏でる時や場所，演奏の方法などを基本的には変えない例もある．コミュニティのなかで継承されてきた日本の民俗芸能にはそうした例が多い．

外部の人の目が入ることで，演奏が変化することもある．インドネシア・バリ島の人びとは，もっと積極的に観光客に対応している．バリ島は，豊かな芸能を誇る島として，20世紀前半から多くの外国人をひきつけてきた．音楽や舞踊は，伝統的にはバリのヒンドゥー教に基づくさまざまな儀礼とともに演じられてきた．それに対して，増大する観光

客への対応として，旧来の演奏機会とは別の上演の機会をつくり，毎日どこかで何かしらの音楽や舞踊の上演を観光客が楽しむことができるようになっている．

多くの場合，こうした上演は，村を単位として組織的に運営されており，いわば村の事業のような形で実施されている．芸能は，儀礼との関わりなどから，観光客向けに上演が許される娯楽的なものと儀礼においてのみ上演が許される神聖なものなどに区分され，神聖なものとして大事にされる芸能に観光の影響が及ばないよう注意が払われている（吉田 2016: 109）．

音楽祭 ある一定の期間，特定のジャンルの音楽家や愛好家たちが集まる音楽祭も多くの観光客を呼び寄せる機会となっている．アイルランドはヨーロッパの辺境であり，かつてはその音楽が注目されることはあまりなかった．しかし，20世紀を通じて，ケルト文化への関心が高まるにつれ，フォーク・リバイバルの運動とも結びついて，アイルランド音楽が人気を博すようになる．北米のアイルランド系の人びとも，自分たちのコミュニティに伝えられてきた音楽を再発見し，さらにアイルランドまでルーツをたどるなどして，大西洋をはさんだ音楽の交流が生まれた．また，アイルランド系以外の人びととのあいだからも，アイルランドの音楽を学んだり，愛好したりする人びとが現れてきた（栩木 1998: 134）．

そうした人びとが一堂に会する機会がフラー・キョール（音楽祭）である．その中心にはコンクールがある．伝統音楽協会の海外を含む各地の支部の予選を勝ち抜いてきた音楽家たちが，楽器やジャンルごとに腕を競う．またベテラン音楽家によるクラスレッスンが行われたり，ストリートやパブで自然発生的にセッションが行われたりと，その期間，町中がアイルランド音楽で満たされる．フラー・キョールはアイルランドの町が交代で誘致して実施されている．

クラシック音楽やポピュラー音楽などにおいても，さまざまな音楽祭やフェスティバルがあり，音楽家や愛好家たちが旅してやってくる機会となっている．ワーグナーの楽劇などを中心に上演するバイロイト音楽祭やモーツァルトを記念するザルツブルク音楽祭など，音楽祭がその町の代名詞となっていることも多く，世界各地から多くの人が訪れる．

音楽の都 音楽愛好家をひきつけるのは，必ずしも音楽だけではない．ウィーンは「音楽の都」として知られ，大勢の観光客が訪れる．国立歌劇場や楽友協会ホールなど，音楽の殿堂といってもよいコンサート・ホールで音楽を楽しむことは，間違いなくウィーンを訪れる観光客の目的のひとつだろう．そのためには音楽シーズン中に，目当ての音楽家の演奏のスケジュールを確かめて訪れる必要がある．

しかし，それだけではなくウィーンを音楽の都たらしめた音楽家たちの足跡をたどり，その歴史を追体験することも観光客の目的となりうる．例えばウィーン市は，ベートーヴェンやモーツァルトをはじめ，ここで活躍した音楽家がかつて住んだ家を記念館とし，歴史博物館の分館として管理運営している（渡辺 2005: 20）．観光客はこうした記念館を訪ねてまわることで，音楽の都の歴史を追体験できる．ほかにも劇場や墓地など，いたるところに歴史的な音楽家ゆかりの場所がある．こうした場所を巡礼してウィーンという町を体験することも音楽に関わる観光といえるだろう．

（福岡正太）

文　献
関戸明子 2018『草津温泉の社会史』青弓社．
栩木伸明 1998『アイルランドのパブから―声の文化の現在』日本放送出版協会．
吉田ゆか子 2016『バリ島仮面舞踏劇の人類学―人とモノが織りなす芸能』風響社．
渡辺　裕 2005「『クラシック音楽』の新しい問題圏―『音楽の都ウィーン』の表象と観光人類学」渡辺　裕, 増田　聡ほか『クラシック音楽の政治学』青弓社, pp.9-48．
渡辺　裕 2010『歌う国民』中央公論社．

8.12 祭　礼

祭礼と観光　祭礼とは宗教的世界観や宗教体系、つまり聖という領域に関わる儀礼である。類義語である「祭り」は、現在ではきわめて世俗的な集まり、イベントの意味も含まれるが、祭礼の起源はもちろん前者である。日本では江戸時代頃から、当時の社会発展にともない世俗の側が中心的役割を担う祭礼も発達した。これは祭礼の世俗化であり、さらに近代以降には、宗教的性格が欠落した祭礼が始まるに至る。ここでは、祭礼の構造、聖俗という関係、そして世俗化の過程をもとに、祭礼と観光の関係について考えてみたい。

祭礼の構造　観光にとって祭礼は、一時的に訪問者が増加する重要なイベントである。例えば、数え年で7年に一度開催される長野市善光寺の「御開帳」の場合、開催期間の4～5月の約2カ月間で2009年は673万人、2015年は707万人が参拝した。長野市の統計によれば、御開帳のない2010～2013年度の善光寺の利用者数（訪問者数）が、年間606～640万人で推移していることから、御開帳の2カ月間に通常の年間の参拝者数以上が善光寺を訪れる計算になる。この経済効果の大きさは容易に想像がつくだろう。

このように、祭礼は観光にとって重要な行事であるが、善光寺の御開帳のような伝統的祭礼は観光目的の行事ではなく、あくまで宗教行事である。では、観光と宗教という一見すると対照点な現象には、何か類似点があるのだろうか。この点を、1970～80年代に文化人類学で広く論じられた、構造主義的視点による儀礼論から考えてみよう。

英国の社会人類学者、E.リーチ（1910-89）は、祭礼を含む儀礼一般には、日常から分離（A）、移行期（B）、日常への統合（C）という局面を経て、日常的な時間（D）に戻

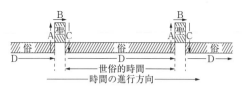

図1　時間の流れと聖俗の関係
リーチ（1990: 229）をもとに作成。

る構造をもつ点を指摘した（図1）。

この場合、BではDの規範やルールの逆転、消滅がみられ、Aでは形式性が、Cでは価値の逸脱的行為が強調される、という特徴がみられるとリーチは述べた。V.ターナー（1920-83）も、この移行期のもつ特徴として、日常的な差異の消滅にともなう儀礼参加者間の心的一体感（これをコミュニタスとよぶ）がみられる点を指摘した。これらの儀礼論は、N.グレーバーンにより観光人類学にも応用可能な理論として注目された（スミス編1991）。すなわち儀礼と観光の両者に非日常性という共通の構造がみられ、儀礼分析のモデルを観光行動の理解に応用できるという指摘である。観光という移動スタイルは、しばしば宗教的な巡礼と類比されるし、例えばホスピタリティという言葉のように、宗教的巡礼に起源のある用語も観光領域には多くみられる。聖俗の違いはあれ、非日常性の経験という共通の構造において、祭礼と観光はかなり深いところで結びついているのである。

祭礼の世俗化と都市祭礼の出現　宗教儀礼として始まった祭礼が、その後の社会・経済的発展や都市化、人口増といった現象にともない大規模化していく事例は世界各地にあり、特に都市祭礼はその典型といえる。その例として日本の事例を取り上げるが、その理由のひとつは、東アジアにおいて日本は抜きん出て都市祭礼が盛んな地域だという点にある。これは、人びとの社会的結合原理として、東アジアで一般的な父系血縁のつながりより、日本ではむしろ地縁的原理が優先されることの象徴といってよいかもしれない。

祭礼には，宗教という聖の側面以外にも，それを信仰する，あるいは世俗から経済的に祭礼を支える人びとも関係している．つまり，祭礼は聖俗両面から構成されるのだが，祭礼の大規模化とは，聖ではなく世俗の領域の拡大，つまり世俗化を意味するといえる．

例として，京都の祇園祭の歴史をみてみよう．貞観十一年（869）に祇園社による「祇園御霊会」として始められた祇園祭は，応仁元年（1467）から始まる応仁の乱により中断を余儀なくされたが，明応九年（1500）にはふたたび山鉾26基が京都の町衆により巡行された．そして天文二年（1533）の，室町幕府による神事停止の命に対し，町衆は「神事これ無くとも山鉾渡したし」と申し出ており，16世紀の時点で祇園祭の主体がすでに町衆という世俗に移っていたことが見て取れる（図2）．

17世紀に幕藩体制が確立し，社会の安定と経済成長が進んだことで，江戸時代には城下町や宿場町などでさまざまな都市祭礼が出現する．ここで，現在の観光との明確なつながりも生まれる．都市祭礼が大規模化し華美になることで，祭礼を見せる／見るという関係性が祭りの場に発生したのである．そして都市祭礼を見る側の関心が，世俗の作り出す豪華絢爛な世界に集まることで，祭礼は原初的な観光のまなざしを生む場に転換したともいえる．

世俗の祭礼と観光 近代に入ると，聖とのつながりが半ば断絶し，祭礼の非日常性が強調されるイベントとしての祭りが本格的に登場し，祭礼と観光との結びつきはいっそう強まった．1895年に始まった京都の時代祭，1928年に開始された仙台の七夕祭りは，その初期の例といえる．また第二次世界大戦後には，横浜市のみなと祭り（1955年開始），高知市のよさこい祭り（1956年開始）が地域振興を目的に始められた．これらの祭りは，聖の部分が欠落した祭礼であり，後に観光イベントとしての性格が強くなる．

この種の現代的な「神なき」祭礼のなかには，祭礼の移植，改編という現象もみられる．1957年に東京都杉並区高円寺で始められ，現在，東京の夏の一大イベントにまで成長した「高円寺阿波踊り」，1992年に札幌市で始まった「YOSAKOIソーラン祭り」は，既存の祭り（徳島市の阿波踊り，高知市のよさこい祭り）の移植である．また海外の祭礼の移植事例としては，ブラジル・リオデジャネイロのサンバカーニバルをモデルに1981年に始まった，東京都台東区浅草の「浅草サンバカーニバル」などがある．

これらの祭礼は，はじめから聖の要素が脱落し，世俗の非日常性が前面に出るという特徴をもつが，どれもが地域振興を目的として始められ，結果として観光イベント化するという点が興味深い．先述の儀礼論を援用すると，儀礼の移行期の非日常性は日常の再活性化へとつながるのである．地域振興，ひいては観光と祭礼が深く関係するのは，人間が無意識のなかでこの儀礼構造に気づいている証しといえるかもしれない． （中西裕二）

文献
スミス，ヴァレン L. 編（市野澤潤平ほか訳）2018『ホスト・アンド・ゲスト―観光人類学とはなにか』ミネルヴァ書房．
ターナー，ヴィクター（冨倉光雄訳）1976『儀礼の過程』思索社．
リーチ，エドマンド（青木 保・井上兼行訳）1990『人類学再考』思索社．

図2 祇園祭

8.13 イベント

　英語の"event"（イベント）は，予想外に起きる事故を含め，さまざまな分野で「出来事」の意味でも使用されているため，ツーリズムに関わるイベントとしては，"planned event"（企画イベント）が学術用語として使われている．イベントは，特定の場所で特定の期間に行われる事象であり，それぞれのイベントはユニークで，同じものが存在しないことが特徴で，そのユニークな経験をするためにはその場に立ち会わなくてはならない（Getz 2008）．

　イベントは，観光において重要なモチベーションのひとつであり，観光地の開発やマーケティングの有効な手段として活用されている．MICE（4.9項参照）のようなビジネストラベルから祭りやフェスティバルのようなレジャートラベルまでの広い範囲を含んでいる．

　Getz and Page（2016：53）は，企画イベントを目的別に次の6種類に分け類型を整理している．

①文化的祝い行事　　フェスティバル，カーニバル，宗教行事など．
②ビジネスと商業　　MICEのようなビジネスイベント．
③アートとエンターテインメント　　コンサートやアートの展示会，アワード表彰式など．
④スポーツとレクリエーション　　オリンピックやワールドカップ，地域の体育大会など．
⑤政治と政府　　サミットや首脳会談，皇室の結婚式など．
⑥プライベート行事　　成人式や結婚式などの通過儀礼，各種団体の親睦会など．

　上記の分類のなかで，文化的祝い行事やアートとエンターテインメントは，文化との関わりが強く，スポーツやレクリエーションも広義の文化に含めることができる．

　また，観光におけるイベントの役割については，Getz and Page（2016：19）が次のようにまとめている．

①イベントは特定場所への集客ができ，季節的な変動を避けることにも有効である．
②観光地のイメージ形成やブランディングに効果的である．
③アトラクションや場所を活気づける機能がある．
④イベントの開催によりインフラが充実し，地域の発展や開催地の集客能力が向上する効果がある．イベントがマーケティング方法としても効果的である．

　観光資源としてのイベント　観光資源としてのイベントは，文化資源のひとつとしてとらえることができる．特に宗教行事や地域のフェスティバル，日本の祭りなどはイベントそのものが文化であり，展示会やコンサートなどは文化を体験できるようにプロデュースしたイベントである．

　観光資源として大きな役割をしている地域文化行事の例として，長崎市の「長崎くんち」があげられる．「長崎くんち」は，行事そのものが観光資源として大いに活用されている例である．日本全国的にもよく知られている「長崎くんち」は長崎市の諏訪神社の秋季大祭である．7年に一度奉納することになっている各町の「奉納踊り」が有名で，国指定の重要無形民族文化財である．各町の関係者は，奉納する年には数カ月前から練習を重ね，準備する過程でコミュニティの結束が強くなるという．長崎市外や長崎県外に居住している参加者は，準備期間に長崎市内に移住することも少なくないくらい地元の熱意が高く，開催地の長崎市はもちろん長崎県内外から多くの観光客が訪れている．

　地域の伝統行事を観光資源として活用する際に，「文化の真正性」の問題が生じる場合

がある．特に地域の関係者のみが参加して儀式として行われてきた行事の場合は，観光客に見せるイベントとして新たに場所や時間をアレンジするなどの工夫が必要となる．

その例として，大分県豊後大野市の「御嶽神楽」がある．国指定の重要無形民族文化財であり，地域コミュニティを深い絆で結束させる重要な役割を果たしている．そのため，豊後大野市は，市内に神楽会館を設置し，訪問客に神楽公演を鑑賞する機会を提供している．また，毎年4月に大分県内外から神楽座が集まる「御嶽流神楽大会」も開催し，伝統芸能文化としての神楽を観光文化資源として活用している．

さらに，地域の文化イベントに観光による変化を受け入れている例がある．長野県野沢温泉村では，地域の祭りに外国人住民の参加を認めている．江戸時代から続く「野沢組」という地縁団体の自治組織があり，全国的にも有名な「道祖神祭り」を運営するなど古くからの伝統を守っている村であるが，外国人スキー観光客の増加とともに村内に移住する外国人が増えている．

そうしたなかで，野沢組の組員になり，積極的に地元のコミュニティ活動に参加している外国人住民が，道祖神祭りの主役の一人として参加するようになっている．道祖神祭りが開催される1月15～16日は，スキーシーズン中で，村内に滞在している多くの外国人スキー客も道祖神祭りを楽しむ．長野県の他のスキー場に滞在している外国人観光客もバスツアーを組んで祭りを見にくるほど外国人スキー観光客の間でも人気のあるイベントになっている．

地方の祭りに，外国人が参加し，観客にも外国人が増えることは，予想もされなかったことである．しかし，少子高齢化の問題を抱えている日本の地方において地域の伝統行事を継続すること自体が困難なケースは少なくないため，外国人住民やと外国人観光客の参加によるイベント運営に対応することが求められている．

イベント関連団体　日本国内のイベント関連団体としては，1989年に設立された日本イベント産業振興協会があり，「イベント業務管理士」「イベント検定試験」「スポーツイベント検定試験」「スポーツイベント検定試験」などの資格認定事業を行っている．この団体は，国内のイベント消費規模推計報告書を発行しており，それによると，2017年の日本国内イベント市場規模は16兆6,490億円（前年比100.7％）であった（日本イベント産業振興協会 2018）．

イベントに関する研究　イベントをテーマにする海外の学術雑誌としては，1993年に *Festival Management and Event Tourism* が創刊されたが，1998年に *Event Management* にタイトルを変更した．また，1997年に創刊された *Journal of Convention & Exhibition Management* も2004年に *Journal of Convention & Event Tourism* にタイトルを変更している．研究書としては，*Event Tourism* というタイトルの4巻本（Connell and Page eds. 2010）がイベントツーリズムに関する包括的な問題を扱っている．　　　（韓　志昊）

文　献

日本イベント産業振興協会 2018『平成29年国内イベント消費規模推計』

Connell, J. and Page, S. eds. 2010 *Event Tourism: Critical Concepts in Tourism* (4 Vols.). Routledge.

Getz, D. 2008 Event Tourism: Definition, evolution, and research. *Tourism Management*, **29**: 403-428.

Getz, D. and Page, S. 2016 *Event Studies: Theory, Research and Policy for Planned Events* (3rd edition). Routledge.

8.14 巡礼

巡礼という旅 巡礼が観光の起源のひとつだというのはよく知られた事実である．現代でも商品化されていない旅を理想化して語る際に巡礼が象徴として出されることは多く，世俗社会から解放されて自己や自然と向き合う機会だとしてイメージされている．

しかし巡礼が実際に市場経済や消費社会などの世俗と無縁なものかといえばそうではない．例えば，お伊勢参りのような遊興と信仰が混じった旅は物見遊山とよばれ，鉄道やガイドブックの発達にも寄与してきたし，日本の旅行会社のなかには巡礼者を先導する御師とよばれる案内人から発展した企業もある．また世界各地で巡礼は，いまやもっとも先端的な旅の形としても注目されているのである．

四国遍路と観光 移動と宿泊を必然的にともなう巡礼には，観光産業の関わる余地が本質的にあったといってよい．例えば，日本を代表する巡礼地，霊場である四国遍路では，昭和初期に都市部からの中間層が鉄道を乗り継ぎながら参詣を行うようになり，戦後にはバスツアーも生まれることで，それまで宗教者や「業の者」の苦行や救済の場とみられていた負のイメージが一転し，明るく楽しい旅として意味づけられていった．特にバスでの四国遍路ツアーは，観光の大衆化にともなう団体バスツアーの流行と連動し，足腰の弱い高齢者にも門戸を開くことになり，巡礼のツーリズム化を推し進めることになった．バスツアーは単に宿泊施設や交通手段を手配するだけでなく，巡礼の民俗知識や作法までもパッケージ化された形で提供することで，近代巡礼の一種のスタンダードを作り出した．

マスツーリズム全盛期における巡礼ツアーに対しては，その簡便さや楽さに対して揶揄や批判がなされたり，本来の徒歩巡礼とは別種のものになってしまったという議論がなされたりしてきた．現代の巡礼は常にこうした批判とともにあり，交通機関を用い観光化していく新たな巡礼と，徒歩にこだわり信仰を維持する伝統的な巡礼という対比で語られてきた．そのためあえて「正しい」方法である徒歩を実践する人たちが，四国遍路でも戦前から出現するようになる．現在では巡礼方法も多様化し，移動手段に信仰の深さが必ずしも相関するわけではないが，やはり徒歩巡礼は一種のオルタナティブになっており，巡礼者の間では楽な車ではなく徒歩による身体的な苦労にこそ価値があるという意識が共有されている．

徒歩巡礼による身体性の回復 より始原に近い形に回帰しようという意識のもと，世界各地の巡礼地で徒歩による踏破がふたたび広まりつつある．自分の足で歩き，文化を異にする他者と対話し，日常では感じることのできないスピリチュアル（神秘的，超越的）な体験を得ることが期待されているのである．欧州を代表する巡礼地，スペインのサンティアゴ・デ・コンポステラには世界中から巡礼者が集まり，その数は年々増加している．重要なのは彼らが必ずしもキリスト教の信仰を日頃から有しているわけではない点である．現代巡礼の特徴は信仰の有無を問わないことなのである．

徒歩巡礼者にとって道を進むために頼りになるのは自らの身体であり，歩くことは信仰を深めるというよりは自己の限界への挑戦と解釈される．こうした潮流は近代社会における身体の疎外への一種のアンチテーゼであるともいえる．科学の発展により私たちの日常はさまざまな電子デバイスや交通機関，医療技術などに支えられ，生身の身体が守られている．しかし身体は本来，もろく痛みやすい存在である．血豆と足腰の痛みに耐えながら進む徒歩巡礼者を支えるモチベーションのひとつには，こうした身体性の回復を試みる意識もある．

四国遍路では，1990年代頃から，白衣に身を包んだ「伝統的」な巡礼者に混じって，バックパッカーのような若者や働き盛りの人が増えつつあった。それは信仰よりも「歩くこと」に魅せられた新たな巡礼者の登場であったが，車やバスで巡礼を行う人が圧倒的に多いなかにあってあくまで例外的な存在であった。しかし近年では，旅行会社の巡礼ツアーに徒歩が組み合わされることで，「歩き遍路」が巡礼の一形態として定着しつつある。

　この種の歩き遍路ツアーは全行程が徒歩なのではなく，バスツアーと絶妙に組み合わさったミックス型である。おおむね1日10km程度を歩き，難所や長距離の行程はバスで移動する形で，荷物はバスが運ぶ。巡礼の先達者が導き，時間のかかる寺院での納経帳の作成は添乗員が代行する。旅行会社によっては本格的に歩きたい人向けに，全行程徒歩のツアーも展開しているが，伴走車が荷物を運んだりケアをしたりする点で，歩くという経験自体を商品化したものとなっている。

　巡礼の多様化　現代の観光はあらかじめパッケージ化された商品を消費するだけのものが飽きられ，観光客にとって何を経験できるのか予測のつかない旅が期待されている。またその経験が心に響くものである方が斬新さをもつ。その点からみれば，巡礼は一見旅の原初的な形態でありつつも，むしろ期待される内容はきわめて現代的であり，ある意味で進化した旅の姿を示している。再解釈された伝統こそがもっとも新しいという価値観の転換は文化現象において必ずしも珍しい事態ではないが，そのような再解釈に耐えうるほど巡礼という現象が多面性と可変性をもっていることを示唆している。

　この点で，巡礼地の存在する地域からみれば，巡礼はインバウンドの受け皿，文化資源としても位置づけられている。例えば，きわめて神聖で世俗的な経済の介入の余地がないようにみえるメッカ巡礼や，ニューヨークのグラウンドゼロでも，実際には巡礼者を受け入れる宿泊産業や土産物屋，ワンデートリップのツアー会社などが林立し，一大産業となっている。ネオペイガニズムの聖地と知られる英国のグラストンベリーは，スピリチュアルな志向性をもった巡礼者や移住者が絶えず，また聖地イメージと連続する形で巨大な音楽フェスティバルが定期的に開かれている。

　巡礼地の栄枯盛衰　観光地に流行り廃りがあるのと同様に，巡礼地にも栄枯盛衰がある。そこで巡礼地として整備し，売り出すことがまちづくりや地域開発につながるものとして，近年では日本各地で地方霊場を整えることが流行となりつつある。日本には四国八十八ヵ所霊場や西国三十三ヵ所霊場などを模したミニ巡礼地が近世から多々作られているが，これを行政や鉄道会社などが再整備したり，新たに作ったりすることで，回遊型のツアー商品を売り出す事例が数多くある。

　また，巡礼は複数の目的地をつなぐことで面的な遊動性を生み出すことができ，なおかつ全目的地（聖地，札所）を「コンプリート」することが巡礼者の動機として強く働くため，滞在の回数や日数も長くなりがちである。それは経済面からの利点であるが，他方宗教側からみれば巡礼者の増加は信仰の拡大，寺社の存在に触れ合ってもらう機会の増大とも解釈される。

　こうした経済と宗教の相補的な関係のなかで，巡礼地は現在の地域づくりにおいても存在感を示しつつある。この巡礼の構造をそのまま世俗的な対象へと置き換えていったのが，アニメのロケ地をめぐる「聖地巡礼」や，著名人の墓地や生家，有名なラーメン店，パワースポットなどをめぐる新しい意味での巡礼なのである。　　　　　　　　（門田岳久）

文献
門田岳久 2013『巡礼ツーリズムの民族誌—消費される宗教経験』森話社．
土井清美 2015『途上と目的地：スペイン・サンティアゴ徒歩巡礼路 旅の民族誌』春風社．
山中　弘編 2012『宗教とツーリズム—聖なるものの持続と変容』世界思想社．

8.15 イスラーム

イスラームと旅行　イスラーム的価値観に基づく観光活動をさす「イスラミックツーリズム」(Islamic tourism) は，21世紀に入ってイスラーム諸国だけでなく，国際観光市場においてもひとつの重要なカテゴリーとなっている．観光を通じてイスラーム的価値に触れるこの動きが，ムスリム（イスラーム教徒）だけでなく，非ムスリムをも含めた多様な活動を生み出してきた．

1970年代以降の国際的なマスツーリズムの浸透は，イスラーム諸国における旅行・観光活動の大衆化にも寄与してきた．例えば，サウジアラビアのメッカでは，数百万人規模の巡礼客の増加といった人の移動の変化をもたらしている．

しかし，1990年代までは，イスラームと観光は互いに相反する事象としてとらえられてきた．それゆえ，イスラーム研究では観光が個人や社会の宗教的価値観を減退させると認識し，観光研究ではイスラームが観光振興を妨げる主たる要因としてとらえてきた．

だが，2001年9月にロンドン在住の実業家アブドゥルサーヒブ・アル=シャーキリーによって *Islamic Tourism Magazine* が発刊され，ムスリム，非ムスリムを含めた多様な研究者や実務家たちによって活発な議論がなされていくなかで，イスラーム的価値観に基づく観光活動や観光文化を実態化しようとする動きが活発になっていった．

宗教観光　イスラミックツーリズムのひとつの核となる宗教観光 (religious tourism) では，巡礼・参詣活動における観光産業の関与の増大が焦点になっている．特に，1970年代以降の国際的な航空網の整備，旅行価格や旅行期間の圧縮の結果，メッカへの巡礼旅行だけでなく，各地の聖廟をはじめとする聖地への参詣旅行も大衆化していった．その際，巡礼・参詣旅行の団体パッケージツアーを専門とする旅行会社が中心的役割を果たしてきた．宗教観光の発展によって高級ホテルやショッピングモールをはじめとする商業空間の広がり，宗教グッズの流布といった動きが出ている．

さらに，イラクのアタバート（ナジャフ，カルバラー，カーズィマイン，サーマッラーの四つの聖地）やイランのゴム，マシュハド，トルコのコンヤといった参詣地が，大型バスや飛行機を利用して世界各地から参詣客が訪れる場所へと発展してきた．他方で，イスラーム的価値観や宗教的動機に基づく旅行経験をいかにサービスとして提供していくのかが大きな焦点となり，質と量の向上が課題となっている．

宗教遺産の保全と活用　イスラーム文明の宗教遺産の保全と振興をめぐる動きとして，イスラーム諸国各地に点在する有形，無形の宗教遺産を積極的に観光資源として活用することで，国際観光市場への発信の動きへとつながってきた．例えば，カイロ（エジプト）やトゥンブクトゥ（マリ）のモスクや聖廟群，イスファハーン（イラン）やサマルカンド（ウズベキスタン）のマドラサ（宗教学校）群や伝統的建築物，庭園といったイスラーム文明に関わる歴史遺産が，各国政府の推薦によって積極的にユネスコ世界文化遺産に登録されている．無形文化遺産としても，トルコのセマーやバングラデシュのバウルの歌といった，各地の宗教実践が登録され，国際的な知名度を得るに至っている．

その他にも，イスラーム諸国による独自の宗教遺産の保全や振興の動きも活発に行われてきた．例えば，シャールジャ（シャルジャ）・イスラーム文明博物館（アラブ首長国連邦）や，ドーハのイスラーム美術館（カタール）といった，イスラーム文明関連の博物館，美術館の設立と文化財の収集，展示があげられる．クアラルンプールのマレーシア・イスラー

ム美術館(マレーシア),トロントのアーガー・ハーン博物館（カナダ）は,ムスリムだけでなく非ムスリム観光客にとっても,イスラーム理解のための重要な観光名所となっている．このように,世界各地で観光を通じてイスラームに関わる有形,無形の地域の宗教遺産を見直す動きが出ている．

文化イベント　観光ではイスラーム関連の文化イベント創出の動きもみられる．ラマダーン（断食月）における文化行事の隆盛や,イード・アル＝フィトル（断食明けの祭り）やイード・アル＝アドハー（犠牲祭）,マウリド・ナビー（預言者生誕祭）といった宗教行事,預言者や聖者の祭りも観光イベント化され,非ムスリムにも開かれてきた．

イスラーム国際機関でもこれらの試みを後押しする動きが高まり,国際観光イベントを創出するようになっている．2005年よりイスラーム教育・科学・文化機構（ISESCO）によって「イスラーム文化都市」（Capital of Islamic Culture）プロジェクト（初年度はサウジアラビアのメディナ）が始まり,2016年からイスラーム協力機構（Organization of Islamic Cooperation）によって「イスラーム観光都市」（Capital of Islamic Tourism）プロジェクト（初年度はトルコのコンヤ）が始まっている．両者とも毎年特定の都市を取り上げ,イスラーム文明に関連するプロモーション活動や関連文化・観光イベントを数多く開催している．これらの国際観光イベントの創出は,イスラーム文明遺産の継承と振興における主要な機会として機能し,行政や民間,地域住民による関与が行われるようになっている．

ハラールツーリズム　ムスリム観光客市場の発展では,ムスリム観光客の宗教的需要や選好に応じた観光活動や観光文化を創出しようとする動きへとつながってきた．特に,「シャリーア（イスラーム法）に照らした際に許容されるもの」を指し示す「ハラール」を基軸に,食事環境や礼拝設備の整備が推進されてきた．その結果,「シャリーアコンプライアントホテル」とよばれる,アルコールを排除し,ロビーやプール,ジムといった公共空間における男女分離を徹底するホテルの建設や,非イスラーム諸国を含めた空港やショッピングモールといった公共空間における礼拝設備やハラールレストランの整備,ムスリム向けのビーチリゾートの開設といった試みがなされてきた．

さらに,観光サービスのイスラーム性やハラール性を担保すべく,ガイドラインの策定や認証制度と監査システムの導入,専門人材の育成,サービスの格付事業も拡充している．これらの動きを支援する官民のシンクタンクやコンサルタント会社も相次いで設立され,旅行展示会や観光イベントにおいて関係者の交流の場が形成されてきた．特に,マレーシアをはじめとする東南アジア諸国では,産官学がハラールスタンダードに基づく観光活動の整備を推し進めており,国際的な産業ガイドラインとして強い影響力をもたらすようになっている．中東においても,ドバイやトルコが追随しており,国際観光市場におけるイスラミックツーリズムのハブとしての役割を果たしつつある．

イスラーム文明の学びの場として　イスラミックツーリズムの発展は,イスラーム諸国やムスリムに限られた動きではなく,非イスラーム諸国や非ムスリムとの新たな相互交流の可能性を開いてきた．日本においても東南アジアからのムスリム観光客の増加にともなうハラールツーリズムの発展のほかにも,東京ジャーミイ（モスク）をはじめ国内各地のモスクで,非ムスリム観光客にとってのイスラーム文明の学びの場としての機能も持ち合わせるようになるという動きがみられる．

〔安田　慎〕

文　献

安田　慎　2012『イスラームとツーリズムをめぐる研究文献目録』上智大学アジア文化研究所.
安田　慎　2016『イスラミック・ツーリズムの勃興——宗教の観光資源化』ナカニシヤ出版.

8.16 観光文化

定義 観光と文化の問題はさまざまに議論されることが多いが,「観光文化」を正面から取り上げて定義している文献は少ない.橋本(1999)においては観光文化を「観光者の文化的文脈と地元の文化的文脈が出会うところで,独自の領域を形成しているものが,本来の文脈から離れて,一時的な観光の楽しみのために,ほんの少しだけ,売買されるもの」と定義した.文化的文脈を異にするゲストとホストが出会う場に提供されるのは本来の文脈から観光用に切り取られて「売られる文化」である.

バリの観光文化 オランダ植民地体制下のバリにバリホテルが1928年に開業し,観光用に上演されたダンスがバリ島での最高のアトラクションとなった.外国人観客のために短いダンスを連続して上演する方法が可能になったのは,新スタイルのダンスが考案されたからであった.本来の文脈では言語や伝統を知らなければ理解できなかったが,表現的な場面がダイナミックに切り取られて上演されたので西洋人にも鑑賞可能になり,評価されるものになった.この新スタイルこそ観光文化の創出であったといえよう.

バリホテルの上演者は観光で有名になっただけでなく,その評判がバリ島内での名声獲得につながっていった.観光者は「バリ人は今世紀の偉大なアーティストである」とか,「クーリーも王子も,司祭も農夫も,男も女も,踊りを踊り,楽器を演奏し,絵を描き,彫刻する」と評価した.この観光における名声がバリ人のアイデンティティを強化する役割を果たしていった(Picard and Wood 1997;橋本1999;山下 1999).

フィジーのホテルでの火渡り儀礼 今日,フィジーのリゾートホテルでも「民族文化」が観光用に上演されている.しかし,文化的文脈を異にする観光者を前にしての上演に,観客はもちろん上演者も満足していない様子が見受けられた.いくつかのホテルで火渡り儀礼の上演を見ることができる.上演者はベンガ島の伝説の英雄の血を引き,石焼きオーブン(ロヴォ)の熱い石の上を歩く力を授かった司祭(ベテ)氏族の子孫である.1980年代の調査ではダクインベンガ村の上演チームが週に3回三つのホテルで上演していた.ホテルでは直径1m半ほどの浅い穴に丸太を井桁状に積み,その上に大石を30個ほど乗せて5時間以上燃やして白くし,日没を待つ.上演が始まると司祭が登場し,彼の指示のもとで儀礼的に石を平らにし,4名ずつ4班が交互に二度ずつ石の上をわたった.20分ほどの上演で,伝統的な踊り(メケ)も含めて40分間の出し物である.

どのホテルでも同じ儀礼的行程が繰り返された.観客は上演者に拍手を送るタイミングを計っていたが,上演者は観客を見ずに下を向いたまま足早にわたり終えてしまい,二つのホテルでは好意的な評価を得られなかった.観客は不満げに帰っていき,上演者も文化的文脈を共有する村落での上演のような楽しげで誇らしげな様子をみせることなく,ホテルでの上演を淡々とこなしていた.

村落でのパフォーマンス 一方,フィジーの村落では村人や地域どうしの訪問が,ゲストとホスト間の友好関係,連帯感を更新・強化するために定期的に行われている.歓迎の場では,首長に対する儀礼的スピーチとともに貴重品である鯨歯(タンブア)の贈呈が厳格に行われ,夜になると伝統的な踊り(メケ)が歓迎の意味を込めて上演される.メケの最大の楽しみは観客が参加するところにある.上演者に首飾り,現金,たばこ,キャンディ,シャツなどの贈りものを渡すときにそれらの品物を使っていたずらを仕掛ける.歌っている口に大きなキャンディを入れて邪魔をし,踊っている手をシャツで縛る.上演者はいた

ずらに対して抵抗することを慣習によって禁止されており黙々と踊るが，観客どうしはいたずらによる交流をともに楽しんでいる．

ここでは同じ文化的文脈を共有するゲストとホストが，接待に十分満足している様子がうかがえる．観光開発の初期段階では，フィジーの関係者たちはこの接待の伝統のままで，文化的文脈を異にする観光者をゲストとして迎えた場合にも十分満足のいくもてなしを提供できると考えていた．

しかし，先述のホテルでの失敗をみれば，何らかの対策が必要なことは明らかである．村落とホテルでのパフォーマンスの違いは観客と上演者が文化的文脈を共有する者どうしか否かという点にある．村落ではゲストとホストとの交流と交感を通して達せられる社会的統合が重要である．ホテルの上演では文化的文脈を異にする観光者は支払った料金に見合う「見せもの」を期待する．観光の現場ではこの両者のギャップを埋めることは簡単ではない．

観光文化の必要性　同じベンガ島の上演者による火渡りでも，フィジアンホテルのパフォーマンスだけは例外的な成功を収めていた．ここには外国人観光者の文化的文脈と地元の文化的文脈を熟知した演出家がおり，両者をともに満足させる「観光文化」を成立させていたのである．観客用の立派なスタンド，土を盛り上げたメケ用の舞台，中央に縁石で囲まれた火渡り用のロヴォに50個の石が用意されていた．日が落ちると会場に通じる道の奥から木製の太鼓の音と歌声が聞こえてくる．上演者が暗闇のなかから登場し，舞台でメケが踊られ，次に火渡りが上演された．儀礼通り石が平らにされ，火渡りが始まる．司祭がわたり終わった後に，1班が再登場し，観客を見て左手を挙げてゆっくりと石の上をわたった．2班には拍手が起こった．4班の1人は観客に視線を向け，5秒も石の上にとどまった．最後に2班ずつわたるときには拍手は最高潮に達した．

この演出家は，従来のフィジー流の民族文化の提示法を相対化し，ほんの少しの演出を加え，観光者が満足できるものに仕上げたのである．上演者にとって従来の方法と違うのは，「左手を挙げてゆっくりとわたる」という演出だけであった．手を挙げ観客を見るという行為は観客の存在を認識しているという表明になり，ゆっくり進むことで観客に拍手の機会を与えることになった．他のホテルではこの機会を提供せず，その結果拍手もなく，上演者にも観客にも不満を残すことになった．欧米のショー文化に慣れた観客は，拍手をして賞賛することで成立する交流を求めていたのである．

観光文化は観光者という文化的文脈を異にする存在を前提にしている．苦もなく観光者を迎え入れている西欧などの先進国では，発達した大衆文化が自国民に楽しみを提供し，それを観光者も楽しむので観光の地元文化に与える影響が問題とはならない．タヒチやハワイ，そしてバリなどの洗練されたダンスを提供できる地域を除けば，地元のパフォーマンスをそのまま海外の観光者が楽しむことは難しい．そこで楽しませるために観光者におもねった演出，変更が施されると，それは真正ではなく，「文化の売春化」であると批判される．世界的な水準を満たす大衆文化をもたぬ第三世界の観光地では観光文化の創出は，緊急かつ重要な問題である．その観光文化が評価を受け，大衆文化創出のきっかけになることが期待される．　　　　　（橋本和也）

文　献
橋本和也 1999『観光人類学の戦略―文化の売り方・売られ方』世界思想社．
山下晋司 1999『バリ 観光人類学のレッスン』東京大学出版会．
Picard, M. and Wood, R. E. eds. 1997 *Tourism, Ethnicity, and the State in Asian and Pacific Societies*. University of Hawaii Press, pp.181-214.

8.17 おもてなし

「おもてなし」という言葉は2013年の国際オリンピック委員会の総会における東京オリンピックの誘致に際し,滝川クリステルの「お・も・て・な・し」発言で,一躍有名になった.ここでは社会心理学の立場から「おもてなし」をとらえてみよう.

援助行動と配慮行動 社会心理学では金銭などの外的報酬を求めずに,自分の時間や金銭といったコストをかけて,他者のために自発的に行われる行為を向社会的行動とよぶ.なかでも困窮者援助を目的として行われる行為を「援助行動」,非困窮者に肯定的感情を抱かせることを目的とした行為を「配慮行動」とし,両者は区別される.日本語でいえば,援助行動は「思いやり」,配慮行動は「気配り」に近い概念といえよう.

日本文化は「察しの文化」ともいわれるように,相手の言動やしぐさ,その場の状況から相手が欲しているものを推察し,相手にいわれる前に実行することを高く評価する傾向がある.例えば,料亭の熟達した接客係は徳利を持ち上げただけで酒の残量を類推し,顧客に注ぐ前に「もう1本,お持ちしましょうか」と絶妙のタイミングで声掛けをする.徳利の重さから酒の残量を正確に当て,酒の進み具合や会話の流れを読み取りながら,さり気なく追加注文を勧める行為は熟達者ならではの気配り,いわば配慮行動といえよう.

このようにサービス提供者によって顧客に対して行われる行為は,接客係の個人的な気配りではなく配慮行動をともなう「配慮行動サービス」として有償で提供されるサービスの一部として認知される.

暗黙知と配慮行動 ポランニー(M. Polanyi)は,"We can know more than we can tell."と言葉で表すことができない認識の存在を指摘し,それを暗黙知(tacit knowledge)と名づけた.「徳利の重さから酒の残量を類推し,客に指示される前に注文をとる」という行為は言葉で伝えることはできるが,徳利を持ち上げたときの酒の残量を言葉だけで伝えることは難しい.つまり,タイミングよく酒を勧めるという行為には,「徳利の重さから酒の残量を読む」という言葉では伝えられない熟達者ならではのワザ,暗黙知が内包されているといえよう.

野中と竹内(1996)は,暗黙知論を手がかりに形式的・論理的言語によって伝達できる知識の存在として「形式知」の概念を示した.暗黙知と形式知は完全に別々のものではなく相互補完性があり,両者の相互作用を通じて人間の知識は創造され拡大されるとした.この暗黙知と形式知が相互に循環しながら知識を創造していくことが「知識変換」であり,個人の知識が社会の認識へと変化する社会変換プロセスであるとした.また,これにより暗黙知と形式知が質的にも量的にも増幅していくことを明らかにした.

おもてなしと称される対人サービスも,個人的な知である配慮行動が配慮行動サービスへと知識転移し,複数のサービス提供者に模倣されることで定着していくと考えられる.これらの配慮行動サービスは,組織内で形式知化(マニュアル化)されることで公平かつ平等に提供される社会的な知「標準化されたサービス」へと変化する.個人的な気配りが対人サービスとして商品化されていく過程を示したのが次頁の図である.

ハイコンテクストサービス 進化段階1では暗黙知(tk:円形)を内包した個人的な配慮行動(CB1:正三角形)が,接客現場で行われることにより配慮行動サービス(S/CB1:二等辺三角形)へと進化する.次いで,進化段階2において配慮行動サービス(S/CB1)は他のサービス提供者の摸倣によって増幅し,さらに形式知化されることで組織内での共通の知「標準化されたサービス」(S/GM1:台

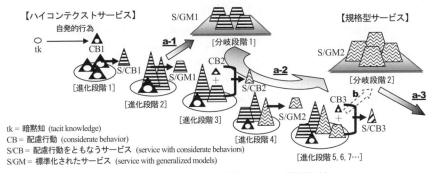

図　サービスにおける配慮行動進化モデル（筆者作成）

形）として認識されていく．

　進化段階3に入ると，形式知である標準化されたサービス（S/GM1）をもとに，形式知から暗黙知が創造される「内面化」が起こり，新たな配慮行動（CB2）が誕生する．この新たな配慮行動（CB2）が標準化されたサービスに付加されることでワンランク上の配慮行動サービス2（S/GM1 + CB2 = S/CB2）が生成される．

　進化段階4になると，配慮行動サービス2（S/CB2）はふたたび形式知化を経て，さらに高い次元での標準化されたサービス2（S/GM2）へと進化する．この繰り返しがサービスが高次化していくために不可欠なメカニズムであり，配慮行動がサービスへと商品化されていく過程である．このようにして生成されるサービスが「ハイコンテクストサービス」であり，おもてなしの基本構造といえる．また，ハイコンテクストサービスを構成する「配慮行動」「配慮行動サービス」「標準化されたサービス」の3要素は多層的に連結しながら，サービス提供者の間やサービスの提供順序によって連結方法が変化していくと考えられる．

　規格型サービス　ハイコンテクストサービスから標準化されたサービスのみを分岐させたものが図の分岐段階1，2の「規格型サービス」(standardized service)である．規格型サービスは，組織の判断によって導入されるため合理性や効率のほか，事業形態や企業戦略，サービスコンセプトや人件費などさまざまな要因が検討され，経営者や組織の意向が強く働くサービスとなる．また，分岐段階1の規格型サービスを分岐段階2へと進化させさらに高次化していくためには，いったん，ハイコンテクストサービスに戻ったのち進化段階3，進化段階4を経て，進化段階4から分岐させるか（図の矢印a-1，a-2，a-3），もしくはハイコンテクストサービスの進化段階2のサービスを組織がトップダウンで，直接，接客現場に導入する方法（図の矢印b）などが考えられる．ただし，ここで誕生した配慮行動は，その行為が組織のルールに合致しない限りサービスとして標準化される可能性は低い．

　このようにハイコンテクストサービスを軸に進化を続ける日本のおもてなしは，西欧のホスピタリティと概念上の類似性はあっても同義ではない．"OMOTENASHI"が日本独自の接遇スタイルであることを論理的に世界へ発信していく必要があるだろう．

(福島規子)

文　献

野中郁次郎・竹内弘高　1996『知識創造企業』東洋経済新報社，pp.91-93．

福島規子　2009「高次なサービスの構造と学習理論に基づくサービス学習―暗黙知の習得から状況論的アプローチへ」ホスピタリティ教育，4：18-34．

Polanyi, M. 1966 *Tacit Dimension*. University of Chicago Press.

8.18 みやげ

みやげの研究　これまでのみやげもの研究では，「観光地のどのような特徴がみやげものに表象されているのか」という問いが設定されてきた．地域で作られた特産品がみやげものとなるが，保存技術と高速移動手段が発達した近年は食料品がみやげものとして店舗に並ぶ．以前は郷土玩具などが主な対象であった．郷土玩具という言葉は，「古くから手作りで作られ，それぞれの土地で親しまれてきた玩具」をさす古い言葉だと思われているが，1935年前後の民芸運動のときに定着した造語である．それ以前は寺社のお札がみやげものの代表であった．

観光を「聖なる旅」ととらえるグレーバーン（N. Graburn）は，みやげものを長くつらい旅でやっと獲得する「聖杯」であるととらえている（橋本1999）．目標となる聖杯獲得の内容に応じて聖なる旅の成功度が測られ，観光ではみやげものが聖杯となる．聖杯獲得はその旅が聖なる旅であった証拠となるのである．

日本では，伊勢神宮参拝でいただいたお札とともに貝細工，笛，打紐などがみやげとして配られ，それをもらった者は魚類，豆腐などで返礼する習慣があった．しかし，現在は，地域性とは無関係のどこにでもある菓子の箱に「〇〇へ旅行してきました．ほんの気持ちです」と書かれただけの京都や鎌倉のみやげものも出現し，ハワイなどの免税店でヨーロッパのブランド品がみやげものとして購入されている．

それらがなぜみやげものになるのかを解明しなければ，みやげもの研究は地域性との関係を問うだけで停滞してしまう．新たなみやげものの研究領域を拓くためには，問いの立て方を変更し，「観光者にとってのみやげものの意味の解明」への方向転換が求められる．「どのような地域性を表象しているのか」だけではなく，みやげものが「どのような観光者の観光経験を表象しているのか」と問う必要があるのである．

贈与としてのみやげもの　人への贈与となる観光みやげは，新婚旅行に餞別を提供してくれた家族，親戚，職場の同僚，友人への返礼として大量に購入される．重要なのは，受け取った贈り物（餞別）に対する返礼の贈与という行為自体であり，何を贈るかはしばしば二次的なものになる．贈る相手にふさわしい価格，体裁の範疇か，そして贈り物として適した形態かという無難さが問題になり，よく知られているもので話題を提供する品物がみやげものとして選ばれるということになる．そこで形態的には小型・軽量で，品質が変化しない手工芸品が選ばれる．しかし，人に贈る観光みやげについて考察する場合には無難さに焦点を当てるのではなく，なぜ無難なものが選ばれ，購入され，贈られるかを解明しなければならない．

フランスの社会学者マルセル・モース（M. Mauss）の贈与論では，贈与される品物にはいわば「モノの霊」のようなもの（ハウ）が潜んでおり，それが贈り主のもとに帰りたがるので返礼が必要となると，贈与に対する「返礼の義務」が説明されている．社会的関係における負債（餞別への負い目）を解消するために返礼（みやげの贈与）が行われるのである．

この種の返礼に選ばれるのは，「負い目を払う」ために最適な品物である．新婚旅行などの際への多額の餞別に対しては高価なブランド品が選ばれ，通常の観光旅行では，以前にもらった観光みやげにふさわしいものが選ばれる．それが「無難なもの」である理由は，相手に過度の「負い目」を押しつけないためである．「無難」な品物とは，今後もこれまでのような関係を維持することに異論がないとの表明なのである．

みやげものの分類 ゴードン（B. Gordon）はみやげものを次の5タイプに分類した．①写真・絵画イメージ，②岩の破片，③地域を表す簡潔な象徴（エッフェル塔型の胡椒挽き），④マーカー（地域名を記したTシャツ），⑤地域の産物（日本酒）である（Gordon 1986）．みやげものとは「リマインダー」（思い出喚起物）であり，手に触れることのできない束の間の思い出となる経験を具体化するものである．時と場所を換喩的に凍結し，非日常的な質をもつ経験を具体的な事物（みやげもの）にして持ち帰るのである．観光の文脈では製品本来の機能や品質が求められているのではなく，観光の期間だけに求められる遊戯性や役割転倒・倒錯という特徴がみやげものには反映されているという．

みやげものの真正性 一方，北米での観光者に関する調査（Anderson and Littrell 1995）によると，「みやげものの真正性」に関する基準があるという．①工芸品がユニークで，オリジナリティがあるか，②技術力，③美的か，④機能・使い勝手，⑤文化的・歴史的真正性，⑥制作者と素材，⑦ショッピング経験，⑧広告の真正性などである．8項目のうち一つが満たされていれば「真正なみやげもの」ということになる．

地域性とみやげものとの関係からみると，②の技術力と④の機能・使い勝手は消費者としての普遍的な基準であり，地域性とは関係がない．さらに③の美的かに関しては，観光者が美的だと判断する基準は自文化のものであり，制作者である民族独自の美意識とは一致しない．最近の若い日本人女性たちの「かわいい」という基準は，現地の基準からはよくわからないことが多く，地域性が何も反映されない品物もかわいいと評価され購入される．なぜ地域性が反映されないみやげものも，観光者にとっては真正なみやげものになるのであろうか．ここで観光者の観光経験を考察する必要がでてくる．

観光経験とみやげもの 写真はもちろん岩の破片も観光経験を語る貴重なみやげものになる．地域の特産品は当然ながら地域について「ものがたる」．そのとき店主や生産者，製作者とちょっとした交流が実現すれば，その品物は思い出に残る．換喩的に凍結化された「飛騨高山といえば朝市」という文句に誘われただけの場合でも，ほんの少しの売り手とのやりとりや交流があれば，個々の観光者にとってはよい，思い出に残る観光経験となる．当初「換喩的凍結化」されていた対象や事柄は，帰宅後みやげもの購入にともなう交流の「ものがたり」が想起されるとともに「解凍」され，よい，思い出に残る（＝真正なる）観光経験として再構築されるのである．

しかし，現実にはどこにでも似たようなみやげもの店が出現し，同じような通過するだけの経験がなされている．その経験を観光と名づけ，記憶に残す文化的仕掛けがみやげものである．観光者はささやかな魅力で訴えかけてくる手頃な値段の品物や名前入りの包装をよすがに自らの観光経験を記憶にとどめようとする．自らの観光経験をそれなりに思い出に残るものにすることができた観光者にとって，それを「ものがたる」品物はそれなりに真正なみやげものとなるのである（橋本2011；大橋ほか編著 2014）．観光客はみやげものが地域性を正しく表象しているかどうかで選択しているわけではない．そのときの観光経験を反映する品物か，観光経験をものがたるものかを基準に購入しているのである．

（橋本和也）

文 献

大橋昭一・橋本和也・遠藤英樹・神田孝治編著 2014『観光学ガイドブック』ナカニシヤ出版．
橋本和也 1999『観光人類学の戦略—文化の売り方・売られ方』世界思想社．
橋本和也 2011『観光経験の人類学』世界思想社．
Anderson, L. F. and Littrell, M. A. 1995 Souvenir-purchase behavior of women tourists. *Annals of Tourism Research*, **22**(2)：328-348.
Gordon, B. 1986 The souvenir: Messenger of the extraordinary. *Journal of Popular Culture*, **20**(3)：135-146.

8.19

ツーリストアート

植民地主義とツーリストアート 19世紀後半から20世紀初頭にかけて，欧米諸国で産業資本制経済が進展し，植民地主義が全地球規模に拡大するとともに，観光が盛んになっていった．そうした状況のもと，地球上のさまざまな地域で，もっぱら観光客を相手に，あるいは宗主国への輸出を目的に，それら欧米諸国でのオリエンタリズム的な異国趣味に応えるような物品が多数つくられて流通するようになった．その後，多くの植民地が政治的な独立を果たした20世紀後半以後も今日に至るまで，国家内あるいはグローバルな政治・経済的な力関係の影響下で，こうした物品はつくられ続けている．

これら物品は，つくり手の社会の人びとが自ら使うためにではなく，産業資本制経済が生み出す大量生産品や現金を手に入れるために，グローバルネットワークを通して自らの社会の外部に流通させることを前提につくられる．そのため，それら物品は，享受する側，つまり，つくり手の外部社会で政治・経済的に支配的立場にある人びとの趣向を強く反映することになる．また，それぞれの地域で育まれてきたものづくりの伝統に基づきつつ，新たに導入された素材や技術，モチーフが利用されるという意味でも，つくり手側の価値観と享受者側の価値観が混じり合うという意味でも，ハイブリッドな特徴を示す．

ツーリストアートとは，こうした植民地主義的な政治・経済的関係と産業資本制のグローバルネットワークのコンテクストでつくられるハイブリッドな物品に対して与えられてきた名称である（Graburn ed. 1976; Philips and Steiner eds. 1999）．

「芸術＝文化システム」におけるツーリストアート このツーリストアートという名称には，注意せねばならないことがある．この名称はあくまでも欧米近代社会の評価基準によるものであり，そこには，産業資本制に基づく植民地主義的な政治・経済的関係が組み込まれていることである．ジェイムズ・クリフォード（2003）が「芸術＝文化システム」と名づけた欧米近代の制度化された分類体系が，その評価基準である．

19世紀後半には，産業資本制経済と植民地主義の進展にともなって，カントの美学に基づく従来の「芸術」（芸術のための芸術），それ以外の物品である「工芸」（実用的な手工芸品）に加えて，産業革命の結果として「商品」が大量生産され，植民地からツーリストアートや民族誌的な資料がもたらされるようになった．これら新しい種類の物品を従来の「芸術／工芸」の分類の枠組みに組み込みつつ，19世紀末から20世紀前半にかけて徐々に確立されていったのが，欧米近代社会に独特な分類システム，芸術＝文化システムである．

ここでは，「真正性」と「唯一性」を基準に，人間がつくり出す物品が図のように四つに分類される．①美術館に収集される「真正な芸術」，②民族博物館に収集される「真正な文化的器物」，③骨董品コレクションに集められる「非真正な非芸術」（ツーリストアートや商品），④技術博物館に収集される「非真

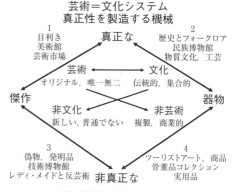

図 「芸術＝文化システム」
クリフォード（2003: 283）より作成．

正な非文化」（偽物や発明品）である．

この分類システムが生まれた19世紀末から20世紀前半にかけては，人類学が学問として体系化されるとともに，モダニズム芸術が人類に普遍的な美を発見した時期でもあった．このシステムの成立とともに，世界中から欧米近代社会に収集された物品が，諸民族の「伝統」を表象する民族誌的標本と，人類に普遍的な美を表象する美的傑作とに分類されるようになった．また，そのそれぞれについて真正性が疑われる物品は，「非芸術」（ツーリストアートや商品）と「非文化」（まがい物）に分別された．そして，このシステムに依拠したアカデミズムと芸術市場の拡大とともに，このシステムは欧米近代にローカルな制度であるにもかかわらず，人類に普遍的な価値基準として権威づけられていった．

このシステムの特徴は，物品の分類を媒介に人間関係が「支配する中心／支配される周縁」というかたちで固定されている点にある．たしかに，ネルソン・グレーバーン（Graburn ed. 1976）やジェイムズ・クリフォードによって指摘されているように，「非真正な非芸術」であるツーリストアートが「真正な文化」に，「真正な文化」である工芸品が「真正な芸術」に変わることもある（例えば，カナダのイヌイットアートやオーストラリアのアボリジニアート）．しかし，これはつくり手の側ではなく，物品を享受する側によって決められる．

つくり手にとって，自らがつくる物品が芸術市場で流通することは，経済的にも真正性の点でも大きな意味がある．真正で唯一的な芸術は人類に普遍的な美の表象として特権化され，他に分類された物品よりもはるかに希少で高値な逸品として芸術市場で流通する．しかし，つくり手が芸術市場に参入するためには，この分類システムのなかで「芸術」として認められなければならない．分類の基準を定め，芸術を特権的な価値あるものとして流通させる資格をもつのは，あくまでそれら物品を収集して享受する側なのである．

ツーリストアートの可能性 このようにツーリストアートには，産業資本制のグローバルな世界システムに基づく政治・経済的な力関係が組み込まれているため，その研究によって，今日でも続く植民地主義的な関係を明瞭に浮かび上がらせることができる．

また，ツーリストアートはつくり手の社会とグローバルネットワークを媒介するインターフェイスになっているため，そのアートをめぐる交渉がつくり手の社会・文化に与えている影響を追跡することで，グローバルな政治・経済的関係から逃れようもない今日，その現状に多様な社会の人びとがどのように対応しているのか，探究することもできる．逆に，ツーリストアートの現状と歴史をさぐることで，今日でも支配的な芸術＝文化システムが成立する条件を明らかにし，そうした植民地主義的な近代の制度に代わる制度を構想することもできるだろう．

さらに，ツーリストアートのハイブリッドなモチーフや素材，そこで使われる技術などに注目することで，そうした植民地主義的な政治・経済関係のなかであるとはいえ，人類が自己とは他なるものを取り込みながら新たなものを生み出していく創造力について探究することもできる．あるいは，ツーリストアートが流通して享受するプロセスを追跡することで，物品が人類をひきつける魅力について考えていくこともできるだろう．

このように，相互に他なる者たちの出会いのなかで生み出されるツーリストアートには，人類の過去と現在と未来に関する重要な問いが秘められている．　　　　（大村敬一）

文　献
クリフォード，ジェイムズ（太田好信ほか訳）2003『文化の窮状』人文書院．
Graburn, N. H. H. ed. 1976 *Ethnic and Tourist Arts: Cultural Expressions from the Forth World*. University of California Press.
Philips, R. B. and Steiner, C. B. eds. 1999 *Unpacking Culture: Art and Commodity in Colonial and Postcolonial Worlds*. University of California Press.

8.20 写真

写真が作る観光の歴史 イメージなしには観光という現象はありえない．インドネシアを代表する観光地であるバリ島の歴史をひもとくと，写真が観光地のイメージの形成に大きな役割を果たしていることがわかる．当時のインドネシア，オランダ領東インドに医師として赴任していたドイツ人グレゴール・クラウゼは，1912 年から 1914 年にかけて，バリの風景，人物，市場，水浴，芸能，祭礼，寺院，火葬など約 4,000 枚の写真を収めた写真集を 1922 年に刊行した（Krause 1922）．この写真集は，この島を訪れる人びとに大きな影響を与えた．名著『バリ島』を書いたミゲル・コバルビアスも，その著作のなかでこの写真集に触発されて 1931 年にこの島を訪れたと述べている（山下 1999）．

イメージと経験 バリ観光誕生の源泉にクラウゼの写真集があることは，観光という行為がある種の「まなざし」を投げかけることによって成立するというジョン・アーリ（1995）の主張を裏づける．カメラを通して投げかけられたまなざしを具現したものとしての写真が流布し，そのイメージが無数の観光客たちを生み出していくということ．その意味では，写真は現実を映し出すためのツールというよりも，「イメージの楽園」（山中 1992）を創造するための重要な媒体なのである．

こうした観光の想像力のなかで，観光客は旅行に出る前にガイドブックを読み，ガイドブックに書かれている場所を訪れ，ガイドブックの通りかどうか，確かめる．そしてガイドブックに載っているのと同じような写真を撮ってくるのである．カメラなくして観光は成り立たない．それゆえ，スーザン・ソンタグは述べている．「カメラをもたない観光旅行は不自然に思われる．写真はその旅行がおこなわれ，予定どおり運び，楽しかったとの文句のない証拠になる」（ソンタグ 1979: 16）．カメラは経験を証拠立てるために不可欠のツールなのである．

こうして，観光客はカメラで「武装して」旅に出る．しかし，観光客はしばしば現実を目で見る前にカメラを構え，シャッターを押した後は何も見ない．ある意味で旅行の経験はカメラという暗室のなかに消えていくのである．ダニエル・ブーアスティンが，現代における観光は真正の経験とはなりえない，「疑似イベント」だと論じたゆえんである．

だから，ソンタグも先の引用箇所に続けて次のように述べている．「写真撮影は経験の証明の道ではあるが，また経験を拒否する道でもある．写真になるものを探して経験を狭めたり，経験を映像や記念品に置き換えてしまうからである」．

カンニバル・ツアーズ オーストラリアの映像作家デニス・オルークの作品に『カンニバル・ツアーズ』（食人観光）という映画がある．この映画はパプアニューギニアのセピック川流域の観光を扱っている．欧米からやってきた観光客は，遊覧船で，あるいはモーターカヌーで，セピック川をさかのぼる．観光客は川辺の村に寄り，土産を買い，「原住民」の写真を撮る．

印象的なのは，あるドイツ人観光客の言葉である．「君たちは昔人食い人種だった．ここで人を殺したのか．よし写真を撮ろう．君との思い出のために」．しかし，これは一体何の思い出なのか．ここで写真に撮られ，証拠立てられているのは欧米の観光客が見たい「未開」のイメージではないか．こうして，今日，人類学者が未開という概念を疑問視しているときに，観光客はカメラのファインダーのなかでイメージの未開を再生産し続けるのである．

しかし，この映画が映し出しているように，じつは「未開人」などどこにもいない．観光

客の方も「食人」が存在しないことをよく知っている．そこにいるのは観光客のカメラの前で「未開人」を演じている人びとである．そこには今日の世界の力関係のなかでステレオタイプ化された「表象の政治学」がある．観光とはそのようなイメージのポリティクスを実践する場なのである．

では，セピックの人びとはなぜ観光客を許すのか．「金のためだ」とある村人はいう．観光客はカメラ1台につき2キナの写真料を払い，モデルにそっとチップを渡す．こうして，観光客は普段とは違う空間と時間を買い，現地の人びとは未開のイメージを売るのである．

デジタルツーリズムの時代　今日，写真は新しい時代を迎えている．フィルムの時代が終わり，写真はいまやデジタルの時代になっている．M. D. フォスターが論じているように（Foster 2009），カメラはいまやスマホに組み込まれ，観光，旅行においては，なにもカメラで武装し，「よし写真を撮ろう」などとわざわざ身構えなくとも，手のひらの延長のような小さなスマホで写真が手軽に撮れるようになった．

そこでは，観光（非日常）の時間と仕事（日常）の時間の区別は曖昧になり，スマホはその写真機能を通して世界を日常的に手のひらのなかに取り込むための小道具となっているのである．

しかも，デジタルの時代においては，写真は，SNSを通して，瞬時に，無数の人びとに拡散させることができる．そうしたなかで，ガイドブックではなくブログが，写真集ではなくインターネット上にある無数の写真が，パソコンやスマホを通して旅行に誘うことになる．今日の観光はこうして，旅行する前も，旅行の最中も，旅行した後もデジタルメディアに媒介されている．

19世紀には，鉄道という新しい交通技術の刷新が観光（tourism）を創り出した．20世紀には，飛行機が観光空間を飛躍的に広げた．そして21世紀には，デジタルテクノロジーとインターネットが「デジタルツーリズム」という新しい形態の観光を生み出しつつある．そうしたなかで，スマホとデジタル写真が観光を非日常的なものから日常的なものへ変えようとしている．そこでは，観光地でばかりではなく，ごくふつうのあらゆる場所がSNSを通して「インスタ映え」する観光空間になりうる．日常観光の時代である．

観光写真学　『カンニバル・ツアーズ』において，観光客が写真を撮りまくる様子が映し出されているということは，制作者であるオルークのカメラは写真を撮る観光客に向けられていたということになる．カメラを撮る人を映し出すカメラというのは，カメラのフレームの外部を映し出すことで，カメラが映し出す世界を相対化することにほかならない．それは写真を撮るという行為を批判的に見る視点である．ここに「観光写真学」とでもよぶことができるような研究領域が成立するかもしれない（山下 2007）．

この視点は，スマホというかたちでカメラが身体の一部のように偏在するデジタルツーリズムの時代にはますます重要になるだろう．そして観光に付随して撮られるおびただしい量のデジタル写真という「ビッグデータ」を分析してみることは，今日の観光とは何かを考えるうえできわめて基本的で，有益な方法となるように思える．　　　　　（山下晋司）

文 献

アーリ，J.（加太宏邦訳）1995『観光のまなざし—現代社会におけるレジャーと旅行』法政大学出版局．

ソンタグ，スーザン（近藤耕人訳）1979『写真論』晶文社．

山下晋司 1999『バリ　観光人類学のレッスン』東京大学出版会．

山下晋司 2007「観光写真学」山下晋司編『観光文化学』新曜社．

山中速人 1992『イメージの〈楽園〉—観光ハワイの文化史』筑摩書房．

Foster, M.D. 2009 What time is this picture? Cameraphone, tourism and the digital gaze in Japan. *Social Identities*, **15**(3)：351-372.

Krause, G. 1922 *Insel Bali*. Folkwang-Verlag.

8.21 シミュラークル

ディズニーリゾートという観光地　1955年7月17日，世界ではじめてのディズニーランドが米国のロサンゼルス郊外に開園した．アナハイム・ディズニーランドである．そのときにウォルト・ディズニー（W. Disney）が行った演説はあまりにも有名だ．

「この幸せあふれる場所においでくださった方々，ようこそ．ディズニーランドは，あなたの楽園です．」

これは，ディズニーのアニメ映画などで描写される米国の夢や理想が，ディズニーランドというかたちで三次元化された記念すべき瞬間の演説である．その後，フロリダのディズニーワールド，東京ディズニーリゾート，ディズニーランド・パリ，香港ディズニーランド，上海ディズニーランドへと拡がり，ディズニーは米国の価値観，世界観を全世界に発信し続けることになる．

東京ディズニーランドが千葉県浦安市に開園したのは，1983年4月15日である．ディズニーランドが開園する以前の浦安市は閑静であるものの，スーパーマーケットさえほとんどないような不便な住宅地（さらにその前は小さな漁村）だったが，いまはその面影もない．ディズニーランドが開園するとともに，JR京葉線の開通と相まって都市開発が加速し，近辺にはショッピングモールやホテル，レストランなど，多くの施設がいっせいに建てられていった．

現在は，東京ディズニーランドに加え，2000年7月7日にイクスピアリ，2001年9月4日に東京ディズニーシーが開業し，ホテルもいっそう林立するようになり，「東京ディズニーリゾート」として，より大きな複合リゾート施設へと発展し始めている．

シミュレーションの世界　この東京ディズニーリゾートという場所は，観光現象とメディアの関係性を考えるうえで展開すべき論点が数多く存在している．例えば「シミュラークル」も，そうした論点のひとつである．これは，フランスの社会学者，思想家，哲学者であるジャン・ボードリヤール（J. Baudrillard）が呈示した概念である．彼は，オリジナル（本物）に対するコピー（偽物）のあり方をシミュラークルとして総称し，ルネサンス以降のヨーロッパ社会を事例にとってシミュラークルの段階を，①模造，②生産，③シミュレーション三つに分けている．

①**模造**　模造は，ルネサンスから産業革命の時代までのシミュラークルである．この時代には，安価に模造できる漆喰という素材を取り入れたりすることで，封建的な身分秩序や宗教的な秩序が厳格であった時代にはありえなかった，衣服や調度品，宗教的な絵画や彫刻の模造品が出現し始める．

②**生産**　しかしながら模造の時代は，なおも手工業的な複製の時代である．それが，産業革命を経て資本主義社会に突入するようになると，機械制大工業が始まり，大量の複製品が「生産」され世に送り出されるようになる．ヴァルター・ベンヤミン（W. Benjamin）は，こうした状況を「オリジナルの消滅」＝「アウラ（オーラ）の消滅」という言葉でとらえている．

③**シミュレーション**　それでも機械制大工業による生産の時代には，やはり，どこかにオリジナルや本物といった基準点が存在していたといえよう．だが1970年代後半から1980年代にかけて，社会はメディア社会になっていく．私たちはメディアを抜きに思考することもできなくなっており，メディアを単なる道具として，それを操っているというのではなく，私たち自身がメディアの世界の住人となっているのである．例えば，東日本大震災やニューヨークのテロ事件なども，メディアで流されて，私たちはメディア（テレ

ビやラジオやネットなど)を通して，そうした災害や事件のことを考えるようになっている．その意味で，私たちはメディアを抜きに思考することもできないわけであり，その意味でメディア化された社会のなかに住んでいるのである．

そうなっていくにつれて，オリジナルや本物といった基準点も次第に失われ，すべてはメディアのなかで複製された情報のなかの出来事となっていく．例えば，Twitterによるつぶやきのうち，どれがオリジナルで，どれが複製にすぎないのかを議論してもあまり意味がないだろう．

このように，すべてがメディアと密着した世界の内側にあってオリジナルなきコピーとなった現代のシミュラークルを，ボードリヤールは「シミュレーション」とよんでいる．東京ディズニーリゾートもまた，こうしたシミュレーションに彩られた世界だと考えることもできる．

シミュレーションとしての観光地 例えば園内では，ミッキーマウスやミニーマウス，スティッチたちが歩いて手を振ってくれるが，彼らがどこかある地域に生息していて「本当に」存在しているのだなどとは誰も考えてはいない．彼らはあくまで，メディアで描かれた夢の存在である．東京ディズニーランドの「シンデレラ城」も，「アドベンチャーランド」や「ウエスタンランド」をはじめとするテーマパークも，もともと，ディズニーのアニメ映画などで描かれた二次元の世界，ファンタジーの世界を三次元化したものである．

東京ディズニーシーも同様である．ここは，海にまつわる物語や伝説をテーマにして，七つの寄港地をテーマポートにした場所だが，ディズニーシーのシンボルともいえる「プロメテウス火山」も，「ミステリアスアイランド」や「アメリカンウォーターフロント」などのテーマポートも，すべてはファンタジーの世界にしか存在しない場所である．ディズニー

リゾート全体が，ディズニー・メディアによって描き出されたファンタジーのイメージに沿って創造され，再編されているのである．

東京ディズニーリゾートに行って「本物のミッキーマウスなど，どこにも存在しない！」と叫んでみても，何の意味もありはしない．観光客はディズニーリゾートの世界すべてが現実のものではないファンタジーの領域にあることを承知していて，そのことを楽しんでいる．観光客はそうしたファンタジーの世界を，「あえて『本物』と見なしている」のであって，本物／偽物，オリジナル／複製という区別に何の興味ももってはいない．彼らがミッキーマウスからではなく，ミッキーマウスの着ぐるみを着たキャストから，サインをもらって喜ぶことができるのは，そうした理由からである．

東京ディズニーリゾートからもわかるように，現代の観光はシミュレーションに彩られた様相をはっきりと映し出している．ユニバーサル・スタジオ・ジャパンやサンリオピューロランドなどもその例といえる．

さらにいうと，中国の北京石景山遊楽園という「ディズニーランドの海賊版」も生み出されているが，これなどは，シミュレーションの著作権，海賊版のあり方をはじめ，シミュラークルのあり方そのものをあらためて問わずにはいられない現象であり，現代観光のあり方を考える際には興味深い事例となっている．

(遠藤英樹)

文 献

遠藤英樹 2011『現代文化論——社会理論で読み解くポップカルチャー』ミネルヴァ書房．
塚原 史 2005『ボードリヤールという生きかた』NTT出版．
塚原 史 2008『ボードリヤール再入門』お茶の水書房．
安村克己・堀野正人・遠藤英樹・寺岡伸悟 2010『よくわかる観光社会学』ミネルヴァ書房．

9 さまざまな観光実践

観光の形態は，大きくは自然観光と文化観光に分けられる．しかし，今日，観光実践はきわめて多様化し，従来の物見遊山的な観光に対し，テーマ性の強い新しい旅行形態が登場している．エコツーリズム，グリーンツーリズム，ライフスタイルツーリズム，ヘルスツーリズム，医療ツーリズム，フードツーリズム，ヘリテージツーリズム，コンテンツツーリズム，ボランティアツーリズム，ダークツーリズムなどはそうした例である．本章では今日のさまざまな観光実践について概観する．

写真：マレーシア・サバ州（ボルネオ島），キナバタンガン川流域，スカウ付近で展開されているエコツーリズム（2000年9月，撮影：山下晋司）

左上：旭川・旭山動物園（2009年1月）．創意と工夫により冬の動物園が観光スポットになっている．「ペンギンの散歩」にも多くの中国からの観光客がおしよせる．（撮影：白坂　蕃）［関連項目：9.27 外国人による日本観光］
右上：野沢温泉村の，ある薬局の正面（2015年2月）．近年，野沢温泉スキー場はオーストラリアなど外国からのスキー客が多くなった．薬局の正面に英語の表記もみられる．（撮影：白坂　蕃）［関連項目：9.27 外国人による日本観光］
左下：ガイドブック・マレーシアでロングステイ［関連項目：9.22 ライフスタイルツーリズム］
右下：バックパッカー（モロッコ・マラケシュ，2016年9月24日撮影）［関連項目：9.4 バックパッカー］

第9章 さまざまな観光実践 373

左上：アンコール・ワットと観光客（2017年3月，撮影：三浦恵子）［関連項目：9.19 ヘリテージツーリズム］

右上：長崎さるく（撮影：山下晋司）［関連項目：9.10 まち歩き］

左中：東日本大震災・南三陸町（撮影：山下晋司）［関連項目：9.24 ダークツーリズム］

右中：京都府美山町のハイキングツアー（撮影：堂下 恵）［関連項目：9.16 グリーンツーリズム］

左下：埼玉県久喜市鷲宮の土師祭．「らき☆すた神輿」が出されて十周年を迎えた．（2017年9月3日，撮影：岡本 健）［関連項目：9.20 コンテンツツーリズム］

9.1 観光実践の諸類型

観光の類型　*Hosts and Guests: The Anthropology of Tourism* (2nd edition) のなかで，ヴァーレン・スミスは観光を次のように分類している．①エスニックツーリズム (ethnic tourism)，②文化観光 (cultural tourism)，③歴史観光 (historical tourism)，④環境観光 (environmental tourism)，⑤レクリエーション観光 (recreational tourism) の五つである (Smith 1989: 4-6)．

①は，アラスカのエスキモーや南米のインディオ，あるいはインドネシアのトラジャ族などを訪れ，異文化を経験しようとするもので，先住民の村を訪れたり，ダンスや祭りを見たり，工芸品を買ったりする．日本では北海道のアイヌ民族を訪れるようなものがこれにあたる．

②は，伝統文化を経験するために，スペインの田舎やインドネシアのバリを訪れ，伝統的な家屋に泊まり現地の食事を味わったり，芸能を楽しんだりするものである．日本では「民話のふるさと」といわれる岩手県遠野の観光などがこれにあたる．

③は，ローマ，エジプト，インカなどの歴史を求めて，遺跡を見たり博物館を訪れたりするものである．日本でも奈良，京都，鎌倉など歴史観光の対象はことかかない．

④は，南極や北極，熱帯雨林など環境が大きく異なるところに行き，人間と環境の関係を経験するというものである．このタイプの観光は，今日，エコツーリズムとして新しい展開をみせている．

⑤は，海，山，温泉，食事，スポーツ，ギャンブルなど多岐にわたる息抜き，行楽，慰安を目的とした観光である．ちなみにレクリエーションとは本来「再–創造」(re-creation) を意味する．これらの活動を通して観光客は生活を再創造するのである．

これらはそれぞれ独自の観光類型を構成しているが，同書のなかでネルソン・グレーバーンが指摘しているように，民族観光には自然観光的な要素と文化観光的な要素が混在している．

また，一つの旅行にいくつかの類型が組み合わされることもある．例えば，フランスで中世の教会の聖堂や美術館を見た後，白夜を見にフィンランドへ行き，ラップランドのサーミ族の村を訪れるとする．この旅行では，歴史観光，文化観光，環境観光，民族観光を同時に行ったことになる．

観光客の類型　スミスは，さらに観光客数と現地（ホスト）社会に対する影響という観点から観光客を次の七つのタイプに分類している．①冒険家 (explorer)，②エリート・ツーリスト (elite tourist)，③オフ・ビート・ツーリスト (off-beat tourist)，④通常とは異なるツーリスト (unusual tourist)，⑤初期のマス・ツーリスト (incipient mass tourist)，⑥マス・ツーリスト (mass tourist)，⑦チャーター便ツーリスト (charter tourist) である (Smith 1989: 11-15)．

①は，未知の世界の開拓者である．彼らは観光客ではないが，観光客の先兵としての役割を果たし，現地社会に完全に溶け込んで滞在する．

②は，世界中ほとんどどこにでも行ったことがあり，何か珍しい経験を求め，高い費用をかけて，探検旅行を企てたりする．彼らも現地社会のやり方に完全に順応する．

③は，一般の旅行客が行かないようなところに行き，普通では味わえないような風変わりな旅を求める．ネパールなどの「秘境」を訪れる観光客がこれにあたり，現地社会によく順応する．

④は，個人か少人数のグループで南米のインディオの村などを訪れたりするタイプで，現地の生活スタイルには興味を示すが，現地食よりも「安全な」食物やペットボトルの水

を携帯する．

⑤は，個人または少人数のグループで観光地を訪れるが，ホテルに宿泊し，近代的なアメニティを求める．

⑥は，マスツーリズムによる観光客で，リゾート地はその受け皿である．近代的なアメニティを期待する．

⑦は，ジャンボ機をチャーターしてハワイのワイキキを訪れるようなタイプで，現地社会に溶け込むことはなく，近代的なアメニティをつねに求める．

観光客のタイプが，①から⑦に移っていくにつれて，観光客数は増え，現地社会への影響も大きくなる．現地社会への影響は，観光客のタイプと数によるのである．

持続可能な観光　観光開発というと，経済的な側面が重視されることが多い．しかし，マスツーリズムは経済的には潤うが，社会的，文化的にはさまざまな弊害をもたらす．すなわち，観光開発にともなう環境の破壊，利益の不平等配分，コマーシャリズム，地域社会の伝統文化の崩壊などである．そうしたなかで，今日，「持続可能性（sustainability）」が観光開発においてもキーワードの一つになり，「持続可能な観光（sustainable tourism）」という言葉も使われるようになってきている．

その代表的な例は，エコツーリズムである．例えば，マレーシアのサバ州にはアマゾンに次ぐといわれる大きな熱帯雨林が広がっている．サバ州ではこの森林を伐採し，木材を輸出する一方で，伐採した後に油ヤシのプランテーション農業を行って，州の経済基盤としてきた．その結果，森林破壊が進み，森林面積は大幅に減少した．そこで，森林の保護と観光による収益をかねて，1990年代よりエコツーリズムが林業に代わるものとして導入されている（山下 2009: 97-120）．

もっとも，サバ州のエコツーリズムが展開される保護区の面積は，そもそも州全体のわずか5％にすぎないわけだから，自然環境を保護するといっても，その効果は象徴的なものでしかないだろう．しかし，自然環境を意識的に保全していくことなしにはいまや地球自体を持続させることができない．その意味で，エコツーリズムは，たとえ象徴的なものであっても，「持続可能な観光」の基本モデルとなる．

持続可能な観光の対象は，自然ばかりではない．文化の持続可能性も問題になる．この点で，ヘリテージツーリズム，とりわけユネスコの世界遺産をめぐる観光が注目に値する．世界遺産とは，人類にとって「顕著な普遍的価値」を有する記念物や地域を守るために，1972年にユネスコの世界遺産条約により成立したものである．

また，1992年には世界遺産の定義が見直され，「文化的景観」（cultural landscape）という考え方が導入された．これは人間と自然との相互作用のなかで作り上げられる景観のことで，1995年にフィリピン・ルソン島のコルディレーラの棚田が世界遺産に登録されて以来，注目されるようになっている．

観光実践の多様化　今日の観光実践はきわめて多様化している．インターネットの普及で旅行情報が得やすくなったこともあり，個人旅行が一般化してきている．また，SIT（special interest tour）とよばれるテーマ性をもったツアー（スポーツ観戦ツアー，トレッキングツアー，スケッチ旅行，アニメツアーなど）が増えている．さらに，医療ツーリズム，ライフスタイルツーリズム（ロングステイ），ボランティアツーリズム，ダークツーリズムなど従来の観光概念ではとらえられない新しいタイプの観光も展開されている．インターネットの普及とグローバル化の展開のなかで（山下 2009），21世紀の観光実践の形態はますます多様化していくだろう．　　（山下晋司）

文　献

山下晋司 2009『観光人類学の挑戦―「新しい地球」の生き方』講談社．

Smith, V. L. ed. 1989 *Hosts and Guests: The Anthropology of Tourism* (2nd edition). University of Pennsylvania Press.

9.2 エスニックツーリズム

エスニックツーリズム　観光現象の人類学的研究への扉を開いた論文集 "*Hosts and Guests: The Anthropology of Tourism*" のなかで，人類学者 N. グレーバーンは「ラップ人」観光を引き合いに出してエスニックツーリズム（民族観光）に触れている。「自然のふところに近づくもう一つの道は，大自然の子どもたち，つまり，かつて農民や未開民族と分類され，本能のままに生きる人びとと考えられてきた自然の人びとを通しての道である。（中略）ヨーロッパで博物館や教会堂を訪れ（歴史観光 historical tourism），それから北スカンジナビアへ行って真夜中の太陽を鑑賞し（環境観光 environmental tourism），ラップ人を見るかもしれない（民族観光 ethnic tourism）」（Graburn 1989: 32）．

エスニックツーリズムあるいは民族観光とは，「自らとは民族的あるいは文化的背景を異にする人々と接触することを主たる動機とする旅行行動」（山村 2011: 122）である．サーミ（「ラップ」の自称）は北極圏でトナカイを遊牧する民として，「自らとは異なる」民族・文化の典型例であり，自らとの〈違い〉の大きさゆえに魅惑的な観光対象になる．

サーミにおける民族観光　サーミに関するエスニックツーリズムの具体的現実は，次のようである．観光客を迎えるサーミは（サーミではない業者がサーミを演じている場合もある），いまや着る機会が少なくなっている民族衣装を必ず身にまとう．トナカイを飼育するサーミは昔も今もサーミ全体のごく一部だが，観光地のサーミは必ずトナカイを連れている．そのトナカイはいまやスノーモービルやヘリコプターを使って管理されており，橇はスノーモービルで曳くのが通常だが，観光客にはトナカイが曳く橇の試乗体験が特別に用意される．トナカイを飼育しているサーミもいまは木造住居に住んでいるが，観光客のために遊牧用テントが立てられ，そのなかでは木の瘤をくり抜いて作ったカップでコーヒーがふるまわれる．

筆者は，サーミと観光客との間には本当は〈違い〉などない，観光では現実にはありもしないサーミ文化が捏造されているといいたいのではない．〈違い〉はある．しかし，その〈違い〉は観光用に不断に選ばれ，強調されもする．エスニックツーリズムにおいては，自分たちとの〈違い〉こそがサーミ〈らしさ〉として価値となり，観光資源になるのだから．

ところが，こうした話はエスニックツーリズムに限らない．「自らとは民族的あるいは文化的背景を異にする人々」を調査・研究の対象とすることの多かった人類学の学術世界も同じである．観光と人類学的フィールドワークとを区別すること，「観光（客）のまなざし」と「人類学（者）のまなざし」とを区別することに正当性はないだろう．ツーリズムが世界中で急速に発展したのは両世界大戦に挟まれた時代だが，それは近代人類学の創始者 M. マリノフスキーがニューギニアのトロブリアンド諸島でフィールドワークを行って近代人類学を誕生させた時代と重なる．両者は同じ精神の上に生まれた同時代的現象だと受け止めた方がわかりやすい（葛野 2007）．

現代人類学における民族文化のとらえ方　両者に違いがあるとすれば，現代人類学は，自らと他者との間に〈違い〉をつくり，他者に〈らしさ〉を創造して押しつけてきた，その己たちの作為の歴史にきわめて自省的である点である．以下は，現代人類学に大きな影響を与えた論文集『文化を書く』に，編者のクリフォードが序章として寄せた文章の一節である．「研究対象である諸集団を，とくに時間（大概の場合は，過去か，過ぎ去りつつある時間）のなかに置いて，自分達の世界との距離を保ち，実際には民族学者も研究対象

の人々も巻き込んでいる現在の世界システムにその人々だけがあたかも含まれていないように説明するのは，以前ほどたやすくはできなくなってきている．『諸文化』は肖像画を描かれるためにひとところにじっとしてはいない．肖像画を描くために文化を静止させようとする企ては，いつも単純化と排除，当座の焦点の選択，特別な自己‐他者関係の構築，力関係の強要や駆け引きという問題を引き起こす」（クリフォード 1996: 17）．

民族文化の政治学と民族観光　人類学側が一方的に犯してきた「肖像画を描くために文化を静止させようとする企て」への自省の高まりは，人類学者たちによって一方的に調査・研究されるだけの立場に置かれてきた人びとの側から，それが誰のため，何のための調査・研究なのか，異議申し立ての声が世界中で高まってきたことに応えるものでもある．グレーバーンが「かつて農民や未開民族と分類され，本能のままに生きる人びとと考えられてきた自然の人びと」と書いた人びとの多くは，いまや自らを先住民族とよび，国連など国際政治の舞台で人類学者たちよりはるかに大きな影響力をもっている．自前のメディアを通して人類学者たちより力強い情報発信を重ねているし，先住民族社会のなかからは数多くの研究者も生まれてきている．

状況はエスニックツーリズムも同様である．エスニックツーリズムとは「もっぱら観光におけるゲストの体験内容に着目した分類」であるにすぎないと疑問視され，「ホスト側の主体性に着目した分類」としての「先住民族観光」という概念の方が重要視されつつあり（山村 2011: 122），実際の観光にもホスト側の主体性が示されるものが現れている．

ここでふたたびサーミに関する事例を通して，「先住民族観光」の近年の動向の一端を紹介しよう．筆者の主たる研究フィールドであるフィンランド最北部地域は国家がサーミの先住性を認めた「サーミ地域」で，2000年の「新サーミ言語法」施行以来，サーミ議会が言語・文化自治を続けている．この「サーミ（自治）地域」まで出かけていく観光客は，日頃は放牧地でトナカイを飼育しているサーミが，予約を入れれば作業の合間に相手をしてくれるトナカイ牧場を訪れる．

ここでもサーミは観光客の到着に合わせてつなぎの作業着から民族衣装へと着替えるし，トナカイ橇やテントでのコーヒーも用意され，従来型のエスニックツーリズムの要素は生きている．

しかし，あるサーミのホストがもっとも時間を割くのは，サーミ語使用の禁止とフィンランド語使用の強制など，自分たちが強いられてきた同化政策の歴史や，その結果としての深刻な現状の説明である．このサーミは夫婦ともにサーミ語を話すことができず，そうなった社会・歴史的背景を自らの経験として観光客に語りかける．同時に，近年，サーミ議会による言語・文化自治政策を通して保育園や小学校でサーミ語教育が推し進められ，自分の子どもたちはサーミ語を話せるようになっていることも嬉しそうに語る．

観光客が見たいこと，知りたいことと，サーミが伝えたいこととは，まだいまのところ，しっかりと一致してはいないのだろうが，しかし，それらは確実につながりつつある．

（葛野浩昭）

文　献

上橋菜穂子 2009「都市アボリジニの先住民文化観光」窪田幸子・野林厚志編『「先住民」とはだれか』世界思想社．
葛野浩昭 2007「観光のまなざしと人類学のまなざし」山下晋司編『観光文化学』新曜社．
葛野浩昭 2015「【見せたい】と【見たい】をつなぐ：博物館展示は誰のためにあるのか？」交流文化, 16：14-24.
クリフォード，ジェイムズ（足羽与志子訳）1996「序章：部分的真実」クリフォード，ジェイムズ・マーカス，ジョージ編（春日直樹ほか訳）『文化を書く』紀伊國屋書店．
山村高淑 2011「エスニックツーリズム」山下晋司編『観光学キーワード』有斐閣．
Graburn, N. 1989 Tourism: The sacred journey. Smith, V. ed. *Hosts and Guests* (2nd edition). University of Pennsylvania Press.

9.3 若者の旅

若者と旅行 若者の旅行には独自の価値があると考えられるようになった初期の事例に，グランドツアーというものがある．これは，17世紀末から英国の裕福な家庭の子女たちに広まった，イタリアとフランスを中心とするヨーロッパ大陸への長期旅行のことである．家庭教師や従者が同行し，数カ月から数年にわたり文化の先進地で教養や人脈を得ることを主な目的としたこの特権的な旅行は，19世紀に生じた旅行の大衆化の潮流に吸収されて消滅したが，若者の旅行に独特な教育的価値を重視するグランドツアーの精神は，現在でも一部で存続している．

他方，20世紀の半ばには，米国のビート・ジェネレーションや日本のカニ族など，教養や教育とはおよそ無関係であり，むしろそれらが象徴する古い価値に対抗するために旅へ出る若者たちの流れが世界各地でみられるようになったのである．

さらに，1957年にフローマー（A. Frommer）が『ヨーロッパ一日5ドルの旅』を出版し，「節約旅行」（budget travel）の精神を説くと，米国人や米国に留学した若者たちの間でヨーロッパを長期で周遊する旅行が大流行した．日本でも，小田実のベストセラー『何でも見てやろう』（1961）を通じて「節約旅行」の精神が紹介され，若者たちの旅行への関心，特に海外旅行への憧れを刺激した．

日本の若者と海外旅行 もちろん戦後の日本では長らく海外渡航が規制されていたため，1964年の渡航自由化の後も，海外を旅できる若者の数は限られていた．そうした潮目が変わったのは，1970年に就航したジャンボジェットによる航空券の低廉化と若者向け海外旅行商品の拡充にある．ジャンボジェットは従来機の座席数を倍増させ，飛行時間も大幅に短縮して人と物の往来を飛躍的に増加させたため，安くて速い飛行機の旅を多くの人びとが利用できる環境を作った．やがて1970年代の日本の市場には，安い航空券でヨーロッパへ渡り，1カ月ほどかけて各地を周遊する若者向け海外旅行商品が続々と登場した．

旅行会社はもちろん，大学生協や学生団体，ダイヤモンド・ビッグ社やリクルート社などの異業種の企業も参入して，若者向け海外旅行商品を充実させていった結果，1970年代の末頃には多くの若者が海外旅行へ出かけることができる状況が整った．

その頃，海外旅行ガイドブック『地球の歩き方』（1979年に市販化）が登場し，インド編（1981）の成功によって若者たちから広く支持を得た．同書はタイトル数と発行部数を年々伸ばし，1980年代の若者の海外旅行ブームを牽引していった．

若者の海外旅行ブーム 1985年のプラザ合意を経て超円高時代に突入した日本では，国内旅行よりも海外旅行の旅行代金が安い逆転現象が生じて話題となった．また旅先でも強い日本円でショッピングとグルメが存分に楽しめることから，大学生を中心とする若者たちの海外旅行が急増した．この頃から1990年代の半ばまで続いた若者の海外旅行ブームを分析すると，大別して3種類の旅行のかたちが併存していたことがみえてくる．

第一に，1970年代から続く，ヨーロッパを長期で周遊する若者たちの旅行があった．彼らは鉄道の周遊パスなどを活用して精力的に移動するなど，先述したフローマーの「節約旅行」や小田実の『何でも見てやろう』の精神を継承した旅行者たちだった．

第二に，沢木耕太郎の小説『深夜特急』（1985年に新聞連載，翌年に単行本刊行）に刺激され，東南アジアやインドなどの安宿を渡り歩いて「自分探し」を試みる若者たちの旅行が現れた．それまでアジアは買春などを目的とする慰安旅行のイメージが強く，一般の若者

が個人で長期旅行する地としてはみられていなかった．だが沢木のベストセラーは日本におけるアジアのイメージを転換し，『地球の歩き方』を片手に沢木のルートを後追いする日本型バックパッカーを数多く生み出した．

第三に，格安航空券と中低級ホテルの宿泊をセットで割引販売した，短期・滞在・消費を特徴とする「スケルトンツアー」が現れた．HISなど新興の旅行会社が1980年代後半から発売したスケルトンツアーは，空港の送迎途中に立ち寄る免税店などから仲介料を徴収して旅行代金を安く抑えるなど，日本の特殊な商慣行が生んだ海外旅行商品であった．その行き先は，仲介料が見込めるソウルや台北などの東アジア都市と，グアムやプーケットなどのビーチリゾートに集中し，やがて日本型海外旅行の主流を形成していった．

1990年代に入ると，湾岸戦争やバブル経済の崩壊など海外旅行への逆風が吹き荒れたが，1996年まで海外旅行に出かける若者の数は増加し続けた．だが，同年を境にその数は減少に転じ，2010年の20代の出国率（人口に対する出国者数の割合）は1996年と比較して約3割減，出国者の実数では半減を記録した．

若者の海外旅行離れ？　こうした「若者の海外旅行離れ」は2000年代の半ば頃から新聞やテレビで繰り返し報道され，旅行会社や観光研究者の間でも注目を集めて，その原因がさまざまに語られてきた．

例えば，テロや戦争の頻発による「危険な海外」イメージの広がりや，インターネットの普及による「既視感」の蔓延が，若者の海外旅行を低迷させている，という見解が一時メディアなどで流通した．しかし，「危険な海外」やネット利用が広まっても，若者以外の世代の海外旅行は増加しているため，これらは原因の説明として不十分である．

他方で，若者の「内向き」化や「草食」化を指摘し，旅行だけでなくさまざまな消費や恋愛にも消極的な現代の若者を嘆く論調も出現したが，それは問題の核心を見誤っているといえる．なぜなら2000年代以降の若者の間にも人気の海外旅行がいくつか存在するからである．例えばカンボジアやインドでのボランティアツアー，南米や東南アジアでの「絶景」観光などがある．すなわち，若者は海外旅行そのものから離れたのではない．1980年代から1990年代のバブル期に開発され，現在もほとんど更新されずに販売され続けている日本型海外旅行のかたちから離れていった，と考えることができるのである．

その象徴が前出のスケルトンツアーである．例えば2泊3日でソウルに行きグルメとエステとショッピングを楽しむ消費旅行，あるいは3泊4日でグアムに行きビーチとショッピングを楽しむ日本型海外旅行のかたちが，若者たちに訴求力を持たなくなって久しい．にもかかわらず，日本の旅行会社もガイドブックも，相変わらず「商品消費中心の短期滞在」の海外旅行を提供し続けている．

観光研究の課題　こうしたズレが20年あまり放置され続けた一方，上述した若者たちの間で広まる新たな海外旅行に観察できる商品消費から体験消費への重心移動をかたちにして広める動きが産業界に生じず，あるいは言葉にして可視化する研究が学術界に生じなかったといえる．

若者の海外旅行離れをめぐる研究は，旅行市場の再活性化やビジネスチャンスの掘り起こしのためだけではなく，現代社会における商品消費から体験消費への重心移動を可視化し，より深い社会理解に役立つ知見を生み出すためにも重要である．そして後者の視角から若者と旅行の関係を問い返し，問題の所在を明らかにする観光の研究が増えれば，観光研究から社会科学そして学術全体への貢献も期待できるだろう．　　　　　（山口　誠）

文　献
岡田温司 2010『グランドツアー』岩波書店．
山口さやか・山口　誠 2009『「地球の歩き方」の歩き方』新潮社．
山口　誠 2010『ニッポンの海外旅行』筑摩書房．

9.4 バックパッカー

定義 バックパッカーは，1960〜70年代に自国とは違った生活を求めてさまよう「ドリフター（drifter）」，もしくは自由気ままに旅をする「ワンダラー（wonderer）」とよばれた旅行者を起源とする．ドリフターは，現実逃避的かつ快楽主義的な旅行スタイルで，「ヒッピー（hippie）」のようなカウンターカルチャーと結びつけられて語られることが多かった．一方のワンダラーは，相手とその文化を理解し，かつ自己を探求する特徴が強調されていた点で，ドリフターとは異なっていた．しかし，どちらも自由な旅程の個人旅行者である点では共通であった．

格安航空運賃が導入された1970年代以降は，ドリフターやワンダラーに代わって，人生の境目となる大学卒業後などの時期に，経験を求めて長期で低予算の旅行をする若者が増加した．彼らの多くは，背中に大きなバックパックを背負って移動するため，バックパッカーとよばれるようになった．

バックパッカーは，①低廉なホテルに宿泊し，②現地の人びとおよび他の旅行者たちとの出会いを強く求め，③柔軟かつ長期の旅行計画を立て，④非公式かつ参加型のレクリエーション活動に積極的であるという特徴を有する（Loker-Murphy and Pearce 1995）．

バックパッカーの目的地 1970〜80年代，バックパッカーは低予算で長期滞在が可能な物価の安い途上国を目指した．なかでも，東南アジアを目的地とするバックパッカーが目立った．その理由として，1975年に出版されたロンリープラネット出版の旅行ガイドブック *South-East Asia on a Shoestring* がバックパッカーに絶大な支持を得たことがあげられる（Pryer 1997）．このガイドブックは，表紙が黄色であったことから，バックパッカーから「イエローバイブル」ともよばれた．その後，ロンリープラネット出版は，世界各地の旅行ガイドブックを出版し，旅行関連書籍では大手の出版社へと成長を遂げることになった．

途上国の観光開発とバックパッカー 観光は途上国の外貨獲得の手段として，重要な産業である．しかし，マスツーリストを対象とした都市部やリゾートに立地するホテルや旅行会社，また航空会社などのフォーマル観光セクターには，巨大な資本が投入されるが，その利益の多くは投資元の海外に流出してしまう．したがって，途上国においては，マスツーリズムの形態では，その利益は地域経済にはほとんど還元されない（Britton 1982）．

ところが，バックパッカーによる観光は，マスツーリストと比較して途上国の地域経済にも大きな利益をもたらす．その理由は，バックパッカーの移動範囲は周辺部に及ぶため，従来観光地でなかった場所でも経済的な恩恵が受けられるからである．しかもインフォーマル観光セクターである小規模な宿泊施設や飲食店，地域交通を利用するため，直接的に地域経済に貢献する．さらに，彼らの快適環境基準は低いため，宿泊施設などへの投資額を低く抑えることができ，現地の人びとが小規模な観光産業に従事する契機と経験を与えることにもつながる．なお，バックパッカーは1日あたりの消費額は少ないが，旅行が長期に及ぶので旅行1回あたりの消費額は短期のマスツーリストと比較して同程度かむしろ高いとされる（オッパーマン・チョン 1999）．したがって，途上国の観光産業で経済的に期待されるのは，マスツーリストではなく，むしろ主要観光地以外の周辺部を訪れるようなバックパッカーである．

バックパッカーエンクレーブ バックパッカーの主要な目的地となっている東南アジアには，バックパッカーが利用するドーミトリー形式の安宿，飲食店，格安航空券を扱う旅行代理店などが集中し，バックパッカーが

表 東南アジアの代表的なバックパッカーエンクレーブ

国	位置	エンクレーブ通称	成立年代	形態
インドネシア	ジャカルタ	ジャクサ（Jaksa）通り	1980年代以前	都市
	バリ島	クタ（Kuta）	1980年代以前	ビーチ
マレーシア	クアラルンプール	プタリン（Petaling）通り	1980年代以前	都市
	ペナン島ジョージタウン	チュリア（Chulia）通り	1980年代以前	都市
タイ	バンコク	カオサン（Khaosan）通り	1980年代以前	都市
	メーホンソン県	パーイ（Pai）	2000年代以降	農村
カンボジア	プノンペン	ボンコック（Boeng Kak）湖	1990年代以降	都市
ベトナム	ホーチミン・シティ	ファングーラオ（Pham Ngu Lao）	1990年代以降	都市
ラオス	ヴィエンチャン県	ヴァンヴィエン（Vang Vieng）	2000年代以降	農村

情報交換し合うような地区が形成されている．そのような地区は，「バックパッカーエンクレーブ（backpacker enclave）」と称される．

東南アジア各国では表に示すバックパッカーエンクレーブが形成されている．それらのなかで，1980年以前に形成されたジャカルタのジャクサ通り，クアラルンプールのプタリン通りとペナン島のチュリア通り，そしてバンコクのカオサン通りなどは，バックパッカーの目的地としてよく知られている．1990年代以降になると，インドシナ地域，そして2000年代以降は，内陸の農村部にもバックパッカーエンクレーブが形成されるようになった（横山 2007; Cohen 2006）．

フラッシュパッカーの登場 2000年代中盤以降，バックパッカーエンクレーブとその周辺には個室を中心とした低価格ゲストハウスや中級ホテルが立地し，バックパックではなくトローリーバッグを引く個人旅行者らが増加し始めた．費用を極力切り詰めて旅をする従来のバックパッカーと区別して，そのような旅行者は，フラッシュパッカー（flashpacker）とよばれることもある．

フラッシュパッカーの多くは，バックパッカーよりも若干年齢が高い20歳代後半から30代で，かつてバックパッカーを経験した者が多く，ドミトリーのような相部屋ではなく個室を好む．また移動手段として，ローカルバスではなくタクシー，また選択可能な場合は，格安航空会社（LCC）のような交通手段を利用する．さらに彼らは，タブレットやスマートフォンなどの最先端の電子端末を持ち歩くことも特徴のひとつとされる．

すなわち，フラッシュパッカーは，バックパッカーと同様の体験を求めるが，快適性を求めるための多少の出費はいとわない自由な旅程の旅行者である．このような特徴を有するフラッシュパッカーは，バックパッカーの進化形として位置づけられるのか，それともバックパッカーとは異なる新たなカテゴリーの旅行者として位置づけられるのか，現在のところ必ずしも明確ではない． （横山　智）

文　献

オッパーマン，M．，チョン，K. S.（内藤嘉昭訳）1999『途上国観光論』学文社．

横山　智 2007「途上国農村におけるバックパッカー・エンクレーブの形成—ラオス・ヴァンヴィエン地区を事例として—」地理学評論，**80**(11)：591-613.

Britton, S. G. 1982 The political economy of tourism in the third world. Annals of Tourism Research, **9**: 331-358.

Cohen, E. 2006 Pai—a backpacker enclave in transition. Tourism Recreation Research, **31**(3): 11-27.

Loker-Murphy, L. and Pearce, L. P. 1995 Young budget travelers: Backpackers in Australia. Annals of Tourism Research, **22**: 819-843.

Pryer, M. 1997 The traveller as a destination pioneer. Progress in Tourism and Hospitality, **3**: 225-237.

9.5 女性の旅

「女子旅」の誕生 日本人出国者数データ (2015年) の性別・年齢階層別構成をみると, 男性の海外旅行者は40代, 50代が多いのに対し, 女性は20代, 30代で海外に旅行する人の割合が高いことがわかる. 特に20代に着目すると, 女性の占める割合が6割を超えている. また, 統計局『社会生活基本調査』(2011年) によると, 日本国内の旅行においては, ほとんどすべての年齢層で男性より女性の割合が高い. この傾向は, 20代, 30代の年齢層の旅行者においてもっとも顕著に現れている.

海外旅行に出かけていく日本人女性が急激に増加したのは1985年のプラザ合意以降の円高とバブル景気の時期である. 男女雇用機会均等法の施行は20代～30代前半の独身日本人女性たちの職場進出を促し, 女性たちは増加した可処分所得を観光旅行に投じた. 他方, 男性の旅行は「業務出張・研修・その他」の占める割合が高い. 当時の若年層の海外旅行経験値の男女格差 (海外旅行慣れした新婦と経験値の低い新郎) を示す象徴的な現象として「成田離婚」という新語が生まれ, 同名の連続ドラマさえ放映された.

このような日本の旅行市場の特徴をとらえて, 旅行会社は女性どうしの旅行を「女子旅」とよび, 買物, グルメ, エステなどの消費を促す企画商品やガイドブックの販売などのマーケティング戦略を展開している. 女子旅の「女子」は若い女性に限定されているわけではない. 例えば2000年代の韓流ブームの主役は中高年女性である. 島村 (2007) はこの現象を「ロマンチックウイルス」に感染した既婚の女性によって引き起こされたと分析している.

OL留学ブームはなぜ起きたのか? 1990年代のOLは旅行を楽しむことが可能になった一方で, 相変わらず, 男性優位の職場構造のなかで, ある程度年数を経ると周縁化されていくという実態に直面した. 企業の現場で昇進や年収の面で男女格差が色濃く残っている状況は, 雇用機会均等法成立から30年ほど経た現在もあまり変わっていない.「民間給与実態統計調査」によれば, 20代のうちは男女でそれほど差はないのだが, 30代以降は女性が横ばいで上がらないのに対し, 男性は年々上がっていくために所得格差が開いていく構図になっている. また, 時間的拘束の長い労働環境では, 結婚や子育てをしながら, 長期的に働き続けることが難しい.

このような社会背景のなかでOL留学ブームは起きている. 1980年代までは, 留学する日本人の大多数は男性であったが, 1990年に男女比は逆転する. その後, 女性は増加の一途をたどり, 1998年には約7割が女性を占め, 社会人留学生に限ると8割を女性が占めていた. 当時, 筆者も英国に8年ほど留学していたのだが, このような女性偏重の留学状況は世界的にも珍しく, 日本独特の現象として海外でも注目されていた.

さらに, 男性と女性の長期滞在パターンは明らかに異なっていた. 男性の場合は職場や所属している組織からの派遣が大半であったのに対して, 女性の場合は仕事を辞めて, 自己投資のために貯金を崩し, 自腹で渡航するというケースが多かった. 島村 (2007) は男の旅が会社や国家といった公的なものに縛られているのに対し, 女の旅は自己都合だと旅行における男女の差異を指摘しているが, このような男女の違いは日本社会のジェンダー構造によって生み出されていることがわかる.

女性の旅からライフスタイル移民へ 2000年代, 平成不況のなかでも国境を越える女性が減速することはなかった. むしろ国内の不況により女性の就職機会が狭められたため, 日本人女性は自力で海外に渡り, 現地採用されるケースが増えた. その結果, 海外在留邦

人数（3 カ月以上の滞在をしている長期滞在者と在留国で永住権が認められている永住者の合計）は 1999 年以降一貫して女性の数が男性を上回っている．1970 年代，80 年代には駐在員の夫に付随する家族という形で海外における日本人コミュニティは形成されてきたが，単身で現地に定着する日本人女性の増加にともない，日本人女性と現地男性との国際結婚も増加した．

ここで，着目したいのは，当初は観光客として始まった日本人女性たちの越境行動が，長期滞在型の留学やワーキングホリデーあるいは現地採用という形態に移行し，滞在の長期化にともない，ライフスタイル移民あるいは文化移民とよばれる現象を引き起こしていることである．観光行動の分析は，長期的な時間軸のなかでとらえ直す必要があることがわかる．さらに，ホストとゲストの関係性においても，一時的な関係から長期化し親密化するなかで，現地のホスト社会における日本人コミュニティは質的に変遷してきていることも見逃せない．このような新しい形の日本人コミュニティの生成は，欧米諸国（米国，カナダ，オーストラリア，英国）のみならず，アジア諸国の香港，シンガポールからタイ，フィリピン，台湾，中国などにも広がっている．

ロングステイツーリズムという海外長期滞在型の旅の形態は従来，定年退職後の人びとを対象者として設案されたため，滞在先のホストの国々は年金生活者のためのビザを発給していた．しかし，近年は受入れ枠組みが 50 代，40 代にも広がってきている．それを反映して，ロングステイ財団による 2006 年と 2014 年の統計資料を比較すると，全渡航者の男女合計がほぼ横ばいのなか，40 代の男女の渡航者が 132% 増加していることがわかる．特に，40 代の女性は 166% という大幅な伸び率を示しており，渡航者数においても女性が男性を上回っている．近年はさまざまな形態で女性の旅が拡大，定着，発展していることがわかる．観光研究と移住研究の接合点において女性の旅の研究は重要な貢献をしうる．

江戸時代の女性の旅　女性の旅は近年始まったことではない．江戸時代には「入り鉄砲に出女」という江戸への鉄砲の流入と江戸に在住の諸大名の妻や子女の脱出を取り締まるための幕藩体制が敷かれていたため，女性の旅はほぼ不可能とみなされてきた．関所には，女性の検問にあたる役目の「人見女」がおかれ，結った髪を解いて行う検査，着物を脱がせてチェックする権限さえあったといわれている．女性が旅をするためには個々の関所ごとにあてた「関所女手形」が必要で，その発行手続きは複雑で記載事項が厳密であった．関所破りは幕府に対する反逆罪であり，その場で磔の刑という重罪であった．

しかしながら，女性によって書かれた「道中記」を歴史資料として活用した近年の研究により，タテマエと実態は一致せず，「姫街道」とよばれた迂回する道を通って，関所抜けをして旅をしていた女性たちの姿が明らかにされている（柴 1997，金森 2001）．農閑期に未婚の若い女性たちは「抜け参り」を試み，商家の熟年妻のなかには長期で女子旅を楽しんだものもいたという（田辺 2004）．

さらに，江戸時代には「瞽女」という三味線伴奏で語りもの音楽の巡業を行う盲目の女性旅芸人が全国至るところに存在していた．師匠となる瞽女のもとに弟子入りし，起居をともにした厳格なしきたりと序列のなかで，「座」が組織化されていた（グローマー 2007）．こうした女性たちによる旅の歴史の解明は今後さらに注目すべき重要な研究分野である．

（豊田三佳）

文献

金森　敦 2001『関所抜け 江戸の女たちの冒険』晶文社．
グローマー，G. 2007『瞽女と瞽女唄の研究』名古屋大出版会．
柴　桂子 1997『近世おんな旅日記』吉川弘文館．
島村麻里 2007『ロマンチックウイルス—ときめき感染症の女たち』集英社新書．
田辺聖子 2004『姥ざかり花の旅笠—小田宅子の「東路日記」』集英社．

9.6 障害者の旅

障害者と旅行　1981年の「国際障害者年」を契機に日本国内でも施設中心の障害者施策を改め、障害者が積極的に社会に関わることが推進され、旅行を含む障害者の余暇活動が奨励されるようになった。それまで障害者の旅行は、旅先で事故が生じた際の責任の問題やコストが割高であること、障害の内容が多様で、個別対応が難しく、前例もないという理由から実現は難しいと考えられてきた。

しかし、旅行には健康増進、生きがいの促進、自己実現、社会参加など、さまざまな効果があり、障害者にとって旅は貴重な機会となる。同時に高齢化の進行、旅行の個別化のなかで、障害者のみならず、高齢者、妊婦、乳幼児連れ、外国人、健常者を対象に、年齢、性別、国籍、障害の有無にかかわらず、誰もが利用しやすい旅行環境を整備するユニバーサルツーリズムの普及が目指されてきた。

障害者による旅行の始まり　1980年前後から、旅行に出かけたい障害者とそれを支援するボランティアを中心とした取り組みが始まった。1982年には、国内ではじめて障害者専用列車「ひまわり号」が上野・日光間で運行された。1986年には、東京都知的障害者育成会が「働く青年の旅」を開始し、旅行会社に障害者を顧客として認識させること、障害者自身が自由にツアーを選び出かけられる社会となることが目指された（吉川 1996）。また1991年には「もっと優しい旅への勉強会」が結成され、すべての人を対象とした旅行環境の整備を目指して体験旅行などが実施された（もっと優しい旅への勉強会編 1995）。

障害者旅行促進のための社会の動き　英国では1989年に障害者、高齢者、低所得者層などを対象とした旅行促進活動、"Tourism for All"が生じた。米国では1990年に障害をもつアメリカ人法（ADA）が制定され、雇用、交通、公共的施設の利用などにおける障害者への差別が禁止されている。1991年には世界観光機関（UNWTO）が「90年代における障害のある人々のための観光機会の創出」を決議採択した。

日本でも1990年代に入って「障害者基本法」（1993年）をはじめとする法律や制度が施行され、バリアフリー概念が普及し始めた。1994年には「高齢者、身体障害者等が円滑に利用できる特定建築物の促進に関する法律」（ハートビル法）が施行され、宿泊・観光施設のバリアフリー化が促進された。さらに、1995年の観光政策審議会答申において「すべての人には旅をする権利がある」「旅には自然の治癒力が備わっており、旅をする自由は、とりわけ、障害者や高齢者など行動に不自由のある人々にも貴重なものである」（観光政策審議会 1995）とされ、「障害者プラン―ノーマライゼーション7か年戦略」（1995年）でも、障害者の旅行促進が課題とされた。

また2000年に「高齢者、身体障害者等の公共交通機関を利用した移動の円滑化の促進に関する法律」（交通バリアフリー法）、2006年に「高齢者、障害者等の移動等の円滑化の促進に関する法律」（バリアフリー新法）が施行され、ユニバーサルデザインの発想のもと、障害者や高齢者の社会参加への理解を促し、心のバリアを取り除くことが目指された。

1980年代前半には障害者が自由に旅行することは困難であったが、1990年代に至って手すりや点字表示、誘導ブロックの導入、盲導犬の受入れ、手話など視覚による情報の提供などバリアフリー化が進み、さらに障害を取り除くだけではなく誰もが使いやすい環境を作るユニバーサルデザインの考えをふまえた旅行環境の整備が目指されてきた。

旅行業界の対応　旅行業界も1990年代以降障害者や高齢者を顧客として、段差への対応、福祉機器の設置、アレルギーや刻み食、減塩等食事などに配慮しつつ、個々のニーズ

に対応した商品を提供し始めた．JTB では，1991 年に車椅子による米国・カナダ旅行，1995 年に盲導犬と行く海外旅行を企画し，人工透析利用者，視覚・聴覚障害者，補聴器を利用する高齢者向けツアーなどを販売してきた．日本航空は「国連・障害者の 10 年（1983～1992）」を契機に空港・客室，サービスをユニバーサルデザイン化し，1994 年にプライオリティ・ゲストセンターを発足した．クラブツーリズムは 1995 年に設立したバリアフリー旅行センターを拡充し，2015 年にユニバーサルデザイン旅行センターを創設した．

宿泊施設では京王プラザホテルの取り組みが知られ，1988 年の世界リハビリテーション会議の会場となった際，ユニバーサルルームを設置，福祉機器を導入し，補助犬を受け入れている．1995 年，全国旅館ホテル生活衛生同業組合連合会が高齢者向けの施設・サービスの充実した宿泊施設を認定登録するシルバースター登録制度が始まり，1997 年，ジャパン・トラベルボランティア・ネットワークはボランティアの旅行代金を割り引きしそれを障害者が負担することでともに出かける新しい旅行のシステムを提案している．

障害者旅行の可能性　障害者や高齢者の旅行環境は整備されてきたが，宿泊拒否や車椅子で旅行中に心ない言葉を投げかけられるなど，意識上の問題は残されている．これまで障害者の旅行をめぐっては，制度・政策上の管轄が福祉と観光の分野に分断され，また研究領域も同様に区分され，領域を横断した議論がほとんどされてこなかった．今後，福祉と観光という枠組みを超えて政策や議論を融合させるべきであろう．

例えば，障害者や高齢者の旅行環境はこれまで，健常者と同様に観光を楽しむため福祉サービスを追加するという認識のもとに整備され，このことが障害者や高齢者が旅行に出かけることで社会の負担が増大するという視線を生み出してきた．しかし，障害者や高齢者は新たな視点を提供する存在であり，障害者旅行の普及は，障害をもつことや高齢化の進行が社会の負担を増大させるという認識を転換し，障害者や高齢者を主体的な存在としてとらえ直す可能性を秘めている．

例えば，ユニバーサルミュージアムの取り組みとして彫刻に触れて鑑賞するタッチツアーに参加した視覚障害者は，形状に限らず素材や温度，サイズを感じ取り，彫刻の足に触れながら指先に力が入っていると語るなど，視覚で全体像をとらえる健常者にはない気づきを得ている．他にも水族館のタッチプールや植物園のフレグランスコーナーなど，触る，擦る，匂いを嗅ぐといった触角や嗅覚を通じた展示は障害者に限らず健常者の展示物への理解も促すだろう．また，シニアガイドの取り組みにおいて，高齢者には若者とは異なる観光の楽しみ方が提示されている．2016 年に「障害を理由とする差別の解消の推進に関する法律」（障害者差別解消法）が施行され，観光の場面でも障害者への合理的配慮が求められている．福祉の視点を取り込むことで，健常者の視点で作り上げられた従来の観光を見直し再構築することが可能であり，受入れ側の創造的な対応が求められている．

さらに，福祉観光都市を目指す岐阜県高山市をはじめ，訪れたい町は住みたい町という発想のもと観光で地域を見直す町づくりが実践されている．誰もが住みよい町づくりを推進する際，障害者や高齢者の意見を取り入れることが重要であり，町づくりを通して障害者や高齢者が他の住民とともにコミュニティの構築に関わることが可能となる．ユニバーサルツーリズムの推進はコミュニティ形成の手段としても注目されている．　　　（安藤直子）

文献
安藤直子 2007「福祉と観光―障害者・高齢者の旅」山下晋司編『観光文化学』新曜社．
観光政策審議会 1995「今後の観光政策の基本的な方向について（答申）」観光政策審議会．
もっと優しい旅への勉強会編 1995『障害者旅行ハンドブック』学苑社．
吉川武彦編著 1996『翼をもった青年たち』大揚社．

9.7 スタディツーリズム

観光の発展と学び 場所から場所への移動である旅は，古来，人びとの知識の習得，共有，循環に寄与してきた．「かわいい子には旅をさせよ」という言葉は，旅を通じて人生勉強ができ，人びとがいままでおかれた世界や観念をつきくずしてもっと広く深いものが得られるとの考えを表している（宮本 1975: 123）．また，旅人が新しい知識をもって来たり，旅先で相談相手になったりして，旅人と旅先の人達の結びつき，知的交流は決して希薄ではなかった（宮本 1975: 125）．

19世紀半ばには，旅の形態のなかでも楽しみを目的とするものが発展して観光が誕生する．その前の約2世紀の間，ヨーロッパではグランドツアーが発達した．このグランドツアーは，当初は上流階級の教育目的の旅であった．例えば英国の上流階級は，子息が大学を卒業した後にフランスやイタリアで数年間滞在させ，自国を担う人材を育てた．時代が進むと，上部中産階級が上流階級のグランドツアーを模倣し，レクリエーションを主目的とする，比較的短期間で田園地域などを訪れる形態へと変化させた（Turner and Ash 1975）．旅から観光への過渡期に出現したグランドツアーが，学びの旅から楽しみのための旅へと転化し，その後に近代観光が誕生したのは示唆的である．

近代観光の特徴は，誰もが苦痛をともなうことなく，比較的安価で楽しんで旅行するという点である．市井の労働者たちが，休日を利用してレクリエーションのために行楽地へ行く観光形態が，英国を起点に近代化を成し遂げた国・地域へ広がっていった．他方，近代化を経て，誰もが教育機会を得られるようにもなった．日本では，近代教育制度に修学旅行が含まれていたことから，19世紀末から学校教育の一環として，多くの人が教育目的の旅行を体験してきた．近代という時代を迎えることによって，観光も教育も一般化したが，日本ではスタディツーリズムの萌芽が早くからみられていたのだ．

戦後，東西冷戦期を迎えると，観光を通じて異文化，異社会を学ぶことが世界平和に寄与すると謳われ，1967年の国際観光年では「観光は平和へのパスポート」というスローガンが掲げられた．観光実践は人びとに新たな知識や理解をもたらし，国際社会を変えることができると期待されたのである．

1970年代以降は，大衆観光による負の影響への懸念から，環境への配慮や地域への貢献を重視する代替観光が発展した．代替観光（alternative tourism）の類型として浸透したエスニックツーリズム（民族観光）やエコツーリズムでは，観光対象となる異民族の文化や社会を理解したり，保護すべき生態系や動植物について学んだりと，教育的側面が重視される．また，ソーシャルツーリズムでは来訪先でボランティアなどをして地域に貢献し，さらには日常においても貧富や地域の格差を解消して誰もが観光できるように取り組んだりする．観光形態が多様化した現代では，観光実践を通じて人びとが得られる知識や理解の内容が多様になった．観光はたんに楽しみを求めるものから，人びとの教養に深く関わる知的な活動へと変化してきたのである．

教育機関とスタディツーリズム スタディツーリズムを簡潔に「学びの旅行」だと考えると，教育機関の役割は重要である．日本には修学旅行という世界でも特徴的なプログラムがあり，初等・中等教育においては，生徒が在学中に少なくとも一度，学校単位での旅行に参加する仕組みがある．昨今では高等教育機関でも教育目的の旅行を実施することが増えている．日本の教育において，生徒・学生が能動的な参加を通じて知識を習得するアクティブラーニングを推奨する動きが大きく

なっており，大学教育の質的転換を謳った2012年の中央教育審議会の答申でもアクティブラーニングへの期待が記されている．その事例として，体験学習や調査学習があり，宿泊をともなう学外実習や調査研究プログラムを積極的に実施する大学が複数ある．例えば，大学コンソーシアム石川の地域課題研究ゼミナール支援事業では，石川県下の大学のゼミナールが助成金を活用して，移動・宿泊をともなう官学・民学連携プロジェクトを実施することが可能になっている．

国際的には，高等教育の一環で地域のニーズに応えるべく積極的に社会奉仕活動をし，参加者の学修と地域の課題解決を実現しようとするサービスラーニングも提唱されている．サービスラーニングは教育効果に重点があるが，社会貢献の側面もあるのでボランティアツーリズムとの親和性は低くない（Sin 2009）．日本では2011年3月の東日本大震災以降，被災地へのボランティアツアーが盛んになったが，複数の団体が大学生や研究者，防災担当者など，現在・未来の有識者を巻き込んだ「学び」をキーワードとするプログラムを企画・運営している（山下 2013）．

国境を越えて教育を受ける留学もスタディツーリズムとして重要である．特に日本の場合，夏期・春期の長期休暇を利用した短期留学が主流であり，多くの日本人留学生が国際統計上は観光客に分類される．日本学生支援機構の「平成28年度協定等に基づく日本人学生留学状況調査結果」によると，2016年度において，大学間協定の有無にかかわらず大学などが把握していた日本人海外留学生数は96,641人で，うち60,145人が1カ月未満の滞在だった．この調査結果から，複数の教育機関が積極的に短期留学プログラムを企画・実施していることが推察される．

国や地域によっては，大学進学が決定した後，入学を1年遅らせて旅行や留学をし，知識や経験を得るギャップイヤーが浸透しているところもある．大学によっては入学予定の学生に向けて，ギャップイヤーを単なる長期休暇ではなく，大学での学修や将来のキャリアに役立つような教育志向の旅行に活用するよう推奨している（Lyons et al. 2012）．

体験学習としてのインターンシップ　国際社会において，インターンシップは社会人経験のない若者が優良な職を得る方法のひとつである．インターンとして働くことで若者は経験を積むことができ，企業側は正規雇用に足る人物か見極めることができる．しかし，人びとが容易に国境を越えるようになった現代では，国際インターンシップは企業を舞台に異文化・異社会についての知識を取得する場であったり，多様なバックグラウンドをもつ人びとからなる組織の文化を学ぶ場でもあったりする．日本から海外へのインターンシップでは，語学の実践が強調されることも多い．国際インターンシップは学びの旅行にもなりつつある．ただし，インターンシップを通じた異文化理解の度合いは，インターン側の意識・認識によって差があり，必ずしも効果があるわけではない（Van't Klooster et al. 2008）．国際インターンシップが就業，教育，あるいは体験型旅行のいずれに重きをおいて発展するのか，注目に値する．

（堂下　恵）

文　献

宮本常一 1975『旅と観光』未來社．
山下晋司 2013「ボランティアツーリズムの可能性」総合観光学会編『復興ツーリズム：観光学からのメッセージ』同文舘出版，pp. 60-67.
Lyons, K., Hanley, J., Wearing, S. and Neil, J. 2012 Gap year volunteer tourism: Myths of global citizenship? *Annals of Tourism Research*, **39**(1): 361-378.
Sin, H. L. 2009 Volunteer tourism: "Involve me and I will learn"? *Annals of Tourism Research*, **36**(3): 480-501.
Turner, L. and Ash, J. 1975 *The Golden Hordes: International Tourism and Pleasure Periphery*. Constable.
Van't Klooster, E., Van Wijik, J., Go, F. and Van Rekom, J. 2008 Education travel: The overseas internship. *Annals of Tourism Research*, **35**(3): 690-711.

9.8 修学旅行

修学旅行の歴史 修学旅行は，日本の小学校，中学校，高等学校の授業の一環として，教員の引率のもとで，実施される宿泊をともなう旅行である（日帰りの校外学習は，「遠足」とされている）．自らの意志でなく，集団や組織で旅行をする特徴のある日本人の旅行形態のひとつであるが，海外ではこれだけ多くの学生が計画的に旅行をするケースはなく，日本における特徴である．

修学旅行を最初に実施したのは，1886年，東京師範学校（現筑波大学）が実施した千葉県銚子への「長途遠足」といわれ，行軍や学術研究を目的としていた．1888年には，準師範学校向けの準則の項目に「修学旅行」が設けられている．

その後も修学旅行は継続して実施され，1968年10月の文部省通達（文初中第338号）により，修学旅行は，教育課程上に位置づけられた教育活動であり，ねらいや指導内容を明確にし，教育的効果を高めるようにすること，自然保護や文化財保護の態度を育成し，集団行動や共同生活についても好ましい態度や習慣を身につけることなどが通達された．この通達が，修学旅行がいわゆる物見遊山やいわゆる観光旅行にならないように修学旅行の基本的な考え方として現在に至るまで受け継がれている．

また1999年には，高等学校の学習指導要領に，特別活動として，平素と異なる生活環境で，見聞を広め，自然や文化などに親しむとともに，集団生活のあり方や公衆道徳などについての望ましい体験を積む活動を行うこと，と具体的に言及されるようにもなった．

日本修学旅行協会の調査によると，全国の中学校，高等学校では，国内または海外修学旅行を約98％の学校が実施している．旅行内容に関しては，公立学校の場合，小学校，中学校，高等学校，特別支援学校別に，目的地や日数，移動距離，実施学年，旅行費用などについて，都道府県や区町村および所属する教育委員会などが基準を定めている．私立学校は，学校ごとに旅行内容を決定している．旅行費用に関しては，1959年からは，修学旅行国庫補助が実現して，経済的な理由で修学旅行に参加できない学生はほとんどいなくなっている．

修学旅行の目的・行先 旅行の目的や内容は，社会の変化や教育方針によって多様になってきている．中学校の国内修学旅行では，日本修学旅行協会のまとめによると，「遺跡・史跡・文化財・寺社等の見学」「伝統的な街並み建築物保存地区の見学」「平和学習」「伝統工芸等ものづくり体験」などに重点をおいた活動内容が上位を占める．目的地は，第1位京都，第2位奈良，第3位東京となっている．近年の特徴として，班別自主行動や体験学習を組み込む学校が増加傾向にある．班別自主行動を実施する学校は80％を超え，実施都市は，京都，東京，長崎，那覇などである．体験学習の実施率は約60％となり，実施内容は「伝統工芸，ガラス細工，ものづくり体験」「スポーツ体験」「料理体験」などである．

この傾向は，中学校，高等学校で2012年から文部科学省の定める学習指導要領に記載された「生きる力」を育むことを目的として，益々増加するであろう．高等学校の修学旅行では，日本修学旅行協会の調べによると，国内修学旅行の実施率は83％，海外修学旅行の実施率は13％で，海外修学旅行の実施率が増加している．高等学校の国内修学旅行で重点をおいた活動の上位は「遺跡・史跡・文化財・寺社等の見学」「平和学習」「伝統的な街並みや建造物保存地区の見学」「スキー・スケート」などである．

旅行目的地は，公立学校においても，航空機利用が認められ大幅に範囲が広がってお

り，第1位沖縄，第2位東京，第3位京都となっている．体験型学習として，スキーやマリンスポーツなどのスポーツ体験をする学校や，社会人基礎力の醸成のために東京や大阪で修学旅行行程中に職場訪問などのキャリア学習を実施する学校も増加している．高等学校の海外修学旅行では，訪問国は台湾，シンガポールなどアジア地区を訪問する高等学校が多い．旅行目的は，海外の姉妹校との交流など国際感覚の醸成が中心であるが，生徒募集のコンテンツとするため，私立高校においては，ホームステイや語学研修など内容は多岐にわたっている．

修学旅行と旅行会社 修学旅行は，2005年の旅行業法改正により，旅行会社が学校の依頼により，旅行の企画を行う「受注型企画旅行」として実施されている．これは，旅行会社が旅行者（修学旅行の場合は学校）の希望により，旅行の日程や，運送，宿泊サービスの内容や旅行代金を企画して実施する旅行で，同行するグループがすでにあり，一般参加者の募集は行えない，標準旅行業約款に定められた旅行形態である．旅行会社は，旅程管理責任を負い，日程表に記載した旅行内容が変更になった場合は，変更補償金，不慮の事故に遭遇した場合は，特別保証金の支払いの義務を負い，責任が旧来より重くなっている．修学旅行は，第1種から第3種までごく一部の旅行業代理業者を除くほとんどの旅行会社が取り扱うことが可能となっているが，実際にはJTB，日本旅行，近畿日本ツーリストなどの大手旅行会社の取扱いシェアが高くなっている．

修学旅行は一度に多くの人数が旅行をするために，鉄道，航空，貸切バスや宿泊施設などの手配（座席や部屋などの確保）が難しく，実施時期は，国内修学旅行では春（中学校），秋（高等学校），海外修学旅行は秋に集中する傾向があり，手配をいっそう難しくさせている．またJRなどの鉄道には，乗車券が50％引きなどの団体割引運賃や修学旅行生専用列車で，通常とは予約時期や予約方法の違う「集約列車」も存在する．航空には学校研修割引運賃などの運賃制度も存在している．さらに，修学旅行当日には旅程管理者主任者資格を有する添乗員による旅程管理も重要であり，同時に500人以上の学生が移動をすることも珍しくない修学旅行の旅程管理は，日本の旅行会社ならではの技といえ，修学旅行の実施には旅行会社の存在が不可欠である．

修学旅行は多くの場合，旅行会社提案のコースを基本に実施されているのが実態である．数百人規模の大規模学校も珍しくなく，毎年実施される修学旅行は，旅行会社にとっては優良なセールスターゲットであり，旅行会社間の競合も激しくなっている．しかしながら，体験型修学旅行など時代のニーズに応えた修学旅行が増えてはいる一方で，学習指導要領にとらわれた，パターン化した旅行内容や旅行先も少なくない．

さらに，市場には格安の募集型企画旅行（パッケージ旅行）が溢れており，修学旅行代金を支払う保護者からは，代金が割高ではないかとの声がある．この意見に対し，旅行業界団体（日本旅行業協会）では，格安の募集型企画旅行（パッケージ旅行）は旅行会社の施策により，売りたい方面を売りたい時期に販売しているが，修学旅行は学校の要望する日程や行先に手配している．また教職員との綿密な打ち合わせ，旅行の事前旅行説明会の実施や看護師の同行など旅行の品質を維持するための，修学旅行独特のコストもかかり，一概に比較できないと意見表明している．学校と旅行会社が連携し，事前事後学習へ旅行会社が積極的に関与するなど，時代ニーズにマッチした修学旅行の企画・運営がよりいっそう求められているのである． （矢嶋敏朗）

文 献
日本修学旅行協会 2017『教育旅行年報データブック 2016』

9.9 留学

留学とは 留学とは自国以外の国に在留して学術・技芸を学ぶことをいい，日本では古来より実施されていた．近年の日本で留学が増加したのは，1978年の新東京国際（成田）空港の開業，1985年のプラザ合意による急速な円高，1987年からの海外倍増計画（通称，テン・ミリオン計画）などにより，費用や移動（航空機の予約や渡航ビザ取得など）の面からも海外に行きやすい環境が整ったことが契機となっている．湾岸戦争やイラク戦争などによる一時的な減少があったが，1978年に約350万人であった海外渡航者数が2017年には約1,788万人と約5.1倍に大きく伸びた．海外渡航が日常的となった現在では，留学以外にもホームステイ，ワーキングホリデー，海外修学旅行などさまざまな形態の学びを目的とする，海外渡航が登場している．

日本の若者が留学に行って国際感覚を養うことは，語学力の向上はもちろん，留学先での体験による国際相互理解や知識の拡大など留学生の能力や可能性を拡大する．さらに，留学時に知り合った世界各国の人びとと人的なネットワークが構築できる．これにより，国際的な競争関係のなかでもグローバルに通用する人材の育成が可能となる．

国際的な人的なネットワークが構築できると，外国諸国との相互理解や友好関係の深度化が図れ，その結果，日本の安全保障の向上も図れる．また海外留学の促進は，大学や高校など教育機関にとっても，外国大学との相互交流に基づく大学間交流の拡大や，日本語や日本文化の海外普及など教育機関の海外における研究活動にも大きな効果がある．

留学の実態 学生の国際相互理解の増進に寄与するために設立された日本学生支援機構の調査によると，日本人の留学の特徴は，次のようにまとめられる．

①留学期間　1年から2年未満の割合が全体の約1/4を占め，次いで6カ月から1年未満と3カ月未満が全体の2割程度である．留学期間と参加目的および形態の相関をみると，3カ月未満の留学内容は，語学習得のみが全体の約3割を占める．留学形態では，1年から2年未満の中期間留学は勤務先からの派遣，6カ月から1年未満では，大学院，大学，短大の交換・派遣留学，3カ月未満では，高校の交換・派遣留学のシェアが高く，留学期間によって目的や形態の違いがある．

②留学開始年齢　20歳代が全体の6割以上を占める．留学開始年齢と留学開始時の目的の相関をみると，20歳代の約8割が大学院，大学，短大の交換・派遣留学，10歳代の約9割が高校の交換・派遣留学，30歳代では約半数が勤務先の派遣と留学開始の機会は，学校や職場で得たことがわかる．

③留学動機　「語学を本場で学びたかったから」が全体の約半数，「外国生活により視野を広げたかったから」が全体の約4割を占めるなど，外国文化の学習を目的としているものが多い．

④留学先への出願　「自分で」が全体の約4割を占めているが，留学期間が短い（1年未満）場合は，日本の所属学校（大学・高校）や旅行会社に依頼するケースが全体の半数以上を占める．短期間の語学を中心とした留学は，所属する大学や高校または旅行会社が企画する留学に参加している．

⑤留学先　米国が全体の約3割，以下英国が全体の1割強，オーストラリアが全体の約1割，カナダが全体の1割弱と欧米諸国が人気である．留学先と取得資格の相関をみると，留学先第1位の米国は，学士や博士の学位を取得目的とした留学生全体の6割以上を占める．また，勤務先からの派遣による留学生も全体の6割以上が米国を留学先としており，本格的な研究や語学研究の留学先は圧倒的に米国が多いといえる．

しかしながら，米国への留学者数の絶対人数は減少している．この理由は明確ではないものの，アジア諸国の経済的発展や米国の景気低迷などにより留学目的や意識・意欲の変化などがあげられている．

留学における課題　近年，日本では若者の留学離れが問題となっている．若者の留学離れが進むと，国際感覚や研究能力を磨き，人的ネットワークの形成などによる，国際的に通用する人材の育成の機会を狭めることとなり，グローバル化が急激に進むなかで日本が世界から取り残されることになりかねない．国としては，大学などの優れた留学プログラムを支援する取り組みを推進していくとともに，海外留学のための奨学金制度の取り組みをよりいっそう推進するなどの支援が必要であろう．特に，外国の大学との単位交換，国際的な仕事を目指す学生が多い学部では留学を卒業要件として位置づける大学の拡大も必要である．さらに，企業へ対しての交換留学への支援や学習指導要領にも謳われている，高校生以下の学生・児童への若年時からの語学指導強化も留学生の拡大には重要である．

文部科学省は，日本の留学人口倍増に向け，若者が海外留学をはじめとする新しいチャレンジに自ら一歩を踏み出す機運の醸成に乗り出している．近年では，熟年層の出国率は増加しているものの，若年層の出国率は減少している．そのなかで留学促進キャンペーン「トビタテ！留学JAPAN」を2014年から開始した．文部科学省は留学促進の取り組みについて，政府だけにとどまらず，官民協働＝「オールジャパン体制」を実現することで，より大きな効果を目指している．各分野で国際的に活躍している著名人などの協力を得ると同時に，省内に留学促進戦略本部を立ち上げ，官民協働メンバーで構成する事務局を設置した．イベントやインターネットなどで留学の魅力や方法などについて情報提供を行い，2020年までに大学生の海外留学は12万人，高校生の海外留学は6万人の達成を目指すこととしている．上述の施策効果などにより，海外留学マーケットが注目され，学生らのニーズも多様化し，旅行会社の海外留学マーケットも少しずつ活気が戻っている．

海外留学ビジネスは，留学手配先の選択など専門的な知識が必要となるため，中小規模の留学専門の旅行会社の取扱いシェアが高くなっている．他方，留学専門旅行会社の倒産も目立ち，留学は期間が長く顧客からの前受金が大きいために負債額も膨らむのが特徴である．このようなトラブルを防止するために，2013年に留学サービス審査機構（J-CROSS）が設立された．J-CROSSは，留学サービスの事業者団体，海外留学協議会（JAOS），留学・語学研修等協議会（CIEL）と，留学を専門に消費者相談や紛争処理を行う消費者団体（留学協会）が協働し，事業者が遵守すべき新たなルール（基準）を作成し，個々の事業者がそのルールを満たすかどうかの認証を第三者の立場で行うために設立した団体である．現在は，加盟の留学を取り扱う旅行会社の健全な運営を推進する活動であるが，将来的にはボンド制度など消費者保護制度の導入が必要であろう．

ボンド制度とは，日本旅行業協会の保証社員のうち海外募集型企画旅行を取り扱う第一種旅行会社が法定弁済制度にプラスして，自社の負担で一定額の「ボンド保証金」を協会に預託しておき，客に対して協会が弁済をすることになった場合，「法定弁済限度額」と自社「ボンド保証金」の合算額を実際の弁済限度額とすることで消費者保護を拡充するのである．留学推進には旅行会社が不可欠であり，留学を取り扱う旅行会社は財務体質が脆弱な会社も少なくないので，ボンド制度などの共済制度についての議論も必要となろう．

〔矢嶋敏朗〕

文　献
日本学生支援機構 2012「平成23年度海外留学経験者追跡調査」報告書．

9.10 まち歩き

 ミクロな視点でまちを見つめる「町（街）あるき」という表記などもあるが，特に明確に定義された用語ではない．従来からの観光形態は著名な施設（社寺，教会，美術館，博物館，タワー，公園，遊園地など）や優れた自然景観（山岳，河川，湖沼，海浜など）をポイント的に訪れる行動であるのに対して，まち歩きと称する観光形態は地域のさまざまな景観や事物をミクロな視点でとらえて散策して楽しむという点が特徴である．
 具体的には，「歴史散歩」「歴史ウォーク」などと名づけられ，人びとが地元の郷土史家識者による案内を得るなどして，長い歴史の経過のなかで形成されてきた地域の田園風景，道路，家並み，木立ち，水路，地名，標識などを見学し，まちの歴史的な歩みを懐かしみつつ，地域の実態についてより詳しく知ることができる．近年のふるさと回帰のブームの高まりはこうした観光形態を促進させている．
 「長崎さるく博'06」の開催　長崎市では2006年に『長崎さるく博'06』が「日本ではじめてのまち歩き博覧会」というキャッチフレーズで開催された（図1）．長崎市は観光客の集客の手段として，特別な客寄せイベントに頼るのではなく，在来の「まち」そのもので集客を図ろうとする試みとして，「まち歩き」という表現を強調した．「さるく」という言葉は長崎弁で「ぶらぶら歩く」という意味である．4月から10月までの約7カ月の開催期間中に全国から延べ700万人を超える人びとが訪れ，2004年には500万人を割り込んでいた客数は急上昇した．博覧会終了後も「まち歩き」は市の観光事業の中核として位置づけられ，継続されている．この博覧会の開催は他の都道府県や市町村においてもまち歩きを企画する誘因となった．
 墨田区のまち歩き　東京都墨田区の事例を取り上げてみよう．墨田区観光協会は，「本物が生きる街　すみだ観光サイト」において，「ゆっくり歩けば新しい発見が待っています．」のキャッチフレーズで「自由散策まち歩きモデルコース」を提唱し，「両国コース　古地図とともに花の大江戸をめぐる」「菊川～森下コース　時代小説の定番！鬼平の舞台を歩く」「向島コース　下町スイーツと史跡散歩を楽しむ」などのコースを示している．
 「両国コース」について詳しくみよう（図2）．両国駅西口（出発地点）→回向院（え こういん）（江戸時代初期に起きた振り袖火災（明暦の大火）による犠牲者を供養するために建立）→もんじゃ（創業1718年の猪肉の料理店）→旧両国橋・広小路跡（往時は見世物小屋や食べ物屋が連なる繁華街）→春日野部屋（横綱栃木山が興した）→一之橋（池波正太郎の人気小説『鬼平犯科帳』に「一ツ目橋」として登場）→江島杉山神社（将軍徳川綱吉に針治療をした杉山検校が建立した弁財天）→塩原橋・塩原太助炭屋跡（講談や浪曲で語られる薪商塩原太助ゆかりの地）→旧大島部屋（元大関旭國が立浪部屋から分家して興した）→勝海舟生誕地（江戸城無血開城に成功した勝海舟の実家跡，碑が建立）→芥川龍之介の文学碑（出身校である江東尋常小学校（現両国小学校）に建つ「杜子春」の一節の自署が刻まれた石碑）→時津風部屋（横綱双葉山が興した双葉山道場が前身）→吉良邸跡（赤穂事件で討ち入られた屋敷跡）→吉良邸裏門跡（大石

図1　「長崎さるく博'06」のロゴマーク（出典：一般社団法人 長崎国際観光コンベンション協会）

図2 「両国コース」のまち歩きのコース（出典：すみだ観光サイト）

主税など赤穂浪士24名が侵入した門跡）→両国駅西口（終点）．

他の自治体の事例としては，兵庫県では関与する観光団体により「ひょうごのまち歩き」としてテーマ化して，「KOBE観光ボランティア」「須磨歴史クラブ」「南あわじ観光ボランティアガイド「国生みの里」（南あわじ市）」など県内各地でボランティアガイドの団体によって，地域の魅力の発掘や発信を行っている（ひょうごツーリズム協会ホームページ参照）．

テレビで見るまち歩き NHK総合テレビで2009年10月よりレギュラー番組として開始された（2018年9月時点で第4シリーズが継続中）「ブラタモリ」は，タレントのタモリがまちを散策するシリーズ番組で，これまでの名所案内とは異なった視点で金沢，鎌倉，奈良，函館などが紹介され，人びとにまち歩きへの関心を高めている．出演者の人気度の高さもあって好評な番組となっている．

初回は「坂の町・長崎」と題して制作された．長崎市とその周辺地域は侵食で刻まれた多くの谷が崖状に海に複雑に入り組んだ地形であることからリアス式海岸の地形的な特色をもち，市街地はその地形に合わせて作られたことから坂が多い町となっている．長崎を代表する名所であるグラバー園や大浦天主堂の近くにありながらも観光客にはほとんど知られていない「ドンドン坂」（明治初期の居留地当時に造られ，当時は多くの外国人貿易商人が往来した石畳の道），大浦天主堂の東側にある狭い階段道で，眼下に長崎湾が一望できる「オランダ坂」（出島史料館からグラバー園に至る途中にある坂）など，近世から近代初期にかけて形成されたエキゾチックな長崎の歴史を，坂道を歩きながら詳しく理解しようとする内容である．

観光の意義に寄与 観光がもつ意義について，政府の観光政策審議会は五つの事項を述べている．そこでは「人々にとっては，ゆとりとうるおいのある生活に寄与し，地域の歴史や文化を学ぶ機会を提供する」および「地域にとっては，魅力ある地域づくりを通じ，住民の誇りと生きがいの基盤の形成に寄与する」という意義が明確に示されている．全国的な広がりをみせているまち歩きは，その意義を確かなものにできる具体的な取り組みであるといえる．

（淡野明彦）

文 献

観光政策審議会 2000「今後の観光政策の基本的な方向について」（答申第39号）国土交通省．

墨田区観光協会「本物が生きる街 すみだ観光サイト」（http://visit-sumida.jp）（2017年10月閲覧）

茶谷幸治 2012『「まち歩き」をしかける―コミュニティ・ツーリズムの手ほどき』学芸出版社．

ひょうごツーリズム協会「ひょうごのまち歩き」（http://www.hyogo-tourism.jp/tabinet/aruki/）（2017年10月閲覧）

9.11 ショッピングツーリズム

ショッピングツーリズムの隆盛　土産物の購入は，歴史的にみれば，観光に付随する行為であって，その主目的ではなかった．しかし現在では，買物自体を目的とする観光，すなわちショッピングツーリズムが隆盛をみており，ショッピングが観光に占める役割は増大している．

ショッピングツーリズムが注目される大きな要因は，日本のインバウンド観光客による消費と経済効果の拡大である．観光庁の訪日外国人消費動向調査によれば，2017年に外国人観光客が支出した買物代は1兆6,398億円で過去最高であった．なかでも，中国を中心とする東アジアからの観光客による消費が大きな比重を占めている．費目別に旅行消費額をみると，買物代が宿泊費を上回って第1位（構成比37.1％）であった．

促進の取り組み　このような背景のもとに，政府や観光産業は訪日外国人のショッピングを促進する取り組みに力を入れている．2013年には，ショッピングを軸とした訪日観光プロモーションを通じて，日本の魅力（こだわり，おもてなし，くらし）を世界に伝え，より多くの訪日観光客を増加させることを目的に，ジャパンショッピングツーリズム協会が設立された．同協会は観光庁とともに，プロモーション活動としてジャパンショッピングフェスティバルを主催している．

さらに，2014年に外国人旅行者向け消費税免税制度が改正され，従来免税販売の対象となっていなかった消耗品（食料品，飲料品，薬品類，化粧品類など）を含めた，すべての品目が消費税免税の対象となった．国土交通省は，これを機に，海外への情報発信や地方における免税店の拡大を進め，訪日外国人旅行者の地域への誘客により地域経済の活性化を図るとしている．

土産物の変容　近世以降，旅の活発化とともに，土産は旅行に不可欠な要素として定着してきた．村落共同体を基盤として，代参講や草鞋銭といった慣習と一体となって土産文化は発展を遂げた．近代以降も，土産物の贈答は，会社，近隣，親類といった集団内でのコミュニケーションの手段として機能してきた．また，土産物は観光対象の実物を直に見たことの証明であり，観光経験を具象化し，その記憶を喚起する装置として働く．

しかし近年，土産物をめぐる環境は大きく変化している．カタログ通販，ネット販売，物産展，各県アンテナショップ，宅配便などの情報・流通手段の発達や，製造地と販売地（観光地）との乖離，大手菓子メーカーによる地域限定商品の市場参入が進んだ．また，観光が大衆化・半日常化し，贈る側・贈られる側がともに旅行をするようになった．このような環境変化にともなって，観光地の特産品を贈ることで得られた非日常の特別な意味や役割は弱まりつつある．

一方では，道の駅や高速道路のサービスエリアの発達，主要ターミナルの駅ナカや複合商業施設の開発などによって，旅行の途中で買物をする機会は増大している．また，旅行先における自分自身の買物への関心が高まっている．いわゆる観光土産の購買とショッピングの区分があいまいになり，それらが混在する新たな状況が現れている．

記号消費とショッピングツーリズム　日本におけるショッピングツーリズムの隆盛の背景には，1980年代以降の消費社会の展開がある．ボードリヤール（1995）によれば，現代の高度産業社会は，生産よりも消費，商品（モノ）の機能性よりもコード化された記号的差異が優越する消費社会であり，人びとは商品＝記号のシステムへと強制的に組み込まれていく．彼らは，商品の効用を自発的に消費するわけではなく，ブランド品の所有によって自己と他者との差異を表示するよう

に，記号としての価値を消費するのである．

　土産物は，本来は土地の歴史，文化，産業などに依拠する特産品であり，観光地との安定的，実体的な関係が存在した．ただ，日常生活圏にはみられない物品がもつ差異性，旅の証拠や実物の代理を求める点では，すでに記号消費的な性格を有していた．消費社会の特徴との親和性を高めている現代の観光では，さらにシミュレーション的な状況が広がっている．観光地の固有の文脈や準拠点との照合関係が存在しないような記号が，次々と生まれ出ては消費されている．その典型は，「ハローキティ」「ゲゲゲの鬼太郎」をはじめとするキャラクターグッズである．

　都市観光とショッピング　このような消費社会化の進展は，現実には大都市部で先行してみられ，その姿を変化させた．つまり，小売，飲食，宿泊，情報，娯楽，文化など，都市におけるサービス産業の比重が増加し，都市空間の機能が集客や消費へとシフトしていったのである．

　こうした構造的な変化を一つの背景にして，都市のさまざまな楽しみを享受することを目的とする都市観光（アーバンツーリズム）が発展をみるようになる．その対象は，ミュージアム，コンサート，演劇，スポーツ，コンベンション，ブランドショップ，巨大商業施設，エスニック料理など，きわめて多様であるが，消費の側面ではショッピングがもっとも大きな比重を占める．化粧品・医薬品，電化製品，ファッション，漫画・アニメなどの専門店や量販店などが集積する大都市は，特に訪日外国人観光客にとってショッピングツーリズムの恰好の目的地となっている．

　ショッピングモールと観光　ショッピングモールは，米国で20世紀後半に発達し，21世紀に入ると中国やアジア各地に，さらに巨大なものが建設されている．ホテル，デパート，ファッション・飲食店，劇場，テーマパーク，シネマコンプレックス，アミューズメント施設，大型専門店などの入った巨大な

ショッピングモールは，それ自体が観光スポットとして機能する．規模の大きいショッピングモールの見せ場は，アトリウムやガレリアと名づけられた巨大な吹抜けをもつ内部空間であり，そこには人工的な川や庭園が広がり，マーケットやステージにも活用される．このように，来訪者にモール全体を回遊させて滞在時間を延ばし，消費を誘発するための工夫が周到に仕掛けられている．

　リッツァ（2001）は，人びとが演出空間に誘われ買物を楽しむショッピングモールを「新しい消費手段」としてとらえた．それは，人びとの必要か否かの判断力を鈍らせ，本来の購買能力を超えて商品・サービスをやみくもに消費させる手段のことである．高度に発達した資本主義社会は生産から消費へと焦点を移し，特に消費者の意志と行動を管理することに力を注ぐようになる．そこでは，従来の広告やマーケティングだけでなく，モールをはじめとする新しい消費手段，すなわちクレジットカード，ファストフードレストラン，サイバーモール，テーマパーク，クルーズ船，カジノなどを発達させる．

　こうして人びとは無意識のうちに必要以上の消費を強制されるが，これにより資本主義の拡大再生産は保たれる．モールが売っているのはそこで商品を買ってしまうような魅惑的な環境なのである．リッツァは，巨大なモールやディズニーランドは人気の観光アトラクションであるが，これらの観光が他の商品を売るための手段にすぎなくなっている点に着目すべきだと指摘している． 　　　（堀野正人）

文献

朴　美慶 1996「観光者のみやげ品購買行動に関する研究」前田　勇編『現代観光学の展開』学文社，pp.23-40．

ボードリヤール，J.（今村仁司・塚原　史訳）1995『消費社会の神話と構造』紀伊國屋書店．

リッツァ，J.（正岡寛司監訳）2001『マクドナルド化の世界』早稲田大学出版部．

9.12 フードツーリズム

定義と実際 旅先での飲食（以下「食」と表記）や，その地の気候，風土，歴史に由来する食文化の体験など食に関連する活動を主たる目的の一つとする旅行形態をフードツーリズムという．

地域の名産品やその地で流行しているものを食べたり購入したりするグルメツアーや，農産物の収穫などの農畜産業および漁業体験，生産地を訪ねるワイナリーツアー，調理体験，フードフェスティバルへの参加など，さまざまなタイプがある．

また関連する概念として，ガストロノミックツーリズム（gastronomic tourism），テイスティングツーリズム（tasting tourism），カリナリーツーリズム（culinary tourism），ワインツーリズム（wine tourism）などがあり，欧米などでは，2000年前後から盛んになってきている．

例えば，ワインは原料となるぶどうの品種や土壌の性質，その地の気候，天候，栽培方法，醸造方法，貯蔵方法などによって味わいが大きく異なり，土地の風土が大いに反映される．ワイナリーを訪れ，ぶどうの生産やワインの製造を見学したり，試飲し，購買したり，併設のレストランで食事をしたり，時には収穫作業を体験するなどのワインに特化した体験を行うワインツーリズムは，世界的に多彩な広がりをみせている．

フードツーリズムには，食が旅の一義的な目的であるものから，「旅の主目的は他にあるが，せっかくだから旅先の名物を食べたい」といったように，食が多様な目的のなかのひとつという場合まで多様である．

一般的に，食は観光の重要な要素のひとつであり，食は地域の中核的な観光資源ともいえる．また，観光者は飲食によって，風土や文化を体内に取り込みながら味覚を中心に，五感を使った体験をしている．

観光における食の役割 食は人が生きるために必要不可欠な行為であり，当然，旅先でも必要となる．交通システムが整い，旅の利便性が高まるにつれ，旅先での食の供給システムが整い，食そのものが旅の主要な楽しみの一つになっていった．江戸時代には，現代のガイドブックにも相当する道中記や細見記，名所図会などが数多く刊行されており，そのなかでは地域の名物料理や有名な店舗が旅人に人気となっていた様子が描写されている．

ここで，あらためて現代の観光における食の役割について整理しよう．食の役割は次の七つに大別できる．①空腹を満たす，②地域の名物や話題のものを堪能する，③高級なものや希少価値の高いものを食べる，④食の生産や文化にまつわる体験を楽しむ，⑤食とともに休憩をとる，⑥同行者や地域の人びとと交流する，⑦土産にするなどである．

①は，古くからの旅先での食のあり方であり，生きるために必要な栄養などを摂取するといったことをさす．

旅に楽しみの要素が加わり，各地のグルメ情報が共有されるようになると，②の地域の特産品や，郷土料理などの地域特有の調理法による料理を堪能したいという欲求が誕生する．近年では，地域の食材や特有の調理法などを活用して，伝統的にその地域で食べられてきたものではない，新たに開発された名物料理も増えている．

また，旅先では日常（ケ）とは違うハレの食事を志向する傾向があり，③の高級かつ希少価値の高い料理が選択されやすい．特に，都市観光では，地域性とは関係のない流行の店や有名店にも人びとが集まる．

④以降は食に付随する経験に着目した項目である．④は，農業体験や漁業体験，そば打ちなどの調理体験といった体験プログラムであり，近年では，すしの握り方を教わりなが

ら自分の握ったすしを食べることができる体験施設が外国人旅行者にも人気である．

⑤は，カフェなどで飲食しながら，休息をとることなどがあげられる．

⑥の交流も，観光における楽しみのひとつとなっている．

なお，⑦の土産としての食の人気は高く，自分自身のために購入するものも含まれる．

さらに，特定のテーマに基づき，空間デザインを施し，エンターテインメントも組み合わせたテーマレストランなどでは空間そのものも楽しむ．忍者屋敷，監獄，ジャングル，「不思議の国のアリス」など，多様なテーマを掲げたレストランがある．

以上述べてきた①～⑦のうち，①は生きるために必要不可欠なものであるが，それ以外は楽しみのための資源であり，施設といえよう．

観光資源としての食　前述の通り，食は魅力的な観光資源となりうる．海外の日本食レストランで食事をした人のなかには，それをきっかけに「日本の本場のレストランで食事をしたい」と日本を訪れる人がいる．2013年，「和食：日本人の伝統的食文化」がユネスコ無形文化遺産に登録されてから，その勢いは増している．

観光者を受け入れる国，地方自治体や観光協会，商工会，商店会などでは，食を観光資源としてとらえ，食文化の掘り起こしや，郷土料理の再興，地域食材や地域の調理法を用いた新規メニューの開発，地域一丸となっての積極的なセールスプロモーションなどが展開されている．

福島県喜多方市の喜多方ラーメンは，その先駆的事例である．1974年，喜多方市内に数多く残されている蔵の景観を紹介する写真展が東京で開催された．その後テレビ番組でも紹介されて話題になり，観光入り込み客数が増加していった．当時，地元には観光客向けの飲食店がなかったため，もともと軒数の多かったラーメン店を利用する観光客が，喜多方ラーメンの美味しさを口コミで広めていくこととなった．喜多方市では通過型から滞在型の観光地を目指しており，人口に対するラーメン店の数が日本一であることに着目し，1980年代から広報活動に力を入れていったのである．次第に大型バスツアーなどでも喜多方を訪れる人が増え，1987年からは製麺業者とラーメン店が加盟する「老麺会」が組織され，市の観光協会と連携して広報活動を行っている．

地域の側からとらえると，食にまつわる観光資源を充実させることは，観光者の滞在時間の延長やリピーターの獲得につながる．人間の胃袋の大きさには限りがあり，その場で飲食する場合には，他の物財のように一度に大量に購入することができない．また，耐久品のように一度手に入れれば満足するというものではなく，繰り返しの需要が発生し，旬の食材は時期が限られることなどからも，地域を再訪する人が出てくる．

食にまつわる観光資源は，地域の風土や歴史文化と密接に関わるものが多く，地域固有のストーリー性をもたせることが比較的容易である．その際に，地域の食材を地域で加工し，地域のレストランなどで提供するという6次産業化を推し進めることで，地域の固有性をさらに高められる．

観光の阻害要因としての食　その一方で，国際観光においては，魅力的な食資源が認知されていない地域，衛生管理が不十分な地域，各宗教の戒律に則った食を提供できない地域，ベジタリアンなど主義主張に基づく食習慣に対応できない地域では，そのこと自体が観光の阻害要因となることがある．インバウンド観光客のフードツーリズム推進にあたっては，これらの国際対応もきわめて重要である．

（丹治朋子）

文　献

Hall, C. M. 2003 *Food Tourism Around the World*. Elsevier.
UNWTO 2012 *Global Report on Food Tourism*.

9.13
セックスツーリズム

観光とセックス セックスツーリズムとは，訪問先の住人と性交渉をもつこと（とくに買春）を目的とした旅行をさす．関連する経済効果を総合すれば，年間数十億ドル規模に達するとも推定される．

20世紀後半，航空機による大量輸送システムの発展により，欧米のいわゆる先進国から開発途上国への観光旅行が急拡大した．途上国への旅行の魅力は，自国ではすでに失われた（とされる）「未開」の異国へのエキゾチシズムと，経済格差による割安感に支えられていた．しかし1970年代から1980年代にかけて，それらの魅力要素の思わぬ副産物が，問題視される．欧米や日本の男性による，東南アジア，中南米，アフリカなどでの買春目的の旅行が，白日の下にさらされたのである．

東南アジアでは，1960年代にベトナム戦争に従軍した米兵の慰安所としての機能を担ったタイなどに，外国人を顧客とする性産業が隆盛した．東南アジア諸国による国をあげての外国人観光客の誘致策は，男性客を主たる対象とした，現地女性のホスピタリティと性的魅力を称揚するものだった．東南アジア諸国の外国人向け性産業は，政府の黙認のもとに観光業に組み込まれ，売買春を禁止する国内法があるにもかかわらず，野放しの発展を続けた．ただし，児童買春や悪質な管理売春への取締りは，次第に強化されつつある．

先進国の男性たちは，為替レートと経済格差の恩恵で，途上国において自国よりも安価な買春ができた．近年は，経済発展が進む東アジア諸国やイスラーム圏など，セックスツーリスト送出し国は多様化している．

セックスツーリズムの拡がり 欧米や日本の男性は，途上国の女性に対して自国の女性にはない魅力を見出していた．すなわち，男女同権の気運が高まる自国では薄れつつある「男性を立てる」態度や，自国の女性セックスワーカーには望めない細やかなサービスなどである．彼らが途上国女性に感じるこうした魅力は多分に，自身の偏向した女性観の反映だとみなせる．つまり，先進国民としての差別的な特権意識に支えられて，自国の女性とかかわるときとは異なる高い水準の自己効力感をもって，途上国の女性と接する．また，あらゆる手段を用いて男性ツーリストから金銭を得ようとする女性の努力を，自分への好意と誤認する，といったことである．先進国から途上国へのセックスツーリストにあっては，経済社会的な下層に位置する男性の割合が高いとされるのは，自国での性的弱者が，経済力を武器として途上国に活路を求めているからだと，解釈できる．

1980年代まで盛んであった，観光バスで売春宿に乗り付けるような組織的買春は，国際的な非難を受けて下火となった（日本人男性は，非難の最大の対象であった）．ただし，旅行会社が主催する集団買春こそ減少したものの，セックスツーリズム全体が縮小したわけではない．国際観光市場の成長と歩調を合わせて，セックスツーリズムも拡大しているとみなすのが，妥当であろう．今日では，買春マニュアル的な情報の氾濫を背景に，セックスツーリストの行動はより個人化・多様化し，管理売春以外の買春機会も増大している．

上述したようなセックスツーリズム当事者の意識は，売買春に始まる出会いを，心理的要素を孕んだより複雑な関係へと導く（斡旋業者による管理が希薄な場合は特に）．「買う」側からすれば，例えば食事に同行する，観光ガイドをしてもらうなど，売春の文脈を離れて行動をともにすることで，より大きな精神的充足が得られる．一方「売る」側からすれば，売春以外の報酬機会を作り出すこと，さらには相手側に自分への愛着を植え付けることができれば，利得の大幅な増加が見込める．裕福な外国人セックスツーリストとの結婚

は，その最たる例である．

つまり，単なる売買春を超えた関係形成が，「売る」側と「買う」側の双方からして，望ましいものとなる（場合がある）．「売る」側にとって，相手への恋愛を装うことが目的合理的であるのみならず，関係が長期化するにつれて，実際に愛情が育まれる可能性すらある．だとすれば，「買う」側に相手との「恋愛」への期待が生じても，不思議ではない．

ロマンスツーリズム　異国の住人とのこうした「恋愛」を期待しての旅行は，ロマンスツーリズムとよばれる．ロマンスツーリストは，単純な売買春ではなく，心理的要素が介在する（ように思える）複雑で長期的な関係を志向する．しかし，ロマンスツーリストも，（意図するとせざるとにかかわらず）自身の経済力を利用してパートナーを得る／つなぎ止める傾向が強く，「(疑似)恋愛」化したセックスツーリズムと，外形的な区分けはしづらい．ツーリストの心理にあっても，性欲と情愛，支払と贈与を，常に峻別してはいない．

ロマンスツーリストの多数を占めるのは，女性だという．一般に女性は露骨な売買春を好まないのに加えて，女性ツーリスト向けの制度的な売買春の場が，少ないからである．ある非公式の推計によれば，旅行先の異国男性と一時的な性交渉をもつ先進国女性は年間2万4,000人（日本人は4,000人弱）にのぼり，その数は増え続けているという（Belliveau 2006）．

女性ロマンスツーリストと現地男性との出会いの場は，売春施設ではない．中南米，東南アジア，アフリカなどのリゾート地の，バーやディスコ，そしてビーチという，より「自然な」セッティングとなる．カリブ諸国やバリ島では，観光客向けにマリンレジャーのサービスを提供する「ビーチボーイ」が，副業（またはむしろ本業）として外国人女性に声を掛け，「恋愛」関係を構築しようとする．その際には，性交渉はもちろん，相手女性を褒めそやし，楽しませ，荷物を持ったりドアを開けたり，きめ細やかなケアを提供する．その一方で，彼らは飲食遊興の費用を女性に支払わせ（自国の女性相手にはそのような要求はしない），さらには事業資金や，家族の援助などの名目で，金銭を引き出そうとする．そのためには，女性が反復して男性を訪ねてくるような長期的な関係を構築するのが望ましい．一方，女性ロマンスツーリストの多くは中高年であり，自国において性的な機会を長らくもたなかった者を含む．明確な買春の意図をもたずとも，男性との良好な関係を維持するために，多大な支出をすることを厭わない．こうした関係性の基本構図は，「恋愛」化したセックスツーリズムと同一である．

男性セックスツーリストは，少なくとも関係の端緒において，女性と性交渉を（金銭を媒介に）もつという意思決定をする．対して，より「自然な」状況におかれる（「恋愛」への期待のもとにその状況に身を投じる）女性ツーリストは，男性からの誘いに応じるのみで，性交渉の機会が得られる．関係を望みながら表面的には拒否を貫く，受動的積極性というべきケースもある．一般に，女性における買春への忌避意識は高いが，仮に事実上の買春行動であっても，自ら性交渉を求めていないこと，金銭支払いが（建前上は）性交渉の代価でないことにより，罪悪感を免れる．

ロマンスツーリズムはセックスツーリズムの外延を拡張する現象である．広義には，いわゆる遠距離恋愛の相手を訪ねることも，含まれよう．1990年前後，JR東海は新幹線の需要喚起を意図して，遠距離の恋人に会いに行く「シンデレラ／クリスマス・エクスプレス」の広告キャンペーンを展開した．管理売春から遠距離恋愛までの拡がりの全体を，手を変え品を変え利益創出に活用するのが，今日のツーリズムなのである．　　　（市野澤潤平）

文献
Belliveau, J. 2006 *Romance on the Road: Travelling Women Who Love Foreign Men*. Beau Monde Press.

9.14 ニューツーリズム

ニューツーリズムとは ニューツーリズムは，国際的には1980年代頃から使用された言葉である．マスツーリズムによるさまざまな問題が指摘され，複数の新たな観光形態が提案された際に使用された表現の一つであるが，海外ではあまり浸透していない．理由の一つに，英語で「ニュー（new）」と表現するには，その対極となる「オールド（old）」が何をさすのかを明確にする必要があるからだろう．マスツーリズムに対して"new"だという議論は可能であるが，マスツーリズムに代わる観光として英語圏では"alternative tourism"という表現がSmith and Eadington（1992）らによって提案され，こちらの方が浸透している．

"New tourism"という用語を積極的に使ったPoon（1993）は，"old tourism"の実践主体である"old tourists"は同質的で予測可能であり，すべてが段取り済み・支払い済みの旅行に大勢の人びとと参加することで安心していると説明する．反対に，"new tourism"の主体である"new tourists"は多種多様で予測不可能で，同じ旅行でも人によって違うサービスを異なる価格帯から選び，人と違うことを重要視していると説明した．また，"new tourism"が発現したのは，消費者，技術，経営，生産，ならびにこれらを取り巻く状況に変化が起きたからだと指摘している．

観光と持続可能性について論じたMowforth and Munt（1998）は，ニューツーリズムというよりは，「新しい観光形態（new forms of tourism）」という表現を使い，エコツーリズムやアグロツーリズムをはじめとする26の異なる観光形態が含まれると述べている．新しい観光形態をまとめて論じるときには"new tourisms"と複数形にしており，その使用は限定的である．

日本におけるニューツーリズム 日本語のニューツーリズムは，主に行政用語として使用されており，日本独自の意味，解釈をもつ語と理解するのがよいだろう．観光庁ホームページでは，「ニューツーリズムとは，従来の物見遊山的な観光旅行に対して，これまで観光資源としては気付かれていなかったような地域固有の資源を新たに活用し，体験型・交流型の要素を取り入れた旅行の形態」と説明されている．

ニューツーリズムという語が日本の観光行政で使われ始めたのは，2007年に観光立国推進基本法が施行され，観光立国の実現に関する施策の総合的かつ計画的な推進を図るために観光立国推進基本計画が定められたときである．観光立国推進基本法では，基本的施策として，①国際競争力の高い魅力ある観光地の形成，②観光産業の国際競争力の強化及び観光の振興に寄与する人材の育成，③国際観光の振興，④観光旅行の促進のための環境の整備が定められている．

ニューツーリズムが関係したのは，④のなかの「新たな観光旅行の分野の開拓」についてであり，観光立国推進基本法第23条では「国は，新たな観光旅行の分野の開拓を図るため，自然体験活動，農林漁業に関する体験活動等を目的とする観光旅行，心身の健康の保持増進のための観光旅行その他の多様な観光旅行の形態の普及等に必要な施策を講ずるものとする」と定められている．

この第23条に呼応する観光立国推進基本計画の項目に「新たな旅行需要の創出による地域の活性化等のため，地域密着型のニューツーリズムの促進は極めて重要である」と記され，ニューツーリズムという語が使用されている．ここではニューツーリズムの定義は明記されていないが，各ニューツーリズムの推進について，エコツーリズム，グリーンツーリズム，産業観光，ヘルスツーリズム，フラ

ワーツーリズムやフィルムツーリズム，船旅，都市と農山漁村の共生・対流の推進が取り上げられている．なお，ニューツーリズムの定義が明確に言及されたのは観光庁による『ニューツーリズム旅行商品　創出・流通促進ポイント集』（2010年）などからである．

　ニューツーリズムの解釈の変化　2012年に発表された新たな観光立国推進基本計画では，観光地域のブランド化や訪日プロモーションが強調されたが，ニューツーリズムについては継続して「新たな観光旅行の分野の開拓」の項目に記されていた．ただし新計画では，「地域密着型のニューツーリズム」「地域発のニューツーリズム旅行商品」というように，地域との関係がより強調されていた．また，ニューツーリズムの種類として，スポーツツーリズムやファッション，食，アニメ，山林などを観光資源としたニューツーリズムが加えられた．

　他方，インバウンドの発展が強調されているのに合わせて，2011年度には外国人向けのニューツーリズムについての取り組みが始まっている．しかし，インバウンドにおけるニューツーリズムは上記と解釈が異なっている．2012年観光庁発行の『外国人旅行者に対する地域資源の意識調査事業　外国人が楽しめるニューツーリズムを目指して』では「ニューツーリズム旅行商品（着地型旅行商品）」と記されており，ニューツーリズムは着地型観光ととらえられていた．

　同様の変化は国内を対象とした事業でも起きており，2012年観光庁発行の『着地型旅行市場現状調査報告』では着地型旅行の定義としてニューツーリズムがあげられている．具体的には，着地型旅行実施主体に対しては着地型旅行を「ニューツーリズム（着地型旅行）」の定義で紹介し，ニューツーリズムとは産業観光，グリーンツーリズム，エコツーリズムなどの内容で地域に密着した体験型旅行のことと説明されていた．他方，消費者に対しては着地型旅行を地元の資源を活用した旅行や，地元ならではの文化や産業の体験，交流などを重視した旅行と説明している．

　その後も観光庁関連の事業報告では，「着地型旅行商品（ニューツーリズム）」と記されていたり（ニューツーリズム普及促進モデル事業），ニューツーリズムは着地型の滞在プログラム，あるいは着地型観光という理解がされていたりして（インバウンドを見据えた着地型観光調査），観光行政ならびにそれに関する事業では，ニューツーリズムは着地型観光の類似語として扱われるようになったと理解できる．

　ここで原語の"new tourism"に立ち返ると，この語は着地型観光と類義にはならない．着地型観光の反意語は発地型観光であるが，"new tourism"の反意語である"old tourism"は発地型観光と同義ではないからである．

　グローバル化が進む社会では，さまざまなモノが越境し，ローカル化していく．ニューツーリズムも日本の行政用語として使用される過程でローカル化し，その終着点として「着地型観光」にたどりついたのかもしれない．ローカル化を是とするか非とするかは主体によって異なるが，ニューツーリズムを和製英語としてローカル化してよいのか，観光の専門用語としてグローバルスタンダードを守るべきなのか，訪日プロモーションが大きな成功を収めている昨今，外国語を言語とする用語の使用には細心の注意を払うべきである．

　ちなみに，『観光白書』にニューツーリズムが明記されるのは2007年度版の「平成19年度観光施策」からであるが，2014年度版を最後にニューツーリズムの項はなくなっている．
〔堂下　恵〕

文　献

Mowforth, M. and Munt, I. 1998 *Tourism and Sustainability*. Routledge.
Poon, A. 1993 *Tourism, Technology and Competitive Strategies*. CAB International.
Smith, V. L. and Eadington, W. R. 1992 *Tourism Alternatives*. University of Pennsylvania Press.

9.15 エコツーリズム

理念と制度化 エコツーリズムはエコ (eco) とツーリズム (tourism) を合わせた用語である．語感から想起されるような自然体験や冒険旅行などをさすのではなく，主に途上国の自然地域で生まれた観光の概念である．ケニアやタンザニアなどの東アフリカや，コスタリカやガラパゴス諸島などの中南米がエコツーリズムの発祥地とされている．

背景には，第二次世界大戦後，大衆の観光がグローバル化かつ大量化する過程で，観光地の自然や地域社会において生じたさまざまな弊害が問題視されたことがある．例えば，東アフリカでは狩猟観光による野生生物の絶滅が危惧され，また東南アジアや南米などでは観光によって先住民の生活や伝統文化の変容を招くことが指摘されていた．観光業界内でも倫理や規範の必要性が重視され，従来の観光に代わる観光（オルタナティブツーリズム）が模索されるようになった．

エクアドルのガラパゴス諸島では，1960年代から学術調査と徹底した公園管理のもとで，訓練されたナチュラリスト・ガイドや規範と責任ある自然観光を営む観光業者による「管理型観光」とよばれる仕組みを構築し，急増する観光客が野生生物の生息地を脅かさないように努めてきた．一方，自然保護地域のなかには運営資金不足に陥ることが少なくなく，アフリカでは，保護区周辺の住民が公園と観光から金銭を得られれば，地域社会と生態系，種の保存は両立できるという論理が生まれていた．

1978年に当時の国際自然保護連合（IUCN）代表ケントン・ミラーが資源の保全，コミュニティ，観光の融合に基づく中南米の国立公園計画を提唱したが，これはエコツーリズムの基本理念の制度化である．1982年にインドネシアのバリ島で開催された世界国立公園会議のなかでメキシコの建築家 H. C. ラスクレインによって「エコツーリズム」というキーワードが用いられたとされている．

定義 エコツーリズムは自然保護，地域社会，観光ビジネスが共存するところにあるため，どの立場からエコツーリズムを論じるかによって定義が異なる．IUCN は「自然保護地域のために十分な資金を生み出し，地域社会に雇用の機会を創出し，旅行者に環境教育の場を提供することによって，自然保護あるいは自然保護地域づくりに貢献する自然観察または地域文化を学習する観光」と定義している．日本では，日本エコツーリズム協会(1998) の定義が早く，「①地域固有の自然・文化・歴史資源を活用し，観光産業を成立させること，②観光の波及により，地域経済の活性化に資すること，③それらの資源が持続的に利用できるよう，資源を保全していくこと，という三つの認識上に成り立つ，観光産業と自然・文化・歴史資源の保護，およびその資源の担い手である地域の活性化の三つの要素を相補する社会運営システム」と定義している（図）．

日本における展開 日本では，1990年前後から環境教育団体や自然保護団体が研究を始めていたが，環境庁（当時）が 1991年から西表国立公園で実施したパイロット事業が明確な初期の実践例とされる．西表島では，島民らが 1996年に日本初のエコツーリズム協会を立ち上げた．また 1988年に鯨類に対する自主ルールを徹底してホエールウォッ

図　エコツーリズムの概念（エコツーリズム・トライアングル）

ング事業を開始した小笠原村や，1993年に初のエコツアーガイド会社を設立した屋久島なども先進例である．1998年にはエコツーリズムを全国に普及することを目的として，エコツーリズム推進協議会（現日本エコツーリズム協会）が設立された．

政府が観光立国宣言を発表した2003年，当時の小池百合子環境大臣が議長を務めてエコツーリズム推進会議が開催され，エコツーリズムのさらなる普及方策を検討した．①エコツーリズム憲章，②エコツーリズム総覧（エコツアー検索サイト），③エコツーリズム大賞，④エコツーリズムマニュアル，⑤エコツーリズムモデル事業の5事業が提案・実行された．⑤のモデル事業は，環境省が設定した三つのカテゴリー（自然豊かな地域／多くの観光客が訪れる地域／里地里山地域）に適合する候補地を公募し，選定された13地域に対し数年間の支援を行った．もっとも応募が多かったのは里地里山地域であった．これらの地域では，自然だけでなく里山との関わりから生まれた生活文化や歴史の保全，継承を進める方法としてエコツーリズムに着目し，地域活性化手段としてエコツーリズムがとらえられていることが示唆された．これまで観光と縁がなかった地域も含まれていた．

エコツーリズムに取り組む際には，「宝さがし」などとよばれる地域の人びとの誇りである資源の掘り起こしや，地域住民のなかからガイド人材の育成を行う．このように地域の人びとが誇れる資源を掘り起こし，ガイドを介して地域づくりにつなげていくスタイルは，「日本型エコツーリズム」とよばれている．

エコツーリズム推進法　地域主体のエコツーリズムの推進を支援することを目的として，2007年6月に議員立法により，「エコツーリズム推進法」（平成19年法律第105号．以下，推進法）が成立し，翌年4月に施行された．主務官庁は環境省，国土交通省，農林水産省，文部科学省である．推進法ではエコツーリズムを「観光旅行者が，自然観光資源について知識を有する者から案内または助言を受け，当該自然観光資源の保護に配慮しつつ当該自然観光資源とふれあい，これに関する知識及び理解を深めるための活動」と定義している．

同法は，エコツーリズムを進めようとする地域に，多様な主体が参加するエコツーリズム推進協議会の結成と，同協議会による「エコツーリズム推進全体構想」の策定を求める．国により構想の適格性が認められれば協議会を国の認定エコツーリズム推進団体とする．認定を取得すると当該全体構想は法的効力をもち，国は都度あるごとに広報やアドバイスを提供する．この法律は世界に類例がない．認定取得までに多様な作業と，地域の主体性な取り組みが必要となることを顧みれば，認定取得は日本のエコツーリズム推進の到達点を示すものといえる．2009年に埼玉県飯能市が認定取得地域第一号となった．2018年10月時点で14協議会が認定されている．

エコツーリズムの可能性と課題　エコツーリズムは世界各地で実践されており，その位置づけは国によりさまざまである．コスタリカやニュージーランドはエコツーリズムの国を標榜しており，途上国では貧困からの脱出手段，災害や戦争被災地などでは復興の初期手段となってきた．2015年，国連は「持続可能な開発目標」（SDGs）を掲げ，その多くに観光が関わることから2017年を「持続可能な観光の国際年」とした．エコツーリズムにはまさに持続可能な観光の先進モデルといえる．観光の枠を超え，持続可能な社会づくりの手法として，エコツーリズムに取り組む意義は高まっているといえる．　　（海津ゆりえ）

文　献
真板昭夫・石森秀三・海津ゆりえ編 2011『エコツーリズムを学ぶ人のために』世界思想社．
Honey, M. 2008 *Ecotourism and Sustainable Development: Who owns paradise?* CAVI.

9.16
グリーンツーリズム

定義 日本でグリーンツーリズムといえば，1992年以降，農林水産省主導で推進された「グリーン・ツーリズム」をさすことが多い．この用語は，推進施策を検討した研究会の中間報告で「『緑豊かな農山漁村地域において，その自然，文化，人々との交流を楽しむ滞在型の余暇活動』，ひとことでいえば『農山漁村で楽しむゆとりある休暇』」と定義されている（21世紀村づくり塾 1992: 1）．

日本語のグリーンツーリズムは，欧米諸国の政策を参考に，「美しくバラエティに富んだ緑豊かな我が国の農山漁村地域におけるツーリズムに適合した呼称」として選択された（21世紀村づくり塾 1992: 3）のであって，英語本来の意味とは異なる．英語では，農山漁村での観光は一般的にルーラルツーリズム（rural tourism）とよび，グリーンツーリズム（green tourism）という用語は，より環境に配慮した観光形態をさす（例えば European Centre for Ecological and Agricultural Tourism 2002）．形容詞としての「グリーン（green）」に，環境にやさしいという意味があるために，英語でグリーンツーリズムといえば，環境負荷の少ない宿泊施設の利用や環境学習プログラムへの参加が想起される．ここでは，日本のグリーンツーリズムに倣って，農山漁村あるいは田園での観光を紹介していく．

田園・農村での観光の発展 農山漁村あるいは田園での余暇は近代観光が誕生する以前から行われていたが，世界各地で田園・農村での観光が盛んになったのは20世紀後半である．国や地域によって時期は前後するが，観光する側の要因としては，都市化，工業化が進んで都市生活者が多数派を占めたこと，多くの人びとが余暇を楽しめるだけの収入を得られるようになったこと，都市から農村への交通網が整備され移動が容易になったこと，都市住民が生活圏内では望めない緑豊かな環境を農村に求めたことなどがあげられる．

来訪者を受け入れる地域側の要因には，第一次産業の低迷を打開する一施策として観光に期待が寄せられたこと，田園・農村の環境保全を促進するために都市住民との交流が有用だと考えられたこと，過疎化対策として交流人口の増加を図ったこと，などがある．日本のグリーンツーリズムにおいては，農業の兼業化，農作物の輸入自由化，農山漁村の過疎化といった諸問題への対策が迫られるなかで，農村空間の保全と活用に観光が有用だと検討されたことが推進の契機となっている．

日本のグリーンツーリズム施策 日本でグリーンツーリズムが提唱された当初，推進施策の方向は，①美しい村づくりの推進，②受入れ体制の整備，③都市・農村相互情報システムの構築，④推進・支援体制の整備の四つであった．この方向に沿って，まずは1993年度に「農山漁村でゆとりある休暇を」推進事業が開始され，グリーンツーリズム推進にかかる調査研究やモデル地区事業が5カ年にわたって行われた．

1994年には，農林漁業体験民宿の登録制度などを盛り込んだ農山漁村滞在型余暇活動のための基盤整備の促進に関する法律，略称農山漁村余暇法が成立し，翌年に施行された．この法律の中核をなす農林漁業体験民宿の登録は，当初は農林漁業者および彼らが組織する団体のみ可能であったが，2005年の法改正以降は農林漁業者でなくても同様のサービスを提供していれば登録可能となった．

なお，法改正が行われる直前の2004年度末時点で農林漁家民宿数は3,653軒，1年間の延べ宿泊者数は約240万人にのぼり（農林水産省農村振興局企画部農村政策課都市農業・地域交流室 2006），グリーンツーリズム施策が農林漁業者や関連団体に観光実践とい

う新たな機会を提供し，多くの関係者が試行したことを明示している．

近年では，農山漁村の教育力の活用や既存の施設，資源の活用など，多面的な都市農村交流が促進されている．加えて，2008年度に農林水産省，文部科学省，総務省が連携して「子ども農山漁村交流プロジェクト」を開始したように，複数の省庁が連携した取り組みもみられるようになっている．

田園・農村への国際的な価値づけ　ルーラルツーリズムや日本のグリーンツーリズムは，都市生活者が自国内の田園や農村を訪れて余暇を過ごすのが主流であった．だが昨今，国境を越えてこれらの観光を楽しむ流れも生まれている．背景には，国際的な保護制度において田園や農村が認証・登録され，一地域の田園や農村の価値が共有されるようになったことがある．

そもそも，地域住民が生業などで活用し続ける田園や農村は，多くの制度や枠組みにおいて保護対象にはなり難かった．しかし，1992年にはユネスコの世界遺産に文化遺産の範疇で，自然と人間の共同作品である文化的景観の概念が導入され，棚田などが登録されるようになった．1994年には，国際自然保護連合（IUCN）が保護地域カテゴリーを更新する際に，農地など，人が生活している景観の保護を強化できるよう景観保護地域（カテゴリー5）の内容を改正した．

さらに，2002年には国連食糧農業機関（FAO）によって，伝統的な農法や農村景観などを包括的に保全するための世界重要農業遺産システムが提唱された．2010年には日本が主導して，里山に代表される，人びとの営みによって維持されてきた二次的自然を保護するための「SATOYAMAイニシアティブ」を提示した．これらの制度によって認証・登録された田園・農村地域は，観光対象として新たな価値を付与され，人びとを魅了している．

国際グリーンツーリズム　2003年にビジット・ジャパン事業が開始されて以降，訪日外国人観光客誘致が積極的に行われており，新たな魅力創出のために田園・農村の活用も検討されている．2012年に閣議決定された観光立国推進基本計画においては，農山漁村の地域資源の活用支援や日本食，日本食材などの海外への情報発信とともに，農山漁村で外国人が快適に観光できる環境の整備が謳われている．

この流れを受けて，訪日外国人旅行者と農山漁村の架け橋を構築すべく，国際グリーンツーリズムの検討が進んでおり，複数の研究所や機関が調査を実施している．調査を通して，例えば，ターゲット層は団体旅行者より個人旅行者，さらには日本文化や社会に造詣の深い在日外国人の存在がきわめて重要であると示唆されている（JTB総合研究所 2013）．

観光から移住へ　観光から都市農村共生・交流へと発展していくなかで，農村の空き家の活用や都市から農村への移住が積極的に推進されるようになってきている．複数の自治体では，交流人口の拡大ならびに移住，定住を促進するための事業が展開されており，都市部の若者を農村で長期間受け入れるための支援枠組みが整備されつつある．1990年代初頭のバブル経済崩壊以降，若者の雇用は不安定化・流動化しており，彼らが観光で農村を訪れたことをきっかけに移住を決意し，支援制度を活用して農村での就業と定住を実現している例が各地でみられるようになっている．

（堂下　恵）

文　献

JTB総合研究所 2013『国際グリーン・ツーリズム推進の手引き』
21世紀村づくり塾 1992『グリーン・ツーリズム（グリーン・ツーリズム研究会中間報告書）』
農林水産省農村振興局企画部農村政策課都市農業・地域交流室 2006『グリーン・ツーリズムの展開方向』
European Centre for Ecological and Agricultural Tourism 2002 *Green Holiday Guide: Great Britain and Ireland*. Green Books.

9.17 アグリツーリズム

アグリツーリズムの意義と内容 アグリツーリズム（agri-tourism）は，農業と農村資源を活用して農業者が行う観光活動をさしている．具体的には，農家民宿，農家レストラン，農業体験などの観光的なサービスを具体例としてあげることができる．かつて，もぎ取り果樹園は観光農業とよばれたが，現在のアグリツーリズムは農業観光とよばれることもある．

その意義は，農村側にとっては，第一に，アグリツーリズムにより新たな所得と就業の機会を創出することで，過疎化と高齢化の進む農村の活性化を図ることができる．第二に，内発的な農村資源利用と同時に保全が可能となる．茅葺き家屋の民宿利用などは，その好例である．第三に，その担い手は女性が多いことから，農村部における女性の経済的および社会的地位向上につながることがあげられる．

都市側からみれば，第一に，高ストレス社会のもとで暮らす現代の都市生活者のストレス軽減の場，いわば癒やしの場としての農村のもつ快適性（アメニティ）を指摘できる．農村の自然環境，伝統文化，住民たちとの交流によるストレス軽減効果は，今後の農村の新たな機能として注目されている．第二に，仕事と生活が近接した，豊かな自然環境のもとでの農村ライフスタイルへの関心の高まりから，農村で自己実現を図るための手段として，都市部からの新規就農の選択肢としてアグリツーリズムが活用されている．

一般に農業者が食料や工芸品となる農業生産活動を行うことで，社会に有益な多様な便益を及ぼしているが，それを農業の多面的機能とよんでいる．具体例をあげれば，水田の水張りによる洪水防止機能，棚田などの伝統的な農村景観の保全，伝統家屋や芸能の保存継承など有形無形の伝統文化遺産の継承，農法にもよるが生物多様性の保全，食農体験による情操教育機能，そしてレクリエーションニーズに応える保健休養機能などが指摘できる．これら多面的機能は，いわゆる正の外部効果とよばれるもので，社会に有益な機能を及ぼすものであるが，それ自体で自動的に所得が得られるわけではない．アグリツーリズムは，まさにこの保健休養機能をビジネスとして所得化する農業者の活動ということができる．経済学的にいえば，アグリツーリズムは農業の正の外部効果を内部化して，ビジネス化する農業者の活動と定義できる．

しかし，その呼称はさまざまである．ファームツーリズム（farm tourism），アグロツーリズム（agro-tourism），グリーンツーリズム（green tourism），農村ツーリズム（rural tourism）などとよばれることもある．農村ツーリズムは，農村地域で行われる観光活動をさすいわゆる広義の場合と，農業者による観光活動をさす狭義の使われ方がある．このことから，現在，農村地域の観光活動をさしてもっとも多く使われているのは農村ツーリズムである．言い換えれば，アグリツーリズムは農村ツーリズムに比べてより狭義の意味合いを有している．

地域資源の活用 アグリツーリズムは，地域資源を活用して内発的な観光開発を目的としているという点でソフトツーリズムのひとつと考えられている．当初アグリツーリズムは西欧で発展したが，現在では世界各地に広がり，開発途上国においても農村開発の有望な選択肢として注目されている．西欧においては，アグリツーリズムは伝統的に農業者の副業として政策的な支援がなされてきた．また，西欧における労働者のバカンスを保証する長期休暇制度の存在も，アグリツーリズムの需要を後押しする制度的として重要な要因である．なぜなら，一般に農家民宿などの農業者が経営する宿泊施設は，地元や自家食材を活用した郷土料理の提供などの魅力がある

こと，それらのサービスを加えて，一般のホテルに比べて安価だからである．また，長期休暇制度により長期の宿泊需要が生じるため，安価で長期滞在が可能なアグリツーリズムは，こうした需要に応えることができる．

日本のグリーンツーリズムの特徴と課題
しかし，日本をはじめとする，アジア諸国では，長期休暇制度は実施されていない．国連の国際労働機関（ILO）は，長期休暇制度の実施に関するILO第132号条約への批准を日本にも求めているが，これまで政府にその動きはない．したがって，日本では，アグリツーリズムの宿泊需要を生じさせる制度的な枠組みがないという制約があり，短期宿泊者と日帰り客に依存した経営を行わなければいけないという状況にある．こうした事情は，アジア諸国に共通する課題であるため，日本型のアグリツーリズムを発展させることは，アジア諸国にとっても有益なモデルを提供できることから，その必要性は高い．

日本のアグリツーリズムは「グリーン・ツーリズム」とよばれており，農林水産省が農村政策の一環としてその振興を図っている．グリーンツーリズムは，都市農村交流ともよばれることがあり，交流に重点がおかれるとともに，農業体験などの教育効果が重要視されてきた点に特徴がある（大江 2017）．

現状は，急速な成長がみられたイタリアのアグリツーリズムと比べると，日本での伸び方ははるかに緩やかである．その理由は，第一に，日本では農業経営の規模が零細なため，農外兼業化が進んでいることから，新たな所得獲得の意欲が高くないという点である．第二に，農業者側の政府への依存度が高く，自主独立した経営活動になれていない点を指摘できる．特に経営者能力の向上が重要な課題となっている．

日本においても，以前からスキー場周辺では冬期の農閑期に，スキー客を受け入れる農家民宿が存在してきた．その宿泊需要は，あくまでスキー需要から由来するいわゆる派生需要であるため，農家本来の魅力で観光者をひきつけるという点では，本来のアグリツーリズムとはいいがたい．こうした民宿では，多くが団体客を対象として，農家の空き部屋を活用する方式で，そのサービスの水準も高くなく，経営者能力も高いものが要求されるわけではない．このため，農業生産期間である夏期の営業への転換が進まず，スキー客の減少や経営者の高齢化と後継者難から，廃業が増加している．その意味で，これらの民宿は，旧タイプのアグリツーリズムということができる．こうしたタイプでは，そのサービスの質も高い必要がないため，ダウンマーケットといえる．

アグリツーリズムは，本来夏期の営業でその魅力を最大限に発揮できる活動であることから，西欧ではバカンス期である夏期が繁忙期となっている．しかし，こうした夏期の営業では，消費者のニーズを的確に把握して，その場所でしか体験できない「本物の」（authentic）サービスを提供することがアグリツーリズムの魅力となるため，高い経営者能力が必要である．こうしたタイプのアグリツーリズムが，本来のアグリツーリズムということができる．

最後に，今後の日本の課題を述べると，経営者能力の向上に関する支援が必要である．無理をせず自然で温かい農村のホスピタリティのあり方，重要性を増すネットマーケティング能力，地域食材を活用した料理・商品開発，インテリアデザインの能力，農村文化を伝えるコミュニケーション能力の向上，そして今後その必要性が高まると予想される外国語でのコミュニケーション能力の向上も課題になると考える．これらは農業者個人ではすべて対応できないため，専門的な知識を有するNPOなど中間的な支援組織との連携も重要な課題となる．　　　　（大江靖雄）

文　献
大江靖雄編 2017『都市農村交流の経済分析』農林統計出版．

9.18
コミュニティベーストツーリズム

観光と地域コミュニティ 1980年代後半から、とりわけ第三世界の観光開発において、観光と地域コミュニティとの関係が問われるようになっている。この背景には、大型リゾート開発による環境破壊や地域の伝統・文化の破壊といった、時として起こる地域コミュニティへの観光地化にともなう弊害が、強く意識されるようになったことがある。こうした動きは、国際連合や世界銀行が提唱する新しい開発のパラダイムと密接に結びつきながら、「持続可能な観光（sustainable tourism）」をキーワードとして、観光地化による弊害を軽減する一方で、地域コミュニティへ恩恵を増加させる観光形態の制度設計の探求を促している。ここで注目するのは、地域コミュニティが、単純に観光から金銭的恩恵を享受するのではなく、開発計画から運営まで主体的に参加することを理念とする観光形態、コミュニティベーストツーリズム（community-based tourism、以下CBT）である。ここでは特に開発プロジェクトと結びついている第三世界におけるCBTに焦点を当てる。

CBTの定義として、一貫して含意されるのは、観光事業を行う主体がその地域のコミュニティであるということだろう。中国、ニュージーランド、ブータンの事例を通じて小林英俊はCBTを「観光を活用しながら地域住民みんなが主体的に資源保全に関わることを可能にするもの」とし、地域コミュニティの参加を重視している（小林 2012: 18）。

では、CBTを特徴づける「コミュニティの参加」とは何を意味するのか。アマゾンの事例を検討したStronza（2005）は、地域住民が意思決定権とオーナーシップ、そして責任を共有しているという点に注目する。アマゾンの事例は、地域住民と民間業者の共同事業であり、住民側にも事業に対する権利と責任がある。CBTは、必ずしも地域住民のみが関与する事業だけをさすのではなく、アマゾンの事例のように地域外の事業者と地域コミュニティが共同でベンチャー企業を設立することもあり、実際こうした事例は多い。さらに、CBT事業に関わるステークホルダー（例えば、行政、民間事業者など）すべてが関与することを含めてコミュニティの参加とするとらえ方も存在し、そのあり方は多様である。

CBTにおける「コミュニティ」とは何か、「参加」とはどのようなことをさすのかという議論は研究者の間でも異なるが、概してどのCBTも権利と責任を地域住民が保有しているか否かは必要不可欠な基準となっている。それゆえ、CBTはこうした基準さえ満たせば、グリーンツーリズムやリスポンシブルツーリズムなどと親和性の高い観光形態となる。

また、近年、一部の事業が利益優先で逆に環境破壊に寄与していると批判されるエコツーリズムに関しては、それらの事業と峻別するために commmunity-based ecotourism（CBET）という表現が用いられている。つまり、CBTという用語は観光事業における主体の所在が、行政でも民間業者でもなく、地域コミュニティに存在することを明示化する役割をもつ。

CBTと開発援助・国際協力 CBTと他の観光形態との相違は、「コミュニティのための開発」と「コミュニティのための観光」という二つの意味が不可分に結びついて展開されている点にある。その理由から、多くのCBTは国際機関による開発援助やNGOによる国際協力プロジェクトとして辺地において導入されており、また貧困削減や女性のエンパワメントのための重要な手段とされる。このため、CBTは「貧困削減のための観光（pro-poor tourism）」ともいえる。今日、CBTには主にCBETとcommuinty-based cultural tourism（CBCT）という二つの潮

流がある．両者は互いの要素を併せ持つが，前者は生物多様性といった自然環境の側面に，後者は文化の側面に重点をおく．

CBETは，1990年代以降，住民参加による環境保全と貧困削減を同時に達成することを目的として，数多くの開発プロジェクトに取り入れられてきた．その動きを牽引してきたのは，アメリカ合衆国国際開発庁（USAID）と世界銀行である．1995年までにUSAIDは105のプロジェクトを，また世界銀行は1988～2003年にアフリカの保護区で32のCBET関連プロジェクトを行った（Kiss 2004: 232）．このようなプロジェクトは，国立公園などの自然保護区において導入されてきた住民主体型自然資源管理に観光という要素を組み合わせて実施されている．CBETを通して，代替収入源を創出し，経済的インセンティブを与えることで，自然保護区内における農地の拡大や野生生物・植物の乱獲などを防ぐこと，また自然資源を観光資源へ転換させることで自然環境保全意識を高め，住民による持続可能な資源利用を促進することが期待されている．

CBCTは近年，世界観光機関（UNWTO）やユネスコが推進する，遺産や文化を観光資源としたCBTの一形態である．CBCTでは，地域コミュニティの生活が観光資源化され，それを体験するツアーが提供されている．オランダの援助機関によって1995年に立ち上げられ，タンザニアにおける文化観光プログラムを例にすると，地域内の森林や滝といった自然，祈祷師の訪問や村の女性の料理といった地域住民の日常生活が観光資源化され，ツアーが構成されている（Salazar 2012）．重要なのは，経済的恩恵だけではなく，生活の観光資源化から生まれるツアー客と地域住民の間の文化交流がツアーの利点とされる点である．CBCTは，UNWTOやユネスコが掲げる人道主義を，観光形態として具現化したものとしてみることもできる．

CBTの課題　近年，ツーリストの間でもCBTへの関心は高まりつつある．しかし，CBTはその直接的・間接的効果が高く期待されるものの，課題の多い観光形態でもある．国際機関やNGOによって成功例が称揚される一方で，プロジェクト終了後に事業として持続した例はあまり多くない．持続しない原因は事例によって異なるが，重要だと思われる点を二点指摘しておきたい．

一つ目は，多くのプロジェクトにおいて，コミュニティは一致団結した主体として扱われ，内部の権力関係や階層があまり検討されない傾向がある点である．これは，利益の再分配や資金の管理をめぐって不信や対立を誘発させる可能性がある．

二つ目は，事業としての脆弱性である．すでに，多くのCBTが民間業者との共同事業として展開されていることは述べた．しかし，民間業者にとっては長い間投資資金を回収せずにいることはリスクが大きい．それゆえ，長期的な展望で関与し続けることは難しく，いくら過程が重要だとしても結果としてCBTは続かなくなる．

観光現象においては，観光地化による弊害を最小化し，地域コミュニティへの恩恵を最大化することを理念とするCBTが拡大していくのは望ましいことに違いない．しかしながら，乗り越えなければいけない課題は山積しており，さらなる発展が望まれている．

（岩原紘伊）

文献

小林英俊 2012「今なぜコミュニティ・ベースド・ツーリズムか？」小林英俊他編『コミュニティ・ベースド・ツーリズム研究』日本交通公社，pp.1-18.

Kiss, A. 2004 Is community-based ecotourism a good use of biodiversity conservation funds? *Trends in Ecology and Evolution*, **19**(5): 232-237.

Salazar, N. 2012 Community-based cultural tourism: Issues, threats and opportunities. *Journal of Sustainable Tourism*, **20**(1): 9-22.

Stronza, A. 2005 Hosts and hosts: The anthropology of community-based ecotourism in the Peruvian Amazon. *NAPA Bulletin*, **23**: 170-190.

9.19 ヘリテージツーリズム

グローバル化と世界遺産 近年盛んになってきた観光形態の一つにヘリテージツーリズム（heritage tourism）がある．古都，名所旧跡，歴史建造物，国立公園や絶景などを訪ねる旅は何も近年に始まったわけではないが，ヘリテージツーリズムという言葉が頻繁に使われ，実践されるようになった背景には，1972 年にユネスコで世界遺産条約が採択されたことと関係している．毎年数々の世界遺産が誕生し，それに応じて人びとの関心も高まっていったからである．

ヘリテージツーリズムには，A. アパデュライ（2004: 69-75）が指摘しているようなグローバルな文化のフローの五つの次元が明確に表れている．それは，移動する人びとが織りなすエスノスケープ，テクノロジーの越境を表すテクノスケープ，資本の移動を示すファイナンスケープ，イメージの拡散や流動を表すメディアスケープ，そして概念の流動が特徴的なイデオスケープである．

世界遺産という概念とそのイメージは，テレビ，インターネット，DVD，映画などの映像メディアや，雑誌，本，旅行パンフレット，新聞などの印刷メディアを通して世界中に広がり，人びとの関心を煽ってきた．それにともなって，世界遺産周辺に人と資本の集中や移動も起こり，それらを可能にするさまざまな技術の発展と流動を促してきた．

ヘリテージツーリズムの発展とブランド化 ヘリテージツーリズムは世界遺産観光に限定されないが，世界遺産観光は業界にとって高い集客率と高収益を見込めるブランド商品になってきている．世界遺産の数は 2018 年 9 月現在 1,092 件にのぼる．観光の目的地は，地域ごと，または，遺産のタイプごとに組み合わせやすくなり，リピーターも多い．

商品のブランド化には，他商品との差別化が図られ，質の高さに対する顧客の期待を裏切らない，または，期待以上で，しかもお得であるということを保証するように宣伝される．また，ブランド商品と類似商品との組み合わせや，まとめ買いのように，いくつかの商品をまとめて売り出すことが多い．

カンボジアを例にとると，世界遺産アンコールを訪れる旅は，同国内にあるベンメリア寺院，コーケー遺跡群，バンテアイチュマール寺院やサンボールプレイクック遺跡群との組み合わせや，もうひとつの世界遺産であるプレアヴィヒア寺院と組み合わせたものがある（エイビーロード 2015）．また，タイのアユタヤやベトナムのハロン湾，またはラオスのルアンパバーンなど近隣諸国の世界遺産とのパッケージツアーもある（STWorld 2002-2015）．

カンボジア国内の旅行先は，「幻の都」コーケー遺跡群，「秘境」「密林の巨大寺院」ベンメリア，「国境の絶壁にある山上遺跡」プレアヴィヒアなど，神秘性や特異性を表すような魅力的な言葉で修飾される．まとめ買いのお得感を示すために，「二大世界遺産探訪　秘境の遺跡も探訪・魅惑のアンコール紀行」「こだわり遺跡三昧　カンボジア 6 日間」【安心の日本語ガイド同行】…三大クメール遺跡を巡る 6 日間」「究極のアンコール遺跡 9 日間の旅　秘境の 4 大遺跡も探訪」などと宣伝される（エイビーロード 2015）．

文化観光の落とし穴 観光がもたらす経済効果が，地域おこしや開発途上国の貧困削減につながることに対する期待は高い．そうしたなかで世界遺産観光は，文化観光やエコツーリズム，グリーンツーリズムなど一般的に「望ましい」と思われているタイプの観光と位置づけられることも多い．

アンコールでも公的には文化観光を標榜・推進している．しかしながら，文化観光の定義を深く議論することなく，あたかも自明なこととしてその社会や文化の優品を見せる観

光の形態だけをさして語られることが多い．文化を人類学的にとらえるならば，人間の習慣や行動はすべて文化の概念に含まれる．この観点からすると，遺跡観光などの文化観光をする人のなかに買春する者を含むことが可能である．文化観光を推し進めているカンボジアでもアンコール観光をする人のなかに買春に関わる人が少なからずいるのである（ADI Team et al. 2002）．

しかし，一般的にはその事実を無視して文化観光が語られる．2000年にアンコールへの玄関口にあるシェム・リアップ市で「文化観光」の国際会議が世界観光機関とカンボジアの観光省によって開催された．このなかでNGOのWorld Visionが年少者の買春を含んだセックス観光について中国の雲南省から招聘された発表者に質問した際に，タブーに触れたという雰囲気があたりを包み，主催者側は困惑を隠しようがなかった（三浦 2011: 315-316）．

体験型ツアーとヘリテージツーリズム 遺跡や史跡を観るだけが主目的ではない，若者を中心とした開発途上国へのツアーには，開発や環境問題，国際協力などを学習したり，ボランティア活動や孤児などの子どもとの交流を行ったりするツアーがある．カンボジアでもこのような体験型ツアーが年々増えており，ほとんどの場合アンコールワットをはじめとする遺跡群の観光が最後に組み合わされている．例えば，Volunteer-platform.org (2015) が主催するツアーのなかには，「子どもと交流×孤児院×NGO×地雷×アンコールワット」観光を7日間で行うものや，「青年海外協力隊の活動を視察」する8日間コース，「（貢献の現場の）スタディツアー・（学校での）ボランティア 2プログラム」15日間のコースなどがある．

このような単なる物見遊山ではないツアーが，参加者にとって何らかの学びや手応えがあることは理解できるが，さまざまな疑問点も浮かび上がってくる．観光客が孤児院の子どもと触れ合うことによって生じる問題が指摘されている一方で，孤児院側が孤児を観光の見世物（観光資源）にし，観光収入を運営に充てていることに対する批判もある（Carmichael 2011）．孤児や地雷とその犠牲者の多さも，長かった内戦の負の遺産といえる．その意味では，これもヘリテージツーリズムといえるものである．

世界遺産観光をめぐる研究視点 ヘリテージツーリズムに関する研究視点は，他のタイプの観光に関する社会学や人類学の研究と重複する部分も多い（Hitchcock et al. 2009: 1-68）．しかしながら，ヘリテージ，特に世界遺産となると，民族問題や国家のナショナリズム形成に関係したり，逆に攻撃や闘争の対象になったりもする．前述したプレアヴィヒア寺院もタイとの国境をめぐる問題に関連して，しばらくカンボジアとタイの国家間紛争の場になった．

こういった理由から，ヘリテージツーリズムは，たんに遺産と観光の関係のみならず，遺産保護，観光開発と地域社会との関係（三浦 2011），政策と実践の関係，さらには社会や文化の他の可変要素との複合的な研究や学際的な研究が求められているといえるだろう． （三浦恵子）

文献
アパデュライ，A.（門田健一訳）2004『さまよえる近代・グローバル化の文化研究』平凡社．
エイビーロード 2015「カンボジアの秘境」の海外ツアー情報（http://www.ab-road.net）（2015年3月12日閲覧）
三浦恵子 2011『アンコール遺産と共に生きる』めこん．
ADI Team et al. 2002 *The Impact of the Tourism Industry in Siem Reap on the People Who Live in Angkor Park*. Cooperation Committee for Cambodia.
Hitchcock, M., King, V. K. and Parnwell, M. 2009 *Tourism in Southeast Asia: Challenges and New Directions*. NIAS.
STWorld 2002-2015 東南アジア周遊旅行（http://stworld.jp/feature/SE_ASIA/shuyu/）（2015年3月12日閲覧）
Volunteer-platform.org 2015「スタディツアー 国際協力」（http://www.volunteer-platform.org/?flow=oac）（2015年3月13日閲覧）

9.20 コンテンツツーリズム

概念 コンテンツツーリズムとは，コンテンツを動機とした旅行やコンテンツを活用した観光振興などをさす．コンテンツといっても，小説や映画，ドラマ，アニメ，ゲームなどさまざまなものがあり，特に映画にまつわる観光はフィルムツーリズムとよばれてきた．日本国内では，映画はもちろん，NHKの大河ドラマや連続テレビ小説にまつわる観光が長年行われてきている．

国内旅行のみならず，日本から海外への観光もみられる．2004年に放映され大ブームとなった韓国ドラマ「冬のソナタ」をきっかけに韓国旅行に出かける人が増えた．その後も，韓国ドラマは人気を博し，韓流ブームとよばれた．逆に，海外からも誘客がなされた．映画「ラブ・レター」で韓国・台湾から小樽・函館へ，「狙った恋の落とし方」で中国から道東への観光客が増加した．

2000年代後半頃から，コンテンツツーリズムに対する実践的，政策的，研究的な関心が増してきている．

定義 コンテンツツーリズムという言葉が，明確に定義されたのは，国土交通省，経済産業省，文化庁によって2005年に出された「映像等コンテンツの制作・活用による地域振興のあり方に関する調査報告書」においてである．この調査は，知的財産立国，観光立国，新産業創造戦略，日本映画・映像振興プランといった諸政策を背景にして，企画，実施されたもので，映像制作支援環境の充実と，地域における映像などコンテンツの活用方策について，実態調査や事例分析がなされている．

この報告書のなかで，コンテンツツーリズムは，次のように定義されている．「地域に関わるコンテンツ（映画，テレビドラマ，小説，マンガ，ゲームなど）を活用して，観光と関連産業の振興を図ることを意図したツーリズム」．そして，コンテンツツーリズムの根幹を，地域にコンテンツを通して醸成された地域固有の雰囲気・イメージとしての物語性，テーマ性を付加し，その物語性を観光資源として活用すること，としている．

アニメの活用 2007年には国交省や文化庁などによって「日本のアニメを活用した国際観光交流等の拡大による地域活性化調査報告書」が出される．国内の地域振興に加えて，インバウンドや日本文化の海外発信といった国際観光交流の観点が取り入れられたといえよう．

2007年より施行されている観光立国推進基本法に基づいて，2012年3月に閣議決定された観光立国推進基本計画のなかにも，アニメについての言及がみられる．新たな観光旅行の分野の開拓という項目のなかにニューツーリズムの推進が掲げられている．エコツーリズムやグリーンツーリズム，文化観光，産業観光，ヘルスツーリズム，スポーツツーリズムの後に，ファッション，食，映画，アニメ，山林，花などを観光資源としたニューツーリズムの推進があげられているのである．

そのなかで，アニメについては，「作品の舞台となった地域への訪問など，参加者に対して周辺観光を促す地域の取組みを支援する」ことが明記されている．実際，観光庁は2013年に第1回「今しかできない旅がある」若者旅行を応援する取組表彰において，「ガールズ＆パンツァー」と連携した茨城県大洗町での取り組みに奨励賞を授与した．

聖地巡礼 こうした政策的な動向の一方で，コンテンツのファンや地域住民による実践がみられた．特にアニメに関する観光現象に注目が集まった．この動きは，1990年代前半に開始が確認されたアニメ聖地巡礼に端を発する（岡本 2009）．聖地巡礼とは，アニメの背景のモデルとなった場所を探して見つ

け出す行為である．当初は一部の熱心なアニメファンによる行動であったが，1990年代から2000年代にかけてのインターネットや，それに接続する機器の発展，普及とともに，広く知られるようになっていく．人気アニメの舞台になった場所は，開拓的なアニメ聖地巡礼者が発見し，その情報をネット上に発信した．それを見て，多くのファンが地域を訪れることになった（岡本 2013）．

この場合，意図的なコンテンツツーリズムとは異なり，作品ファンが地域を訪れることの方が早く，地域住民がそのことを知らないケースもある．意図せざる観光客が訪れることで地域住民や他の旅行者とのコンフリクトが生じることもあるが，地域住民との協働が起こり，観光地域振興につながる場合もみられる（山村 2011；岡本 2013, 2018）．その現場では，コンテンツ文化と地域文化の混淆や，旅行者と地域住民による文化創出がみられた（岡本 2014, 2015）．コンテンツツーリズムにはさまざまなアクターが関わるため，その関係性をどのようにマネジメントしていくかが重要である（山村 2011；岡本 2015；大谷ほか 2018）．

コンテンツツーリズムの研究　さまざまな実践がみられるようになるにつれ，研究的な関心も高まっていった．2000年代後半から，多くの研究成果が出され始め，2010年代には書籍も出版され始めた（増淵 2010；山村 2011；岡本 2013, 2015；コンテンツツーリズム学会 2014 など）．コンテンツツーリズムの実態やその特徴を明らかにする研究，経済的インパクトや社会・文化・心理的なインパクトに関する研究，持続可能性やステークホルダーなどに注目したマネジメント研究，メディア産業やコンテンツ産業の研究，コンテンツそのものに関する研究など，さまざまなアプローチが考えられる．また，コンテンツツーリズムは日本発の概念であるが，国際的な発信も行われ始めた（Seaton and Yamamura 2016；Seaton, et al. 2017）．

コンテンツツーリズムに関する研究を進めていくことで，メディアやコンテンツと，観光や人の移動の関係性について，多くの知見を得ることができる．今後，AR（augmented reality，拡張現実）やVR（virtual reality，仮想現実）などの技術的発展にともない，空間とその移動の感覚が変化してくる可能性がある．もっとも，そうした技術を使わずとも，そもそも観光は，メディアからの情報や物語，そして，人間の想像力によって駆動することが多かったものである．このように，コンテンツツーリズム研究は，観光研究全体に新たな視座をもたらすと考えられる．　　　（岡本　健）

文　献

大谷尚之・松本　淳・山村高淑 2018『コンテンツが拓く地域の可能性』同文舘出版．
岡本　健 2013『n次創作観光』北海道冒険芸術出版．
岡本　健 2014『マンガ・アニメで人気の「聖地」をめぐる　神社巡礼』エクスナレッジ．
岡本　健 2015『コンテンツツーリズム研究』福村出版．
コンテンツツーリズム学会 2014『コンテンツツーリズム入門』古今書院．
岡本　健 2018『アニメ聖地巡礼の観光社会学』法律文化社．
北海道大学観光学高等研究センター文化資源マネジメント研究チーム 2009『メディアコンテンツとツーリズム』CATS叢書第1号．
増淵敏之 2010『物語を旅するひとびと』彩流社．
山村高淑 2011『アニメ・マンガで地域振興』東京法令出版．
山村高淑・岡本　健 2010『次世代まちおこしとツーリズム』CATS叢書第4号，北海道大学観光学高等研究センター．
山村高淑・岡本　健 2012『観光資源としてのコンテンツを考える』CATS叢書第7号，北海道大学観光学高等研究センター．
山村高淑・シートン，フィリップ・張　慶在・平井健文・鎗水孝太 2016『コンテンツ・ツーリズム研究の射程』CATS叢書第8号，北海道大学観光学高等研究センター．
Seaton, P. and Yamamura, T. 2016 *Japanese Popular Culture and Contents Tourism*. Routledge.
Seaton, P., Yamamura, T., Sugawa-Shimada, A. and Kyungjae, J. 2017 *Contents Tourism in Japan*. Cambria Press.

9.21 医療ツーリズム

医療ツーリズムの起源 健康促進や治療，保養を目的とした旅を医療ツーリズムと定義するならば，その歴史は紀元前4世紀までさかのぼることができる．古代ギリシャ時代の「治癒の聖域」には地中海沿岸全域から多くの巡礼者が訪れた．古代ギリシャにおいて病は肉体と精神のバランスが崩れることによって生じると考えられていた．ペロポネソス半島に位置するエピダウロス考古遺跡には，神殿，鉱泉浴場，飲食施設，庭園，宿泊施設，さらに12,000人以上の観客を収容できる広大な円形野外劇場がある．古代ギリシャにおいて病は肉体と精神のバランスが崩れることによって生じると考えられていたため治癒として音楽，演劇が重要視されていたことがわかる．

古代ローマ帝国が勢力を拡大するにつれ，ヨーロッパの各地には公共の浴場施設と神殿が建設された．例えば，バースは英国で唯一の天然温泉地で，2世紀以来，保養地兼社交場として発展したが，この土地は英語の"bath"（入浴）の語源となったことでも知られている．その後，近世ヨーロッパ社会は公衆浴場を伝染病の温床とみなし，浴場での入浴を不道徳で退廃的な行為と認識するようになり，人びとは湯や水で身体を洗うことさえも忌避した．

しかしながら18世紀半ば，英国の医師R.ラッセルは近代の衛生学，健康学の知識に基づき海水によるセラピーを処方した．これを転機に長年消滅していた入浴の習慣が復活し，治癒を目的にした医療行為としての海水浴という近代的な健康法がヨーロッパで普及した．さらに，ロマン主義を経てヨーロッパ人の風景に対する認識は大きく変わった．近代人が自然の力と向き合う空間として新しく価値が見出されることにより，海浜リゾートが創出され（Corbin 1994），19世紀にはヨーロッパ各地でスパの全盛期を迎えることになる．

ドイツのバーデンバーデン（ドイツ語のbadenは英語のbathe，湯や水を浴びるの意味）では水や温水を利用したハイドロセラピーが発達し，新鮮な空気，水と食事療法を近代的医療ツーリズムのパッケージとして提供していた．高濃度のミネラルを含んだ多くの鉱泉があり，王侯貴族や富裕層で賑わう温泉保養地として知られていたヴィースバーデンには現在も数多くの鉱泉治療クリニックがある．近代医学の権威と自然資源の価値の再評価により近代ヨーロッパの医療ツーリズムが成立し発展したことがわかる．

西ヨーロッパにおいて上層階級の社交場としてスパ文化が発達したのに対して，東ヨーロッパにおいては，社会主義国家の庇護のもとにスパ治療施設が整備された．

医療のグローバル化と医療ツーリズム 医療ツーリズム（medical tourism）は，海外の医療施設で専門的な治療や高度な検診を受けるための旅行で，「メディカルトラベル」「トランスナショナルヘルスケア」ともよばれている．医療のグローバル化と医療費負担の増大，国家による公共・福祉サービスの縮小，規制緩和を促すネオリベラリズムの潮流のなかで，病院・医療サービスの民営化が進められ，医療分野が外貨獲得の新しい手段としてとらえられてきたことを背景に医療ツーリズムは興隆した．アジア諸国において医療ツーリズムが注目されたのは，アジア通貨危機を経験した1988年以降で，タイ，シンガポール，マレーシア，インドなどが医療ツーリズム政策を打ち出した．さらに，世界金融危機の2007年以降は台湾，韓国，日本も加わった．自国民に対する福祉・厚生を目的とする医療から転化して，経済危機を打開する手立てとしてグローバルな医療関連サービス産業への創出を官と民が連携して目指している．

国境を越えた治療 インターネットの普及により患者は，グローバル化する情報にアクセスすることが可能になり，グローバルな消費者として，国内外の病院や医療サービス内容（値段，迅速性，医療技術など）を比較検討し，どこで治療を受けるかを患者が選択し，行動に移すことが可能になってきた．例えば，米国では医療費が非常に高いにもかかわらず，医療保険に入っていない人びとがおり，国内で治療して破産するよりコストの安い国外で治療を受けることを選択している．新興国が医療サービスを提供し，先進諸国の人びとがサービスを享受するというマクロ規模での医療アクセス格差構造を生み出していることは否めない．

しかし，アジア地域の現状をみると先進国から新興国への患者の移動は実は少数である．むしろ新興諸国で拡大しつつある中産階級層が自国にはない高度な医療技術・施設を求めて近隣国に渡航している実態が，近年の研究で明らかになった（Lunt et al. 2015）．

医療技術が高度に進展している一方で生殖医療，臓器移植，幹細胞治療の分野における医療行為の越境は，国によって法律・倫理に関する規制が異なっているという合法と非合法の複雑な絡みの中で行われている（Cohen 2015）．例えば，イスラーム社会では子どもを作り，親になることが規範化されているため，生殖医療産業が近年，急速に発展しているにもかかわらず，夫婦以外の第三者による精子・卵子の提供を認めない国もあるため，合法的なアクセスを求めて国外で不妊治療を受けることになる．

医療の国際水準化と格差 医療ツーリズムは，医者と患者の関係性を，サービス供給者と消費者の関係に変化させる．医療サービスの国際的競争力が問われるようになり，国際的な医療施設認証評価機関から JCI 認証を取得することで対外的に医療施設の質が国際水準に達していることを示す必要に迫られる．

アジア諸国内の病院で最初に JCI 認証を取得したのはタイの病院であるが，有力な私立病院には最新の医療設備と欧米の医科大学への留学経験をもつ優秀な医者がそろっており，さまざまな言語，宗教に対応が可能で，幅広い医療サービスの選択肢を提供している．しかし，その一方で，所得階層に応じてアクセスできる医療サービスは異なる．庶民にとって五つ星ホテル並みの贅沢な医療サービスは高嶺の花で，恩恵を受ける機会はほとんどない．

日本の医療国際展開推進政策 日本では，2010 年の新成長戦略の一環として医療ツーリズムが取り上げられ，2011 年 1 月からは，日本において治療などを受けることを目的として訪日する外国人患者を対象に医療滞在ビザ（最長 6 カ月の在留資格が与えられる）が施行された．しかし，日本医師会はこのような動きに対して，医療ツーリズムにより外国人富裕層の患者が自由価格で，全額自己負担で診療を受けると，医療機関は収益を上げ，経営状況が好転するかもしれないが，混合診療の全面解禁を促し，国民皆保険の崩壊につながりかねないと懸念している．

そのため，経済産業省は外国人の医療ツーリスト受入れ事業よりもむしろ，日本の医療機関や医療機器メーカーなどによる海外展開事業を促進し，国際ヘルスケア拠点構築を促進することに方向転換してきている．他方，厚生労働省は医療を目的に渡航する医療ツーリストのみならず，一般の訪日外国人・在留外国人の急増にともない増加している外国人患者を受け入れる体制整備の必要性を認識し，外国人患者受入れ医療機関認証制度（JMIP）や拠点病院の医療通訳配置を推し進めている． 〔豊田三佳〕

文　献

Cohen, I. G. 2015 *Patients with Passports: Medical Tourism, Law, and Ethics*. Oxford University Press.

Corbin, A. 1994 *The Lure of the Sea: The Discovery of the Seaside 1750-1840*. Polity Press.

Lunt, N. et al. 2015 *Handbook on Medical Tourism and Patient Mobility*. Edward Elgar.

9.22 ライフスタイルツーリズム

定義 ライフスタイルツーリズムは暮らし方をさす語であるライフスタイルと旅をさす語であるツーリズムを合わせた用語で、生活の質の向上を目的とした観光の形態である。具体的には、暮らすように旅すること、つまり旅先で現地の暮らしや文化を体験する長期滞在型の余暇活動や、旅先での滞在が生活の一部となるライフスタイルを意味する。ツーリストの出身国や地域、さらに滞在先となる国や地域によってその形態は多様であり、幅広い年齢層の人びとにとって自己実現がその動機となる。

欧米や日本などの先進国では、比較的裕福な人々がより快適に暮らすためにリゾート地に別荘を所有したり、季節的に避暑や避寒を目的とした滞在を行っている。また、平日は都市で生活し、週末は別荘に滞在し、アウトドアやスポーツを楽しむことや、のんびりと温泉につかり静養すること、あるいは、郊外や田舎に滞在し農作業に勤しむことが暮らしの一部となるように、ヘルスツーリズムやグリーンツーリズムなどとの関連もみられる。

観光と移住の間 近代観光は、旅行を日常から離れた場所での非日常の行為ととらえてきた。しかし、ライフスタイルツーリズムでは、暮らしの一部が旅となり、旅に暮らしを持ち込む。また、観光と移住の重複領域にある。このような観光形態は、居住ツーリズム、セカンドホームツーリズム、退職移住、余暇移住、季節移住、アメニティ移住などの言葉で説明されてきたが、ライフスタイル移住はこれらの分類を包括する用語として用いられている (Benson and O'Reilly 2009)。ライフスタイルツーリズムの拡大は、現代社会における余暇と暮らしのあり方の多様化を示しており、国内外への長期的な移住や複数の場所で生活する多拠点居住が世界のさまざまな国や地域において展開されている。

観光地のマーケティングにおいても、ライフスタイルツーリズムは新しい概念として用いられ、政府や行政主導でその振興に取り組む国や地域もある（例えば、南オーストラリア州）。一方で、滞在先となる地域では、物価や不動産価格の高騰により居住地区の高級化（ジェントリフィケーション）が生じている。

国境を越えるライフスタイルツーリスト 欧米において、ライフスタイルツーリズムの主体となったのは、中高年の退職者であった。ヨーロッパでは、英国人やドイツ人などヨーロッパ北部の人びとが、退職後、気候面でも生活面でも快適なヨーロッパ南部や地中海沿岸地域で過ごすことは、1960〜70年代からみられる (King and Williams eds. 2000)。EU市民は域内での移動の自由と居住の権利を有し、国外への移住も盛んである。スペイン南部沿岸部のコスタデルソルには、英国やドイツ、北欧からやってくる観光客向けに不動産業者が軒を連ねている。また、米国人やカナダ人はカリブ海諸島、フロリダやメキシコでの滞在を好む。退職者のライフスタイルツーリズムは、「北」から「南」に向かう移動であることが共通している。

ヨーロッパにおけるライフスタイルツーリズムの発展の背景には、近代化によって失われた自然環境や田園風景、古き良き生活様式への憧憬とノスタルジアがある。フランスのドルドーニュ地方やイタリアのトスカーナは美しい風景や自然を求める旅行者をひきつけ、リピーターや長期滞在者の拡大によりライフスタイルツーリストの滞在地となった。

若者に特徴的なライフスタイルツーリズムとしては、バックパッカーの長期滞在があげられる。スペインのマヨルカ島やイビサ島の長期滞在者や、インドのゴアやワーラーナシーでの滞在を繰り返すバックパッカーは欧米出身の若者が多く、本国で働き、旅先では放浪的で自由奔放な生活スタイルを維持する

(D'Andrea 2007）．日本人の若者にも，日本で貯めた資金をもとにアジアの都市での滞留を繰り返す「外こもり」とよばれる現象がある（下川 2007）．

日本人のロングステイツーリズム　1980年代後期，海外旅行と暮らしを融合させたライフスタイルとしてロングステイが発案された．ロングステイという言葉は，1992年に設立されたロングステイ財団の登録商標であり，「生活の源泉を日本に置きながら海外の1か所に比較的長く滞在し，その国の文化や生活に触れ，国際親善に寄与する海外滞在型余暇」と定義される（ロングステイ財団 2017）．高齢化の進展を背景に，老後の生きがいを求める高齢者が海外で年金を活用して長期滞在するライフスタイルをさす言葉として定着した（Ono 2015）．

滞在先として人気が高いのは，マレーシア，タイ，ハワイ，オーストラリアなど，南国リゾートのイメージのある国や地域である．ロングステイが提唱されて間もない1990年代初期には，欧米の国々でのロングステイへの関心が高かったが，日本経済の低迷を背景に，2000年代以降は物価や気候の面で生活しやすく，退職者向けの受入れ制度を実施する東南アジア諸国の人気が高まっている．

現地ではコンドミニアムやサービスアパートメントに長期間滞在し，現地の食材を使って料理を作り，趣味やボランティア活動，ゴルフや観光などの余暇活動を行う．ロングステイ促進のためのNPOや市民団体が多数設立され，情報交換や滞在中の余暇活動をともに行う仲間づくりの場となっている．ロングステイ団体は，現地コミュニティとの交流の窓口となるだけでなく，宿泊施設やゴルフ場との価格交渉，近隣諸国への小旅行の企画・実施，仲間の観光ガイドやアテンド，病院への付き添いなど，旅行業者の役割を担う．

海外ロングステイの発展にともない，日本国内でのロングステイも関心が高まり，過疎化の進展する地方自治体では滞在型余暇の推進や移住者の誘致が盛んとなっている．北海道のニセコ町などでは，海外からのライフスタイルツーリストが滞在し，外国人コミュニティが出現している．

東南アジアでの展開　東南アジアの一部の国では，1997年のアジア金融危機以降，観光，医療，金融，教育などを経済成長の重点分野に定め，国家主導で外国人誘致を推進している．近隣諸国から移住労働者を受け入れる一方で，観光に絡めて多様なサービスを長期滞在する外国人向けに提供することにより，国外から広く専門職人材，患者，退職者，留学生，就学年齢の子のいる家族，投資目的の富裕層を選別的に受け入れている．

マレーシア・マイ・セカンドホーム・プログラムを実施するマレーシアをはじめ，フィリピン，タイ，インドネシアは長期滞在が可能なビザを発給しており，日本人や欧米出身の中間層の中高年退職者だけでなく，東アジアや中東からの長期滞在者も増加している．

近年の日本人のアジア観光のキーワードである「癒し」は，健康的で精神的な充足感のあるライフスタイルのイメージを構成している．ライフスタイルツーリストや長期滞在者の増加により，現地では医療サービス付きの不動産開発や外国人高齢者向けの介護事業が展開するなど，トランスナショナルな暮らし方が展開されている．　　　（小野真由美）

文　献

下川裕治 2007『日本を降りる若者たち』講談社現代新書．
ロングステイ財団 2017『ロングステイ調査統計 2017』
Benson, M. and O'Reilly, K. eds. 2009 *Lifestyle Migration: Expectations, Aspirations and Experiences.* Ashgate.
D'Andrea A. 2007 *Global Nomads: Techno and New Age as Transnational Counter-cultures in Ibiza and Goa.* Routledge.
King, R., Warnes, T. and Williams, A. eds. 2000 *Sunset Lives?: British Retirement Migration to the Mediterranean.* Berg.
Ono, Mayumi 2015 Commoditization of lifestyle migration: Japanese retirees in Malaysia. *Mobilities*, **10**(4)：609-627.

9.23 ボランティアツーリズム

定義 ボランティアツーリズムとは，非日常生活圏でのボランティア活動を目的とした休暇の総称である．個々のツアーは，ボランティアツアーとよぶ．日常生活圏外での組織化されたボランティア活動は，1950年代から1960年代に設立されたAustralian Volunteers Abroadや米国のPeace Corpsによって始められたが，これらの団体の活動は1年以上の活動が主流であったため，参加できる人は限られていた（Callanan and Thomas 2005）．その後，1980年代半ばに英国で始まった自然保護活動を目的とした海外での休暇が，今日のボランティアツーリズムの原型である．

1990年代後半から，米国，ヨーロッパ，オセアニアを中心にボランティアツアーの参加者が急増した（Callanan and Thomas 2005）．その背景として，ギャップイヤーを取得する学生の増加があげられる．ギャップイヤーとは，大学在学中や就職前に一定期間，仕事や学業を離れ，異なる活動に従事することである．

また，従来はNPO，NGOや教育機関，政府系機関がプログラム提供やツアー仲介を行ってきたが，営利企業の参入が増加したことも背景にある（Tourism Research and Marketing 2008）．その結果，個人で訪問することが難しかった発展途上国での活動もパッケージ旅行化され，一般の人も参加しやすくなった．

多様なボランティアツーリズム ボランティアツーリズムの内容は多様である．日帰りや1泊2日の国内ツアーから半年以上に及ぶ発展途上国での活動もある．多様なボランティアツーリズムの特徴を理解するためには，類型化が助けとなる．そのなかで，現在，もっともよく研究者に参照されているのは，Callanan and Thomas（2005）による類型である．そこでは，ボランティアツアーと参加者を，「浅い」「中程度」「深い」の三つに分類している．ツアーとツーリストの分類に使われる要素には共通する部分が多いため，以下にボランティアツアーの類型を参考にあげておく（表）．すべての要素が同一の区分に当てはまるとは限らないため，分類には総合的な判断が必要とされる．

日本におけるボランティアツーリズム 日本でもボランティアツアーへの参加は増加している．その先駆けは，海外と同様にNPOやNGOが担ったが，2000年代後半には大手旅行会社や大学生協などが手がけるようになった．

さらに，2011年3月の東日本大震災の復興支援をきっかけに，参加が急増した（依田 2012）．日帰り旅行も含めた日常生活圏外でボランティア活動を行った経験のある首都圏住民は，2012年2月時点で11.5％となった．また，首都圏におけるボランティアツアーという言葉の認知率は，震災前の11.3％から2012年2月では51.5％に上昇した．

日本のボランティアツーリズムの特徴としては，短期間の活動が多いことがあげられる．居住地域と同じ都県での活動は日帰り旅行が主であり，異なる都県で活動した場合でも，1回あたりの平均旅行日数は単発の活動で3日，継続活動で1日，国外の単発活動では5日となった．これは，1カ月以上半年程度を中程度とするCallanan and Thomas（2005）の分類と比較すると，非常に短い．日本では，学生のギャップイヤーの取得や社会人の長期休暇の取得が限られていることが理由だと考えられる．

ボランティアツーリズムをめぐる研究 ボランティアツーリズムに関する研究は，2001年にスティーブン・ウェアリングがボランティアツーリズムについてのはじめての学術書 *Volunteer Tourism Experiences That Make A Difference* を出版したことがきっか

表　ボランティアツアーの類型

項　目	浅い（shallow）	中程度（intermediate）	深い（deep）
参加期間の柔軟性	高い柔軟性があり，参加者が設定可	高い柔軟性があり，参加者が設定可	主催機関が参加時期や期間を設定
募集における行き先とプロジェクト内容の重要性	行き先やオプションツアーの機会を強く訴えかける	行き先をふまえたうえで，プロジェクト内容を訴える	プロジェクト内部や現地にとっての価値を強調
ターゲット層：利他的なグループ 対 自分の興味が強いグループ	学校での単位認定や技術の習得を訴える	単位認定や技術習得に加え，訪問地域への貢献を訴える	訪問地域にとっての価値や文化的な体験を訴える
参加者の技術水準や資格に対する要件	特になし．もしくは最低限の技術要件	あれば望ましい	技術や経験，資格，時間などに注目する
能動的／受動的参加	受動的な参加	適度な参加	活発な参加．地域に密着
地域への貢献度	個人の地域貢献は限定的だが，集合としては地域に価値のある活動となることもある．地域意思決定の関わりについての情報は限定的	個人の地域貢献はほどほどであるが，集合としては，明らかに地域にとって価値のある活動．地域の意思決定への関わりについての情報は限定的	ボランティアの地域への直接的な貢献は明らかである．地域がどのようにプロジェクトの意思決定に関わっているかについての情報も明らか

出典：Callanan and Thomas（2005）をもとに作成．

けで，本格化した．それ以降，2003年には *Tourism and Recreation Research* 誌がボランティアツーリズムの特集号を組み，2009年にはヨーロッパを中心とした学会のひとつである Association for Tourism and Leisure Education（ATLAS）とオーストラリアの Council for Australian University Tourism and Hospitality Education（CAUTHE）が世界ではじめてのボランティアツーリズムに特化した国際会議を開催した．

　研究の初期段階においては，大量輸送・大量消費型の観光による地域資源の過剰消費や，地域を消費対象としてだけみる「地域の商品化」に変化を起こす観光形態としてのボランティアツーリズムの可能性を探求する研究が多かった．それは，このタイプのツーリズムが利他的行為であるボランティア活動を含み，そうした活動を通して地域の人びとと「密度の濃い」「相互作用」を実現する可能性が高いためである（Wearing 2001；Callanan and Thomas 2005）．

　しかし，ボランティアツーリズムへの参加者や関係者が増加したことで，さまざまな問題を起こしているという指摘も出てきている（Guttentag 2009）．ボランティアを受け入れる地域社会との文化摩擦や，ボランティアの技術不足などの問題である．それゆえ，このような地域社会への負の影響を最小限とし，地域社会と観光者双方がメリットを実現するために必要な現状把握や課題解決に向けての議論や研究が必要とされている．　（依田真美）

文　献

依田真美 2012「首都圏住民のボランティアツーリズムの参加と意識にかんする調査（2012年）」観光創造研究，**8**：1-48．

Callanan, M. and Thomas, S. 2005 Volunteer tourism, deconstructing volunteer activities within a dynamic environment. Novelli, M. ed. *Niche Tourism, Contemporary Issues, Trends and Cases.* Routledge, pp. 183-200.

Guttentag, D. A. 2009 The possible negative impacts of volunteer tourism, *International Journal of Tourism Research*, **11**：537-538.

Tourism Research and Marketing 2008 *Volunteer Tourism: A Global Analysis.* ATLAS.

Wearing, S. 2001. *Volunteer Tourism Experiences That Make A Difference.* CABI Publishing.

9.24

ダークツーリズム

ダークツーリズムとは何か　ダークツーリズム（dark tourism）とは，20世紀末に英国のJ. レノンとM. フォーレーによって打ち出された新しい概念であり，2000年に彼らの手によりダークツーリズムに関する初の体系的な著書が出版された（Lennon and Foley 2000）．

ダークツーリズムとは，端的にいえば，「戦争や災害などの悲劇の現場を訪れる」という意味である．戦争の悲劇と災害の悲劇では，当然のことながらその背景や構造は異なるものの，大切な人を亡くした喪失感や復興過程における留意点などについては共通する部分もあり，ダークツーリズムの視点から，人類の悲劇を鳥瞰的にとらえることで，人類史を大きくつかむこともまた可能になる．

日本への流入　ダークツーリズムという概念が日本に紹介されたのは，2008年がはじめてであり，F. カロリン（2008）が先鞭をつけた．しかし，その段階では，日本における広がりは限定的であった．

状況が劇的に変化するのは，2011年3月11日の東日本大震災以降である．東日本大震災は，被害が広汎であったことに加え，福島第一原発事故への対応という難しい論点を含んでいたために，多角的な対応が必要であった．その復興過程において，観光産業がしばしば議論の俎上にのぼり，さまざまなアイデアが披露されていた．とりわけ井出明（2012）の「東日本大震災における東北地域の復興と観光について：イノベーションとダークツーリズムを手がかりに」は，観光学の専門家の間に議論を巻き起こした．

しかしながら，観光学の領域における反応や批判は大森（2012）に示されるように，「被災地をダークと呼ぶ抵抗感」がもっとも多く，この段階では理論的な考察はあまり深まることはなかった．

ダークツーリズムに関する議論は，当初は観光学界内部で行われていたにすぎなかったが，2013年に思想家の東浩紀が「福島第一原発観光地化計画」なる福島浜通りの復興構想を発表して以来，状況が大きく変わった．東は，1986年に事故を起こしたチェルノブイリ原発周辺が，25年を経て観光地と化している現状を知るとともに，観光地化の根底にダークツーリズムの考え方が存在することもすでに調査していた．そこで，東はダークツーリズムの方法論を福島浜通りの復興に用いるための構想を練る過程で井出と連携をとるようになり，彼のアイデアは2013年の11月に『福島第一原発観光地化計画』（東 2013）として結実した．

この著作は復興の概念書であり，直接の復興事業を産んだわけではなかったが，観光による復興といえば「明るく元気な被災地の頑張り」に傾きがちな世論のなかで，あえて悲しみの記憶を残すことの重要性を世に問うた意義は大きかった．これを契機としてダークツーリズムは一般への認知度も高まっていった．

拡大するダークツーリズムの対象　上に述べたように，日本におけるダークツーリズム概念の浸透は，東日本大震災の復興と同調していたために，この方法論の持つ強力さを考える以前に，「被災地をダークと呼ぶとは何事だ」などという不毛な議論に陥ることが多かった．しかし，地域の悲しみの記憶をたどるという手法については，災害復興と離れた次元でも徐々にその有効性が認識されるようになっていった．

2015年に，ダークツーリズムを多面的に扱う『DARK tourism JAPAN』（井出 2015）が発表され，そこでは戦争，人身売買，原子力災害，ハンセン病問題など近代社会が直面してきたさまざまな論点が取り上げられた．当該書物は，多くの新聞やテレビ番組などで

取り上げられるとともに，その後，類書も発表されるようになり，ダークツーリズムという概念は一般化していった．

ダークツーリズムの必要性 あえて地域の悲しい記憶を掘り下げるダークツーリズムという営みは，現実の地域社会においては受け入れられにくいものではあったが，これはいわば「外圧」によって大きな変化をみせつつある．その事例として，ここでは二つ取り上げてみたい．

ひとつは，2015年に世界遺産登録された「明治日本の産業革命遺産」をめぐる韓国とのやりとりである．荒尾・大牟田の三池炭鉱や長崎の端島（軍艦島）を含むこれらの施設に関し，日本国政府は当初輝かしい明治の近代化の歴史を象徴する存在として世界遺産登録を考えていた．

しかしながら，韓国政府の側からみれば，これらの産業施設は，朝鮮半島出身者が過酷な状況で働かされた悲しみの場所であり，搾取の記憶と分かちがたく結びついていた．韓国政府は，日本からの登録の動きに対して激しく反対の意志を示し，世界遺産登録に関わるユネスコの会議は紛糾した．結局のところ，日本側は韓国政府の主張を一部受け入れ，朝鮮半島出身者を無理に働かせた施設では，その歴史についても触れるようにするということで折り合いをつけ，なんとか世界遺産登録までもっていくことができた（木曽 2015：143-154）．

もうひとつ，2016年に日本政府は，長崎を中心とするキリスト教教会遺産群の世界遺産登録を目指していたが，これについてもユネスコの諮問機関であり世界遺産登録を実質的に審査するイコモス（ICOMOS，国際記念物遺跡会議）から「禁教時代の弾圧の歴史への言及が不十分である」との指摘を受け，「長崎と天草地方の潜伏キリシタン関連遺産」として禁教に焦点を当てた推薦に切り替え，2018年に登録された．それゆえ，世界遺産登録をするにあたっては，その地域のネガティブな情報についても受け継ぐ覚悟が必要な時期に来ているといってよいだろう．実際，世界には，南アフリカのロベン監獄島やポーランドのアウシュビッツ強制収容所をはじめとして，多くのダークツーリズムの対象地が世界遺産として登録されている．

これは，キリスト教文明圏においては，「天国と地獄」「生と死」といった二元論的世界観が確立しており，記憶を承継するにあたっては，当然の理として，喜ばしい記憶のみならず，ネガティブな記憶も受け継がれていくという文化的背景に基づいている．それゆえ，欧米社会では，日本語でいうところの「負の遺産」という概念がない．彼らにとっては，過去から承継される記憶は，必然的に光と影の両面を持つがゆえに，あえて「負の」という修飾語をつける必要性がないのである．

そうであるとすれば，今後日本における欧米からのインバウンド観光を考える際には，日本社会の持つネガティブな側面についても示すことが，欧米人の求める真の日本への理解につながるであろう． （井出 明）

文献
東 浩紀編 2013『福島第一原発観光地化計画』ゲンロン．
東 浩紀編 2013『チェルノブイリ・ダークツーリズム・ガイド』ゲンロン．
井出 明 2012「東日本大震災における東北地域の復興と観光について――イノベーションとダークツーリズムを手がかりに（特集 震災復興と観光）」運輸と経済，**72**(1)：4-33．
井出 明（編集協力）2015『DARK tourism Japan vol.1 ダークツーリズムとは何か』ミリオン出版．
大森信治郎 2012「「復興ツーリズム」或いは「祈る旅」の提言―「ダーク・ツーリズム」という用語の使用の妥当性をめぐって」観光研究，**24**(1)：28-31．
カロリン，フンク 2008「『学ぶ観光』と地域における知識創造」地理科学，**63**(3)：160-173．
木曽 功 2015『世界遺産ビジネス』小学館．
Lennon, J. and Foley, M. 2000 *Dark Tourism: The Attraction of Death and Disaster*. Cengage Learning EMEA.

9.25 ポストコロニアルツーリズム

脱植民地化とマスツーリズムの時代 かつて列強諸国の支配下におかれていた植民地の多くは，第二次世界大戦以降，次々と独立を果たすこととなった．とりわけ「アフリカの年」とよばれた1960年以降，アフリカのみならず南太平洋やカリブ海諸国などでも脱植民地化が進んだ．

同時に，この時代は，ジェット機の登場など輸送技術の進展とともにいわゆる西側の先進諸国からの国際観光客が増大したマスツーリズムの時代でもあった．本書の「観光と植民地」（1.6項）でも論じられているように，宗主国と植民地の間や植民地内に張りめぐらされた交通網，世界標準の宿泊施設であるホテルの非西洋地域への展開，そしてトマス・クック社をはじめとした旅行業者の出現など近代における観光産業の発展は，植民地主義／帝国主義による西洋の地理的拡大と表裏一体の関係にあった．それに対し，第二次世界大戦後の脱植民地化の時代の国際観光におけるマスツーリズムは，旧宗主国と独立した国々の間にどのような関係をもたらすことになったのであろうか．

新植民地主義としての観光 植民地支配から独立を果たした国々がその後たどった道程が決して平坦なものではなかったことは，周知の事実である．一部の国や地域を除けば，政情不安や経済開発の遅れなどにより，独立後も宗主国との支配／従属関係が開発途上国への援助／被援助の関係へと形を変えて継続し，長く苦境におかれている国や地域も数多く存在する．いわば形を変えた帝国主義，あるいは新植民地主義ともいえる状況に旧植民地の国々はおかれたのである．

このような状況は，観光においても同様であった．独立した国々のなかには，温暖な気候や豊かな自然環境を資源に観光開発を進めることで外貨の獲得を目指すところも少なくなかった．しかし実際の観光開発において実権を握ってきたのは，旧宗主国に拠点をおく大企業や国際資本であったため，観光によってもたらされる収入が必ずしも途上国に還元されるとは限らない状況も存在していた．

例えば，グローバルホテルチェーンによるリゾート開発を考えてみよう．観光地となった場所で暮らしていた人びとは，開発によってわずかな補償のもと土地を追われる一方で，投資の多くは一部の現地エリートの懐のみを潤すことになる．完成したリゾートに豊かな先進国から観光客が訪れたとしても，そこで得られる収益の多くは海外に拠点をおくチェーンの本部へと吸い上げられ，雇用が増加したとしても支配人や経営幹部など比較的高給を得るのは本部から派遣された人びとである．

一方で現地の人びとに提供されるのは，現場のサービススタッフなど単純労働の低賃金で不安定な職種に限定される．大規模なリゾート地であればあるほど，当該施設内で観光客のアクティビティは完結し，「ツーリストゲットー」（観光客向けの飛び地）と化した施設の外で消費されるのはわずかなみやげ物代にすぎない．その結果，訪れる観光客がもたらす外貨の大半は，彼らを送り出す豊かな先進国に本拠をおく国際資本に回収されていく．そこで主導権をもつのは，観光開発をされる側の旧植民地ではなく，開発する側の旧宗主国であり，いわば第二次世界大戦後のマスツーリズムによる観光開発の世界的展開は，かつての帝国主義の新たな一形態（Nash 1977），あるいは文字通り新植民地主義としてとらえられる側面を有していたのである．

ポストコロニアルツーリズムとその表象 このような新植民地主義的な支配／従属関係の温存は，経済的側面に限られない．エドワード・サイード（1986）の『オリエンタリズム』に代表されるポストコロニアル批判の議論が

明らかにしたように，「西」洋の旧宗主国から訪れる観光客と被植民地であった「東」洋の人びと，あるいは豊かな「北」半球の先進国と貧しい「南」半球の途上国の間には，経済的な格差のみならず，政治的・文化的な権力関係，表象の政治学もまた存在している．

手つかずの自然が残る美しい「南」のビーチは，近代文明に汚される前の無垢の地，裏を返せば遅れた未開の地を意味する．そこは，文明化され発展した「北」/「西」から訪れる観光客にとって魅惑の地となる一方で，「高貴なる野蛮人」たる「南」/「東」の人びとの存在は，観光客にとって自らの先進性を確認させてくれる．植民地時代に建設された歴史的建造物を眺めてノスタルジアに浸り，エキゾチックな民族文化をつかの間消費する観光客の営為は，裏を返せば旧植民地の同時代性や歴史性を捨象することによって成立する．

こうして，ガイドブックやパンフレットに「南」や「東」の観光地を魅惑的な他者として描き出す観光メディアは，それらを消費する「北」や「西」の特権的な地位を再生産しているのである．すなわち，ポストコロニアルツーリズムは，脱植民地化した地域と旧宗主国の間に継続する新植民地な支配/従属の権力関係を反映したものとしてとらえられるのである．

「南北問題」を越えて　ただし，ポストコロニアルツーリズムをこのような「南」/「北」，「東」/「西」の権力関係よってのみ読み解くことは，危うさも孕んでいる．とりわけ 2000 年代以降のアジア地域を中心としたマスツーリズムの展開は，従来の枠組みを瓦解させつつある．アジアの国々における中間層の成長とともに，かつて「北」/「西」の観光客によって独占されてきた観光地は，「南」/「東」とされていた国々の人びと，さらには国際観光市場に新たに参入したもうひとつの「東」，すなわちかつての社会主義国家からの観光客で溢れている．加えてアジア諸国では，国際観光を上回る水準で国内観光が発展している．産業的な側面をみても，東南アジアにおける LCC の勃興や中東系航空会社の勢力拡大など，世界の観光における西洋の一元支配という枠組みは無効になりつつある．

そこで必要となるのは，もっぱら観光客を受け入れる「東」/「南」としてひとくくりにされた地域がもつ多様性や歴史的特殊性に着目する視点である (Winter, Teo and Chang 2009)．今やポストコロニアルツーリズムは，アジア諸国の観光成長に象徴されるように，単純な南北問題に還元される存在ではなく，「南」が「南」を，「東」が「東」を消費する状況を示唆している．また，「南」や「東」とされてきた地域自身が，自国の周縁地域に対して観光消費を通じたさらなる新植民地主義的な支配/従属関係を再生産しようとしている．さらに，ロンドンやニューヨークなど欧米の大都市がアジアからの観光客に席巻されている姿に明らかなように，「北」もまた，「南」によって消費される存在でもある．

したがって，ここで必要とされるのは，西洋中心主義的で普遍的な「西と東」，「北と南」といった二項対立的枠組みを相対化する視座である．この新たな状況においてポストコロニアル批評が提起したイメージの政治学の問題は，いかなる変質を遂げているのであろうか．権力構造の単純な暴露や批判にとどまることなく，ポストコロニアルな状況と観光が切り結ぶ複雑な関係を読み解くことが観光研究に求められている．　　　　　　（鈴木涼太郎）

文献

サイード, E.（今沢紀子訳）1986『オリエンタリズム』平凡社．

Nash, D. 1977 Tourism as a form of imperialism. Smith, V. L. ed. *Hosts and Guests: The Anthropology of Tourism*. University of Pennsylvania Press, pp. 37-54.

Winter, T., Teo, P. and Chang, T. C. 2009 Introduction: Rethinking tourism in Asia. Winter, T., Teo, P. and Chang, T. C. eds. *Asia on Tour: Exploring the Rise of Asian Tourism*. Routledge, pp. 1-18.

9.26 ポストモダンツーリズム

定義 ポストモダンツーリズムに対する定着した定義はないが，ポストモダンの建築，アート，またポストモダン思想などにはおおよそ次のような共通した定義が存在する．すなわち，これらはポストモダンとよばれる社会状況のもとで成立した一つの様式としての建築，アート，またポストモダン状況から生まれ，それを説明し，そこからより自由な生き方や社会を探り出そうとする社会理論や思想のことである．これらの潮流は，総称してポストモダニズムととらえられる．

ポストモダン状況とは，次の①〜③に至る状況である．①人びとに共有されていた進歩，発展，平等といった「大きな物語（メタ物語）」（リオタール 1989）が，衰退または失効した状況，②近代の哲学や思想がもっていた理性的主体として確固とした自我をもつ人間といった前提条件が揺らいでいる，あるいは人びとがそれを放棄し出した状況，③文化の構造および言語や記号などが，人間のリアリティを大きく規定していることを人びとが広く意識し始め，そのことが引き起こす文化の構造や言語，記号などの再構成により，リアリティを人為的に再構成することが可能である，と認識するに至る状況である．

①と②と③はともに，ギデンズ（1993）がいうようなモダニズム的省察の深化によって，人びとが「摂理」に対する信仰や信頼を失い，自己と制度に対する再帰性を活性化させたことから生じた，同じ現象における個別の側面ともいえる．

このことから展開される建築，絵画，音楽，文学，思想などにおけるポストモダニズムの文化運動に共通しているのは，真／偽，善／悪，美／醜の二項対立図式の廃棄である．ここでは，特に「本来の〜」「本当の〜」といったような，真／偽の対立を前提とした「真正性」（authenticity）の議論は意味をなさない．西欧中心主義や人間中心主義，あるいは理性主義などに由来する「基礎付け」（これ以上訴求できない基本的な真理）は廃棄される．多様性の積極的な容認というポストモダニズムの特徴から考えれば，このような議論は馴染まないからである．

こうして，ポストモダニズム文化は，R.ヴェンチューリによる建築における折衷主義の言説や，F.ジェイムソン（1987）がポストモダンアートの典型として取り上げたフォトリアリズムに対する議論からわかるように，「パスティーシュ」（主題やスタイルの模倣や二次的借用）など，従来の真／偽，善／悪，伝統的美／醜の枠組みから抜け出した，より人為的，人工的，再帰的なものへと向かっていく．

このことは，現実に対する表象（言語，記号，画像など）の優位を意味する．芸術における表象（representation）は現実の代表（representation）であることを放棄し，逆に表象こそが現実の作り手として人びとに意識される．フェザーストーン（1999）は，ポストモダニズムの再帰性，あるいは「日常の審美化」の裏側には，文化を商品とする消費社会の進展が存在していると述べている．ポストモダニズムの広がりは，反商業主義的なものも含めて，商業主義と消費社会の広がりと関係している．

以上のことから，ポストモダンツーリズムをポストモダン状況における観光現象と考えれば，その枠組みのおおよその形と底流に流れる傾向は，ポストモダニズム文化のそれと同型である．特に，消費社会の進展とともに発展してきた観光文化においては，この人工性，再帰性の特徴が顕著である．

いうまでもなく，この特徴を明確にもっている観光地とは，ディズニーランドである．ディズニーランドにおいては，「本当」を探し，「嘘」を暴き，真／偽の議論に没頭することは無意味であるし，そのようなことに励む入

園者（ゲスト）や従業員（キャスト）はいないだろう．ディズニーランドで表象されているのは，何か「本物」のコピーではなく，オリジナルをもたないイメージのコピー，すなわち「シミュラークル」（ボードリヤール 1995）なのであり，そこではゲストもキャストも表象から現実を創り出すゲームに参加している．あえていえば，そこは参加者全員が嘘と知りつつ嘘を演じ，異化（覚める行為）と同化（乗る行為）が同時に生じる場なのである．ディズニーランドに典型的に表れている，現実に対する表象の優位というポストツーリズムの特徴は，現代の観光一般に広がっていると考えることができる．

ポストモダンツーリズムとは，以上のような傾向が特に強い再帰的（あるいは人工的）なツーリズムのことである．一部のテーマパークのほかに，アニメツーリズムに代表されるようなコンテンツツーリズム，スピリチュアルツーリズム，一部のコンサート（あるいはフェス）ツーリズム，一部のアートツーリズム，廃墟観光も含む一部のレトロ観光（歴史的事実には特にとらわれないもの），工場萌えツアーなどの一部の産業観光（産業振興的要素にはとらわれないもの），戦場ツアーや医学生向けの「死体博物館」を見に行くといったような（ダークツーリズムとは区別される）ブラックツーリズムなどがこの「ポストモダンツーリズム」のなかに含まれよう．「ポストツーリズム」といわれるような，観光客や観光地のあり方をメタの視点から見に行く（例えば賞賛ではなく失策を面白がる「がっかり観光地」を訪れるような）「観光（について）の観光」もポストモダンツーリズムに含まれる．

ポストモダンツーリズムがもつ，現実に対する表象の優位，真善美の基準に関する従来の枠組みや境界の融解などの特徴は，結果的に観光者や観光地住民に独自の枠組みを使った観光地づくりへの参与を促す．そして，観光地はますます演技的なものになっていく．

ポストモダンツーリズムは観光者，観光地住民を含めたアクター全員に参与と演技を要求するツーリズムでもある．

以上のようなポストモダンツーリズムには，観光産業が観光者の欲望のあり方まで周到に設計をする商業主義的な「トップダウン型」（あるいは「管理型」）のものから，観光客，あるいは一部の観光地住民が主体的に表象を作り上げる「ボトムアップ型」（あるいはボランタリーな「偶然型」）のものまで幅がある．また，トップダウン型のなかにおいても，観光者は観光産業の意図から外れ，主体的に観光地のあり方を変えていくこともあり，さらに，ボトムアップ型の観光地においても，主体的で偶有性をもったものであったはずの表象活動が観光産業に取り込まれ，（タイ・バンコクのカオサン通りなどバックパッカー文化のように）テーマパーク化されトップダウン型に近づくこともありうる．ポストモダンツーリズムは消費主義，あるいは商業主義的傾向が強いとはいえ，参加型観光という意味においては，観光者の創意や創造の可能性，あるいは「他者性」や「異化効果」追求の可能性も多く存在する．

以上のことから，強調すべき点は，ポストモダンツーリズムが「テーマパーク型権力」（稲葉 2006）として徹底した欲望管理へと向かいつつ，同時に他者性，偶有性へと開かれているという両義的な性格をもつことである．

（須藤 廣）

文　献

稲葉振一郎 2006『モダンのクールダウン』NTT 出版．
ギデンズ，A.（松尾精文・小幡正敏訳）1993『近代とはいかなる時代か――モダニティの帰結』而立書房．
ジェームソン，F. 1987「ポストモダニズムと消費社会」フォスター，H. 編（室井　尚・吉岡　洋訳）『反美学――ポストモダンの諸相』勁草書房．
フェザーストーン，M.（川崎賢一・小川葉子編著訳，池田　緑訳）1999『消費文化とポストモダニズム』恒星社厚生閣．
ボードリヤール，J.（今村仁司・塚原　史訳）1995『消費社会の神話と構造』紀伊國屋書店．
リオタール，J.-F.（小林康夫訳）1989『ポストモダンの条件――知・社会・言語ゲーム』水声社．

9.27

外国人による日本観光

訪日外国人旅行者の増加 近年インバウンド（訪日外国人旅行）が急増してきている．2003年のビジット・ジャパン・キャンペーン開始当時は，訪日外国人旅行者数は380万人だったが，2008年に観光庁が設立され，8,350万人まで増加した．東日本大震災の影響で一時落ち込んだものの，2014年までの10年間でインバウンド観光客数は1,340万人と3.5倍以上になった．2017年には2,800万人に達し，国は2020年に4,000万人という新たなゴールを設定した．ここでは外国人からみた日本の観光環境を明らかにしてみたい．

まず，外国人からみた日本の観光セクターを検討してみよう（図1）．これは，マーケティング分野でよく使われているSWOT分析の手法を用い，四つの項目で日本の観光セクターを分析したものである．

外国人からみた日本観光において，もっとも注目されるのが，2020年の東京オリンピック・パラリンピックをはじめとする国際イベントであろう．だが，ここでみてみたいのは，観光訪問地の多様化である．つまり，全体のパイの拡大と個人旅行者（F.I.T.）化につれて，東京・京都・大阪の大都市に集中するのではなく，利用実態が分散し，地方を訪ねるインバウンドが増えるという傾向である（JTB財団 2014）．ここでは，上高地と富士山の二つの具体例から自然公園を舞台に外国人の日本観光を検討する．

上高地—モニターツアーからの認知度向上 日本アルプスの南ゲートウェイ自然公園の目玉の一つは上高地である．「アルプス」という外来名称の通り，上高地は国際リゾートとして第二次世界大戦前から開発されたが，本格的なインバウンド時代の到来は近年になってのことである．環境省によると，中部山岳国立公園は外国人利用者数が2012〜13年に全国のトップ3に入り，13万人から31万人へ倍増した．こうした状況のなかで，松本市は「上高地インバウンドプロジェクト」の委託事業を実施し，国際対応に取り組んでいる．

その一環として，筆者は英語圏の外国人を上高地に招待し，現地でのモニターツアーを3回行った．参加者の欧米人は，日本人と異なった印象をもつことが明らかになった．例えば，河童橋からの展望では穂高連峰より活火山焼岳に魅力を感じたり，目の前に現れたニホンザルに歓喜する（図2左）など，自然資源に対する感性の違いがみられた．

また，欧米人は上高地谷に日帰りでなく宿泊することが多いため，散策の行動範囲も広く，明神池ばかりでなく徳沢あるいは焼岳まで登る．そうしたなかで明神コースは特に多く，自然だけでなく穂高神社の文化資源や囲炉裏などの伝統的な雰囲気をもつ嘉門次小屋が好評である．

STRENGTHS（強み）	WEAKNESSES（弱み）
・治安がよい	・自然資源への認知度が高くない
・交通インフラ整備	・地域の偏り・集中
・文化遺産が豊富	・言語および多文化への壁・差別
・自然環境の保護	・国際対応のネック
・温泉地や山岳地域	・地域や民・官の連携不足
OPPORTUNITIES（可能性）	THREATS（脅威）
・国際イベントの主催	・収納力限界（空港・ホテルなど）
・インバウンドの増加	・「高級日本」の国際イメージ
・観光訪問地が多様化	・外国人目線の「場」が足りない

図1　日本観光セクターに対したSWOT分析

図2　野生ザルは観光資源化か（左），金剛杖を持つ外国人富士登山者（右）

日本人は上高地と聞くと英国牧師のW.ウェストンのことを思い浮かべる人が多いが，欧米人は逆に地元猟師および山岳ガイドだった嘉門次のストーリーを聞きたがる．また増加傾向にはあるものの，図1で示した通り，外国人の自然公園に対する認知度はけっして高くない．本事業のようにモニターツアーの結果を参考にしながら観光資源を外国人目線で再アレンジし，専用ホームページなどで発信するのが有効であろう．

富士山—インバウンドのフロントライン
ところで上高地はまだ「穴場」だが，富士山を知らない外国人観光客はいないだろう．外国人増加と訪問地多様化のおかげでもともと人気スポットだった五合目の人気が更に高くなり，インバウンドのフロントラインといっても過言ではない．しかし，インバウンドが登山者の3割，観光客の半数以上を占めるようになるなかで，マナー悪化やルール違反が報告されている．例えば，ゴミのポイ捨て，歩きたばこ，石の持ち帰り，山小屋に宿泊しない弾丸登山や道迷いなどの問題があげられている．なぜ問題がこんなに多いのだろうか．外国人が急に増えたということもある．アンケート結果から属性をみると日本人より平均年齢が若く，登山者に限れば30歳未満が6割も占めている．また，上高地では日本在住者の割合が大きいが，富士山はアクセスの利便性もあり，インバウンド観光客が大半になっている．さらに，上高地ではヨーロッパからの個人客も多いが，富士山はアジアからの団体ツアーが目立つ．特に中国や東南アジアからのはじめての訪問あるいははじめての海外旅行の客も大勢なので，マナーがよくないグループもいるのである．

だが，マナーが悪いというのは，別の角度からいえば，マネジメントが効果的でないとも考えられる．例えば，ゴミのポイ捨てが増えている背景には，ゴミ箱が設置されていないことが考えられる．「ゴミ持ち帰り」というのは現在，国立公園における暗黙の了解のようだが，海外からの観光客はゴミをどこまで持って帰ればよいのだろうか．いわゆる「カニ族」（バックパッカー）はゴミ持ち帰りルールが守れない．例えば，金剛杖（図2右）で，外国人が購入したものが多い．富士講の伝統を引く金剛杖．登山後ゴミにならないように，金剛杖が長すぎて帰りの飛行機に乗せられないなら，下山後，短くカットするようなサービスも実際ある．

課題　インバウンド観光客に対しては，マーケティングも異なってくる．例えば，上高地なら，河童橋から見た上流の穂高連峰が絶景だが，下流の焼岳を目指すトレッキングも外国人に対して有効である．一方，富士山はインバウンドのフロントラインで，課題は沢山ある．例えば，金剛杖の事例から考えると，利用者の意識改善とともにマネジメントの改善が必要であろう．この作業はすでに始まっており，通訳のナビゲーターが夏季に五合目に常駐し多言語観光案内や注意を行っている．また，看板の多言語化や色の共通化なども行われている．

だが，フロントラインである富士山でさえ国際対応に課題がある．クレジットカードが利用できない山小屋や売店はまだ多い．日本のハイテクイメージをもつ外国人は逆に富士山の有料のチップトイレのようなローテクに驚く人が多く，なぜパスモやSuicaが使えないのかという疑問がある．さらに，日本の紙文化へのカルチャーショックもある．例えば，ホテルへチェックインする際，手書きの住所手続きや食券の習慣など外国人にはわからないことが少なくないのである．　　（T. E. ジョーンズ）

文　献
JTB財団　2014「第24回旅行動向シンポジウム」『公益財団法人日本交通公社』2014年11月5日．
鷲見真一　2015「自然公園における外国人観光客への情報提供モデルの構築：上高地の自立的・継続的情報発信の体制づくり」國立公園，**733**：11-14．
Jones, T. E., Yang, Y. and Yamamoto, K. 2016 Inbound, expat and domestic climbers: A segment-based analysis of Mount Fuji's summer season. *Tourism Review International*, **20**：155-163.

付録1
日本観光年表

日　本	海　外
894（寛平6）　遣唐使の廃止 935（承平5）頃　『土佐日記』（紀貫之） 1060（康平3）頃　『更級日記』（菅原孝標女）	
1223（貞応2）　『海道記』（作者不詳） 1242（仁治2）以降『東関紀行』（作者不詳） 1279（弘安2）頃　『十六夜日記』（阿仏尼）	1271-95　マルコ・ポーロの旅（『東方見聞録』） 1488-1543　地理発見時代
1582-90（天正10-18）　天正少年使節 1601（慶長6）　東海道に伝馬制度 1607（慶長12）　朝鮮通信使の初来日（1811年まで12回） 1613-20（慶長18-元和6）　慶長遣欧使節 1633-39（寛永10-16）　徳川幕府による数次の鎖国令 1635（寛永12）　参勤交代制の確立．諸街道と宿場の整備 1659（万治2）頃　『東海道名所記』（浅井了意） 1707（宝永4）　『伊勢参宮按内記』 1718（享保3）　正月から4月の伊勢参宮427,500人（伊勢山田奉行の上申） 1751（寛延4）　『伊勢道中行程記』／『伊勢路のしるべ』 1766（明和3）　『伊勢参宮細見大全』 1780（安永9）　『都名所図会』（詳細な観光案内書の決定版） 1791（寛政3）　『大和名所図会』 1797（寛政9）　『伊勢参宮名所図会』／『東海道名所図会』 1802-09（享和2-文化6）　『東海道中膝栗毛』（十返舎一九） 1810（文化7）　『旅行用心集』（八隅廬菴） 1833-34（天保4-5）　『東海道五拾三次』（歌川広重，保永堂版） 1834-36（天保5-7）　『江戸名所図会』	17-18世紀　グランドツアーの時代 1786-88　〔独〕『イタリア紀行』（ゲーテ） 1825　〔英〕ストックトン・ダーリントン間の蒸気機関鉄道開業（世界初の蒸気機関鉄道路線） 1841　〔米〕トマス・クックの「団体旅行」の成功
1853（嘉永6）　ペリー艦隊の浦賀来訪 1854（嘉永7）　日米和親条約（神奈川条約） 1856（安政3）　オランダ国王から幕府に贈呈された軍艦に「観光丸」と命名（命名者：長崎奉行永井玄蕃） 1858（安政5）　日米修好通商条約 1859（安政6）　横浜，長崎，函館での自由貿易許可	1851　〔米〕トマス・クックのロンドン万博ツアー（16万人動員） 1858　C. バリントンによるアイガー初登頂／〔米〕G. M. プルマンによる寝台車の製造
1860（万延1）　日本使節団（ポーハタン号，咸臨丸）の訪米 1866（慶応2）　一般人の海外渡航を許可（幕府） 1868（慶応4／明治元）　明治維新／築地ホテル館開業（徳川幕府の建設による日本初の本格的洋式ホテル，1872年焼失） 1869（明治2）　国内旅行の自由化（関所の廃止）／海外渡航規則の制定／5月16日　松尾芭蕉「奥の細道」に出立	1865　E. ウィンパーによるマッターホルン初登頂 1869　〔米〕アメリカ大陸横断鉄道開通／〔エジプト〕スエズ運河開通

日本	海外
1870（明治3） 横浜，神戸・サンフランシスコ間定期航路／米国人宣教師 C. ヘボンが滞在 1871-1873（明治4-6） 岩倉使節団の欧米派遣 1872（明治5） 新橋・横浜間に鉄道開通／日本国郵便蒸気船会社設立 1873（明治6） 金谷カテッジ・イン（金谷ホテル）開業／「外国人旅行免状」誕生（一般の外国人に内地旅行の道が開ける）／横浜グランドホテル開業（外国人経営，関東大震災で倒壊） 1874（明治7） 大阪・神戸間に鉄道開通／内地旅行規則制定 1875（明治8） 栃木県のある小学校が寺山観音に初詣（修学旅行の起源？） 1878（明治11） 富士屋ホテル（箱根）開業（外国人専用のリゾートホテル）／イザベラ・バードが金谷カテッジ・インに滞在 1879（明治12） 開誘社（観光ガイドの団体）設立	1872 トマス・クック社による世界一周旅行（日本にも寄港）／〔米〕イエローストーン国立公園（世界初の国立公園）／〔仏〕『八十日間世界一周』（J. ヴェルヌ）
1880（明治13） 豊平館ホテル（札幌）開業 1880年代 外国人の避暑が流行る（日光，宮ノ下，有馬，雲仙など） （1891 チェンバレン『日本旅行案内』） 1883（明治16） 鹿鳴館開設 1886（明治19） カナダ生まれの2人の宣教師（A. C. ショウと J. M. ディクソン）が軽井沢の民家で避暑／東京師範学校で「長途遠足」（修学旅行）実施 1887（明治20） 宿屋営業取締規則公布 1888（明治21） 尋常師範学校に修学旅行の通達（文部大臣訓令）／W. ウェストン来日（1896『日本アルプスの登山と探検』） 1889（明治22） 大日本帝国憲法発布／東海道本線全線開通（新橋・神戸間）／讃岐鉄道開業（丸亀・琴平間）	1880 〔仏〕「怠ける権利」（P. ラファルグ） 1889 〔仏〕エッフェル塔完成
1890（明治23） 帝国ホテル開業 1891（明治24） 日本鉄道日光線開通（上野・日光間約5時間）／東北本線全通 1893（明治26） 喜賓会（Welcome Society）設立／日光金谷ホテル開業／信越本線全通（横川・軽井沢間1893年開通による） 1894（明治27） 亀屋ホテル（万平ホテル，軽井沢）開業／『日本風景論』（志賀重昂） 1894-95（明治27-28） 日清戦争 1895（明治28） 京都電気鉄道開業（日本初の電気鉄道） 1897（明治30） 古社寺保存法制定 1899（明治32） 外国人に内地旅行，居住の自由を認可	1890 〔仏〕ツーリング・クラブ・ド・フランス設立／〔仏〕最初のメゾン・ファミリアル・ド・ヴァカンス（低廉な家族向けバカンス施設） 1893 〔スイス〕ローザンヌホテルスクール開校（世界初のホテル学校） 1894 〔英〕カニンガム・ホリデー・キャンプ（マン島）開業（世界初のキャンプリゾート地） 1896 〔ギリシャ〕近代オリンピック第1回アテネ大会
1900（明治33） 都ホテル（京都）開業 1901（明治34） 神戸六甲山上に日本初のゴルフ場 1904-05（明治37-38） 日露戦争 明治30年代 島崎藤村が「高原」という用語を使用（市川健夫『雪国文化史』p.18） 1905（明治38） 日本山岳会創立／日本旅行会（株式会社日本旅行の前身）創業／『日本山水論』（小島烏水）	1900 〔仏〕ミシュランがガイドブック『ギード・フランス』を無料頒布

日本	海外
1906(明治39) 朝日新聞社主催「ろせった丸満韓巡遊」(メディアを利用した旅行)／南満洲鉄道株式会社設立 1907(明治40) 案内業者取締規則（内務省令21号）制定 1908(明治41) 日本人による最初の世界一周旅行（朝日新聞社主催，トマス・クック社手配，旅程90日） 1909(明治42) 奈良ホテル開業	 1908 〔米〕スタットラーホテル（ニューヨーク州バッファロー）開業（ホテルチェーンの始まり） 1909 〔独〕DELAG 設立（ツェッペリン飛行船による世界初の商業航空会社）
1910(明治43) 箕面有馬電気軌道開業 1911(明治44) 娯楽施設「宝塚新温泉」開業（1913年宝塚歌唱隊発足） 1912(明治45) ジャパン・ツーリスト・ビューロー設立（JTB：現在のJTBとJNTOの前身）（鉄道院の指導） 1913-17(大正2-6) *An Official Guide to Eastern Asia*（『東亜英文旅行案内』全5巻，鉄道院が外客誘致を目的に出版した英文案内書） 1914-18(大正3-7) 第一次世界大戦 1915(大正4) 東京ステーションホテル開業 1916(大正5) 大隈内閣の諮問機関「経済調査会貿易部会」が外客誘致に関する決議	1910 〔仏〕世界初の観光行政機関（NTO）設立 1911 〔独〕R. シルマンによる最初のユースホステル 1914 〔露〕国民に1カ月の有給休暇／〔米〕セントピーターズバーグ・タンパ間を結ぶ航空路線が開業（世界初の定期商業航空便） 1919 国際労働機関（ILO）設立／〔英仏〕ロンドン・パリ間定期航空路線開設
   1925(大正14) 金谷真一（金谷ホテル）の世界一周旅行 1926-36 『日本案内記』（鉄道省編） 1927(昭和2)「日本新八景」公募（東京日日新聞・大阪毎日新聞共催，鉄道省後援） 1929(昭和4)「対米共同広告委員会」設置／東武鉄道日光線開通／国宝保存法制定（古社寺保存法廃止）	1922 〔米〕コーネル大学にホテル経営学部開設 1924 〔仏〕冬季オリンピック第1回シャモニー・モン・ブラン大会開催 1925 〔伊〕アドリア海沿岸に「ドーポラヴォーロ」（労働の後）のバカンス施設建設開始 1927 〔独〕ドイツ・アルペン街道建設 1929 世界恐慌
1930(昭和5) 鉄道省の外局として「国際観光局」（観光庁の前身）と諮問機関「国際観光委員会」設置（外貨獲得による国際収支の改善目的）／京都市が観光課設置／甲子園ホテル開業／富士屋ホテルトレーニングスクール（箱根）設置 1931(昭和6) 海外観光宣伝機関としての（財）国際観光協会設立（対米共同広告委員会の継承発展）／国立公園法制定（1934年瀬戸内海，雲仙，霧島の三カ所を指定）／上越線全線開通／『日本名所集』（鉄道省運輸局編） 1931-37(昭和6-12) 大蔵省の低利融資を地方公共団体に斡旋し，外客向けにホテル建設，営業は外部委託（15ホテル，900室）	 1931 〔米〕ネバダ州でカジノ合法化（ラスベガスの発展） 当時「世界周遊船の黄金時代」といわれた 1933 〔独〕ヒトラーが「クラフト・デュルヒ・フロイド（KdF）」（歓喜の力）を設置

日　本	海　外
1935(昭和10)　海外渡航者30,000人(訪日外国人旅行者数 約42,000人)／第一回東洋観光学部会議開催(東京)／国際ホテル学校(東京YMCA国際ホテル専門学校) 開校	1936　〔仏〕フランス人民戦線内閣成立, 有給休暇法(バカンス法)の制定／ILOが有給休暇に関する第52号条約制定／〔英〕バトリン・ホリデー・キャンプ開業
1937(昭和12)　日中戦争勃発	
1938(昭和13)　国家総動員法発令	1938　〔スイス〕H. ハラーらによるアイガー北壁初登頂
	1939-45　第二次世界大戦
1940(昭和15)　東京オリンピック (中止)	
1941(昭和16)　太平洋戦争勃発	
1942(昭和17)　国際観光局の廃止	
1943(昭和18)　(財)国際観光協会解散 (事業, 資産, 職員の一切を「東亜交通公社」に移管)	
1945(昭和20)　太平洋戦争終結／(財)東亜交通公社の発展的解消→「外客誘致」を目的に加え (財)日本交通公社に名称変更	
1946(昭和21)　運輸省に観光課の設置／立教大学公開講座「ホテル講座」開設／日本国憲法発布	
1948(昭和23)　GHQが外国人観光客の入国許可 (1週間の期限付き)／旅館業法制定／温泉法制定	1948　〔仏〕ツーリング・クラブ・ド・フランスが6カ所に休暇村 (テント村) 設置
1949(昭和24)　国際観光事業の助成に関する法律制定／通訳案内業法制定 (2006年に改正「通訳案内士法」に)／国際観光ホテル整備法制定／1ドル＝360円に固定 (ブレトン・ウッズ体制)／はとバス第一号「富士」(ルート:上野駅→上野公園→皇居→赤坂離宮→浅草観音)／日本人技術者の海外渡航許可	
1950(昭和25)　文化財保護法制定 (国宝保存法廃止)	1950　朝鮮戦争勃発／〔伊〕モード誌「エル (ELLE)」がチロルとシチリアにヴィラージュ・マジーク (魅惑の休暇村) を設置／〔西〕G. ブリッツがマジョルカ島に第1号テント村を開設し「地中海クラブ」と命名 (1954年にG. トリガノが参加)
1951(昭和26)　日本航空設立	1951　太平洋地域観光協会 (PATA) 設立
1952(昭和27)　占領終結／日本政府:IUOTO (官設観光機関国際同盟) およびPATA (太平洋観光協会) に加盟, ニューヨークに観光宣伝事務所開設／旅行斡旋業法制定 (1971年に改正「旅行業法」施行)	
1953(昭和28)　実質国民所得が戦前の水準にまで回復／離島振興法制定	
1955(昭和30)　(財)国際観光協会設立／近畿日本航空観光と日本ツーリストが合併し, 近畿日本ツーリスト設立／長崎市と米国セントポール市が姉妹都市提携 (日本初の姉妹都市)	1955　〔スイス〕第1回ソーシャル・ツーリズム国際会議 (ベルン)／〔米〕ディズニーランド開園 (カリフォルニア州アナハイム)
1956(昭和31)　東海道本線電化 (1958年特急「こだま」東京・大阪間6時間30分)	
1957(昭和32)　自然公園法制定 (国立公園法廃止)	1957　『ヨーロッパ一日5ドルの旅』(A. フロンマー)

日 本	海 外
1958(昭和33) 豊島園（東京）に人工スキー場（世界初？）／東京タワー建設 1959(昭和34) 日本観光協会設立（日本政府観光局，日本観光振興協会の前身），JATA設立（国際旅行業者協会，1975年に日本旅行業協会に改称）	1958 〔仏〕家族休暇村ヴィラージュ・ファミーユ・ヴァカンス（VVF）開設／「エル」とブリッツの組織を統合して営利企業「地中海クラブ」設立
1961(昭和36) 『何でもみてやろう』（小田　実） 1962(昭和37) JNTAの海外観光宣伝事務所（ニューヨーク，サンフランシスコ，ホノルル，トロント，ロンドン，パリ，シドニー，バンコク） 1963(昭和38) 観光基本法制定 1964(昭和39) 東京オリンピック開催／東海道新幹線開通／日本人の海外渡航の自由化（持ち出し外貨限度500ドル）→ 年間海外渡航者数 約13万人／特殊法人日本観光協会が特殊法人国際観光振興会と社団法人日本観光協会に分離／『第一回観光白書』発表（総理府）／JTB「サンライズツアー」の運行開始／やまなみハイウェイ（別府阿蘇道路）開通／『日本百名山』（深田久弥） 1965(昭和40) JAL「ジャルパック」発売／日本コンベンション・ビューロー設立 1966(昭和41) 立教大学社会学部産業関係学科「ホテル・観光コース」開設／東アジア観光協会（EATA）設立 1967(昭和42) 立教大学社会学部観光学科設置，立教大学観光研究所設置；「ホテル講座」を「ホテル・観光講座」に改称 1968(昭和43) 小笠原諸島返還 1969(昭和44) JTB「ルック」発売	1963 ソーシャル・ツーリズム国際協会（BITS）設立 1966 雑誌「LIFE」が「地中海クラブ」特集 1967 国連「国際観光年」 1968 〔仏〕法定有給休暇4週間
1970(昭和45) 日本万国博覧会開催（大阪）／数次往復用旅券発給基準緩和／JAL・ジャンボジェット機太平洋線に就航，バルク運賃の登場（海外旅行大衆化時代に突入）／国鉄による「ディスカバージャパン」キャンペーン開始／すかいらーく1号店開店 1971(昭和46) 海外渡航者数 約100万人（1973年約230万人）（第二次海外旅行ブーム）／京王プラザホテル開業／マクドナルド1号店開店／東北新幹線着工／スミソニアン体制（1ドル＝308円，1971年12月から1973年4月まで） 1972(昭和47) 冬季オリンピック札幌大会開催／海外旅行100万人突破（若い女性急増）／海外渡航の外貨持ち出し制限撤廃／高校生の海外修学旅行開始／沖縄の施政権返還／『日本列島改造論』（田中角栄） 1973(昭和48) スキーワールドカップ苗場大会／開発ブーム／地価高騰／女性向け旅行誌『るるぶ』創刊／第一次オイルショック／円相場は変動相場制に移行 1974(昭和49) 海外ツアーオペレーター協会設立／第二次世界大戦後初めてのマイナス経済成長 1975(昭和50) 上高地マイカー乗入禁止／沖縄国際海洋博覧会開催／少人数の旅行形態が増加／伝統的建造物群保存地区指定開始（第一回指定は角館，妻籠，白川村，祇園新橋など7カ所）	1970 ILOで第132条約成立（有給休暇最低3週間義務付け） 1971 〔米〕ウォルト・ディズニー・ワールド開園（フロリダ州） 1972 ユネスコ総会で世界遺産条約採択／BITSでソーシャル・ツーリズム憲章（ウィーン憲章）採択 1973 *Across Asia on the Cheep* (Wheeler, T., Loneley Planet) 1975 国連世界観光機関（UNWTO）設立

日　本	海　外
1978(昭和53)　成田空港開港／国鉄「いい日旅立ち」キャンペーン／第二次オイルショック 1979(昭和54)　運輸省が中規模観光レクリエーション地区（通称家族旅行村）整備開始／飛騨高山の町家が伝統的建造物群保存地区に選定／『地球の歩き方』創刊（ダイヤモンド社）	1979　〔台湾〕観光渡航自由化
1980(昭和55)　インターナショナルツアーズ（現エイチ・アイ・エス）創業／海外渡航者数の対前年比マイナス → 1984年からは10%超／女性の温泉ブーム 1982(昭和57)　東北新幹線（大宮・盛岡），上越新幹線（大宮・新潟）開通 1983(昭和58)　東京ディズニーランド開業／長崎オランダ村開業／アルファリゾート・トマム開業／立教大学観光学部研究所「旅行業講座」開設 1984(昭和59)　海外渡航者数470万人 1985(昭和60)　1ドル≒238円（プラザ合意．急速な円高へ）／大鳴門橋（本州四国連絡橋）開通／海外渡航者数 約550万人（第三次海外旅行ブーム） 1986(昭和61)　国際観光モデル地区第一次指定（15地区） 1987(昭和62)　総合保養地域整備法（リゾート法）制定／国鉄分割民営化／大鰐地域総合開発（第三セクター）設立／クラブメッド・サホロ開業（日本最初の地中海クラブ）／海外旅行倍増計画（テン・ミリオン計画） 1988(昭和63)　青函トンネル開通／瀬戸大橋開通／本四備讃線開通／北陸自動車道開通／90年代観光振興行動計画（TAP '90）策定	1982　〔仏〕バカンス小切手（Chèques de Vacances）制度開始 1988　〔豪〕世界レジャー博覧会（ブリスベン） 1989　〔韓〕海外渡航自由化／〔独〕ベルリンの壁崩壊
1990(平成2)　海外渡航者数1,099万人（初めて1,000万人を超す）／1ドル≒128円／リゾートマンションの販売ピーク／スペースワールド開業／株価の大暴落／リゾートブームの終焉 1991(平成3)　日本の「バブル経済」崩壊／観光交流拡大計画（Two-way Tourism 21）策定／海外渡航者数 対前年比マイナス 1992(平成4)　長崎オランダ村ハウステンボス開業／山形新幹線開通／国家公務員完全週休2日制実施／学校週5日制実施 1993(平成5)　宮崎シーガイア（リゾート法第一号）開業（現フェニックス・シーガイア・リゾート） 1994(平成6)　コンベンション法制定／国際会議観光都市第一次指定／関西国際空港開設／志摩スペイン村開業（初期投資600億円）／酒税法改正で地ビールブーム／農山漁村余暇法制定 1995(平成7)　日本人の海外渡航者数1,500万人を突破／阪神・淡路大震災／地下鉄サリン事件／WTOアジア太平洋事務所開設（大阪）／円が一時1ドル≒79円台／10年有効旅券の発給／「白川郷・五箇山の合掌造り集落」世界遺産登録 1997(平成9)　「国際観光振興法」国会提出／ウエルカムプラン21／航空業界における自由競争の促進／秋田新幹線開通	1991　〔米〕湾岸戦争／〔露〕ソ連崩壊 1992　開発と環境に関する国連会議（地球サミット）で「アジェンダ21」が採択 1997　〔中〕香港返還

日　本	海　外
1998(平成10)　立教大学観光学部，大学院観光学研究科設置／冬季オリンピック長野大会開催／ジェットツアー倒産／スカイマークエアラインズ運行開始（エイチ・アイ・エスによる第四の航空会社）／東京ディズニーランドがテーマパーク入場者数世界一（1,668万人）／トマムリゾート倒産	1999　〔英〕ロンドンで観覧車ロンドン・アイ開業
2000(平成12)　日本政府，中国のうち北京・上海・広東省在住者のみにビザ発給（2004年9月天津・浙江省の3市5省に拡大）／年間海外渡航者数 約1,782万人／新ウェルカムプラン21（目標：2007年の訪日外客を800万人） 2001(平成13)　東京ディズニーシー開業／ユニバーサル・スタジオ・ジャパン開業／シーガイア倒産 2002(平成14)　FIFAワールドカップ（日本・韓国共同開催）／年間海外渡航者数 約1,652万人／「持続可能な開発に関する世界サミット」で観光はその先導的役割を果たす産業であるとの公式見解／東北新幹線盛岡・八戸間開業 2003(平成15)　ビジット・ジャパン・キャンペーン／SARS感染地域拡大／祝日三連休化法制定（ハッピーマンデー）／特殊法人国際観光振興会が独立行政法人国際観光振興機構（JNTO，通称日本政府観光局）に組織改正／宝塚ファミリーランド閉園 2004(平成16)　オリエンタルランド，2004年9月中間決算 対前年比売り上げ3.8％の減収／景観法制定 2005(平成17)　「知床」世界遺産登録／愛知万国博覧会開催 2006(平成18)　観光立国推進基本法制定（観光基本法を改正．2007年施行） 2007(平成19)　エコツーリズム推進法制定 2008(平成20)　観光庁設立／中国からの観光客100万人超える． 2009(平成21)　中国政府，日本への個人ビザ解禁／多摩テック閉園	2001　〔米〕同時多発テロ（9・11） 2003　〔米〕イラク戦争 2005　〔中〕香港ディズニーランド開園 2008　〔米〕リーマンショック
2010(平成22)　羽田空港再国際化／東北新幹線全線開通	2010　〔シンガポール〕マリーナ・ベイ・サンズ開業／〔ドバイ〕ブルジュ・ハリファ完成
2011(平成23)　東日本大震災／日本観光振興協会設立 2012(平成24)　観光立国推進基本計画（5ヵ年）閣議決定 2017(平成29)　住宅宿泊事業法（民泊新法）制定 2018(平成30)　統合型リゾート（IR）実施法制定	2011　〔中〕中国のGDP（2010年）が日本を抜き世界第二位

付録2
日本の世界遺産

ユネスコ(国際連合教育科学文化機関)の世界遺産一覧表に記載された日本の文化遺産・自然遺産を下記に示す.

文化遺産

記載名称	所在地	記載年
法隆寺地域の仏教建造物 〔Buddhist Monuments in the Horyu-ji Area〕	奈良県	1993
姫路城 〔Himeji-jo〕	兵庫県	1993
古都京都の文化財(京都市,宇治市,大津市) 〔Historic Monuments of Ancient Kyoto (Kyoto, Uji and Otsu Cities)〕	京都府,滋賀県	1994
白川郷・五箇山の合掌造り集落 〔Historic Villages of Shirakawa-go and Gokayama〕	岐阜県,富山県	1995
原爆ドーム 〔Hiroshima Peace Memorial (Genbaku Dome)〕	広島県	1996
厳島神社 〔Itsukushima Shinto Shrine〕	広島県	1996
古都奈良の文化財 〔Historic Monuments of Ancient Nara〕	奈良県	1998
日光の社寺 〔Shrines and Temples of Nikko〕	栃木県	1999
琉球王国のグスク及び関連遺産群 〔Gusuku Sites and Related Properties of the Kingdom of Ryukyu〕	沖縄県	2000
紀伊山地の霊場と参詣道 〔Sacred Sites and Pilgrimage Routes in the Kii Mountain Range〕	奈良県,和歌山県,三重県	2004
石見銀山遺跡とその文化的景観 〔Iwami Ginzan Silver Mine and its Cultural Landscape〕	島根県	2007
平泉―仏国土(浄土)を表す建築・庭園及び考古学的遺跡群 〔Hiraizumi—Temples, Gardens and Archaeological Sites Representing the Buddhist Pure Land〕	岩手県	2011
富士山―信仰の対象と芸術の源泉 〔Fujisan, sacred place and source of artistic inspiration〕	山梨県,静岡県	2013
富岡製糸場と絹産業遺産群 〔Tomioka Silk Mill and Related Sites〕	群馬県	2014
明治日本の産業革命遺産 製鉄・製鋼,造船,石炭産業 〔Sites of Japan's Meiji Industrial Revolution: Iron and Steel, Shipbuilding and Coal Mining〕	福岡県,佐賀県,長崎県,熊本県,鹿児島県,山口県,岩手県,静岡県	2015

記載名称	所在地	記載年
ル・コルビュジエの建築作品―近代建築への顕著な貢献― 〔The Architectural Work of Le Corbusier, an Outstanding Contribution to the Modern Movement〕	東京都（国立西洋美術館）の他，フランス，ドイツ，スイス，ベルギー，アルゼンチン，インド	2016
「神宿る島」宗像・沖ノ島と関連遺産群 〔Sacred Island of Okinoshima and Associated Sites in the Munakata Region〕	福岡県	2017
長崎と天草地方の潜伏キリシタン関連遺産 〔Hidden Christian Sites in the Nagasaki Region〕	長崎県	2018

自然遺産

記載名称	所在地	記載年
屋久島 〔Yakushima〕	鹿児島県	1993
白神山地 〔Shirakami-Sanchi〕	青森県，秋田県	1993
知床 〔Shiretoko〕	北海道	2005
小笠原諸島 〔Ogasawara Islands〕	東京都	2011

文化庁ウェブサイトをもとに作成．

付録3
観光関連法規

[ ] 内はその法律が定める主な用語.

【全般】
観光立国推進基本法（1963(昭和38)制定の観光基本法を2006(平成18)全面改正・改題，2007(平成19)施行）

【旅行会社・ガイド】
旅行業法（1952(昭和27)制定の旅行斡旋業法を1971(昭和46)改正・改題）　［旅行業，旅行業者代理業，旅行サービス手配業］
通訳案内士法（1949(昭和24)制定の通訳案内業法を2006(平成18)改正・改題）　［通訳案内士］

【宿泊・ホテル】
旅館業法（1948(昭和23)制定・施行）　［旅館，ホテル，簡易宿所，下宿］
国際観光ホテル整備法制定（1949(昭和24)制定・施行）
住宅宿泊事業法（2017(平成29)制定，2018(平成30)施行）　［住宅宿泊事業（民泊）］

【自然・環境】
温泉法（1948(昭和23)制定・施行）
自然公園法（1957(昭和32)制定・施行）　［国立公園，国定公園，都道府県立自然公園］
エコツーリズム推進法（2007(平成19)制定，2008(平成20)施行）　［特定自然観光資源］

【文化】
文化財保護法（1950(昭和25)制定・施行）　［重要文化財，国宝，史跡名勝天然記念物など］
地域伝統芸能等を活用した行事の実施による観光及び特定地域商工業の振興に関する法律（1992(平成4)制定・施行）　［地域伝統芸能など］

【景観】
景観法（2004(平成16)制定，2005(平成17)施行）　［景観地区］

【地域】
離島振興法（1953(昭和28)制定・施行）
農山漁村滞在型余暇活動のための基盤整備の促進に関する法律（略称　農山漁村余暇法）（1994(平成6)制定・施行）
観光圏の整備による観光旅客の来訪及び滞在の促進に関する法律（略称　観光圏整備法）（2008(平成20)制定・施行）　［観光圏］

【インバウンド】
国際観光事業の助成に関する法律（1949(昭和24)制定・施行）
外国人観光旅客の来訪の促進等による国際観光の振興に関する法律（略称　外客来訪促進法）（1997(平成9)制定・施行）　［地域通訳案内士など］

【リゾート】
総合保養地域整備法（略称　リゾート法）（1987(昭和62)制定・施行）
国際会議等の誘致の促進及び開催の円滑化等による国際観光の振興に関する法律（略称　コンベンション法）（1994(平成6)制定・施行）
特定複合観光施設区域整備法（略称　統合型リゾート（IR）実施法）（2018(平成30)制定）

索　　引

欧文

Airbnb　89, 189
Annals of Tourism Research　64
AR　413

CBT　44, 408
CGM　214
CLIA　53
CRS　215
CVM　233

『DARK tourism JAPAN』　420
development　274
DMO　41, 229

event　352
eWOM　144
excursionist　28

FIFA ワールドカップ　255
FIT　235

GDS　215
GNC　109

ICT　215
ILO 条約　17
ILO 第 132 号条約　407
IR　192
IR 実施（統合型リゾート）法　249

J リーグ　319
JAL ホテルズ　191
JNTO 日本の国際観光統計　96
JR　261
JTB　176

KPI　235

LCC（格安航空会社）　50, 260, 381
LGBTQ　59
LRT（次世代型路面電車システム）　261

Marriott International　191
medical tourism　5, 174
MICE　107, 113, 192, 249, 315
MTB　321

NGO　408, 409

OL 留学　382
OMOTENASHI　361
OTA　179, 213, 216

PATA　12
PCO　108
place-making（場所の創生）　276
PMS　215

SNS　144, 214, 367
Starwood H & R　191
SWOT 分析　426

t 検定　144
TCM　233
tour　6
tourism　4, 7
tourist　7, 28
travel　7
trip　7

Uber　89
UNWTO　4
UNWTO アジア太平洋センター　111

visitor　28
volunteer tourism　5
VR　413

あ行

アイデンティティ　158, 276
アイデンティティ形成　277
アイヌ　331
アイヌ民族博物館　331
アウシュビッツ強制収容所　421
アウトバウンド国際観光　16
アウラ　368
空き缶条例　297
アクティブラーニング　386

アグリツーリズム　142, 406
アグロツーリズム　406
アジア　414
アシェット，ルイ　210
アジェンダ 21　13
明日の日本を支える観光ビジョン　113
遊び　302
熱海温泉　242
新しい消費手段　395
アーティスト・イン・レジデンス　195
アトラクション　336
アニメ　110
アニメ聖地巡礼者　413
アニメツーリズム　110
アパートメント　308
アフォーダンス　282
あべのハルカス　278
アベノミクス　38
アボリジニアート　365
アミューズメントパーク　197
アメリカ大陸横断鉄道　18
アメリカン・エキスプレス　203
新たな観光形態　400
アーリ，ジョン　32, 366
歩いて楽しい環境　261
アール・デコ　200
アロセントリック　63
アロットメント　216
案内業者取締規則　207
案内標識　268
　　──の制作工程モデル　269
アンノン族　295, 313
暗黙知　360

異化効果　425
遺産にとっての「脅威」　57
遺産の保護と公開　57
意思決定プロセス　26
移住　405
イスラーム　356
伊勢参宮（お伊勢参り）　9, 354
壱家人　257
一次交通　260
位置情報ビッグデータ分析調査　222

市場　253
一夜湯治　285
1泊2食料金　186
一般乗合バス　48
異日常体験　234
イヌイットアート　365
イブン・バトゥータ　10
イベント　350, 352
意味　282
意味付与　282
イメージ　32, 58, 276, 336, 366
イメージ改善　274
入会林野　293
入り込み客数調査　222
医療　414
医療観光　5
医療サービスの民営化　414
医療滞在ビザ　415
医療ツーリズム　414
イン（inn）　184, 188
イン・ザ・ラスト・リゾート　257
インスタ映え　367
インターネット　179, 213, 413
インターンシップ　105, 387
インバウンド　41, 110, 253, 394, 401, 412
　——とアウトバウンドのバランス　92
　——の意義　40
　——の地位低下　94
　——の幕開け　92
インバウンド国際観光　15
インバウンド振興と観光立国　95
インフォーマル観光セクター　380
ウェアリング, スティーブン　418
ヴェブレン効果　137
ヴェブレン財　140
ウェルカムプラン21（訪日観光交流倍増計画）　95, 208
宇治　256
歌枕　54
美しい国づくり政策大綱　258
ウムラ（Umrah）　45
裏舞台　334
雲仙　292
運輸業　175
運輸に関連する観光　73, 81
ウォルト・ディズニー・ワールド　197

エアビーアンドビー（Airbnb）　89, 189
英語の二面性　269
エイチ・アイ・エス　177
『易経』　6, 76, 78
エクスカーショニスト（excursionist）　317
エコツーリズム　33, 36, 75, 375, 402, 408
エコツーリズム推進会議　403
エコツーリズム推進法　85, 403
エコミュージアム　194
エコリゾート　33
エージェンシー　331
エスコフィエ, G. A.　184
エスニックツーリズム　170, 374, 376
越境　347
越（国）境概念　78, 81
演繹型観光計画　221
エンクレーブ　189
演出されたオーセンティシティ（真正性）　24, 334
援助行動　360
遠足　388
エンターテインメント　249
エンパワメント　58
円安基調　38

お伊勢参り　354
大磯　306
大型観光旅館　187
大阪万国博覧会　16
大野　306
沖縄国際海洋博覧会　32
屋外広告物　259
オーシャンライナー（大陸横断貨客船）　53
オーセンティシティ（真正性）　24, 46, 330, 332, 334, 347, 364, 424
小田実　378
オーナー制度　286
おまつり法　345
おもてなし　360
表舞台　334
『オリエンタリズム』　422
折口信夫　344
オリジナル　368
オリンピズム　315
オリンピック　59, 302, 315
オリンピック誘致　77
オルタナティブツーリズム（代替観光）　46, 296, 386, 402
音楽　348
　——の都　349
温泉　21
　——の定義　284
温泉医学　284
温泉開発　242
温泉資源　243
温泉地　242, 307
温泉ブーム　242
温泉文化　285
温泉法　80, 284
温泉まちづくり　243
温泉旅館　186
御嶽流神楽大会　353

か行

海運　260
海外在留邦人　382
海外修学旅行　390
海外旅行倍増計画（テン・ミリオン計画）　37, 92, 102
外貨獲得　78, 80, 267
外客　19
外客誘致法　93
海岸リゾート　290
回帰分析　134, 143
階級的観光　45
外国人　426
　——による日本観光　426
外国人斡旋機関　94
外国人居留区　313
外国人旅行者受入数ランキング　40
外国人旅行者がひとり歩きできる環境づくり　95
外国村　198
海事思想　104
買春　398, 411
外食産業　252
海水　414
海水温浴　306
海水浴場　55
解説型標識　268
海賊版　369
快適性（アメニティ）　406
ガイド　207
ガイドブック　18
カイ2乗検定　144
外発型の観光開発　157
外部費用　159
外部不経済　159
解放感　27

索　引

カオサン通り　425
価格調整機能　127
価格の差別化　148
加賀屋　191
下級（劣等）財　140
学習旅行　281
拡張現実（AR）　413
格安航空会社（LCC）　50, 260, 381
貸切バス　47
カジノ　192, 249
果樹栽培　286, 287
仮想現実（VR）　413
仮想行動　282
仮想市場法　233
合併　277
稼働率　141
カニ族　295, 378
カーニバル　348
カヌー・カヤック　305
ガバナンス（企業統治）　201
紙媒体　212
ガラパゴス諸島　402
軽井沢　292, 313
為替相場　161
為替レートのパススルー　161
簡易宿所営業　180
観客　344
環境観光　374
環境協力税　75
環境経済学　159
環境収容能力　156
環境省　426
環境政策　160
環境対策　297
環境に優しい持続可能な観光行動　267
環境保全型自然体験活動　75
環境問題　159
環境レガシー　316
観光　4, 20
　　──と経済学　124
　　──と経済との間の関わり　124
　　──における食　396
　　──の経済効果　163
　　──の定義　8
　　──（客）のまなざし　366, 376
　　──の類型　374
観光入り込み客　230
観光入り込み客数　230
観光受入れ調査　228
観光開発　52

『観光開発計画の手法』　220
観光危機　60
観光危機管理基本計画　61
観光危機管理計画　61
観光危機管理の4R　60
観光危機管理の二つの対象　60
観光基礎教育　66
観光基本距離　62
観光基本法　4, 94, 102
観光客　7
観光客受入れ体制の整備　82
観光客輸送　51
観光業　398
観光教育　66
　　──の実践　67
観光教育研究　67
観光協会　83
観光行政　73, 86, 400
　　──の推進組織　83
観光計画　86, 223
　　基本理念　224
　　計画課題　224
　　計画の要素　224
　　計画目標　224
　　現状分析　224
　　効果の予測　224
　　施策体系　224
　　論理体系　224
観光系学部・学科　67
観光経験　35, 125, 174, 337, 363
観光経済学　154
観光芸能　328
観光圏整備事業　91
観光圏整備実施計画　91
観光圏整備法　91
観光圏内限定旅行業者代理業　178
観光公害　169
観光交通資源調査　221
観光行動　26
観光行動論　28
観光交流拡大計画（Two Way Tourism 21）　95
観光交流空間モデル事業　90
観光コース　262
観光サテライト勘定（TSA）　13, 97, 165, 274
観光産業　125, 174
観光事業　174
観光資源　20, 156, 199, 234, 236, 328, 352, 376
　　──の評価と基準　236

　　──の分類　236
　　──の保護・保全　82
観光資源調査　228
観光資産　320
観光支出の効果　124
観光市場調査　228
観光市場の規模　130
　　──の過大推計　130
観光施設　199
観光施設財団抵当法　85, 199
観光実践　374
　　──の諸類型　374
　　──の多様化　375
観光実務教育　66
観光者　28
観光社会学　333
観光写真学　367
観光者誘致　267
観光主管課　83
観光需給システム　266
観光主体　28
観光需要　124, 133, 143
　　──の所得弾力性　143
観光需要予測　133, 226
観光循環バス　48
観光乗数　163
観光消費額　230
観光情報　211, 267
　　──の社会的責任　267
　　──の発信・提供　82
観光振興条例　87
観光人材育成　105
観光診断　220
観光人類学　43, 333
観光税　154
観光政策　72, 86
観光政策審議会　393
観光生産物　125
観光対象　250, 267
観光地　22, 290
　　──の経済効果推計マニュアル　232
　　──の創造　51
観光地域経済調査　99, 223
観光地域づくり　90
観光地域づくり実践プラン　91
観光地域づくりプラットフォーム　91
観光地化　295
観光地価格　253
観光地経営組織（DMO）　229
観光地づくり　221
観光地づくり推進モデル事業　90

観光地点調査　230
観光地点等入込客数調査　230
観光地点パラメータ調査　230
観光地点への流入地点調査　230
観光地マーケティング調査　228
観光庁　73, 96, 112, 426
観光的効果　315
観光統計　98
観光渡航　37
観光都市　248
観光農園　280
観光農業　286
観光副読本　67
観光文化　328
　——としての芸能　344
観光分野の人材育成　82
観光分野の調査統計　13
観光ボランティアガイド　106
観光マーケティング　228
観光マーケティング調査　228
観光まちづくり　90, 221, 296
観光丸　6
観光誘致圏　228
観光誘致圏分析　228
観光立県　87
観光立国　110
　——の実現　93
観光立国懇談会　100
観光立国実現に向けたアクション・プログラム2015　181
観光立国推進基本計画　29, 103, 113, 400
観光立国推進基本法　4, 72, 84, 85, 91, 96, 102, 113, 221, 400
観光立国推進本部　303
観光利用調査　228
観光旅行類型　62
観光ルート　262
観光ルネサンス事業　90
観光連盟　83
関西歴史街道　338
閑散期　142
感情消耗　206
感情労働　58, 206
完全情報競争市場価格　147
完全翻訳型　268
神鍋高原　314
カンニバル・ツアーズ　366
換喩的凍結化　363
管理型観光　402

記憶　25
祇園祭　351

規格型サービス　361
企画旅行　264
機関投資家　202
危機　60
　——からの復興　61
　——への備え　61
危機管理　60
危機にさらされている世界遺産一覧表　56
記号　32
寄港地上陸許可制度　53
記号（的）消費　32, 394
気候療養地　291
疑似イベント　24, 43, 334, 336, 366
技術的クオリティ　206
気象条件　23
規制型標識　268
季節性　141
期待効用理論　145
ギデンズ，A.　424
『ギード・ヴェール』　209
『ギード・ルージュ』　209
帰納型観光計画　221
機能的クオリティ　206
気晴らしモード　24
喜賓会　6, 15, 94, 207
規模の経済　138, 162
規模の不経済　138
基本コンセプト　257
基本法としての指針性　85
客層　305
ギャップイヤー　418
キャラクターグッズ　395
キャラバン・サライ　10
旧観光基本法　84, 104
教育観光　66
教育機関　386
教育旅行　251
供給曲線　126
競合圏　229
行政用語　401
共通基準　230
共同漁業権　294
共同湯　242
共有資源　160
共有地（コモンズ）の悲劇　160
『京童』　54
虚構性　337
儀礼論　350

亀老山展望台　200
近畿日本ツーリスト　176
近代医学　74
近代オリンピック大会　11
近代化産業遺産　340
近代観光　386
緊張感　27

空間のホスピタリティ　283
空中庭園（梅田スカイビル）　200
草津温泉　284
草津節　348
クック，トマス　9, 11, 51
クーポン　18
熊野古道　263
くもの巣調整過程　127
クライスラー・ビルディング　200
クラインガルテン　281
クラウディングアウト効果　164
グランダルシュ　278
グランドツアー　66, 209, 378, 386
クリフォード，ジェイムズ　335, 364, 376
グリーンツーリズム　36, 251, 280, 286, 406, 408, 416
クールジャパン　109
クルーズ　53
クルーズ元年　53
クルーズシップ　53
クルーズ船　261
グルメブーム　252
グレーバーン，ネルソン　365, 376
グローバルMICE戦略都市　107
グローバルオペレーター　189
グローバル化　414
グローバル観光戦略　100

計画情報　211
景観　282
景観アセスメント　258
景観計画　258
景観構造　258
景観体験　282
　——のメカニズム　282
景観対象　258, 282
景観デザイン　283
景観法　245, 259
景観保護　259
景観緑三法　84
経験財　124, 125, 141

経験モード　24
経済効果　274, 315
経済産業省　110
経済レガシー　316
形式知　360
芸術　364
芸術＝文化システム　335, 364
芸能　344
啓発　347
京阪電気鉄道　52
ケインズ，J. M.　145
景色　282
ゲストハウス　188
ゲームの基本三要素　167
ゲーム理論　167
限界収入　148, 149
限界消費性向　163
限界代替率低減の法則　139
限界費用　148, 149
減災　61
顕在需要　226
原住民族文化園区　170
献上湯　285
原生自然　246
現代観光の諸課題　13
建築基準法　245
現地情報　211
顕著で普遍的な価値　56
遣唐使　14
ケンペル，E.　15
県民の役割　86

語彙選択　269
広域観光　90
　　——の推進　83
広域観光推進組織　119
広域連携観光政策　167
校閲作業　269
公園設置ニ関スル件　76
公共財　160
航空旅客動態調査　50
工芸　364
高原避暑地　305
甲子園球場　318
工場夜景　241
厚生　77
鉱泉浴場　414
構造的阻害要因　27
構造方程式モデル（SEM）　144
高速自動車国道　47
高速乗合バス　47
高速バス　260
交通計画　260

交通モード　260
公的観光レクリエーション地区・施設　90
行動圏　62, 229
行動力　205
後方屈曲労働供給曲線　140
公民館　254
効用最大化原理　139
交流人口　248
　　——の拡大　405
行旅病人及旅死亡人取扱法　72
高齢者　384
コーエン，E.　337
国威発揚　84
国際オリンピック委員会（IOC）　302
国際観光　161, 162
国際観光関係団体　117
国際観光局　72, 76-78
国際観光局官制　72
国際観光支出ランキング　40
国際観光収支　38
国際観光振興会　93
国際観光振興機構　117
国際観光テーマ地区　263
国際観光年　254
国際観光ホテル整備法　72, 80, 88, 181
国際観光旅客税　74
国際観光ルート　263
国際競技団体　323
国際グリーンツーリズム　405
国際航空旅客動態調査　49
国際自然保護連合　402
国際対応　427
国際貸借改善　76
国際的な保護制度　405
国際博物館協会　195
国際貿易　162
国際民間航空機関　49
国際連合　58
告示型標識　268
国鉄　261
国土交通省設置法　73
国土総合開発法　80
国宝保存法　76
国民経済計算手法　165
国民保養温泉地　242
国立公園　246, 409, 410
国立公園法　76
国立公園満喫プロジェクト　42
国連環境開発会議（リオデジャネイロ）　196

心づけ（チップ）　186
古社寺保存法　76
個人客　287
個人内阻害要因　27
個人旅行　28, 255
個人旅行者（F.I.T.）　426
コスタリカ　402
コースの定理　160
コーズリレーテッドマーケティング　203
瞽女　383
古代と中世の旅（世界）　10
国家戦略特別区域法　182
固定客　287
古典　346
後藤新平　306
ご当地ソング　348
コートダジュール　12
ゴードン，B.　363
コピー　368
ゴフマン，E.　334
ごみ　297
コミュニケーション能力　205
コミュニタス　350
コミュニティベーストツーリズム（CBT）　170, 408
コモンズ（共有地）　160, 293
　　——の悲劇　156, 293
雇用誘発効果　274
娯楽　249
ゴルフ場　293
　数　309
　面積　309
ゴルフ場利用税　309
ゴルフ人口　309
混雑現象　142
コンテンツ　109, 412
コンテンツ産業　413
コンテンツツーリズム　110, 412
コンテンツ文化　413
コンベンション法　108

さ行

再帰性　424
再帰的観光　329
サイクルイベント　321
サイクルトレイン　322
最終需要ベクトル　165
最低価格保証　216
祭礼　350
佐伯宗義　85
鎖国　37
サステイナブルツーリズム（持続

444　索　引

可能な観光, 持続的観光）
　　41, 275, 296, 375, 408
察しの文化　360
『ザ・ツーリスト』　334
里山　246, 310
讃岐鉄道　51
サービス　34
サービス財　141
サービス貿易　161
サービスラーニング　387
サーフィン　304
サプライヤー　211
サルトル, ジャン=ポール　210
沢木耕太郎　378
参加型の観光　345
山岳会　311
山岳事故　312
山岳スキー　307
山岳リゾート　291
参加制約　131, 132
産業観光　340
産業間貿易　162
産業資本制経済　364
産業内貿易　162
産業廃棄物　310
産業連関表　165
産地直売施設　281
サンティアゴ・デ・コンポステラ
　　10, 354
　──の巡礼路　262
参詣客輸送　51

シェアリングエコノミー　89, 216
ジェイムソン, F.　424
ジェット旅客機　49
シェラトンホテル　190
ジェンダー　58, 158
ジェントリフィケーション　416
ジオツーリズム　196
潮湯治　306
自家用車　260, 261
時間と空間の同時性　141
事業化可能性調査　225
事業者調査　222
時系列モデル　226
時系列予測　134
資源　20
資源調査　222
自己アイデンティティ　25
自己覚醒　346
四国八十八箇所の巡礼街道（四国遍路）　263, 354

事後情報　211
寺社参詣　54
死重損失　127
市場均衡　154
市場の失敗　145, 159
市場別の訪日外国人数　39
史蹟名勝天然紀念物保存法　76
施設の管理運営　225
自然型観光　41
自然公園　41
自然資源　20, 234, 426
自然独占　130
自然美　210
持続可能な開発　168
持続可能な観光　157, 275, 296, 375, 408
持続的観光　157
下町　32
市町村等観光協会　119
実存モード　24
実人数　230
指定管理制度　36
シティセールス　248
自転車　261, 321
視点場　258, 282
支那事変特別税法　74
シニフィアン（意味するもの）　32
シニフィエ（意味されるもの）　32
支払意志額　130, 155
自分探し　378
姉妹都市　254
しまなみ海道　263
しま山100選　289
シミュラークル　337, 425
シミュレーション　368
市民農園　281
シームレス　266
社会的費用　159
社会的余剰　127, 155
社会レガシー　316
写真　366
ジャパンショッピングツーリズム協会（JSTO）　204
ジャパン・ツーリスト・ビューロー　6, 15, 16, 19, 72, 78, 176
舟運　244, 260
周縁地域　274
重回帰分析　134, 227
収穫作業（もぎ取り・摘み取り）　286
修学旅行　66, 251, 386, 388

宗教　356
宗教観光　45
囚人のジレンマ　167
住宅宿泊管理業者　182
住宅宿泊事業者　182
住宅宿泊事業法　182
住宅宿泊事業法施行条例　183
住宅仲介事業者　183
住民意識調査　222
重要美術品等の保存に関する法律　76
重要文化的景観　343
重力方程式　161
重力（グラビティ）モデル　142, 226
祝日三連休化法　84, 104
宿泊関係団体　117
宿泊契約　89
宿泊資源　21
宿泊施設　260
宿泊税　75, 154
宿泊地　23
宿泊旅行統計調査　28, 98, 223
宿場町　244
受信経路　266
受注型企画旅行　177, 264
出国日本人旅行者数　42
出入国管理統計　28
需要　126
　──の外部効果　137
　──の価格弾力性　135, 143
　──の広告支出弾力性　136
　──の交差価格弾力性　136
　──の所得弾力性　136
需要曲線　126
循環　298
春季キャンプ　318
巡礼　45, 346, 350
ショー, A. C.　292
ジョアンヌ, アドルフ　210
障害者　384
　──の旅　385
城下町　244
上級（正常）財　140, 143
商工観光課　83
少数民族　33, 169
少数民族村　170
乗数理論　163
消費社会　32, 354
消費者余剰　126, 149, 150, 155
消費税免税　394
情報の非対称性　145, 147
消滅危機　36

索　引　445

食品廃棄物　298
食文化　252, 397
植民地　304
植民地主義　364
女子旅　382
女性　382
　──の旅　382
女性性　59
ショッピングツーリズム　394
ショッピングモール　395
所得効果　139
庶民の旅　45
シンガポール　192
新幹線　260
新奇性欲求　26
神宮球場　318
信仰登山　311
新古典派ミクロ経済学　128
震災　244
人材開発　205
新植民地主義　422
　──としての観光　422
新植民地主義（ネオコロニアリズム）　169
新スタイル　358
真正性（オーセンティシティ）　24, 46, 330, 332, 334, 347, 364, 424
身体感覚　282
身体性　33
寝台列車　260
診断型観光計画　221
人文資源　20
『深夜特急』　378
心理現象　282
人類学（者）のまなざし　376
神話　346

数量化Ⅰ類モデル　227
数量調整機能　127
スエズ運河　18
スカイウォーク　200
スキー　292
スキー集落　308
スキー場　293, 307, 314
スキーブーム　308
スキープレーン　50
スキューバダイビング　294
スキーリゾート　290, 307
スキーリフト　308
スケール　276
スケルトンツアー　46, 379
鈴木忠義　62

スタットラー, E. M.　184, 190
スタットラーホテル　190
スタディツーリズム　386
ストリーミング　323
ストレス軽減効果　406
スノッブ効果　137
スパ　414
スピリチュアル　354
スポーツ　302
スポーツ合宿　314
スポーツ基本法　303
スポーツコミッション　303
スポーツツーリズム　302, 317
スポーツレガシー　316, 317
スマホ　367
スラムツーリズム　170
スルツキー分解　139
「住んで良し・訪れたくなる町」　257

生業の宿泊施設　188
税金効果　274
性交渉　398
制作工程　268
性産業　398
生産者余剰　127, 155
生産と消費の同時性　141
税収　124
生殖医療　415
生態現象としての風景　282
静態情報　211
聖地　109, 355
制度の制約　38
制度的な余暇　45
税の負担の転嫁　155
聖杯　362
製販一体型　265
政府登録ホテル・旅館業　181
世界遺産　21, 328, 375, 410
世界遺産委員会　57
世界遺産一覧表　56
世界遺産観光　410
世界遺産条約　56, 342
世界一周旅行（世界一周ツアー）　11, 18
世界観光機関（UNWTO）　37, 96, 111, 168, 302, 409, 411
世界ジオパークネットワーク（GGN）　196
責任者　268
セクシャル・マイノリティ　59
世俗化　351
接客係　187

セックスツーリズム　398
絶景　379, 410
絶滅危惧種　310
節約旅行　378
瀬戸蔵　341
善意通訳（グッドウィルガイド）　95, 113
先行経験　282
全国観光入込客統計　231
全国観光資源台帳　221
全国総合開発計画　77
全国通訳案内士試験　113
戦後復興とインバウンド　92
戦災　244
潜在需要　226
先住民族　377
先住民族観光　377
線情報　211
選択情報　211
全日本観光連盟　220

総合的な学習の時間　67
総合保養地域整備法　36, 81, 84, 90, 221, 290
贈与　362
属性　128
属性フロンティア　128, 129
属性分析（属性アプローチ）　128
属性ベクトル　128
ソーシャルツーリズム　12, 80
租税の帰着　155
外こもり　417
ソフトツーリズム　157

た行

第一次価格の差別化　148–150
第1種旅行業者　178
第二次価格の差別化　148–150
第2種旅行業者　178
第三次価格の差別化　148, 150
第3種旅行業者　178
対外宣伝事業　78
大規模リゾート開発　157
体験型ツアー　411
体験モード　24
滞在型　243, 397, 404
滞在時間　253
滞在促進地区　91
代参講　394
第三世界　408
第三セクター　256
大衆観光（マスツーリズム）　9, 45, 64, 138, 242, 252, 280, 308,

380, 422
——に対する批判　274
大衆文化創出　359
退職移住　416
対人的阻害要因　27
代替型観光計画　221
代替関係　136
代替効果　139
ダイナミックパッケージ　215
第二次世界大戦後のインバウンド
　　受入れ施策　94
代売　179
ダイビング　304
ダイヤモンド・ビッグ　378
代理自我　283
タヴァーン　188
ダウンマーケット　407
宝塚少女歌劇　52
タクシー　48, 261
ダークツーリズム　5, 195, 420
宅配　287
他者　276
たすき掛け　187
多声性　335
ただ乗り　156
立山黒部アルペンルート　262
ターナー，V.　350
たび　6
ダム　241
多面的機能　250
多面的な都市農村交流　405
タワー　55
男女格差　382
団体客　287
団体旅行　28, 252
単品パック旅行商品　88
弾力性　135

地域おこし　410
地域観光協会調査　119
地域限定通訳案内士　208
地域限定旅行業　238
地域限定旅行業者　178
地域資源　234
——の観光資源化　234
地域社会への負の影響　419
地域振興　36, 412
地域性　253, 363
地域伝統芸能　345
地域特性を生かした観光魅力づくり　82
地域内最終需要変化　166
地域の固有性　156
地域の商品化　419
地域の人びととの相互作用　419
地域文化　413
地域密着型　401
チェーン　184, 190
チェーンホテル　188
地球サミット　168
『地球の歩き方』　378
地先漁場　294
地産地消　253
知識変換　360
チセ（アイヌの木造建築）　331
知的情報　282
地方観光行政　82
チボリ公園　197
チームワーク　205
着地型観光　44, 235, 238, 401
着地型旅行　91, 238
着地型旅行商品　265
着地情報　266
茶代　186
中小規模旅館　187
長途遠足　388
眺望　283
調理法　253
直接効果　233
直接販売（直売）　215, 286
治療　415

通行税　74
通訳　207
通訳案内業法　80, 208
通訳案内士　106
通訳案内士法　208
通訳ガイド　207
使い捨て　298
ツーリスト（tourist）　317
　　——のまなざし　35
ツーリストアート　364
ツーリズム　4
　　——の誕生　10
定期観光バス　48
帝国ホテル　185
ディスカバー・ジャパン・キャンペーン　17
ディズニー，ウォルト　197, 368
ディズニーランド　424
　　——のジレンマ　152
テキスト分析　144
デジタルツーリズム　367
鉄道　210, 260
鉄道唱歌　348

テニスクラブ　313
テニスコート　313
手配旅行　264
デポジット制度　297
テーマパーク　174, 249
テーマパーク型権力　425
テーマレストラン　397
田園　404
天正少年使節　14
点情報　211
電柱・電線類　245
伝統　365
　　——の創造論　330
伝統的建造物群保存地区　244
伝統的な踊り（メケ）　358
天然温泉　414
天然記念物　246
伝播　305
電波媒体　212

動機　30
動機づけ　30
東京オリンピック　16, 76
東京スカイツリー　278
東京ディズニーランド（TDL）　278
東京ディズニーリゾート　198
統計整備　98
統計法　97
湯治　242, 284
湯治場　290
湯治宿　186
道祖神祭り　353
動態情報　211
東南アジア　417
逃避欲求　26
東武鉄道　52
独占企業　148
特定関心旅行　295
特定複合観光施設　193
特別地方消費税　74
特別補償責任　89
渡航情報　61
渡航の自由化　49, 50
登山　311
登山鉄道　311
登山ブーム　312
利家出世の道　339
都市化　244
都市開発レガシー　316
都市観光　278, 395
都市計画法　245
都市景観施策　249

索　引　447

都市祭礼　350
都市生活者　200
都市農業　287
都市農村交流　407
土地の先買い権　256
特化　162
特区ガイド　208
特区民泊　182
都道府県観光入込客統計　99, 223
都道府県観光協会　119
トマス・クック社　16, 18
ドーミトリー　189, 380
トラベルカウンセラー制度　106
トラベルキャリアパターンモデル　27
トラベルコスト分析　142
トリップアドバイザー（TripAdvisor）　188
ドン・キホーテ　204

な行

内主外従　79
内生的な成長理論　164, 168
ナイト, F.　145
ナイトライフ　249
内発的な観光開発　157
内発の発展　36
内務省　306
内面化　361
長崎オランダ村　198
長崎くんち　352
長崎さるく博'06　392
中津江村　255
中抜け　187
長与専斎　306
成田鉄道　51
南北問題　423

2季型リゾート　291
二次交通　260
二次（的）自然　246
二次製品　252
日常　245, 252
日常生活圏　266
二部料金制　130, 151, 152
日本アルプス　312
日本エコツーリズム協会　402
日本型エコツーリズム　403
日本観光協会　115, 220
日本観光振興協会　114
『日本鉱泉誌』　284
日本交通公社　176, 220

日本再興戦略-JAPAN is BACK-　103
日本山岳会　312
日本三景　240
日本ジオパークネットワーク（JGN）　196
日本食　397
日本人の海外渡航　37
日本新八景　55
日本スポーツツーリズム推進機構（JSTA）　303
日本政府観光局（JNTO）　4, 96, 112, 117
日本八景　236
日本版DMO　91
『日本百名山』　312
日本標準産業分類　174
日本風景街道（シーニックバイウェイ）　263
日本離島センター　289
日本旅行　176
日本旅行会　176
日本ロマンチック街道　262
入域税　75
入場税　74
ニューツーリズム（新しい観光）　221, 235, 296, 412
認知度およびイメージ調査　222
認定エコツーリズム推進団体　403

ネット媒体　212
ネットマーケティング　144, 407
ネットワーク外部性　138

農家民宿　181, 406
農業観光　406
農業体験　281, 407
農山漁村　280, 404
農山漁村滞在型余暇活動　81
農山漁村余暇法　181, 404
農村　404, 406
農村ツーリズム　406
農村ライフスタイル　406
農薬　310
農林業センサス　287
農林漁業体験民宿　404
ノスタルジア　416
ノスタルジアスポーツツーリズム　318
ノード（結節点）　260
延べ人数　230
ノンパラメトリック検定　144

は行

媒介変数　133
廃棄物　297
ハイコンテクストサービス　361
売春　398
ハイドロセラピー　414
ハイブリッド　364
配慮行動　360
配慮行動サービス　360
パウサニアス　10
バカンス法　291
爆買い　175
泊食分離　186, 243
博物館　194
博物館法　194
パーク＆ライド　249
博覧会　79
箱根　285, 292
場所イメージ　304
場所の感覚（sense of place）　276
場所の効用　295
バスツアー　354
派生需要　407
旅籠屋　186
発音表記型　268
バックパッカー　189, 379, 380, 416, 427
バックパッカーエンクレーブ　381
八景　259
パッケージツアー　34, 37
ハッジ（Hajj）　45
発地型旅行　238
発地情報　238
ハッピーマンデー　104
バード, イサベラ　207
ハードツーリズム　157
パフォーマンス　35, 331, 359
ハラール　357
バリアフリー　384
ハリウッド映画　32
バリ島　328, 348, 366
バリホテル　358
バルト, ロラン　210
ハレ　252
ハロッド＝ドーマーモデル　164
ハワイ　32, 193
万国博覧会　11
バンドリング　152
バンドリング価格　153
バンドワゴン効果　137

韓流ブーム 382

日帰り温泉施設 284
非価格要因 126
比較生産費 162
比較優位 162
東日本大震災 109, 241, 418
ピグー税 160
飛行機 260
被災地観光 345
ビジター 248
ビジターズ産業 248
ビジット・ジャパン・キャンペーン 93, 208, 221, 254
ビジット・ジャパン事業 112
ビジネストラベル 352
ビジネスホテル 188
美術館 194
避暑 104
避暑地 313
ビーチボーイ 399
ビッグデータ 144, 216
ビート・ジェネレーション 378
非日常 245
非日常性 350
非日常生活圏 266
姫街道 383
氷河 311
評価 21
評価基準 57
評価情報 213
ひょうごのまち歩き 393
表札型標識 268
標準化されたサービス 360
表象（representation） 424
費用対効果分析マニュアル 232
平等院 256
ヒルクライム 322
ヒルトン，C. N. 184
ヒルトンホテル 190
火渡り儀礼 358
貧困克服のためのツーリズム 169

ブーアスティン，ダニエル 43, 334, 366
ファームツーリズム 406
ファンタジー 369
フィルムツーリズム 412
風景 282
フェザーストーン，M. 424
フェリー 261
フェンウェイパーク 318

フォーディズム 46
フォーマル観光セクター 380
不確実性 132
　──とリスク 145
複合的商品 125
福島第一原発観光地化計画 420
複製 369
複製技術 336
武将観光 339
付属認識 277
二見浦 306
プッシュ型媒体 267
プッシュ要因 26, 30
物理現象 282
不動産所有と事業運営の分離 201
不動産賃貸借契約 89
不動産投資信託（リート） 201
不動産の証券化 201
フードツーリズム 396
フードテーマパーク 198
負の遺産 421
部分市場 151
プライベートエクイティ（ファンド） 201
フラー・キョール（音楽祭） 349
「ブラタモリ」 393
フラッシュパッカー 381
プラン 224
フランチャイズ方式 190
ブランド化 276
プランニング 224
プリンシパル・エージェント 131
プル型媒体 267
プルマンカー 51
プル要因 26, 30
ブログ，S. 63
プロペラ機 49
プロ野球 317
文化 328
　──の客体化 330
　──の商品化 330
　──の真正性 332
　──の生成 331
　──の売春化 359
　──のみち 341
文化遺産 210
文化移民 383
文化観光 194, 328, 374, 410
　──のジレンマ 329
文化観光施設税 75
文学 346

文化現象としての風景 282
文化財 240
文化財保護法 240, 244, 342, 345
文化財保存 283
文化資本 156
文化仲介者 207
文化庁 241
文化的景観 329, 342, 375
文化的文脈 358, 359
文化変容 44

平均アクセス時間 319
ベジタリアン 253
別荘 290
別荘地 293
ベッド・アンド・ブレックファスト（bed and breakfast） 189
別府温泉 242
『ベデカー』 209
ベネッセアートサイト直島 195
部屋食 187
ヘリテージツーリズム 158, 329
ヘルスツーリズム 416
ベルツ，E. 292
ヘロドトス 10
ペンション 188, 308
ヘンダーソン，E. 184
ベンヤミン，ヴァルター 368
返礼の義務 362

ポイ捨て 297
放映権料 323
貿易の利益 162
奉仕料 186
奉仕料制 187
訪日外国人客 50
訪日外国人消費動向調査 28, 99, 223
訪日外国人旅行者数 39, 42
訪日外国人旅行消費額 40
ボウリング場 313
補完関係 136
補完圏 229
北支事件特別税法 74
墨東睦共和会事件 88
募集型企画旅行 177, 264
保証成長率 164
ホステル 188
ホステルワールド 189
ホスト・ゲスト関係 43
ポストコロニアル 169
ポストコロニアルツーリズム

422
ホストタウン 255
ポストフォーディズム 189
ポストモダニズム 424
ポストモダンツーリズム 424
ホスピタリティ 350, 398
ホスピタリティマインド 205
没場所性 347
ポップカルチャー 109
ホテル 184
ホテルアセットマネージャー 202
ホテルオークラ 191
ホテルオーナー 201
ホテルオペレーター 191, 201
ホテルビジネス実務検定 106
ボードリヤール，ジャン 32, 368
ホームゲーム制 323
ホームステイ 188, 390
保養地 414
ボランティアツアー 418
——の類型 418
ボランティアツーリズム 170, 387, 418
ホリデイ・イン 185
ボルヴィック 203
本拠地域 319
本陣 186
ボンド制度 391
ボンド保証金 391
本物性（真正性） 337
翻訳組込型 268
翻訳者 269
翻訳追加型 268

ま行

マクドナルド化 35
マーケティング 228
マーケティング戦略 42
マーシャル・プラン 12
マスツーリスト 380
マスツーリズム 9, 45, 64, 138, 242, 252, 280, 308, 380, 422
まち歩き 392
町並み 244
松尾芭蕉 54, 240
マッカネル，D. 334, 337
松本順 306
マネジメントコントラクト方式 191
マネジメント能力 205
マリーナ 304
マリノフスキー，M. 376

マリンスポーツ 304
『マレー』 209
マレーシア 417
マレーシア・マイ・セカンドホーム・プログラム 417
満足感 24

見えざる貿易 162
ミシュラン，アンドレ 209
見世物／見せもの 359, 411
南方熊楠 342
南満洲鉄道 19
箕面有馬電気軌道 51
土産／みやげ 253, 362
土産品探索費用 147
土産物／みやげもの 394
——の真正性 363
みやげもの研究 362
都をどり 344
宮沢賢治 241
ミュージアムマネジメント 194
「見る／見られる」関係 344
民宿 188, 280, 307
民俗芸能 344
民俗芸能研究 345
民泊 89, 188
民泊サービス 182
民泊新法 179

無形社会的資源 21
無形文化遺産 345
無形民俗文化財 345
無差別曲線 128, 129, 139
ムッソリーニ，ベニート 11

明治日本の産業革命遺産 421
名所 54, 247
名勝 240, 246
名所記 54
メガソーラー 310
飯盛女 186
メディアイベント 55
メディア産業 413
メディカルツーリズム 174
面情報 211
免税制度 204

モース，マルセル 362
モータリゼーション 245, 260
もてなし 87
モーテル 184
モニターツアー 426
モニタリング 275

物見遊山 55
モーパッサン，ギ・ド 199
モビリティ 44
門前町 244

や行

宿屋 186
柳田國男 342
家主居住型 182
家主不在型 182
山小屋 311
ヤマトホテル 19
やまなみハイウェイ（別府阿蘇道路） 262
唯一性 364
誘因メカニズム 132
誘因両立制約 131, 132
遊園地 174, 197
有給休暇の消化率 257
有給休暇法 12
遊興飲食税 74
有人国境離島法 288
誘致圏 229
誘導型標識 268
誘発係数 130
誘発情報 211
ユースホステル運動 11
遊覧 78
ユニークベニュー 107
ユニバーサル・スタジオ・ジャパン（USJ） 278
ユニバーサルツーリズム 384
ユニバーサルデザイン 384
ユニバーサルミュージアム 385
ユネスコ（国際連合教育科学文化機関，UNESCO） 56, 409
由布院温泉 243

要因分析モデル 227
余暇時間 250
横浜ホテル 185
予算制約線 139
欲求階層説 30
ヨット 304

ら行

ライト兄弟 49
ライフサイクル 29
ライフサイクル論 275
ライフスタイル移住 416
ライフスタイル移民（ライフスタイルマイグレーション）

174, 383
ライフスタイルツーリズム 5, 416
ライフステージ 29
ライベンシュタイン, H. 137
来訪者調査 222
乱開発 293
ラングドック・ルシヨン地方の開発 256

利益の流出 275
リグリーフィールド 318
リクルート 378
リサイクル 298
リスク 60
リスク愛好的 146
リスク回避的 146
リスク中立的 146
リスクプレミアム 145
理想的別荘地 256
リゾート 23, 193, 290
リゾート開発 422
リゾート地 304
リゾート法 81, 198, 243, 256
リゾートホテル 290, 292
リゾートマンション 290
利他的行為 419
リーチ, E. 350
リッツ, C. 184
リッツァ, J. 395
離島観光ブーム 289
離島航路 261
離島振興法 288
離島統計年報 289
リピーター 320
リファーラルアソシエーション 190
リフトアップ 200
リブランド 191
リマインダー（思い出喚起物） 363
留学 387
留学サービス審査機構 391

流通チャネル 215
料理飲食等消費税 74
旅館業界 187
旅館業法 80, 180
旅館の宿泊料金 186
旅館・ホテル営業 180, 181
旅券 37
旅行あっ旋業法 80, 88, 177
旅行関係団体 117
旅行・観光消費動向調査 98, 223
旅行記 209, 210
旅行キャリアのはしごモデル 31
旅行キャリアのパターンモデル 31
旅行業者代理業 178
旅行業法 88, 177
旅行雑誌 345
旅行者のパーソナリティ性向 63
旅行収支 161
旅行消費保護のEU理事会指令 13
旅行商品 125
旅行代理（斡旋）業 179
旅行の機会費用 142
旅行費用 142
旅行費用法 233
『旅行用心集』 285
旅程保証責任 89
倫理的観光 169

ルーラリティ 280
ルーラルツーリズム 280

レガシー 316
歴史ウォーク 392
歴史観光 338, 374
歴史建造物 410
歴史散歩 392
歴史的街区 248
歴史的街並み／町並み 55, 283
歴史まちづくり法 245
レクリエーション 77
レクリエーション観光 374

レクリエーション資源 21
レクリエーション地 23
レクリエーションモード 24
レジャー 250
レジャートラベル 352
レジャーブーム 52
列ベクトル 165, 166
恋愛 399
連続休暇制度 104
レンタカー 48, 260, 261
レンタサイクル 261
連絡切符 19

労働集約型産業 187
ローカル化 401
6次産業化 397
ロスメン 189
路線バス 261
六甲 292
ロードレース 321
ロベン監獄島 421
ローマクラブ 168
ロマンスツーリズム 399
ロマンチック街道 262
ロルフス, J. H. 138
ロングステイ 383, 417
ロングステイツーリズム 417
ロングライド 322
『ロンリー・プラネット』 210
ロンリープラネット出版 380

わ行

ワイナリー 396
ワインツーリズム 396
若者 378
　——の海外旅行離れ 29, 379
　——の旅 378
脇本陣 186
ワーキングホリデー 390
ワゴン・リ 51
和食 397

編集者略歴

白坂 蕃（しらさか しげる）
1943年　中国北京に生まれる
1969年　東京学芸大学大学院教育学研究科修士課程修了
現　在　東京学芸大学名誉教授
　　　　理学博士

稲垣 勉（いながき つとむ）
1951年　東京都に生まれる
1976年　立教大学大学院社会学研究科修士課程修了
現　在　ベトナム国家大学ハノイ・社会人文大学観光学部客員教授
　　　　社会学修士

小沢健市（おざわ けんいち）
1948年　東京都に生まれる
1981年　東洋大学大学院経済学研究科博士課程単位取得満期退学
現　在　帝京大学経済学部教授，立教大学名誉教授
　　　　経済学博士

古賀 学（こが まなぶ）
1949年　福岡県に生まれる
1972年　東京農業大学農学部造園学科卒業
現　在　松蔭大学観光メディア文化学部教授

山下晋司（やました しんじ）
1948年　山口県に生まれる
1978年　東京都立大学大学院社会科学研究科博士課程単位取得退学
現　在　東京大学名誉教授
　　　　文学博士

観光の事典

定価はカバーに表示

2019年4月15日　初版第1刷
2020年1月30日　　　第2刷

編集者　白坂　　蕃
　　　　稲垣　　勉
　　　　小沢　健市
　　　　古賀　　学
　　　　山下　晋司
発行者　朝倉　誠造
発行所　株式会社　朝倉書店
　　　　東京都新宿区新小川町6-29
　　　　郵便番号　162-8707
　　　　電　話　03(3260)0141
　　　　ＦＡＸ　03(3260)0180
　　　　http://www.asakura.co.jp

〈検印省略〉

© 2019〈無断複写・転載を禁ず〉

中央印刷・渡辺製本

ISBN 978-4-254-16357-5　C 3525　　Printed in Japan

JCOPY 〈出版者著作権管理機構 委託出版物〉

本書の無断複写は著作権法上での例外を除き禁じられています．複写される場合は，そのつど事前に，出版者著作権管理機構（電話 03-5244-5088, FAX 03-5244-5089, e-mail: info@jcopy.or.jp）の許諾を得てください．

JTB総研 髙松正人著
観光危機管理ハンドブック
—観光客と観光ビジネスを災害から守る—
50029-5 C3030　　　　　　B 5 判 180頁 本体3400円

災害・事故等による観光危機に対する事前の備えと対応・復興等を豊富な実例とともに詳説する。〔内容〕観光危機管理とは／減災／備え／対応／復興／沖縄での観光危機管理／気仙沼市観光復興戦略づくり／世界レベルでの観光危機管理

前帝京大 岡本伸之編著
よくわかる観光学1
観　光　経　営　学
16647-7 C3326　　　　　　A 5 判 208頁 本体2800円

観光関連サービスの経営を解説する教科書。観光産業の経営人材養成に役立つ。〔内容〕観光政策／まちづくり／観光行動と市場／ITと観光／交通、旅行、宿泊、外食産業／投資、集客／人的資源管理／接遇と顧客満足／ポストモダンと観光

首都大 菊地俊夫・帝京大 有馬貴之編著
よくわかる観光学2
自　然　ツ　ー　リ　ズ　ム　学
16648-4 C3326　　　　　　A 5 判 184頁 本体2800円

多彩な要素からなる自然ツーリズムを様々な視点から解説する教科書。〔内容〕基礎編：地理学、生態学、環境学、情報学／実践編：エコツーリズム、ルーラルツーリズム、自然遺産、都市の緑地空間／応用編：環境保全、自然災害、地域計画

首都大 菊地俊夫・立教大 松村公明編著
よくわかる観光学3
文　化　ツ　ー　リ　ズ　ム　学
16649-1 C3326　　　　　　A 5 判 196頁 本体2800円

地域における文化資源の保全と適正利用の観点から、文化ツーリズムを体系的に解説。〔内容〕文化ツーリズムとは／文化ツーリズム学と諸領域(地理学・社会学・建築・都市計画等)／様々な観光(ヘリテージツーリズム、聖地巡礼等)／他

前下関市大 平岡昭利・駒澤大 須山 聡・琉球大 宮内久光編
図説　日　本　の　島
—76の魅力ある島々の営み—
16355-1 C3025　　　　　　B 5 判 192頁 本体4500円

国内の特徴ある島嶼を対象に、地理、自然から歴史、産業、文化等を写真や図と共にビジュアルに紹介〔内容〕礼文島／舳倉島／伊豆大島／南鳥島／淡路島／日振島／因島／隠岐諸島／平戸・生月島／天草諸島／与論島／伊平屋島／座間味島／他

神戸芸工大 西村幸夫・工学院大 野澤 康編
ま　ち　を　読　み　解　く
—景観・歴史・地域づくり—
26646-7 C3052　　　　　　B 5 判 160頁 本体3200円

国内29カ所の特色ある地域を選び、その歴史、地形、生活などから、いかにしてそのまちを読み解くかを具体的に解説。地域づくりの調査実践における必携の書。〔内容〕大野村／釜石／大宮氷川参道／神楽坂／京浜臨海部／鞆の浦／佐賀市／他

秋山元秀・小野有五・熊谷圭知・中村泰三・中山修一編
世界地名大事典1
アジア・オセアニア・極Ⅰ
〈ア-テ〉
16891-4 C3325　　　　　　A 4 判 1248頁 本体43000円

パキスタン以東のアジア(旧ソ連領中央アジアを含む)、オセアニアおよび両極圏の約11800地名を収録。〔収録国・地域〕インド、インドネシア、ウズベキスタン、オーストラリア、カザフスタン、カンボジア、韓国、北朝鮮、キリバス、他

秋山元秀・小野有五・熊谷圭知・中村泰三・中山修一編
世界地名大事典2
アジア・オセアニア・極Ⅱ
〈ト-ン〉
16892-1 C3325　　　　　　A 4 変判 1208頁 本体43000円

欧文・漢字索引を掲載。〔収録国・地域(続き)〕クルグズ(キルギス)、シンガポール、スリランカ、タイ、タジキスタン、中国、トルクメニスタン、ニュージーランド、ネパール、フィリピン、ベトナム、マレーシア、ミャンマー、モンゴル、他

元駒澤大 小池一之・前学芸大 山下脩二他編
自　然　地　理　学　事　典
16353-7 C3525　　　　　　B 5 判 480頁 本体18000円

近年目覚ましく発達し、さらなる発展を志向している自然地理学は、自然を構成するすべての要素を総合的・有機的に捉えることに本来的な特徴がある。すべてが複雑化する現代において、今後一層重要になるであろう状況を鑑み、自然地理学・地球科学的観点から最新の知見を幅広く集成、見開き形式の約200項目を収載し、簡潔にまとめた総合的・学際的な事典。〔内容〕自然地理一般／気候／水文／地形／土壌／植生／自然災害／環境汚染・改変と環境地理／地域(大生態系)の環境

上記価格(税別)は 2019 年 12 月現在